기본권의 발전사

· 실정권에서 자연권으로 ·

김철수

박영사

머리말

헌법학강의는 기본권론과 국가기구론을 중심으로 이루어지고 있다. 저자는 2009년에 헌법학총론을 다룬 헌법학(상)과 국가기구론을 다룬 헌법학(중)을 출판한 바 있다. 그러나 인권론을 다룬 헌법학(하)는 이제까지 완간되지 못하여 독자들에게 송구스러웠다.

그 이유는 기본권론은 한국법에만 근거하지 않고 세계법적인 시각에서 다루어보고 싶었기 때문이다. 세계사적인 인권론연구는 힘든 작업이어서 이제야 완간을 보게 되었다.

기본권론은 분량관계로 I, II로 분할발간하게 되었다. I부는 「기본권의 발전과정」이고 II부는 「인간의 권리」이다. 이 책은 기본권의 세계사적 발전과정을 연구한 부분이다.

인권발전사에 관해서는 대개 기본권론의 서두에서 영국, 독일, 프랑스, 미국의 발전사만 강의하게 되고 기타 국가에 대해서는 논의하지 않는 것이 관례이다. 그러나 인권발전은 국가마다 차이가 있고 특색이 있어 세계각국의 인권발전을 연구할 필요성이 크다.

이 책은 유럽과 미국뿐만 아니라 스페인, 포루투갈, 이탈리아 등 유럽각국의 인권발전을 고찰하고 그 영향을 받은 남미와 중미의 여러 나라 기본권조항도 서술하기로 하였다. 뿐만 아니라 아프리카, 아세아의 여러 나라 기본권조항도 살펴보았다. 그 결과 세계 각국의 기본권 규정이 점차 통일성을 가지게 된 것을 발견하였다.

요약하면 기본권은 군주국가에서의 시혜적인 권리에서 국민주권국가에서의 천부인권론으로 발전한 것이었다. 특히 세계 제2차대전 후에는 소련의 붕괴와 함께 천부인권론으로 변경된 것이 세계적 추세였다.

이 책에서도 각 국가의 실정법을 설명하면서 과거와 현재의 기본권규범을 검토하였는데, 발전의 시대과정을 알기 위하여 근세와 현대로 나누어 고찰하였다. 그 결과 국가에 따라서는 약간의 중복이 불가피하였다. 국가별 연구를 위하여서는 편별을 바꾸어 검토해도 좋을 것이다.

기본권발전에 관한 세계사를 다룬 본격적인 저서는 없었기에 이 책에서는 각국의 기본권규범을 중심으로 다루었다. 궁극적으로는 현대에 와서 자연권론으로 통일되는 경향이 있음을 발견했다. 이것이 본서의 특징이라고 하겠다.

국내기본권규범이 세계적 통일성을 가지게 되었고 국제인권법에서 더욱 명확히 나타난다. 각 대륙의 국제인권장전들이 유사성을 가지게 되었으며 유엔의 인권장전들은 세계통일적인 인권규범의 역할을 하고 있다.

이 책의 속편은 헌법학(하)의 Ⅱ부로 「인간의 권리」라는 제목으로 이미 출판되었다. 이 속편에서는 인권사상의 발전, 국내기본권과 국제기본권의 성격과 내용을 검토했고 나아가 세계인권헌장초안과 세계인권재판소법초안까지 다루고 있다. 이로써 그 동안 출간되지 못했던 헌법학(하) 인권론을 완간하게 된 셈이다.

기본적 인권론연구에는 많은 시간과 연구비가 필요하였다. 이 연구는 대한민국학술원의 지원으로 이루어진 것이며 대한민국학술원의 지원에 감사한다.

바쁘신 가운데에도 이 책을 출간해주신 박영사의 안종만 회장님, 조성호 이사님, 편집을 담당해 준 김선민 이사님에게 깊이 감사한다.

2021. 11. 24

김 철 수

차례

제1편 근세 기본적 인권의 성문화 역사

제2편 현대헌법의 인권 규정

제1장 아시아 현대헌법의 인권 규정

제3편 자연권적 헌법규정과 실정권적 헌법규정

제1장 자연권과 실정권의 규범화

제2장 실정권을 규정한 헌법

제3장 실정권과 자연권을 교차적으로 규정한 헌법

제1편

근세 기본적 인권의 성문화 역사

영미에서의 성문화

서설: 인권선언의 효시에 관한 논쟁

고대와 중세에서는 인권이 자연권과 관습권으로 발전해 왔다. 이것은 불명확한 점이 있어 실정권으로 성문화하는 방향으로 발전하였다.

인권선언의 효시에 관한 논쟁은 옐리네크의 「프랑스인권선언」에서 기원하였다. 그는 프랑스인권선언이 프랑스의 루소의 「사회계약론」에서 기원된 것이 아니고 미국의 「버지니아인권선언」에서 기인한 것이라고 지적하고 있다.[1]

그런데 영국에서는 1215년의 마그나 카르타(대헌장)에 그 유래를 찾고 있다. 2015년은 마그나 카르타 선포 800주년이라고 하여 성대한 기념행사까지 있었다.[2] 그러나 영국에서도 1100년의 찰스 1세의 대관식 식사인 자유헌장(Charter of Liberties)을 대헌장의 선구자로 보고 있으며, 그 전에도 1093년에 윌리엄 정복왕의 헌장이 발표되었다.[3] 그는 죄수를 석방하고 채무를 탕감하고 종교법과 양법(良法)은 유지될 것이라고 했다. 그러나 이 헌장은 원본이 남아 있지 않고 그의 건강 회복 후에는 이를 지키지 않았다.

법사학자들은 고전시대의 세계 각국에서 인권선언이 있었다고 하며 페르시아 고레스(Cyrus) 대왕이 기원전 539년에 종교적 자유를 인정하고 문화융성을 기했으며 지방에 의한 정부의 통제를 인정하였다고 하여 이를 인권선언의 기원으로 인정하고 있다.[4]

---

1) 옐리네크, 프랑스 인권선언; G. 옐리네크, E. 부뜨미, 『人權宣言論爭』, 김효전 역, 법문사, 1991; M. Sano, "The Origin of Rights and Georg Jellinek," *Bull. Nara Univ. of Educ.*, Vol. 61, No. 1(Cult. & Soc.), 2012.
2) Magna Carta, 1215.
3) The Charter of Liberties, 1100.
4) Tom Head, *History of Human Rights, 539 B.C.*, The Cyrus Cylinder. 이 기록은 Cyrus Cylinder에

이 밖에도 1800 B. C.의 함무라비(Hammurabi)법전에서도 인권보장이 되어 있다고 하여 이를 기원으로 보는 사람도 있다.[5] 인권을 넓은 의미로 보아 인간생활에서의 권리규정으로 인정하는 경우에는 동양의 여러 법전을 들 수 있을 것이며 여러 종교적 교의를 담은 경전을 들 수 있을 것이다. 특히 서양에서는 그리스와 로마의 법전화(法典化)를 들 수 있을 것이다. 그리스와 로마의 인권사상에 대해서는 이미 보아 왔다. 로마시대에서는 많은 법전이 편찬되었으며 이에 대한 연구도 많다.[6] 이 책에서는 그리스 시대의 법전이나 경험에 대해서도 상세하게 서술하고 있다. 로마법전으로서는 가이우스(Gaius)의 Institute가 법률전서(법률집)라고도 할 수 있다. 이러한 고대의 기본권에 관해서는 역사학자의 저술에 맡기기로 하고 여기에서는 근세 이후의 각 국가의 인권선언을 중심으로 검토하기로 한다.

제1절 영국에서의 인권의 성문화

1. 자유헌장(1100년)

1) 헨리 1세의 헌장

영국의 최초의 인권헌장으로서는 헨리 1세가 1100년에 왕위계승을 하면서 선포한 대관헌장(Coronation Charter)을 들고 있는바, 이는 자유헌장(Charter of Liberties)으로 불리어지고 있다.

헨리 1세는 윌리엄 왕이 수렵장에서 사망하였는데 형 로버트(Robert)가 현지에 없었기에 헨리가 왕위를 승계하게 되었는데 귀족들이 반대하였고 대주교를 비롯한 교회가 반대하였고 앵글로색슨 원주민도 호감을 가지지 않았다. 이에 헨리는 교회와 귀족들과 협상하기 위하여 자유의 헌장을 선포하였다. 그는 이 헌장을 프랑스와 잉글랜드 등의 모든 귀족에게 발송하였다.

기록되어 있다. Irving Finkel (ed.), *The Cyrus Cylinder: The King of Persia's Proclamation from Ancient Babylon*, 2013.

5) *A History of Human Rights, From Hammurabi to the Patriot Act*, Random History and World Origins for the Curious Mind.

6) 예를 들면 R. Baumann, *Human Rights in Ancient Rome*, 2004.

2) 내용

이 헌장은 14개 선언으로 구성되어 있는데 중요한 것은[7]

① 영국의 왕인 헨리는 교회의 재산을 매매하거나 수용하지 않겠다. 영국에 있어서의 모든 압제를 더 이상 계속하지 않겠다.

② 귀족이 사망 후 상속자의 상속분을 강제로 매수하지 않겠다. 다만, 법과 관습에 따라서 수용할 수는 있다.

③ 귀족의 딸이나 다른 인척의 여자가 결혼할 때에는 왕의 승인을 받아야 하나 과부도 재혼의 자유를 인정한다.

④ 귀족의 범죄로 과거 금전적 의무를 진 경우에는 탕감하며 헨리가 승계하기 전에 한 살인죄는 처벌하지 않으며 이후의 살인에 대하여는 왕실법원에서 결정한다.

⑤ 나는 엄격히 국가의 평화를 유지하며 이를 위한 명령은 유지된다. 군사용으로 역무를 행한 것이나 말을 제공한 영국인에게는 곡식이나 농산물을 징수하지 않겠다.

⑥ 나는 에드워드 왕의 법을 복구하며 귀족의 조언으로 이루어진 부친 시대의 개정도 존중한다.

⑦ 아버지 사후에 자기가 수용한 재산은 벌금 없이 전부 반환한다.

이와 같이 귀족과 교회에 양보한 것이 그 내용이었다.

3) 결과

헨리 1세의 치세는 이 자유헌장에서 시작되었다. 윌리엄 2세의 악법은 폐지되었다.[8] 에드워드 왕의 법은 존중되었으며 윌리엄 1세에 의하여 개정된 것으로 법이 복귀되었다. 이 헌장은 입법이 아니었으며 윌리엄 1세 때의 법의 회복에 대한 약속하였다. 그러나 이 헌장은 잘 지켜지지 않았다. 노르만(Norman) 시대의 법과 법원은 회복되었고 헨리 1세는 교회와의 협조 약속은 잘 지켜나갔다. 이 관계는 1122년 보름스(Worms)조약으로 오래 가지 않았으나 웨스터민스터 교회와의 관계는 효과적이었다. 헨리 1세의 죽음은 수세기 동안 큰 비극으로 인정되었다.[9] 헨리 1세의 아들인 윌리엄(William)이 1120년 전투에서 지고 노르만 왕조는 몰

---

7) 상세한 것은 Pollock/Maitland, *The History of English Law before the Time of Edward I*, Cambridge U. Press, 1968; J. M. Plucknett, *Concise History of the Common Law*, 1956; Wikipedia, Charter of Liberties.

8) Pollock/Maitland, *The History of English Law before the Time of Edward I*, 1968.

9) Plucknett, *Concise History of the Common Law*, 1956.

락하였다. 프루크네트(Plucknett)는 이 자유헌장을 후세 입법의 선구자로 보고 있다. 이 법은 후에 마그나 카르타의 모델로 인정되고 있다.[10]

2. 마그나 카르타(Magna Carta)

1) 존(John) 왕과 귀족들의 다툼에서의 타협

마그나 카르타는 대헌장이라고 불리고 있는데 1215년 존 왕이 귀족들과의 싸움에서 지고 귀족들에게 약속한 헌장으로서 2015년에 800주년을 맞는 성문헌장이라고 하겠다.[11] 이 헌장은 John 왕과 당시 귀족 간의 불화 때문에 일어난 전투에서 존 왕이 져서 왕과 귀족이 타협 선포한 헌장이다.[12] 이를 처음에 기초한 사람은 랭톤(Stephen Langton) 추기경이며 이는 귀족(Baron)협약이라는 요청서에 근거한 것이다. 그것이 오랫동안의 협상 끝에 1215년 6월 15일에 조문이 만들어졌는데 이를 대헌장(Great Charter)이라고 명명되었다.

제정 직후 실시에 있어서 혼란이 생겼으며 존 왕을 지지한 교황 인노센티우스 3세가 영국 귀족이나 국민의 움직임을 비난하여 영국 국왕은 하느님과 교회 이외에 약속에는 구속되지 않는다고 하여 마그나 카르타의 폐기를 명하였다. 다음해 존 왕이 죽자 제1차 바론전쟁이 일어났으며 헨리 3세 시대에 대헌장이 재확인되었다. 그때 몇 개 조항이 수정되었고 현재 유효로 인정된 4개 조항도 1225년에 수정된 것이었다.[13]

2) 내용

전문과 63개조로 구성되었다. 원문은 라틴어이며 번역본이 많다.

특히 중요한 5개 항목은 다음과 같다.[14]

① 제1조 교회는 국왕에서 자유이다.

② 제12조 왕의 결정만으로는 전쟁협약금 등의 명목으로 세금을 모을 수 없다.

③ 제13조 런던 이외의 자유시는 교역의 자유를 가지며 관세를 스스로 결정할 수 있다.

10) Plucknett, *op. cit,*, 1956.
11) T. Kirby, "The Human Rights Act: 800 years in the makings," *theguardian*, July 2. 2009.
12) Meeting at Runnymede: The Story of King John and Magna Carta.
13) 마그나 카르타에 관해서는 많은 책이 있다. T. G. Barnes, *Shaping the Common Law From Glanvill to Hale, 1188-1688*, Stanford Univ. P., 2008; Breay/Harrison (ed.), *Magna Carta: Law, Liberty, Legacy*, The British Library, 2015; J. Holt, *Magna Charta*, UK Cambridge Press (3rd ed.), 2015; Mckechnie, 『マグナ・カルター イギリス封建制度の法と歴史』, 1993.
14) 이 63개 조항에 대해서는 http//www.bl.uk/magna-carta/articles.

④ 제14조 국왕이 의회를 소집하지 않으면 안 되는 경우를 정했다.

⑤ 제38조 자유로운 영국민은 국법이나 재판에 의하지 아니하고는 자유나 생명, 재산이 침해되지 아니한다.[15]

이 조문은 그 뒤 여러 번의 개정에 의하여 많은 변천이 있었다.[16]

영국의 현행법으로서 인정되어 있는 조문은 1225년 헨리 3세 시대에 만들어진 새로운 마그나 카르타를 1297년에 에드워드 1세가 확인한 것이다. 전문과 4개조는 폐지되지 않고 남아 있다.

① 전문, 국왕 에드워드에 의한 마그나 카르타의 확인

② 제1조 교회의 자유

③ 제9조 런던시 등 도시 항구의 자유(1215년의 원 마그나 카르타의 13조에 해당)

④ 제29조 국법에 의하지 않으면 체포·구금되지 않으며, 재산을 박탈당하지 않는다(적법절차원칙: 원 39조 및 40조)

⑤ 임금, 자유와 관습의 확인, 성직자 및 귀족의 서명

3) 영향

1215년의 마그나 카르타는 근대적인 의미의 전 시민에게 적용되는 인권선언이 아니고 교회의 자유와 신앙의 자유에 대한 권리, 국왕으로부터 영지를 수여받았던 귀족들의 요구를 받아들인 헌장에 지나지 않았다.

따라서 국왕이 이것을 시행하지 않는 경우가 많았다. 그러나 이 헌장에 따라 국왕이라고 하더라도 Common Law 아래에 있으며 국왕도 고대에서의 관습을 존중할 의무가 있으며 권한을 제한할 수 있음이 문서로 확인되었다는데 중요성이 있다. 국왕의 실체적 권력을 계약이나 법으로 구속하고 권력의 행사는 due process of law에 의하여야 한다는 점에서 현대에 이르는 법의 지배, 보수주의, 자유주의의 원형이 되었다.

관습이 되었던 이 헌장이 17세기 국왕과 의회가 대립하게 되면서 다시 주목을 받기 시

---

15) 이 인신보호조항은 매우 중요하다. 「No freeman shall be seized or imprisoned, or stripped of his rights or possessions, or outlawed or exiled, or deprived of his standing in any other way, nor will we proceed with force against him, or send others to do so, except by the lawful judgement of his equals or by the law of the land. To no one will we sell, to no one deny or delay right or justice.」

16) 1215년의 마그나 카르타의 내용이 그 뒤에 수정 또는 폐지된 표는 Wikipedia, Magna Carta Clauses in detail, in the 1215 and laster charters; A. Blick, "Magna Carta and contemporary constitutional change," *History and Policy*, 2015 참조.

작하였다. 마그나 카르타의 이념은 쿠크(Coke) 경 등 영국의 법관에 의하여 헌법원리인 「법의 지배」(rule of law)로 기능하게 되었다.

청교도 혁명 때에는 혁명의 이유로서 마그나 카르타가 이용되었다. 또 외국 건국의 이유로서도 마그나 카르타가 사용되었다. 영연방에도 많은 영향을 끼쳤다.[17]

제정 당시의 마그나 카르타는 모든 사람에 적용되는 것이 아니고 'freeman'에 한정되는 것이고 당시 영국인(freeman)은 적은 부분에 불과하였다. 그러나 이제 와서는 만인에게 적용하게 되어 마그나 카르타는 1948년의 세계인권선언이나 1950년의 유럽인권협약 등에 영향을 끼쳤으며 영국에서는 현재의 영국 인권법(1998)에도 영향을 끼쳤다.[18]

3. 권리청원(Petition of Right)

1) 권리청원의 성립

영국의 시민전쟁은 찰스 1세에 비롯한다고 하고 있다. 그는 군주주권설에 따라 의회의 동의 없이도 통치할 수 있다고 생각하였다. 그러나 의회는 정부에 대하여 필요한 조언을 할 수 있으며 특히 왕의 조세권에 대하여 의회의 동의가 요구되며 왕의 통치에 대하여 이의를 제기할 수 있다고 주장하였다. 특히 1600년에는 이미 마그나 카르타의 재해석을 통하여 「법의 지배」라는 헌법원리가 확립되어 있었다. 쿠크는 마그나 카르타를 귀족만을 보호하는 것이 아니고 모든 시민을 평등하게 보장하는 것으로 해석했으며, 대헌장은 「왕보다도 상위의 존재이다」라고 하여 왕의 주권론에 반대하는 분위기였다. 그런데 찰스 1세가 즉위하면서 (1625. 3) 왕의 주권을 주장하면서 세금을 의회 동의 없이 징수하였다. 이에 의회는 1625년에 오랫동안의 관습을 폐지하고 왕은 1625년 1년만 과세할 수 있다는 1년세 원칙을 의결하였다. 찰스 1세는 이 의결에도 불구하고 의회의 동의 없이 과세했을 뿐만 아니라 의회의 동의 없이 1626년에는 국채를 강제로 부과하기도 하였다. 뿐만 아니라 이 돈을 내지 않는 사람을 재판 없이 처벌하기도 하였다.

---

17) D. Clark, "The Icon of Liberty: The Status and Role of Magna Carta in Australia and New Zealand Law," *Melbourne University Law Review* 24(3), 2000; H. D. Hazeltine, The Influence of Magna Carta on American Constitutional Development, in H. E. Malden, *Magna Carta Commemoration Essays*, 1997; G. Lloyd, The English and Colonial Roots of the U.S. Bill of Rights, Teaching AmericanHistory.org.

18) Breary/Harrison, *Magna Carta: an Introduction*, British Library; R. V. Turner, "The Meaning of Magna Carta Since 1215, King John Magna Carta," *History Today* Vol. 53, Issue 9, Sept. 2003; Wikipedia, Magna Carta.

이에 의회가 반대하여 의회가 왕의 징세에 동의하지 않으면서 권리청원(Petition of Right)을 제출하였다.[19]

2) 내용

이 권리청원은 의회가 법안으로 제출하면 왕의 반대가 더 심할 것이라 하여 기초자인 하원의장 쿠크가 청원이라는 형식으로 이를 통과시켰다. 이는 1628년 6월 7일 의회의 승인을 얻었다.

총 11조로 되어 있으며 ① 왕에게 이제까지의 과세의 자유 ② 최근의 과세의 실상 ③ 대헌장의 규정 ④ 적법절차 ⑤ 전기 제권리의 국왕에 의한 침해 ⑥ 불법적인 육해군인 분숙할당 ⑦ 군관계 재판에 관한 국왕의 불법한 수권장의 발급 ⑧ 불법한 수권장에 의한 신민의 불법한 처형 ⑨ 불법한 수권장에 의한 군관계 범죄인의 불법처리 ⑩ 위에 열거한 권리침해 행위의 중지 및 구제의 청원 ⑪ 인민의 권리 및 특권의 존중에 관한 선언발표의 요청이 전부였다.[20]

3) 의의

이 권리청원은 마그나 카르타에서 선언된 교회와 귀족의 권리를 시민의 권리로 확장한 데 큰 의의가 있다. 제3조에서 「영국의 자유의 대헌장이라 불리는 법령에 의하여 어떠한 자유민도 자기의 동료의 적법한 판결 또는 그 국법에 의하지 아니하고는 체포·구금되거나 자기의 여러 자유, 소유권, 특권 및 자기의 자유를 보장하는 관습을 침탈당하거나 또는 법의 보호 밖에 방치되고 추방되며 또한 어떠한 방법에 의하여도 침해되는 일이 없다고 공시되고 규정되었다.」

제4조에서 적법절차의 보장을 강조하였고, 제5조에서 이들 권리를 국왕이 침해하고 있는 것을 규탄하고 있다. 이 밖에도 국왕이 불법적인 수권장의 발급에 의하여 국민과 군인이

---

19) L. Boynton, "Martial Law and the Petition of Right," *The English Historial Review* 79(331), 1964; J. Hostettler, *Sir Edward Coke: A Force For Freedom*, 1997; J. Samaha, *Criminal Justice* (7th ed.), 2005; H. Hulme, "Opinion in the House of Commons on the Proposal for a Petition of Right, May 6. 1628," *The English Historical Review* Vol. 50, No. 198 (April 1935), pp. 302-306.

20) J. V. Capua, "The Early History of Martial Law in England from the Fourteenth Century to the Petition of Right," *The Cambridge Law Journal* 36(1), 1997; J. S. Flemion, "The Struggle for the Petition of Right in the House of Lord: The Study of an Opposition Party Victory," *The Journal of Modern History* Vol. 45, No. 2 (1973), pp. 193-210; E. R. Foster, "Petition and Petition of Right," *Journal of British Studies* 14 (1), 1974.

불법적인 처형을 받고 있는 것을 규탄하고, 국민의 주거안전권, 기타 권리 침해의 금지, 새로운 권리헌장의 선포를 요구한 것은 획기적이라고 하겠다.

　　이는 기초자인 쿠크가 법률가, 정치가로서 대헌장의 해석을 통하여 법의 지배를 확립한 것이며 권리를 모든 시민의 권리로서 귀족뿐만 아니라 일반인에게도 평등하게 적용한 것은 기본권 역사상 중요한 업적이라고 하겠다.[21]

4) 영향

　　이 권리청원에 대하여 찰스 1세는 이를 거부하려고 하였으나 상원이 이 청원에 동조하는 움직임을 보이자 의회와의 대립을 피하기 위하여 일단 이를 승인하여 법률의 효력을 발생시켰다. 그러나 청원의 승인 직후부터 그의 신복인 버킹검 공작이 암살되자 찰스 1세는 태도를 변경하여 강경책을 쓰게 되었다. 1629년에 국왕대권을 빙자하여 이 권리청원을 폐지하고 이에 반대하는 의회를 해산하였다. 또 계엄령을 선포하여 그 뒤 11년간 의회를 소집하지 않았다. 그는 의회 없이 친정을 행하여 영국 국민에게 과중한 세금에 따라 사회불안이 퍼지고 이에 대한 의회와 국민의 반감이 13년 후에는 청교도 혁명으로 폭발하게 되었다.[22]

　　학자들은 이 권리청원을 대헌장이나 권리장전처럼 위대한 헌법적 문서로 보고 있다.[23] 이는 미국헌법 제정에도 영향을 주었으며 수정헌법 제3조에도 영향을 주었다.[24]

4. 권리장전(Bill of Rights)

1) 청교도혁명과 명예혁명

　　찰스 1세가 권리청원을 재가한 뒤에 계엄령을 선포하고 의회를 해산하여 독재를 했음으로 왕은 국민의 신임을 얻지 못하였다. 그는 1640년까지 통치하였는데 캔터베리 대주교 라우드(Laud)와 함께 독재를 하였다. 특히 라우드 대주교는 영국교회로서 통합을 강요하였기

---

21) Coke, *Selected Writings of Sir Edward Coke*, vol. 1, vol. 2, vol. 3, Coke, *Institutes of the Laws of England(1928-1944), Debate about the Petition of Right*; J. Hostettler, *Sir Edward Coke: A Force For Freedom*, 1997; J. A. Guy, "The Origin of the Petition of Right Reconsidered." *The Historical Journal* 25 (2), 1986.

22) K. Ryan, "Coke, the Rule of Law and Executive Power," *Vermont Bar Journal*, 2005, p. 16.

23) D. Clark, "The Icon of Liberty: The Status and Role of Magna Carta in Australia and New Zealand Law," *Melbourne University Law Review* 24(3), 2000.

24) J. V. Capua, "The Early History of Martial Law in England from the Fourteenth Century to the Petition of Right," *The Cambridge Law Journal* 36(1). 2010, p. 26.

에 많은 청교도들이 이민을 갔었다. 왕과 대주교는 청교도가 반대한다고 하여 귀와 코를 자르기도 하였다. 청교도들은 스코틀랜드의 에든버러 성을 점령하였다. 찰스는 스코틀랜드를 침공하였고 전쟁비용을 조달하기 위하여 의회를 소집하였으나(1640년) 소집한 뒤 20일에 의회를 해산하였다(단기의회).

1640년 11월 3일에 다시 의회를 소집하였는데 왕이 의회의 요구(Grand Remonstrance)를 받아들일 때까지 조세징수에 동의하지 않았다. 의회는 왕에 저항하기 위하여 군대를 만들었고 왕이 전쟁을 일으켜 영국내전(1642-1646, 1648, 1649-1651)을 일으켰다. 이 전쟁에서 왕당파는 궁극적으로는 패전하였다. 청교도운동가 중에서 복음파는 찰스를 왕으로 하는 입헌군주제를 하려고 하였으나 병사들이 반대하여 공화국을 건립하려고 하였다. 그런데 왕은 군대를 동원하여 의회에 반대하였다. 이때 1649년 1월 30일 찰스 1세는 처형되어 왕정은 끝났다. 귀족원이 해체되고 영국교회가 폐지되고 공화정(Commonwealth)이 선포되었다. 찰스 2세가 1650년에 새로이 전쟁을 일으켰으나 청교도 군대에 패하였다. 청교도 정부는 처음에는 장기의회에 의하여 통치하였으나 크롬웰(Cromwell)이 호국경으로서 1653년부터 1658년까지 독재정치를 하였다. 이 시기를 청교도혁명기라고 한다.[25]

크롬웰의 사후 아들이 호국경의 지위를 계승했으나 1년 만에 퇴위하여 왕정이 복귀되었다(Restoration). 왕정복고로 찰스 2세의 시대가 되자 크롬웰의 압제가 사라지고 시민들은 자유를 만끽할 수 있었다. 그러나 왕과 의회 간의 긴장관계는 계속되었다. 그 이유는 새로 복원된 의회가 왕을 옹립한 것이기 때문에 의회의 권력이 강했다. 의회는 두 파로 갈려서 토리(Tories)당은 강한 왕과 구교도적인 영국교회를 선호하였고, 휘그(Whigs)당은 강한 의회와 신교도적인 영국교회를 선호하였다. 찰스 2세는 가톨릭을 믿었으나 죽을 때까지 이를 공표하지 않았다. 그는 전쟁 중 왕과 귀족이 몰수한 교회재산을 교회에 돌려주었고 영국교회의 권한을 인정하고 교회법정의 재개를 인정하였다.[26]

1679년에는 그동안 인신구금이 불법적으로 행해졌던 것을 시정하기 위하여 인신보호법(Habeas Corpus Act)을 제정하여 신체의 자유를 보장하게 되었다.[27] 찰스 2세의 사후 제임스

---

25) 이 청교도혁명에 관해서는 D. Neal, *History of Puritans*, 2015; 유기천, 『세계혁명』, 2014, pp. 75-168; 신승현, 『청교도혁명과 명예혁명』, 2012 참조.

26) FC96C, *The England Revolution from the Restoration Monarchy to the Glorious Revolution (1660-1688)*.

27) 인신보호법(Habeas Corpus Act of 1679). 원문은 XXI조로 되어 있는데 52개로 분절되어 있다. 상세한 것은 Full Habeas Corpus Act, University of Chicago; Legislation.gov.u.k., Habeas Corpus Act 1679; Wikipedia, Habeas Corpus Act. 찰스 2세는 많은 자녀를 가졌으나 적자가 아니었기 때문에 그의 동생인 제임스(James)가 승계하게 되었다(1685).

2세가 승계하였다. 제임스 2세는 왕으로서 강력한 권한을 가졌다. 제임스 2세는 완고하고 가톨릭 신자임을 공언하였기에 영국교회와 대립하게 되었다. 토리당은 그의 가톨릭교 신앙을 휘그당의 정치적 견해보다도 더 무서워하였다. 토리당과 휘그당이 제임스 왕의 신교도 딸인 메리(Mary)와 그의 남편인 오렌지 공 윌리엄을 추대하기로 하였다. 그래서 그들이 네덜란드에서 군인을 끌고 런던에 상륙하였다. 제임스 왕의 군대는 탈영하여 프랑스로 도망갔었다. 이로써 무혈혁명인 명예혁명이 성공했던 것이다(1688). 명예혁명에 대해서는 부당한 영국에의 침공이냐 왕정의 정당성의 회복이냐가 논쟁된다.[28]

2) 권리장전의 제정과 내용

오렌지 공 윌리엄이 영국에 상륙한 뒤 제임스는 프랑스로 도망했으며 의회는 새로운 왕을 옹립할 수 있는가에 대한 오랜 논란을 거쳐 윌리엄과 메리를 공동 왕으로 추대하기로 1689년 2월에 의결하였고 윌리엄과 메리가 이를 수락하여 왕으로 인정되었다. 그러나 국내에서는 제임스가 내란을 일으키지 않을까 걱정하였었다.

그동안 제임스 왕에 의한 권리침해의 회복과 새로운 인권선언의 요청이 있었으나 의회와 왕의 이견에 의하여 연기되었다. 이 권리선언은 1689년 12월에 의회의 법률로 제정되었다. 이것이 유명한 권리장전(Bill of Rights)이다.[29]

그 명칭은 「신민의 권리 및 자유를 선언하고 왕위계승을 정하는 법률」이다. 이 권리장전은 3개 부분으로 나누어져 있다. 제1부에서는 전 국왕 제임스 2세의 악정을 12개 항목으로 열거하고 윌리엄과 메리가 신 국왕이 된 것의 정당성을 상세히 서술하고 있다. 제2부에서는 국민의 권리에 관해서 13개 항목에 걸쳐 규정하고 있으며 이는 의회에서 의결되고 양 국왕이 승인하여, 정당성이 있다는 것을 강조하고 있다. 제3부에서는 「왕위계승을 정하는 법률」로 계승 제1위는 메리 여왕의 자손, 제2위는 메리 여왕의 동생 앤(덴마크 여왕)과 그 자손, 제3위는 윌리엄 3세의 자손이라고 정하고 있다.

---

28) 명예혁명에 관해서는 R. Beddard (ed.), *A Kingdom without King: The Journal of the Provisional Government in the Revolution of 1688*, 1988; J. Childs, *The Army, James Ⅱ, and the Glorious Revolution*, 1980; T. Harris, *Revolution: The Great Crisis of the British Monarchy, 1685–1720*, 2007; J. R. Jones, *The Revolution of 1688 in England*, 1988; L. G. Schwoerer, *The Revolution of 1688–89: Changing Perspectives*, 2004.

29) www.humanistictexts.org, English Bill of Right, Bill of Rights, Avalon Project, Yale Law School; Wikipedia, Bill of Rights 1689; A. Blick, "Magna Carta and contemporary constitutional Change," *History and Policy*, 2015; L. G. Schwoerer, "Locke, Lockean Ideas, and the Glorious Revolution," *Journal of the History of Ideas* 51(4), 1990; 權利の章典, 世界史用語解說, 授業と學習のヒント.

권리장전으로서 기능하고 있는 제2부는 다음과 같다.

① 국왕의 권한에 의하여 국회의 승인 없이 법률을 정지하고 또는 법률의 집행을 정지할 수 있다는 주장은 위법이다.

② 국왕이 법률을 무시하거나 집행하지 않는 것은 위법이다.

③ 교회관계의 사건을 처리하기 위한 종교법원은 모두 위법이며 유해하다.

④ 국왕대권이라고 하여 의회의 동의 없이 왕의 사용(私用)을 위하여 현금을 부과하는 것은 위법이다.

⑤ 국왕에 청원하는 것은 국민의 권리이며 그러한 청원을 했다는 이유로서 수감하거나 소추하는 것은 위법이다.

⑥ 의회의 동의 없이 평상시에 상비군을 징집하거나 모병하고 유지하는 것은 법에 반한다.

⑦ 신교도인 신민은 법의 범위 내에서 자위를 위하여 무기를 가질 수 있다.

⑧ 의원의 선거는 자유로워야 한다.

⑨ 의회에서의 언론의 자유 및 토론·의사절차에 관하여 의회 밖에서는 문책되어서는 아니 된다.

⑩ 과대한 보석금, 과대한 벌금, 잔악하고 이상한 형벌을 과해서는 안 된다.

⑪ 배심원은 정당한 방법으로 선출되지 않으면 안 된다.

⑫ 유죄의 판결 전에 벌금이나 몰수에 관한 권리를 부여하거나 약속하는 것은 위법이며 무효이다.

⑬ 모든 불평을 구제하기 위하여 또는 법률을 수정, 강화, 유지하기 위하여 의회는 자주 열리지 않으면 안 된다.

3) 중요성과 의의

이 권리장전은 1701년에 왕위계승법(Act of Settlement)으로 보완되었다. 이 보완은 스코틀랜드의회가 영연방의 일부로서 동의한 것으로 권리장전에서 규정한 왕위계승법을 개정하여 왕위계승순위를 변경하였다. 이 권리장전은 의회주권의 개념과 군주의 권리의 제한을 위하여 크게 기여하였다. 이 장전은 17세기 스코틀랜드, 잉글랜드, 아일랜드의 정치와 종교적 분쟁을 조정하여 입헌군주제를 확립하는데 큰 역할을 했다.

권리장전(1689)은 권리청원(1628)과 인신보호법(1679)의 규정을 권리와 자유의 입법화로서 강화하는데 기여하였다. 이들 법에 규정된 권리는 영국민의 권리의 이상으로 결합되었으

며 영국의 기본법으로 인정되었다.[30]

이 권리장전은 영국의 성문법으로서 아직도 영국과 영연방 공동체의 법적 소송에서 인용되고 있다. 특히 국회의원의 면책특권(제9조)이 많이 논의된다. 2011년의 퍼스협정(Perth Agreement)에 의하여 권리장전과 왕위계승법(Act of Settlement, 1701)은 개정되었고 2015년 3월 26일부터 전영연방 공동체에서 영국왕의 왕위계승법이 개정 효력을 발생하였다.

4) 권리장전의 영향

명예혁명의 소산인 1689년의 권리장전(Bill of Rights)은 후세에 많은 영향을 주었다. 그 중에서도 미국의 독립선언과 1776년의 버니지아인권선언, 미국헌법의 수정조항 등에 직접적인 영향을 주었다. 이 밖에도 프랑스의 인권선언과 세계인권선언, 유럽인권협정 등에 중요한 영향을 주었다. 신체의 자유에 관한 세계의 많은 헌법 등은 신체의 구속에서 적법절차를 규정하고 있고 죄형법정주의, 잔악한 형벌의 금지 등을 규정하고 있다.[31]

제2절   미국에서의 인권의 성문화

1. 서설: 식민지 헌장에서의 영국의 영향

영국의 식민지였던 미국에는 기본권보장에 있어서도 영국의 영향을 많이 받았다. 그 중에서도 성문법이었던 마그나 카르타와 권리청원(1628)의 영향 하에 미국 식민지의 자치법이 탄생하기 시작하였다.[32]

최초의 권리선언규정은 1641년의 매사추세츠의 자유선언이라고 하겠다. 이 The

---

30) 영국의 현행 인권법과 그 개정방향에 대해서는 R. Blackburn, *Towards a Constitutional Bill of Rights for the United Kingdom*, 1999 참조.

31) 권리장전에 대해서는 G. Lock, "The 1689 Bill of Rights," *Political Studies* 37(4), 1989, pp. 540–561; Walker/Gay/Maer, *Bill of Rights 1689*, House of Commons Library, 2009; Wikipedia, Bill of Rights 1689; E. N. Williams, *The Eighteenth Century Constitution 1688-1815*, 1960; 高木八尺·末延三次·宮沢俊義 編,『人權宣言集』, 岩波文庫. 1957; 나종일 편역,『자유와 평등의 인권선언 문서집』, 2012; 김명주,『헌법사 산책』, 2010; 앙드레 모루아,『영국사』, 신용석 역, 2013; 나종일·송규범,『영국의 역사』, 2005; 페터 벤데,『혁명의 역사』, 권세훈 역, 2004; 하승주,『젊은 지성을 위한 세계인권사』, 2012; G. E. 에일머,『청교도 혁명에서 명예 혁명까지』, 임희완 역, 1986.

32) B. Schwartz, *The Great Rights of Mankind: A History of American Bill of Rights*, 1977; L. Ward, "Natural Law and the Colonial Roots of American Constitutionalism," the Witherspoon Institute, 1996.

Massachusetts Body of Liberty는 98절로 되어 있었다.[33] 여기서는 영국의 마그나 카르타나 권리청원이 10개 이내의 기본권을 규정한데 대하여 20개의 기본권 규정을 두어 1791년의 미국의 권리장전과 거의 같은 권리를 규정하고 있다. 여기에서는 뉴잉글랜드의 매사추세츠 식민자의 자유의 Copy(1-17)로 형식절차에 관한 것을 규정하였다(18-57), 자유인의 특별한 자유(57-78), 여성의 자유(78-80), 아동의 자유(81-84), 하인의 자유(85-88), 외국인의 자유(89-91), 가축의 자유(92-93)를 규정하고 있다. 이에 더하여 사형에 처하여질 범죄(94(1-12))와 교회의 자유(95(1-12))와 법원에 의한 권리보호가 규정되어 있다. 이것은 자유와 권리를 거의 망라하고 있는데 종교적 자연권론에 근거한 것으로 보인다.

미국 최초의 식민지헌법으로는 1639년에 제정된 기본질서(Fundamental Orders)가 채택되었다. 1662년에는 코네티컷 헌장(Charter of Connecticut)이 발표되었다.[34] 이것은 영국의 찰스 2세가 만든 헌장이다. 내용은 기본질서와 거의 같았다. 이 헌장에는 6개의 기본권조항에서 기본권을 규정하고 있었다.

1663년에는 「로드아일랜드와 프로비던스 식민지에 관한 헌장」이 제정되었는데 종교의 자유 등 5개의 자유가 보장되었다. 이에는 무기를 소지할 자유, 적법절차의 권리, 과대한 보석금의 금지, 잔혹한 형벌의 금지 등이 규정되어 있다.

1676년에는 서부 뉴저지의 기본법이 제정되었다. 이 Fundamental Law of West New Jersey는 44장으로 구성되어 있었는데 첫 12장은 지사의 선임과 의무에 관하여 규정했고 제24-44장에서는 조세와 인디언, 유언 등에 관해서 규정했는데 11개 섹션이 기본권에 관한 규정이었다.

1682년에는 펜실베이니아 정부조직법이 만들어졌는데 이것은 펜실베이니아 소유자가 만든 것이 특색이다. 1881년 찰스 2세는 윌리엄 펜(W. Penn)에게 펜실베이니아 지방의 소유권을 인정하였기 때문에 펜이 독자적으로 만들었고 앞으로 의회가 만들어져 비준할 것이 예정되어 있었다. 서문에서는 지사이고 소유주인 윌리엄 펜이 국가의 목적과 이 헌장의 수립

---

33) G. Lloyd, Essentials of Bill of Rights, *The English and Colonial Roots of the U. S. Bill of Right*, 1998; The Massachusetts Body of Liberties, Dec. 1641, TeachingAmericanHistory.org; F. Thorpe (ed.), *The federal and state constitutions, colonial charters, and other organic laws of the state, territories, and colonies now or heretofore forming the United States of America*, 7 vols, Government Printing Office, 1907.

34) G. Lloyd, *op. cit.*; B. Schwartz, *op. cit.*, pp. 26-52; Wikipedia, History of the Connecticut Constitution; H. Cohn, *Connecticut Constitutional History 1636-1776, Connecticut State Library*, Aug. 1988; D. Merrill, Historical Antecedents, The First Constitution of Connecticut, SOTS Historical Antecedents.

경위 등을 설명하고 있다. 다음에는 의회 정부조직에 관해서 규정하고 있다. 여기서는 3권분립이 규정되고 법원의 심리절차 등이 상세히 규정되어 있다. 끝에서 시민의 권리와 자유가 규정되어 있는데 내용은 상세하다. 이 법은 가장 실효적인 기본권 헌장으로 인정되어 왔다. 여기서는 종교의 자유를 보장한다고 규정하였으나 주님의 날을 기념하기로 하고 이를 지키지 않으면 벌금에 처하도록 했다.

1701년에는 펜실베이니아 헌장(The Pennsylvania Charter of Privileges)이 제정되었다. 이는 최후의 식민지헌법이기에 유명하다. 이 헌장도 펜 지사가 작성한 것이다. 이 헌장에 따라 1682년의 정부조직법은 폐지되었다. 여기서는 종교의 자유를 확실히 보장하였다. 이 헌장은 175년이나 효력을 가졌다.[35]

1683년에는 뉴욕의 자유와 특권에 대한 헌장이 제정되었다. 이 헌장은 주로 통치조직을 규정하였고 교회와의 관계를 규정하였다.[36] 미국은 1765년에서 1783년의 반란으로 영국의 국왕의 지배를 벗어나 독립을 선언하게 되었다. 영국식 헌장제도는 미국혁명에 의하여 미국 13개주가 1775년 벙커힐(Bunkerhill)전투에 이긴 뒤에 애국주의자(Patriot)들은 기존의 정부를 전복하고 새로운 헌법을 제정하게 되었다.[37] 1774년 9월 3일 제1차 대륙회의가 필라델피아에서 개최되어 10월 14일에는 식민지 권리선언(Declaration and Resolves on Continental Right of the First Colonial Congress)이 발표되었다. 여기에서 10개 주의 식민지인의 권리가 선포되었다.[38]

영국의 권리선언들이 식민지 미국의 헌장이나 헌법적 문서에 준 영향에 대해서는 이들 법전을 비교한 표를 보기로 한다.[39][40]

또 인신보호영장제도는 영국에서 1679년에 성문화되었다. 이것이 식민지에서도 주 헌법에 규정되어 시행되었다.[41]

---

35) G. Lloyd, Essentials of Bill of Rights, *op. cit.*
36) 이 밖에도 간단한 것은 Wikipedia, State Constitution(United States) 참조.
37) Creating new state constitution, in Wikipedia, American Revolution, pp. 8-9 참조. T. Kidd, *God of liberty: A Religious History of the American Revolution*, 2011; P. Maier, *American Scripture Making the Declaration of Independence*, 1998; M. Rothbard, *Conceived in Liberty vol. Ⅲ: Advance to Revolution 1760-1775*, 2000; S. Morison (ed.), *Sources and Documents Illustrating The American Revolution 1764-1788*, 1923.
38) Constitution Society, Declaration and Resolves on Colonial Rights of the First Continental Congress, Oct. 14. 1774.
39) G. Lloyd, Essentials of Bill of Rights, *op. cit.*, TeachingAmericanHistory.Org. http://teachingamer-icanhistory.org에서의 전재이다. 2016. 11. 25.
40) 식민지 시대의 미국인에 대한 권리에 대해서는 J. Otis, *The Rights of the British Colonies Asserted and Proved*, 2012 참조.
41) Wikipedia, Habeas Corpus in the United States.

Content of Bill of Rights	Magna/ Carta 1215	English/ Petition/ of/ Rights 1628	Massach usetts/ Body/ Liberties 1641	Charter/ of/ Connecti cut 1662	Charter/ of/ Rhode– Island/ and/ Providen ce/ Plantations 1663	English/ Bill/ of/ Rights 1689	New Jersey/ Concessi ons/ and/ etc./ late/ 17th/ Century	New York/ Privileges/ 1691	Pennsylv ania/ Frames/ of/ Gorn't/ late/ 17th/ Century/ early/ 18th/ Century	U.S./ Bill/ of/ Rights 1791
No Established Religion/Favored Sect										◆
Rights of Conscience/Free Exercise				◆	◆		◆	◆	◆	◆
Freedom of Speech			◆							◆
Freedom of Press			◆							◆
Freedom of Assembly			◆	◆						◆
Freedom of Petition	◆	◆	◆	◆		◆				◆
Keep and Bear Arms/Militia				◆	◆	◆				◆
Quartering of Troops		◆				◆		◆		◆
Double Jeopardy			◆							◆
Self Incrimination			◆							◆
Due Process of Law	◆	◆	◆	◆	◆	◆	◆	◆		◆
Takings/Just Compensation	◆		◆							◆
No Excessive Bail and Fines	◆	◆	◆	◆	◆	◆		◆	◆	◆
No Cruel and/or Unusual Punishments	◆	◆	◆		◆	◆		◆		◆
No Unreasonable Searches/Seizures										◆
Speedy/Public Trial in Criminal Cases	◆						◆		◆	◆
Nature of Accusation			◆				◆		◆	◆
Confrontation of Accusers	◆		◆				◆		◆	◆
Compulsory Witness			◆							◆
Assistance of Counsel			◆							◆
Rights Retained by the People										◆
$ Limitation on Appeals										◆
Common Law and Jury Trial	◆	◆	◆				◆	◆	◆	◆
(Local) Impartial Jury for All Crimes	◆	◆	◆				◆	◆	◆	◆
Grand Jury for Loss of Life or Limb								◆	◆	◆
Reservation of Nondelegated Powers										◆
Totals	9	7	16	6	5	6	7	8	8	26

2. 버지니아 인권선언

1) 성립

전통적인 인권선언은 1776년 미국에서 성립하였다. 1776년 6월의 버지니아 권리장전은 천부불가침의 자연권으로서 제1절에서 제16절까지 상세하게 규정하고 있다. 1775년 봄 애덤스(Adams)는 대륙회의에서 모든 주가 특별회의를 열어 각 주의 헌법을 제정하여 국민투표로 승인을 받도록 지시하였다. 그는 각 주는 주민에 의해서 선출된 대표회의에서 즉시 헌법을 제정하고 정부를 수립하고 권위의 원천은 인민에게 있고 권력의 기원도 인민에게 있다는 것을 규정하는 것이 필요하다고 하였다. 버지니아 주는 1776년 6월 29일에 버지니아 헌법을 제정하였다. 이는 미국 독립선언보다도 5일 전에 효력을 발생하였다.[42]

2) 내용

이 헌법의 일부인 권리장전(Bill of Rights)은 1776년 6월 12일에 효력을 발생하였다. 이 인권선언은 버지니아인의 대표자에 의하여 제정된 것임을 강조하고 있다.

이 Virginia Bill of Rights는 미국 독립선언 시기에 팽배했던 근대 자연법론자의 이론이 반영된 것이다. 특히 John Locke의 『시민정부이론』(Two Treatises of Government)의 영향을 받은 것으로 알려졌다. 그는 인민주권론을 제창하였고, 압제에 대한 저항권을 인정하였다.

메디슨(James Madison)이 기초한 이 권리장전은 제1조에서 「모든 사람은 나면서부터 평등하고 자유이며 독립이고 일정한 생래적 권리를 가지는 것이다」고 하고 「이러한 권리란 재산을 취득, 소유하며 행복과 안녕을 추구, 획득하는 수단을 가져 생명과 자유를 향수하는 권리이다」(That all men are by nature equally free and independent, and have certain inherent rights, of which, when they enter into a state of society, they cannot, by any compact, deprive or divest their posterity; namely, the enjoyment of life and liberty, with the means of acquiring and possessing property, and pursuing and obtaining happiness and safety)라고 하였다. 또 제2조에서는 「모든 권력은 인민에게 있으며, 인민으로부터 유래한다」고 하여 인민주권을 규정하고 있다. 「공무원은 인민의 수탁자이며 하인이다. 이는 어떠한 경우에도 수정될 수 없다」고 했다. 제3조에서는 「모든 정부는 인민, 국가, 공동체의 공익과 보장만을 위하여 만들어진 것이

---

42) US History, 14 a State Constitutions, The Constitutions of Virginia of 1776. 버지니아인권선언이 프랑스인권선언에 미친 영향에 대해서는 옐리네크, 김효전 역, 『인권선언논쟁』, 1991 참조.

며 이를 이행해야 한다. 정부의 여러 종류의 형태와 유형 중에서 최대한의 행복과 안전을 보장하고 나쁜 행정의 위험에 대해서 가장 효과적으로 방어할 수 있는 정부가 가장 좋은 정부이다. 만약에 어떤 정부가 이러한 목적에 부적합하거나 반대하는 경우에 공동체의 다수는 이를 개혁하고 변경하고 폐지할 불가침, 불가양, 파기불능한 권리를 가지며(저항권), 이 경우 공공의 복지를 위하여 가장 기여할 수 있는 방법으로 행동하여야 한다」고 규정하여 정부의 의무와 국민의 정부개혁권을 인정하고 있다. 제4조에는 특권의 금지, 제5조에서는 정부의 권력분립과 사법부의 독립을 규정하고 있다. 제6조에 선거권 등을 규정하였다. 제8조는 사법절차의 권리, 제9조는 과도한 보석금 금지, 제10조는 구속영장발부의 제한, 제12조는 출판의 자유, 제13조는 군대의 의무, 제14조는 국민의 정부조직권, 제15조는 시민의 권리행사의 적정성, 제16조는 종교의 자유에 대해서 규정하고 있다.[43)]

이 선언은 국민이 가지는 인권이 천부인권이고, 그 내용은 재산권, 행복추구권, 생명권, 자유권임을 선언하고 있다. 여기서 재산권(property)은 Locke에 의한 것이며 생명, 자유, 행복추구권은 미국 인권의 가장 중요한 것으로 인정되고 있다.

3) 의의와 영향

이 권리장전은 식민지의 권리와 영국의 권리장전 등을 잘 종합하여 만든 것으로 그 뒤 인권장전의 모델로 인정되고 있다. 미국독립선언, 미국수정헌법, 프랑스인권선언에도 영향을 끼쳤다.[44)]

---

43) B. Schwartz, *The Great Rights of Mankind: A History of American Bill of Rights*, 1977, pp. 67~72; 杉原泰雄, 『人權の歷史』(석인선 역, 『인권의 역사』), 1995.

44) George Mason은 인권선언기초위원회의 일원이었으나 그의 안이 결정적 역할을 했다고 한다. 상세한 것은 E. Randolph, "Essay on the Revolutionary History of Virginia." *Virginia Magazine of History and Biography* 43(1935), 44(1936); B. Schwartz, *op. cit.*, pp. 68~69에서 인용. 미국에 있어서의 헌법적 문서에 관해서는 N. Cogan, *Context of Constitution*, Foundation Press, 1999, pp. 1~108. 기본권 문서는 同書 pp. 657~824 참조. 옐리네크는 그의 인권선언론에서 미국식민지인의 권리의식의 변경을 설명하면서 그 선구자가 버지니아 인권선언이라고 하고 있다. 옐리네크는 이 인권장전이 프랑스 인권선언에 큰 영향을 끼쳤다고 보고 있다. 김효전 역, 『인권선언논쟁』; G. Jellinek, *The Declaration of the Rights of Man and Citizens*, translated by M. Farrand, New York, 1901.

3. 독립선언

1) 성립

미국 식민지들은 영국의 국왕의 여러 가지 전횡과 의회의 동의 없는 과세에 반대하여 1765년에서 1783년까지 전쟁을 하였었다.[45] 1776년 7월 2일에 제2차 대륙회의에서 미합중국(United States of America)이 영국에서 독립하기로 하고 7월 4일에는 독립선언의 문장을 승인하였다. 이 문서는 복사되어 식민지 군인들에게 배포되었다. 7월 9일에야 뉴욕 주의 승인을 얻어 대륙회의 대의원들이 서명하였다. 이것이 독립선언서이다.

이것은 제퍼슨(Thomas Jefferson)이 기초한 것이다. 「원래 이 선언의 주요목적은 독립이라는 사실을 표명하는 것보다는 오히려 널리 세계에 대하여 식민지가 독립을 선언하지 않을 수 없는 이유를 표명하는 것이 목적이었다.」

2) 내용

독립선언은 미 13개 주 연합의 만장일치선언이라는 부제가 붙어 있다. 처음에는 미국이 자연법과 하느님의 뜻에 따라 독립하게 된 이유를 설명했다. 다음에는 인간의 권리에 관해서 간단히 기술하고 왕의 비행을 27가지 열거하며 끝으로 독립한 미국의 독립의 타당성을 설명하고 미국이 대의국가로 발전할 것을 다짐하고 있다.[46]

독립선언에는 인권에 관해서 「모든 인간은 모두 평등하게 창조되어 있다. 거기서 인간은 그들의 창조자에 의하여 불가침의 제권리를 부여받았다. 그 중에는 생명, 자유 및 행복추구권이 있다」고 규정하고 있다. 이는 로크(Locke)가 주장하는 인간의 인권존중 내용이었던 「생명, 자유, 재산」의 3자 중에서 재산을 행복추구로 바꾼 것이 특색이라고 하겠다. 이에 대해서는 Jefferson이 Property는 양도 가능한 권리로 보았기에 불가양의 권리로 행복추구권을 추가했다는 이론과 당시 Property의 주요 내용이었던 노예제도를 부정하기 위하여 Property를 일부러 넣지 않았다는 주장이 있다. 그러나 앞에서 본 바와 같이 Locke도 행복추구권을

---

45) 미국의 인권선언과 헌정사에 관해서는 E. Corwin, *American Constitutional History: Essays*, 1964; B. Wright, *The Growth of American Constitutional Law*, 1942; Becker, *The Declaration of Independence*, 1922; McMaster, *The Acquisition of Political, Social and Industrial Rights of Man in America*, 1903; 酒井吉榮, 『アメリカ憲法成立史研究』, 評論社, 1965; 種谷春洋, "アメリカ人權宣言前史," 『岡山大學 創立10週年記念論文集(上)』; 種谷春洋, "アメリカ人權宣言における自然法と實定法(1)~(2)," 『岡山』 39·40号; 鈴木圭介, "アメリカ獨立戰爭と人權宣言," 『基本的 人權』 I.

46) Wikipedia, American Revolution; 鈴木圭介, 「アメリカ 獨立戰爭と人權宣言」, 『基本的 人權』, 東京大學, 385-402.

인정하고 있었고, Life, Liberty도 다 Property에 내포된 것으로 보아 개별화하기 위하여 Life, Liberty, Pursuit of Happiness라는 용어를 사용한 것이 아닌가 하는 설이 대립되어 있다.[47] 화이트(White)의 연구에 의하면 Geneve의 법률가 Jean-Jacques Burlamaqui의 행복추구 의무론에서 나온 것이라고 한다. 그러나 安念潤司는 이에 회의적이다.[48]

독립선언에 있어서 Virginia권리장전의 제1조에 정하여진 「재산의 취득과 소유」는 독립선언에는 규정되어 있지 않으나 이를 적극적으로 부정한 것이 아니고 이것도 행복의 추구에 포함된 것으로 보았기 때문이 아닌가 한다.

3) 의의와 영향

이 독립선언은 미국의 주 헌법이 제정되기 전에 나온 것으로 인권을 평등하게 출생한 것과 신에 의하여 불가침의 권리를 부여받았는데 거기에는 생명, 자유와 행복추구권이 있다는 것을 선언한데 의의가 있다. 이는 주로 토마스 제퍼슨에 의하여 기초된 것이며 이제까지의 자연권론에서 자연권의 중요 내용이었던 재산(property) 대신에 생명, 자유를 명시하면서 행복추구권을 독립시킨 것이다. 그리하여 그 이후의 미국 주 헌법에서 이 행복추구권이 명기되게 되었다. 예를 들면 1776년의 펜실베이니아헌법 인권선언 제1조, 매사추세츠헌법 제1조 등이 있다.

외국의 헌법에서도 행복추구권이 규정되게 된 것은 이 독립선언의 영향이라고 하겠다.[49]

4. 1776년의 펜실베이니아 헌법

1) 성립

미국독립선언 후에 처음으로 펜실베이니아헌법이 1776년 9월 28일에 비준 제정되었다. 이 헌법초안은 매트락(Matlack), 영(Young), 브라이언(Bryan), 캐논(Cannon)과 프랭클린(Franklin)이 기초하였다.[50]

---

47) 상세한 것은 M. White, *The Philosophy of the American Revolution*, 1978; 種谷春洋, 『近代自然法學と權利宣言の成立』, 1980.

48) 安念潤司, 「幸福追求權の淵源」, 『公法研究』 58号(1996), 53-65.

49) 프랑스혁명에도 영향을 미쳤다. United States Declaration of Independence 1776, A Brief History of Human Rights.

50) Wikipedia, Pennsylvania Constitution of 1776; Doc. Heritage on Pennsylvania Constitution of 1776;

이 헌법에서는 혁신적이고 고도의 민주적 정부를 구성하고 있었다. 예를 들면 단원제로 했고 집단적 집행부를 구성했다. 법관은 입법부에서 7년의 임기로 지명되나 언제나 면직이 가능했다. 또 입법부가 가결한 법안은 의회의 다음 기에만 법률로 제정할 수 있었다. 이는 시민의 법에 대한 유용성을 심의할 수 있게 한 것이다. 주 대통령은 상·하원과 집행부에서 같이 선거하게 했다.

이 헌법에서는 권리선언을 규정했는데 중요한 의의를 가지고 있다. 이는 Virginia 인권 선언의 영향을 받은 것으로 보인다.[51]

2) 내용

펜실베이니아 인권선언(A Declaration of the Rights of the Inhabitants of the Commonwealth or State of Pennsylvania)은 16개 조문으로 구성되어 있다. 그 중에서도 제XII조는 처음으로 언론의 자유를 규정하고 있다. 제 I 조와 제VIII조에서는 버지니아 인권선언이나 독립선언에서처럼 생명, 자유, 재산권에 관해서 규정하고 있다.

이러한 생명과 자유는 재산권을 취득하고 소유하고 보호하여 행복과 안전을 추구하고 획득하는 것으로 보장된다고 보고 있다(제 I 조). 주민은 통치에의 권리를 가지며 경찰에 대한 통제권을 가진다고 하고(제III조), 모든 통치권은 인민에 유래하며 정부의 공무원은 입법부에 속하거나 행정부에 속하거나 간에 인민의 수임자이며 하인이며 인민에 대하여 책임을 져야 한다(제IV조). 정부는 공익을 보장하고 인민과 국가 공동체를 보호하고 안전을 보장하기 위하여 설립된 것이라 하고, 공동체는 정부를 개혁하고 변경하며 폐지할 권리를 가진다는 것을 명시하고 있다(제 V 조). 공무원의 선임에 관한 권리(제VI조), 선거의 자유, 공무원 선거의 자유(제VII조), 생명, 자유와 재산을 향유할 자유와 재산의 공용수용은 소유자의 동의나 대표자의 동의 없이는 불가능하다(제VIII조). 형사범죄의 피소추자는 변호사를 선임하고 공개로 들을 권리를 가지며 재판은 적법절차에 따라야 하며 동료에 의한 판단이나 법에 의하여 판결되어야 한다(제IX조). 자기 소유의 가옥을 가지며 서류나 소유물에 대해서는 영장 없는 수색을 해서는 안 된다(제 X 조). 재산권 분쟁이나 인간 대 인간에 대한 분쟁에 대해서는 배심원에 의한 재판을 받을 권리를 가진다(제XI조). 인민은 무기를 소지할 권리를 가진다. 상비군은 자유의 위협이 되기에 가져서는 안 된다. 군대는 문민에 복종해야 하며 문민에 의하여 지배되어야 한다(제XIII조). 사법 중재제도 등은 자유의 향유를 위하여 반드시 필요하며 공무원과

Constitution of Pennsylvania, Aug. 16. 1776.
51) B. Schwartz, *The Great Rights of Mankind*, pp. 72-74.

대표자들은 항시 감시하여야 한다(제XIV조). 모든 사람은 다른 주로 이민할 권리를 가지며 그들에게 필요한 경우 토지 등을 매수할 권리를 가진다(제XV조). 집회의 권한을 가지며 입법부에 대하여 고발, 청원 등을 통하여 손실의 보상을 청구할 수 있다(제XVI조). 신앙의 자유를 가지며 의사에 반한 종교적 강제는 부정된다(제II조). 선거권은 재산이 없더라도 납세만 하면 남성 성년자에게 인정했었다.

3) 의의와 영향

이 권리선언은 다른 주 헌법의 제정에도 영향을 끼친 모범적인 것으로 인정되고 있었다. 미국 역사상 처음으로 언론의 자유가 선언된 것이 특징이며 이후 미국헌법 수정 제1조에도 규정되게 되었다.

이 선언은 이들 권리가 자연권으로서 생래적인 것이며 그것이 불가침의 것임을 선언한데 의의가 있다. 이 선언은 이웃인 New Jersey헌법 제정에 영향을 주었다. 영국 본국의 1689년 권리장전 제정에도 영향을 주었고 1789년의 미국헌법, 1791년 미국의 인권장전에도 영향을 끼쳤다.

급진적 기본권이라든가 단원제, 집단적 정부제도 등은 1793년 프랑스혁명에도 영향을 주었다.[52]

5. 1777년의 버몬트 헌법

1) 성립

버몬트는 처음에는 미국의 연합에 속하지 않고 Vermont Republic이라고 하였다. 1777년 3월에는 버몬트가 독립국가임을 선언하고 5개월 후에 헌법초안을 작성하였다. 이 헌법은 1777년 7월 8일에 윈저(Windsor)에 있는 집에서 통과되었다.[53]

이 헌법은 전문과 제1장 권리선언, 제2장 정부의 구성으로 되어 있다. 전문도 독립의 경위를 길게 설명하고 있다. 제1장은 19조로 되어 있다. 제2장은 44조로 되어 있다. 제1절에서는 집행부와 의회에 대해서 규정하고 제2절은 입법권이 의회에 있음을 선언하고 제3절은

---

52) How did the American Revolution influence the French Revolution?, https://www.reference.com/history/did-american-revolution-influence-french-revolution-66bd2207d0908ff6.

53) Vermont Secretary of State, Vermont Constitution, July 8. 1777; Wikipedia, Constitution of Vermont 1777.

집행부로서 지사와 부지사, 국무회의를 규정하고 있다. 제4절은 사법부에 관해서 규정하고 각 시군마다 법원을 둔다고 하였다. 이하 입법·행정·사법절차에 관하여 상세히 규정하고 있다.[54]

2) 내용

1777년 버몬트 헌법의 규정은 미국 헌법 중 가장 짧은 것이었으나 인권선언은 제Ⅰ조부터 제ⅩⅨ조까지 상세히 규정한 것이 특색이다. 그 내용은 버지니아 인권선언이나 펜실베이니아헌법의 내용과 거의 같다. 그럼에도 불구하고 이 버몬트 헌법은 미국 주 헌법에서 가장 진보적인 권리장전을 가진 것으로 유명하다.

제1조에서는 「모든 사람은 나면서부터 평등하고 자유롭고 독립이며 자연적이고 불가침 불가양의 권리를 가지고 있는데, 예를 들면 그 중에는 생명과 자유를 즐기고 방어하는 권리가 있으며, 재산을 취득하고 유지하며 보호하는 권리를 가지고, 행복과 안전을 추구할 권리를 가진다.」 이것은 독립선언의 규정과 거의 같은 문장이다. 이 조문에서 이 나라에서 탄생했거나 해외에서 끌려 온 사람은 법에 의하여 어떤 사람에게도 하인이나 노예나 도제로서 시종이나 노예로 복무해서는 안 된다. 남자는 만 21세 이후부터 여자는 만 18세 이후부터는 자기의 뜻에 의하지 아니하고는 시종이나 노예로 봉사할 필요가 없다고 하여 미국헌법에서는 최초로 노예해방을 규정하였다.

제2조에서는 사적 재산권도 필요한 경우에는 공용으로 사용할 수 있다. 그러나 공용 수용하는 경우에는 그에 상응한 금전적 보상을 해야 한다. 이 조항은 공용수용의 제도를 도입한 것이다.

제3조는 종교의 자유를 보장하였다.

제4조에서 제7조까지는 정부는 인민의 이익에 봉사하기 위한 기관이라는 것을 강조하고 있다.

제8조에는 모든 자유민에게는 재산이 없더라도 선거권을 인정하였다. 이것은 보통선거를 실시한 중요한 조항이다.

제9조는 각인이 생명과 자유와 재산권을 보장받을 권리를 가짐과 동시에 그 보장의 비용을 분담할 의무를 진다고 규정하였다.

---

54) T. Johnson, Vermont's 1777 Slavery ban had a complicated reality, The Burlington Free Press, April 2, 2014. http://www.usatoday.com/story/news/nation/2014/04/02/vermont-slavery-ban/7200493.

제10조에서 제13조까지는 적법절차에 관하여 규정하였다.

제14조와 제15조에서는 언론의 자유, 출판의 자유, 무기소유의 자유, 군대의 문민지배의 원칙 등을 규정했다.

제17조는 이민의 권리를 인정했다.

제18조는 집회의 자유와 청원의 권리를 보장했다.

제19조는 버몬트에서 행한 범죄에 대한 재판은 버몬트에서 재판받고 타지역으로 이송될 수 없음을 규정하고 있다.[55]

3) 의의와 영향

버몬트헌법의 권리선언은 가장 진보적이며 당시에 논의되었던 거의 모든 기본권에 관하여 이를 규정하고 있었다. 노예제도의 폐지, 일반 보통선거의 실시, 인민의 생명과 자유, 재산권을 보장받는데 대한 보상금지불제도는 조세제도를 연상시키고 있다. 언론·출판·집회·결사의 자유를 인정함으로써 민주주의를 발전하게 만들었다.[56]

공동체의 자유를 침해에서 보장하기 위하여 감사위원회(Council of Censors)를 두어 정부의 입법부와 집행부가 인민의 권리의 보장자로서의 기능을 다하고 있는가를 감독할 수 있게 했다. 이는 오늘날의 감찰위원회와 같은 기능을 한 것이다.

이 권리선언은 그 이후 미국헌법에도 영향을 주었고 다른 나라의 헌법에도 많은 영향을 끼쳤다.[57]

6. 매사추세츠 헌법

1) 성립

매사추세츠의 헌법은 1780년에 제정된 것으로 그동안 수차의 개정을 거쳤으나 아직까지도 효력을 발생하고 있는 가장 오래된 헌법이며, 가장 상세한 헌법전이다.

---

55) 버몬트는 독립국가(Republic)에서 미연방의 한 주로 되었으며 이에 따라 여러 번 헌법이 개정되었다. Constitution com., Vermont State Constitution, July 8. 1777; Wikipedia, Constitution of Vermont 1777.

56) *The Constitution of the State of Vermont: Adopted by Convention Held in the year of Our Lord 1777*, 2015.

57) 프랑스의 인권선언에도 큰 영향을 끼쳤을 것이나 Jellinek는 다른 미국 주 헌법을 주로 다루고 버몬트 헌법에 대해서는 간단히 언급하였다. 옐리네크, 김효전 역, 『인권선언논쟁』, 1991; W. Hill, *The Vermont State Constitution*, 1992.

이 헌법은 미국에서 헌법만을 제정하기 위한 헌법제정회의(constitutional convention)에서 만들어졌고 애덤스(John Adams)가 기초한 것이다. 애덤스는 1775년에 각주가 헌법전을 제정하도록 대륙회의에서 요청하였다. 매사추세츠에는 의회로서 Massachusetts General Court가 있었는데 헌법을 제정하여 주민투표에 붙였으나 1778년에 거부되었다. 그 이유는 개인의 권리선언규정과 권력분립원칙을 규정하지 않았기 때문이다.

이에 의회는 헌법을 제정하기 위하여 헌법제정회의를 만들어 거기서 초안을 만들어 주민회의에 회부하여 투표자의 3분의 2의 찬성으로 채택하기로 하였다. 헌법제정회의는 1779년 9월 1일 개원하여 1779년 10월 30일까지 집회하였다. 312명의 대의원들이 새 헌법과 권리선언을 기초하는 위원회를 만들었다. 이 위원회는 애덤스에게 권리선언을 기초하도록 위촉하였다. 또 헌법은 보든(James Bowdoin), 애덤스(Samuel Adams), 애덤스(John Adams) 3인의 소위원회에서 기초하도록 위임하였는데 이들은 또 애덤스(John Adams) 1인에게 이를 위임하였다.

애덤스의 초안은 거의 무수정으로 헌법제정회의를 1780년 6월 15일에 통과하였으며 이 권리선언은 21세 이상의 남성이 투표하여 통과되어 1780년 10월 25일에 효력을 가지게 되었다.58)

2) 내용

전문(前文, Preamble)과 제1부 권리선언(A Declaration of Rights of the Inhabitants of the Commonwealth of Massachusetts), 제2부 정부조직(Frame of Government)으로 구성되어 있다. 제정 뒤에 이제까지 120조의 수정조항이 추가되어 있다.

그 중에서 인권선언 규정을 보면 제 I 조에서부터 제 XXX 조까지 규정하고 있다. 제1조는 인간은 자유롭고 평등하게 태어났고, 자연적이고 본질적이며 불가침의 권리를 가지고 있는데 그들의 생명과 자유를 즐기고 방위하기 위하여 재산의 취득과 보호, 그들의 안전과 행복을 추구하고 취득할 권리를 가진다고 하고 있다. 제2조는 신을 존중할 권리와 의무를 가지며 누구도 하느님의 존중의 의식을 방해해서는 안 된다고 규정하고, 종교적 의식이나 공중의 안녕 등을 침해해서는 안 된다고 규정하고 있다. 제3조에서는 인간의 행복이나 시민정부의 좋은 질서를 유지하기 위하여 신의 은총, 종교와 도덕 등을 의존하고 있음을 강조했다. 이를

58) 전문은 Massachusetts Legislature, The Constitution of the Commonwealth of Massachusetts; R. Peters, *The Massachusetts Constitution of 1780: a social compact*, Univ. of Massachusetts Press, 1928; O. Handlin/M. Handlin (eds.), *The Popular Sources of Political Authority: Documents on Massachusetts Constitution of 1780*, Harvard Univ. Press, 1966.

위하여 신을 공적으로 존중하는 제도를 만들 수 있도록 규정하였다. … 기독교의 모든 교파는 자유로이 자기들의 신앙을 공개할 수 있다고 … 했다.

제4조 주민은 자기들을 통치할 수 있는 권리가 있다. 제5조 모든 권력은 인민에게 있다고 국민주권을 규정했다. 제6조 어떤 명예칭호도 특권을 수반하지 않으며 자손에게 상속되거나 이양될 수 없다. 행정관이나 입법자 또는 사법관의 혈통관계에 따른 이양도 불가하고 비자연적이다. 제7조 정부는 주민의 공공복리, 보호, 안전, 부, 행복을 위하여 만들어진 것이다. 제8조 권력을 가진 사람이 압제자가 되는 것을 예방하기 위하여 주민은 정부 공무원이 사인으로 퇴진하게 할 수 있으며 정규적으로 임명하거나 선거할 권리를 가진다. 제9조 모든 선거는 자유이며 정부조직법이 정하는 바에 따라서 피선 공무원을 선거할 평등한 권리를 가지며 공무원으로 선출될 피선거권을 가진다. 제10조 개인은 사회로부터 보호되고 생명과 자유를 법에 따라 보호받을 권리를 가진다. 개인은 이 보호의 대가를 분담할 의무가 있다. … 재산권은 공공의 사용을 위하여 수용될 수 있으며 그에 따른 합당한 보상을 받을 권리를 가진다. 제11조 법이 정하는 바에 따라 인신, 재산, 성격에 대한 불법행위를 당한 개인은 구제를 받을 권리를 가진다.

제12조에서부터 제15조까지는 인신구속에 있어서의 적법절차와 재판에 있어 공정한 대우를 받을 권리를 보장하고 있다. 제16조에서는 출판의 자유의 중요성을 지적하고 이를 제한할 수 없도록 규정했다. 제17조에서는 방어를 위하여 무기를 가질 권리를 규정하고 평시에 군대는 자유를 위험에 빠뜨릴 수 있기에 의회의 동의 없이는 상비군을 들 수 없으며 군은 문민에 종속해야 하며 통제를 받는다. 제18조 시민은 항상 입법자와 행정관을 감시·감독하여 좋은 행정 정부를 위하여 필요한 경우 입법과 집행을 요구할 수 있다. 제19조 주민은 질서정연하게 평화적으로 집회할 권리를 가진다. 그래서 주민들이 입법부에 대하여 청원이나 연설로나 동의나 권리를 위하여 또는 받고 있는 피해를 구제해 달라고 요구할 수 있다.

제20조에서 제22조까지는 입법부의 행위에 관해서 규정하고 있다. 제23조 주민의 동의나 입법부의 대표자의 동의 없이는 조세나 관세 등 재산상의 부담을 지울 수 없다. 제24조 소급입법에 의해서는 처벌되지 않는다. 제25조 누구도 입법부에 의한 반역죄나 중죄로 선고되지 않는다. 제26조 평상시에 있어서는 군인은 가옥주의 동의 없이 어느 집에도 숙식할 수 없으며, 전시에는 입법부의 정하는 바에 따라 민간행정관이 숙소를 제공하는 이외에는 사인의 집에 숙식할 수 없다. 제28조 민간인은 어떤 경우에도 계엄법에 따라 구속되거나 처벌받거나 고통을 받지 않는다. 다만 육군이나 해군 또는 민병으로 현역으로 징집된 경우에는 법에 의하여 계엄령의 적용을 받는다. 제29조 모든 개인의 권리, 생명, 자유, 재산, 신분의 보

호를 위하여 법의 불편부당한 해석과 사법행정의 불편부당성은 본질적인 요구이다. 모든 사람은 자유, 불편부당하고 독립적인 법관에 의하여 심리될 권리를 가진다. 최고법원의 판사는 종신적이며 좋은 판결을 하고 있는 동안에는 면직되지 않으며 법률이 정하는 바에 따라 명예로운 보수를 받는다. 제30조 입법부는 행정권과 사법권을 행사해서는 안 된다. 집행부도 입법권이나 사법권을 행사해서는 안 된다. 사법권도 입법권이나 집행권을 행사해서는 안 된다. 정부는 인간이 통치하는 것이 아니라 법이 지배해야 한다.[59]

3) 의의와 영향

이 헌법은 1779년 8월에 애덤스가 프랑스 대사로 갔다가 귀국한 뒤 즉시 헌법제정회의의 대의원으로 선임된 뒤 위촉을 받아 기안한 것으로 거의 만장일치로 통과된 것이다. 그 중에서도 인권선언조항은 영국의 권리장전과 여러 주 헌법을 참조하여 만든 것으로 가장 종합적인 권리선언이라고 할 수 있다. 그는 권리선언을 실효화하기 위하여 3권분립을 규정하고 사법권의 독립을 규정했었다. 이 헌법의 인권선언에서 제2조와 제3조에 종교조항을 두었는데 이것은 애덤스의 생각과는 달리 목사들의 뜻에 따라 삽입된 것이다. 애덤스는 제2조와 제3조가 주의 공식 종교를 설정할 수 있는 우려가 있다고 하여 이의 개정을 주장하였고, 1834년 헌법 개정에서 개정되어 완전한 종교의 자유가 인정되었다. 또 종교교육의 자유도 인정되었다.

제1조의 규정은 다른 주의 규정과 비슷하였으나 「모든 사람이 나면서부터 자유롭고 평등하며 생명과 자유의 권리를 가진다」고 하며 또 「재산권과 안전과 행복추구의 권리가 있다」고 규정함에 따라 매사추세츠의 법원은 노예제도가 이 조항에 위반된다고 1781년에 판단하여 노예제도 폐지를 하게 되었다. 이것은 버몬트헌법처럼 헌법조문에 노예제도의 금지를 규정하지 않았지만 법원의 판단에 의하여 노예해방을 한 것이다.

이 매사추세츠 주헌법은 그 뒤의 여러 헌법의 모범이 되었으며 7년 후에 제정된 미연방헌법에 큰 영향을 끼쳤고 미국의 권리장전에도 큰 영향을 끼쳤다. 이 인권선언규정은 1789년의 프랑스의 인권선언에 규정된 권리를 거의 다 망라하여 규정하고 있다.[60]

매사추세츠헌법의 인권선언과 프랑스인권선언을 대비해 보면 다음의 표와 같다.

59) Massachusetts Judicial Branch, *John Adams and the Massachusetts Constitution*; R. Samuelson, "John Adams and Republic of Laws," in *History of American Political Thought*, 2003.
60) 1789 Constitution of Massachusetts, Part the First and French declaration of rights of man and citizens comparison; Human Rights in the US & the International Community-Foundation.

매사추세츠 헌법(1780)과 프랑스 인권선언(1789) 대조표

Constitution of Massachusetts (매사추세츠 헌법 1780)	Declaration of the Rights of Man and of the Citizen (프랑스 인권선언 1789)
(Preamble to the Constitution) The end of the institution, maintenance, and administration of government, is to secure the existence of the body politic, to protect it, and to furnish the individuals who compose it with the power of enjoying in safety and tranquillity their natural rights, and the blessings of life.	(Article I) Men are born and remain free and equal in rights. Social distinctions can be founded only on the common good. (Article II) The goal of any political association is the conservation of the natural and imprescriptible rights of man. These rights are liberty, property, safety and resistance against oppression.
(Preamble to the Constitution) The body politic is formed by a voluntary association of individuals: it is a social compact, by which the whole people covenants with each citizen, and each citizen with the whole people, that all shall be governed by certain laws for the common good. (Article X) Each individual of the society has a right to be protected by it in the enjoyment of his life, liberty, and property, according to standing laws.	(Article IV) Liberty consists of doing anything which does not harm others: thus, the exercise of the natural rights of each man has only those borders which assure other members of the society the enjoyment of these same rights. These borders can be determined only by the law.
(Article XI) Every subject of the commonwealth ought to find a certain remedy, by having recourse to the laws, for all injuries or wrongs which he may receive in his person, property, or character.	(Article V) The law has the right to forbid only actions harmful to society. Anything which is not forbidden by the law cannot be impeded, and no one can be constrained to do what it does not order.
(Article IX) All elections ought to be free; and all the inhabitants of this commonwealth, having such qualifications as they shall establish by their frame of government, have an equal right to elect officers, and to be elected, for public employments.	(Article VI) The law is the expression of the general will. All the citizens have the right of contributing personally or through their representatives to its formation. It must be the same for all, either that it protects, or that it punishes. All the citizens, being equal in its eyes, are equally admissible to all public dignities, places and employments, according to their capacity and without distinction other than that of their virtues and of their talents.

(Article XII) No subject shall be held to answer for any crimes or offence, until the same is fully and plainly, substantially, and formally, described to him; or be compelled to accuse, or furnish evidence against himself. And every subject shall have a right to produce all proofs that may be favorable to him; to meet the witnesses against him face to face, and to be fully heard in his defence by himself, or his counsel, at his election. And no subject shall be arrested, imprisoned, despoiled, or deprived of his property, immunities, or privileges, put out of the protection of the law, exiled, or deprived of his life, liberty, or estate, but by the judgment of his peers, or the law of the land.	(Article VII) No man can be accused, arrested nor detained but in the cases determined by the law, and according to the forms which it has prescribed. Those who solicit, dispatch, carry out or cause to be carried out arbitrary orders, must be punished; but any citizen called or seized under the terms of the law must obey at once; he renders himself culpable by resistance.
(cf. above Massachusetts XII; further) (Article XIV) Every subject has a right to be secure from all unreasonable searches, and seizures, of his person, his houses, his papers, and all his possessions. (Article XXVI) No magistrate or court of law shall demand excessive bail or sureties, impose excessive fines ···.	(Article IX) Any man being presumed innocent until he is declared culpable, if it is judged indispensable to arrest him, any rigor which would not be necessary for the securing of his person must be severely reprimanded by the law.
(Article X) Each individual of the society has a right to be protected by it in the enjoyment of his life, liberty, and property, according to standing laws. He is obliged, consequently, to contribute his share to the expense of this protection; to give his personal service, or an equivalent, when necessary	(Article XIII) For the maintenance of the public force and for the expenditures of administration, a common contribution is indispensable; it must be equally distributed between all the citizens, according to their ability to pay.
(Article XXIII) No subsidy, charge, tax, impost, or duties ought to be established, fixed, laid, or levied, under any pretext whatsoever, without the consent of the people or their representatives in the legislature.	(Article XIV) Each citizen has the right to ascertain, by himself or through his representatives, the need for a public tax, to consent to it freely, to know the uses to which it is put, and of determining the proportion, basis, collection, and duration.

(Article V) All power residing originally in the people, and being derived from them, the several magistrates and officers of government, vested with authority, whether legislative, executive, or judicial, are their substitutes and agents, and are at all times accountable to them.	(Article XV) The society has the right of requesting account from any public agent of its administration.
(Article XXX) In the government of this commonwealth, the legislative department shall never exercise the executive and judicial powers, or either of them: the executive shall never exercise the legislative and judicial powers, or either of them: the judicial shall never exercise the legislative and executive powers, or either of them: to the end it may be a government of laws and not of men.	(Article XVI) Any society in which the guarantee of rights is not assured, nor the separation of powers determined, has no Constitution.
(Article X) … but no part of the property of any individual can, with justice, be taken from him, or applied to public uses, without his own consent, or that of the representative body of the people. …And whenever the public exigencies require that the property of any individual should be appropriated to public uses, he shall receive a reasonable compensation therefor.	(Article XVII) Property being an inviolable and sacred right, no one can be deprived of private usage, if it is not when the public necessity, legally noted, evidently requires it, and under the condition of a just and prior indemnity.

7. 원 헌법 조항의 기본권보장 규정

1) 성립과정

1787년 9월 17일에 제정된 미연방헌법에는 인권장전이 규정되어 있지 않았다. 각주 헌법에 인권선언이 규정되어 있으므로 연방헌법이 주 인권선언에 상위한다는 인권장전위원회 설립의안은 부결되고 인권을 보장하기 위한 국가기구의 구성만을 규정하였다.

원 헌법에 인권보장규정을 두지 않는 이유는 연방헌법 제정 이전에 만들어진 주 헌법들이 대개 상세한 인권규정을 두고 있었기 때문에 인권규정이 중복될 우려가 있다고 하여 헌

법제정의원들이 반대하였기 때문이다.[61][62]

주 헌법 중 상세한 인권보장규정을 둔 것은 앞에서 본 것처럼 버지니아헌법(1776), 펜실베이니아헌법(1776), 메릴랜드헌법(1776), 노스캐롤라이나헌법(1776), 버몬트헌법(1777), 매사추세츠헌법(1780), 뉴햄프셔헌법(1783)이다. 이들 헌법은 비교적 상세한 인권선언규정을 두고 있었다.[63]

2) 내용

그러나 헌법 전문에서는 「일반복지를 증진하고, 우리들과 우리들 자손의 자유와 은총을 확보하기 위하여 … 이 헌법을 제정한다」고 하여 General Welfare와 Liberty의 중요성을 강조하고 있다. 여기서 general welfare와 pursuit of happiness의 관계가 문제된다. welfare는 사전적 의미로 happiness, prosperity, health, good fortune이라고 한다. 제정 당시에는 이 조항이 선언적인 것으로 인정되었으나 국가의 한 목적을 규정한 이 조항이 다음의 자유 조항과 결부되어 이것이 모든 인권선언의 근거로 보아 인권의 포괄성을 인정하는 것으로 되었다.

개별조항으로 제1조 9항 2호에서 인신보호영장(writ of habeas corpus)의 특권을 보장하고,[64] 3호에서 소급처벌법(ex post facto law)을 금지하고, 또 재판에 의하지 않는 권리박탈법(bill of attainder)을 금지하였다. 또 탄핵의 경우를 제외하고는 모든 범죄 심리에 배심재판을 보장하고(제3조 제2항 3호), 함부로 반역죄로써 처벌될 수 없도록 반역죄의 범위를 축소했으며, 1주의 시민은 타주에 있어서 그 주의 시민과 같은 특권과 면죄를 향유하는 권리가 있음을 보장하고(제4조 제2항 1호), 또 종교의 테스트를 금지하였다(제6조 제3항).[65]

---

61) 미국의 헌법 제정사에 대해서는 C. Rossiter, *1787 the Grand Convention*, 1966; B. Bailyn (ed.), *The Debates on the Constitution*, 1993; Kurland/Lerner (eds.), *The Founders' Constitution*, 2000.

62) 미국의 인권선언과 헌정사에 관해서는 E. Corwin, *American Constitutional History: Essays*, 1964; B. Wright, *The Growth of American Constitutional Law*, 1942; C. Becker, *The Declaration of Independence*, 1922; J. McMaster, *The Acquisition of Political, Social and Industrial Rights of Man in America*, 1903; B. Schwartz, *The Great Rights of Mankind: A History of American Bill of Rights*, 1977; E. Hickok (ed.), *The Bill of Rights: Original Meaning and Current Understanding*, 1996; Spalding/Forte (eds.), *The Heritage Guide to the Constitution*, 2014; 酒井吉榮, 『アメリカ憲法成立史研究』, 評論社, 1965; 種谷春洋, 「アメリカ人權宣言前史」, 『岡山大學 創立10週年記念論文集(上)』; 種谷春洋, 「アメリカ人權宣言における自然法と實定法(1)~(2)」, 『岡山』 39·40号; 鈴木圭介, 「アメリカ 獨立戰爭と人權宣言」, 『基本的 人權』 第1卷, 385-401; 유기천, 『세계혁명』, 169-251.

63) 미국 각주의 인권선언을 비교한 도표로는 B. Schwartz, *op. cit.*, pp. 87-90 참조.

64) Wikipedia, Habeas Corpus in the United States.

65) 그 내용을 상세히 설명한 것으로는 *The Heritage Guide to the Constitution*, 2014.

제1조는 입법권 규정인데 입법부라고 하더라도 인신보호를 위반하는 권리박탈법을 제정하거나 소급입법을 제정할 수 없도록 규정한 것은 연방에서도 금지되어 있는 것을 명확히 한 것이다. 뿐만 아니라 주에서도 의회가 권리박탈법을 제정하거나 소급입법을 제정해서는 안 된다는 것을 명확히 하였다(제1조 10항 1호).

제3조의 사법조항에서는 형사재판에 있어 배심원(juri)의 재판을 받도록 규정하고 있다(제3조 2항 3호). 이것은 배심재판을 청구할 수 있는 권리가 아니고 사법권에 대한 금지규정으로 제도적 보장규정이라고 하겠다.

제4조는 주에 관한 규정인데 각주의 주민은 여러 주에서의 시민이 갖는 특권과 면죄(Privileges and Immunities)를 향유한다(제4조 2항 1호)고 규정하고 있다. 과거 왕이 부여했던 특권과 면죄, 자유 등을 계속 유지하도록 한 것이다. 이것은 각주의 주민이 공통적으로 이 권리를 유지하는 것을 인정한 것이고 자유민은 다른 주에서 여행의 자유가 있으며 교역의 권리가 있다는 것을 인정한 것이다.

제6조는 경과조치규정이라고도 할 수 있는데 미국의 영토 내에서는 공무원이나 공공신탁원의 자격으로 종교적 테스트를 요구해서는 안 된다고 규정하고 있다(제6조 3항). 이것은 종교에 관한 유일한 조항이며 연방에서의 종교적 테스트를 금지하고 주에서의 허용여부는 주헌법에 의하도록 한 것이다.

3) 의의

헌법제정회의에서 메이슨(Mason)은 권리장전을 포함하자고 주장하였다. 이에 아이어델(Iredell)은 반대하였고 대토론이 행해졌다. 그러나 페더랄리스트의 반대로 권리의 법전화는 이루어지지 않았다. 권리장전이 필요하다는 주장은 헌법이 비준된 뒤에도 계속되어 헌법수정으로 권리장전이 추가되게 되었다. 권리장전 제정 전에 헌법이 통과된 이유는 당시 연방정부를 빨리 수립하여 국가의 행정능력을 강화하기 위한 뜻이었다.[66]

8. 수정헌법의 권리장전

1) 성립

헌법에 권리장전을 둘 것인가는 헌법제정회의에서 큰 논쟁이 되었으며 헌법인준의 주

---

66) B. Schwartz, *op. cit.*, pp. 103-111.

의회에서도 많이 논의되었다.[67] 구성국 중 일부 주가 인권장전을 규정하지 않는 주도 있었다. 당시 인권장전을 규정하지 않는 주헌법은 New Jersey 헌법, South Carolina 헌법, New York 헌법 및 Georgia 헌법 등이 있었다. 이들 주는 연방헌법에 인권선언규정을 둘 것을 강력히 요청하였다. 주헌법에서 상세한 인권규정을 두었던 Massachusetts 주에서는 연방헌법 비준과정에서 인권장전규정을 두도록 조건부 비준을 하였고, 다른 주에서도 연방헌법에 인권규정을 둘 것을 요구하였다. 또 비준 주의회에서 많은 주가 인권장전의 추가를 요구하는 개정안을 제안하였다.[68] 이것은 8개 주에서 제안하였는데 거의 100개의 중요한 조항이 포함되어 있다.

인권장전(Federal Bill of Rights)이라고 할 이 수정헌법규정은 1789년 8월 24일 하원을 통과하고, 상원에서는 9월 9일에 통과하여 상·하 양원의 합동위원회의 수정을 거쳐 1789년 9월 25일에 양원을 통과하였다.[69] 이 수정헌법은 각주에서 비준이 늦어져 1791년 말에야 주의 4분의 3 이상의 동의를 얻어 비준되었다.[70] 새로 편입된 주헌법도 생명·자유·재산에 관해서 반수 이상이 규정하고 있다. 이로써 생명·자유·재산권은 연방 차원에서와 주 차원에서 다 보장되게 되었다.[71]

2) 내용

1789년에 의회를 통과하여 1791년에 성립한 수정조항 제1조 내지 제10조를 권리장전이라고 하며 이 권리장전은 다음과 같은 것을 주 내용으로 하고 있다.

① 국교의 수립금지와 종교의 자유제한금지(수정 1조)

② 언론·출판·집회·청원의 자유(수정 1조)

③ 무기를 보유하여 공연히 무장할 권리의 불가침(수정 2조)

④ 시민의 가정에 병사들의 민박을 금지(수정 3조)

⑤ 체포·압수·수색에서의 자유, 영장제도에 의한 인신의 불법구금에서의 보장(수정 4조)

---

67) B. Schwartz, op, cit., pp. 108-156.

68) 그 내용의 요약은 B. Schwartz, op, cit., pp. 156-159.

69) Bill of Rights의 성립사에 관해서는 B. Schwartz, *The Great Rights of Mankind*, 1977; E. Hickok (ed.), *The Bill of Rights: Original Meaning and Current Understanding*, 1996; 심경수, 「미국헌법의 권리장전에 대한 개관」, 『법학연구』 11권 1호, 충남대, 2000, 125-140 참조.

70) B. Schwartz, op, cit., pp. 186-191.

71) 상세한 것은 C. Shattuck, "The True Meaning of the Term 'Liberty' in Those Clauses in the Federal and State Constitutions Which Protect 'Life, Liberty, and Property'" *Harvard Law Journal* Vol. 4, No. 8 (1891).

⑥ 대배심에 의한 재판을 받을 권리와 이중위험의 금지(수정 5조)

⑦ 정당한 법의 절차(due process of law)에 의한 생명·자유·재산의 보호(수정 6조)

⑧ 재판을 받을 권리와 변호인의 도움을 받을 권리(수정 6조)

⑨ 배심원에 의한 재판을 받을 권리(수정 7조)

⑩ 잔혹한 형벌과 과중한 보석금의 금지(수정 8조)

⑪ 헌법상의 권리의 열거는 한정적이 아니고 예시적이다(수정 9조)

⑫ 이 헌법에 의하여 연방에도 위임되지 아니하고 주에 대하여 금지되지 아니한 권한은 각각 주 또는 인민에 유보된 권한이다.

그 중에서도 중요한 의의를 가지는 것은 수정헌법 제1조가 있다. 주 종교설립금지원칙에 따라 이를 규정한 주 헌법들이 개정되게 되었다. 또 종교의 자유를 금지하는 법률을 제정하지 못하게 하여 종교의 자유를 보장하였다. 또 언론·출판의 자유를 제한하는 법률의 제정을 금지하여 언론·출판의 절대성을 보장하였다. 또 평화적 집회의 자유를 제한하는 법률을 제정하지 못하게 하여 집회의 자유를 보장하였다. 또 청원권의 제한금지를 규정하였다.

수정 제4조는 인신의 자유와 압수·수색금지 등을 규정하였다. 수정헌법 제5조는 사소유권의 공용수용에 있어서는 정당한 보상을 규정하고 사법절차에서의 인신의 자유, 적법절차를 보장하고 있다. 수정헌법 제5조의 일부는 생명, 자유, 재산은 due process of law에 의하지 않으면 제한할 수 없다고 규정하고 있다. 따라서 이 조항은 생명권, 자유권, 재산권의 실질적 보장규정임에도 불구하고 due process of law에 의하지 아니하고는 박탈당하지 않는다는 적법절차를 중심으로 논의되어 온 감이 있다.[72]

또 기본권의 포괄성에 관해서는 수정헌법 제9조에서 규정하고 있다. 「특정한 권리의 헌법에의 열거는 인민에게 유보되어 있는 다른 권리를 부인하거나 경시하는 것으로 해석해서는 안 된다」고 규정하여 훈시적인 것으로 인정되었으나, 현재는 여기서 행복추구권이나 privacy의 권리들이 연역되고 있다.[73]

수정 11조 이후의 수정조항은 수정헌법 제정 이후에, 수정 13조의 수정은 남북전쟁 이후에 수정 증보되었는데 제13조에서 노예제도를 금지하고 제14조에서는 주는 미국시민의 특권과 면제를 제한하는 법을 제정할 수 없고 적법절차에 의하지 아니하면 생명·자유·재산을 침해할 수 없고 평등을 침해해서는 안 된다고 하여 주의 행위도 제한됨을 규정했다.

---

72) C. Wolfe, "The Original Meaning of Due Process Clause," Hickok (ed.), *op. cit*,, pp. 213-230.

73) C. Cooper, "Limited Government and Individual Liberty: The Ninth Amendment's Forgotten Lessons," Hickock (ed.), *op, cit.,* pp. 419-432; E. Erler, "The Ninth Amendment and Contemporary Jurisprudence," Hickock (ed.), *op, cit.*, pp. 432-451.

3) 의의와 영향

이 권리장전의 규정은 1789년 6월 8일 메디슨에 의하여 기초되었다.[74] Madison도 정부는 인민의 재산과 생명·자유·행복추구와 안전을 보장하기 위한 목적으로 구성되고 활동해야 한다고 보아 이 안을 제안하였다. 이 안은 Locke와 Burmanki 등의 자연법론에 근거한 것이었다.[75]

자연법에 근거하여 입법부와 행정부나 사법부가 국민의 일정한 권리를 침해할 수 없도록 한 이 규정은 그동안 주헌법과 그 초안인 권리선언을 집대성한 것으로 중요한 의의를 가지고 있다.

이 권리장전은 의회 통과는 늦었으나 메디슨이 기초단계에서는 프랑스인권선언보다도 앞선 것이었으며 프랑스인권선언과 그 뒤에 여러 나라의 인권장전의 모범이 되었다.[76]

---

74) 매디슨의 초안은 B. Schwartz, *op, cit.*. pp. 166-167, 231-234 참조.

75) Jean Jacques Burlamaqui, One of the Sources of Jeffersonian thought, First Editions in English of Burlamaqui's, *Principles of Natural Law and Principles of Political Law*, Containing the Genesis of Jefferson's Concept of the "Pursuit of Happiness"; Ray Forrest Harvey, *Jean Jacques Burlamaqui*, Univ. of North Carolina Pr., 1937; Jean Jacques Burlamaqui, *The Principles of Natural and Politic Law*, 1748; Jean Jacques Burlamaqui, Wikipedia.

76) M. Banchetti-Robino, The 'Bill of Rights' and the 'Declaration of the Rights of Man and of the Citizen': A Comparison and Contrast, Florida Atlantic University Lecture, Sep. 19. 2012.

유럽 대륙에서의 성문화

제1절 프랑스에서의 인권의 성문화

1. 서설

1) 고대 프랑스의 역사

프랑스 지역에는 선사시대부터 국민이 살았는데 켈트족이 이주하기 시작했다. 로마인이 갈리아 지역을 정복하여(카이사르, Caesar, 58-51 B.C.) 5세기에는 여러 지역의 사람들이 이주하였다. 프랑크제국이 5세기부터 9세기까지 지배하였고 500년경에 기독교가 도입되었다. 732년에는 샤를 마르텔(Charles Martel)이 아랍인들과 전쟁하여 프랑스 지역에서 몰아내었다. 751년에는 카롤링거 왕국이 건립되었다. 샤를마뉴(Charlemagne) 대왕의 프랑스가 독일의 작센지방과 바이에른지방과 북이탈리아지방을 통합하였다. 800년에는 교황이 그를 황제로 인정하였다. 그러나 그의 손자 시대에 와서 제국은 분할되었다.[1]

2) 관습법과 성문법의 공존

이주민과 함께 영국계문화 로마문화 게르만문화 등이 유입되어 법적으로는 관습을 중시하는 영국식 common law의 지배지역과 로마법적인 civil law가 지배하는 지역으로 나누어지게 되었다. 영국의 헨리 2세가 결혼으로 프랑스의 대부분을 지배하게 되어 영국식인 관습법이 지배하였다.[2]

---

1) UTB, *Geschichte Frankreichs*, Ullstein Taschenbücher, Geschichte Frankreichs; Wikipedia, Ancien Régime; W. Doyle (ed.), *The Oxford Handbook of the Ancien Régime*, 2012. ps. 656; François Bluche, *L'Ancien Régime, Institutions et société*, 1993.
2) Elliott/Vernon/Jeanpierre, *French Legal System*, 2008, ps. 351.

Capetinger(카페 왕조)에 와서 파리대학교를 창설하여 유럽 각국에서 학생들이 유학 와서 문화를 꽃 피우게 되었다. 필립 4세(1285-1314) 때는 유럽의 최강국이 되었다. 교황 클레멘스 5세는 아비뇽으로 유폐되어 1309년에서 1376년까지 교황의 소재지가 되었다. 쟌 다르크(Jeanne d'Arc) 등의 투쟁으로 도팽(Dauphin)이 황재로 등극하여 프랑스는 영국의 지배에서 해방되었다. 프랑스에서는 종교개혁운동이 일어나 일부 종교가 박해를 받았다. 쟌 다르크도 이때 화형을 당했다. 프랑스는 영국의 영향에서 벗어나 일부(프랑스 남부 전영토의 5분의 2)는 로마식인 성문법(civil law system) 국가로 되었다. 북부는 영국의 영향으로 관습법(Common Law) 지역으로 남았다. 성문법으로 유명한 것은 1667년 4월의 사법행정법(L'ordonnance Civile)과 1670년 3월의 형사절차법(L'ordonnance Criminelle)이며 1673년 3월의 토지거래법(L'ordonnance pour le Commerce) 등이 있다. 혼인법, 가족법 등은 가톨릭 교회법에 의거하기도 하였다.[3]

3) 성문법의 지배

18세기 철학자들은 계몽주의 사상을 가지고 있었는데 이들은 입법은 법의 원천이며 법은 통일적이며 간단하고 명료해야 하며 이성적 원칙이 지배하여야 한다고 생각하였다. 몽테스키외와 루소는 성문법은 인간의 이성이 구체화한 것이라고 보았다. 그들은 법은 사적 재산권을 인정하여야 하며 인간의 권리를 보장해야 한다고 주장하였다. 주권은 인민에게 있으며 정부의 권력은 분리되어 있어야 한다고 생각하였다. 그들은 로마법이나 교회법이나 봉건법이 이 이상에 맞지 않는다고 보았다. 이에 대하여 관습법은 사회적 욕구의 표현으로 보아 높이 평가하였다.

고전법전인 유스티니아누스의 Corpus Juris는 덴마크의 크리스티안 5세에 의하여 번역되기 시작하여 1683년에 민법전으로 공포되었다. 1736년에는 스웨덴이, 1749년에는 독일이 프로이센 일반법전을 제정하였다. 이것은 너무 길다는 불평이었다. 오스트리아의 마리아 테레사는 1766년에 민법전을 제정하였다. 프랑스는 입법에 소극적이었다. 그러나 개별적인 입법은 많이 하고 있었다. 이리하여 프랑스혁명 이후에 혁명정부가 여러 가지 법전 제정 작업에 착수하였다.

왕권이 강했던 구시대에서는 왕이 신하의 권리를 인정한 적이 있었으나 자연권으로는 인정하지 않았다. 이에 계몽주의자는 인민의 권리신장을 원하고 있었다.[4]

---

3) T. Holmberg, *The Civil Code: an Overview,* Research Subject: Government & Politics, Napoleon Series.

4) T. Holmberg, *op. cit.*

4) 프랑스혁명의 기원

프랑스혁명은 앙시앵레짐에서의 인권탄압과 불평등제도에 반하여 일어났다고도 할 수 있다. 30년 전쟁의 승리로 프랑스 왕의 절대적 왕권은 강화되었다. 루이 14세(1661-1715)의 독재 때문에 많은 청교도들이 해외로 이주하여 프랑스는 지적 능력을 많이 상실하였다. 루이 15세(1715-1774)는 거의 정치에 성숙하지 못하였고 첩들(Mme Pompadour)에의 정치적 영향 때문에 국민의 증오를 사고 있었다. 거기에다가 미국 식민지를 잃게 되었다. 국내적으로는 전쟁 때문에 농민과 노동자들이 가난해졌고 시민들은 국정에의 참여를 원했다. 개혁은 귀족과 승려들의 반대로 실패하였다. 사법제도도 확립되지 않았고 인권도 보장되지 않았기 때문에 시민들의 불만은 높았다. 1789년 7월 14일 시민들은 바스티유 감옥을 해방하여 프랑스혁명이 일어났다.[5]

2. 프랑스의 인권선언

1) 성립

1789년 6월 17일 왕에 의해서 소집된 전신분회의는 국민의회로 성격을 바꾸고 의원들의 특권을 강화했다. 1789년 8월 11일 봉건제도를 타파하는 법을 통과시켰다. 그리고는 인권선언을 기초하여 인간과 시민의 권리선언을 1789년 8월 26일에 발표하였다.[6] 1789년의 인간과 시민의 권리선언인 프랑스 인권선언은 불가침·불가양의 자연권으로서 평등권, 신체의 자유, 종교의 자유, 사상표현의 자유, 소유권의 보장 등을 규정하고 있다.

이 인권선언은 1791년 9월의 프랑스헌법에 채용되었고 그 뒤의 프랑스헌법의 구성요소로 되고 있다.

---

5) A. Soboul, *Die Grosse Französische Revolution*, Übersetzt von Heilmann und Krause-Vilmar, 1983; The History Guide, Lectures on Modern European Intellectual History Lecture 11, *The Origin of the French Revolution*, 2000; 박윤덕, 「프랑스혁명 전야의 팸플릿 전쟁」, 『프랑스사연구』 제22호 (2010. 2), 67-99; 최갑수, 「프랑스혁명과 근대정치문화의 창출」, 『프랑스사연구』 제1호(1999. 6), 139-164.
6) W. Grab, *Die Französische Revolution*, SS. 37-39; 육영수, 「프랑스혁명과 인권」, 『서양사학연구』 제25집(2011. 12), 59-88.

2) 내용

1789년의 인권선언(Déclaration des droits de l'homme et du citoyen)은 「인권에 관한 무지, 태만 또는 경시가 공공의 불행과 정부의 부패의 유일한 원인이다」라고 하고, 17개조에 걸쳐 인권선언을 규정하고 있다.[7] 그 중요한 것은 다음과 같다.

제1조 인간은 권리에 있어서 자유롭고 평등하게 태어나 또 생존하는 것이다. 사회적인 불평등은 공공을 위한 외에는 이를 도입할 수 없다.

제2조 모든 정치적 결합은 인간의 자연적이고 또 시효에 의하여 소멸될 수 없는 권리의 보전을 목적으로 하는 것이다. 이들 권리는 자유(la liberté), 소유권(la propriéte), 안전(la sûrete) 및 압제에 대하여 반항하는 것(la résistance à lóppression)이다.

제3조 전주권의 연원은 반드시 국민에 있다. 어떠한 단체도 어떠한 개인도 명백히 국민에게서 나오지 않는 권력을 행사할 수 없다.

제4조 자유란 타인을 해치지 않고 모든 것을 할 수 있는 권한이다. 각인의 자연권의 행사는 사회의 다른 사람에 대하여도 동일한 권리를 자유롭게 행사한다는 것을 승인하는 것 이외의 어떠한 제한도 받지 않는다. 이 제한은 법률로써가 아니면 금지할 수 없다.

제5조 법률은 사회에 유해한 행위(les actions nuisibles) 외에는 금지할 권리는 없다. 법률이 금지하지 않는 행위는 방해할 수 없다. 법률이 명하지 않는 행위는 누구도 이것을 하도록 강제할 수 없다.

제6조 법률은 일반의사(la volonté générale)의 표현이다. 모든 시민은 스스로 또는 그 대표자에 의하여 법률의 제정에 참여할 권리가 있다. 법률은 보호를 받을 자와 처벌을 정한 것과를 불문하고 모든 자에 대하여 동일하지 않으면 안 된다. 법률의 눈에는 모든 시민은 평등하기 때문에 시민은 그 능력에 따라 자기의 가치 및 자기의 기능에 의한 외에는 하등의 구별 없이 모두 모든 전문직이나 공의 지위 및 직무에 임명될 수 있다.

제7조 누구도 법률에 의해 규정된 경우, 그리고 법률이 정하는 형식에 의하지 아니하고

---

7) G. Jellinek, *Die Erklärung der Menschen- und Bürgerrechte*, 1895; Duverger, Le Liberté Publique; Jelinek, 인권선언, 1895; 김효전 역,『인권선언논쟁』, 1991; 杉原泰雄,『人權の歷史』, 1992, 37-41; 山本浩三 譯,「人權ならびに市民權の宣言の諸草案(1)(2)」,『同志社法學』30・31号; 野村敬造,『フランス 憲法と基本的人權』, 有信堂, 1960; 深瀨忠一,「1789年 人權宣言 硏究序說(1)(2)」,『北大法學論集』14卷 3・4号, 15卷 1号; 國會圖書館,『佛蘭西憲法史(외국의 법제자료 제5집)』, 1973; 홍대영,「프랑스혁명과 프랑스 민주주의의 형성(1789-1884)」,『한국정치학회보』제38집 3호(2004), 435-457; 최갑수,「프랑스혁명과 러시아 혁명: 비교와 상관성」,『프랑스사연구』제18호(2008), 89-119.

는 소추, 체포 또는 구금될 수 없다. 자의적 명령을 간청하거나 발령하거나 집행하거나 또는 집행시키는 자는 처벌된다. 그러나 법률에 의해 소환되거나 체포된 시민은 모두 즉각 순응해야 한다. 이에 저항하는 자는 범죄자가 된다.

제8조 법률은 엄격히, 그리고 명백히 필요한 형벌만을 설정해야 하고 누구도 행위에 앞서 제정·공포되고, 또 합법적으로 적용된 법률에 의하지 아니하고는 처벌될 수 없다.

제9조 모든 사람은 범죄자로 선고되기까지는 무죄로 추정되는 것이므로, 체포할 수밖에 없다고 판정되더라도 신병을 확보하는 데 불가결하지 않은 모든 강제 조치는 법률에 의해 준엄하게 제압된다.

제10조 누구도 그 의사에 있어서 종교상의 것일지라도 그 표명이 법률에 의해 설정된 공공질서를 교란하지 않는 한 방해될 수 없다.

제11조 사상과 의사의 자유로운 표현은 인간의 가장 귀중한 권리의 하나이다. 따라서 모든 시민은 자유로이 발언하고 기술하고 인쇄할 수 있다. 다만, 법률에 의해 규정된 경우에 있어서의 그 자유의 남용에 대해서는 책임을 져야 한다.

제12조 인간과 시민의 제 권리의 보장은 공권력을 필요로 한다. 따라서 이는 모든 사람의 이익을 위해 설치되는 것으로서, 그것이 위탁되는 사람들의 특수 이익을 위해 설치되지 아니한다.

제13조 공권력의 유지를 위해, 그리고 행정의 제 비용을 위해 일반적인 조세는 불가결하다. 이는 모든 시민에게 그들의 능력에 따라 평등하게 배분되어야 한다.

제14조 모든 시민은 스스로 또는 그들의 대표자를 통하여 공공 조세의 필요성을 검토하며, 그것에 자유로이 동의하며, 그 용도를 추급하며, 또한 그 액수, 기준, 징수, 그리고 존속 기간을 설정할 권리를 가진다.

제15조 사회는 모든 공직자로부터 그 행정에 관한 보고를 요구할 수 있는 권리를 가진다.

제16조 권리의 보장이 확보되어 있지 않고 권력의 분립이 확정되어 있지 아니한 사회는 헌법을 갖고 있지 아니하다.

제17조 하나의 불가침적이고 신성한 권리인 소유권은 합법적으로 확인된 공공 필요성이 명백히 요구하고, 또 정당하고, 사전의 보상의 조건하에서가 아니면 침탈될 수 없다.

기본적 의무로는 위의 각 조항에서 언급되고 있다.

제13조는 납세의 의무를 규정하고

제14조는 조세법률주의를 규정하고

제15조는 행정공무원의 책임제도를 규정하고

제17조는 소유권의 신성불가침을 규정하고 있다.

이 인권선언은 1791년 헌법의 일부분이 되었다.

3) 의의와 공익을 위한 제한

이 인권선언은 프랑스에서는 처음으로 제정된 인권법전이다. 이 인권선언의 기원에 대해서는 옐리네크와 부뜨미(E. Boutmy)의 논쟁이 있는데 일반적으로는 미국의 주헌법의 인권조항에 영향을 받은 것이라고 본다. 특히 버지니아 인권선언(1776. 6. 29)의 영향이 많았다고 옐리네크는 주장한다. 이에 대하여 프랑스의 정치학자 부뜨미는 프랑스인 루소의 사회계약론에 따라 인권주장이 행해졌으며 그 주장은 인권선언에서 체계화·법전화된 것이라고 본다. 그는 기초자인 라파이에트가 설명에서 미국 주헌법을 언급하지 않은 것을 그 이유의 하나로 든다.[8]

어쨌든 이 프랑스인권선언은 르네상스시대와 계몽주의시대의 사상이 미국에 전파되었고 미국 식민지의 사상이 다시 유럽에 전파되어 상호 영향을 끼친 것이라고 하겠다. 프랑스인권선언의 기초자는 라파이에트였었는데 그는 토마스 제퍼슨과 함께 기안했다고 보아야 할 것이다. 이 선언에서는 인간이 가지는 「자연권」의 권리를 설명한 것이다.[9]

여기에는 Homme(Man)이라 하여 Femme(Woman)의 권리가 보장되지 않는다는 비판이 있었으며 그 이후 여성의 권리선언도 있었다. 그러나 여성의 선거권도 1944년에야 주어졌다.

프랑스혁명이 진행되면서 왕권과 시민의 권리는 충돌하게 되었다. 특히 신분(estate)이 계급으로서 문제되었다. 제1신분은 생산계급도 아니고 유통계급도 아니며 귀족 부르주아로서 아무것도 하지 않는 계급으로 보아 3부족회의에서 추방하고 국민의회를 만들었다. 귀족 특권계급 등에 대한 반감이 혁명을 과격하게 하였다. 1790년 6월 19일 귀족제도는 폐지되었다.

1791년 8월 22일과 23일에는 출판법이 제정되어 출판의 자유가 보장되었다. 물론 법률에 위반하여 불복종을 선동하거나 입헌권력에 반하여 이에 저항하거나 무시하는 경우나 범죄와 비행으로 법률로 선언된 행동을 선전하는 경우 처벌하게 하였다.

4) 1791년 헌법의 인권조항

1791년 9월 3일에 시행된 1791년 헌법은 1789년의 인권선언을 모두에 규정하면서 자유

---

8) 권형준, 「1789년 프랑스인권선언의 현대적 의의」, 『금석권형준교수정년기념논문집』, 2013, 3-14.

9) 옐리네크와 부뜨미의 논쟁에 대해서는 김효전 역, 『인권선언논쟁』, 1991 참조.

와 평등을 강조하였다.[10] 이 헌법은 입헌공화제를 규정하였다.

귀족제도는 폐지하며 어떠한 특권과 칭호, 훈장 등 귀족제도와 관련된 것을 폐지했다. 또 공직의 매매를 금지하거나 상속할 수 없게 하였다. 그리고 특권계급의 단체구성도 금지하였다.

헌법은 자연적이고 시민적 권리를 보장하고 있다.

① 모든 시민은 어떠한 차별도 없이 그의 도덕과 재능에 따라 모든 공직에 취임할 권리가 인정된다.

② 모든 조세는 그의 재산 상태에 비례하여 평등하게 부과된다.

③ 인간의 어떠한 차별 없이 동일한 범죄에 대해서는 똑같은 형벌이 과해진다.

④ 모든 사람은 거주이전의 자유를 가지며 헌법에 규정된 형식에 의하지 아니하고는 체포되거나 감금되지 아니한다.

⑤ 모든 사람은 말하고, 쓰고, 인쇄하고 자기 사상을 표현할 수 있다. 검열이나 표현의 허용여부를 심사할 수는 없다.

⑥ 경찰법에 합치하는 한 평화적으로 무장 없이 집회할 수 있다.

⑦ 담당공무원에게 개인적으로 서명한 청원을 제기할 수 있다.

⑧ 입법기관은 이 절에서 규정되어 있고 헌법에 의하여 보장된 시민의 자연적이고 시민적인 권리의 행사를 침해하거나 방해하는 법률을 제정하여서는 안 된다. 자유는 타인의 권리를 침해하지 아니하고 공공의 안전을 해하지 않는 한에서 자유가 있으며 모든 것을 할 수 있기 때문에, 법률은 공공의 안전을 침해하거나 타인의 권리를 침해하거나 그럼으로써 사회를 침해하는 행위에 대해서는 법률로써 형벌을 부과할 수 있는 행동을 획정할 수 있다.

⑨ 헌법은 재산권의 불가침을 보장한다. 다만 재산권의 희생이 입법에 의하여 확정되고 공공의 필요가 존재하는 경우에는 정당하고 사전적인 보상에 의하여 수용할 수 있다.

⑩ 교회의 지출을 위하여 제공된 재산과 모든 공공복지를 위한 직무에 속하는 재산은 국민에게 속하며 이를 위하여서만 사용되어야만 한다.

⑪ 헌법은 법률이 정한 형태로나 앞으로 제정될 법률에 규정된 형태로서 국민재산의 판매를 허용한다.

---

10) Verfassung von 1791, in W. Grab, *op. cit.*, SS. 60-93; 육영수, 「프랑스혁명과 인권」, 『서양사학연구』 제25집(2011. 12), 59-88.

⑫ 시민은 종교행사의 종사자를 스스로 선출할 권리를 가진다.

⑬ 방기된 아동과 가난한 병자와 빈곤해진 건강한 자(pauvre valide)가 노동하여 자기 스스로 부양할 수 없는 자의 공공부조를 위한 시설제도를 설립해야 한다.

⑭ 모든 시민이 공동으로 사용할 수 있는 모든 인간에게 필요한 교육의 영역에서 무상으로 교육할 공립학교제도를 설립하고 교육해야 한다. 이러한 기구는 제국 내의 여러 지방에 분산되어야 한다.

⑮ 프랑스혁명의 기억을 유지하고 시민 간의 우의를 강화하며 헌법을 제정하여 조국과 법률을 구속하게 한 것을 기념하기 위하여 국경일을 도입해야 한다.

⑯ 전제국에 공통적으로 적용될 시민법의 법전이 편찬되어야 한다.

제2절에서는 프랑스 시민의 시민권 취득과 상실, 프랑스 시민의 권리에 관해서 규정하였다. 1791년 9월 28일에는 유대인의 동권에 관한 명령이 공포되었다.

5) 영향

이 인권선언은 유럽 각 국가와 아세아, 아프리카 각국 인권선언의 모범이 되었다. 프랑스에서는 그 뒤에 제정된 1946년 헌법, 1958년 헌법의 전문에서 현행법으로 인정하고 있다. 이 인권선언은 UN의 세계인권선언과 각 대륙의 인권선언에도 영향을 끼친 것이라고 하겠다.[11]

프랑스인권선언의 철학적 이념은 비종교적인 자연법사상에 근거한 것이며, 자연법에 근거하여 모든 인간의 평등을 선언하였다. 또 인민주권을 선언하고 선거권과 대의제를 선언하고 있다.[12]

3. 1793년 헌법의 인권선언

1) 헌법안의 성립

프랑스는 1789년의 국민의회에서 1791년 헌법을 제정했으며 1791년부터 입법의회를 거쳐 1792년에는 국민공회(Convention)로 되었다. 1792년 9월 22일 국민공회는 처음으로 개원

---

11) D. Kley (ed.), *The French Idea of Freedom: The Old Regime and the Declaration of Rights of 1789*, 1996.

12) G. Fremont-Baines (ed.), *Encyclopedia of the Age of Political Revolutions and New Ideologies 1760-1815*, Vol. 1, Greenwood Publishing Group, 2007; 김철, 「법과 혁명: 프랑스혁명이 법제도에 미친 영향」, 『세계헌법연구』 제19권 2호(2013), 1-30.

하였고 최초의 프랑스공화국을 선포하였다. 이 의회에는 지롱드(Gironde)와 자코뱅(Jacobin) 두 당이 대립하고 있었다. 지롱드당은 지방의 중산층을 대표했으며 중도적이었다. 이에 대하여 자코뱅당은 노동자를 대표했고 거기에는 마라, 당통, 로베스피에르 등이 지도적 역할을 하였다.

국민공회에서는 군주제를 폐지하고 루이 16세는 1793년 1월 21일에 처형되고 마리안느(Marianne)는 1793년 10월 16일에 사형을 당했다. 그동안 수천명의 귀족들이 외군과 결탁한 반역죄로 처벌되었다. 이와 같은 공포정치 하에서 새로운 공화제헌법의 제정이 요망되었다. 당시 국민공회에서는 평원파(Plaine)가 약 400명, 지롱드파가 160명, 몽타냐르파(Montagnard, 산악파)가 약 200명으로 대립이 심했다. 이 안은 처음에는 지롱드파가 만들었고 후기에는 몽타냐르파가 이를 계승하여 완성하였다. 1793년 6월 24일에 국민공회를 통과하였고 7월부터 국민투표가 실시되었다.[13) 전문은 1793년 인권선언의 이념을 규정하고 있다.[14)

2) 내용

1793년 6월의 山獄黨 헌법에서는 기본권의 수가 한층 많아지고 보다 잘 정비되었다. 이 인권선언은 네 가지 안을 토론 후 정리한 것으로 전문과 35조로 구성되어 있어 헌법의 가장 중요한 내용이 되고 있다. 여기에서는 자유보다도 평등을 더 강조하고 생존권적인 규정을 둔 점이 특징이다. 여기서는 「공동의 행복」이념과 평등권의 강조, 생존권적 기본권의 도입 등에서 현대의 복지국가이념을 표시한 것이라 하겠다.

「프랑스 인민은 인간의 자연적 권리에 대한 망각과 경멸이 세계의 불행의 유일한 원인임을 확신하고 이들의 신성하고 불가양의 여러 권리를 엄숙한 선언에 의하여 제시하기로 결의했다. 모든 시민은 정부의 행위를 항상 모든 사회제도의 목적과 비교할 수 있음으로써 전제에 의하여 압박되고 타락되지 않도록, 나아가 인민은 항상 목전에 그 자유와 행복의 기초를 두어 행정관이 그 의무의 규율을, 입법자가 그 임무의 목적을 둘 수 있도록, 그리하여 프랑스 인민은 최고 존재 앞에 다음과 같은 인간과 시민의 권리선언을 발한다.

제1조 사회의 목적은 공동의 행복이다. 정부는 사람의 그 자연적이고 시효에 의하여 소

---

13) 1793년 헌법에 관해서는 쓰지무라(辻村みよ子) 교수에 의한 종합적인 저서가 있다. 가장 정확한 소개인 것 같다. 辻村みよ子, 『フランス革命の憲法原理』, 1989.
14) 전문은 Duguit, Monnier et al, Duvergier Lois, pp. 352-358; 독일어 번역문은 W. Grad, op. cit., SS. 150-162; 영어번역문은 Columbia University, Declaration Rights of Man 1973. http://www.columbia.edu/~iw6/docs/dec1793.html. 일본어역은 辻村みよ子, 上揭書, 406-416; 정태욱, 「프랑스 혁명과 인권선언: 로베스피에르에 의해 제안된 1793년의 인권선언을 중심으로」, 『영남법학』 11·12(2000. 2), 49-63.

멸될 수 없는 여러 권리를 보장하기 위하여 설립된다.

제2조 이들 여러 권리란 평등, 자유, 안전, 소유이다.

제3조 모든 사람은 본질적으로 법 앞에 평등이다.

제4조 법률은 일반의사의 자유롭고 엄숙한 표명이다. 그것은 보호를 부여하는 경우에도 처벌을 부과하는 경우에도 모든 사람에 대하여 동등이다. 그것은 사회에 있어서 정당하고 유용한 것을 명할 수 있다. 그것은 사회에 있어 유해한 것만을 금지할 수 있다.

제5조 모든 시민은 평등하게 공직에 취임할 수 있다. 자유로운 인민은 그 선택에 있어서 재능과 선행 이외의 우선 이유는 인정되지 않는다.

제6조 자유란 타인의 여러 권리를 해하지 않는 한 모든 일을 할 수 있는 권능이다. 그것은 근원으로서는 자연을, 규율로서는 정의를, 방책으로서는 법률을 가진다. 그 도덕적인 한계는 「자기가 해 받고 싶지 않은 것을 타인에 대해서 해서는 안 된다」는 격률이다.

제7조 출판의 방법 또는 기타의 모든 방법에 의하여 사상 및 의견을 표현하는 권리, 평온하게 집회할 권리, 종교행사의 자유는 금지되지 않는다.

이러한 여러 권리를 선명할 필요가 있는 것은 전제가 존재하거나 그에 대한 생생한 추억 때문이다.

제8조 안전이란 사회가 그 구성원에 대하여 그 신체 안전과 여러 권리 및 재산의 보전을 위하여 주어지는 보호로 구성된다.

제9조 법률은 위정자의 억압에 대하여 공적 및 개인적 자유를 옹호하지 않으면 안 된다.

제10조 누구도 법률이 정한 경우에 또 법률이 정한 절차에 의하지 아니하면 소추되거나 체포되거나 구금되지 않는다. 그러나 법률의 권위에 의하여 소환 또는 체포된 모든 시민은 곧 복종하지 않으면 안 된다. 그러한 사람은 저항함으로써 유죄가 된다.

제11조 법률이 정하는 경우 이외에는 법정절차에 반하여 행해진 행위는 모두 자의적인 것이며 전제적이다. 폭력에 의하여 그 행위를 하도록 강요된 자는 자력으로 이를 배제할 권리를 가진다.

제12조 이들 자의적 행위를 교사하고 재촉하고 예약하고 실행하거나 또는 실행하도록 법적 원인을 제공한 자는 유죄이며 처벌되지 않으면 안 된다.

제13조 누구나 유죄로 선고될 때까지는 무죄로 추정된다. 그러므로 체포하는 것이 불가결이라고 판단한 경우에도 그 신병의 확보에 있어 불필요한 엄중한 강제는 모두 법률에 의하여 엄중히 억제되지 않으면 안 된다.

제14조 누구나 정당히 소환되고 또는 청문된 뒤에도 범죄가 행해지기 전에 공포된 법률에 의하지 아니하고는 재판되거나 처벌되지 아니한다. 법률이 존재하기 이전에 행해진 범죄를 처벌하는 법률은 전제적이다. 법률에 의하여 주어진 소급효는 범죄이다.

제15조 법률은 엄격하고 명백히 필요한 처벌이 아니면 부과할 수 없다. 형벌은 범죄에 비례하고 사회에 있어서 유익한 것이 아니면 안 된다.

제16조 소유권은 임의로 그 재산, 수입, 노동 및 직업의 성과를 향수하고 처분할 수 있는 모든 시민에 속하는 권리이다.

제17조 어떤 종류의 노동, 경작, 상업도 시민의 기술로서는 금지되지 아니한다.

제18조 모든 사람은 그 노무와 시간에 대하여 계약할 수 있으나 스스로를 매매할 수도 매매될 수도 없다. 자기의 신체는 양도할 수 있는 소유물이 아니다. 법률은 노복을 인정하지 않는다. 노동자와 사용자 간에는 서비스와 보상의 계약 이외는 존재할 수 없다.

제19조 누구나 적법하게 확인된 공공의 필요가 있는 경우로서 사전에 정당한 보상조건 하에서가 아니면 그 동의 없이 재산의 최소부분도 박탈되지 아니한다.

제20조 어떠한 조세도 공익을 위한 경우가 아니면 설정될 수 없다. 모든 시민은 조세의 설정에 참가하고 그 용도를 감시하고 그에 대한 보고를 받을 권리를 가진다.

제21조 공적 부조는 신성한 채무이다. 사회는 불행한 시민에 대하여 노동을 확보하는 것에 의하여 또는 노동할 수 없는 자에 생활수단을 보장하는 것에 의하여 그 생존의 유지에 관한 책무를 진다.

제22조 교육은 만인의 요구이다. 사회는 전력을 다하여 공공의 이성의 진보를 조장하고 전시민 하에 교육의 문호를 개방하지 않으면 안 된다.

제23조 사회적 보장은 각인에게 여러 권리의 향수와 행사를 보장하기 위한 모든 사람의 행위 속에 있다. 그것은 국민주권에 근거를 두고 있다.

제24조 공무의 한계가 법률에 의하여 명확히 정해지지 않고 모든 공무원의 책임이 확립되어 있지 않는 때에는 사회적 보장은 존재하지 아니한다.

제25조 주권은 인민에게 있다. 그것은 단일 불가분이며 시효에 의하여 소멸되지 않으며 불가양이다.

제26조 인민의 어느 부분도 인민 전체의 권리를 행사할 수는 없다. 그러나 주권자의 각 부분인 의회는 완전히 자유로이 그 의사를 표현할 권리를 가지지 않으면 안 된다.

제27조 주권을 찬탈하는 모든 개인은 자유인에 의하여 즉시 사형에 처해진다.

제28조 인민은 항상 이 헌법을 재검토하고 수정하고 변경할 권리를 가진다. 어느 한 세

대도 장래의 세대를 그 법률에 종속시킬 수는 없다.

제29조 각 시민은 법률의 제정 및 그 수임자 또는 그 대리인의 선임에 참가할 평등한 권리를 가진다.

제30조 공무는 필연적으로 일시적인 것이다. 그것은 특전이거나 포상으로 간주되어서는 안 되며 의무로 간주되어야 한다.

제31조 인민의 대표자와 그 대리인의 범죄는 절대로 처벌되지 않고 방치되어서는 안 된다. 어떠한 시민도 자기가 다른 시민보다도 불가침이라고 주장할 수는 없다.

제32조 공권력의 담당자에 대하여 청원을 제출할 권리는 어떠한 경우에도 금지되거나 정지되거나 제한되지 아니한다.

제33조 압제에 대한 저항은 다른 인권의 귀결이다.

제34조 사회의 구성원이 한 사람이라도 억압될 때 사회에 대한 압제가 존재한다. 사회가 억압될 때에는 각 구성원에 대한 압제가 존재한다.

제35조 정부가 인민의 제 권리를 침해할 때 봉기는 인민 및 인민의 부분에 있어 가장 신성한 권리이며 가장 불가결한 의무이다.

헌법 제3장, 시민의 신분

제4조 다음 사람에게는 프랑스 시민으로서의 권리행사가 인정된다. 프랑스에서 나고 또 거주하는 만 21세의 모든 남성, 프랑스에 1년 이상 거주하고 만 21세에 달한 모든 외국인으로서 프랑스에서 자기 노동으로 생활하고, 또는 소유권을 취득하고, 또는 프랑스인 여성과 결혼하고 또는 양자를 얻거나 또는 노인을 부양하는 사람

제8조 주권자 인민은 그 의원을 직접 선임한다.

제9조 주권자 인민은 (지방)행정관, 공공중재인, 형사재판관 및 파기법원(고등)재판관의 선출을 선거인에 위임한다.

제10조 주권자 인민은 법률을 의결한다.

제28조 시민의 권리를 행사하는 모든 프랑스인은 공화국의 영토 내에서 피선자격을 가진다.

헌법 제25장, 권리의 보장

제122조 헌법은 모든 프랑스인에게 평등, 자유, 안전, 소유, 공채(dette publique), 자유로운 종교활동, 보통교육, 공공의 구제(secour public), 출판의 무한의 자유, 청원권, 민중의 결사에 집회할 권리, 모든 인권의 향유를 보장한다.

제123조 프랑스공화국은 충성, 용기, 노년, 효도심, 불행에 경의를 표시한다. 프랑스공

화국은 그 헌법을 모든 덕성(vertu)의 보호 아래 맡긴다.

제124조 권리선언과 헌법은 입법부 안과 공공광장의 표지판에 조각된다.

3) 의의와 영향

이 헌법은 1793년 8월 30일 인민투표에 의하여 압도적 다수로 확인되어 정식으로 공표되었다. 그러나 10월 10일 전쟁이 악화되고 혁명의 위기가 논의되어 새로운 혁명정부가 수립되자 이 헌법의 시행 연기가 결정되고 결국 적용되지 않고 끝났다.

그런데 이 헌법은 제정 당시에 300개의 시안이 제출되었고 활발한 토론을 거쳐 제정된 것으로 그 내용에 있어 가장 「민주적인 헌법」으로 인정되고 있다.

이 헌법의 인권선언규정은 생존권적 기본권을 규정하고 있었기 때문에 후세의 헌법에 많은 영향을 미쳤다. 프랑스 제4공화국 헌법 전문의 규정에도(현재까지 적용되고 있다) 많은 영향을 끼쳤다. 유엔의 사회권 규약이라든가 유럽의 사회헌장에도 많은 영향을 주었다.

프랑스혁명 당시의 공포정치시대에 제정된 것이기는 하나 1789년의 인권선언의 원리인 자연권의 존중을 계승한 것이 특색이다. 그러나 그 내용에 있어서는 보다 면밀하게 체계화가 이루어졌고 앞에서도 본 바와 같이 생활무능력자들의 사회보장을 추가한 점에서 장점이 있다고 하겠다. 이것이 시행되지 못한 것이 아쉽다.

4. 1795년 헌법의 인권선언

1) 성립

로베스피에르의 공포정치가 끝난 뒤 국민공회는 보다 보수적이 되었다. 국민공회는 보다 온건한 중산층이 지배하게 되었고 자코뱅당이나 상퀼로트(sans-culotte) 등 당권파는 지하로 숨게 되었다. 1794-1795년에 경제는 나빠지고 기아에 허덕이게 되었다. 국민공회는 새로운 헌법을 만들려고 하였으나 저항이 심했다. 교회에 대한 탄압이 해제되고 왕에 충성심이 있던 성직자(聖職者)들이 망명에서 돌아왔다. 루이 16세의 동생이 왕으로 되어 루이 18세라 호칭하였다.

1795년 8월 22일에는 1795년 신헌법이 국민공회에서 비준되었다.[15] 이 헌법은 정부의

---

15) 1795년의 프랑스 헌법의 원문은 Duvergier *Lois* Ⅷ, pp. 223-242; 독일어 번역문은 W. Grad, *op. cit.*, SS. 237-278; 김충회 옮김, 전게서, 391-394 참조.

변형을 시도했고 의회는 처음으로 양원제를 채택하였다.

2) 내용

이 헌법은 인권선언과 정부구성 부분을 통합하고 있다. 모두에는 인간과 시민의 권리와 의무선언이라고 하면서 의무를 강조한 것이 특색이다. 권리는 22개 조문이며 의무는 9개 조문이다. 그 뒤에 헌법이 규정되고 있다.

헌법 제1조는 프랑스 공화국은 하나이며 불가분이다.

제2조는 '프랑스 시민의 전체(universalité)는 주권자이다'라고 규정한 뒤, 제1절은 영토의 분할, 제2절은 시민의 정치적 신분구조, 제3절은 근본집회, 제4절은 선거집회, 제5절은 입법 500인회, 원로원, 양회의의 관계, 법의 공포를 규정했다. 제6절은 집행권, 제7절은 행정자치, 제8절은 사법권 일반규정, 사법법원, 형사법원, 항소법원, 최고사법원, 휴직국민군(la garde nationale), 현역국민군(la garde nationale en activité), 제10절은 공교육, 제11절은 재무, 조세, 재정부, 회계감사원, 제12절은 외교관계, 제13절은 헌법개정, 제14절은 일반처분 등으로 나누어 377조가 규정되어 있다.

인권선언의 권리규정은 자유·평등·안전·재산권, 자유·평등·안전·재산의 내용, 법률은 일반의사의 표현, 행동자유, 법원에서의 재판청구권 등, 행위강요범죄처벌, 불필요한 강제금지, 적법절차에 의하지 않는 처벌금지, 법률에 의한 적정한 형벌부과, 민·형사상 소급입법금지, 인신매매의 금지, 조세의 적정, 주권의 주체로서의 주민 전체 개인이나 부분의 주권소유의 금지, 입법의 위임 없는 권력 등 공권력행사의 금지, 입법의 형성이나 공무원 지명의 동등한 권리, 공무원이 관리하는 재산의 사유화 금지, 사회의 안전보장을 위한 권한의 분배와 권력의 한계설정 등을 권리로 규정하고 있다.

의무에 관해서도 상세히 규정하고 있다.

① 권리의 선언은 동시에 의무의 인식과 충족의 의무가 따른다.

② 모든 사람은 자연적 의무를 진다. 다른 사람이 너에게 하는 것을 원하지 않는 것은 너는 해서는 안 된다. 당신이 해 받고 싶은 것을 원하는 만큼 너는 항상 타인에게 선을 행하라.

③ 사회에 반하는 어떤 구속에도 복종해서는 안 되며 법률 하에서 생활하며 사회질서를 방어해야 한다.

④ 좋은 자식, 좋은 아버지, 좋은 형제, 좋은 친구, 좋은 남편이 아닌 경우에는 좋은 시민이라고 할 수 없다.

⑤ 법률을 정당하고 양심적으로 준수하지 않는 사람은 명예로운 사람이라고 할 수 없다.

⑥ 법률을 공개적으로 침해하는 자는 사회에 전쟁상태를 선포하는 자이다.

⑦ 법률을 공개적으로 침해하지는 않으나 사기로 또는 기교로 회피하여 모든 사람의 이익을 침해하는 자는 자기의 선의나 존경함을 받을 자격이 없다.

⑧ 농지경작이나 모든 생산이나 모든 노동의 원천에 근거한 재산권의 소유는 모든 사회질서의 근원이다.

⑨ 시민은 누구나 조국과 자유·평등·재산을 보장하기 위하여 법률에서 조국방위를 요청받은 경우에는 그에 대한 활동을 할 의무를 진다.

이것은 1789년의 인권선언 이후 시민들의 권리의식은 강해졌으나 사회질서 유지나 기본권의 한계존중, 사회질서유지 등이 허술해졌기에 이러한 의무규정을 두어 사회정화, 국방, 조세의무를 강조하게 된 것으로 보인다.

3) 의의와 영향

1795년 헌법의 제정은 프랑스혁명의 공포정치가 끝난 것을 상징한 것이라 할 수 있다. 이 헌법은 의무규정에서 프랑스의 1791년 헌법과 같이 조세의 징수에 의한 사항을 규정했으며, 언론의 자유나 집회의 자유를 제한하는 긴급권을 정부에 주고 있었다. 또 법률의 제정도 황급히 이루어지지 않도록 양원제를 두어 과격한 입법을 견제했다. 집행부에는 5인의 집행관(Director)을 두어 상호 견제하도록 했으나 집행권뿐만 아니라 국가긴급권까지도 가져 중앙정부의 권력을 강화했다.

이 집정관제 헌법은 형식적으로는 미국헌법과 비슷하였다. 상·하 양원제를 채택하였고 견제와 균형의 원칙에 따른 권력분립을 규정하고 있었다. 미국에서는 존 애덤스가 대통령으로 당선되었고, 1795년 헌법하의 집정관들은 미국 프랑스의 동맹관계를 끝내고 말았다. 애덤스 대통령은 모든 프랑스인(자코뱅 당원)들을 미국에서 추방하였다. 1797년 선거에서 집정관들은 패배하였다. 집정관들은 무능하였다. 바브프(Babeuf)는 평등파를 동원하여 쿠데타를 일으켜 공산국가를 만들려고 반란을 획책하였으나 실패하고 사형을 당했다.[16]

나폴레옹은 최고 사령관으로 임명되어 이탈리아와의 전쟁을 준비하고 있었다. 1789년 7월 1일 나폴레옹은 이집트 정복을 시도하였다. 8월 1일 넬슨 제독은 프랑스군과 해전에서 승리하였다.

---

16) 바브프의 인권사상에 대해서는 杉原泰雄, 『人權の歷史』, 87-94 참조.

집정관들은 프랑스 혁명이 곧 끝날 것 같은 환경을 만들었다. 프랑스는 테러의 폭력에 시달렸으며 폭력정치에 지쳤다. 폭력정치를 부활해야 한다는 사람은 적었고 왕정을 복고하기를 바라는 사람은 많았다.

그럼에도 불구하고 이 집정관들은 헌법을 지키지 않고 임기를 연장하기 위하여 정권을 연장하려고 하였다. 1799년 11월 9일 나폴레옹이 프랑스에 귀국하여 쿠데타로 집정관제를 폐지하였다. 이에는 두 명의 집정관이 시에예스(Abbe Siéyès)와 바라스(Paul Barras)가 동료를 축출하는데 가담하였다. 나폴레옹은 자기 자신을 제1통령으로 임명하여 이때부터 통령시대 (Consulate)가 토착하였다(1799년).[17]

5. 1799년 헌법(VIII년 헌법)

1) 1799년 헌법

이 헌법은 1799년 12월 13일 국민투표에 의하여 통과된 헌법이다. 이는 사실상 나폴레옹 제1통령이 만든 헌법이다. 프랑스에서는 1789년 이후 1858년까지 16개의 헌법이 있었는데 추가법(Acte Additionnel)(1835)은 21일간밖에 효력을 가지지 않았다. 이 헌법은 인권선언 조항을 가지지 않았으며 제1장에서 프랑스 시민의 권리행사에 대해 14개조에서 선거권과 피선거권 등에 관하여 규정하고 있다. 제2장은 보수적 당원에 관하여 규정하고, 제3장은 입법권에 관하여, 제4장은 정부에 관하여, 제5장은 법원에 관하여, 제6장은 공적 기관의 책임에 관하여, 제7장은 일반조항에 관하여, 전 95조로 구성되어 있다. 이 헌법은 1804년 5월 18일의 황제헌법으로 바뀌어 효력을 상실하였다.

이 헌법은 일반조항과 사법조항 등에서 적법절차 등을 규정했으나 온전한 인권규정이 없기에 더 이상의 기술은 하지 않기로 한다.[18]

2) 1804년의 Code Napoleon의 편찬과 시민권

나폴레옹의 입법에 관한 업적으로는 프랑스법의 법전화를 한 것이다. 특히 그동안의 관습법을 정리하여 나폴레옹 법전(Code Napoleon)을 편찬했는데 1804년의 나폴레옹 민법전이

---

17) Thor, French Directory(1795-1799); Schoolworkhelper, French Constitution & Directory(1795-1799); A. Soboul, *op. cit.*, pp. 433-441.

18) 원문은 F. Anderson, *The constitutions and other select documents illustrative of the history of France, 1789-1901*, 1904; Jaurès, *Historie Socialiste* IV, 28-43. 한국어번역은 김충희 옮김, 전게서, 436-450.

유명하다.[19] 여기서는 앙시앵레짐 때의 관습법상의 특권과 불평등을 폐지하고 자유권, 인신의 자유와 신앙의 자유, 법 앞의 평등 등을 상세히 규정하였다. 여기서는 재산권을 보장하였으나 여성의 권리는 잘 보장되지 않았다. 이 민법전은 나폴레옹식인 자유주의와 보수주의의 산물이었다. 제1권 신분에 관하여, 제2절 재산권에 관하여, 제3권 재산취득에 대한 여러 가지 방법에 관하여, 상세히 규정하고 있다.

이 법전에서의 시민의 권리 중 중요한 것은 다음과 같다. 시민의 권리로는

제7조 시민의 권리행사는 시민의 자격과는 관계없이 헌법에서만 취득되고 안정적으로 보존된다.

제8조 모든 프랑스인은 시민의 권리(프랑스인권선언에서 규정한 것의 하나)를 향유한다. 재산권 중에서 (봉건제도는 폐지된다).

제544조 재산은 가장 절대적인 방법으로 향유되고 보존된 권리이다. 재산권은 성문법률에 의하여 금지된 방법으로 사용되어서는 안 된다.

제546조 재산은 그것이 물질적이거나 신분적이나를 막론하고 생산하거나 자연적이건 인공적인 것인가를 막론하고 취득과 관련된 모든 권리이다.

혼인생활에 있어서

* 부부는 상대방에게 신의와 상호원조로 보호해야 한다.
* 남편은 부인을 보호해야 하며 부인은 남편에 순종해야 한다.
* 부인은 남편과 동거할 의무를 진다. 부인은 남편이 주거하기 위한 어떤 장소에서 동거해야 한다.
* 부인은 어떤 경우에도 남편의 권위에 따르지 않고는 자기의 이름으로 진술해서는 아니 된다. 그가 공상인이거나 비통치자인 경우에 재산분할 등을 요구할 수 없다.
* 부인은 남편의 권위 없이도 유언을 작성할 수 있다.
* 부인은 남편이 부정행위를 하며 그의 첩을 부부공동의 가옥에 주거하게 하는 경우에는 이혼을 청구할 수 있다.
* 만 25세 이하의 아들이나 만 21세 이하의 딸은 부모의 동의 없이 혼인할 수 없다. 다만 부모 간에 의견차이가 있는 경우에는 아버지의 동의로서 충분하다.
* 혼인은 혼인할 동의가 없는 경우에는 성립하지 아니한다.

---

19) 상세한 것은 I. Collins, *Napoleon and His Parliaments*, 1979; A. Thibaudeau, *Bonaparte and Consulate*, 1908; *Code Napoleon; Or The French Civil Code*, Paris, 1804, translated by George Spence, T. Holmberg, *The Civil Code: an Overview*. Holmberg의 이 논문은 간단하게 성립사와 내용 영향 등에 관해서 간명하게 해설하고 있다.

* 아버지는 혼인 중에 있는 자식들이 미성년인 경우에는 후견자가 된다.

3) 의의와 영향

나폴레옹은 군인으로서 일뿐만 아니라 법률제정자로서도 유명하다. 그는 집권 중 프랑스의 제정법과 관습법을 통합하기 위하여 노력하였는데 그 중에도 나폴레옹 민법전은 세계적인 의의를 가진다. 이 민법전은 1801년 말에는 완성되었으나 1804년 3월 21일에 공포되었다.

여기서 프랑스혁명이 주장했던 기본권은 대부분 포함되었다. 단 선거권에서 여성의 참정을 인정하지 않았고, 혼인법에서 남편의 우선을 규정한 것 등이 여권론자에 의하여 비판되었으나 1940년대에 개정되었다. 가족에 관해서는 가족법에서 규정하고 있다.

이 Civil Code(민법전)은 법의 세계에 광범위한 영향을 미쳤다.[20] 특히 프랑스의 위성국가에서는 이를 수입하는데 성공적인 역할을 했다. 이 민법전은 1806년 이탈리아에 큰 영향을 주었으며 네덜란드의 백팔십만 주민을 위해서는 특별한 법이 필요 없다고 하여 이를 그대로 썼고, 독일 라인란트지방에서도 이 법률을 적용하였다. 독일은 1900년대에 와서 독일에서도 프랑스 지배 시에 적용되었던 17%가 프랑스민법전을 적용하였었다. 폴란드에서도 1808년에 Code Napoleon이 시행되었다. 일본에서도 처음에는 프랑스 민법전을 초안으로 일본민법안을 기초했었다. 그것이 나중에는 독일민법 안이 공포되어 시행되었다.

6. 1814년 왕정복고헌법

1) 나폴레옹의 몰락과 왕정복고

나폴레옹이 전쟁에서 패배하고 폐위되어 엘바섬으로 추방되자 다시 왕정이 복귀되어 루이 18세가 등극하게 되었다. 그는 루이 16세의 동생으로 59세였다. 그는 1848년에[21] 헌장(Charter of 1804)을 발표하였는데 타협의 선물이었다. 이때부터 나폴레옹 1세의 백일통치를 제외하고 1830년 혁명까지를 왕정복고(Restauration)라고 한다. 1814년 4월 4일 나폴레옹의

---

20) Napoleon Code의 국제적 영향에 관해서는 B. Schwartz (ed.), *The Code Napoleon and the Common Law World*, NYU Press, 1956; X. Blanc-Jouvan, *Worldwide Influence of the French Civil Code of 1804, on the Occasion of its Bicentennial Celebration*, Sept. 27. 2004, Cornell Law: A Digital Repository.

21) H. Gregoire, *De la constitution française de l'an 1814*; Documents upon the transition to the Restoration Monarchy, Constitutional Charter of 1814.

첫 실각 후에 상원은 헌법안을 발표하였다. 그러나 이 헌법초안은 채택되지 않았고 6월 4일의 루이 18세가 왕으로 흠정헌법을 제정하였다(Charte Constitutionnelle du 4 Juin 1814).

2) 기본권의 내용

이 헌법은 왕의 절대적 권력을 포기한 입헌주의 군주주의 헌법이다. 전문에는 왕의 헌법흠정의 경위를 설명하고 이 헌법을 신하들에게 부여한다고 하고 있다.[22]

첫 절은 프랑스인의 공법(Public Law of the French)으로 인권선언에 대체되는 것이다. 내용의 요지만 보면 다음과 같다.

① 프랑스인은 그들의 칭호나 계급에 관계없이 법 앞에 평등하다.

② 프랑스인은 그의 재산의 비율에 따라 국가의 비용을 부담해야 한다.

③ 프랑스인은 민사기관과 군기관에 평등하게 고용될 수 있다.

④ 프랑스인은 법률이 사전에 규정한 형식에 따라 소추되거나 체포되지 않는 한 인신의 자유를 가진다.

⑤ 누구나 평등하게 종교를 가질 수 있으며 신앙의식의 평등한 보호를 받는다.

⑥ 가톨릭, 사도회, 또는 로마교는 모두가 국가 내 종교이다.

⑦ 가톨릭, 사도회와 로마교회의 기독교 교파의 목회자는 종교금고에서 장학금을 받는다.

⑧ 프랑스인은 의견표현이 자유의 남용으로 필요한 법률의 규정에 합치되는 한 자기의 사를 출판하고 인쇄할 자유를 가진다.

⑨ 국유이거나 법률이 규정한 모든 재산은 예외 없이 침해할 수 없다.

⑩ 국가는 법적으로 명시된 공공의 이익을 위하여 사전적인 보상을 하여 재산권의 희생을 요구할 수 있다.

⑪ 왕정복고 이전에 행해진 의견이나 투표에 대한 조사는 금지된다. 법정이나 시민에 의하여 요구되는 경우에는 동일한 사면이 행해진다.

⑫ 징병제도는 폐지된다. 육군이나 해군의 모병제는 법률에 의한다.

3) 의의와 영향

이러한 권리는 입법에 의하여 제한되고 있다. 권리의 보장 구제는 법원에 의한 것이 아니고 입법에 의해서 행해지게 되었다. 또 기본권을 제한하는 입법에 대한 사법심사제도가 없

---

22) H. Morrison, *The French Constitution*, 1930; H. Gregoire, *De la constitution française de l'an 1814.*

었다. 왕정헌법이기 때문에 국민의 자연권이 아니라 왕의 은혜인 것처럼 규정되어 영국의 권리장전 등을 회상하게 한다. 그러나 나폴레옹 민법전의 규정에 의하여 혁명의 성과는 얼마간 유지되었다고 하겠다. 이 7월혁명의 결과 성립한 헌법은 오래가지 못하였다(1830년 7월혁명).[23] 권리조항은 거의 같았다.

7. 1830년 프랑스제국헌법

1) 프랑스 7월혁명

프랑스의 1830년의 제2 혁명은 루이 18세가 사망한 뒤 그의 동생인 샤를 10세가 등극한 뒤에 일어났다. 그는 새로운 프랑스헌법을 제정하였는데 시민이 반감을 가졌다. 1830년 7월 27일에 혁명이 일어나서 3일만에 샤를 10세가 먼 조카인 루이 필리프에게 양위하였다.[24]

1830년 혁명은 7월혁명으로 더 널리 알려지고 있다. 1830년 7월 27일에는 파리에서 군대와 시민 간의 전쟁이 일어났다. 3일간의 전투에서 시민군이 승리하였다. 그리하여 새로 취임한 루이 필리프(Louis Philippe) 왕은 온건노선을 취하게 되었다.

2) 1830년 헌법의 기본권 규정

이 헌법은 혁명의 이유를 제공한 헌법으로 왕이 만든 흠정헌법이었다. 이것은 1814년의 헌법적 헌장을 수정한 것으로 1830년 8월 7일에 상·하 양원을 통과하고 9일에 공포된 것이다. 기본권은 11조로 구성되어 있었다. 특별 조항으로서 ① 정치적 언론범죄에서는 배심재판을 보장할 특별법을 만들고 ② 장관이나 행정기관의 책임에 관한 규정 ③ 봉급을 받는 공무원에 승진한 대의원의 재선문제 ④ 군대의 수(contingent)에 대한 년차 투표(vote annual) ⑤ 국방군의 조직과 그들의 선택에 따른 참여 ⑥ 육군과 해군의 모든 계급에서의 사관의 신분유지 보장 ⑦ 선거제도에 근거한 지방자치기구의 구성 ⑧ 공교육기관의 설치와 교육의 자유 ⑨ 2중투표의 금지와 선거권의 조정 등을 공약한 것이었다.[25]

---

23) 권리조항은 1814년 헌법이 12개 조였었는데 1830년 헌법은 11개로 거의 같았다. F. Anderson, *The Constitution and Other Select Documents Illustrative of the History of France: 1789-1901*, 2nd ed. 1950. pp. 507-513.

24) J. Dunn, *The French Revolution: The Fall of Monarchy*, 2003.

25) Modern History Sourcebook, *The French Constitution of 1830*, Fordham University.

3) 1848년 혁명에 의한 공화정 이행

이러한 공약에도 불구하고 왕의 입헌주의와 군주주의 조화의 실험은 성공하지 못하였다.

8. 1848년 공화정헌법

1) 공화정의 성립: 1848년 혁명

1830년 헌법 하에서도 정치적 집회나 정치적 데모행위가 금지되어 있었기에 모금방켓트를 열어 이러한 금지규정을 우회하여 집회를 계속하였다. 이 캠페인은 1847년부터 시작하여 1848년 2월까지 계속되었다. 루이 필리프 왕은 이 활동을 금지하였다. 그 결과 시민이 들고 일어나 공화주의자와 자유주의자인 오를레앙파들을 도왔다.

1848년 2월까지 반란이 행해졌다. 시민과 지방민병들이 충돌하였다. 반란군들이 관청에 들어서자 사관이 발포를 명하였다. 이에 군인들이 군중들에게 발포하여 52명이 살해당했다. 이에 방화가 행해지고 저항은 더 거세졌다. 시민군들이 왕궁을 향하여 진군하였다. 이에 필리프 왕은 퇴위하고 영국으로 도피하였다. 이에 정체가 변경되어 다시 공화정이 되었다. 당시 유럽에서는 의회민주주의가 주류였는데 왕이 절대왕권을 행사하려다 군주제가 종말을 고했다. 1830년과 1848년의 혁명은 비슷하여 이로써 공화정이 성공하게 되었다.[26]

2) 1848년 헌법상의 기본권 조항

프랑스 1848년 헌법은 1848년 11월 4일에 국민의회를 통과하였다. 이것은 1852년 1월 14일에 폐지되고 1852년 헌법이 이를 대체하였다. 이 새헌법은 1848년 헌법에 대한 상당한 변경이었으며 제2공화국에서 프랑스 제2제국의 헌법으로 기능하였다.

이 헌법은 단기간에 적용된 것이기 때문에 설명은 간략히 하겠다.[27]

제1조 주권은 프랑스 시민의 총체(universalité des citoyens français)에 속한다. 주권은 양도할 수 없으며 영구하다. 어떤 개인도 어떤 파당도 이 권리를 행사하지 못한다.

---

26) G. Lefebvre, *The Coming of French Revolution*, Princeton, 1947; République Française Constitution, 1846; French Government Constitution de 1848; U. Henkin, *Constitutionalism and Rights*, 1990; France, *République Française −Constitution− 1848*, New York, 1848.

27) 헌법 전문은 김충희 옮김, 전게서, 520−536.

제2장 권리는 헌법에 의하여 보장된다.

제2조 누구도 법률이 규정한 외에는 체포되거나 수감되지 않는다.

제3조 프랑스 영토 내의 어떠한 주거도 불가침이다. 법률의 규정에 의하지 않으면 주거에 침입할 수 없다.

제4조 누구든지 자격있는 판사(juge naturel)에 의하지 않고는 심판을 받지 아니한다. 어떠한 명목으로도 어떠한 명칭하에서도 특별위원회와 특별법원은 설치될 수 없다.

제5조 정치적 범죄에 대한 사형은 폐지한다.

제8조 시민은 결사의 권리를 가진다. 평화적이고 비무장적인 집회는 허용된다.

제9조 학비는 면제된다. 등록금의 자유는 법률에 정한 조건에 따라 국가의 감독을 받는다.

제11조 재산권은 불가침이다.

제14조 국채(dette publique)는 보장된다.

제15조 조세는 공공의 이익을 위해서 부과된다.

이 밖에도 그 전 헌법에 있어서 규정된 것이 있었으나 마르크스는 이 조항들이 법률유보 하에 있기 때문에 법률에 의해서는 제한될 수 있는 폐단이 있다고 주장하고 그 시정책을 설명하고 있다. 특히 그 이전에 있던 교육의 권리, 노동의 권리, 공공부조의 권리를 삭제한 것을 비판하고 있다.[28][29]

3) 의의와 영향

이 헌법은 비록 단명에 그쳤으나 프랑스 제2공화국헌법으로서 중요성을 가진다. 프랑스 제2공화국은 사회적 불만이 심했고 파당이 생겨서 군주제로 옮긴 것이 한스럽다. 이 공화국의 헌법은 유럽의 여러 나라에 많은 영향을 끼쳤다.[30] 이 헌법의 심의에는 토그빌까지 참여하여 양원제를 주장하였다. 그러나 단원제 신봉자가 많았다. 제2공화국에서 파리 노동자들이 폭동을 일으키자 이를 강압하여 3천명이 살해되고 1만 2천여명이 체포되었다. 이러한 사회 불안이 쿠데타를 유발하였다.

---

28) J. Hill, *The Revolutions of 1848 in Germany, Italy, and France*, Eastern Michigan University DigitalCommons, 2005; E. Curtis, *The French assembly of 1848 and American constitutional doctrines*, 1918.
29) The Constitution of the French Republic Adopted November 4, 1848; *Works of Karl Marx*, 1851.
30) 간단한 것으로는 Norton Company, *From Restoration To Revolution*, 1948; *France: Second Republic (1848-1852)*.

9. 제2제국헌법(1852년 헌법)

1) 제2공화국의 성립

1851년에 대통령이던 Louis-Napoleon 공이 재선을 위한 헌법개정안을 제출했는데 재선금지규정의 개정은 부정되었다. 1851년 12월 2일 쿠데타를 일으켜 의회를 해산하고 스스로 제왕이라 칭하였다. 그의 쿠데타는 1851년 12월 22일 국민투표에서 승인되었다.

의회에서는 나폴레옹을 선출하여 프랑스인의 황제로 추대하였다. 이로써 나폴레옹은 1851년 11월 7일에 제왕(나폴레옹 3세)로 선임되었으며, 1851년 12월 2일에 대관식을 올렸다. 이것은 제2제국의 출현이라고 하겠다.[31]

2) 내용

나폴레옹 3세는 1852년 1월 14일에 헌법[32]을 제정하였는데 그전 것과 별로 변화가 없었다. 나폴레옹 3세는 군주이면서 민중들에게는 민주주의 민주정치가 행해지는 것으로 믿게 하였다.

이 헌법은 1852년 11월 7일 상원에 의하여 개정되었으나 내용은 별 차이가 없었다. 이 개정헌법은 국민투표에서 승인되었다. 그는 1852년 12월 2일에 제2제정을 선포하고 제왕적 헌법은 1852년 12월 25일에 공포·시행되었다.

그는 앙시앵 레짐으로 복귀하지 아니하고 1789년의 혁명이념을 계승한다고 하였다. 이 헌법은 권력분립을 규정하고 대통령의 임기는 10년으로 하였으나 재선되었다. 그는 국무회의의 수장이며 의회의 권력도 약화시켰다.

그는 황제이면서도 의회에 토론의 자유를 인정하였다. 또 장관들이 국민에게서 선출된 의회에 책임을 지도록 하였다. 언론의 자유를 보장하고, 교회의 교육에 대한 간섭을 줄이고, 여성에게도 학교에 다닐 수 있는 기회를 제공하였다. 근로자의 조합결성의 자유와 파업의 자유를 인정하였다.

이것은 1860년 재정 스캔들이 터지자 국민이 저항할까봐 이에 대한 대비로 민주화조치

31) *1852 Marx 18h Brumaire of Louis Napoleon*, Communist University; R. Price, The Second Empire 1852-70; R. Price, *Napoleon III and the Second Empire*, 1997; R. Price, *The French Second Empire: An Anatomy of Political Power*, 2001; A. Broglie, 1852 et la révision de la constitution; Cucheval-Clarigny, *Histoire de la Constitution de 1852: Son Developpement et sa Transformation*, 1869.
32) 헌법 전문의 번역은 김충희 옮김, 전게서, 536-542.

를 취한 것이다. 이때는 Marx, Engels를 비롯한 사회주의자가 활동하던 시기였다. 그는 자주
헌법을 개정하여 점차 의회의 권력을 강화하였다. 그리고 정부에 대한 질문권 등을 인정하여
내각제적인 운영을 꾀하고 있었다. 1870년 9월 2일 Napoleon 3세의 프랑스 육군은 Sedan의
전쟁에서 패하여 사실상 제2제국은 망하였다. 독일군은 파리를 점령하였다.

    1871년에는 전쟁에서 프로이센(독일군)에게 패하고 노동자혁명이 일어나서 나폴레옹 3
세가 퇴위하게 된다. 이로써 제2제정은 막을 내리게 되었다.

10. 제3공화국의 인권 규정(1871-1914)

1) 제3공화국의 성립

    제2제국은 프로이센과의 전쟁에 따라 사실상 해체되었다. 당시의 수상은 티에르(Thiers)
였다. 그는 1871년 초에 총선거를 실시하였다. 대의원 수는 645명이었으며 보르도에서 집회
했다. 이 중 400명 정도는 입헌공화제를 지지하였다. 그러나 파리 출신은 공화정을 원하였
다. 2월 17일에는 새 의회가 74세 된 티에르(Thiers)를 프랑스 제3공화국의 대통령으로 선출
하였다. 그는 베르사유에 가서 점령자인 비스마르크 수상, 독일왕과 휴전협정을 체결하였다.

2) 파리 코뮌 결성

(1) 전투

    종전 시에 400개의 대포가 파리에 남아 있었다. 이를 회수하기 위하여 정부군과 파리민
병대 간의 알력이 있었다. 1871년 3월 18일 정부군이 파리를 점령하려고 하였으나 실패하고
정부는 파리를 포기하고 베르사유에서 보르도로 이사하였다. 파리에서는 38명의 중앙위원회
를 만들어 정부의 조치를 거부하였다. 극좌파는 베르사유로의 진격을 원했으나 다수는 파리
의 법적 권위를 획득하기를 바랐다. 위원회는 3월 26일에 평의회(Council) 선거를 하기로 하
였다.[33] 그리하여 92명의 평의원이 선출되었다. 코뮌은 시의 행정기구로 변하여 자치행정을
강화하였다. 그런데 시민군이 정부군과 싸우게 되어 4월 3일에는 시민군이 베르사유 궁을
공격하였다. 이에 정부군은 독일에 요청하여 군사력을 강화하였다. 독일군은 프랑스 군인으

---

33) Free Dictionary, Paris Commune; A. Tracutenberg, The Lessons of the Paris Commune,
    International Pamphlets, No. 12(1934); P. Dorn, Two Month of Red splendor: The Paris Commune
    Additional Online Resources on the Paris Commune 2003; Marx/Lenin, *Civil war in France: The
    Paris Commune*, 1989; M. Jacobsen, The War of the Paris Commune, 1871.

로 독일군에 포로로 되어 있던 군인까지 석방해 주었다. 파리 시민군도 전비를 정비하였다.

4월 중순에 티에르 대통령은 파리 공격을 하여 폭격을 하기 시작하였다. 전세는 코뮌에게 불리하였다. 그러나 코뮌은 경찰력을 강화하였다. 코뮌은 공안위원회를 두어 이 공안위원회가 공포정치를 계속하였다. 정부군은 5월 13일에 Vanves 요새를 함락시키고 5월 21일에 최후진격을 하여 5월 23일에는 파리 서부를 점령하였다. 나아가 중요 건물을 폭격하거나 방화하여 잿더미로 만들었다.[34] 5월 28일 정부군은 종전을 선포하였다.

(2) 결과와 의의

파리 코뮌과의 전투결과에 대해서는 통계가 정확하지 않다. 공식적으로는 코뮌의 희생자를 17,000명이라고 하나 40,000명까지 추정치가 다르다. 오늘의 역사가는 20,000명에서 25,000명으로 보고 있다. 1873년까지 계속된 재판에서 사형되거나 종신형을 산 사람도 많다.

공산주의자들은 카를 마르크스에 따라 이 코뮌은 새 사회로의 명예로운 희생자로 보고, 이것은 노동계급에의 심장 속에서 살아 있는 위대한 순교자라고 칭송하고 있으나,[35] 엥겔스 (Engels)가 말한 것처럼 노동계급만의 전투여서는 안 되고 지방의 바리케이드의 구성도 더 많은 연구를 해야 한다. 노동자뿐만 아니라 사무원, 제대자들과 협동하여 상호원조를 얻어야만 성공할 수 있다고 하고 있다.

카를 마르크스의 칭찬은 최종적인 실패를 경험하지 않은 최초의 설명이고 엥겔스는 파리 코뮌의 결과까지 통찰한 것이기에 결론이 다르다. 그러나 파리 코뮌은 노동자 정부를 수립하는 실험장이었으나 실패한 혁명이라고 하겠다.[36]

(3) 파리 코뮌에서 논의된 권리

파리 코뮌에서 인권보장의 구상을 포함하여 새로운 헌법구상의 몇 가지가 발표되어 있다.

파리 코뮌의 문서에는 「헌법」이라든가 「인권선언」이라는 규정이 없다. 그러기에 단편

---

34) 전투에 관해서 M. Jacobsen, The War of the Paris Commune, 1871.

35) 이것은 마르크스가 1870년에서 1871년까지 기술한 것이며 그 뒤에 평가는 반영하지 못한 것이었다. Marx, "The Paris Commune" in *The Civil War in France*; 칼 마르크스, 프리드리히 엥겔스 지음, 『프랑스혁명연구(3)』, 태백, 1988; 김성연, 「파리콤뮨 연구」, 이화여대 석사학위논문, 1987; M. Jacobsen, *The War of the Paris Commune*, 1871.

36) 파리 코뮌에 관해서는 Marx/Lenin, *Civil war in France: The Paris Commune*, 1989; M. Jacobsen, The War of the Paris Commune, 1871; J. Merriman, *Massacre: The Life and Death of the Paris Commune*, 2014; 柴田三千雄, 『파리콤뮨』, 지양사, 1983; M. Jacobsen, The War of the Paris Commune, 1871.

적인 선언문에서 이를 찾아볼 수밖에 없다.[37] 3월 27일의 20구 공화주의 중앙위원회의 선언 중에는

① 언론·출판·집회·결사의 가장 완전한 자유, 개인의 존중, 사상의 불가침, 종교· 연극·출판에 대한 보조금 금지

② 비종교적인 전면적 또는 직업적 교육의 보급, 실업이나 파산을 포함한 모든 위기에 대한 코뮌적 보험제도의 조직

③ 인민주권 원리에 의한 광범한 참정권의 보장, 모든 공무원, 법관에 적용되는 선거의 원칙, 수임자의 귀책성, 파면청구가능성, 리콜권 등이 규정되어 있다.

4월 19일의 「프랑스 인민에 대한 선언」은

① 개인의 자유, 신앙의 자유, 노동의 자유의 절대적 보장

② 교육·생산·교환 및 신용을 발전·보급시킬 당면한 필요성, 관계자의 희망 등에서 얻어진 노동과 재산을 만인의 것으로 하는 여러 제도의 창설

③ 인민주권 원리에 의한 광범한 참정권의 보장

　　㉠ 모든 단계의 코뮌의 사법관 또는 공무원의 선거 또는 경쟁시험에 의한 책임 있는 선임 및 그 항상적인 통제결과 파면권.

　　㉡ 자기의 의사를 자유롭게 표명하고 그 이익을, 자유를 옹호함에 의하여 커뮤니케 이션의 공무에의 시민의 항상적인 참가. 이들 표현은 코뮌에 의하여 보장되나 코 뮌만이 집회 및 선전의 권리가 자유이고 정당한 행사를 감시하고 보장한다.

(4) 특색과 영향

이 두 선언은 정규의 인권선언이나 헌법이 아니기 때문에 새로운 인권보장의 방식을 체계적으로 표현한 것은 아니다. 그런데 이 권리의 주체는 인간 및 시민 이외의 노동자를 특기하고 있다. 그리하여 노동자로서의 생활에 불가결한 권리를 보장하고 있다. 여기서 생존권적 기본권이 보장되어 있는데 교육의 무상, 교육의 국가나 교회에서의 간섭·배제 등을 규정하고 있다.

파리 코뮌에서는 자본주의적인 사유재산제도를 부정하고 사회주의의 실현을 기하고 있었다고 하겠다. 임금제도를 완전히 배제하고 자본주의적 임금노동관계를 타파하려고 하고

---

37) D. Gluckstein, *The Paris Commune: A Revolution in Democracy*, 2006. 인권에 관해서 상세한 것은 杉原泰雄, 『人權の歷史』, 113-131 참조할 것. 위에 든 부분은 이 책의 해당 부분을 요약한 것이다 (117-118); A. Tracutenberg, The Lessons of the Paris Commune, *International Pamphlets*, No. 12(1934).

있었다.

이 파리코뮌은 마르크스나 레닌을 매개로 하여 사회주의 국가의 모델이 될 예정이었으나 좌절되었다. 파리 코뮌은 72일 동안 유지되었으나 소비에트 러시아의 정치에서는 이 제도도입이 논의되기는 하였으나 사실상에 있어서는 노동자에 의한 완전자치경제 공산주의는 성공할 수 없었다.

파리 코뮌이 실패한 뒤 프랑스는 마르크스주의에 반하는 도시가 되었다. 그 대신에 무정부주의자가 활기를 치게 되었다.

3) 1875년의 헌법적 법률

프랑스 제3공화국의 단일 헌법전은 제정되지 않았다. 대신에 1875년에 세 개의 헌법적 법률이 제정되었다.[38]

① 1875년 2월 25일 법−상원조직

② 1875년 2월 25일 법−정부조직

③ 1875년 7월 16일 법−정부기관 간의 관계

프랑스에서 헌법이 제정되지 않은 것은 처음이며 이러한 법은 헌법적 효력을 가진 것이라고 하겠다. 이 법률들은 1946년 헌법이 선포될 때까지 효력을 가지고 있었다. 제3공화국헌법에서는 기본권에 관한 성문규정이 없었다고 하겠다. 이들 조직법은 헌법개정법률로서 여러 번 개정되었다.[39]

기본권에 관해서는 1946년 헌법 전문이 상세하게 규정하고 있으며 1791년 인권선언과 함께 현행법으로서 효력을 가지고 있기 때문에 현행법을 설명할 때 설명하기로 한다.

제2절 독일에서의 기본권의 성문화

1. 서설: 계몽기의 법전화

독일은 유럽에서 정신적으로는 강국이었으나 기본권보장에 있어서는 후진국이었다고 하겠다. 그 이유는 미국에 식민지를 가지지 못했기 때문에 식민지인의 독립전쟁을 경험하지

---

38) F-A. Hélle, *Les Constitutions de la France*, Paris 1875-76.

39) C. Currier, *Constitutional and Organic Laws of France*, Philadelphia, 1893.

못하였기 때문이 아닌가 생각된다. 또 신성로마제국 하에서 정치체제가 안정되었으며, 종교적으로 가톨릭교회가 지배하고 있었기 때문에 국가에 대한 불복종이나 종교에 대한 불신이 별로 없었기 때문이라고 하겠다.

　　독일에서도 자연법론이 발달하였고 자연법이 지배하였으나 이것은 당연한 것으로 생각되었고 쟁취한 권리로 생각하지 않았다. 그것이 프랑스혁명의 결과로 인권의 불가침성에 대한 청구가 나타나기 시작하였다. 독일에서는 프랑스인권선언 이후에 인권선언운동이 일어났다는 것이 정설이 되고 있다.[40] 그 중에서도 프로이센 일반 란트법(Preussische Allgemeine Landrecht)(1794)은 인간의 권리에 관해서도 규정하고 있다.[41] 제73조 이하에서 국가 구성원으로서의 권리를 규정하고 있는데 제76조는 주민은 인신과 재산에 관한 청구권을 가진다. 제78조는 자구행위의 허용, 제79조는 법정의 재판에 의한 처벌(죄형법정주의), 제80조는 국가의 수장과 시민 간의 권한쟁의는 일반법원에서 법률이 정하는 바에 따라 판결되어야 한다. 제82조는 인간의 권리는 출생, 성분 등에 따라 법률의 규정에 따라 행사할 수 있다. 제83조는 인간의 일반적인 권리는 다른 사람의 권리를 침해하지 않는 한에 있어서 자연적 자유와 자기의 복지를 위해서 인정된다. 이 밖에도 관습법의 배제(§3), 학자의 의견이나 판사의 판례의 효력 부인(§6), 새 명령의 초안에 대한 것은 효력 발생 전에 입법위원회의 심사를 받아야 한다(§7). 법률의 효력은 공포하여 일반인에게 사전에 알려야 효력이 발생한다(§11). 법률소급효의 금지(§14) 등 법률의 효력발생의 요건 등을 규정하였다.

　　법률의 해석에 관해서도 상세히 규정하고 있다(§46-§58). 법률의 폐지(§59-§72)에 관해서도 상세히 규정하고 있다. 이들 권리규정은 나폴레옹 민법전보다 먼저 제정되고 효력을 발생하였다.

　　이 밖에도 각 지방의 지방법률이 기본권의 일반원칙들을 규정하고 있었다. 예를 들면 1807년의 바덴 일반민법을 들 수 있다.[42] 이는 프랑스의 나폴레옹 민법전을 500여 조항 추가하거나 개정한 것이었는데 이것이 1810년에 효력을 발생하게 되었다.[43]

40) J. von Süßman, *Vom Alten Reich zum Deutschen Bund 1789-1815*, 1. Aufl. 2015. 232 S; E. Huber, *Deutsche Verfassungsgeschichte seit 1789*, Bd. 1-7; J. Hilker, *Grundrechte im deutschen Frühkonstitutionalismus*, Diss. Osnabrück, 2005.
41) C. Bornhak, *Preußische Staats- und Rechtsgeschichte*, 1903, S. 540; Schuler von Libloy, *Abriss der europäischen Staats- und Rechtsgeschichte, 1874, S. 285.*
42) Code Napoléon mit Zusätzen und Handelsrecht als Landrecht für das Großherzogtum, Baden, 1810; Judith Hilker, *Grundrechte im deutschen Frühkonstitutionalismus*, Berlin, 2005.
43) J. Brauer, *Erläuterungen über den Code Napoleon und Die Großherzoglich Badische Bürgerliche Gesezgebung*, Bände 1-6, Karlsruhe 1809-1812.

2. 초기 입헌주의헌법의 기본권보장

1) 바이에른 지방 왕국의 헌법

바이에른 왕국에서는 16세기에 자유문서가 자유권보장에 기여해 왔다. 그런데 권리보장의 면에서는 1753년의 바바리아 사법전(Codex jure bavarici judicari)에서 권리의 사법적 보장을 규정하고 있었다. 여기서는 주로 공정한 사법절차에의 권리가 규정되고 있었다. 사법절차에서의 재판을 받을 권리와 재판에서의 신속·공정한 재판에 관해 규정하고 있었다.[44] 제1조에서는 형벌의 부과는 폭력에 의해서 행해지면 안 되며 법률에 따라 자기의 주거지 법원에서 재판을 받을 권리를 보장하고, 제3조에서는 재판적에 관해서, 제8조에서는 체포방식을 규정하고 있는데, 재판받을 사람은 소송물 계쟁물이 있는데서 체포되며 신분에 차별 없이 동등한 권리를 가진다고 규정하고 있다. 이 밖에도 정상적인 일반법관에 의한 재판을 받을 권리 등을 규정하고 있다. 나폴레옹 민법전이 민법에 관한 것이었는데 이 법은 재판법·형사법의 시초라고도 하겠다. 법관은 법관의 신분을 증명하는 서류를 가져야 하고 재판 전에 선서를 하도록 하고 있었다.

바이에른의 일부는 나폴레옹 전쟁 시 프랑스에 점령되었기에 프랑스 민법의 영향을 받았다(1801–1815). 대부분의 바이에른은 한 때 독일 분트에 합류하였다.

바이에른 지방은 일시 왕국으로 나폴레옹과 연대하여 싸워 영토를 넓혔다. 바이에른은 막시밀리안 요제프(Maximilian I. Josef)가 왕으로 등극하여 1808년 5월 1일에 헌법을 제정하였다. 헌법은 바이에른 왕국이 라인연맹의 한 부분이라고 하고(제1조), 왕국은 과거의 분권형에서 집권형 왕국으로 통일하였다. 여기서 노예제도를 폐지하고(제3조), 왕국은 모든 국민에게 신체나 재산의 안전을 보장하며 완전한 종교의 자유, 출판의 자유를 보장한다(제7조). 형법을 새로 만들어 태형을 금지하였다.

이 헌법은 기본권 보장이 잘 되어 있지 않았으며 1818년 헌법에 의해 대체되었다. 1818년의 막시밀리안 I세 요제프 헌법은 시민적 자유보장에 정치적 자유를 추가하였다. 이 헌법은 당시의 유럽에서는 가장 자유스러운 헌법이었다고 하겠다. 이 헌법에 따라 바이에른 왕국은 입헌군주제가 되어 100년을 지탱하였다. 1818년 헌법에 추가된 기본권은 ① 양심의 자

---

44) Anonymos, *Codex Juris Bavarici Judiciarii oder bayerische Gerichtsordnung Vom Jahre 1753 Nebst einem Anfange Amerkunen über D. Codex, J. B. Judiciari* Vol. 2, 2003; F. Wittreck, Vor- und Frühformen von Grundrechten in der bayerischen Verfassungsgeschichte, *Historisches Lexikon Bayerns.*

유와 정교의 분리 ② 남용을 방지하는 법률유보 하의 표현의 자유 ③ 공직 취임의 평등과 공로훈장 수여의 평등 ④ 병역근무병에의 평등한 징집 ⑤ 법률의 평등과 법률 앞의 평등 ⑥ 사법의 불편부당성과 신속에 관한 권리 ⑦ 조세의 평등조항 ⑧ 국가재정의 질서, 국가채무의 보장 ⑨ 분권형 지방행정 보장 ⑩ 시민의 국정에 대한 동의, 참여, 청원의 보장 ⑪ 헌법적 권리가 침해된 경우의 청원권 ⑫ 부당한 자의적 변경을 반대하는 헌법의 보장권 등이 추가되었다.

이를 받아 헌법 제4절에서는 시민의 일반적 권리 의무가 명확히 규정되어 있다. 또 5절에서는 특별한 권리 의무가 규정되어 있다.[45] 이 조문을 간단히 의역해 보면 다음과 같다.

제4절 시민의 일반적 권리 의무

제1조는 국적이 있는 자만이 모든 시민적·공법적·사법적 권리를 향유한다고 하면서 국적 취득은 출생이나 귀화에 의해서 가능하고 칙령이 정하는 바에 따른다고 했다.

제2조는 바이에른 국민의 권리는 국민의 지위에 따라 취득되고 상실된다고 했다.

제3조는 시민권의 행사는 법률에 따른 성년자만이 할 수 있으며 거주요건에 따라야 한다고 했다.

제5조는 바이에른 국민은 차별 없이 민간직이나 군사직·교회직에 취임할 수 있으며 시험에 응할 수 있다고 했다.

제8조는 국가는 모든 국민에게 인신과 재산과 그 권리의 안전을 보장한다. 어느 누구도 정상적인 판사의 재판을 받을 권리를 박탈당하지 아니 한다. 사적 재산권을 공공의 이익을 위해서 수용하는 경우에는 법령이 정한 바의 절차에 따라서 공적회의의 형식적 결정과 사전 보상 없이는 불가능하다. 공익을 위한 토지의 강제양도는 법률에 따라서만 가능하다고 했다.

제9조는 신앙의 자유는 완전하게 보장되며 단순한 가정의례는 어떠한 종교에 대해서도 허용된다. 3개의 기독교 교회는 동등한 시민적 권리와 정치적 권리를 가진다고 하고 많은 종교적 권리를 규정하고 있다.

제11조는 출판의 자유와 서적 판매의 자유는 이제까지 제정된 칙령의 규정에 의하여 보장된다고 규정하고 있다.

제12조는 모든 바이에른 국민은 사전에 제정된 법률에 따라 모든 시민은 전쟁업무와

---

45) A. Brandhuber, *Die Entwicklung der Grundrechte in Bayern*, Diss. Mainz, 1954; J. Hilker, *Grundrechte im deutschen Frühkonstitutionalismus*, Berlin, 2005; Verfassung des Königreichs Bayern, vom 26. Mai, 1818.

민방위업무를 위한 평등한 의무를 진다고 규정하고 있다.

제13조는 제국의 국민을 위한 국가 채무의 분담을 위해서는 어떤 계급에 따른 차이도 없이 평등하게 일반적으로 부담해야 한다고 규정하고 있다.

제5절 특별한 권리와 특혜

제1조 왕의 직은 제국의 최고의 존엄이며 남계혈통의 상속자 중 장자우선원칙에 따라 평생 그 지위를 계승한다.

제2조 전직 제국의 군주나 공작 등은 그 특권과 권리를 사전에 공포된 칙령이 정하는 바에 따라 보장된다.

제3조 바이에른 고권 하에 있었던 전직 귀족들은 헌법적 칙령에 따라 공포된 왕의 선언에 따라 과거에 누렸던 특권이 보장된다.

제6조 국가공무원과 일반공무원의 직무관계와 연금청구권은 근무관계의 규정에 따라 보장된다.

이 1818년 헌법의 규정은 프랑스의 인권선언과 달리 국가의 실정헌법에 의하여 왕이 부여하거나 보장하는 권리로 규정하고 있다. 이것이 미국의 인권선언이나 프랑스의 인권선언의 자연권선언과 다른 특색이다. 자연권의 선언만으로는 권리의 보장이 확실하지 않다고 보아 권리를 실정권으로 규정한 점에서 실정권의 보장에서 일보 진보한 것이라고 볼 수 있다. 바이에른 헌법의 기본권규정은 당시로서는 가장 잘 된 것으로 인정되었으며 100년의 수명을 다했다.[46]

2) 바덴 대공국 헌법

앞서 말한 바와 같이 바덴 대공국은 프랑스 민법을 수정하고 상법 조항을 추가하여 1810년에 효력을 발생하였다. 이 법은 나폴레옹 민법전을 독일에 도입한 것으로 중요하며 1899년까지 거의 90년간 효력을 가졌다.[47] 여기에는 제1부에서 시민권의 향유와 상실에 관해서 7조에서 33조까지 규정하여 시민의 권리·의무에 관해서도 규정하고 있었다. 이것은 나폴레옹이 1804년에 프랑스에 시행하던 것을 독일법 영역에서도 도입하기 위한 목적이었다.

바덴 대공국이 라인분트에 가입하여 각국마다 개별 헌법을 만들어야 한다는 권고에 따

---

46) W. Leisner, *Die bayerischen Grundrechte*, Wiesbaden, 1968; F. Wittreck, Grundrechte in der bayerischen Verfassungsgeschichte, *Historisches Lexikon Bayerns*.

47) J. Federer, Über den Freiheitsgedanken im Code civil und Badischen Landrecht, *Deutsches Rechts-Zeitschrift* 1. 1(1946), SS. 7-9.

라 1818년에 바덴헌법을 제정하였다.[48] 이 헌법은 1814년 루이 18세의 왕정복고헌법과 비슷하게 3권분립을 규정하고 있다. 이 헌법 제2장은 바덴 시민의 국민으로서의 권리를 규정하고 있다. 제7조는 바덴 시민의 권리는 헌법에 특별한 규정이 없는 한 평등이라고 규정하고 제8조에서 모든 바덴인은 공적 부담의 차이에 불구하고 평등하다고 했고, 제9조에서는 모든 3대 기독교도는 종교의 차별 없이 같은 청구권을 가진다고 했다(시민에게 자유권과 재산권의 신성불가침을 강조하였다). 제11조에서는 노예제도의 폐지를 규정하였다. 제12조는 거주이전의 자유를 강조하였다. 제13조는 바덴인의 재산권과 인신의 자유를 강조하며 헌법에 의해 평등한 방법으로 보장된다고 했다. 제14조에서는 사법권의 독립을 규정하였고, 모든 시민적 쟁송에 있어서는 일반법원에서 재판할 것을 규정하였다. 또 재산권을 공공의 목적을 위하여 박탈당하지 않으며 국가 관련 부처의 토의와 결정에 따라 사전적인 보상을 하지 않는 한 수용될 수 없도록 규정하였다.

제15조는 형사사건에 있어서도 일반법원에서만 재판을 받을 수 있는 권리가 있음을 강조하고 법률적인 체포영장에 의하지 아니하고는 체포당하지 아니하며 24시간 이상의 교도소 구금은 금지된다고 하였다. 대공작은 형벌을 감경하거나 면제할 수 있으나 새로이 형벌을 가중할 수는 없게 하였다.

모든 재산의 몰수제도는 폐지하였다(제16조). 출판의 자유는 연맹의회의 사전적인 규정으로는 제한할 수 없다고 하였다(제18조). 세 가지 기독교 신앙을 가진 사람들의 정치권은 종교적 차이가 없이 평등하다(제19조). 교회 재산이나 공공재단의 재산이나 교육재단과 비영리 재단의 재산은 일반적인 공적 목적을 가진 한 축소되어서는 안 된다(제20조). 두 공립대학과 기타의 고등교육기관에 대한 기부는 허용되어야 하고, 일반적인 국고에 의한 지원에서 운영하는 경우에 축소되어서는 안 된다(제21조). 국가공무원의 법적 관계는 현행 법률이 규정한 헌법에서 보장한다(제24조). 이제까지 있었던 과부보험제도와 화재보험제도 등은 보장된다(제25조).

제3절에서는 신분의회와 특수신분의 권리와 의무에 대하여 규정하고 있다. 지방의회는 양원으로 구성되며(제28조), 제1원은 귀족원으로 귀족신분을 가진 사람으로 구성되고(제27조) 두 공립대학의 교수도 4년의 임기로 대의원으로 선출될 수 있으며 정교수만이 투표권을 가진다(제31조).

제2원은 헌법이 규정한 배분방식에 따라 도시와 공공기관의 대의원이 선출한 63명의

---

48) W. Siemann, *Vom Staatenbund zum Nationalstaat: Deutschland 1806-1871*, München, 1995; H. Fenske, *175 Jahre Badische Verfassung*, Karlsruhe, 1993.

의원으로 구성한다(제33조). 이 대의원은 선거인단에 의하여 선출된다(제34조). 25세 이상의 시민은 선거인단의 선거에 참여할 수 있다(제36조).

이 헌법의 기본권 조항은 바이에른 헌법의 기본권 조항과 달리, 군주가 권리를 부여하는 것이 아니라 헌법이 보장하는 것으로 규정하여 자연권적인 면이 강하다고 하겠다.

그러나 1819년에는 카를스바더 결정(Karlsbader Beschlüsse)에 의하여 헌법에서 규정된 기본권은 효력을 상실하였다.

3. 독일제국에서의 기본권보장 시도

1) 독일 국가의 혁명초기(1789-1815)

유럽은 1789년 프랑스혁명 이후 1848년까지 혁명의 세기로 불리었다.[49] 독일도 마찬가지로 혁명기로 기록되어 있다.[50] 이 시기는 독일의 이상주의 철학이 성행했던 때로 독일청년들은 프랑스혁명에 열광적이었으며 Kant, Fichte, Hegel 등도 처음에는 인권사상에 찬동하였다. 다만 프랑스가 신성로마제국과 전쟁을 한 뒤에는 피히테는 애국주의를 고취하여 봉쇄상업국가론을 저술하기도 하였다. 프랑스혁명의 과격화로 독일시민들은 조용한 혁명을 택하였고 위로부터의 혁명을 수용하였다.[51]

정치적으로도 프랑스혁명은 독일에 큰 영향을 미쳤다. 프랑스는 독일의 일부 영토를 점령한 뒤 자치권을 주어 라인연맹에 가입하게 하였다.[52] 이는 신성로마제국의 분권형 통치에서 나폴레옹에 의하여 만들어진 연합체로서 1806년 7월 12일에 구성되었다. 이 라인분트조약(Rheinbunds-Akte)은 라인연맹에 가입한 국가들에게 적용되었다.[53] 여기에는 많은 독일지방 왕국이 가입조약에 따라 가입하였다. 이 헌법조약법에서는 기본권에 관한 규정은 없었으나 자유·평등에 관한 관습은 보다 강화되는 방향으로 나아갔다. 프랑스의 유혈적 폭거는 시민을 혁명하는데 주저하게 하였다. 기본권은 각국의 헌법에 규정되게 되었다.

---

49) Cosmo Learning History, *Europe 1789-1848:* The Age Revolution.

50) R. Aris, *History of Political Thought in Germany from 1789 to 1815*, 1965.

51) Geschichte(1800-1809) 'Revolution von Oben', *Kursbuch Geschichte*, Cornelsen, 2009. SS. 298-302.

52) Der Rheinbund, *Deutsche Verfassungsgeschichte*, SS. 289-299; E. R. Huber, *Deutsche Verfassungsgeschichte seit 1789*, Bd. 1, SS. 75-94; R. Schnur, *Der Rheinbund von 1658 in der deutschen Verfassungsgeschichte*, 1955; M. Doeberl, *Rheinbundverfassung und bayerische Konstitution*, 1924.

53) Rheinbunds-Akte, vom 12. Juli 1806.

나폴레옹은 낡은 국가조직을 폐지하고 정부를 중앙집권화 하였다. 1815년에는 1814년 5월 30일 파리평화조약 제6조에 따라 독일연맹조약(Deutsche Bundes-Akte)을 체결하였다. 이것은 라인연맹에 참가하지 않았던 프로이센, 오스트리아 등 모든 독일국가가 단일연맹으로 참여하는 조약이었다.[54) 여기서는 독일 분방의 권리와 의무에 관해서 규정하였다.

연맹의 한 곳에서의 거주의 자유, 독일헌법에 따른 권리와 의무, 군사문제에서 징병제도의 폐지, 봉건시대에서 주어진 특권의 존속, 그 밖의 영구에 대한 권리, 아들의 상속·승계 등을 규정하였다. 또 종교적 평등을 규정하였고 각 영주의 재산권을 보장하였다. 또 출판의 자유와 집필자의 권리, 출판사의 권리 등에 관하여 의회법을 제정하기로 하였다. 이 독일연맹은 프로이센왕국과 오스트리아왕국이 다 가입한 연맹국가였다. 이 연맹국가에는 1815년 6월 8일 현재 41개의 주·국가가 참가하였다.[55)

연맹의 중앙기관은 프랑크푸르트에 있는 연맹회의(Bundesversammlung=Bundestag)였다. 여기서는 헌법을 제정할 의무를 지고 있었다. 구성 국가들은 대부분이 헌법을 제정했으나 프로이센 등이 헌법을 제정하지 않았다. 이 국가연맹에서 가장 중요한 역할을 한 나라는 프로이센과 오스트리아로서 이 두 나라가 합의해야만 의회의 의결이 가능했다. 나폴레옹이 패퇴한 뒤 독일에서는 국수주의가 지배하였다. 독일에서도 혁명이 있었다. 1848년 3월부터 1849년까지를 1848년 혁명기라고 한다.[56) 역사가에 따라서는 1815년부터를 Vormärz(전 3월)이라고 하여 이때부터 혁명이 일어났다고 본다.

2) 프랑크푸르트 인권법

(1) 3월 혁명(Märzrevolution)과 프랑크푸르트 인권헌장

1848년 들어 파리에서는 2월 혁명이 일어났다. 독일에서도 혁명이 일어나 3월 13일에는 독일연맹을 지배해 오던 메테르니히(Metternich) 오스트리아 수상이 추방되고 3월 18일/19일에는 프로이센 폭동이 일어났다. 이에 독일에서도 시민대표에 의한 헌법제정이 논의되었다.[57)

---

54) Deutsche Bundes-Akte, vom 8, Juni 1815.
55) Der Deutsche Bund (1815-1830), Huber, *a. a. O.*, SS. 475-817.
56) Deutschland Zeittafel 1815-1849. Die Phasen der 1848/49er Revolution in Deutschland; Die Deutsche Revolution 1848/49 in *Globkult Magazin*; Deutsche Bund zur Zeit der Revolution 1848/49; ウィキベディア, ドイツにおける1848年革命.
57) 1848년의 독일혁명에 관해서는 *Deutschland in der Revolution von 1846 Überblicksinformation*, voraussetzung 1815-1848; Haus der Bayerischen Geschichte, *Die deutsche Revolution von 1848/49*.

1848년 5월 1일에는 국민의회가 선출되었고 5월 18일에는 프랑크푸르트의회가 개회되었다. 이 의회에서는 기본권규정에 대한 토의가 행해져 유명한 기본권조항이 의회를 통과하였다. 이 기본권 장은 프랑크푸르트헌법이 완전히 제정되기 전인 1848년 12월 27일에 법률로서 공포되었다.[58]

이 기본권 조항은 헌법제정회의에서 쇼오데르(Shoder)의 기본권위원회에서 기초한 것이었다. 사람들은 이 기본권 규정을 제일 처음 토의하였기 때문에 권력구조 조정문제에 완전 합의하지 못하여 독일제국(Deutsche Reich)이 성립되지 못했다고 비판하기도 한다.

그런데 이 프랑크푸르트헌법의 기본권 장은 그 당시에 어느 헌법보다도 상세하게 규정한 것으로 그 의의가 크다. 그 내용을 보면 다음과 같다.

(2) 프랑크푸르트 헌법(1849)
제6장 독일국민의 기본권

제130조 (1) 독일국민에게 다음과 같은 기본권이 보장되어야 한다. 이들 기본권은 독일 각 방[59]의 헌법에 대해 규범(規範, Norm)으로서 기능해야 하며, 독일 각방의 어떠한 헌법 또는 법률도 결코 그를 폐지하거나 제한할 수 없다.

제1절 [Artikel 1]

제131조 (1)[60] 독일국민은 독일제국을 구성하는 방의 소속민으로 이루어진다.

제132조 (1) 모든 독일인은 독일의 국가공민권을 갖는다. 모든 독일인은 국가공민권에 근거하여 그에게 귀속된 권리를 독일의 모든 지방에서 행사할 수 있다. 독일의 라이히의회 의원을 선거하는 권리는 라이히선거법이 정한다.

제133조 (1) 모든 독일인은 라이히 영역 내의 어떠한 곳에나 그의 거주지 및 주소를 정하고, 각종 부동산을 취득하고, 또한 그를 처분하며, 각 생업부문에 종사하며, 시읍면의 공민권을 취득할 수 있는 권리를 가진다.

(2) 거주지 및 주소의 조건은 고향법에 의해서, 영업의 조건은 영업법에 의하여 전독일에 적용되는 라이히의 권력으로 정한다.

---

58) Th. Mommsen, *Die Grundrechte des deutschen Volkes: Mit Belehrungen und Erläuterungen* (1849), Klostermann Verlag, 2003, S. 96; K. Moersch, *Die Geschichte der Grundrechte: eine württembergische Geschichte*, 2009; J. Franke, *Das Wesen der Frankfurter Grundrechte von 1848/1849 im System der Entwicklung der Menschen- und Grundrechte*, 1971.

59) 1848년의 독일 라이히는 국가연합과 같은 연맹제를 채택하고 있었다. 이때에 Reich는 '제국'이라고 번역한다. 1919년의 독일 Reich는 공화국이기 때문에 공화국이나 국으로 표현한다. Staat는 이때까지는 '지방(支邦)'으로 번역하였다. 1949년의 본 기본법은 Bund는 연방(聯邦)으로, Land는 '지방(支邦)'으로 번역하였다. 독일제국은 연맹제를 채택하여 연맹은 제국(Reich), 지방은 방(Staat)이라 번역했다.

60) 호수는 원 헌법에는 없으나 편의상 번역자가 부여한 것이다.

제134조 (1) 어떠한 독일의 방일지라도 민사, 형사 및 소송에 관한 권리에 있어 방의 시민과 여타 독일인 사이에 후자를 외국인으로 간주하는 차별을 하여서는 안 된다.

제135조 (1) (공민권을 상실시키는) 권리상실형[61]은 과할 수 없다. 이미 선고된 경우에는 취득된 사권이 침해되지 않는 한도 내에서 그 효력이 소멸되어야 한다.

제136조 (1) 타방으로의 이주의 자유는 방의 이익을 위하여 제한될 수 없으며, 이주세를 징수해서는 안 된다.

(2) 이주에 관한 사항은 제국의 보호와 배려를 받는다.

제2절

제137조 (1) 법률 앞에 신분의 구별은 적용되지 않는다. 신분으로서의 귀족제도는 폐지된다.

(2) 모든 신분적 특권은 제거된다.

(3) 모든 독일인은 법률 앞에 평등하다.

(4) 모든 칭호는 그것이 직무와 연관되지 않는 한 폐지되며, 그를 재도입해서는 안 된다.

(5) 방의 시민권 소유자는 어느 누구도 외국의 훈장을 받을 수 없다.

(6) 능력 있는 자는 누구나 평등하게 공직에 취임할 수 있다.

(7) 국방의 의무는 모든 자에게 평등하다. 국방의무의 대리 이행은 금지된다.

제3절

제138조 (1) 신체의 자유는 불가침이다.

(2) 인신의 구속은 현행범으로 체포된 경우가 아닌 한, 판사의 이유를 갖춘 영장[62]에 의해서만 가능하다. 이 영장은 체포의 순간 또는 그 후 24시간 이내에 체포자에게 교부되지 않으면 안 된다.

(3) 경찰관서는 유치인을 익일 중으로 석방하거나 아니면 재판관서에 인도하여야 한다.

(4) 구금된 자는 형법상 유력한 중죄의 고지가 없는 한, 법원에 의해서 정해진 보석금 또는 인 보증을 세우고 피의자는 석방될 수 있다.

(5) 위법으로 처분되거나 위법적으로 장기간 구금된 경우에는 그 책임을 지는 자 또는 필요한 경우 국가가 피해자에게 배상과 보상을 할 의무를 진다.

(6) 육운제도 및 해사(海事)제도는 필요하여 이 규정들을 수정하는 일은 특별법률에 유보된다.

제139조 (1) 전시법이 사형을 규정한 경우나 또는 해사법이 폭동 시에 사형을 허용하는 경우를 제외하고는 사형 및 기둥에 매는 형, 소인형, 신체적 학대의 형은 폐지된다.

제140조 (1) 주거는 불가침이다.

(2) 가택수색은 다음 경우에만 허용된다.

---

61) 시민적 사형제도(das bürgerliche Tod)는 시민의 권리를 박탈하는 형벌을 말한다.
62) 법관의 명령(Befehl)은 영장으로 번역했다.

a. 즉시 또는 수색 후 24시간 이내에 당사자에게 판사의 이유를 갖춘 영장을 근거로 교부된 경우,

b. 법률상 권한이 있는 공무원에 의해서 현행범으로 체포된 경우,

c. 법률이 예외규정으로 인정한 경우에는 판사의 영장이 없이도 권한 있는 공무원이 예외적으로 가택수색을 할 수 있다.

(3) 가택수색은 가능한 한 가족의 입회 하에 이루어져야 한다.

(4) 재판상 추적된 자를 체포하는 데에는 주거의 불가침이 장애가 되지는 안는다.

제141조 (1) 서신 및 문서의 압수는 체포 또는 가택수색의 경우를 제외하고는, 판사의 이유를 갖춘 영장에 의해서만 가능하다. 이 영장은 즉시 또는 압수 후 24시간 이내에 당사자에게 교부되어야 한다.

제142조 (1) 서신의 비밀은 보장된다.

(2) 형사재판에 따르는 조사의 경우 및 전시에 필요로 하는 제한은 입법에 의해서만 확정된다.

제4절

제143조 (1) 모든 독일인은 구두, 문자, 인쇄 및 화상적 표현으로 자기 의사를 자유로이 표현할 수 있는 권리를 가진다.

(2) 출판의 자유는 어떤 사정 아래에서도, 또한 어떠한 방법으로 즉 검열, 허가, 담보설정, 국정판 등 예방적 조치를 할 수 없다. 인쇄나 서적 판매 제한, 우편금지 또는 그 밖의 방법으로 자유로운 거래의 저지 등에 의해서 제한되거나 정지되거나 혹은 폐지되어서는 안 된다.

(3) 직권으로 소추된 출판범죄는 배심법원에서만 판결된다.

(4) 출판법은 제국에서 제정한다.

제5절

제144조 (1) 모든 독일인은 완전한 신앙과 양심의 자유를 가진다.

(2) 어느 누구도 종교상의 확신을 공개해야 할 의무를 지지 않는다.

제145조 (1) 모든 독일인은 공동의 가정 및 공공의 종교행사에 제한을 받지 않는다.

(2) 이 자유의 향유에 대해 범한 중죄 및 경죄는 법률에 의해 처벌된다.

제146조 (1) 종교상의 신앙고백에 의해서는 개인권 및 공민권의 향유가 조건지워지거나 제한되지는 아니한다. 종교상의 신앙이 공민으로서의 의무를 방해해서는 안 된다.

제147조 (1) 각 종교단체는 독립적으로 그의 사무를 처리하고 또한 관리한다. 단, 국가의 일반법률에 복종해야 한다.

(2) 어떠한 종교단체라도 국가로부터 다른 종교단체보다 많은 특권을 받을 수 없다. 금

후 국가교회는 존재하지 않는다.

(3) 새로운 종교단체의 설립은 허용된다. 국가에 의해서 그의 신앙이 승인되어야 할 필요는 없다.

제148조 (1) 어느 누구도 교회의 활동이나 제전을 하도록 강제되지 않는다.

제149조 (1) 금후의 선서방식은 '신의 가호에 따라'로 해야 한다.

제150조 (1) 민사결혼의 유효성은 민사성혼의 완료에 의해서만 인정된다. 교회의 혼인 체결행위는 민사성혼의 완료 후에라야만 행할 수 있다.

(2) 종교의 상위는 민사혼의 성립에 장해가 되지 않는다.

제151조 (1) 호적부는 민사관청이 관장한다.

제6절

제152조 (1) 학문 및 그 교수는 자유이다.

제153조 (1) 교육제도는 국가의 감독을 받는다. 종교교육을 제외하고는 교회 목회자에 의한 교육의 감독을 폐지한다.

제154조 (1) 교육시설을 설립하고 지도하며 그 시설로 교육을 행하는 것은, 해당 국가관청에 그 능력을 인정받는 경우, 모든 독일인에게 자유롭다.

(2) 가정교육은 어떠한 제한도 받지 않는다.

제155조 (1) 독일소년의 훈육에 관해서는 공립학교에 의해서 어디서나 충분히 보장되어져야 한다.

(2) 양친 또는 그의 대리인은 자기의 자녀 또는 피보호자를 하급 국민학교에 관한 규정에 따른 교육을 받지 않은 채 방치해서는 안 된다.

제156조 (1) 공립학교의 교사는 국가의 공무원으로서의 권리를 가진다.

(2) 지방은 법률로 규정된 시읍면의 참여 하에 시행된 시험에 통과한 자 중에서 국민학교의 교사를 임명한다.

제157조 (1) 초등학교 및 하급 직업학교의 교육에는 수업료를 지불하지 않는다.

(2) 재정능력이 없는 자에 대해서는 모든 공립의 교육시설에서 자유로운 교육이 보장되어야 한다.

제158조 (1) 원하는 바에 따라 직업을 선택하고 직업교육을 받는 것은 각자의 자유이다.

제7절

제159조 (1) 모든 독일인은 관청, 국민대표기관 및 제국의회에 대해 문서로서 청원하고 소원하는 권리를 가진다.

(2) 이 권리는 개인이나 단체, 또는 결사 중의 다수인에 의해서 행사될 수 있다. 그러나 육군 및 해군에서는 복무규정이 정하는 방법에 의해서만 행사할 수 있다.

제160조 (1) 공무원을 그의 직무상의 행위를 이유로 소송을 제기할 경우, 관청의 사전허가를 필요로 하지 않는다.

제8절

제161조 (1) 독일인은 무기를 휴대함이 없이 평화적으로 집회를 열수 있는 권리를 가진다. 이에 대해 특별한 허가를 필요로 하지 않는다.

(2) 옥외의 국민집회가 공공질서 및 안전에 급박한 위험이 될 경우에는 금지할 수 있다.

제162조 (1) 독일인은 결사를 결성할 권리를 가진다. 이 권리는 예방적 조치에 의해서 제한되지 않는다.

제163조 (1) 제161조 및 제162조에 포함된 규정은 군의 징계규정에 위반되지 않는 한 육군과 해군에도 적용된다.

제9절

제164조 (1) 소유권은 불가침이다.

(2) 공용사용은 공공의 복리를 고려해서만 법률에 근거해서만 그리고 정당한 보상을 지급하고서만 할 수 있다.

(3) 지적 재산권은 제국의 입법에 의해서 보호되어야 한다.

제165조 (1) 모든 토지소유자는 그의 소유지를 생전행위 또는 사망으로 전부 혹은 그 일부를 처분할 수 있다. 모든 토지소유권에 관한 분배가능원칙의 실시는 각 지방의 경과법률로 규정한다.

(2) '죽은 손'에 대해 부동산 취득 및 처분의 권리를 제한하는 것은 공공복리를 위한 법률로써 허용한다.

제166조 (1) 모든 군신관계 및 예속관계는 영구히 소멸한다.

제167조 (1) 다음 사항은 보상 없이 폐지된다.

① 영주재판권과 영주경찰권 및 그들 권리에서 파생되는 권능, 면책특권, 조세권

② 영주관계로부터 발생하는 개인적 과세 및 급부

(2) 이들 권리와 동시에 종래의 권리자에게 부과되었던 반대급부 및 부담도 또한 소멸한다.

제168조 (1) 토지와 관련되어 존재하는 모든 부담 및 급부, 특히 10분의 1세는 상각할 수 있다. 상각이 부담자의 신청에 의해서만 이루어질 것인가, 또는 권리자의 신청에 의해서만 이루어질 것인가, 아니면 어느 방법에 의해서 행해질 것인가 하는 것은 각 방의 법률에 위임한다.

(2) 금후 어떠한 토지와 관련해서도 상각불능의 부담 또는 급부를 과해서는 안 된다.

제169조 (1) 토지소유권에는 자기소유지에서의 수렵권이 포함된다.

(2) 타인 소유지에서의 수렵권, 수렵근무 및 수렵보조부역 목적의 여타 급부는 보상 없이 폐지된다.

(3) 그러나 부담목적지 소유자와의 명백한 유상계약에 의해서 취득한 수렵권은 상각할 수 있다. 상각의 방법 및 종류 등 상세한 것은 지방의 법률로써 정한다.

(4) 공공의 안전과 복리의 이유에 입각에서 수렵권의 행사를 규제하는 것은 지방의 입법에 유보된다.

(5) 타인 소유지에 대한 수렵권은 장차 토지의 권능으로 재설정되어서는 안 된다.

제170조 (1) 가족세습유증신탁은 폐지되지 않으면 안 된다. 폐지의 방법 및 조건은 각방의 입법으로 정한다.

(2) 통치자인 공작가문의 가족세습유증신탁재산에 관해서는 지방의 입법규정에 유보에 의하여 인정한다.

제171조 (1) 모든 봉건적 유대조직는 폐지되어야 한다. 실행방법의 상세한 것은 각방의 입법으로 정해야 한다.

제172조 (1) 재산몰수형은 과해져서는 안 된다.

제173조 (1) 각방 및 시읍면에서의 과세는 각 신분 및 토지가 특별한 특혜를 수반하지 않도록 규율되어야 한다.

제10절

제174조 (1) 모든 사법권은 각 지방에서 나온다. 어떠한 영주재판소도 존속될 수 없다.

제175조 (1) 사법권은 법원에 의해서 독립적으로 행사된다. 내각 및 대신에 의한 관방사법[63]은 허용되지 않는다.

(2) 어느 누구도 법률상의 '재판관에게 재판받을 권리'를 박탈되어서는 안 된다. 예외재판소는 인정되지 않는다.

제176조 (1) 사람 또는 재화에 대한 특권적인 재판권은 존재할 수 없다.

(2) 군사재판권은, 전시상태의 경우를 위한 규정을 제외하고는, 군사중죄와 군사경죄 및 군징계범죄에 대한 판결에 국한한다.

제177조 (1) 어떤 판사도 판결 및 법에 의하지 아니하고는 그의 관직에서 추방당하지 않으며 또한 그의 위계 및 봉급의 침해를 받지 않는다.

(2) 재판의 판결에 의함이 없이 정직되어서는 안 된다.

(3) 법률에 의해서 정해진 경우와 방식에 따른 법원의 결정에 의하지 아니하고는 어떤 판사도 그의 의사에 반해서 다른 지위로 이전되거나 퇴직당하지 아니한다.

---

63) 관방사법(ministerial Justiz)(官房司法).

제178조 (1) 재판의 과정은 공개되어야 하며 또한 구두에 의해야 한다. 공개의 예외는 윤리적 이유에 따라 법률로 정한다.

제179조 (1) 형사사건에는 공소제기소송이 행해진다.

 (2) 배심법원은 형사중죄 및 정치범죄에 판결을 한다.

제180조 (1) 민사사건은 특별한 직업적 경험을 필요로 하는 사건에 있어 전문지식을 가진 직업 판사 중에서 자유로이 선출된 판사가 단독이나 합의에 따라 결정해야 한다.

제181조 (1) 사법과 행정은 분리되어야 하며 상호 독립되어야 한다.

 (2) 각방에 있어서의 행정관청과 사법관청 사이의 권한쟁의는 법률에 의해서 정해진 법원이 재판한다.

제182조 (1) 행정 '기관에 의한' 사법은 폐지되며, 모든 권리침해에 대해서는 법원이 재판한다.

 (2) 경찰에는 형사재판권이 없다.

제183조 (1) 독일법원의 확정력 있는 판결은 독일의 모든 지방에 동일하게 유효하며 또한 집행가능하다.

 (2) 상세한 사항은 제국법률로 정한다.

제11절

제184조 (1) 각 시읍면은 그의 헌법상의 기본권으로서 다음에 열거한 권리를 가진다.

 ① 시읍면장 및 대표자의 선거

 ② 법률로 규제된 바 국가의 감독 하에 지구경찰을 포함한 시읍면 사무의 독립적 행정

 ③ 시읍면 재정의 공표

 ④ 토의의 원칙적인 공개

제185조 (1) 각 토지는 하나의 시읍면 조합에 속해야 한다. 삼림지 및 황무지임으로 인한 제한은 지방의 입법에 유보된다.

제12절

제186조 (1) 독일의 모든 각방은 국민대표기관을 포함하는 헌법을 갖는다. 대신은 국민대표기관에 대해 책임을 진다.

제187조 (1) 국민대표기관은 입법, 과세 및 각방 재정의 규율에 관해 결정적 표결권을 갖는다. 국민대표기관은 법률의 제안권, 이의권, 의사표명권 및 장관소추권을 가진다. 양원이 존재하는 경우에는 각원이 독립적으로 그 권한들을 가진다.

 (2) 지방의회의 회의는 원칙적으로 공개한다.

제13절

제188조 (1) 독일어를 사용하지 않는 독일종족에 대해서는 그의 민족적 발전이 보장된다.

특히 그 언어가 사용되는 영역 내에서는 교회제도, 교육, 내무행정 및 사법에 있어서의 언어의 동권이 보장된다.

제189조 (1) 외국에 있는 모든 독일공민은 제국의 보호를 받는다.

제7장 헌법의 보장
제4절

제197조 (1) 전쟁 또는 폭동의 경우, 체포, 가택수색 및 집회에 관한 기본권은 제국 정부 또는 각방 정부에 의해서 개개의 지구에 대해 일시적으로 실효시킬 수가 있다. 단, 다음에 열거하는 조건에 입각해서만 가능하다.

① 실효처분은 각 처분마다 제국 또는 각방의 전체내각에 의해서 이루어져야 한다.

② 제국의 내각은 제국 의회 또는 제국의회가 개회 중일 때는 제국의회의 동의를, 각방의 내각은 지방의회가 개원 중인 경우 지방의회의 동의를 즉시 얻지 않으면 안 된다. 이 의회들이 휴회 중일 때는, 의회가 소집되고 이미 취해진 조치가 의회의 추인을 받기 위해 상정되지 않은 한 그 실효처분은 14일 이상 존속될 수 없다.

(2) 상세한 규정은 제국법률에 유보된다.

(3) 요새에서의 계엄상태포고에 관해서는 종래의 법률규정이 효력을 가진다.

(3) 프랑크푸르트 헌법의 인권 조항의 특색

이 기본권 규정은 독일연맹의 제왕들에 의하여 환영을 받지 못하였다. 연맹은 반혁명으로 1851년 8월 23일 이 기본권법률을 폐지하고 말았다.

독일연맹의 헌법으로 제정된 1849년 3월 28일 제국헌법(Reichsverfassung)으로 공포되고 제국의 왕으로서 프로이센의 왕인 프리드리히 빌헬름 4세를 독일제국의 제왕으로 선출하였다. 그러나 1849년 4월 3일에는 빌헬름 4세가 제왕의 왕위를 거부하였고, 프로이센은 이 연맹헌법을 반대하여 가입하지 않았으며 프랑크푸르트의 국민의회는 1849년 6월 18일에 해산되고 말았다.

그런데 유일하게 이 제국헌법을 비준한 지방은 뷔르템베르크 왕국밖에 없었다. 이때 빌헬름 1세 왕은 반대하였으나 의회에서 통과하여 시행을 보게 되었다. 이를 일반적으로 「프랑크푸르트 제국헌법」이라고 말해진다. 이 헌법은 기본권 기초위원회의 의장이었던 쇼오데르의 고향인 뷔르템베르크에서만 시행된 셈이다.[64] 이 헌법조항은 뷔르템베르크 바덴에서는

---

64) K. Moersch, Die Geschichte der Grundrechte: eine württembergische Geschichte, Vertrag am 24. April 2009; E. Pannenberg, *Inhalt und Bedeutung der Grundrechte der Paulskirchenverfassungen von 1848/49 für die deutschen Verfassungsentwicklung im 19, und 20, Jahrhundert*, E Book; E. Huber, Der Kampf um die Reichsverfassung, *a. a. O.*, Bd 2, SS. 763-.

바이마르공화국헌법이 제국헌법을 대체할 때까지 효력을 가지고 있었다.[65]

3) 독일연맹시대의 실정헌법상의 인권 규정

(1) 독일연맹에 가입한 국가헌법의 인권 규정

독일연맹(Deutschen Bund)에 가입했던 나라들은 국수주의에 따라 각자 헌법을 제정하고 있었다. 이들 헌법 중에는 기본권 규정을 둔 것도 있었다. 프랑스의 왕정복고가 있은 후 독일에도 제국을 형성하려고 하여 독일 프랑크푸르트헌법＝바울교회헌법(Paulskirchenverfassung)[66]을 제정하여 훌륭한 권리규정을 가지게 되었으나 왕들의 반대로 실정헌법으로 될 수는 없었다. 그리하여 인권규정도 효력이 상실되었다. 연맹가맹국 독일 전체에 관해서는 프랑크푸르트헌법의 기본권이 폐지된 뒤에는 새로 만들어진 여러 나라에 헌법을 두고 기본권을 보장하도록 권고하였다. 많은 헌법이 제정되었으나 비교는 생략하기로 한다.

(2) 독일연맹에 참가하지 않은 나라의 인권 규정
① 프로이센 1850년 헌법의 인권 규정

독일의 핵심지역에 위치한 프로이센은 800년부터 1806년까지는 신성로마제국의 중심으로 활약했으며 1806년에 독일연맹에 가입했었다. 그러나 프로이센은 다른 여러 지방과 제국들이 합의한 프랑크푸르트헌법안을 거부하고, 독일 제국의 제왕의 지위까지 거부하였다. 그 이유는 프랑크푸르트헌법이 너무 진보적이라고 생각한 때문이었다. 이때부터 독일은 프로이센과 오스트리아가 각각의 맹주가 되어 알륵이 심하여졌다. 1850년 이후에는 프로이센이 주도권을 잡게 되었다.

수도 베를린에서 1848년에는 데모가 일어났고 빌헬름 4세는 언론의 자유 등을 보장하였다. 왕은 국민의회가 반대하는 푸엘을 수상으로 임명하였다. 국민의회 의원들은 신변의 안전을 위협받았으며 왕은 의회를 해체하였다. 그리고는 1850년 초에 헌법을 일부 개정하였다. 이를 프로이센헌법이라고 한다.[67]

65) J. D. Kühne, *Die Reichsverfassung der Paulskirche: Vorbild und Verwirklichung im späteren deutschen Rechtsleben.* Habil. Bonn 1983, 2. Aufl. Neuwied, 1998.

66) 1849년 3월 28일의 독일제국 헌법이 바울교회에서 제정되었기 때문에 「바울교회헌법」이라고도 불린다. 건문 번역과 원문은 김효전 옮김, 독일 라이히 헌법(바울교회 헌법), 『헌법학연구』 제20권 2호 (2014), 355-419. 위 번역은 이에 따랐다.

67) 프로이센 헌법의 전문 번역과 원문은 김효전 옮김, 프로이센 헌법, 『헌법학연구』 제21권 1호 (2005), 435-488; 양태권 역, 1850 프로이센 헌법, 『서울대학교 법학』 제54권 2호 (2013), 205-248; E. R. Huber, *Deutsche Verfassungsgeschichte seit 1789*, Bd. 3, SS. 54-128; Frotscher/Pieroth, *Verfassungsgeschichte*, 5. Aufl. 2005. S. 223 ff; M. Kotulla, *Das konstitutionelle Verfassungsrechte Preussens*(1848-1918),

프로이센(1850년) 헌법의 기본권조항은 제2절에 규정되어 있다. 2절의 표제가 표시하고 있는 것처럼 이것은 인간의 권리가 아니고 프로이센 시민의 권리를 규정한 것이다.

제3조 프로이센 시민의 권리의 취득, 행사, 상실에 대해서는 프로이센의 조건과 특성에 따른 헌법과 법률이 정한다.

제4조 모든 프로이센인은 법률 앞에 평등하다. 신분적 특권은 폐지된다. 공직에의 참가는 법률이 정한 바에 따라 모든 능력 있는 사람에게 평등하게 보장된다.

제5조 인신의 자유는 보장된다. 다만 어떠한 제한의 조건과 형식에 관해서는 제한을 하거나 체포하는 경우에는 법률로써 그 조건과 형식이 정해져야 한다.

제6조 주거는 불가침이다. 주거에는 침입이나 가택수색과 우편물과 서류의 압수는 법률이 정하는 경우와 형식 하에서만 가능하다.

제7조 어느 누구도 법률이 정한 법관에 의하여 재판받을 권리는 박탈당하지 아니한다. 예외법원과 특별위원회에 의한 재판은 허용되지 않는다.

제8조 형벌은 법률에 적합하게 위화되거나 선고되어야 한다.

제9조 재산은 불가침이다. 공공의 복지를 위하여 위급한 경우에는 사전적으로 법률의 척도에 따라 결정된 보상을 지급한 뒤에야만 몰수하거나 제한될 수 있다.

제10조 시민의 신분상 권리박탈과 재산몰수형은 인정되지 아니한다.

제11조 국외이주의 자유는 병역의 의무와 관련한 국가목적을 위해서만 제한된다. 병역 대체금을 징수할 수는 없다.

제12조 종교적 신앙이나 종교결사의 형성이나 가정에서와 공개적인 종교행사는 보장된다. 민사적·국민적 권리는 종교적 신앙과 독립하여 누구나 향유할 수 있다. 시민적·국민적 의무는 종교적 자유의 행사를 중단시킬 수 없다.

제13조 종교결사 및 정신적 결사는 결사권이 없는 경우에도 특별한 법률이 정하는 바에 의하여 취득할 수 있다.

제14조 기독교적 종교는 종교적 행사와 관련된 경우에는 국가의 시설에서 제12조가 보장한 종교행사의 자유를 제한할 수 없다.

제15조 신교교회, 로마가톨릭교회와 다른 종교결사도 모든 문제를 독립적으로 독자적으로 질서를 유지하고 문제를 독립적으로 운영할 수 있다. 이들 종교단체는 문화목적, 교육목적과 공공복지목적으로는 만들어진 시설재단, 기금의 소유와 이용은 허용된다

2012.

(이 조항은 1873년에 개정되었다가 1875년 법률에 따라 폐지되었다).

제16조 종교결사와 그 상급결사와의 교류는 방해받지 않는다. 교회의 지시의 공고는 다른 일반적인 공개절차와 같은 제한조건에 따른다(이 조항도 1875년 6월 18일에 폐지되었다).

제17조 교회보호자와 그의 폐지에 필요한 조건에 관해서는 특별한 법률의 정하는 바에 따른다(이에 관한 법률은 제정되지 않았다).

제18조 교회의 보호자나 특별한 권리칭호가 아닌 국가가 가지고 있던 교회 직책의 임명, 제청, 선거와 인증권은 폐지된다. 군대와 공공시설에 근무하는 교회직책의 임용에 관해서는 이 규정에 적용되지 않는다(이 조항도 1875년 6월 18일 법률에 의하여 폐지되었다).

제19조 민사적 혼인의 도입은 특별한 법률의 기준에 따라야 하며 민사혼 등기소의 운영도 특별법이 규정하는 바에 따라야 한다(법률이 1874년 3월 9일 결정의 형태로 규정되었다).

제20조 학문과 그 교육은 자유이다.

제21조 소년의 교육은 공립학교에서 충분히 보장되어야 한다.

제22조 이하에서는 공교육에 관해서 규정하고 교육제도의 설립의 자유 등을 규정하고 종교교육에 관해서도 규정하고 교육에 관한 특별법을 예정하고 있다(제26조).

제27조에서는 표현의 자유를 규정하고 폐쇄된 공간에서 무기 없이 집회할 권리 등을 규정하고 있다.

제32조에서는 청원권을 규정하고 **제33조**는 신서의 비밀을 규정하고 있다.

그 외의 조항들은 대부분이 프랑크푸르트의 헌법법률을 모방한 것인데 사회보장측면에서의 제도보장이 많이 규정되었었다. 또 프로이센의 의무규정이 늘어났다. 예를 들면 부모의 자녀교육의무, 국방의무 등이 헌법상 의무로 규정되었고, 모든 프로이센인의 의무는 법률로 정하게 하였다.[68] 이 헌법은 1851년부터 1906년까지 22차의 개정을 거친 후 효력을 계속 가졌었다.

이 프로이센헌법의 기본권규정은 프랑스혁명의 역풍으로 프랑스 왕정복고 후의 헌법에

---

68) 상세한 것은 E. R. Huber, a. a. O., Bd. 3, S. 100ff; H. G. Münchenhasen, *Die Grund- und Freiheitrechte in geltenden preußischen Recht*, Diss. Leipzig 1909; G. Anschütz, *Die Verfassungsurkunde für den Preussischen Staat*, Bd. 1(1912), S. 91ff; H. Kraume, Die Grundrechte, *Das Bundesarchiv, 2002; R. Sippé, Die Grund- und Menschenrechte in der deutschen Staatslehre des 19. Jahrhunderts*, 2011; Hutter/Tessmer, *Die Menschenrechte in Deutschland. Geschichte und Gegenwart*, 1997.

가까운 것으로 자연권적 규정이기보다는 실정권적 기본권의 성격이 농후하였고, 제도보장 규정도 많았다. 1862년부터는 비스마르크(Fürst Otto von Bismarck, 1815-1898)가 재상이 되어 사회입법을 하였다. 1866년에는 북독일연맹(Norddeutschen Bund)을 만들었고 1867년에는 북독일연맹 헌법을 만들었는데 이들 헌법에는 기본권조항을 규정하지 않았다. 그래서 프로이센에는 프로이센의 1850년 헌법이 계속 효력을 가졌고,[69] 1918년 혁명에 의하여 바이마르공화국이 탄생함으로써 그 효력을 상실하였다. 거의 60년간 효력을 발생하였다.

② 오스트리아헌법의 기본권 규정

1848년 빈(Wien)조약에 의하여 오스트리아 왕국도 독일연맹의 한 지분국이 되었다.[70] 이에 독일연맹에는 프로이센과 오스트리아 두 제국이 서로 헤게모니를 잡으려고 노력하였다. 오스트리아의 메테르니히 수상은 독재정치를 하여 많은 원성을 샀다. 1848년 4월에는 오스트리아제국헌법이 제정되었다. 1848년 12월에는 페르디난트(Ferdinand) 황제가 퇴위하고 그의 조카인 프란츠 요제프(Franz Josephs)가 왕위를 계승하였다.

제국의회는 왕에 의하여 흠정된 헌법을 1848년에 폐지되었다. 1851년 헌법도 폐기하고 기본권 법률도 폐기하였다. 그런데 이러한 기본권 법률은 헌법에 규정되고 있었다.

1851년 12월 헌법(Dezemberverfassung)에서는 제3절에서 제국시민권(Von dem Reichsbürger-rechte)이 규정되어 있었다.

제23조에서는 제국시민에게 오스트리아 시민권의 일반적 권리를 가진다고 하고, 제국 법률이 어떤 조건으로 오스트리아 제국 시민권을 취득하고 행사하며 상실하는가를 규정하게 된다고 하고,

제24조에서는 어떤 제국의 지방에서는 그 국가 시민은 다른 지방시민과 차별을 해서는 안 된다고 하고, 이는 민사법과 형사법과 사법관계에 있어서나 공적 조세의 분배상에 차별을 받지 않는다고 규정하였다. 모든 오스트리아 제국의 지방에서 행해진 법원의 적법한 판결은 모든 지역에서 동등한 효력이 있으며 집행할 수 있다고 규정했다.

제25조에서는 모든 시민의 전영토에서의 거주이전의 자유는 제한되지 않는다고 하고 해외이주의 자유는 국가의 병역의무 이행 때문에 제한될 수 있다고 했다.

제26조에서는 어떤 종류의 노예제도와 신분적 복종관계와 종속조직은 영구히 폐지된

---

69) M. Kotulla, *Die Tragweite der Grundrechte der revidierten preußischen Verfassung vom 31.01. 1850*, 1992.

70) F. Zeilner, *Verfassung, Verfassungsrecht und Lehre des öffentlichen Rechts in Österreich bis 1848*, Peter Lang, 2008.

다. 오스트리아 영토에 들어오거나 오스트리아 선박에 있는 노예는 석방된다.

제27조 모든 오스트리아 제국 시민은 법률 앞에 평등이며 법정에서 평등한 신분관계를 가진다.

제28조 국가공무원과 국가직원은 그 능력에 따라 평등하게 임용될 수 있다.

제29조 재산권은 제국의 보호를 받는다. 재산권은 공공의 복리의 근거 하에 보상을 지급하는 법률의 기준에 의해서만 제한되고 수용될 수 있다.

제30조 모든 오스트리아 제국 국민은 제국의 모든 부분 영역에서 모든 종류의 부동산을 취득할 수 있으며 법률이 허용하는 수익사업을 할 수 있다.

제31조 제국 영역 내에서의 재산의 자유 이동은 어떠한 제한도 받지 아니한다. 외국으로 이전하는 재산에 대한 반출세금에 대해서는 상호주의적용 하에서만 부과할 수 있다.

제32조 종속관계나 귀속관계에 있거나 부동산에 부분적 채무나 부담은 해제할 수 있다. 장래에 있어서의 재산권의 분할에서는 해제할 수 없는 부담을 지워서는 안 된다.

오스트리아는 1866년 프로이센과 전투하여 이에 패배한 뒤 독일연맹을 탈퇴하지 않을 수 없었다(Prager Frieden vom 23. August 1866). 오스트리아는 헝가리와 통합하여 공동제국을 만들었다. 그리하여 1867년 12월 21일에 3개의 헌법적 법률을 제정하였는데 이를 12월헌법 (Dezemberverfassung)이라고 한다.[71] 그 중 한 법률이 제국의회에 대표되어진 왕국과 지방을 위한 시민의 권리에 관한 국가기본법이다. 이것은 구 헌법규정과 같이 많은 실정권을 규정하고 있었다.[72] 이 법률은 오스트리아의 헌법변천에도 불구하고 1946년까지 효력을 가졌었다.

4) 독일제국헌법의 기본권 규정

독일 연맹은 단일국가가 아니고 36개의 주권국가가 결합한 국가연맹이라고 하겠다. 독일연맹은 연방헌법을 제정하지 않고 조약형식의 결합이었으며 기본권은 개별 주권국가의 헌법에 위임하고 있었다(1815-1866). 1866년 오스트리아와의 전쟁에서 프로이센이 승리하여 경쟁자였던 오스트리아가 배제된 북독일연맹이 성립하였다. 북독일연맹의 헌법은 1867년 8월 2일에 공포되고 시행되었다. 이 헌법에는 기본권에 관한 규정이 없었다.[73] 이 헌법은

71) Wandruszka/Urbanitsch, *Die Habsburgermonarchie 1848-1918*, 2014; H. Rebhan, *Entwicklung zur Demokratie in Österreich: Verfassung, Kampf um Gleichstellung und Demokratiedebatten in der Habsburgermonarchie (1867-1918)*, Tectum Verlag. 2014.

72) Wikipedia, Grundrechte(Österreich); W. Berka, *Die Grundrechte: Grundfreiheiten und Menschenrechte in Österreich*, Springer, 1999.

73) Wikisource, Verfassung des Norddeutschen Bundes, 1867; Wikipedia, Verfassung des Norddeutschen Bundes, 1867; G. Hiersenenzel, *Die Verfassung des Norddeutschen Bundes*, Berlin, 1867.

1870년 12월 31일까지 효력을 가졌다.

북독일연맹에 남부 지방국가들이 참여한 뒤 1871년 제국헌법이 제정되었다. 이 헌법은 비스마르크헌법(Bismarcksche Reichsverfassung)이라고 불린다.[74] 이 헌법은 그동안 흩어져 있던 독일연맹의 여러 나라가 프로이센 하에 단일제국을 형성한데 의의가 있다. 그러나 이 헌법에서는 권력조직에 관해서는 상세하게 규정하고 있었으나 기본권에 관해서는 거의 규정하지 않았다.[75] 이 제국을 일반적으로 제2제국이라고 말하고 있다. 이 헌법에는 프랑크푸르트 헌법에서와 같은 기본권조항이 없었다. 그것은 빨리 통일된 민족국가를 형성하기 위하여 독일제국의회가 시간을 절약하기 위한 목적도 일조를 했다.

그럼에도 불구하고 전국헌법에서 최저한의 권리는 규정되고 있었다. ① 전국에서의 이주권(제3조 1항), 한 국가의 시민은 자기가 원하는 지방(支邦)에 자유롭게 이주할 수 있으며 그 지방의 내국인으로서 취급되는 권리를 가진다. ② 전체국가는 외국에 있는 시민에게 외교적 보호를 행해준다(제3조 6항). ③ 어떤 개별국가가 시민의 사법적 보호를 거부하는 경우에는 연방상원에 소원을 제기할 수 있으며 국가는 이에 개입할 수 있다.

이 밖에도 개별적인 기본권 대신에 법과 불법의 전통적 기본원칙이 지배했는데, 이에는 소급법 금지, 명령과 법률은 신분이나 지위나 성별의 차별 없이 법과 명령이 적용된다고 하였다.

1871년의 이 헌법은 거의 50년간 효력을 가졌으며 1919년 8월 14일 바이마르헌법 제178조에 의해서 폐기되었다. 독일제국의 실정권이 지방헌법에서 보장되고 있었다.

4. 바이마르공화국 헌법의 기본권 규정

1) 바이마르 헌법의 성립

독일 제2제국은 제1차 세계대전에서 패배하여 국내정치는 매우 불안하였다. 1918년 10월 28일에는 1871년의 연맹헌법이 개정되어 효력을 발생하였다. 이에 따라 의회주의 군주국의 형태로 연맹의 재상이 의회의 승인으로 국정을 맡게 되었다. 1918년 11월 3/4일에는 킬의 해병이 반란 3일 후에는 해병과 기아에 시달렸던 시민이 합세하여 북독일연맹의 거의 전

---

74) 전문 번역은 송석윤 옮김, 독일 제국 헌법(1871년 4월 16일), 『법사학연구』 제41호 (2010), 222-245.
75) M. Kotulla, *Deutsches Verfassungsrecht 1806-1918*, Springer, 2006; Wikipedia, Bismarcksche Reichsverfassung; P. Zorn, D*ie deutsche Reichsverfassung*, Leipzig, 1907; E. R. Huber, *a. a. O.*, 4. Bd.; G. Walz, *Deutsche Verfassungsgeschichte: Verfassung in der letzten Zeit*; Engels/Dlubek, *Die deutsche Reichsverfassungskampagne*, 1969.

부에서 폭동이 일어났다.

11월 7일에는 왕이 퇴위하여 공화국이 선포되었다(바이에른). 베를린에서는 폰 바덴 수상이 사임하면서 정부의 업무를 사회민주당원인 에베르트(Friedrich Ebert)에게 이양하였다. 이로써 독일은 공화국이 되었다. 오후 4시에는 공산당원인 리이프크네히트(Karl Liebknecht)가 베를린성에서 「사회주의 공화국」을 선포하였다. 이는 러시아식인 소비에트체제를 지향하였다. 9일부터 10일의 밤에 빌헬름 2세(Wilhelm Ⅲ)는 네덜란드로 도망하였다. 그래서 형식적인 퇴임과 왕세자로서의 왕위 단념은 11월 28일에 단행되었다. 이로써 프로이센 연맹체제는 종말을 고하였다.

에베르트는 사회민주당과 육군 최고사령관과 합세하여 극좌적인 폭동을 제압하였다. 11월 11일에는 프랑스에서 강화조약이 체결되었다. 1919년 2월 12일에는 바이마르에서 활동 중인 제국의회에서 에베르트가 대통령으로 선출되었다. 남녀가 평등한 선거권을 행사하여 헌법제정회의를 구성하였다. 1919년 7월 31일 헌법제정회의는 다수로서 바이마르헌법을 통과시켰고 8월 11일부터 효력을 발생하였다.

헌법제정논의에서는 전래적인 기본권규정과 러시아혁명 후의 「착취되고 근로하는 인민의 권리선언」이 논의의 토대가 되었다. 1919년 8월 11일에 성립된 바이마르공화국헌법은 제2장에서 독일인의 기본권과 기본의무를 규정하였다(제109조-제165조).[76]

2) 바이마르 헌법의 인권 조항 내용

바이마르헌법의 인권선언은 「독일인의 기본권 및 기본의무」라는 제하에 개인(제109조-제118조), 공동생활(제119조-제134조), 종교 및 종교단체(제135조-제141조), 교육 및 학교(제142조-150조) 그리고 경제생활(제151조-165조)의 5장으로 나뉘어 있다. 전체로는 57개조나 되어 프랑크푸르트 권리선언의 59개조에 거의 필적한다.

이 권리선언은 ① 법률 앞에 평등(제109조), 거주이전의 자유(제111조), 신체의 자유(제

---

76) 바이마르 헌법의 기본권규정에 대해서는 H. C. Nipperdey (Hrsg.), *Die Grundrechte und Grundpflichten der Reichsverfassung*, 3 Bde 1929/30; C. Schmitt, Inhalt und Bedeutung des Zweiten Hauptteils der Reichsverfassung, *HDStR* Bd. Ⅱ, S. 572ff; Kleinheyer, *op. cit*, p. 1075ff.; H. Dreier, Die Zwischenkriegszeit, Merten/Papier, *op. cit*, p. 153ff; F. Köster, *Entstehungsgeschichte der Grundrechtsbestimmungen des zweiten Hauptteils der Weimarer Reichsverfassung in den Vorarbeiten der Reichsregierung und den Beratungen der Nationalversammlung*, Göttingen, 2003; A. Voigt, *Geschichte der Grundrechte*, 1948. 헬러, 기본권과 기본의무, 김효전 역, 『바이마르 헌법과 정치사상』, 2016, pp. 17-52; 種谷春洋, 「1849年のフランクフルト憲法における人權」, 『公研』18号; 奧平康弘, 「ドイツの基本權觀念─その成立にかんする若干の考察」, 東京大學 編, 『基本的 人權』第3卷 참조.

114조), 주거의 불가침(제115조), 죄형법정주의(제116조), 통신의 비밀(제117조), 표현의 자유
(제118조), 집회의 권리(제123조), 결사의 자유(제124조), 청원의 권리(제126조), 병역의 의무(제
133조), 종교의 자유(제135조 이하), 학문·교수의 자유(제142조), 교육의 의무(제145조), 소유권
의 불가침(제153조)과 같은 종래의 기본권을 보장하고 있었다.

② 뿐만 아니라 선거의 자유 및 비밀(제125조), 시·읍·면의 자치권(제127조), 공무원의
신분보장(제129조 이하), 공무원의 불법행위에 의한 배상책임(제131조), 명예직취임의 의무(제
132조), 납세의 의무(제134조), 교육제도의 보장(제142조 이하), 예술·역사 및 자연기념물 및
풍치의 보호 등 새로운 권리 의무도 규정하였다.

③ 그러나 무엇보다도 중요한 것은 새로운 생존권적 기본권을 규정한 것이라고 하겠
다.[77] 그 중에서도 혼인·가족·모성의 보호(제119조), 소년에 대한 국가보호(제122조), 가난
한 자의 진학에 관한 국비보조(제146조 3항), 인간다운 생존권보장(Gewährleistung eines
menschenwürdigen Daseins)(제151조 1항), 소유권의 의무화(Eigentum verpflichtet, sein Gebrauch
soll zugleich Dienst sein für das Gemeine Beste)(제153조 3항), 건강한 주거생활의 확보(제155조
1항), 토지경작 및 이용의 의무(제155조 3항), 사적 경제기업의 사회화·공유화(제156조 1항),
노동력의 보호(제177조), 노동조합결성권의 보장(제159조), 건강·실업·질병·양로보험제도의
도입(제161조), 근로자의 일반적 최소한도의 사회적 권리를 획득하기 위한 법률관계의 국제
적 규율(제162조), 근로의 권리보호(제163조 2항), 중산계급(Mittelstand)의 보호조성(제164조),
노사교섭권의 인정(제165조 1항), 경영노동자협의회(Betriebsarbeiterräte)에 참여권보장(제165조
2항)이 특징적이다.

확실한 이해를 위하여 이하에서는 바이마르헌법 제2부의 기본권장의 번역문을 보기로
한다.

3) 바이마르 헌법(1919년) 조문

제1편 제7장 사법(제102조-제108조)

제105조 (1) 예외법원은 허용되지 않는다. 어느 누구도 법률이 정한 판사의 재판을 받을 권

77) 상세한 것은 H. Lehmann, Ordnung des Wirtschaftslebens, in Nipperdey(Hrsg.), *op. cit*, 3 Band,
1930, SS. 125-149; W. Burhenne, *Grundgesetz der Bundesrepublik Deutschland mit den Verfassung
der Länder*, 2002; G. Brehme, *Die sogenannte Sozialisierungsgesetzgebung der Weimarer Republik*,
1960; Schmitt, *a.a.O.*; I. Sarlet, *Die Problematik der sozialen Grundrechte in der brasilianischen
Verfassung und im deutschen Grundgesetz*, Lang Verlag, 1997; 影山日出彌, 「ヴァイマール憲法に
おける社會權」, 『基本的人權3 歷史Ⅱ』. 東京, 1968.

리를 박탈당해서는 안 된다. 군법회의에 관한 법률의 규정은 이에 의해서 영향을 받지 않는다. 군인명예법원(militärischen Ehrengerichte; Military courts of honor)은 폐지한다.

제106조 전시 및 군함 내에서의 경우 이외에는 군사재판권은 폐지되어야 한다. 상세한 사항은 공화국[78] 법률(Reichsgesetz)이 정한다.

제2편 독일인의 기본권 및 기본적 의무
제1장 개인

제109조 (1) 모든 독일인은 법률 앞에 평등하다.

(2) 남자와 여자는 원칙적으로 동일한 시민권을 가지며 동일한 의무를 진다.

(3) 출생과 신분에 따른 공법상의 특권 또는 불이익은 폐지된다.

(4)[79] 귀족의 칭호는 성명의 일부로만 통용될 것이며 앞으로는 그를 수여할 수 없다. 칭호는 관직 또는 직업을 표시하는 경우에만 사용할 수 있다. 학위는 이와 무관하다.

(5) 지방은 훈장과 명예기장을 수여해서는 안 된다.

(6) 어떠한 독일인도 외국 정부로부터 칭호나 훈장을 받아서는 안 된다.

제110조 (1) 공화국 국적과 지방 국적은 공화국의 법률규정에 의해서 그를 취득하고 상실한다. 지방의 국적을 갖는 모든 자는 동시에 공화국의 국적을 갖는다.

(2) 모든 독일인은 공화국의 각 지방에서 그 지방의 국적 소유자와 동일한 권리 의무를 갖는다.

제111조 (1) 모든 독일인은 공화국의 전영역 내에서 이주의 자유를 가진다. 각자는 공화국 내의 임의의 장소에 체재하고 정주하며 토지를 취득하고 또한 각종 생산부문(Nahrungszweig)에 종사할 수 있는 권리를 갖는다.

(2) 이에 대한 제한에는 공화국의 법률이 필요하다.

제112조 (1) 모든 독일인은 독일 이외의 나라에 이주할 수 있는 권리를 갖는다. 이국이주의 제한은 공화국의 법률에 의해서만 가능하다.

(2) 모든 공화국 국적 소유자는 외국에 대해 공화국 영역 내에서의 공화국의 보호를 요구하는 청구권을 갖는다.

(3) 어떠한 독일인도 소추 또는 처벌을 목적으로 외국 정부에 인도되어서는 안 된다.

제113조 (1) 외국어를 사용하는 공화국의 국민층은 입법 및 행정에 의해서 그의 자유로운 민족적 발전이 저해되어서는 안 되며 특히 교육과 내부행정 및 사법에서 모국어의 사용이 방해되어서는 안 된다.

---

78) 역주. '라이히'(Reich)는 공화국으로 변역한다. 구 헌법에서는 '라이히'를 제국이라고 한 것과 같이 그 성격을 중시한 것이다. '슈타트'(Staat)는 지방으로, '게마인데'(Gemeinde)는 자치단체로 번역하였다. 김효전 옮김, 『바이마르공화국헌법』 등을 참조하였다.

79) 각조의 호수는 역자가 임의로 붙인 것이다.

제114조 (1) 신체의 자유는 불가침이다. 공권력에 의한 인신의 자유에 대한 침해나 그 박탈은 법률에 근거해서만 허용된다.

(2) 자유가 박탈될 자에게는 늦어도 그 다음 날까지 어떤 관청에 의해서 또 어떤 이유로 자유의 박탈이 명령되었는가 통고되어야 한다. 지체 없이 그들에게는 그의 자유 박탈에 대한 이의 신청의 기회가 부여되어야 한다.

제115조 (1) 모든 독일인의 주거는 안식의 장소가 되며 또한 불가침이다.

(2) 그에 대한 예외는 법률에 근거해서만 허용된다.

제116조 (1) 어떤 행위에 대해서 그 행위가 행해지기 이전에 그 가벌성이 법률로 정해져 있는 경우에만 그에 형벌을 과할 수 있다.

제117조 (1) 서신의 비밀 및 우편, 전신, 전화의 비밀은 불가침이다. 예외는 공화국의 법률에 의해서만 허용된다.

제118조 (1) 모든 독일인은 일반법률의 제한 내에서 구두, 문자, 인쇄, 도형(Bild) 또는 기타 방법으로 자기의 의사를 자유로이 표명할 수 있는 권리를 갖는다. 어떠한 노동관계 또는 고용관계라도 독일인이 이 권리를 행사한 데 대해 이 권리의 행사를 방해해서는 안 되며 불이익을 줄 수 없다.

(2) 검열은 실시되지 아니한다. 단 영화에 대해서는 법률에 의해서 다른 규정을 둘 수 있다. 또한 저열한 문학 및 외설문학을 단속하고, 소년을 보호하기 위해서 공개적인 전람과 흥행의 경우 법률이 정한 다른 조치가 허용된다.

제2장   공동생활

제119조 (1) 혼인은 가정생활 및 국민의 유지와 증식의 기초로서 헌법의 특별한 보호를 받는다. 혼인은 양성의 동권을 기초로 한다.

(2) 가족의 청결한 유지와 건전화 및 사회적 조장은 지방과 자치구의 임무이다. 자녀가 많은 가정은 그에 상응하는 배려를 요구할 수 있는 권리를 갖는다.

(3) 모성은 지방의 보호와 배려를 요구할 수 있는 권리를 갖는다.

제120조 (1) 자녀를 육체적, 정신적 및 사회적으로 유능하게 교육하는 일은 양친의 최고 의무이며 자연의 권리이다. 국가, 공동사회는 그 실행을 감독한다.

제121조 (1) 적출이 아닌 자녀에 대해서는 입법에 의하여 적출인 자녀와 동일한 조건이 주어지지 않으면 안 된다.

제122조 (1) 소년은 착취당하지 않도록, 또한 도덕적, 정신적 및 육체적으로 고립 방치되지 않도록 보호되어야 한다. 지방과 자치단체는 그에 필요한 조치를 취하지 않으면 안 된다.

(2) 강제적인 방법에 의한 보호처분은 법률에 근거해서만 명할 수 있다.

제123조 (1) 모든 독일인은 신고나 특별한 허가 없이 평온하게 무기를 휴대하지 않고 집회

할 수 있는 권리를 갖는다.

　(2) 옥외집회는 공화국 법률로서 신고의무를 지울 수 있으며 공공의 안전에 직접적인 위험이 있을 경우 그를 금지할 수 있다.

제124조 (1) 모든 독일인은 형법에 위반되지 않는 목적을 위한 한, 결사 또는 조합(Vereine Oder Gesellschaften)을 결성할 수 있는 권리를 갖는다. 이 권리는 예방조치에 의해서 제한되지 않는다. 종교상의 결사 및 조합에 대해서는 동일한 규정이 적용된다.

　(2) 각 결사는 민법의 규정에 따라 자유로이 권리능력을 취득한다. 정치적, 사회정책적 또는 종교적 목적의 수행을 이유로 결사의 권리능력 취득이 거부되어서는 안 된다.

제125조 (1) 선거의 자유와 비밀은 보장된다. 상세한 사항은 선거법으로 정한다.

제126조 (1) 모든 독일인은 당해관청이나 국민대표기관에 서면으로 청원 또는 소원할 수 있는 권리를 갖는다. 이 권리는 개인이나 다수인이 공동으로 행사할 수 있다.

제127조 (1) 자치단체 및 자치단체조합(Gemeindeverbände)은 법률의 한계 내에서 자치권을 갖는다.

제128조 (1) 모든 공민은 법률에 따라서, 아울러 그의 능력과 업적에 따라서 평등하게 공직에 보임되도록 허용된다. 여성공무원에 대한 모든 예외규정은 폐지된다.

　(2) 공무원 관계의 기본은 공화국 법률로 정한다.

제129조 (1) 공무원의 임용은 법률에 별도의 규정이 없는 한, 종신으로 한다. 연금과 유족부조는 법률로 정한다. 공무원의 기득권은 불가침이다. 공무원의 재산법상 청구권에 관해서는 소송을 다툴 수 있다.

　(2) 공무원은 법률이 정한 요건과 방식에 의해서만 일시적으로 면직되거나 휴직 또는 퇴직당할 수 있으며, 혹은 이전보다 소액의 봉급을 받는 타직에 전임될 수 있다.

　(3) 직무상의 각종 징벌선고에 대해서는 소원의 방도와 재심절차의 가능성이 부여되어야 한다. 공무원의 신분에 관한 기재서에 당사자에게 불리한 사실을 기입해야 할 경우에는 사전에 그 사실을 진술할 수 있는 기회가 부여되어야 한다. 해당공무원에게는 신분기재서(Personalnachweise)를 열람할 수 있는 기회가 부여되어야 한다.

　(4) 기득권의 불가침성과 재산법상의 청구권에 관해 소송의 방도를 두는 것은 직업군인에 대해서도 보장된다. 직업군인의 기타 지위는 공화국의 법률로 정한다.

제130조 (1) 공무원은 전체의 봉사자이며 정당의 봉사자가 아니다.

　(2) 모든 공무원에게는 정치적 견해의 자유와 단체결성의 자유가 보장된다.

　(3) 공무원은 상세한 공화국 법률의 규정에 따라 특별한 공무원대표기관을 갖는다.

제131조 (1) 공무원이 자기에게 위임된 공권을 행사함에 있어 제삼자에 대해 부담하는 직무상의 의무에 위반했을 경우, 그 책임은 원칙적으로 그 공무원을 사용하는 국가 또는 공공단체에 속한다. 그 공무원에 대한 구상(求償)은 유보된다. 통상 소송의 방법이 봉쇄

되어서는 안 된다.

(2) 상세한 것은 권한 있는 입법기관이 정한다.

제132조 (1) 모든 독일인은 법률에 따라 명예직의 일을 수임해야 할 의무를 진다.

제133조 (1) 모든 국민은 법률에 따라 지방 및 자치단체를 위해 개인적 역무를 담당할 의무를 진다.

(2) 병역의 의무는 공화국 병역법(Reichswehrgesetz)의 규정에 따라 정해진다. 또한 공화국병역법은 국방군 소속원이 그의 임무수행을 위해, 아울러 군기유지를 위해서 개개의 기본권이 어느 정도 제한되어져야 하는가로 정한다.

제134조 (1) 모든 국민은 법률에 따라 그의 자력에 상응하여 공공의 부담에 평등하게 기여한다.

제3장   종교 및 종교단체

제135조 (1) 공화국의 모든 주민은 신앙 및 양심의 완전한 자유를 향유한다. 종교행사는 방해됨이 없도록 헌법에 의해서 보장되며 국가의 보호를 받는다. 지방의 일반법률은 이로 인해 그 효력이 저해되지 않는다.

제136조 (1) 사인 및 공민으로서의 권리 및 의무는 종교의 자유의 행사를 조건으로 하여 또는 이에 의하여 제한되지 아니한다.

(2) 사인 및 공민으로서의 권리를 향유하고 또한 공직에 취임하는 것은 종교상의 신앙과 무관하다.

(3) 누구든지 그 종교상의 신앙을 고백하는 의무를 지지 아니한다. 특정한 종교단체에 속함에 의하여 특별한 권리의무가 발생하는 경우 또는 법률의 정한 통계상의 조사를 위하여 필요한 경우에 한하여 관청은 인민에 대하여 어느 종교단체에 속하는가를 물을 수 있다.

(4) 누구든지 교회의 예배 또는 의식에 참례하고 또는 종교상의 행사에 참가하고 또는 종교상의 선서의 방식을 사용하기를 강제당하지 아니한다.

제137조 (1) 국교는 존재하지 아니한다.

(2) 종교단체결합의 자유는 보장한다. 국토 내에 있는 종교단체가 서로 연합하는 일은 아무런 제한도 받지 아니한다.

(3) 모든 종교단체는 그 모두에게 적용되는 법률의 제한 내에서 독립하여 그 사무를 규율하며 또한 관리한다. 종교단체는 국가 또는 지방자치단체의 간섭을 받지 아니하고 그 임원을 임명한다.

(4) 종교단체는 민법의 일반규정에 의하여 권리능력을 취득한다.

(5) 종래 공법인이었던 종교단체는 계속 공법인인 것으로 한다. 기타의 종교단체로서 그

강령 및 단체원의 수에 의하여 영속할 가망이 있는 경우에는 그 신청에 의하여 공법인으로 동등하게 보장된다. 공법인인 종교단체가 여러 개 이상 서로 연합하여 단체를 조직할 때에는 그 연합체도 공법인으로 한다.

(6) 공법인인 종교단체는 지방의 법률의 정한 바에 의하여 공적징세명부에 따라 조세를 부과할 권리를 가진다.

(7) 세계관 양성을 공동의 과업으로 하는 결사체는 종교단체로 간주된다.

(8) 본조의 규정을 집행하기에 필요한 규정은 지방의 입법이 정한 바에 따른다.

제138조 (1) 법률, 계약 또는 기타의 특별한 법률근거에 의하여 종교단체에 대하여 가졌던 국가의 급부의무는 지방의 법률에 의하여 폐지한다. 이에 관한 일반원칙은 공화국이 정한다.

(2) 종교단체 및 종교조합이 그 예배, 종교 및 자선의 목적을 위하여 하는 영조물, 재단 및 기타의 재산에 대하여 가진 소유권, 기타의 권리는 보장한다.

제139조 일요일 및 국정의 축일은 휴식 및 정신고양의 날로서 법률상 보호된다.

제140조 군대에 속하는 자에 대하여 그 종교상의 의무를 이행하기 위해 필요한 자유시간은 부여된다.

제141조 군대, 병원, 교도소 또는 기타의 공적 영조물에 있어서 기도 및 정신수양을 위하여 필요가 있을 때에는 종교단체로 하여금 종교상의 행위를 강제함이 없이 자유로 할 수 있게 하여야 한다.

제4장 교양 및 학교

제142조 예술, 학문 및 그 교수는 자유이다. 지방은 이를 보호하고 그 조성에 참여한다.

제143조 (1) 소년을 교육하기 위하여 공적 영조물을 설치하여야 한다. 그 시설에 대하여는 공화국, 각 지방 및 지방자치단체가 이에 협력한다.

(2) 교원의 양성은 일반고등교육에 적용되는 원칙에 따라 전공화국을 획일적으로 규율한다.

(3) 공립학교의 교원은 국가의 관리로서의 권리를 가지고 의무를 진다.

제144조 모든 학교제도는 지방의 감독에 따른다. 단 지방자치단체도 이에 관여하게 할 수 있다. 학교의 감독은 이로써 주된 직무로 하고 또한 전문지식이 있는 공무원이 행하여야 한다.

제145조 교육은 의무교육으로 한다. 취학의무의 이행은 8학년 이상을 가진 국민학교 및 이를 수료한 후 만 18세까지 행하는 직업수습학교에서 수학하는 것을 원칙으로 한다. 국민학교 및 직업수습학교의 교육비 및 학용품은 무상으로 한다.

제146조 (1) 공립학교제도는 유기적으로 구성되어야 한다. 모두에게 일반적인 국민학교 위

에 중등 및 고등학교제도를 둔다. 이러한 학교의 설립은 생업의 다양성이 기준이 되고, 아동을 특정한 학교에 입학시킬 것인가 여부는 전적으로 아동의 성질 및 기호에 따라 정할 것이며, 그 양친의 경제상 및 사회상의 지위 또는 종교상의 신앙에 의하여 정해저서는 안 된다.

(2) 지방자치단체 내에 있어서 아동보호자의 신청이 있을 때에는 제1항의 의미에서의 학교경영에 방해가 되지 않는 한 그 속하는 특정한 종교 또는 세계관의 초등학교를 설치할 수 있다. 이 경우에 있어서는 가급적 아동보호자의 의사를 존중하여야 한다. 상세한 것은 공화국 법률의 정한 원칙에 따라 각 지방의 입법에 의하여 정한다.

(3) 영세민으로 하여금 중등 및 고등의 학교에 입학시키기 위하여 공화국, 각 지방 및 지방자치단체는 공공의 재정을 확보하고 특히 중등 및 고등학교 교육을 받기에 적당하다고 인정하는 아동의 양친에 대하여 그 교육을 마치기까지 학자금을 보조하여야 한다.

제147조 (1) 공립학교의 대용이 될 사립학교는 국가의 인가를 요하고 또한 각 지방의 법률에 따라야 한다. 사립학교의 교육의 목적 및 설비와 그 교원의 학술적 교양이 일반 공립학교에 낙후되지 않고 학생의 양친의 자산에 따라 학생의 구분을 달리하는 것이 아닌 때에는 그 인가를 하여야 한다. 교원의 경제상 및 법률상의 지위에 대한 보장이 불충분할 때에는 인가를 거절하여야 한다.

(2) 사립 국민학교는 제146조 제2항에 따른 의사를 존중할 소수의 아동교육권자를 위하여 지방자치단체 내에 있어서 그 종파 또는 세계관의 공립 국민학교가 없을 때 또는 교육행정청이 특별한 교육상의 이익을 인정할 때에 한하여 인가될 수 있다.

(3) 사립의 예비학교는 폐지한다.

(4) 공립학교의 대용이 아닌 사립학교는 현행법에 따른다.

제148조 (1) 모든 학교에서는 독일국민성 및 국제협조의 정신을 육성하기 위하여 윤리적 교육, 시민으로서의 의식, 개인 및 전문적 재능의 완성에 노력한다.

(2) 공립학교의 교육에 있어서는 의견을 달리하는 자의 감정을 침해하지 않도록 고려하여야 한다.

(3) 시민교육 및 노동교육은 학교의 교과목의 일부로 한다. 모든 아동이 취학의무를 종료할 때에 헌법의 사본을 수령한다.

(4) 국민고등학교를 포함하는 국민교육제도는 공화국, 각 지방 및 지방자치단체가 지원해야 한다.

제149조 (1) 종교교육 과목은 무종교(비종교) 학교를 제외한 학교의 통상의 필수교과 과목으로 한다. 종교교육의 실시에 관해서는 학교법으로 정한다. 종교교육은 지방의 감독권을 침해하지 않는 범위에서 당해 종교단체의 기본원칙에 합치되게 행하여야 하다.

(2) 종교교육의 실시 및 교회설비의 이용은 교원의 의사표시에 따른다. 종교 교과 및 교

회의 축제의식 종교행사에 출석하는 것은 아동의 종교적 교육을 지정할 자의 의사표시에 맡긴다.

(3) 대학의 신학부는 존치한다.

제150조 (1) 미술, 역사 및 자연의 기념물과 명승풍경은 지방의 보호와 유지 보수를 받는다.

(2) 독일의 문화재의 외국에 유출되는 것을 막는 것은 공화국의 사무로 한다.

제5절 경제생활

제151조 (1) 경제생활의 질서는 각자로 하여금 인간의 존엄에 합당한 생활을 하게 하는 것을 목적으로 하는 정의의 원칙에 적합하여야 한다. 각자의 경제상의 자유는 이 한계 내에서 보장된다.

(2) 법률상의 강제는 침해되는 권리를 실현하기 위하여 또는 공공복리의 우월적인 요청에 응하기 위해서만 허용된다.

(3) 통상 및 영업의 자유는 공화국 법률에 정한 바에 따라서 보장한다.

제152조 (1) 경제상의 거래에 있어서는 법률의 정한 바에 따라 계약자유의 원칙이 적용된다.

(2) 고리 대출은 금지한다. 선량한 풍속에 반하는 법률행위는 무효이다.

제153조 (1) 소유권은 헌법에 따라 보장된다. 그 내용과 한계는 법률로 정한다.

(2) 공용수용은 공공복리를 위하여 또한 법률의 근거에 따라서만 할 수 있다. 공용수용은 공화국 법률에 달리 정한 것이 있는 경우를 제외하고 상당한 보상을 하여야 한다. 보상금액에 대하여 다툼이 있을 때에는 공화국 법률에 달리 정한 것이 있는 경우를 제외하고 통상 법원에 출소할 수 있도록 하여야 한다. 지방, 지방자치단체 및 공익상의 단체에 대하여 공화국이 공용수용을 하는 경우에는 언제나 보상을 하여야 한다.

(3) 소유권은 의무를 진다. 소유권의 행사는 동시에 (최상) 공공의 복리에 적합하여야 한다.

제154조 (1) 상속권은 민법의 정한 바에 의하여 보장된다. (2) 상속재산에 대하여 국가가 취득할 부분은 법률에 따라야 한다.

제155조 (1) 토지의 분배 및 이용은 그 남용을 막으며 또한 모든 독일인에게 건강한 주거를 제공하며 모든 독일의 가정 특히 다수의 자녀를 가진 가정에게 그 수요를 충족하는 주거와 경제자산을 가지게 하여야 한다는 목적으로 국가가 감독한다. 출정군인의 가산에 대하여 장래 제정할 가산법에 있어서는 특히 고려하여야 한다.

(2) 대지의 취득이 주거의 수요를 충족시키기 위하여 촌락구성을 장려하기 위하여 또는 농업의 발달을 위하여 필요할 때에는 수용할 수 있다. 세습재산은 폐지한다.[80]

(3) 토지를 경작하고 이용하는 것은 토지소유자가 공공에 대하여 부담하는 의무로 한다.

---

80) Fideikomiss(세습재산), 매도 처분할 수 없고 채무 부담할 수 없고, 전체로서만 상속할 수 있는 토지재산.

노력 또는 자본을 사용하지 아니하고서 발생한 토지의 가격의 증가는 공공을 위하여 이
용하여야 한다.

(4) 모든 토지의 매장물 및 경제상 이용할 수 있는 모든 자연력은 국가의 감독 하에 있
다. 사적 특권재산은 법률에 의하여 국유로 옮겨야 한다.

제156조 (1) 공화국은 법률에 의하여 공용수용에 관한 규정을 침해하지 아니하고 현재 타
당한 공용수용의 규정을 합리적으로 적용하여 사회화에 적합한 경제적 기업을 공유재산
으로 옮길 수 있다. 각 지방 또는 자치단체는 스스로 경제적인 기업 및 단체의 행정에
참여하고 또는 다른 방법으로써 이에 대하여 영향력을 확보할 수 있다.

(2) 공화국은 공공경제의 목적을 위하여 긴급한 필요가 있는 경우에는 법률에 의하여 자
치의 기초에 입각한 경제적인 기업 및 단체를 결합시켜서 모든 국민 중의 생산계급의
협력을 확보하고 노동고용주 및 노동자로 하여금 그 관리에 참여시키며 또한 경제적 화
물의 생산, 제조, 분배, 사용, 소비, 가격과 전출입을 공공경제의 원칙에 따라 규율할 수
있다.

(3) 생산조합 및 신용조합과 그 연합은 그 청구에 따라 그 조직의 특색을 고려하여 공공
경제의 일부로 편입할 수 있다.

제157조 (1) 노동력은 공화국의 특별한 보호를 받는다.

(2) 공화국은 통일적인 노동법을 제정한다.

제158조 (1) 정신적 노작, 저작자, 발명자 및 미술가의 권리는 공화국의 보호 보조를 받는다.

(2) 독일의 학술, 예술 및 기술의 창작품은 국제간의 합의에 의하여 외국에 유효하며 보
호되어야 한다.

제159조 (1) 노동조건 및 거래조건의 유지 및 개선을 위한 노동조합결성의 자유는 누구에
게나 또한 어떠한 직업에 대하여도 보장한다. 이 자유를 제한하거나 방해하는 약정 및
조치는 모두 불법이다.

제160조 (1) 고용 또는 노동관계에 있어서 피용자 또는 노동자는 공민으로서의 권리를 행
사하고 또한 현저히 업무의 집행을 저해하는 경우를 제외하고 그 위임을 받은 공적 명
예직을 집행함에 필요한 자유의 시간을 가질 권리를 가진다. 이에 대한 보상을 어느 정
도 받을 수 있을 것인가 청구는 법률로써 정한다.

제161조 (1) 건강 및 노동능력을 유지하고 모성을 보호하며 그 연령, 병약 및 생활의 변화
에 대비하기 위하여 공화국은 피보험자의 적절한 참여를 하게 하는 포괄적인 보험제도
를 설치한다.

제162조 (1) 공화국은 세계의 모든 노동계층으로 하여금 최소한도의 일반적인 사회적 권리
를 얻게 하도록 국제간의 노동자의 법률관계를 정하는 국가 간의 규제에 노력한다.

제163조 (1) 모든 독일인은 인신의 자유를 방해하지 아니하는 범위에서 정신적 및 육체적인 힘을 공공의 복리에 적합하게 활용할 도의적 의무를 진다.

(2) 모든 독일인은 그 경제적 노동에 의하여 그 생활자료를 얻을 기회가 부여되어야 한다. 적당한 노동의 기회를 가지지 못하는 자에 대하여는 필요한 생활비를 지급한다. 상세한 것은 특별히 공화국 법률로 정한다.

제164조 (1) 농업, 공업 및 상업에서 자립적인 중산계급은 입법 및 행정에 의하여 촉진되어야 하고, 과중한 부담을 지거나 타계층에 흡수되지 않도록 보호되어야 한다.

제165조 (1) 노동자 및 사무원은 사용자와 동등한 권리를 가지고, 서로 공동하여 임금 및 근로조건의 규율과 생산력의 전경제적 향상에 협력한다. 양자 간의 조직과 합의는 인정된다.

(2) 노동자 및 사무원은 그 사회상 및 경제상의 이익을 옹호하기 위하여 경영노동자회의와 사회적·경제적 이익을 대표하기 위하여 구성된 지역노동자회의 및 공화국노동자회의에 그 법률상의 대표권을 가진다.

(3) 지역노동자회의와 공화국노동자협의회의는 사용자 및 기타 관계있는 계급의 대표자와 함께 전경제적 임무를 수행하고 또한 사회화정책법의 집행에 협력하기 위하여 지역경제회의 및 공화국경제회의를 구성한다. 지역경제회의 및 공화국경제회의의 구성은 모든 중요한 직업집단이 그 경제상 및 사회상의 지위에 상당하는 대표자를 두도록 구성하여야 한다.

(4) 기본적 규정을 하는 사회정책 및 경제정책에 관한 법률안을 공화국정부는 그 제출 전에 공화국경제회의의 의견을 청취하여야 한다. 공화국경제회의는 스스로 이 종류의 법률안 제안 할 권리를 가진다. 공화국정부는 이에 동의하지 아니하는 경우에 있어서는 자기의 의견을 첨부하여 공화국의회에 제출하여야 한다. 공화국경제회의는 그 의원 중 1인을 공화국의회에 파견하여 대표케 할 수 있다.

(5) 노동자회의 및 경제회의에는 위임된 영역에 있어서 감독 및 행정권한을 위임할 수 있다.

(6) 노동자회의 및 경제회의의 구성 및 과업과 다른 사회적 자치행정기관에 대한 관계를 규율하는 것은 공화국의 전속사항이다.

4) 바이마르 헌법의 인권 조항의 특색

(1) 인권과 제도보장, 방침 규정의 혼재

바이마르헌법은 독일이 전쟁에 패하고 군인들이 반란하고 노동자가 반란한 가운데 왕이 퇴위하고 급히 만들어진 헌법이기 때문에 기본권 규정도 이상적으로 흐르는 감이 있다.

특히 경제공황이 지배하고 있었기 때문에 생존권 규정이 많이 도입되었고 노동자, 농민의 권리와 노동조합 중 단체의 활동이 많이 규정되었다. 바이마르헌법 하에서의 의회에는 급진 우파와 급진 좌파가 대립하여 많은 생존권 규정이 법률로 규정되기도 하였다. 그러나 이에 선재해야 할 경제여건이 좋지 않아 명목적 방침규정으로 변한 것이 많았다.

(2) 기본권의 실효성을 강제할 헌법재판소의 부재

바이마르헌법의 기본권 규정은 프랑크푸르트헌법의 기본권 규정처럼 자연권으로 규정하지 않고 실정권으로 규정했다. 그리고 이러한 실정권주의는 법률의 우위사상에 따라 법률의 유보규정이 많아서 대국가적 구속력이 부족하였다. 기본권이 법률에 의하여 침해된 경우 이를 구제하기 위한 헌법재판소를 두지 않음으로서 기본권의 공동화를 가져오기도 하였다.[81]

(3) 기본권 남용으로 인한 국가 몰락 나치스의 등장

기본권 규정에 법률유보 조항을 많이 두어 사실상 기본권의 보장이 어려워진 점도 있다. 언론·출판·집회·결사의 자유가 남용된 것은 헌법과 법률 때문이 아니라 헌법과 법률에 근거가 규정되어 있었음에도 불구하고 양극단 단체들이 무장투쟁을 하여 국가기강이 허물어졌으며 선거에서 극우정당이 많은 득표를 하여 히틀러를 총리로 기용할 수 있게 하였다.[82]

(4) 1949년 본 기본법에서의 시정

제2차 세계대전에 패배한 독일은 1949년에야 서독헌법을 제정하였는데 이 헌법에서 기본적 인권의 영구성과 초법률성을 규정하고 헌법재판에 의한 보장을 하게 되었다. 서독 기본법에서는 기본권의 천부인권성을 강조하고 법률에 의한 기본권 침해를 막기 위하여 헌법재판소제도를 두어 기본권의 실체적 보장을 하게 되었다.[83][84]

---

81) J. Topf, *Die normative Kraft der Weimarer Reichsverfassung nach Albert Hensel(1895-1923)*, Hamburg, 2009.

82) R. Poscher, Die Grundrechte der Weimarer Reichsverfassung.

83) C. Bergkirchner, Menschenrechte im Nationalsozialismus, Geschichte der Menschenrechte, W. S. 2010.

84) 상세한 것은 Marten/Papier (Hrsg.), *Handbuch der Grundrechte in Deutschland und Europa* I - Ⅳ, 2010-2017; F. Köster, *Entstehungsgeschichte der Grundrechtsbestimmungen des zweiten Hauptteils der Weimarer Reichsverfassung in den Vorarbeiten der Reichsregierung und den Beratungen der Nationalversammlung*, Göttingen. 2003.

제3절 이탈리아 헌법의 발전

1. 이탈리아 헌법의 역사

이탈리아는 처음에는 그리스에서 온 이민이 나라를 세웠었다. 특히 그리스인은 아드리아해안과 시칠리섬에 많이 거주했었다. 로마는 기원전 753년 로물루스(Romulus)에 의하여 건국되었다고 한다. B. C. 509년에 공화국이 성립하였다. B. C. 200년경에 로마가 이탈리아 반도를 통일했었다. 통령이 국가수반으로서 선출되었으며 사실상은 상원에 의한 과두제 국가였다. 상원의원은 종신직이었다. 포에니전쟁의 결과 로마는 승리하고 한니발의 침공도 물리치고 북아프리카의 카르타고까지 점령하였다. 로마는 북아프리카를 지배하고 마케도니아, 스페인까지 정복하였다. 로마제국은 역사상 지역적으로 제일 크고 가장 오래 간 제국이 되었다.

이때 카이사르(Caesar)가 루비콘 강을 건너 로마에 진군하여 폼페이를 항복시켰다. 상원은 그를 10년 임기의 독재자로 선출하였다. 그는 종신 독재자가 되었다. 이에 카시우스와 브루투스가 반란하여 그를 죽였다. 그 뒤 13년간 전쟁이 계속되었다.[85]

안토니가 카이사르의 후계자가 되려고 했으나 키케로가 반대하고 카이사르의 양자가 3,000명의 병사를 모아 전쟁을 하게 되었다. B. C. 43년에는 양자 옥타비아누스, 안토니, 레피두스 3인의 3두정치(Triumvirate)로 5년간 평화가 계속되었다. 옥타비아누스는 아우구스투스로 더 잘 열려지고 있었는데 3두정치를 종료하고 로마제국을 건설하였다. 그는 직업군인 제도를 두어 통치하여 평화를 가져왔으며 그 시기를 로마의 평화기(Pax Romana)라고 한다.

A. D. 192년에 왕이 살해되고 이때부터 서로마제국의 몰락이 시작되었다. 그러나 동로마의 비잔틴제국은 15세기까지 통치하고 있었다. 서로마제국은 게르만족의 침입에 따라 476년에는 완전히 게르만제국이 되었다. 이후 이탈리아는 분열되었다. 로마 교황청만이 로마를 지배하고 있었다고 하겠다.

이탈리아는 중세에 있어서는 외적의 침략을 받아 분열이 되었고 큰 도시들은 자치권을 가지고 통치하였다. 독일이 침공하여 3세기 간은 독일황제와 교황이 이탈리아를 지배하였다. 근세에 와서는 르네상스의 선봉에 섰다. 이들 사상가 중에는 마키아벨리(1469-1527),

---

85) 이탈리아의 간단한 역사에 대해서는 F. Fregato, A Brief History of Italy. 상세한 것은 P. Kennedy, *The Rise and Fall of the Great Powers*, 1985; C. Killinger, *The History of Italy*, 2002; G. Holmes (ed.), *Oxford History of Italy*, 1997 등 참조.

미켈란젤로(1475-1564), 레오나르도 다빈치(1452-1519) 등이 유명하다. 17세기에 와서 나폴레옹이 알프스를 넘어 북부 이탈리아를 점령하였고 당시 북부 이탈리아의 통치자인 합스부르크왕조와 강화조약을 체결하기도 하였다.

메테르니히(Metterenich)가 나폴레옹을 축출하고 다시 합스부르크왕조가 재건되었다.

2. 1848년 혁명과 독립운동, 헌법제정 요구

1848년은 유럽 전지역에서 혁명이 일어났었다.[86] 오스트리아에도 혁명이 일어나 합스부르크 왕가는 피난을 갔다. 북 이탈리아를 지배했던 멧텔니히도 도망갔다. 여기서 북부 이탈리아에는 독립운동과 통일운동이 일부에서 일어났었다. 그러나 이에 호응하는 사람은 많지 않았다.

그런데 1848년 봄에는 여러 지방에서 헌법제정 요구가 나왔다. 그 중에서도 나폴리, 피에드몬트, 투스카니와 교황청에서 지배자의 뜻과는 달리 헌법제정회의의 소집요구가 행해졌다. 그 중에서도 시칠리아 사람들이 제일 먼저 혁명을 일으켜 1812년 헌법의 부활을 요구하였다. 그것은 영국 지배하에서 만들어진 것이었다. 나폴리 통치지와 시칠리아인 간의 알력이 심하자 그 왕은 1812년 헌법의 부활은 반대하고 새로운 헌법제정을 하기로 하였다. 그럼에도 시칠리아 의회는 1848년 4월 13일에 1812년 헌법의 부활을 결정하였다.[87] 이에 왕이 군대를 동원하여 1849년에 시칠리아를 점령하여 반대파들은 숙청되어 헌법논쟁은 끝났다.

나폴리의 페르디난드 왕은 헌법제정의 욕구에 대항하기 위하여 군대를 증강하였다. 그럼에도 불구하고 나폴리의회를 지배할 수 없어 하는 수 없이 1848년 2월 10일에 헌법을 선포하였다. 그는 이를 지키겠다고 약속하고 제한선거로 의회를 구성하기로 약속하였다. 4월에 의회가 구성되었는데 즉시 왕과 충돌하게 되었다. 의회는 헌법수정을 요구하였다. 그는 이에 반대하였으나 부득이 나폴리 중심부의 바리케이트에 올라가 개정을 약속하였다. 시칠리아는 독립을 선포하고 임시정부를 만들었다. 왕은 지난 의회선거를 무효화하고 언론의 자유와 집회의 자유를 무시하고 비판자들을 체포하였다. 6월 15일의 새 선거에서는 의회가 조심스럽게 왕을 지지하게 되었고 시칠리아는 군대가 가서 피를 흘리고 의회는 해산되었다. 의회가

---

86) M. Rapport, *1848: Year of Revolution*, 2010; P. Robertson, *Revolutions of 1848: A Social History*, 1952; Wikipedia, Revolutions of 1848 in the Italian states.

87) Giorgio Candeloro, *Storia dell'Italia moderna. Vol. 3: La Rivoluzione nazionale (1846-1849)*, 2d ed., 1966; Nino Cortese, *Le costituzioni italiane del 1848-49*, 1945; M. Cossu, *L'Assemblea costituente romana del 1849*, 1923; Constitutions and Parliaments, Italy, 1848-49.

1849년 2월 1일에 재개하자 조세문제로 분쟁이 생겼다. 이에 왕은 1849년 3월 12일에 의회를 해산하였다. 왕은 1849년 여름에 시칠라아섬을 평정하고 헌법제정을 주장하는 의회는 아무 곳에도 없게 되었다. 그는 형식적으로는 이 헌법을 무효화하지는 않았고 종교심이 깊었던 왕은 교황청 사람들에게 정부를 맡겼다.

로마와 투스카니에서도 혁명이 일어나 두 왕은 망명하였다. 1848년에서 로마만이 제헌회의에서 헌법제정을 논의하고 헌법은 1848년-1849년 간에 제정하였었다. 이는 교황청과의 관계와 왕의 부재로 인한 것이었다. 그들이 헌법제정에는 성공하였으나 로마는 프랑스군에 의하여 1849년 7월 3일에 점령되고 말았다.

투스카니에서는 1849년초에 통치자인 대공작이 떠난 뒤 임시정부가 성립되었다. 의회는 제한선거에 의하여 대공칙령으로 구성되었는데 이름을 제헌의회로 바꾸고 새로운 헌장의 제정을 위한 토론을 하기 시작했다. 그들은 자기들이 만든 헌법이 전 이탈리아에서 적용될 것을 예정하고 있었으며 로마공화국의 탄생을 위한 일보로 생각하였다. 그러나 이 헌법이 효력 발생하기 전에 정치적, 군사적 사건이 일어나 지도자들은 후퇴하고 헌법은 효력을 발생하지 못했다.

3. 알베르티노 헌법제정과 인권 조항

이 와중에서 피에드몬트·사르디니아 지방의 왕인 알베르티노(Albertino)가 1848년 2월 8일에 Statuto(헌법)을 독자적으로 공포하였다. 이것은 그의 왕국에서뿐만 아니라 토리노와 제노아에서도 요구가 심했기 때문이다. 3월 4일에는 이 두 지방에서도 공포되어 시행되게 되었다.[88]

이 법은 전체 84조로 구성되며 카를로 알베르토(Carlo Albertino, 1798-1849)의 즉위 18년 3월 4일에 토리노에서 제정된 것이다. 여기에는 신민의 권리와 의무를 다음과 같이 규정하고 있다.

제24조 모든 신민은 그 위계와 신분을 불문하고 법률 앞에 평등하다. 모든 신민은 한결같이 공민권과 참정권을 향유하며 문무의 관직에 취임할 수 있다. 다만 법률이 정한 경우에는 그러하지 아니하다.

제25조 모든 신민은 그 재산에 따라서 차별 없이 국가의 비용을 분담한다.

---

88) 내용은 Wikipedia, Statuto Albertino. "Lo Statuto Albertino", http://www.quirinale.it.

제26조 개인의 자유는 보장한다. 누구든지 법률로 정한 경우와 법률이 정한 절차에 의하지 아니하고 체포 또는 심문을 받지 아니한다.

제27조 주거는 침해되어서는 아니된다. 가택의 임검은 법률로써 또한 법률이 정한 절차에 의한 경우 이외에는 할 수 없다.

제28조 출판은 자유이다. 다만, 법률로써 그 남용을 금지할 수 있다. 다만 성서, 교리문답서, 예배와 기도서는 미리 주교(主敎)의 허가를 받지 아니하고 출판해서는 아니된다.

제29조 모든 소유권은 예외 없이 침해되어서는 아니된다. 다만 법률로써 공공의 이익을 위하여 필요하다고 인정될 때에는 법률에 따라서 정당한 보상을 하고 소유권의 전부 또는 일부를 양도케 할 수 있다.

제30조 모든 조세는 양 의원의 승인과 국왕의 재가를 얻지 않고 이를 부과하고 징수해서는 아니된다.

제31조 공공의 채무는 보장한다. 채권자에 대한 국가의 채무를 침해해서는 아니된다.

제32조 평온하고 무기를 소지하지 않고 집회할 권리는 이를 존중한다. 다만 공공의 이익을 위해서 그 권리의 행사를 규제하는 법률에 따를 것을 요한다. 전항의 규정은 공공의 장소 또는 공중에 개방된 장소에서의 집회에는 적용하지 아니한다. 위의 집회는 모두 경찰법에 따라야 한다.89)

이 헌법은 피에드몬트·사르디니아 왕국의 헌장으로 제정자인 국왕의 이름을 따서 「알베르티노 헌법」(Statuto Albertino)이라고도 한다. 그 내용은 1814년과 1830년의 프랑스 헌장과 1831년의 벨기에 헌법의 영향을 강하게 받았다. 알베르티노 왕도 다른 이탈리아 통치자의 예를 따랐을 뿐이다. 그는 혁명 도중에 오스트리아와의 전쟁에 져서 퇴위하고 그의 아들이 엠마누엘 Ⅱ(Vittorio Emanuele Ⅱ)세가 계승하였다. 그는 최초의 혁명기(1848–1849)에도 이 헌법을 폐기하지 않았다. 엠마누엘 Ⅱ세는 1861년에는 가르바르디와 합세하여 이탈리아 제국을 통일하는데 성공하여 그는 초대황제가 되었다. 피에드몬트·사르디니아 왕국의 주도로 이탈리아 반도의 통일, 즉 리소르지멘트(Risorgimento)가 달성되어 1861년에 이탈리아 왕국이 성립하였는데 알베르티노 헌법은 지방헌법에서 그대로 이탈리아 왕국 전체의 헌법으로서 1900년대까지 존속하게 되었다.

---

89) 이 번역은 김효전 교수에 의한 것이다.

제3장

스페인어권과 포르투갈어권에서의 성립

제1절 스페인어권 헌법의 기본권보장

1. 스페인 헌법에서의 기본권보장

1) 스페인 혁명

스페인은 18세기 말에는 세계에서 가장 넓은 영토를 가진 제국이었다. 스페인은 본토와 신 스페인(New Spain)으로 구성되었는데 신 스페인은 북미의 거의 반과 필리핀까지 태평양 상에 있는 나라들을 모두 영지로 하고 있었다. 스페인 헌법의 이념은 프랑스혁명의 결과인 인권선언에 기초한 것이었다.

스페인헌법은 나폴레옹 시대의 칙령(Bayonne Statute)으로 거슬러 올라간다. 그러나 최초의 헌법은 1812년의 La Pepa 헌법이었다. 그 뒤 1814년 헌법, 1834년 헌법, 1837년 헌법, 1845년 헌법, 1856년 헌법, 1869년 헌법, 1873년 헌법, 1876년 헌법을 거친 뒤 1931년 헌법이 제2공화국헌법이었다. 그 뒤 1936년부터 프랑코(Francisco Franco, 1892-1975)의 독재정치가 시작하여 1978년에야 현행의 민주적 군주제헌법이 제정되었다.[1]

스페인 시민은 1808년부터 1813년까지 나라를 점령했던 나폴레옹에 항거하여 전쟁을 일으켰다(독립전쟁). 이 전쟁은 오래 끌었는데 1810년에는 새 의회를 구성하였다. 이 의회에는 스페인 본토와 신 스페인을 비롯한 필리핀, 남미의 여러 나라들이 대표로 참석하여 스페

---

1) 스페인 헌법의 역사에 대해서는 Histories of the World. Spanish History-The Peninsular War and the Constitution of 1812, http://digg2past.blogspot.kr/2009/11/; Wikipedia, List of Constitution of Spain; Wikipedia encyclopedia, Spanish Revolutions of the 19th Century, thefreedictionary.com; Spain 19th Century Brief Overview Politics, http://www.spainthenandnow.com/spanish-history; C. Esdaile, *Spain in the Liberal Age 1808-1939*, 2009.

인 반도의 남쪽에 있는 카디즈(Cádiz) 시에서 개최되었는데 이 의회는 빨리 헌법의 초안을
만들었으며 1812년 3월 12일에 공포하였다. 이는 스페인 입헌주의의 시작이었다. 여기서 국
민주권의 원리와 군주주의의 원리가 결합된 것이었다. 그러나 이 헌법은 사실상 효력을 가지
지 못하였다.

2) 스페인의 1812년 헌법의 기본권 규정

1812년의 스페인 헌법은 프랑스의 영향을 받은 것으로 인권보장에도 관심을 가지고 규
정하고 있다.[2]

제1장 스페인 국민에서 주권은 국민에게 있고 헌법의 제정권은 국민이 독점적으로 가
지고 있다(제3조)고 규정하였다. 국민은 현명하고 정당한 법률에 따라 모든 개인의 자유와
재산 및 모든 정당한 권리를 보호하는 의무를 진다(제4조)고 규정하였다.

① 국민의 의무 또 다른 스페인인의 의무도 규정하고 있다. 첫째로는 애국의 의무이며
(제6조), 둘째는 헌법과 법률의 준수의무이며(제7조), 셋째는 법률로 규정된 예외 없는 국방의
의무이며(제8조), 넷째는 그의 재산에 따라 국가의 재정에 기여할 의무(납세의 의무)(제9조)를
규정하였다.

② 국민의 권리는 제2장에서 규정하고 있다.

스페인의 국교는 로마가톨릭교이며 국가는 이를 보호하고 침해를 예방할 것을 규정하
고 있다(제12조).

정부의 목적은 국민의 복지와 모든 정치적 결사를 구성하고 있는 개인의 행복을 보장하
는 것이다(제13조).[3]

그리고는 세습적 공화제를 규정하고 3권분립을 규정하고 있다(제14조-제17조).

스페인 시민만이 지방공무원에 임명될 수 있으며 법률에 따라 선거권을 가진다(제23조).

---

2) The Political Constitution of the Spanish Monarchy, in *Cobbett's Political Register* Vol. 16
   (July-December 1814); Wikipedia, Spanish Constitution of 1812; R. Herr, The Constitution of 1812
   and the Spanish Road to Constitutional Monarchy, in Isser Woloch (ed.), *Revolution and the
   Meanings of Freedom in the Nineteenth Century*. Stanford University Press, 1996, pp. 65-102; The
   Political Constitution of the Spanish Monarchy: Promulgated in Cádiz, the nineteenth day of March
   Espana Constitution 1812, cervantesvirtual.com.
3) M. C. Mirow, Vision of Cádiz: The Constitution of 1812, in *Historical and Constitutional Thought,
   Studies in Law, Politics and Society* Vol. 53 (2010), pp. 59-88; R. Breña, The Cádiz Constitution
   and Liberalism, 2014; Latin American Studies, Oxford Bibliography; Homem/Santos/Alonso,
   Constitutional Documents of Portugal and Spain 1808-1845, Berlin, 2010; A. Shepherd,
   Constitución de Cádiz de 1812.

시민의 권리는 다른 나라에의 귀화하는 경우, 다른 정부에서의 관직을 수임하는 경우, 신체적 불명예스러운 형사처벌을 받은 경우, 정부의 허가와 승인 없이 5년 이상 계속하여 외국에 거주하는 경우에는 상실된다고 규정하고 있다(제24조).

또 시민의 권리행사는 육체적·도덕적 부적격성에 의하여 사법적 정지를 받은 경우, 상거래에서 파산하거나 공적 재정에 채무를 갚지 않은 경우, 직역적 하인의 지위를 가지는 경우, 관직을 가지지 않고 고용되지 않고 알려진 생활수단이 없는 경우, 형사범죄의 재판 중에 있는 경우, 1830년 이후에는 글을 읽고 쓸 수 없는 자의 경우에는 시민권을 행사할 수 없어 정지된다(제25조). 이 두 개조 이외의 사유로는 다른 어떠한 이유로도 시민의 권리를 상실시키거나 박탈할 수 없다(제26조).

시민이 주권자이기 때문에 대표기관의 선거권과 피선거권에 관해서는 대표기관인 Cortes에 관한 규정에서 볼 수 있다. 사법부의 장(제5장)에서 민사절차와 형사절차에서의 시민의 권리가 규정되어 있다. 사법권의 독립(제243조), 소급입법에 의한 신설법원 등의 재판을 받지 않으며(제247조), 일반적으로 계급의 차별 없이 같은 심판절차에 의하지 않으면 교도소에 수감되지 않으며(제290조), 교도소 재소자는 자기의사에 반해서 행위에 대한 선서를 하지 않으며(제291조), 보석을 받을 권리(제295조, 제296조), 재판공개의 원칙(제30조), 자백강요금지(제303조), 재산몰수형의 금지(제304조), 가옥에 대한 연좌제금지(제305조) 등이 규정되어 있다.

제9장에서는 공교육에 관해서 규정하고 있다. 여기에서는 교육제도, 대학제도까지 공평하게 설치하도록 규정하고 있다. 이 장에서 모든 스페인 시민은 어떤 사전적인 인가나 허가나 변경 없이 법률이 정한 제한과 책임을 그 한도와 책임 내에서 정치적 의사를 쓰거나 인쇄하거나 발표할 자유를 가진다(제371조)고 규정하고 있다.

3) 1812년 헌법의 기본권 규정의 특색

이 헌법이 프랑스 인권선언과 달리 개별적 기본권을 규정하지 않는 것은 당시에 프랑스의 지배하에 신음하다가 독립을 위한 헌법을 만들기 위해서[4] 프랑스의 인권선언과 다른 규정을 한 것으로 생각된다. 헌법기초자들은 그들의 자유, 평등 속에 모든 기본권이 포괄될 수 있다고 본 것이다. 그들은 6개의 기초위원회를 만들었는데 기초 시에 개인적 기본권의 보장

---

4) M. C. Mirow, Vision of Cádiz: The Constitution of 1812, in Historical and Constitutional Thought, Studies, in *op. cit*; N. Perea, The Cádiz Constitution in the Atlantic World, *Oxford Research Encyclopedia of Latin American History*.

은 포괄적인 안전과 사유와 재산권 속에 다 포함된 것으로 보인다. 그들은 자유란 「모든 시민의 사회적 권리로서 사회에 유해롭지 않고 다른 사람의 권리를 침해치 않고 모든 일을 행할 수 있는 권리를 규정한 것이」라고 보았다.5) 재산은 인간이 재능과 직업과 근면한 모든 인간의 성과라고 생각하였다.6) 그리하여 자유, 평등, 재산권을 모두 포괄하는 개인권리라고 생각하였다. 다시 말하면 자유권은 포괄적인 권리로서 개별화하기 힘든 것이라고 보고한 것이다. 미국의 독립선언에서도 이러한 경향이 있어 자유, 평등, 행복추구권을 들었던 것이다.7)

스페인의 유명한 가톨릭 신학자 프란치스코 수아레즈(Francisco Suárez, 1548-1617)도 가톨릭교의에 따라8) 자연권설을 주장하고 기본권의 포괄성을 인정했었다. 수아레즈는 국제법의 창시자로 알려져 있으며 그의 후계자로서 그로티우스(H. Grotius)를 들고 있다. 수아레즈는 도덕론에서 자연법을 중시하였다. 그는 자연법의 내용은 자연에 의해서 명령되는 것이며 하느님의 명령에 해당한다고 하였다. 그의 자연법론은 영원법의 하위이며 신의 명령인 영원법에 근거하고 있다고 하였다.9) 법학분야에서는 인민주권론, 사회계약론, 자연법론, 국제법론에 기초를 쌓았다. 물론 수아레즈의 권리론은 현재와는 다르다. 수아레즈는 자연권으로 행동의 자유, 자치, 물건과 물질에 대한 권리, 물건을 사용하는 권리, 심지어 자기방어권도 최대의 권리로서 자연권으로 인정하고 있었다. 이러한 여러 권리를 포괄하여 자연권이라고 보았던 것이다. 1812년 헌법은 이들 스페인의 철학자들의 권리론도 영향을 끼쳤다고 하겠다.

4) 1812년 헌법의 타국가에의 영향

이 헌법을 제정한 대회의에는 식민지 대표도 참여하였었다. 그리하여 스페인인의 시민

5) M. Artola, *Los afrancesado*, Madrid, 1989.
6) M. Artola, *Estudio Preliminar*, Madrid, 2008.
7) Isser Woloch (ed.), *Revolution and the Meaning of Freedom in the Nineteenth Century*, Stanford University Press, 1996; The Political Constitution of the Spanish Monarchy: Promulgated in Cádiz, the nineteenth day of March Espana Constitution 1812.
8) S. J. Brust, Retrieving Catholic Tradition of Subjective Natural Rights from the Late Scholastic Francisco Suárez, S. J., *Ave Maria Law Review* 10.2 (2012): Suárez in English Tradition Bibliography of Works on Francisco Suárez, 1850-present; D. Schwartz, Francisco Suárez, *Stanford Encyclopedia of Philosophy*; S. Penner, Francisco Suárez, *Internet Encyclopedia of Philosophy*.
9) S. J. Brust, Retrieving Catholic Tradition of Subjective Natural Rights from the Late Scholastic Francisco Suárez, S. J., *Ave Maria Law Review* 10.2 (2012), pp. 343-363; The Framing Business, Suarez Paves the Way for Grotius: 1600; C. Covell, "Victoria, Suarez, Gentili and Grotius", in *The Laws of Nations in Political Thought*, Springer Verlag, 2009, pp. 27-62.

적의 확장도 가능했었다. 이 시기에 미국과 아이티는 거의 성공하였고 프랑스 혁명의 기억도 생생하였으므로 식민지의 독립을 원하는 기색이 역력하였다. 스페인에서 미국인들로서도 새 헌법의 제정은 식민지의 독립 분리를 위한 것이 아니고 스페인 공화국의 분립을 원한 것이 었다.[10] 그런데 스페인 왕이 이 헌법의 효력을 정지시키고 의회를 해산하여 스페인 미국 총 독의 지위라든가 대표자의 지위가 불명확해지자 독립을 원하게 되었다. 스페인 본토의 국왕 이 복귀하자 의회를 해산하고 폭정을 하였으므로 스페인 아메리카(New Spain)인들은 독립하 여 새로운 멕시코연합국헌법을 만들게 되었다. 이는 Cádiz헌법을 재현한 것이었다. 이 밖에 도 콜롬비아(New Granada)도 헌법을 제정해서 독립하였고, 라틴 아메리카 독립과 헌법제정 이 계속되었다. 1826년에는 볼리비아헌법이 제정되었다.[11]

2. 1824년의 멕시코연합국 헌법

1) 신 스페인의 독립과 멕시코공화국헌법의 제정

중앙아메리카에는 신 스페인이 있었는데 이 신 스페인은 스페인 본국과 같은 군주를 받 들고 있는 독립국가이며 스페인에서 총독을 보내거나 독립적인 왕국을 형성하고 있었다. 앞 서 본 1812년의 스페인 헌법은 신 스페인 지역에도 효력을 가질 것이었으나 그것이 잘 적용 되지 않았다. 이에 멕시코인들이 멕시코인의 인권보장을 위한 요구로 1813년에는 북미 멕시 코 미국인의 자유와 독립에 대한 요구가 나타났다. 이 때문에 독립전쟁이 진행되고 있었다. 최고국민의회는 1813년 11월 6일 북아메리카의 독립선언법을 통과시켰다.

---

10) M. Rodriguez, *The Cádiz experiment in Central America 1808-1826*, Berkeley University of California Press, 1978; Rodriguez, *The Independence of Spanish America*, Cambridge, 1998; Wikipedia, Spanish Constitution of 1812; Perea/Eastman, *The Cádiz Constitution of 1812 and its Impact in the Atlantic World and Beyond.*

11) 전게 Mirow의 논문 참조. C. Esdaile, *Spain in the Liberal Age; From Constitution to Civil War, 1808-1939 (A History of Spain)*, 2009; J. Davis, The Spanish Constitution of 1812 and the Mediterranean Revolutions (1820-25), *Bulletin for Spanish and Portuguese Historical Studies* Vol. 37, Issue 2, 2013; C. Andrews, Alternatives to the Constitution of Cádiz in New Spain: Republicanism and the insurgent constitutional decree of Apatzingán (1814), *Journal of Iberian and Latin American Studies* Vol. 22, Issue 3, 2010.

2) 1814년 헌법의 인권 조항

(1) 성립

1814년에는 Apatzingan에서 헌법이 선포되었다. 이를 Apatzingan헌법이라고도 한다. 이 헌법의 원제목은 Decreto Constitucional para la Libertad de la América Mexicana이다.[12] 이 헌법칙령은 1814년 10월 22일에 Anahue의회에서 선포되었고 멕시코 독립전쟁 중에 효력을 가지는 것으로 주장되었다.

(2) 내용

이 헌법칙령은 2장 242조로 구성되어 있으며 스페인의 Cádiz헌법과 같은 원칙에 입각한 것이다. 그러나 이 스페인헌법은 약간 수정되었으며 정부는 공화제를 채택하였다.

제1조 국교로는 로마가톨릭교를 하고 이 종교만 국가에 의해서 숭배되었다.

제2조 입법권과 정부형태를 결정하는 권한은 주권이며 사회의 이익을 위하여 봉사한다.

제5조 그러므로 주권은 전체 인민에게 있고 시민에 의해서 선출된 의원으로 구성된 국민대표기관이 헌법의 규정에 따라 행사한다.

제12조 이러한 3권, 즉 입법권, 집행권, 재판권은 1인이나 한 기관에 의하여 행사되어서는 안 된다.

제13조 아메리카의 시민은 아메리카 출생자로 한다.

제19조 법은 만인에 평등하여야 한다.

제30조 모든 시민은 유죄 선고가 있기 전에는 무죄로 추정된다.

제42조 (멕시코 미국연합의 지방), 멕시코, 푸에블라, 틀락스칼라, 베라크루즈, 유카탄, 오아하카, 테크팜, 미초아칸, 쿠에레타로, 구가달라댜라, 과나후아토, 포토시, 제카데카스, 두랑고, 소노라, 코아우일라와 레온의 신레이노.

제43조 집행부는 3두체제로 구성되었다. 매 4개월마다 교체하였다. 정부의 목적은 시민의 권리인 자유, 재산권, 평등과 안전을 보장하는 것이다. 그러나 시민의 개별적 권리인 기본권은 이를 상세히 규정하지 않았다.

---

12) Decreto constitucional para la libertad de la América mexicana, sancionado en Apatzingan á 22 de Octubre de 1814; Wikipedia, Constitution of Apatzingan; J. Flores, *la Constitución de Apatzingan 22 de Octubre de 1814*, 85 pages, Mexico, 1964; WW.com, *Constitution of Apatzingan, 1815*, Library of Congress; F. Macias, *The History of the Mexican*; C. Andrews, *Early constitutional projects in Mexico and their British influence* (1821–1836), https://www.researchgate.net/publication.

이 헌법은 실제로는 효력을 가진 적이 없었다. 그러나 이 문서는 멕시코 미국인의 독립을 보장해 줄 것을 약속한 것으로 받아들여졌다.

3) 1824년 멕시코연합 헌법의 인권 조항

(1) 성립

이 헌법은 1824년 10월 4일에 Agustin de Iturlide 왕을 축출한 뒤에 만든 공화국헌법이다. 이는 사실상 멕시코연합의 첫 헌법이라고 하겠다. 정식명칭은 Constitución Federal de los Estados Unidos Mexicanos de 1824라고 한다.[13] 북미국에 있는 식민지인이 점차 당시의 국왕을 축출한 뒤 멕시코의 독립헌법을 만들게 되었다. 1823년 11월 7일에 모인 제2의회에서 많은 사람들이 멕시코헌법을 만들기를 원했다. 의회 기초자들의 의견은 달랐으나 새로운 국가를 형성하기로 하고 헌법기초위원회를 구성하였다. 헌법기초위원회 안은 11월 20일에 공포되었다. 의회는 이 헌법안을 통과시켰다. 이 초안은 1년 후에 통과되어 멕시코연합공화국이 성립하였다.

(2) 내용

이 헌법은 1812년의 스페인헌법을 모방한 것이나 미국의 영향도 많이 받았다. 헌법은 7장 171조로 구성되어 있다.

제3조 멕시코연방의 국교를 로마가톨릭으로 정하였다.

제4조 멕시칸 인민은 대표적, 보편적 연방공화국 정부형태를 채택한다.

제5조 연방은 다음 지방과 영역으로 구성된다.

제74조 연방의 최고집행권은 대통령이라고 불리는 한 사람에게 위탁된다.

제75조 부통령을 둔다.

이 헌법의 규정은 스페인의 1812년 헌법을 모방한 것이며, 공화제를 하고 연방제를 채택한 것은 미국헌법을 모방한 것이다. 또 권력분립이나 기본권보장은 프랑스 헌법을 모방했다고 하겠다. 스페인의 의회는 단원제였었는데 멕시코연방은 양원제이며 상원을 미국식으로 각주에서 2명씩 선출하였다.

인권에 관해서는 미국처럼 상세하게 규정하지 않았다.

제50조 연방과 지방에 있어서의 언론의 정치적 자유보장(제1항).

---

13) Telas, *The Constitution of the Mexican United States*, 1824; Wikipedia, 1824 Constitution of Mexico 1824; J. Dealey, *The Spanish Sources of the Mexican Constitution of 1824*, Texas State Historical Association, January, 1900.

1829년에는 노예제도를 폐지하였다.

(3) 연방제도의 해체

멕시코 미국인들의 태도가 달라져서 연방제도에서 단일제도를 원하는 지방이 많아서 1835년 10월 23일에는 1835년 5월 24일 헌법에 따라 연방이 분리되게 되었다. 텍사스도 독립하게 되고 많은 주가 독립하게 되어 멕시코연방은 분해되었다.

4) 1836년 이후의 헌법[14]

(1) 1936년 헌법

1936년 헌법은 7개의 법률로 구성되어 있었다. 최고보장권력기구는 5명의 개인으로 구성되어 있었는데 입법, 행정, 사법기관 간의 견제·균형을 위한 역할을 하는 것으로 하였다. 또 지방(state) 중심의 연방제에서 도(department) 중심으로 중앙집권제로 옮겨갔다(제1법률 제8조).

(2) 1843년의 멕시코공화국조직법

이 헌법은 그 유효기간이 짧았기 때문에 잘 알려지지 않았다. 새로 사형제도를 도입하고 언론의 자유를 제한하고 가톨릭교회를 지원하고 가톨릭신앙을 방어하였다. 이 점에서 기본권보장에서 퇴행하는 헌법이었다고 하겠다.

(3) 1847년 헌법

이 헌법은 기본적으로는 1824년 헌법을 부활시킨 것이다. 이들 기간에 미국과 멕시코 간에 전쟁이 일어나서 텍사스는 미국에 합병되었다.

5) 1857년 헌법의 인권 조항

(1) 성립

이 헌법은 1856년에 기초되었다. 이때 수도는 멕시코로 이전하였다. 제헌의회에서는 1824년 헌법의 부활론자와 신헌법의 제정론자가 대립한 뒤 신헌법을 제정하기로 하여 1857년 2월 5일에 공포되었다.[15]

---

14) Francisco Macias, *The History of the Mexican Constitution 2011.* 국제문제조사연구소 (편), 「멕시코 헌법」, 『각국헌법자료집』, 국제문제조사연구소, 1980. 77-122 참조.

15) Wikipedia, Federal Constitution of the Constitution 1857; Wiki Enveripedia, "Federal Constitution of the Constitution of the United Mexican States of 1857, Med Library.org, Federal Constitution of the Constitution of the United Mexican States of 1857," Open Sources Encyclopedia.

(2) 내용

이 헌법은 8장 128조로 구성되어 있다. 이는 자유주의헌법으로 기본권을 많이 규정한 것으로 유명하다. 1857년 헌법에서는 모두에 기본권 장을 두어 상세한 기본권 규정을 두고 있는 것이 특색이다. 이것은 서독 기본법이 기본권을 모두에 두어 규정한 것보다도 90년 이전에 한 것이기 때문에 특별한 의의가 있다.

제1장 제1절에서는 인간의 권리가 규정되어 있다.

제1조 멕시코인은 인권을 인정하는 것이 사회제도의 목적임을 인정한다. 따라서 이 나라의 모든 법과 모든 권위는 이 헌법이 보장하는 보장을 존중하고 유지하여야 할 것을 선언해야 한다.

제2조 공화국에 있어서 모든 사람이 출생에서부터 평등하다. 노예는 그가 영토에 발을 들이는 때부터 자유를 회복한다. 이 헌법에 의해서만 그들의 자유를 보호받지 못하는 경우에는 법률에 의한 보호를 누린다.

제3조 교육지도는 자유이다. 법률은 어떤 직업을 행하기 위하여 자격을 필요로 하고, 또 그 자격을 얻기 위하여 필요한 자격을 얻음에 필요한 것이 무엇인지 법률로 정한다.

제4조 (이하에서는 간단히 내용을 축소하기로 한다.) 모든 국민은 직업을 가질 자유가 있다. 이 자유의 행사는 법원의 판결에 의하지 아니하고는 제한되지 않는다.

제5조 누구나 보수 없이 개인적 봉사를 강요당하지 아니한다. 다만 병역은 의무적이다. 또 선거나 배심 등은 보수 없이 의무화할 수 있다. 인간의 직업의 자유를 제한 또는 축소하는 계약이나 약정이나 합의의 이행을 국가는 허가할 수 없다. 누구도 망명을 할 것을 합의할 수 없다.

제6조 이상(사상)의 자유는 특별한 법적인 경우를 제외하고는 사법적이나 행정적인 청문에서 표현을 강요당하지 아니한다.

제7조 저작과 출판의 자유는 침해할 수 없다. 검열은 금지되며 출판의 자유는 제한되지 않는다.

제8조 서면으로 평화적으로 청원을 하는 권리는 불가침이다. 청원에 대해서는 서면으로 회답을 받는다.

제9조 누구나 평화적으로 합법적인 목적으로 집회할 권리는 박탈당하지 않는다. 시민만이 국내의 정치적 문제에 의한 집회권을 행사할 자유를 가진다.

제10조 누구나 자기 안전과 정당한 방위를 위하여 무기를 가질 권한을 가진다. 법률은

금지된 무기와 금지된 무기를 소지하는데 대한 처벌을 규정할 수 있다.

제11조 누구나 출입국의 자유와 여행의 자유를 가지며 거주이전의 자유를 가진다.

제12조 귀족 특권 상속적인 명예 등의 칭호는 폐지되며 공화국에서는 이를 인정하지 않는다.

제13조 누구나 개인 사법상에 의하거나 특수법정에서 재판을 받지 아니한다. 군사재판은 군인징계와 관련한 형사사건만 관할한다.

제14조 소급입법은 제정할 수 없다. 누구나 사전에 제정된 법률에 의하지 아니한 법원에서는 재판을 받지 아니한다.

제15조 정치적 범죄의 과거 노예로서 행한 범죄로 인도국에 추방하는 조약, 이 헌법이 보장하는 개인이나 시민의 권리를 제한하거나 수정하는 조약은 체결할 수 없다.

제16조 누구도 개인이나 가족이나 주거나 소유물 때문에 수모당하지 않는다.

제17조 민사적 성격의 채무로는 처벌되지 않는다.

제18조 육체적 처벌에 해당하는 범죄의 경우에만 교도소에 수감할 수 있다. 피고인의 경우에는 수감할 수 없으며 보석이 되어야 한다.

제19조 법률에 정해진 법관의 영장이나 수감의 이유가 없는 경우 유치장 수감은 3일을 초과할 수 없다.

제20조 모든 형사재판에서 피고인은 다음의 보장을 받는다. ① 소추의 이유와 고소인의 성명고지 ② 판사의 예심은 판사 면전에 인도된 후 48시간 내에 행해져야 한다. ③ 그는 그에 대한 반대 증인에게 대심을 요구할 수 있다. ④ 변호를 위한 모든 기록의 정보를 제공받을 수 있다. ⑤ 그의 변호를 위해서는 스스로나 변호인을 통해서나 양자 모두가 질문·발언할 수 있다. 변호인이 없는 경우 국선 변호인 리스트가 제공되며 그 중에서 변호인을 선임할 수 있다.

제21조 형벌의 선고는 사법관이 독점적으로 할 수 있다. 정치적, 행정적 공무원은 징계벌로써 벌금이나 교도소 수용만을 명할 수 있다.

제22조 수족절단이나 화형, 태형, 과다한 벌금, 재산의 몰수 등 비정상적인 어떠한 처벌도 금지된다.

제23조 정치적 범죄에 대한 사형은 폐지된다. 정치적 범죄 이외의 반역죄나 모살, 고속도강도 해적행위와 중대한 군사범죄의 경우에는 사형에 처할 수 있다.

제24조 형사사건의 재판은 3심 이상을 해야 한다. 동일범죄에 대해서는 2중으로 심판되지 아니한다. 단심제는 폐지된다.

제25조 우편으로 보내신 봉함통신은 수색할 수 없다. 이 보장을 침해하는 것도 중죄이며 법률에 의하여 엄중히 처벌된다.

제27조 사적 소유권은 소유자의 동의 없이는 수용될 수 없다. 다만 공공의 이익을 위하여 보상이 행해진 경우에는 예외로 한다.

제28조 사적 독점이나 정부의 독점은 어떤 경우에도 예를 들면 산업의 보장을 위해서도 할 수 없다. 다만 화폐주조와 우편서비스는 한시적으로 독점이 허용된다.

제29조 적의 침입이나 공적 평화의 중대한 침해나 사회에 중대한 위험을 주는 장소에는 대통령은 긴급조치를 할 수 있다. 인간의 생명을 제외하고는 한시적으로 보장을 정지할 수 있다.

제2절에서는 멕시코의 시민권에 관해서 규정하고 있다(제30조-제32조).

제3절에서는 외국인의 권리에 관해서 규정하고 있다(제33조).

제4절에서는 멕시코인의 선거권과 피선거권 등 참정권에 관하여 규정하고 있다(제34조-제39조).

(3) 특색

이 기본권 규정은 미국 헌법의 기본권 규정보다도 상세하게 규정하고 있다. 1848년의 프랑크푸르트헌법의 독일인의 인권선언을 연상시킬 만큼 거의 망라적으로 규정하고 있다. 1812년의 Cádiz헌법이 자연권적으로 포괄적으로 규정한데 대하여 실정권으로 법률의 유보를 많이 둔 것이 특색이다.

이 헌법 규정은 1917년의 멕시코 헌법에 의하여 폐지되었으나 이 기본권조항은 원리적으로는 그대로 유지되었으며 새로운 조항이 많이 추가되었다.[16]

1857년 헌법에 대해서는 교황청에서 반대하였고 보수주의자들은 이 헌법이 너무 자유적이라 하여 반대하였다. 개혁전쟁과 왕정복고 시에는 1857년 헌법은 효력을 발생하지 못했다. 1867년 제국을 전복시킨 뒤에야 공화국이 부활되고 헌법이 다시 효력을 발생하였다. 그런데 1903년 2월 5일에는 헌법은 죽었다고 데모를 하였다. 1910년 멕시코혁명이 일어나 디아즈(Diaz)는 축출되고 1917년에 새 헌법이 제정되었다.[17]

---

16) 상세한 것은 H. N. Branch, *The Mexican Constitution of 1917 compared with the Constitution of 1857*, Philadelphia, 1917 참조.

17) F. Knapp, "Parliamentary Government and the Mexican Constitution of 1857: A Forgotten Phase of Mexican Political History," *Hispanic American Historical Review* Vol. 33, 1953, pp. 65-87.

6) 1917년 헌법의 인권 조항

(1) 신 헌법의 성립

이 헌법은 Constitucion Politica de los Estados Unidos Mexicanos라고 하며 1917년 2월 5일에 공포되었다. 이것은 1916년–1917년 멕시코혁명의 결과라고 할 수 있다.[18]

(2) 내용

이 헌법은 권력구조에 있어서는 미국헌법과 비슷하다. 인권조항에 있어서는 1857년 헌법의 규정을 거의 그대로 수용하면서 새로이 생존권적 기본권에 관한 규정을 두고 있는 것이 특색이다. 이것은 러시아헌법(1918)이나 바이마르헌법(1919)에 앞선 것이었다.

여기에서는 1857년 헌법에 규정된 것을 열거하는 것은 생략하고 새로이 규정된 것만을 보기로 한다.

열거되지 않는 조항도 신헌법에 의하여 추가된 것이 많다.

제3조는 가톨릭교회에서의 독립을 규정하고 종교의 자유를 인정하였다. 교육은 자유이다. 공립교육기관에서 하는 교육은 세속적(비종교적) 이어야 한다. 고등교육기관이나 하급교육기관의 사립학교교육도 세속적이어야 한다.

어떤 종교단체도 종교교육을 위한 학교를 설립하거나 관리할 수 없으며 기초교육학교를 설립하거나 지도할 수 없다. 사립초등학교는 공공기관의 감독의 대상으로 설립할 수 있다. 공공기관에서의 기본교육은 무상이다.

第24조 모든 사람은 자기의 선택한 종교를 믿고 법률에 의해 처벌되는 범죄를 구성하지 않는 한 공공의 예배장소, 또는 주거에서 종교상의 의식, 기도 또는 예배할 자유를 가진다.

第27조 국가 영역 내의 토지 및 물 소유권은 시원적으로 연방에 속한다. 이들 권리를 사인에게 이전할 수 있는 것은 국가의 권리이며 이에 따라 사유재산제도가 형성된다. 사유재산은 공공이용을 위하여 보상을 행하는 경우에 한해서 수용할 수 있다.

국가는 천연자원을 보호하고 공공의 부를 공정하게 분배하기 위하여 항상 사유재산에 대해 공공이익을 위하여 제한을 가할 권리와 이용 가능한 천연자원의 이용을 규제할 권리를 가진다. 이 목적을 고려하여 대규모의 소유지의 분할, 소규모적인 토지소유의

18) E. V. Niemeyer, Jr., Revolution at Queretaro: The Mexican Constitutional Convention of 1916–1917, University of Texas Press, 1974. 그 내용은 전게 「멕시코헌법」, 『각국헌법자료집』, 국제문제조사연구소, 1980, 77–79 참조.

발전, 필요한 토지 및 물을 구비한 새로운 농업공동체의 창설, 일반적인 농업의 장려와 천연자원의 파괴저지, 사회적 손실을 끼치는 침해로부터 재산보장 등을 위하여 필요한 조치가 강구되어야 한다(이하 제27조 잔여 부분 생략).

제123조 연방의회와 주의회는 숙련근로자, 비숙련노동자, 가사피용자 및 직장피용자와 일반적인 노동계약을 창설함에 있어서 다음의 원칙을 지켜야 한다.

1. 일일 노동시간의 상한은 8시간이어야 한다.
2. 야간노동의 상한은 7시간으로 한다. 비건강하고 위험한 직업은 금지되며 여성과 16세 이하의 아동의 취업은 금지된다. 또 밤 10시 이후의 매장에서의 노동도 금지된다.
3. 12세 이상 16세 이하의 아동의 주간노동시간의 상한은 6시간이다. 12세 이하의 아동의 노동계약은 금지된다.
4. 모든 근로자는 6일간 노동에 하루의 휴일이 인정되어야 한다.
5. 이하 근로조건 등 생략

제130조에서는 기존 조항 외에 교회에 관해서 규정하고 있다. 법률은 교회라고 불리는 종교제도를 법인으로 인정하지 아니한다.

종교적 행사를 주도하는 승려(신부)는 개인적으로 직업에 종사하는 사람으로 간주하며 이를 위하여 제정된 법률에 따라야 한다.

이하에서는 교회에 대한 많은 제한을 하고 있는데 이는 생략한다.

(3) 특색

1857년에서 전통적인 기본권이 보장되어 있었는데 1917년 헌법은 정교분리의 원칙을 도입하고 교회에 대하여 많은 제한을 했다. 이 때문에 기독교전쟁까지 일어났다.

앞서 말한 바와 같이 생존권적 기본권에 관해서 규정하여 토지, 물 등의 국유화, 농지개혁 등을 규정했고, 노동의 장을 따로 두어 노동자의 권리를 신장하였다.

1992년에는 제27조를 개정하여 멕시코에 있는 로마가톨릭교회에 대한 사유재산권의 제한조항도 많이 완화하였다. 외국인의 국경지대의 취득금지(제27조)는 변경 토지가 외국에 귀속될 것을 막기 위한 것이었다. 이 조항에 따라 농지개혁이 행해졌다.

제13조 개정에 따라 의무교육이 실시되고 비종교 교육이 확보되었다.

제123조는 노동자의 권리보호와 사회안전을 위한 것이다. 제27조의 개정에 따라 여성농민의 토지소유권이 인정되었다.

반교회적인 조항은 1934년과 1946년 헌법 개정으로 완화되었다. 2005년에는 사형제도를 완전히 폐지하는 헌법 개정을 하였다. 또 2011년에는 헌법을 개정하여 식량을 충분히 보장할 권리를 추가하였다.

이러한 개정을 통하여 멕시코연방헌법은 아직도 현행 헌법으로 효력을 유지하고 있다.[19]

3. 1837년 이후의 스페인 헌법의 기본권 규정

1) 1837년 헌법의 기본권 규정

스페인의 1837년 헌법은 1837년부터 1845년까지의 입헌공화국헌법이다. 1812년의 Cádiz헌법의 진보적 형태를 유지한 것이다. 이것은 새로운 헌법제정회의를 소집한 뒤에 토론·심의하여 1837년에 제정 공포한 것이다. 당시 의회나 헌법제정회의에는 진보파가 다수였는데 중도파와 타협하기 위하여 중도적인 헌법을 만들었다. 이 헌법은 제1장에서 스페인에 관해서 규정하고 있는데 스페인의 국적을 규정하고(제1조), 시민의 참정권(제4조), 청원권(제3조) 등을 규정하고 있다. 이 밖에도 국민의 의무에 관해서 규정하고 있었다.[20]

2) 1845년 헌법의 기본권 규정

이 헌법은 1937년 헌법이 진보파에 의해서 제정되었기에 진보적이라고 보고 보수당이 집권하여 1845년에 헌법을 제정하였다. 그리하여 기본권의 제한이 늘어났다. 이 헌법은 1845년부터 1869년까지 효력을 가졌다. 1868년에 이사벨 Ⅱ세(Isabel Ⅰ)와 정부가 1868년의 명예혁명으로 새로운 헌법을 가지게 되었다.[21] 새 헌법은 공화제였다. 그 뒤에도 많은 헌법이 제정되고 소멸되었다.[22]

3) 1931년 헌법의 기본권 조항

(1) 성립

스페인은 미국과의 전쟁에서 쿠바, 푸에르토리코와 필리핀을 상실하여 스페인 해외제국

19) Constitute, *Mexico's Constitution of 1917 with Amendment through 2007*, Oxford University Press; Wikipedia, Constitution of Mexico; M. Oropeza, Constitution of 1917 in *Encyclopedia of Mexico*, Vol. 1, p. 333 Chicago, 1997; J. M. Gonzalez, United Mexican States, *Forum of Federations*.
20) Wikipedia, Spanish Constitution of 1837; Spanish Constitution of 1837, Wikipedia.prg. 2016.
21) Wikipedia, Spanish Constitution of 1845.
22) Wikipedia, List of Constitution of Spain; Spanish Revolutions of the 19th Century, The Great Soviet Encyclopedia, 1979; J. Sexton, The US and Spanish American Revolutions, https://www.gilderlehrman.org.

이 해체되었다. 1931년 4월 12일의 지방선거에서는 큰 도시에서 왕당파가 대패했으며, 마드리드와 바르셀로나 등에서는 공화파가 다수를 차지하게 되었다. 선거 다음날 많은 군중들이 마드리드 시가에 운집하였다. 왕은 유혈사태를 예방하기 위하여 지체 없이 수도를 떠났다. 그 결과 알폰소 13세(Alfonso XIII)는 스페인을 떠나고 1931년 4월 14일에는 제2공화국이 탄생하였다.

제헌회의는 새 헌법초안을 작성하고 1931년 11월 9일 제헌의회를 통과하였다. 이 헌법에 대해서는 로마가톨릭교회가 심하게 반대하였으며 그 결과 스페인 내전이 일어나기도 하였다. 프랑코 장군의 쿠데타가 있었으나 1939년 4월 1일까지는 효력을 가졌었다.[23]

(2) 내용

이 헌법은 제3장에서 스페인인의 권리에 관해서 규정하고 있다. 제1절에서 개인과 정치에 관한 보장을 규정하고 있는데 제25조에서 제42조까지 상세히 규정하고 있다. 제2절은 가족, 경제·문화의 보장에 대해서 규정하고 있는데 제43조에서 제50조까지 규정하고 있다.

이 헌법은 종교의 자유를 보장했는데 이는 과거 국교를 로마가톨릭으로 하고 교회에 특권을 주었던 것을 완전히 폐지한 점이 특별하다. 헌법은 제27조에서 신앙의 자유를 규정하면서 비가톨릭교도의 신앙의 자유도 인정하였다. 그리고 종교의식에 의한 것이 아닌 민사혼을 인정하고 여성의 선거권과 이혼할 권리를 인정하였다. 제26조와 제27조에서 가톨릭교회의 특권을 박탈하고 교회의 재산을 통제하고 심지어 국유화할 수 있게 했다. 또 사립학교에서조차 종교적 교육을 금지시키고 교회의 승려나 수녀 등의 교육종사를 금지하였다. 이러한 가톨릭교회와 신도에 대한 박해는 민주정치를 파괴하는 것이라고 비판되었고 로마교황청의 비난을 사게 되었다(교황 비오 XI세의 칙령, 스페인에서의 교회에 대한 박해).

이 조항은 국민분열 조항이며 시민의 권리를 침해하는 것으로 낙인찍혔고 스페인 내전의 원인이 되기도 하였다.[24] 프랑코가 집권한 이후에는 로마가톨릭교를 스페인의 공식 종교로 지정하고 다른 종교를 금지하였다.

(3) 특색

이 헌법은 이 밖에도 생존권적 기본권을 규정하여 가족생활, 교육생활, 문화생활에서 인간다운 생활의 보장을 강조하고 있다. 이러한 것은 멕시코의 1917년 헌법의 규정과 비슷

---

23) Constitución de la República española de 1931; Wikipedia, Spanish Constitution of 1931.
24) T. Grant, The Spanish Revolution 1931-37. https://www.marxists.org. 김철수, 헌법과 정치에 관한 단상, 제13회 유기천교수기념강안 발표문 2017. 9. 참조.

하다고 하겠다.[25] 일반적으로 이 기본권 규정은 바이마르헌법의 규정을 모방한 것으로 알려졌다.

이 헌법의 기본권 조항은 1978년 헌법에도 계승되어 규정되어 있다. 제1부에서는 기본권과 의무를 규정하고 있는데 제2절에서는 권리와 자유, 제3절에서는 경제정책과 사회정책의 원리, 제4절에서는 기본권과 자유의 보장, 제5절은 권리와 자유의 정지에 관해서 규정하고 있다. 이에 대해 상세한 것은 제2차 대전 후의 기본권 규정의 발전에서 보기로 한다.[26]

4. 아르헨티나 헌법의 기본권 조항

1) 아르헨티나 헌법의 변천

스페인의 식민화에 따라 남미에도 스페인 식민지를 관할하는 부총독이 생겼다. 총독부는 페루(Peru)에 있었는데 그 관할구역은 아르헨티나, 우루과이, 파라과이와 볼리비아를 관장하고 있었다. 이 지역은 식민지 하에서 다른 조직을 가지고 통치형태도 달랐다. 이들 나라들은 자위를 위하여 독립하는 경향이 있었다. 남미의 스페인 식민지가 독립을 선언하기 시작하였다. 1811년에는 베네수엘라와 파라과이가 스페인에서 독립을 선언하였고, 1816년에는 아르헨티나가, 1818년에는 칠레가 독립을 선언하였고, 1819년에는 콜롬비아와 베네수엘라가 독립을 선언하였다. 1830년에는 대 콜롬비아가 콜롬비아, 베네수엘라, 에콰도르로 분리되었다.[27]

1864년에서 70년 사이에는 파라과이, 브라질, 아르헨티나와 우루과이 간에 전쟁이 일어나기도 하였다. 아르헨티나는 스페인에서 독립하여 헌법을 제정하려고 하여 1853년에 첫 헌법을 제정하고 그것을 개정하여 현재에 이르고 있다. 현행의 1994년 헌법도 이 헌법을 수정한 것이다.

---

25) Civil Liberties in Spain, https://www.lawteacher.net/free-law-essays/civil-law/civil-liberties-in-spain.php.
26) Wikipedia, Spanish Constitution of 1978; The Spanish Constitution, http://www.donquijote.org/culture/spain/history/constitution.
27) 남미의 역사에 대해서는 Wikipedia, History of Latin America; Wikipedia, History of South America; P. Scaruffi, *A time-line of Latin America, South America, 1600-1800 A. D.*, timeline; Latin America Chronology Latin America History Resource.

2) 1853년 헌법의 인권조항

(1) 성립

1853년에 만들어진 이 헌법은 아르헨티나 최초의 헌법이다. 아르헨티나에서 총독이 사임하고 스페인에 대한 항거를 계속했으나 헌법제정은 늦었다. 그것은 훈타(Junta)들이 형성되어 대의제도를 가지고 있었기에 헌법의 필요성이 별로 없다고 생각한 것도 한 이유이다. 독립선언은 1816년에 행해졌으나 단일제(Unitarian)로 운영되었다.

1819년에는 아르헨티나 헌법초안이 만들어졌으나 이는 부에노스아이레스를 중심으로 한 강한 중앙집중적인 안이었다. 여기서는 주지사의 선거에 관해서도 규정하지 않았다. 1819년의 안은 1826년 9월 1일 부에노스아이레스의 의회를 통과하였다. 그러나 이 안은 다른 지역에서는 거부되었다. 1830년 이후에 전국적인 헌법을 만들기 위한 의회가 활동하여 연방제 헌법을 만들었다. 그러나 이에 반대하여 부에노스아이레스 시는 이에 참가를 거부하였다. 이에 부에노스아이레스는 참여를 거부하다가 내전까지 치루었다. 1853년 헌법은 5월 산타페의 의회에서 통과하였다. 여기에는 부에노스아이레스가 참가를 거부하였다. 1859년에야 부에노스아이레스가 이 헌법에 참여하여 아르헨티나 연방이 탄생하였다.

(2) 내용

이 헌법은 전문, 제1부, 제2부로 구성된 것으로 107조나 된다.
제1부는 선언, 권리와 보장을 규정했다.[28]

〈선언〉

제1조 아르헨티나 국민은 연방제 공화제 대의제 정부형태를 채택한다.
제2조 연방정부는 국교로 로마가톨릭 복음종교를 유지한다.
제3조 연방정부의 수도는 의회가 정한 법률에 규정한 도시이다(이하 간단히 축소한다).
제4조 연방정부는 국가의 세출을 연방 재무부의 펀드로 충당한다. 이에는 수출입관세, 토지세, 인두세 등으로 구성한다.
제5조 각 주는 공화적, 대표적 제도의 헌법을 제정해야 한다. 지방정부는 연방헌법이 규정한 것과 같이 사법과 도시행정, 초등교육을 집행해야 한다.
제6조 연방정부는 정부의 공화적 체제를 유지하고 침략자를 격퇴하기 위하여 또는 내란을 진압하고 다른 지방의 침입을 막기 위하여 주의 영역에 침입할 수 있다.

28) E. Wallace, *The Constitution of the Argentine Republic, The Constitution of the United States of Brazil*, Chicago University, 1894; Wikipedia, Argentine Constitution of 1853.

제7조 한 지방의 공법과 지방의 사법적 절차는 다른 지방에서도 존중되어야 한다. 의회는 이를 위한 일반법을 제정할 수 있다.

제8조 각 지방의 시민은 다른 지방의 시민에 속하는 모든 권리와 특권과 면제를 정당하게 즐길 수 있다. 범죄자의 추방은 모든 지방에서 상호적인 의무로 행해진다.

제9조 국가의 전영역에서는 하나의 국립세관만을 두어야 하며 그 관세는 의회의 권위로서 확정된다.

제10조 공화국 내에서는 모든 지역생산품, 상품과 어떠한 종류의 물품도 사전에 세관에서 통관된 경우에는 세금을 면제한다.

제11조 한 지방에서 다른 지방으로 옮겨가는 모든 토산물과 외국상품, 외국공산품 등 어떤 종류의 물건도 다른 지방으로 이동하는 경우 통행세가 면제된다. 통행에 필요한 차와 보트나 가축의 경우도 면세된다. 또 그 상품이 무엇이건 지방을 통과하는 행위만으로 사전에 조세를 부과할 수는 없다.

제12조 한 지방에서 다른 지역으로 이동하는 선박에는 승선하거나 정선하거나 통과를 이유로 세금을 물려서는 안 된다. 항만은 법률에 의해서나 상사 규칙에 따라 다는 조치를 취할 수 있다.

제13조 새로운 지방은 연방에 가입할 수 있다. 그러나 지방이 영토를 새로 만들거나 다른 영토의 합병을 하거나 하나로 통합하는 경우에는 사전에 지방의회와 국의회의 동의를 받아서만 할 수 있다.

〈기본권〉

제14조 국가의 모든 주민은 그 행사를 규율하는 법률에 따라서 다음의 권리를 향유한다. 정당한 직업에 종사하거나 수행하는 것 해운 항행의 권리, 상업, 관청에의 청원권, 아르헨티나 영토에 입주하거나 체류하거나 통과하는 권리, 사전검열 없이 언론을 통하여 의견을 출판하는 것, 재산권을 사용하거나 처분하는 권리, 직업조합을 결성하는 권리, 직업행사의 자유, 교수와 학술의 권리

제15조 아르헨티나 국가에서는 노예가 폐지된다. 헌법의 채택과 함께 이제 남아 있는 몇 안 되는 노예도 해방된다. 이 조항을 위한 면책 등 필요한 사항은 특별법으로 정한다. 노예를 교환하거나 매매하는 어떤 법도 형사범죄로 취급한다. 사무직원이나 기능직 종사자의 경우에는 스스로 책임을 저야 한다. 어떤 도입의 절차 없이 노예는 아르헨티나 공화국의 영토에 발을 들여놓으면 자유인이 된다.

제16조 아르헨티나 국가는 혈통이나 출생에 의한 특권을 인정하지 않는다. 개인적 특권과 귀족의 칭호는 폐지된다. 모든 주민은 법 앞에 평등이고 적합성의 이유 이외의 고려 없이 공직에 취임할 수 있다. 평등은 과세와 공직취임의 기초이다.

제17조 재산은 불가침이다. 국가의 주민은 사전적인 법률이 정하는 절차에 의하지 아니하고는 재산권을 박탈당하지 아니 한다. 공용을 위한 토지의 수용은 법률로 정하며 사전에 보상을 해야 한다. 의회만이 세금을 정할 수 있다. 개인적인 서비스는 법률이 정한 경우에만 법률에 의하여 노역이 선고된 경우에만 가능하다. 저술가와 발명가의 작품이나 발명이나 발견은 법률이 정한 기간 동안 자기의 전유물이다. 물품의 몰수는 아르헨티나 형법에 의하여 영구히 금지된다.

제18조 재판 전에 제정된 절차법이나 사전적으로 정해진 판결에 의하지 아니하고는 어느 누구도 처벌되지 아니한다. 또 소송이 제기되기 전에 법률에 의하여 임명된 판사에 의하는 외에는 특별한 위원회의 형벌을 받지 아니한다.

누구나 자기에 반하는 증거의 제출을 강요당하지 아니하며 권위를 가진 사람의 문서에 의한 영장 없이는 구금되지 아니한다. 법 앞에서의 인신이나 재산의 변호는 불가침이다. 주거는 불가침이며 통신과 사문서의 비밀은 불가침이다. 정치적 범죄에 대한 사형과 모든 종류의 고문 등은 영구히 금지된다. 수형자는 건강하고 청결한 안전성이 확보되는 형벌목적이 아니고 사전적 예방조치로 교도소에 수감될 수 있다.

제19조 선량한 질서와 공중도덕, 제3자를 침해하지 아니하는 사적 행위는 하느님의 판단에 유보되어 있으며 법관의 권위를 초월하는 것이다. 국가의 주민은 법률에 의하여 정확하게 의무지워진 행위와 법률에 의하여 금지되어 있지 않는 권리제한 행위를 할 의무는 없다.

제20조 외국인은 국가의 영역에서 모든 시민이 가지는 시민권을 향유할 수 있다. 외국인도 산업, 상업 또는 직업을 영위하고, 재산을 소유하고 재산을 매매하며 강과 해안을 항해하며 자유롭게 종교적 행위를 영위하며 법률에 따라 유언을 하고 결혼할 수 있다. 그들은 시민으로 귀화하거나 특별한 기여금을 지불할 의무가 없다. 그들은 국내에서 계속 2년 거주하면 시민의 특권을 얻을 수 있다. 그러나 직권을 가진 공무원에 의하여 청구에 따라 그 기간을 단축할 수 있으며 신청자는 공화국에 특별한 기여를 한 것을 발표할 수 있다.

제21조 모든 아르헨티나 시민은 국가와 헌법의 방위를 위하여 의회가 제정한 법률이나 집행부가 정한 명령에 따라 병기를 소지하는 국방의 의무를 진다. 귀화가 허용된 시민은 시민권을 얻은 날부터 10년간은 이 의무를 다하거나 유보할 자유를 가진다.

제22조 누가나 헌법이 정하는 대표자나 공무원이 아닌 경우에는 심의나 통치에 강제당하지 아니한다. 군인이나 청원이나 결사의 자유를 주장하는 사람은 반역죄로 처벌될 수 있다.

제23조 국내적 혼란이나 외국이 침입하여 이 헌법의 행사를 침해하는 경우, 지방의 혼란을 막기 위한 권한을 가진 사람은 계엄을 선포할 수 있으며 이때 모든 헌법적 보장은 정지된다. 이 정지 시에 공화국 대통령은 그의 권한에 따라 처벌할 수 없다. 대통령은 체포

를 제한하거나 국가에서 출국하는 것을 거부하는 경우에 다른 지역까지 이동시킬 수 있
는 권한이 있다.

제24조 의회는 모든 부처에서의 현 입법의 개혁을 추진할 수 있으며 배심원에 의한 재판을
설치할 수 있다.

제25조 연방정부는 유럽 이민을 고무해야 한다. 외국인이 농업에 종사하려고 하거나 산업
을 개선하거나 과학과 예술을 소개하거나 교육할 목적을 가지고 아르헨티나 영토에 들
어오려는 사람을 제한하거나 한계를 두거나 세금을 부과하여 억압하는 행위는 금지된다.

제26조 모든 국가의 내륙 하천에 대한 항해는 모든 운반수단에 자유이다. 다만 국가기관에
의하여 발행된 명령에 의해서만 제한될 수 있다.

제27조 연방정부는 다른 외국정부와의 평화와 통상을 위하여 조약을 체결하여 좋은 관계
를 유지해야 할 의무를 진다. 그러나 이 조약은 헌법이 창설한 공권의 원칙에 적합해야
한다.

제28조 이전 조문에 의하여 인정된 원칙과 보장과 권리는 이들 행위를 규율하는 법률에 의
하여 변경되어서는 안 된다.

제29조 의회는 국가 행정부나 지방 입법부나 지방의 자사에게 특별한 권한을 부여해서는
안 되며, 공권력의 본질이나 아르헨티나인의 생명, 명성과 재산을 어느 특정 지사의 요
청에 맡겨서는 안 된다. 이러한 성격의 행위는 그에게 교정될 수 없는 권력의 결핍과 국
가의 악명 높은 반역자로서의 책임과 형벌을 형성하게 될 것이다.

제30조 헌법은 일부분이나 전체를 개정할 수 있다. 개정의 필요성은 의회 의원의 최소 3분
의 2이상의 찬성으로 의결(선언)되어야 한다. 헌법개정은 이 목적을 위하여 소집된 제헌
의회에서만 가능하다.

제31조 국가의 헌법과 적법절차에 따라 의회에서 선포된 법률과 외국과 체결한 조약은 국
가의 최고법이다. 각 지방의 공공기관과 각 도의 공공기관은 이 국가의 최고법에 적합해
야 한다. 지방법이나 헌법의 규정에 반대되지 않는 한 이를 준수해야 한다. 조약은 1859
년 11월 11일 부에노스아이레스에서 비준된 조약을 제외하고는 이를 준수해야 한다.

제32조 연방의회는 출판의 자유를 제한하는 법률을 제정해서는 안 되며 다른 연방사법부
를 창성하는 법을 제정해서는 안 된다.

제32조 이 헌법에 의해서 열거된 선언과 권리 및 보장은 열거되지 아니한 다른 권리와 보
장을 부정하는 것으로 인정해서는 안 되며 그것은 인민의 주권의 권리의 형태로서 또
정부의 공화정의 형식으로 열거되었을 뿐이다.

제34조 연방법원의 판사는 동시에 지방법원의 판사로 근무해서는 안 된다. 연방사건이나
군사사건이나 민사사건에 있어 그것이 재판되는 지역에서의 재판적 (주소)의 권리는 인
정되어야 한다. 이것은 군인의 일반적인 주거나 지역에 있는 공무원이 이를 수락하는 경

우에는 재판적을 변경할 수 있다.

제35조 1830년부터 현재까지 계속적으로 사용된 United Provinces of River Plate, Argentine Republic, Argentine Confederation의 명칭은 Argentine Nation으로 법률에 의해서 개명한다.

(3) 특색

아르헨티나의 헌법은 최초부터 기본권 보장 규정을 두었다는 점에서 큰 의의가 있다. 이들 권리는 미국헌법상의 기본권규정을 모방해서 만든 것이나 편집에 있어 상당한 고심을 한 것을 알 수 있다.

아르헨티나 헌법의 기본권은 시민권, 보호권, 정치권, 사회권으로 구분되고 있다.

시민권은 개인으로서의 인신에 관한 권리이다. 이에는 생명권, 명예권, 결사권, 표현권 등이 있다. 보호권은 자기들이 가진 물건에 대한 권리이다. 예를 들면 소유권, 매매권, 법적 산업조직권 등이 있다. 정치권은 정부에 참여하는 권리, 선거권, 피선거권, 정당가입권 등이 있다. 사회권은 사회의 일부로서의 개인의 권리이다. 그에는 노동권, 임금권, 알권리, 교육권 등이 있다.

이들 권리는 1830년 헌법에는 모두 규정되지 아니하였으나 역사의 변천에 따라 많은 기본권이 추가되었다.

1949년에는 헌법이 개정되어 사회적 권리를 추가하였다.

1958년 헌법에는 14개 조항을 추가하였다.

1994년 헌법 개정은 국제인권조약을 헌법상의 권리로 규정하였다.[29]

이 1853년의 아르헨티나 헌법은 수차의 개정을 겪었으나 아직까지도 그대로 효력을 발생하고 있는 오래된 헌법이라고 하겠다. 1994년의 현행 헌법에 대하여는 다시 논의하기로 한다.[30]

---

29) Wikipedia, Constitution of Argentina República de Argentina/Argentina Republic Constitución de 1994/1994 Constitution, Georgetown University.

30) Constitution of Argentina of 1994, Article 75(22).

제2절 포르투갈어권 헌법의 기본권

1. 포르투갈 헌법의 기본권 규정

1) 포르투갈, 브라질, 알가르브 3왕국의 통합왕국

United Kingdom of Portugal, Brazil, Algarves는 1815년에 성립되었다. 이 포르투갈 왕실이 1808년 나폴레옹의 침공을 피하기 위하여 브라질 공화국으로 수도를 옮겼기에 성립한 것이다.[31] 이 연합왕국은 1822년에 사실상 해체되었다. 그 이유는 브라질이 독립을 선포했기 때문이다. 1825년에는 이 연합왕국의 해체가 법적으로도 승인되었다. 포르투갈은 이때 독립왕국이 되었다.

2) 1822년의 포르투갈 헌법

(1) 성립

스페인 왕이 리스본에 돌아간 뒤에 헌법제정회의를 열었는데 대부분의 대의원이 스페인이었고 브라질 대표는 별로 없었다. 이에 브라질인은 이 헌법제정회의에서 탈퇴하였다. 그리하여 1822년 10월 5일에 헌법이 의회를 통과하였으나 브라질의 탈퇴로 포르투갈에서만 효력을 가지게 되었다.

1822년 10월 12일에 왕은 새 브라질 왕을 승인하여 독립 브라질 왕국이 성립하였다. 그러나 독립전쟁은 계속되었고 1824년 3월 25일에는 브라질 제국헌법이 제정되어 포르투갈은 1825년에야 주권을 인정받았다.

1824년 존 6세 왕은 흠정헌법을 제정하였는데 이는 스페인의 절대왕정을 부활한 것이다. 1825년 8월 29일에는 리오데자네이로에서 평화조약을 체결하여 포르투갈은 다시금 브라질의 독립을 선언하였다.

1826년 3월 10일 스페인 왕인 조지 6세가 사망한 뒤 브라질 황제 페드로 1세(Pedro Ⅰ)가 포르투갈 왕위를 계승하였다.

(2) 내용

이 헌법은 프랑스의 1791, 93, 95년 헌법과 스페인의 Cádiz 헌법(1812)을 모방한 것이

---

31) Wikipedia, United Kingdom of Portugal, Brazil and the Algarves.

다. 여기에는 이들 헌법에 따라 개인적 권리와 의무를 규정하고 국민주권의 원칙을 선포하고 3권분립을 규정했으며 입법부의 우월을 규정하였으나 종교의 자유를 규정하지 않았다. 왕의 권력을 약화하고 군주제를 유지하였다.[32]

3) 1826년의 포르투갈 헌법

(1) 성립

1826년 4월 29일에는 포르투갈 헌법이 제정되었다. 이와 함께 스페인 왕을 겸직했던 브라질 황제는 스페인 왕위를 그의 장녀인 마리아 2세(Maria Ⅱ) 왕에게 양위하였다. 새 헌법 하의 의회는 1826년 10월 8일에 개회하였다. 이 헌법은 헌장(Constitutional Charter of 1826)이라고 하며 이것은 왕이 만든 칙령의 성격이 짙다. 이는 프랑스의 1814년 왕정복귀 헌법과 1824년의 브라질헌법과 영국헌법의 영향을 받은 것으로 보인다. 그 중에서도 브라질 헌법의 영향이 컸다고 하겠다.[33] 포르투갈은 브라질과 함께 헌법 제정에 노력하였으나 브라질에서는 이를 거부하고 브라질은 독자적 헌법을 제정하려고 하였다. 브라질은 1824년 헌법을 제정하였는데 이 헌장은 1826년의 포르투갈 헌법 제정에 영향을 주었다.

(2) 내용

특수한 것은 3권 외에 조정권(Moderator)을 두어 4권분립을 한 것이다. 이 조정권은 다른 권력과의 균형을 위한 것이다. 왕의 절대적 권력 행사가 국가권력 행사의 내용이다. 개인의 권리와 의무를 규정했으나 전통적인 귀족의 특권은 그대로 인정하였다. 종교적 자유는 부정했다. 이 헌법의 목적은 구체제의 유지와 자유주의 요청을 조화하려는 것이었다.

(3) 실효

이 헌장은 1828년에는 효력을 상실하였다. 그러나 1834-1836, 1842-1910년에는 다시 부활하였다. 그리하여 포르투갈 역사상 가장 오랫동안 유효한 헌장이었다. 1852년에는 헌법 개정절차에 상당한 개정을 하였다.

(4) 기본권 규정

1826년 헌장은 전문과 8장으로 구성되어 있는데 제8장에서 포르투갈 시민의 정치적 시

---

32) Z. Castro, The Portuguese Constitution of 1822, Power conflicts and social tensions, *Parliaments, Estates and Representation* Vol. 12, Issue 2, 1992.

33) G. Paquette, The Brazilian origins of the 1826 Portuguese Constitution, *European History Quarterly* 41(3), 2011. pp. 444-471; The University of Illinois at Chicago, The Constitution Charter of 1826 reform Acts.

민적 권리와 보장을 규정하고 있다. 제8장은 139조에서 145조에 걸쳐 기본권을 규정하고 있다.[34] 이것은 프랑스헌법의 인권선언이나 미국의 인권선언을 참조하여 처음으로 이를 성문화한데 큰 의의가 있다.

4) 1838년 헌법

이 헌법은 시민전쟁(내전)을 겪은 후 1822년 헌법과 1826년 헌법의 절충으로 탄생한 것이다. 이 두 개의 헌법의 이념을 근거로 하면서 프랑스 헌법 1839, 벨기에 헌법 1831, 스페인 헌법 1837년을 참고로 작성된 것이다.[35] 중요 내용을 보면 민주정치의 기본으로서 인민주권이 규정되었고, 왕의 권력을 효율적으로 강화함으로써 왕의 입법권에 대한 제약과 결정적 거부권을 인정하고 있다. 또 상하 양원제로 구성하였는데 상원은 특권층에서 선임된 상원의원으로 구성되었고, 하원은 선임된 하원의원으로 구성하였는데 임시적으로는 직접선거로 선출하였다. 행정은 분권형으로 하였는데 특히 해외 영토의 자치권을 인정하였다.

이 헌법은 1834년 미구엘 왕의 망명으로 다시 헌장이 부활한 경우로 1836년부터 효력을 발생하여 1841년까지 효력을 가졌다.

2. 1911년 공화국헌법

1) 성립

포르투갈 왕정은 자유내전이 일어난 1834년부터 1910년 혁명까지 76년간 계속되었다. 부르주아혁명이 일어난 것은 1910년이며 10월 3일부터 반란이 일어나서 10월 5일에는 정부군이 항복하여 왕이 퇴위하였다. 혁명 후의 임시정부에서는 공화국을 선포하였다. 임시정부는 교회와 국가의 분리를 선언하고 작위제도와 귀족제도를 폐지하였다.

1911년 6월 19일에는 헌법제정회의가 소집되었고 8월 21일에는 공화주의헌법이 채택되었다. 그리하여 9월 11일에는 효력을 발생하였다.

34) A Carta Constitucional de 1826, *O Portal da Hostória; Carta constitucional da monarquia portuguesa, decretada, e dada pelo Rei de Portugal e Algarves, Dom Pedro, Imperador do Brasil aos 29 de Abril de 1826*; WikVisually-English, Constitutional Charter of 1826.
35) Constitutional Charter of 1838.

2) 내용

중요 내용을 보면 공화제를 기본으로 하고 있으며, 인민주권원칙에 따라 대통령을 두며 국민에게서 직선되는 상하 양원을 두었다. 선거인 자격은 만 21세 이상의 시민이며 문서를 읽고 쓸 줄 아는 사람으로서 1년 이상을 거주한 사람만이 선거할 수 있었다. 여성의 참정권이 인정되었다. 또 여성에게 피선거권도 인정하였다. 그리하여 1911년의 제헌의회 선거는 1911년 5월 29일에 시행되었다. 이 선거에서 포르투갈공화당이 234석의 의석 중 229석을 차지하였다.[36] 대통령은 간접선거로 상하 양원의회에서 3분의 2 이상의 다수로 선출하게 하였다. 내각은 대통령과 장관으로 구성되었는데 장관은 대통령이 임면할 수 있게 하였다.

헌법에는 직접 기본권을 규정하지 않고 특별법으로 정하게 하였는데 이는 특별법에서 보호하게 되었다. 이에는 개인적 권리와 시민적 자유가 보장되어 있었는데 예를 들면 표현의 자유, 조합과 결사의 자유, 종교의 자유 등이 규정되었다.

1926년에는 쿠데타가 일어났다. 1933년에는 새 정부의 정당성을 인정하기 위하여 헌법이 제정되었고 살라자르(António de Oliveira Salazar, 1889–1970)가 대통령이 되었다. 이 헌법에 의하여 1911년의 헌법은 실효하였고 1974년까지 1933년 헌법이 효력을 갖게 되었다.[37]

3) 평가

이 헌법 하에서 16년 동안 9명의 대통령과 44 내각이 들어섰기 때문에 이 헌법에 대해서는 "헌법적 무정부주의, 헌법적 부패, 반란, 암살, 자의적 수감, 종교적 탄압"이라는 악명이 붙었다. 이에 1926년 군부가 쿠데타를 하여 독재를 한데 대하여 국민들이 이를 수긍하였고 살라자르의 정부는 1974년까지 계속될 수 있었다.

포르투갈의 제1공화주의 최초의 헌법이 이렇게 된 데에는 국민의 민주주의적 욕구의 과잉과 정당 간의 난립, 종교 간의 대립, 경제위기 등 여러 가지 요소가 있었다. 그러나 정부형태를 의원내각제로 채택하였기 때문에 국회의 요구에 따라 행정부가 불안정할 수밖에 없었다. 이 기간 동안 좌파였던 국민들이 우파로 되었고 사람들은 정국의 불안정보다는 안정을 바라게 되었다. 민중혁명의 혼란 끝에 군부독재로 옮겨진 신례가 되었다.

36) Wikipedia, Portuguese Constituent National Assembly elections 1911.
37) J. M. Sardica, "The Memory of the Portuguese First Republic throughout the Twentieth Century," *E-Journal of Portuguese History* Vol. 9, Issue 1, Summer 2011, pp. 1–27; D. Wheeler, *Republican of Portugal: a political history 1910–1926*, University of Wisconsin Press, 1999; Wikipedia, First Portuguese Republic.

3. 브라질 헌법의 기본권 규정

1) 1824년 헌법의 성립

브라질의 최초의 헌법은 1824년 헌법이라고 한다. 포르투갈의 황태자인 페드로가 1822
년에 독립선언을 했고 그 뒤에 페드로가 페드로 1세(Dom Pedro Ⅰ)로서 브라질의 황제가 되
었다. 1823년 5월 3일에 헌법제정회의는 자유민주주의를 하겠다고 했다. 페드로 1세도 절대
군주가 아닌 상당한 군주권력을 원하였다. 1823년 11월 12일에 페드로 1세는 군인에게 명하
여 제헌회의의 대의원들을 체포하거나 추방하였다. 페드로 1세는 포르투갈당의 당원들에게
명하여 새 헌법을 만들게 하였는데 이것이 1824년 5월 25일에 완성되었다.

이 헌법은 제국헌법(Imperial Constitution)이라고 불린다.[38] 이 헌법은 4권을 규정하고
있었다. 집행권은 국무회의에, 입법권은 양원제 의회에, 사법권은 법원에, 조정권(Moderator)
은 황제에게 있었다. 이 조정권은 뱅자맹 콩스탕(Benjamin Constant, 1767-1830)의 이론에 입
각한 것으로 중립적 권력으로서 3권 간에 불협화가 있는 경우에 왕이 조정하는 것이었다. 황
제는 국무회의의 구성원을 임명함으로써 집행권을 통제했으며 입법권에 대해서는 의안제출
권과 하원 해산권을 가져 통제할 수 있었다. 사법부에 대해서는 최고법원의 판사를 종신으로
지명함으로써 영향력을 행사하였다.

브라질 제국은 단일제를 채택하여 지방에 자치권이 거의 없었기에 1834년 8월 12일 개
정에서 자유주의적 개혁을 하였다. 이 헌법에서는 지방에 의회를 창설하고 이에 재정적 사항
과 조세, 공무원과 도지사를 중앙권력이 지명하는 체제를 가지고 있었다. 그러나 1840년의
보수반동기에 와서는 중앙권력이 지방의 판사와 공무원을 임명하도록 하였다. 선거권도 제
한적이었다.

1824년 헌법에서는 가톨릭교가 국교로 인정되었으며, 다른 종교는 사적으로만 신봉하
고 건물 외부에 종교건물이라고 표시할 수 없게 하였다.

2) 1891년 헌법의 기본권 규정

(1) 성립

1824년 헌법 시행 중에 제왕이 시민에 뜻에 반하여 행정을 했으므로 시민이 봉기하기

---

38) Constitution of the United States of Brazil; Wikipedia, History of Constitution of Brazil; Wikiward,
History of Constitution of Brazil.

도 하고 반역하는 경우가 있어 정국은 불안정하였다. 1870년부터 공화제를 부르짖는 사람이 늘어났고 1880년에 들어와서는 그 전 헌법의 폐지운동도 일어났었다. 왕의 수족이었던 군인들이 공화파쪽으로 기울어지기 시작하였다. 1889년 11월 15일에는 내전이 일어났고 시민들이 육군에 참여하는 등 민생이 나빠졌다. 군인들은 이 민생을 토대로 한 군인이 일어나기 시작하였다. 이리하여 페드로 2세가 사임하고 브라질 제국은 몰락하였다. 1889년에는 헌법제정의 기운이 싹텄고 헌법제정회의는 1891년 2월 24일에 헌법을 제정하였다.[39] 이 헌법은 5부로 구성되어 있으며 85조로 구성되었다.

(2) 내용

이 새로운 헌법은 연방주의를 채택하였다. 대통령은 국민에게서 직선되었다. 연방 대통령은 직접선거에 의해서 선출되며 임기가 보장되었다. 그리고 3권분립주의를 채택하였다. 행정권의 수반은 대통령이었고 4년의 임기로 직접선거되었으나 계속한 재임은 허용되지 않았다. 그는 각료를 자유롭게 선임하였다. 이것은 미국식 대통령제였다.

원로원은 상원으로서 각주의 대표자로서 선출된 의원으로 구성되었다. 교회의 중심성이 강조되었다.

〈기본권규정〉

이 헌법은 제4부에서 브라질 시민에 대해서 규정하고 있다.[40] 제1절은 브라질 시민의 자격이며 제2절은 권리선언이다. 권리에 대하여 제72조에서 상세히 규정하고 있다.

제72조 헌법은 브라질 시민과 브라질 영토에 사는 외국인에게 자유와 개인적 안전과 재산권의 불가침을 보장한다. 이에는 다음과 같은 것이 있다.

제1항 법률에 의하지 아니하고는 어떤 행위를 하거나 하지 않을 것을 의무화하지 않는다.

제2항 모든 사람은 법 앞에 평등하다. 공화국은 출생에 의한 특권이나 귀족의 권력을 인정하지 아니하며 계급·칭호나 명예훈장을 창설하지 아니한다.

제3항 모든 개인은 종교적 종파에 따라 그의 신앙을 공개적으로 자유로이 행사할 수 있으며 종교적 목적으로 결사를 조직하며 법이 규정한 제한에 의하지 아니하고는 재산권을 취득할 수 있다.

---

39) E. Wallace, The Constitution of the United States of Brazil 1894; Brazil, Constitution of the Republic of the United States of Brazil 1891, 2010; Brazil, Constitution of the Republic of the United States of Brazil: promulgated February 24, 1891, W, D. C. 1927; Brazil, Constituição Politica Dos Estados Unidos Do Brasil 1891, 1930; Wikivisually, Brazilian Constitution of 1891.

40) Brazil, Constitution of the Republic of the United States of Brazil, Washington, D. C. Pan American Union, 1927.

제4항 공화국은 종교적 결혼식 이전에 행하는 시민혼만을 인정한다.

제5항 묘지는 세속적 성격의 것이어야 하며 지방자치단체에 의하여 관리된다.

제6항 공적 기관에 의한 교육은 세속적이어야 한다.

제7항 교회의 악마퇴치행위도 정부의 지원을 받지 아니하며 연방이나 지방정부의 독립 관계나 협력관계를 유지한다.

제8항 예수회는 국내에서 추방되며 단일질서의 어떠한 새 종교 수도회도 금지된다.

제9항 모든 사람은 무기를 소지하지 않고는 자유로이 집회하고 결합하는 것이 허용된다. 경찰은 공공질서를 유지하는 외에는 이에 개입할 수 없다.

제10항 누구나 공공기관에 청원 수단으로 이를 대표하며 공무원의 불법행위를 고발하고 범죄자를 고소할 수 있다.

제11항 평화시에는 누구나 공화국의 영토에 가산과 재산을 가지고 독립적으로 여권의 규정에 따라서 출입국할 수 있다.

제12항 주택은 개인에게 불가침의 피난처이다. 누구나 밤에 주민의 동의 없이는 주택에 들어갈 수 없다. 단 범죄의 희생자이거나 법률이 정한 방식에 의한 경우 외에는 낮에도 주택에 입실할 수 없다.

제13항 의견은 어떤 경우에도 어떤 주제로도 자유롭게 표현할 수 있다. 그것이 언론의 자유의 남용으로 책임을 지게 되거나 법률이 정한 바에 의하지 않는 경우에는 검열 없이 출판하거나 연단에서 연설할 수 있다.

제14항 현행법을 제외하고는 누구나 권한 있는 공무원의 서면명령에 의하지 아니하고는 체포당하지 아니한다.

제15항 법률로 정한 경우를 제외하고는 특별한 범죄지정 없이는 교도소에 수감되지 아니하며 합법적인 충분한 보석금으로 보석이 되는 경우에는 구금되거나 수감될 수 없다.

제16항 사전적인 법률로 법률이 정한 형식으로 권한 있는 공무원이 권위에 의한 경우를 제외하고는 유죄로 선언되지 않는다.

제17항 피고인에게는 법률에 의하여 그에 필요한 모든 재원과 수단으로 범죄의 기소 전부터 완전한 변호의 권리를 가진다. 수감자에게는 원고와 증인의 성명이 적힌 공기관에 서명한 영장이 24시간 전까지 배송되어야 한다.

제18항 재산권은 필요성의 원칙이나 공공의 필요에 의하고 사전적 보상없이는 그 상태를 유지되어야 한다.

제19항 신서의 봉인은 불가침이다.

제20항 형벌은 범죄인의 악행의 범위를 초과해서는 안 된다.

제21항 갈레 선박의 노젓기 형벌은 폐지된다.

제22항 정치적 범죄에 대한 사형제도도 폐지된다.

제23항 개인이 폭력에 의하거나 공공기관의 불법행위나 권리남용에 의한 강박이나 위험의 명백한 직접성에 의하여 위협받는 경우에는 개인에게 인신보호영장이 발부된다.

제24항 사물의 본성에서 특별법원에 속하는 것을 사물관할을 예외로 하고는 특권적 관할권은 인정되지 않는다.

제73조 공공취업, 민사 또 군사 등은 관찰 뒤 법률에 의해 정해진 특별한 능력의 조건을 감안하여 모든 브라질리아인에게 개방되어 있다.

제74조 육군과 해군 장교는 형벌이 부과될 범죄에서 형벌이 선고된 경우를 제외하고는 그의 직무를 상실하지 않는다.

제75조 이 헌법에서 표현된 권리와 보장의 열거는 열거되지 아니한 보장과 권리를 제외한 것이 아니며 그 결과 창설되고 정부의 형식으로서 결과 되거나 그에 포함한 원칙규범을 침해하는 것은 아니다.

(3) 특색

브라질의 구 공화국 1891년 헌법은 기본권 보장 규정을 확실하게 규정한 점에서 장점이 있다. 다른 라틴 아메리카 헌법, 예를 들면 스페인의 1812년 헌법, 1857년의 멕시코 헌법, 1853년의 아르헨티나 헌법 등의 인권규정과 이에 앞선 영국과 미국 헌법의 영향을 받은 것이라고 하겠다. 이것은 브라질의 1824년 헌법의 발전이라고 볼 수 있다. 이 조항들은 전 브라질에서 통일적으로 적용되는 것으로 각 주 헌법에서는 특별히 규정하지 않는 것이 미국이나 독일의 연방제와는 다른 것이다.[41]

기본권은 계엄시에 정지할 수 있게 규정한 것도 중요하다. 후대의 여러 나라 헌법이 국가긴급권을 규정하여 헌법상의 기본권을 제한한 것의 선례라고 할 수 있다.

3) 1934년의 브라질 헌법

1930년 이후 심각한 정치적 문제가 발생하였다. 와싱턴 루이스 대통령(Washington Luis)이 사임하고 쿠데타가 성공하였다. 1891년 헌법은 임시 대통령인 바르가스(Getúlio Vargas, 1882-1954) 대통령에 의하여 폐기되고 사실상 전권을 행사하였다.[42] 1932년에는 상파울로에서 헌법제정주의에 의한 혁명이 일어나 제헌회의가 소집되었고 1934년 7월 16일에 새 헌법이 제정되었다. 이는 쿠데타를 4년 후에 승인한 것으로 이는 구체제라고 할 수 있는 것이

---

41) H. James, *The Constitutional System of Brazil*, 1923, pp. 127-170 참조.
42) Wikipedia, History of the Constitution of Brazil.

었다.

이 헌법은 브라질 헌법상 3년밖에 시행되지 않은 최단기 헌법이었다. 모든 성인에 참정권을 인정하고 선거감시원을 두는 등 개혁을 하려고 노력하였다. 그리하여 정치적·사회적·경제적 생활을 증진시켰다.

4) 1937년의 헌법

1937년 11월 10일 바르가스 대통령은 국가긴급권을 발효하여 다시 새 헌법을 제정하였다. 이는 새 국가(Estada Novo)를 지향하는 헌법이라고 하겠다. 이는 대통령제에서 독재국가체제로 옮겨간 것이다. 이것은 "Placa"라고 불렸는데 이는 폴란드의 1935년 4월 헌법에 따른 것이었다.

이 헌법은 정당을 해산했고 선출되었던 주 대통령을 대통령이 임명하는 interventors로 바꾸었다. 대통령의 권한을 강화하는 대신 의회의 자율권을 많이 제한하였고 사법부의 독립성도 약화시켰다. 주 대통령이 직선되지 않고 사실상 임명되었고 시장도 interventors에 의하여 지명되었다. 또 독재권력을 제한할 수 있는 많은 조항들이 도입되었다.

기본권에 있어서는 검열이나 터지(추방), 선전 등이 강화되었다. 다만 전헌법의 사회적 개선정책은 계속하였고 여기에 일부를 추가하였다. 교육의 권리, 문화보존의 권리, 1917년 민법전의 실현 등을 규정하였다. 사형제도는 국가에 대한 반역자에게만 집행되었다.

5) 1946년의 헌법

1945년 독재자 바르가스가 사임을 하게 되었고 새 헌법이 제정되었다. 제헌의회가 직선되었다. 이 헌법은 1889년 헌법으로의 회기라고도 할 수 있다.

정치적 자유가 확정되고 공산당이 일시적으로나마 합법화되었다. 1934년 헌법에서 보장되었다가 1937년 헌법에서 억압되었던 권리와 자유가 보장되었다. 법 앞의 평등이 완전히 보장되었다. 종교적인 편견이나 검열제도가 폐지되었다. 신서의 자유와 주거의 불가침이 회복되었다. 선거권이 확대되고 처음으로 모든 성인이 정치적 권리를 가지게 되고 모든 통치계층에서 선거제도가 행해지고 자유선거가 보장되었다. 선거인은 정당추천의 후보자를 선출할 수 있었으며 부통령과 부지사까지 선거할 수 있었다. 대통열의 권한은 약화되었고 연방제가 강화되었다.

6) 1967년 이후의 헌법

1967년에 새 헌법이 제정되었고 1969년에는 개정되었으며 1988년에 다시 제정되어 현행 헌법이 되었다. 이 헌법에 대해서는 다음 현대 헌법에서 보기로 한다.[43]

---

43) Constitutional history of Brazil, ConstitutionNet; History of the Constitution of Brazil, WOW.com; History of Brazil Law, Brazilian Legal History; Constitution in English, with amendments, http://www.v-brazil.com/government/laws/recent-amendments.html; Constitution of the United States of Brazil: together with the accompanying transitory provisions, https://archive.org/details/ConstitutionOfTheUnitedStatesOfBrazilTogetherWithTheAccompanying.

제4장

아시아와 인도, 러시아권에서의 성립

제1절 극동아시아권역에서의 성립

1. 일본제국 헌법의 기본권 규정

1) 일본 명치헌법의 성립

아시아에서 입헌주의헌법이 제정된 것은 일본이 처음이다. 아시아 각국은 19세기 초기에도 쇄국주의를 채택하여 서양의 문물에 접하지 못하였는데 일본의 막부만이 네덜란드 상인들과 접촉하여 화란학교를 만들어 서양문물의 도입에 노력하였다. 미국이 군함을 몰고 와 개항을 하였다. 그들은 근대국가의 수립을 목표로 헌법과 각종 법률의 기초에 착수하였다. 이때 이토 히로부미(伊藤博文, 1841-1909)가 헌법조사를 위하여 1882년 유럽에 출장하여 천황의 권력을 강화하고 의회를 약화시킨 독일헌법을 배워서 귀국하였다.

귀국 후 이토는 1888년 4월에 헌법초안을 완성하고 추밀원의 심의를 거쳐 1889년 2월 11일에 공포하였다. 최초의 국회는 1890년에 개회했고, 1890년 11월 29일부터 효력을 발생하였다.[1] 천황주권의 군주주의중앙집권제헌법이었다. 전문 76조의 짧은 조문을 가진 헌법이었다.

2) 일본 명치헌법의 기본권 규정

일본 메이지헌법은 제2장에서 신민의 권리·의무를 규정하고 있었다. 이 기본권규정은 주로 행정권에 대한 보장을 의미하고 있었다. 따라서 기본권의 많은 규정은 「법률의 유보」

---

1) 메이지헌법에 관해서는 鈴木安藏, 『自由民權』(1948年); 安譯喜一郎, 『明治憲法』, 總法律論叢; 明治文化研究會編, 『自由民權』(1955年) 및 美濃部達吉, 『憲法撮要』. 기타 明治憲法敎科書 참조.

조항을 수반하고 있어 입법권을 구속하지 않는다고 생각되었다.

헌법에는 문무관에 임명되어 공직에 취임할 수 있는 권리가 보장되고(제19조), 거주·이전의 자유(제22조), 체포·감금·심문·처벌에서의 자유(제23조), 재판을 받을 권리(제24조), 주거침입·수색에서의 자유(제25조), 신서의 비밀의 불가침(제26조), 소유권의 보장(제27조), 신교의 자유(제28조), 언론·저작·출판·집회·결사의 자유(제29조), 청원의 권리(제30조), 병역의 의무(제20조), 납세의 의무(제21조)가 규정되어 있었다. 그런데 인권선언에서 명시되어 있지 않은 신민의 자유에 대해서는 명령으로 제한을 정할 수 있다고 생각되었다. 그래서 영업의 자유 등에 관해서는 헌법에 명문의 규정이 없기 때문에 명령으로써 제한을 하는 일이 자주 행해졌다. 교육의 의무에 대해서는 납세 및 병역의 의무와는 관계없이 명문의 규정에는 없었으나 그것은 명령에 의해서 규정되어 있었다.

3) 기본권 규정의 특색

메이지헌법은 외견적 인권선언으로서 1814년의 프랑스 헌법이나 19세기의 독일제국헌법의 인권선언의 성격과 같은 성질의 것이었다. 메이지헌법은 그 모델이 된 독일제국헌법과 마찬가지로 법률에 의하지 않으면 체포·감금당하지 않는 자유를 보장하고 있었으나, 법률의 규정에 의하지 아니하고 임의출두, 임의동행 등의 형태 하에서 부당한 체포·감금이 행해졌다.[2]

이 규정은 민간이 요구한 자유민권주의를 배격하고 만든 법실증주의 규정이며, 권리에 관한 거의 모든 조항에 「법률이 정한 경우를 제외하고는」(제20조 신서의 비밀), 「법률의 범위 내에서」(제29조 언론 출판의 자유, 제22조 거주이전의 자유), 「법률이 정한 바」(재산권보장 제27조) 등의 제한 규정을 두고 있어 후진적이라고 하겠다. 이러한 법률유보조항은 법실증적 규정방식이다.[3]

이러한 후진적 규정은 1946년 전후헌법을 만들 때 시정되었다.

4) 헌법의 영향

이 헌법은 아시아에서는 처음으로 만들어진 것이기 때문에 아시아 각국의 헌법제정에

---

2) 奧平康弘, 「明治憲法における自由權法制—その若干の考察」, 『基本的 人權 2』; 利谷信義, 「明治前期の人權と明治憲法」, 『基本的 人權 2』; About Japan editors, Rights and Responsibility: Looking at the Meiji Constitution, http://aboutjapan.japansociety.org/content.cfm
3) 上村貞美, 「法律の留保と人權保障の方式」, 『香法』 2000, 20-1, 2, 39-64面; 林尙之, 副題 1930年代の主權及び人權をめぐる 憲法論.

영향을 미쳤다. 그 중에서도 제1차 세계대전 전의 중국헌법에 대한 영향이 컸다.[4] 일본의 괴뢰정권이던 만주국의 조직법,[5] 대한민국임시정부의 임시헌법 등에도 약간의 영향을 주었다.

이들 헌법이 일본의 메이지헌법에 따라 기본권을 법률유보 하에 두었거나 지나치게 부족하게 규정한 것은 큰 잘못이라고 하겠다. 이것은 제2차 세계대전 후에 1946년 일본국 헌법이 제정되어 기본권보장규정이 정비되었고 그것이 아시아 각국 헌법에도 영향을 주었다.

2. 대한제국과 상해임정의 헌법제정

1) 홍범 14조 반포

조선은 대내외의 요구에 의해서 갑오경장을 단행했다. 고종은 1894년 12월 12일(양력 1895년 1월 7일) 종묘에 나아가 개혁정치의 추진을 서약하고 국가의 기본법이라고 할 수 있는 홍범 14조를 반포하였다. 그 내용은 다음과 같다.[6]

1. 淸國에 附依ᄒᆞᄂᆞᆫ 慮念을 割斷ᄒᆞ고 自主獨立ᄒᆞᄂᆞᆫ 基礎를 確建ᄒᆞᆷ이라.
2. 王室典範을 制定ᄒᆞ야ㅅ벼 大位繼承과 宗戚分義를 昭케 ᄒᆞᆷ이라.
3. 大君主가 正殿에 御ᄒᆞ야 事를 視ᄒᆞ믹ㅣ 國政을 親히 各 大臣에게 詢ᄒᆞ야 裁決ᄒᆞ고 后嬪 宗戚이 干預 ᄒᆞᆷ을 容치 아니ᄒᆞᆷ이라.
4. 王室事務와 國政事務를 須卽分離ᄒᆞ고 셔로 混合아니 ᄒᆞᆷ이라.
5. 議政府와 各 衙門職務權限의 制定을 明行ᄒᆞᆷ이라.
6. 人民이 稅를 出ᄒᆞ믄 다 法令에 定ᄒᆞᆫ 率을 由ᄒᆞ고 各目을 妄加ᄒᆞ야 徵收를 濫行ᄒᆞᆷ이 不可ᄒᆞᆷ이라.
7. 租稅를 過徵ᄒᆞᆷ과 밋 經費를 支出ᄒᆞ믄 다 度支衙門을 由ᄒᆞ야 管轄ᄒᆞᆷ이라.
8. 王室費用을 率先節減ᄒᆞ야ㅂ서 各衙門 及 地方官의 模範을 되게 ᄒᆞᆷ이라.
9. 王室費 及 各官府費用에 一年額算을 豫定ᄒᆞ야 財政基礎를 確立ᄒᆞᆷ이라.
10. 地方官制를 亟히 改定ᄒᆞ믈 合ᄒᆞ야ㅂ서 地方官吏職權을 限節ᄒᆞᆷ이라.
11. 國中聰俊子弟를 廣ᄒᆞ게 派遣ᄒᆞ믈 行ᄒᆞ야ㅂ서 外國學術과 技藝를 傳習ᄒᆞᆷ이라.
12. 將官을 敎育ᄒᆞ고 兵을 徵ᄒᆞᄂᆞᆫ 法을 用ᄒᆞ야 軍制基礎를 確立ᄒᆞᆷ이라.

---

4) 欽定憲法大綱に對する明治憲法の法學, 2011. 3.
5) 增田知子,「日本と滿洲國の立憲制−1934−1937」,『法政論集』217号(2007), 171−222.
6) 원문은 한문, 국한문, 한글의 세 가지로 되어 있다. 국회도서관,『한말 근대법령자료집』Ⅰ, 1971, 133−137 참조.

13. 民法과 刑法을 嚴明ᄒ게 制定ᄒ고 可히 監禁과 懲罰을 濫行치 말아ᄇ서 人民의 生命及 財産을 保全ᄒ미라.

14. 人을 用ᄒ미 門地를 抱치 아니ᄒ고 士를 求ᄒ미 野에 遍及ᄒ야ᄇ서 人才의 登庸을 廣ᄒ게 ᄒ미라.

이 홍범 14조에 대해서는 「국정의 민주적 개혁을 약속한 것으로서 … 우리나라 최초의 근대적 성질을 띠운 헌법」[7]이라고 보기도 하며, 「당시 홍범 14조는 헌법과 같이 생각되고 있었으며 …」[8] 「법의 일종의 선행 형태인 대강령 같은 것」[9] 등 헌법이라고 해석하는 사람도 있으나, 국가 통치의 근본 강령을 표현한 것에 불과하다. 따라서 실질적 의미의 헌법의 일부는 될 수 있으나, 바로 근대적 의미의 헌법이라고 단정하기는 어렵다.[10] 인권 규정과 관련하여 인민의 생명과 재산의 보전, 신체의 자유 그리고 평등의 관념을 고취하고 조세법률주의를 규정한 데에 그 의의가 있다.

2) 대한국 국제 제정

조선은 1987년 대한제국으로 국호를 바꾸고 그 기본법으로 대한제국 국제를 제정하였다. 그 내용은 다음과 같다.[11] 그러나 여기에는 국민의 권리에 관한 규정이 없음으로 입헌주의 헌법이라고 하기도 어렵다.

〈大韓國 國制〉

第1條 大韓國은 世界萬國의 公認되온 바 自主獨立ᄒ온 帝國이니라.

第2條 大韓帝國의 政治ᄂ 由前則五百年 傳來ᄒ시고 有後則恒萬世不變ᄒ오실 專制政治이니라.

第3條 大韓國 大皇帝게ᄋ셔ᄂ 無限ᄒ온 君權을 享有ᄒ옵시ᄂ니 公法에 謂혼 바 自立正體이니라.

第4條 大韓國 臣民이 大皇帝의 享有ᄒ옵시ᄂ 君權을 侵損ᄒ올 行爲가 有ᄒ면 其己行未行

---

7) 유진오, 『신고헌법해의』, 일조각, 1963, 10-11.
8) 신용하, 『독립협회연구』, 일조각, 1976, 396.
9) 신용하, 『신판독립협회연구』(하), 일조각, 2006, 700.
10) 김효전, 『헌법』, 한국개념사총서 3, 소화, 2009, 206.
11) 관보 제1346호, 광무3년(1899) 8월 22일자; 국회도서관, 『한말근대법령자료집Ⅱ』, 541-543; 김철수, 『헌법개정 과거의 미래』, 진원사, 2008, 20-23; 전봉덕, 「대한국국제의 제정과 기본사상」, 『한국근대법사상사』, 박영사, 1980, 99 이하; 김효전, 「근대국가의 성립과 좌절」, 한태연 외 공저, 『한국헌법사(상)』, 한국정신문화연구원, 1988, 133-240.

을 勿論ᄒᆞ고 臣民의 道理ᄅᆞᆯ 失ᄒᆞᆫ 者로 認ᄒᆞᆯ지니라.

第5條 大韓國 大皇帝게ᄋᆞᆸ셔ᄂᆞᆫ 國內陸海軍을 統率ᄒᆞᄋᆞᆸ셔 編制ᄅᆞᆯ 定ᄒᆞᄋᆞᆸ시고 戒嚴解嚴을 命ᄒᆞᄋᆞᆸ시ᄂᆞ니라.

第6條 大韓國 大皇帝게ᄋᆞᆸ셔ᄂᆞᆫ 法律을 制定ᄒᆞᄋᆞᆸ셔 基 頒布와 執行을 命ᄒᆞᄋᆞᆸ시고 萬國의 公共ᄒᆞᆫ 法律을 效倣ᄒᆞ사 國內法律도 改正ᄒᆞᄋᆞᆸ시고 大赦 特使 減刑 復權을 命ᄒᆞᄋᆞᆸ시ᄂᆞ니 公法에 謂ᄒᆞᆫ바 自定律例이니라.

第7條 大韓國 大皇帝게ᄋᆞᆸ셔ᄂᆞᆫ 行政各府部의 官制와 文武官의 俸給을 制定 或 改正ᄒᆞᄋᆞᆸ시고 行政上 必要ᄒᆞᆫ 各項 勅令을 發ᄒᆞᄋᆞᆸ시ᄂᆞ니 公法에 謂ᄒᆞᆫ바 自行治理이니라.

第8條 大韓國 大皇帝게ᄋᆞᆸ셔ᄂᆞᆫ 文武官의 黜陟 任免을 行ᄒᆞᄋᆞᆸ시고 爵位 勳章 及 其他 榮典을 授與 惑 遞奪을 ᄒᆞᄋᆞᆸ시ᄂᆞ니 公法에 謂ᄒᆞᆫ바 自選臣工이니라.

第9條 大韓國 大皇帝게ᄋᆞᆸ셔ᄂᆞᆫ 各有約國에 使臣을 派送駐紮케 ᄒᆞᄋᆞᆸ시고 宣戰 講和 及 諸般條約ᄅᆞᆯ 締結ᄒᆞᄋᆞᆸ시ᄂᆞ니 公法에 謂ᄒᆞᆫ바 自遣使臣이니라.

이 국제는 일본제국의 메이지헌법을 모방한 것이라고 하겠으나 이것은 청국의 흠정헌법대강과 비슷한 내용을 가진 것으로 청국의 흠정헌법대강을 대한제국의 국제로 모방한 것이 아닌가 생각된다.[12] 여기서는 국왕의 전제권이 규정되었으며 기본적 인권에 관한 규정이 하나도 없었다고 하겠다.

3) 상해임시정부의 임시헌장

상해임시정부가 구성된 뒤 1919년 4월 11일 대한민국임시헌장이 발표되었는데 그 내용은 다음과 같다.

제1조 대한민국은 민주공화제로 함

제2조 대한민국은 임시 정부가 임시 의정원의 결의에 의하여 이를 통치함

제3조 대한민국의 인민은 남녀귀천 및 빈부의 계급이 무하고, 일체 평등함

제4조 대한민국의 인민은 신조·언론·이전·신체 및 소유의 자유를 향유함

제5조 대한민국의 인민으로 공민 자격이 있는 자는 선거권 및 피선거권이 유함

제6조 대한민국의 인민은 교육, 납세 및 병역의 의무가 유함

제7조 대한민국은 신(神)의 의사에 의하여 건국한 정신을 세계에 발휘하며 전하며 인류

12) 중국은 대한국 국제보다 훨씬 뒤인 흠정헌법대강을 성문헌법의 기원으로 보고 성대한 100주년 행사를 하고 일본에서까지 특집으로 다루어졌다. 이에 반하여 우리는 대한국 국제를 너무 무시하는 경향이 있었다.

의 문화 및 평화에 공헌하기 위하여 국제연맹에 가입함

　　제8조 대한민국은 구황실을 우대함

　　제9조 생명형, 신체형 및 공창제를 전폐함

　　제10조 임시 정부는 국토 회복 후 만 1년 내에 국회를 소집함

　　이 임시헌장은 대한민국을 민주공화제로 한다고 하여 공화제를 선포하고 인민이 선거권과 피선거권을 가져 국회를 구성하며 통치할 것임을 선언한 점에서 동양에서는 선진적 규정이다.

　　또 기본권을 규정하여 모든 사람이 평등하다고 규정하고 있는데, 여기서 남녀의 평등을 규정하고 여자에게도 참정권을 주려고 한 것은 유럽의 나라보다 진취적이었다고 하겠다. 신조의 자유, 언론의 자유를 규정하고 신체의 자유, 거주·이전의 자유, 소유의 자유를 규정한 것도 특이하다. 이러한 인권이 규정된 것은 미국에 있던 독립투사들의 주장을 받아들인 것으로 보인다.[13] 이때 이미 공창제도의 폐지, 사형제도의 폐지 등은 획기적인 것이라 하겠다.

4) 1919년 9월 11일의 대한민국임시정부 헌법의 기본권 규정

(1) 성립

　　이 헌법은 상해임시정부가 노령(露領)의 국민의회와 한성정부를 흡수 통합한 뒤의 헌법으로 대한민국임시정부의 제헌헌법이라고 할 수 있다. 이 헌법은 임시의정원에서 심의하여 1919년 9월 6일 통과하고 9월 11일에 공포되었다.[14] 전문과 8장 58개조로 된 헌법체제를 갖춘 것이었다.

(2) 내용

　　이 헌법은 전문에서 한민족의 독립의지를 재확인하고 3·1 독립선언문을 그대로 인용한 뒤 임시헌장을 기본삼아 본문 58개조의 임시헌법을 제정한다고 선언하고 있다.

　　제1장은 강령으로서 기본원칙을 정하고, 제2장에서는 인민의 권리와 의무, 제3장에서는 임시대통령, 제4장에서는 임시의정원, 제5장에서는 국무원, 제6장에서는 법원, 제7장에서는

---

13) 국사편찬위원회, 『대한민국 임시정부 자료집』 1, 2005; 김철수, 상게서, 23-30; 중국헌법안의 영향을 강조한 것으로는 신우철, 『비교헌법론』, 2008, 287-306; 김영수, 『한국헌법사』, 학문사, 2000; 김범주, 「대한민국임시정부 헌정사」, 공저, 『한국헌법사(상)』, 241-312.

14) 김영수, 『대한민국임시정부헌법론』, 1980; 신우철, 전게서, 307-321; 김범주, 전게논문, 261-271; 김철수, 전게서, 25-30.

재정, 제8장에서는 보칙을 규정하고 있다.

(3) 기본권 규정

이 임시헌법은 임시헌장과 달리 기본권 규정을 독립시켜 앞 부분인 제2장에서 규정하고 있다.

제8조 대한민국의 인민은 법률의 범위 내에서 좌열 각항의 자유를 유함.

1. 신교의 자유

2. 재산의 보유와 영업의 자유

3. 언론·저작출판·집회결사의 자유

4. 거주이전의 자유

제9조 대한민국의 인민은 법률에 의하여 좌열 각항의 권리를 유함

1. 법률에 의하지 아니하면 체포 감금 심문 처벌을 수하지 아니하는 권

2. 법률에 의하지 아니하면 가택의 침입 또는 수색을 수하지 아니하는 권

3. 선거권 및 피선거권

4. 입법부에 청원하는 권

5. 법원에 소송하여 그 재판을 수하는 권

6. 행정관서에 청원하는 권

7. 문무관을 임명하는 권 또는 공무에 취하는 권

제10조 대한민국의 인민은 법률에 의하여 좌열 각항의 의무를 유함

1. 납세의 의무

2. 병역에 수하는 의무

3. 보통교육을 수하는 의무

이러한 기본권 규정은 일본 메이지헌법이나 1912년의 중화민국임시약법이나 1913년의 중화민국헌법을 모방한 것이라고 하겠다. 그러나 1919년 4월에 제정된 임시헌장의 특별한 사형제도금지, 여성의 선거권, 공창제도의 폐지 등이 삭제되었고 권리가 법률의 범위 내에서 인정된다든가, 법률에 의하여 주어진다고 한 것은 메이지헌법 등의 법률유보조항을 도입한 것으로 비판을 받아야 할 것이다.

3. 중국 헌법의 기본권 규정

중국에서는 일찍부터 헌법제정 논의가 있었으나 실제로 제정된 것은 1908년에 「흠정헌법대강」이 발표이었다. 그 뒤 신해혁명의 결과 손문(孫文)을 대통령으로 하는 중화민국이 성립하였다. 이때 헌법의 역할을 한 것은 중화민국임시약법이었다. 그 뒤 2개월 후에 원세개(袁世凱)의 군벌정치로 대체하였다. 1925년에는 손문이 중국국민당을 결성하기로 하였다. 이 약법은 국민주권의 원리를 규정하였다. 1928년에는 장개석(蔣介石)이 북벌을 마치고 남경을 수도로 하였다. 1931년에는 국민대회를 개최하여 「중화민국훈정시기약법」이 성립하였다. 이후에는 정치협상을 하여 1946년 12월 25일에 「중화민국헌법」이 제정되었다.[15]

1) 흠정헌법대강

이것은 청국시대 왕이 제정한 헌법이다. 1908년에 제정된 이 헌법은 황제가 통치하는 헌법으로 청국의 제위는 만세일계로 된다고 하였다. 그 근본원칙은 군주대권(君主大權)이라고 하여 군주의 절대적 권리를 규정하였다. 24개의 조항으로 이루어졌으며, 이 헌법에는 기본권 규정이 거의 없었으며 시민 중 유자격자의 관리가 의원이 될 수 없게 했고 법률의 범위 내에서 언론·출판·집회·결사의 자유를 보장하고, 법률이 정하여지지 아니하는 한 체포·감금·처벌을 받지 아니한다. 국민은 법원에서 재판받을 권리와 신소의 자유를 규정하고 법률에 의한 심판을 받을 권리, 신민의 재산 및 거주권의 불가침 등을 규정하였다. 이 헌법은 일본의 메이지헌법을 모방한 것으로 중국에서도 정평이 나있다.[16]

2) 1914년 5월 1일 중화민국임시약법

이 헌법은 1914년 5월 1일에 만들어진 것이다. 원래는 1912년 3월 11일 손문 등에 의하여 만들어진 것이었으나 원세개의 쿠데타에 의하여 2년 후에 완전히 시행되게 되었다. 전 56조로 되어 있다.[17]

이는 청조의 원법대강과는 달리 메이지헌법과는 달리 인민주권, 권력분립주의, 공화제

---

15) 荊知仁, 『中國立憲史』, 台北, 民國 73; ウィキペディア, 中華民國憲法; Early Republic and Warlord Period 1912-1928.

16) 韓大元, 鈴木敬夫, 吳東鎬, 「欽定憲法大綱に對する明治憲法の影響」, 『札幌学院大学論集』, Mar. 2011. 韓大元, 「日本の中國憲法學に對する影響」; 莫紀宏, 「明治憲法の近代中国の憲法制定に与えた影響の限界について」, 中國法學冊; 신우철, 『비교헌법사』, 법문사, 2008.

17) Vorläufige Verfassungen der Republik China, vom 1. Mai 1914.

를 규정한 것이 특색이다.

메이지헌법과 같이 이 임시약법에서는 기본권에 관해서도 규정하고 있는데[18] 평등권
(제5조), 형사상기본권(제6조)이 규정되었다.

① 법률이 정한 경우에만 체포, 감금, 조사, 처벌될 수 있다.

② 주거에의 침입이나 법률에 의하지 아니한 가택수색금지

③ 재산권이 보장되고, 영업의 자유가 보장된다.

④ 말과 글, 인쇄물로서 자기의 의사를 표현할 권리를 가지며 집회와 결사의 자유를 가
진다.

⑤ 신서의 비밀에 대한 (불가침의) 권리를 가진다.

⑥ 거주의 자유와 거주이전의 자유

⑦ 종교적 신앙의 자유를 가진다.

시민의 의회에 대한 청원권(제7조), 행정관청에 대한 소원의 권리(제8조), 법원의 재판을
받을 권리(제9조), 불법행위를 한 공무원에 대한 손해배상청구권(제10조), 고시를 응시할 권리
(제11조), 선거권과 피선거권(제12조), 납세의 의무(제13조), 병역의 의무(제14조).

이 장에서 규정된 국민의 권리는 공익의 증진과 치안유지 또는 비상긴급 시에 있어서
법률로 제한될 수 있다(제15조).

이 기본권조항은 메이지헌법의 규정을 모방하여 법률유보조항을 두고 있었으며, 유럽이
나 남미와는 달리 자연권을 규정하지 않는 점에서 문제가 있고, 기본권조항을 법률로 제한할
수 있게 하여 기본권을 공동화하는 계기가 되었다.

3) 1936년 중화민국헌법초안(55헌장)

이 헌법은 손문 전 대통령의 유훈을 받아 만든 헌법으로 전체 국민의 부탁으로 중화민
국 국민대회가 통과시켜 공포한 헌법이다.[19] 이 헌법은 제1장 총강에서 중화민국은 삼민주
의 공화국이다고 했으며(제1조), 국민주권(제2조), 국민의 요건(제3조), 영토의 범위(제4조), 민
족평등(제5조), 국기(제6조), 수도 남경(제17조). 제2장은 인민의 권리·의무를 규정하였다. 법
률상 평등(제8조), 신체의 자유보장(제9조) 체포·구금의 원인고지 24시간 내에 법원 송치, 법
원의 요청에 대한 행정기관의 불복금지, 민간인의 군사재판을 받지 않을 권리(제10조), 주거
의 자유와 주거의 불가침(제11조), 거주이전의 자유(제12조), 언론·출판·저작의 자유(제13조),

18) 여기서도 메이지헌법과 같이 법률유보조항을 두고 있었다.
19) 중화민국헌법초안(55헌장) 民國 24年 5月 5日; 荊知仁, 『中國立憲史』, 534-550.

비밀 통신의 자유(제14조), 신앙·종교의 자유(제15조), 집회·결사의 자유(제16조), 재산권보장(제17조), 청원·소원·소송의 권리(제18조), 선거권, 파면권, 법률거부권(제19조), 고시권(제20조), 공무원에 대한 불법행위에 대한 구제청구권과 국가배상청구권(제26조).

이들 권리는 법률에 의하여서만 제한할 수 있었다. 제한 이유는 타인의 자유와 권리를 방해하거나 사회질서와 공공의 이익을 침해하는 경우 법률에 의하지 아니하고는 제한될 수 없는 헌법적 보장을 규정하고 있었다(제24조). 인민의 자유와 권리를 법률로 제한하는 경우도 국가안전과 긴급한 위험을 피하기 위하여 사회질서를 유지하고 공공의 이익을 위하여 필요한 경우에 한하고 있다(제25조).

이 기본권조항은 일본 메이지헌법보다는 훨씬 발전한 것으로 기본권이 법률의 유보 하에서 보장되는 것이 아니고 법률에 의하지 않으면 제한될 수 없다는 것을 강조한 것은 진일보한 것이라고 하겠다.

제3장에서는 국민대회, 제4장은 중앙정부, 제5장은 지방제도, 제6장은 경제제도, 제7장은 교육, 제8장은 헌법의 시행과 수정으로 되어 있다. 제4장의 중앙정부에서는 손문의 5권분립사상에 따라 ① 총통 ② 행정권 ③ 입법권 ④ 사법권 ⑤ 고시원 ⑥ 감찰원으로 구분하고 있는 것이 특색이다.

제6장의 국민경제와 제7장의 교육은 국민의 생존권을 보장한 것으로 자유중국에서도 생존권을 보장하려고 한 점에 특색이 있다. 이러한 것은 독일 바이마르헌법을 수용한 것이 아닌가 생각된다. 경제의 첫 조항인 제116조에서는 「중화민국의 경제제도는 민생주의에 기초하며 국민생계의 균족(均足)을 도모한다」고 하여 손문의 민생제도를 도입하고 있다. 제117조에서는 재산권에 관해서 규정하고 있는데 중화민국 영역 내의 모든 토지는 국민 전체에 속하되 그 운영은 인민에 속하고 법률에 따라 소유권을 취득하고, 소유권은 법률에 의해서 제한되며 보장된다고 규정했다. 토지소유권에 대해서는 토지소유에 충분한 사용의무를 부과하고 있다. 노약자와 생활무능력자에게는 국가가 적당한 구제를 하고(제128조), 중화민국의 모든 인민은 평등하고 교육을 받을 권리를 가지고(제132조), 6세 이상 12세 이하의 학령 아동은 일률적인 기본교육을 받으며 학비는 면제된다(제134조). 학령초과자로서 기본교육을 받지 않는 사람에게는 보습교육을 하고 학비는 면제하고 있다(제135조).

이 헌법은 공포되었으나 중·일 간의 전쟁에 의하여 효력을 발생할 수 없었다. 그 뒤에는 국공 간의 논쟁과 반복으로 제2차 전후에 1946년 12월 25일 중화민국헌법이 국민대회를 통과하고, 1947년 1월 1일에 공포되었으며 1947년 12월 25일에 시행되었으나 국민당과 공산당의 투쟁으로 옳게 시행되지 못하였다.

4) 만주국의 헌법제정 노력

(1) 만주국의 정부조직법 제정

만주는 제국주의 일본이 식민지로서 중국의 만주지방에 만든 국가이다. 만주는 일본의 식민지였으나 일본제국헌법은 효력을 발생하지 않았고 조직법을 제정하여 국가권력을 조직하는데 그쳤다. 이 조직법은 1934년 3월 1일에 제정되었으며 그 내용은 국가행정기관의 설치, 조직을 규정하는 것이었다.

(2) 내용

1934년 3월 1일 황제제도의 시행과 함께 공포하였다. 제6장 12조로서 구성되어 있다. 이것은 전체로서 일본제국헌법의 영향을 많이 받은 것이다. 또 이는 전 정부조직법과는 달리 칙령을 초월하는 별개의 흠정헌법이었다.

여기서는 정부조직에 관한 것만 규정하고 있었다. 제1장 집정, 제2장 참의부, 제3장 입법원, 제4장 국무원, 제5장 법원, 제6장 감찰원, 부칙으로 규정되어 있다. 이것은 중국의 흠정헌법대강과 같이 정부조직에 관해서 규정했고 보다 상세히 규정한 점에서는 일본제국주의 헌법보다 진일보하였다.[20]

이 정부조직법에는 기본권에 관한 규정이 없었다. 기본권 규정이 아닌 점에서 진정한 입헌주의헌법이라고는 할 수 없다.

(3) 만주국 인권보장조례

만주국에 있어서는 신 국가수립과 함께 신 국가수립 선언을 하고 국가조직법을 통과한 뒤 인권보장조례를 제정하였다. 이 조례는 1932년 3월 11일에 공포되었다. 그 내용은 다음과 같다. 전인민의 위임에 의하여 만주국의 통치를 행하는 집정은 전시 또는 비상사변의 정부를 제외하고 좌기 각항에 준거하여 인민의 생명 및 권리를 보장하고 또 의무를 정할 것을 전인민에 대하여 서약한다.[21]

1. 인민은 신체의 자유를 침해받지 아니한다. 단 법률에 의한 제한은 이때에 제한된다.
2. 인민은 재산권을 침해당하지 않는다. 단 공익상의 필요에 의한 제한은 법률에 의한다.
3. 인민은 종족, 종교의 차별 없이 국가의 평등한 보호를 받는다.

---

20) 滿洲國國家體制-日本統治時代の歷史; Wikipedia, 組織法; 增田知子, 「日本と滿洲國の立憲制 1934–1937」, 『法制論集』 217号 (2007), 171–222; 高橋貞三, 『滿洲國基本法』, 有斐閣, 1943; 만주국조직법과 일본제국헌법의 대조표는 增田知子, 前揭論文, 207–215.
21) 沖縄高江の機動隊員と満州国人権保障条例 反日勢力無力化ブログ, 2016. 10. 23.

4. 인민은 법률이 정하는 바에 의하여 공무에 참여하는 권리를 가진다.

5. 인민은 법률이 정한 바에 따라 관공리에 취임할 권리를 가지며 명예직에 취임할 의무를 진다.

6. 인민은 법률이 정한 절차에 따라 청원할 권리를 가진다.

7. 인민은 법률에 의하여 정하여진 법정의 재판을 받을 권리를 가진다.

8. 인민은 행정관서의 위법처분에 의하여 권리를 침해당한 경우에는 법이 정하는 바에 따라 이어 보급을 청구할 수 있다.

9. 인민은 법률에 의하지 않으면 어떠한 명의임을 불문하고 과세, 징발, 벌금을 강요당하지 아니한다.

10. 인민은 공익에 반하지 않는 한 공동조직으로서 그 경제적 이익을 보호 증진할 수 있다.

11. 인민은 일체의 부당한 경제적 압박에서 보호된다.

12. 인민은 국가의 공비에 의한 각종 시설을 공동으로 이용할 수 있는 권리를 가진다.

(4) 인권보장조례의 현실

이 인권보장조례는 전부가 법률이 정하는 바에 따라 보장되며 법률에 의해서는 제한될 수 있는 규정으로서 이러한 법률이 없었기에 사실상 기본권이 보장되지 않았다.

일본인은 식민지 한국에 있는 사람을 강제 징용하여 거주이전의 자유나 영업의 자유를 인정하지 않았다. 만주 원주민에 대해서는 생체실험을 하는 등 불법행위를 자행하였다. 이에 대하여 중국인과 한국인의 반대가 심하였다.

(5) 만주국헌법 제정노력

만주국의 성립과 동시에 국가의 헌법을 제정하기 위하여 헌법기초위원을 임명하고 헌법기초에 착수하였으나 사실상 헌법은 제정되지 않았다. 그 이유는 5족협화를 주장하고 5족의 차별을 철폐하자 중국인이 년간 100만명 이상 만주국으로 이주하여 공산화지구를 만들었기 때문이다. 이들이 다 선거권을 행사하여 의회를 만들면 중국인의 국가가 될 것이기에 일본인은 일본인의 만주국을 구상했기 때문에 평등선거에 의한 의회도 구성할 수 없었다. 의회를 구성하지 못했기 때문에 헌법을 제정하지 못했다. 물론 일본이 중국과 전쟁 중에 있었기 때문에 민간정부보다도 부의의 군주제를 실시하여 군인국가가 된 것도 한 원인이었다.

제2절 인도통치법의 성립

1. 역사

인도는 오랫동안 영국의 식민지로서 통치되어 왔다. 그동안 영국의회는 인도통치법 (Government of Indian Act)을 제정하여 인도를 통치해 왔다. 일반적으로 이 정부법을 인도헌법이라고 한다. 불문법이 지배했던 영국에서 식민지 통치를 위하여 인도정부법을 제정한 것은 1858년이 처음이며 그 뒤 1909년, 1919년, 1935년 법을 거쳐 1947년에야 인도독립헌법을 제정하게 되었다.[22] 이들 법은 인도통치에 영국인들이 지속적으로 참여하게 하기 위하여 만들어진 것이다.

2. 1858년 인도통치법

1858년의 인도통치법은 영국의 의회에서 제정한 법률로서 1858년 8월 2일에 의회를 통과하였다. 이 법은 그동안 인도를 통치해 온 영국 동인도회사를 청산하고 인도통치권을 왕에게 위임하는 법률이다. 자유당의 모오리(Morley)가 인도 국무장관이 되었고 보수당의 민토 (Minto)가 총독이 되었다. 이들은 당시 인도의 벵갈 지방의 폭동을 진압하고 인도인의 동의를 얻어 선정을 베풀기로 한 것이었다.

내용은 첫째, 동인도주식회사의 지역은 왕의 통치영역으로 하며

둘째, 여왕의 주 국무장관이 동인도회사의 이사회의 권한과 의무를 계승한다. 인디아 국무장관을 보좌하기 위하여 15명의 임원이 인도 국무장관에 의하여 임명되어 심의회를 구성한다. 심의회는 인도 업무에 대한 자문기관이다.

셋째, 인디아 국무장관은 심의회의 상의 없이 직접 인도와 비밀통신을 보낼 권리를 가진다. 그는 심의회의 특별위원회를 구성할 권한을 가진다.

넷째, 국왕은 총독과 수장들의 부총독을 임명할 권한을 가진다.

다섯째, 인도 공무원은 국무장관의 통제 하에서 활동한다.

여섯째, 이제부터 동인도회사의 재산과 다른 재산은 국왕에게로 이전한다. 국왕은 회사

---

22) Constitutional History of India 1909, 1919, 1935 by GovtNic, ConstitutionNet; Ias Planner, Salient Feature of the Government of India Act 1858 and 1909; Wikipedia, Government of India Act 1858; United Kingdom Acts of Parliament 1858.

가 진 책임을 저야 한다. 국왕은 동인도회사의 책임 하에서 체결한 조약과 계약 및 기타 재산을 이전하는 계약은 중요하기 짝이 없었고 이 조약이 영국역사의 새로운 시대를 열게 되었다. 무엇보다도 영국인도 통치주역을 식민지 주식회사에서 국왕으로 직할한 것이 특색이다. 그리고 인도와 파키스탄의 영역으로 분할하였었다. 이 조약에는 기본권에 관한 규정은 없었다.

3. 1909년 인도통치법(인도의회법)

1) 성립

1909년 인도에서는 폭력과 불안이 계속되었다. 극단 힌두파와 국민의회당의 행동이 무슬림에게 장래에 대한 심각한 우려를 하게 하고 자기 종족의 이익의 보호와 안전을 위하여 행동을 하게 되었다. 무슬림은 인도와는 분리된 민족임을 알게 되었다.[23]

영국정부는 무슬림들이 자기들의 장래에 대한 불만을 심각하게 걱정하며 무슬림의 중요성을 인식하고 당시의 헌법조항으로는 무슬림에게 안전을 보장하는데 부적합하다는 것을 깨달았다. 이에 정부는 무슬림의 의혹을 해소하기 위하여 새로운 헌법개혁을 도입하기로 하였다. 정부는 이것이 인도인의 권리를 증진시킬 것이라는 것을 명확히 하였다. 그리하여 총독 민토 경은 모오리 인도 국무장관과 함께 새 법안을 만들기로 하였다. 이 안이 영국의회에 제출되고 승인을 받았다. 왕의 재가를 받은 이 법은 1909년에 시행되게 되었다. 이 법의 정식명칭은 1909년 인도의회법(Indian Council Act)이다.

2) 내용

이것은 인도의회개혁법이라고 할 수 있다. 인도의회는 확대되고 인도인과 무슬림인 등 소수 민족에게도 투표권이 인정되었다. 의회의원은 직책상의 의원(총독과 집행위원회 위원)과 피임명직 의원(총독이 임명한 공무원), 비임명직원(총독이 임명하나 공무원이 아닌 의원)과 인도 전영역에서 선출된 의원으로 구성되었다. 입법원 의원의 최대수는 6명에서 69명으로 늘어났다. 이러한 의원은 또 지역구마다 달랐다. 예를 들면 벵갈과 봄베이, 마드라스, 통합시읍면, 벵갈과 앗삼은 각 50명의 의원을 선출할 수 있었다. 판쟙, 버마, 마드라스, 통합신군용지였던

---

23) Government of India Act 1909: Wikis(The Full Wiki); Sir Courtenay Peregrine Ilbert, "Appendix I : Indian Councils Act, 1909," *The Government of India*, Clarendon Press, 1907; Indian Councils Act 1909, Wikipedia.

지역에서는 30명을 선출할 수 있었다.

인도의 입법의회의 구성에 대해서는 각자의 특색이 있었다.[24] 이것은 의회대표권의 확대를 기한 것이기는 하나 국민의 사기에는 부적합하였다. 또 인도의회에서 인도인들의 수가 늘어났기에 의회의원들의 입법제안 제출이 늘어났고 영국에 불리한 의결이 늘어나기도 하였다.[25]

3) 기본권 규정

여기에는 선거권 외에는 인권규정이 없었다. 이것은 다른 인도통치법과 같이 권력조직에만 몰두한 탓이다.

4. 1919년 인도통치법

1) 성립

인도 식민지 정부는 인도인의 의사를 반영하여 의회개혁을 하겠다고 하였으나 인도인이 이 개혁에 대한 반대를 하였다. 이에 1919년 3월에는 롤래트 법(Rowlatt Act)를 제정하여 반대자를 탄압했다.[26] 이 법은 중앙입법의회에 반대하는 모든 사람을 처벌할 수 있는 근거를 마련하였다. 이 법은 정부에게 반대하는 사람은 누구나 법이 정한 법원의 재판이나 유죄판결 없이 교도소에 수감할 수 있으며, 또 정부로 하여금 영국에서 시민적 자유의 근거로 생각되었던 인신보호영장제도를 정지할 수 있게 하였다.

인도 정무장관과 총독의 추천으로 인도인의 정치참여를 확대하는 10년 간의 한시법인 1919 인도통치법이 통과되었다.[27]

2) 내용

이 법은 권력을 둘로 나누어 하나는 생업과 건강, 교육, 지방자치의 권한은 정부의 내각

---

24) 의회의 구성에서 인도는 68표, 마드라스 48표, 봄베이 48표, 벵갈 53표, 통합지구 48표, 동벵갈 42, 앗삼 42, 펀잡 26표, 버마 17표 등으로 구성되었다.

25) Indian Councils Act of 1909, United Kingdom India, Britannica.com.

26) 인도의 기본권에 관해서는 Rowlatt Act of 1919; Arvind Elangovan, Constitutionalism, Political exclusion, and implications for Indian Constitutional history: the case of Montagu Chelmsford reforms (1919), South Asian History and Culture, Tayler & Francis online, 1 April 2016.

27) Wikipedia, Government of India Act, 1919; P. Mondal, Montagu－ Chelmsford reforms and Government of India Act, 1919.

정부에 책임을 지는 지방의회에 주고 유보된 권력인 통치영역은 총독에 유보되었다. 이에는 국방(군사), 외교와 통신이 있다.

제국입법원은 양원제로 했고 하원은 248명의 입법의회이고, 104명의 입법의회이고 104명은 선거되고 40명은 임명되었으며 임기는 3년이었다. 상원인 추밀원(Raiya Sabha)은 34명의 선출된 의원과 26명의 임명된 의원으로 구성되었고 임기는 5년이었다.

행정부에서는 지방정부에서 이원제(양두제, Diachy)가 실시되었다. 지방행정은 두 영역으로 구성되었다. 유보된 권력은 정부에 속했고 이전된 권력은 인도 내각에서 행사하게 했다.

3) 문제점

그 전의 인도통치법과 같이 인권헌장이 규정되지 않았다. 유일하게 규정된 선거권도 차별적으로 부여되었다. 한정된 사람만이 선거권을 가졌는데 상당한 납세를 한 사람만이 선거권을 행사할 수 있었다. 재산을 가지되 세금이 부과되는 수입을 가지고 토지세로 3,000루피 이상을 납부하는 사람만이 투표할 수 있었다. 이것은 영국 본토와 다른 것으로 식민지인에 대한 차별대우라 하겠다. 중앙행정에 있어서 입법부는 총독과 그의 집행기구에 대한 통제를 할 수 없었다. 또 권력의 구분은 중앙에 있어서는 만족스럽지 않았다.

그래서 의회에서는 이에 실망하고 효율적인 지방자치를 요구하였다.

5. 1935년 인도통치법

1) 성립

인도인은 1919년 제1차 세계대전 때 영국을 도왔다는 자존심을 가지고 인도의 독립을 요구하기도 하였다.[28] 영국 정치계에서도 인도문제에 대해서 관심을 가지게 되었다. 또 인도인의 선거권의 확대도 요구되었고 버마의 분리도 논의되었다. 이리하여 중앙입법원이 1935년 8월 인디아통치법을 통과시켰다.[29]

2) 내용

이 법에서는 직선제도를 도입하여 유권자수를 9백만명에서 3천 5백만명으로 늘렸다. 영

---

28) BRIA, Bringing Down an Empire: Gandhi and Civil Disobedience, Constitutional Rights Foundation.
29) Wikipedia, Government of India Act, 1935; Text of the Act as originally enacted in 1935; A. Muldoon, "Making a moderate India: British conservatives, imperial culture and Indian Political reform 1924–1935."

인도의 지방에는 자치권을 신장하였다. 지방행정에서의 이원제를 폐지, 이원제(Diarchy)에서 유보된 권력과 이전된 권력을 새로 조정하였다. 이 유보된 권력은 영국정부에 유보되어 있었는데 이는 과세권, 기타 수입권, 외교권, 정책권, 사법부, 경찰, 발전소, 신문발행권이다. 이에 대하여 인도정부에 이양될 수 있는 권한으로는 임업부, 지방자치, 교육, 공공보건과 사회복지였다.

이 법에서 영국은 인도군대, 인도재정, 인도외교정책에 대한 권한을 유보하려고 왕이 전권을 행사하는 것을 막고 싶어 했다.

3) 기본권보장

이 헌법에도 다른 여러 나라의 헌법과는 달리 권리장전규정을 두지 않았다. 인도의 경우 기본권보장이 헌법규범화 되지 않는 것은 후진적이었으며 식민지였기 때문이라고 하겠다. 인도헌법은 독립 후 1947년의 인도독립법이 인도헌법이었고 제3편에서 기본권에 관하여 제4편에서 지도원리와 기본의무를 규정하고 있다. 이것은 과거의 바이마르 헌법과 새로운 세계인권선언을 모방한 것이다.[30] 이 조항은 상세한 헌법규정의 하나라고 할 수 있으며 이는 현대헌법편에서 보기로 한다.

제3절 러시아에서의 헌법 성립

1. 러시아 제국헌법의 인권규정

1) 기본권 규정

19세기에 있어서의 러시아에는 근대적 의미에 있어서의 인권의 존재를 볼 수 없었으나 1906년 4월의 국가기본법전은 제2장 「신민의 의무와 권리」를 규정하였다.[31]

제2장은 러시아 신민의 권리와 의무란 표지 아래 개별적 규정을 두고 있다.

제27조에서는 러시아 시민권의 득실은 법률에 의한다고 했다.

---

30) Wikipedia, Fundamental rights in India; Indian Constitutional Law and Philosophy, https://indconlawphil.wordpress.com; Anil Kalhan et al, Colonial Continuities: Human Rights, Terrorism, and Security Law in India, *Columbia Journal of Asian Law*, Vol. 20, p. 93, 2006; Azgar Ali Mohammad, *Fundamental or Human Rights and Indian Constitution*.
31) The Russian Fundamental Law of 23 April 1906; Wikipedia, Russian Constitution of 1906.

제28조에서는 왕좌와 조국의 방어는 모든 러시아 신민의 신성한 의무라고 하고 남자 시민은 사회적 계급에 상관없이 법률이 정한 병역의 의무에 복한다.

제29조 러시아 신민은 법률이 정한 적법하게 정해진 조세와 부담금을 납부할 의무를 지며 또한 법률이 정한 다른 의무를 다할 의무를 진다.

제30조 누구나 법률이 정한 예외를 제외하고는 법의 침해를 이유로 한 소추를 받지 아니한다.

제31조 누구나 법률이 정한 경우를 제외하고는 조사를 위하여 구금될 수 없다.

제32조 누구도 현존하는 형법 하에서 범죄행위로 이러한 행위가 예비단계에서 인정되는 경우 이외에는 심판되거나 처벌되지 아니한다. 새로이 성립된 법률은 전래하는 형사범죄행위를 범죄리스트에서 제외할 수는 없다.

제33조 모든 개인의 주거는 불가침이다. 소유주의 동의 없이 주거에 침입하거나 수색하거나 몰수할 수 없다. 다만 합법적으로 제정된 법절차에 따라 수색과 몰수를 할 수 있다.

제34조 모든 러시아 신민은 주거의 장소와 직업을 자유롭게 선택할 자유권을 가지며 재산을 모으고 처분할 자유권을 가지며 어떤 방해 없이 해외를 자유롭게 여행할 권리를 가진다.

제35조 사적 재산권은 불가침이다. 부동산의 강제적 압수는, 단 국가의 이익과 공공의 이익을 위하여 요구되는 필요한 경우에만 정당하고 타당한 보상을 한 경우에만 허용된다.

제36조 러시아 신민은 법률에 반하지 않고 평화적이고 비무장으로 집회를 조직하는 권리를 가진다. 법률은 집회의 조건을 결정하고 집회의 종료를 결정하는 규칙과 집회장소를 제한할 수 있다.

제37조 법률에 의하여 지정된 제한 내에서 모든 사람은 자기의 사상을 구두로나 서면으로 표현하고 이러한 사상을 출판이나 다른 방법으로 전파할 수 있다.

제38조 러시아 신민은 법률에 위반되는 목적이 아닌 경우 회사와 노동조합을 조직할 권한을 가진다. 회사와 노동조합의 조건, 행동의 조건, 기간 및 법적 권리를 취득하는 규칙과 회사와 노동조합의 규모 등은 법률로써 정한다.

제39조 러시아 신민은 종교의 자유를 가진다. 종교의 자유의 향유조건은 법률로 정한다.

제40조 러시아에 살고 있는 외국인은 법률이 정한 제한 내에서 러시아 신민과 같은 권리를 누린다.

제41조 이 장에서 규정한 규칙의 예외로는 계엄이 선포된 지역과 특별법률에 의하여 결정된 예외적 조건이 있는 경우이다.

2) 기본권보장의 특색

이 러시아제국의 기본권규정은 프랑스제국과 독일제국 등의 기본권 규정들을 본받아 만들어진 것이다. 일본의 제국헌법보다는 좀 많은 권리를 보장하고 있다. 그런데 일본이나 다른 왕국에서와 같이 법률유보조항을 두어 법률로써 기본권을 제한하는 경우가 많기 때문에 기본권이 완전히 보장된다고는 볼 수 없다.[32]

2. 1918년 근로피착취인권선언

1) 성립

러시아제국은 10월 혁명으로 붕괴되고 새로운 정부가 수립되게 되었다.[33] 1918년에 들어 「노동하고 착취되고 있는 인민의 권리선언」이 국회에서 통과되고 그 뒤에 1918년의 러시아헌법이 채택되었다. 이 노동자의 인권선언은 레닌이 기초한 것으로 알려져 있으며 1918년 헌법의 한 장을 이루었다.[34]

2) 내용

〈근로하고 착취되는 인민의 권리선언(1918년 1월 3일)〉

제헌의회는 의결한다.

Ⅰ.

1. 러시아는 이로부터 노동자, 군인, 농민 대표자의 소비에트 공화국으로 선언된다. 모든 권력은 중앙적인 것이든 지방적인 것이든 이 소비에트로 귀속된다.
2. 러시아소비에트공화국은 소비에트 민족 공화국들의 연방으로서, 자유 국가들의 자유 연

---

32) J. Burbank, Rights of the Ruled: Legal Activism in imperial Russia, *Wisconsin International Law Journal* Vol. 29 No. 2 (2012), pp. 319-342; T. Borisova, Legislation as a Sources of Law in Late Imperial Russia, National Research University Higher School of Economics, Working papers Law 2012.
33) 러시아역사 다이제스트 100, 제정러시아의 붕괴.
34) "Declaration Of Rights Of The Working And Exploited People", https://www.marxists.org/archive/lenin/works/1918/jan/03.htm.

합의 원칙 위에 설립된다.

Ⅱ.

공화국의 기본 목적은 인간에 의한 인간에 대한 모든 착취를 철폐하고, 사회가 계급으로 분할하는 것을 완전히 철폐하고, 착취자들의 저항을 무자비하게 분쇄하고, 사회를 사회주의의 조직을 설립하고, 모든 나라들에서 사회주의의 승리를 성취하기 위하여 제헌의회는 다음을 결의한다.

1. 이로부터 토지의 사적소유는 철폐된다. 모든 토지는 모든 건물과 농기구와 기타의 농업 생산의 부속물들은 전체 노동 인민의 소유임을 선포된다.

2. 노동자의 통제와 최고경제위원회에 관한 소비에트 법률은 이로써 착취자를 지배하는 노동인민의 권력을 보장할 목적으로, 공장, 광산, 철도와 여타 생산 및 운송수단을 노동자와 농민의 국가의 자산으로 완전히 전환하기 위한 첫 단계로서 확인되었다.

3. 모든 은행을 노동자·농민의 국가의 자산으로 전환하는 것은 이로써 노동인민을 자본의 굴레로부터 해방하기 위한 조건의 하나로서 확인되었다.

4. 사회에 기생하는 부문을 척결할 목적으로 보편적인 노동징발이 이로써 제도화되었다.

5. 노동인민의 주권을 보장하고, 착취자의 권력 부활의 가능성을 전면 제거하기 위하여, 노동인민의 무장, 노동자·농민의 사회주의 붉은 군대의 창설과 유산계급의 완전한 무장해제를 이로써 선포한다.

Ⅲ.

1. 최고의 범죄전쟁 속에서 세계를 피로 물들여온 금융자본과 제국주의의 마수로부터 인류를 떼어내려는 공화국의 강고한 결정을 표현하기에, 제헌의회는 소비에트 권력의 추구 정책 — 비밀 조약을 무효화하고, 전쟁에서 노동자·농민의 군대와 최대의 형제애를 조직하고, 어떤 희생을 치르더라도 혁명적 수단에 의해 합병이나 배상금 없이 자유로운 민족자결에 기초하여 국가 간의 민주적 평화를 성취하고자 하는 정책 — 에 전적으로 동의한다.

2. 마찬가지 목적으로, 제헌의회는 부르주아 문명의 야만적 정책과의 완전한 단절을 주장한다. 그 정책은 아시아에서, 대개의 식민지에서, 작은 나라들에서 수천만의 노동인민을 노예화한 기반 위에서 소수의 선택된 나라들의 착취자의 번영을 이룩해왔다.

   제헌의회는 핀란드의 완전한 독립을 선포하고, 페르시아로부터 군대의 철수를 시작하고, 아르메니아의 자결의 자유를 선포한 인민위원평의회의 정책을 환영한다.

3. 제헌의회는 짜르정부와 지주와 부르주아가 맺은 대부계약을 취소한 소비에트법을 국제 은행가 금융자본에 대한 최초의 일격으로 간주하며, 소비에트 권력은 자본의 굴레에 대항하는 국제노동자의 봉기가 완전히 승리할 때까지 이러한 노선을 강고히 추구할 것이라는 확신을 표명한다.

Ⅳ.

제헌의회는 10월 혁명에 앞서서 구성된 정당 명부에 기초하여 선출되었기 때문에, 그때는 인민이 착취자에 하나로 떨쳐 일어날 위치에 있지 못했던 때였고, 자신들의 계급 특권을 방어하려는 자들의 저항의 총력을 아직 경험하지 못했고, 사회주의 사회 건설의 과제 실천에 아직은 총력을 쏟지 못했기에, 형식적으로나마 제헌의회를 소비에트 권력에 반대하는 것으로 위치시키는 것은 근본적으로 잘못된 것이라고 생각한다.

본질적으로 제헌의회는 인민이 착취자에 대한 최후의 싸움을 수행하는 지금, 어느 정부 부처에도 착취자들을 위한 자리는 없다고 생각한다. 권력은 완전히 전적으로 노동인민과 그들이 권위를 부여한 노동자, 군인, 농민 대표자 소비에트의 대표자들에게 부여돼야만 한다.

소비에트 권력과 인민위원평의회의 명령을 지지하기 때문에 제헌의회는 사회주의 사회 건설의 근본원칙을 세우는 것을 제헌의회의 특정된 과제로 생각한다.

동시에, 진정 자유롭고 자발적이며, 따라서 더욱 강고하고 안정된 러시아 제 민족의 노동인민의 연합을 창설하기 위해 노력하면서, 제헌의회는 러시아 소비에트 공화국 연합의 근본원칙을 세우는 것을 그 과제로 한정하며, 인민들이 연방정부이든 또 다른 연방소비에트 기구이든 그 어떤 것이든지에 참여하기를 원하든지 간에 자신들의 권위 있는 소비에트 의회에서 독립적으로 결정할 것을 각 민족의 노동자와 농민의 결정사안으로 남긴다.

3) 특징

이 인권선언은 노동자, 농민 등 프롤레타리아의 투쟁을 선언한 것으로 프롤레타리아의 독재를 실현하기 위한 강령이다. 이는 소비에트러시아 시대의 것이나 2000년대에 와서는 체제전환하게 되었다.

3. 1918년 최초의 공산주의 헌법

1) 노동자인권선언의 특색

1918년 7월 헌법에서는 그 제1편에서 전년에 채택한 근로하고 착취되어 있는 인민의 권리선언을 그대로 규정하고 있다. 이 선언은 개인의 인권보장을 목적으로 한 것이 아니고 프롤레타리아가 독재하기 위한 계급전쟁을 위한 투쟁선언이라고 할 수 있다.

여기에서도 토지와 임야 등의 사소유를 폐지하고 토지는 일하는 인민의 권리를 규정하고 있다. 은행도 노동자, 농민의 소유로 전환된다. 또 직업의 선택의 자유가 아니고 완전고용이 규정되고 민족자결권을 규정하고 부르주아 문명의 완전한 파괴, 국제적 금융업, 재정자본들을 파괴하고 사회주의적 사회의 건설, 노동조합의 결성 등을 규정하고 있는데 재산권의 집단적 소유 이외의 권리에 관해서는 규정하지 않았다. 이것은 1936년 헌법의 기본권 장에서 바꾸고 있다.[35]

이때까지의(1918년 헌법까지) 헌법규정은 현대적 의미의 기본권의 보장을 하지 않았다. 그것이 1936년 헌법의 제10장에서 비로소 근로의 권리, 휴식권, 노인의 권리, 교육의 권리, 여성의 평등권, 평등권, 신앙의 자유, 언론·출판의 자유, 신체의 자유, 시위의 자유 등이 보장되게 되었다.

2) 선거권과 생존권

(1) 선거권

제4편에서는 선거권에 관해서 규정하고 있다. 즉 18세 이상의 러시아소비에트공화국의 시민은 성별이나 종교나 국적, 주소 등에 관계없이 선거권을 가진다(제13장). 다만 생계유지할 수 있는 직업을 가진 사람만이 투표권을 행사할 수 있었다(제64조). 또 선거권과 피선거권의 결격사유를 규정하였다(제65조).

(2) 노동의 권리·의무

헌법 제18조에서는 러시아사회주의연방공화국은 노동은 모든 시민의 도덕으로 인정하며 일하지 않는 자는 먹지 말라는 모토를 선언하고 있다.

(3) 국방의 의무

모든 국민은 국민개병의 원칙에 따라 국방의 의무를 지며 병역에 종사할 의무를 진다(제19조).

(4) 정치적 권리

러시아 시민에게는 정치적 권리를 행사할 권리를 가진다(제20조).

(5) 평등권

모든 시민은 종족적, 시민적 차별 없이 누구나 모도 평등권을 가진다.

---

35) Le Fevre, *Constitutional Government Today in Soviet Russia*, New York, 1962, pp. 59-68; 러시아의 인권선언에 관해서는 藤田 勇, ロシア革命と基本的 人權, 東京大學編, 「基本的人權 3」, pp. 301-354; 長谷川, 稻子, ソヴェト同盟の基本的 人權, 「比較法」 5권; 宮澤俊義, 「憲法 II」; 針生誠吉, 人權保障における近代立憲主義型—その原理的試論, 「基本的 人權 1」; 韓雄吉, 自由, 共産陣營國家의 基本的人權制度(上·下), 「새 法政」 1972년 6·7월호.

3) 평가

이 헌법은 최초의 공산주의헌법으로 마르크스·레닌의 사상에 근거한 프롤레타리아 독재 헌법이다. 이것은 프롤레타리아 독재로 가는 과도기적 헌법이라고 보고 있다. 아직도 공산당의 조직이 견고하지 않을 때라 적군(赤軍)의 역할을 강조하고 노동자와 농민이 이에 적극적으로 참가하도록 하였다.

최고 전 러시아소비에트회의였는데 새로이 최고회의에 권력을 집중하는 권력집중주의의 국가를 탄생시켰다. 헌법의 규정도 서방도 같은 것이 있더라도 이는 완전히 다른 의미를 가진 것이며 기본권도 법령과 규율로써 제한할 수 있었다.[36]

4. 1924년 소비에트 헌법

1) 성립

1912년에는 러시아소비에트공화국과 우크라이나공화국 백러시아공화국과 트란스코카서스공화국이 조약을 체결하여 소비에트사회주의공화국연합(Union of Soviet Socialist Republic)을 창설하였다. 1924년 소비에트헌법은 이 조약을 추인하는 것이었다. 원래 조약은 26개조였으나 헌법은 72개조로 확장되었으며 11장으로 나누어 있었다. 소련연방헌법은 1924년 1월 31일 소련연방소비에트 제2차 회의에서 비준되었다.[37]

2) 내용

이 헌법은 2부로 구성되어 있다. 제1부는 선언이고 제2부는 연합조약이다.[38] 제1부 선언에서는 세계가 자본주의 캠프와 사회주의 캠프로 나누어져 있는데 소비에트공화국의 기초는 사회주의임을 선언하고 있다. 자본주의를 비난하면서 사회주의의 장점을 들고 있다. 그리하여 자본주의 국가들을 타도하고 사회주의 국가를 많이 만들어 이들이 전부 소비에트

---

36) Wikipedia, Constitution of the Soviet Union; Wikipedia, Constitution of the R.S.F.S.R.; Wikipedia, Russian Constitution of 1918.
37) Kelly Buchanan, Treaty on the Creation of the Soviet Union −Signed, Sealed, and Delivered?, January 8, 2013; The constitution pf Union of Socialist Soviet Republics, Washington D. C., 2014.
38) USSR Constitution of 1924: aim is World Soviet Federation, 2014; Joan of Mark, Summary, Comparison, and Analysis of Russian Constitutions of 1918, 1924, and 1936; Wikipedia, 1924 Soviet Constitution.

연방에 통일하기를 기대하고 있다(union of all countries in one world-wide Socialist Soviet Republic).

제2부에서는 조약 체결 국가의 지위와 소비에트공화국의 국가구조에 관해서 규정하고 있다. 여기에는 시민의 권리에 관해서는 규정하기 있지 않기에 설명을 생략하기로 한다.

5. 1936년 스탈린 헌법의 기본권

1) 성립

러시아소비에트연합의 최고소비에트는 1936년 12월 5일에 소비에트연합의 헌법을 채택하였다. 이 헌법은 스탈린의 영향 하에 만들어진 것이기 때문에 스탈린헌법이라고 불리어지고 있다. 여기서는 공산당의 지위를 높이고 최고회의에의 권력집중을 규정하고 있는데 연합 가맹국가를 많이 늘린 것이 특색이고 앞으로도 소비에트공화국을 만들어 소비에트연합을 확대하겠다는 뜻을 담고 있다.

2) 특색

스탈린은 이 헌법을 「세계에서 가장 민주적인 헌법」이라고 칭송하였는데 외형적으로 보면 자본주의적 모델인 의회주의를 채택하고 있는 것처럼 보인다. 그러나 혁명의 주체였던 볼세비키 지도자를 몰살하고 몇 백만의 노동자를 징용하여 시베리아로 보내어 노예노동에 동원하였다. 선거제도를 두기는 했으나 단일후보만 인정하여 관료들이 만든 투표지에 찬반투표를 하는데 그쳤다. 또 공산당 일당독재를 유지하였다. 공산당의 헌법상 규정을 두어 노동자 조직의 전위로서 사회주의 체제의 강화와 발전을 위한 투쟁기구로 인정하고 있다. 소비에트 독재를 규정하면서 양원제를 채택하였다.[39]

3) 기본권 규정

기본권에 관하여 특별한 장을 두어 생존권과 자유권을 규정하고 있다. 이는 근로하고

---

39) Joan of Mark, Summary, Comparison, and Analysis of Russian Constitutions of 1918, 1924, and 1936; What were the main features of the Soviet Constitutions of 1936: A-Level-History; Ted Grant, Meaning of Russia's new Constitution, 1962; Wikipedia, Soviet Constitutions of 1936; Supreme Soviet of USSR The Constitution of the Union of Soviet Socialist Republics, 1936. J. Qian "A Research on 1936 Soviet Constitution under Joseph Stalin," *The Macalester Review* Vol. 2, Issue 1 (Fall 2011), pp. 1-15.

착취되어 있는 인민의 권리선언과는 달리 인권에 관한 것을 두고 있기에 이를 보기로 한다.

제10장 시민의 기본적 인권과 의무

제118조 소연방의 시민은 근로의 권리, 즉 그의 양과 질에 따르는 노동에 대응하는 고용과 보수의 권리가 보장된다. 근로의 권리는 국민경제의 사회주의적 조직, 소비에트 사회의 생산력의 항상적인 발전, 경제위기의 가능성의 배제 및 실업 해소에 의하여 이를 보장한다.

제119조 소연방의 시민은 휴식과 휴가의 권리를 가진다. 휴식과 휴가의 권리는 노동자의 절대다수에게 하루 7시간 노동으로 시간을 단축하고 노동자와 피용자에게 완전한 봉급을 받는 연간 휴가제도를 도입하고 노동하는 인민을 위한 축소로서 요양소와 휴식처와 클럽의 광범한 네트워크의 보급규정을 통하여 보장한다.

제120조 소연방 시민은 노령시와 질병 및 노동력 상실의 경우 물질적 보호를 받을 권리를 가진다. 이 권리는 노동자와 피고용자의 국가비용으로 사회보험의 광범한 발전과 노동하는 인민의 무상의료서비스 및 노동하는 인민이 사용할 광범한 네트워크의 건강요양소를 제공함으로써 이를 보장한다.

제121조 소연방의 시민은 교육을 받을 권리를 가진다. 이 권리는 기초교육의 보통의무교육과 고등교육을 포함한 교육에 있어서 무상으로 하며 대학과 전문대학 학생의 대다수에게 국가적 장학금 체계와 모국어에 의한 학교수업 공장 국영농장과 트랙터 주차장 집단농장에서 노동하는 인민에게 무상으로 직업교육과 기술교육과 농업훈련을 통하여 이를 보장한다.

제122조 소연방의 여성은 경제, 국가, 문화, 사회, 정치적 생활의 모든 영역에서 남성과 같은 권리를 부여받는다. 여성에게 이러한 권리행사의 가능성은 노동에 있어서 남성과 같은 권리를 부여함으로써 동일노동의 동일임금 휴식과 휴가 사회보장과 교육의 동권에 의하여 모성과 아동의 국가적 보호와 완전한 임금을 받는 출산 전 출산 휴가에 의하여 광범하게 행해지는 산후조리원, 간호소, 유치원의 네트워크에 의해서 보장된다.

제123조 소연방 시민의 권리의 평등은 국적, 인종을 불문하고 경제적 국가적 문화적 사회적 생활의 모든 영역에서 보장되는 것은 불변의 법이다. 어떤 직접적인 또는 간접적인 평등권의 침해 또는 반대로 시민을 인종이나 국적에 따라서 직접적이나 간접적인 특권의 창설, 인정족 국민적 배타성이나 증오와 모욕의 창도는 법률에 의하여 처

벌된다.

제124조 시민의 신앙의 자유를 확보하기 위하여 소연방의 교회는 국가에서 분리되며 학교는 교회에서 분리된다. 종교적 예배의 자유와 반종교적 선동의 자유는 모든 시민에게 인정된다.

제125조 노동하는 인민의 이익에 적합하고 사회주의 체제를 강화하기 위하여 소연방 시민에게는 법률에 의하여 다음의 자유를 보장한다.

  a. 언론의 자유

  b. 출판의 자유

  c. 집회의 대중집회의 개최를 포함한 자유

  d. 시가행진과 시위의 자유

이 시민적 자유는 노동하는 인민에게는 근로시간의 처분과 장소제공에 의하여 그 조직에게는 인쇄기와 종이, 공공건물과 거리, 통신수단과 이 권리를 행사하기 위하여 필요한 다른 물질적 필요품을 제공함으로써 보장한다.

제126조 근로하는 인민의 이익에 적합하게 시민 대중의 조직 이니시어티브와 정치적 활성화를 위하여 소비에트연방의 시민에게는 공공조직을 경성하는 권리를 보장한다. 이 조직에는 노동조합, 협동조합, 청년조직, 운동경기와 자위수단단련 조직, 문화적, 기술적 및 과학적 단체가 포함된다. 또 가장 활동적이고 정치적으로 가장 의식이 높은 시민은 노동계급의 위계나 노동하는 시민조직 부서에 따라 소연방의 공산당(볼세비키)에 가입할 수 있다. 공산당은 사회주의체제의 강화와 발전을 위한 투쟁에서 근고하는 시민의 전위이며 근로하는 시민의 공적이나 국가적인 모든 조직의 지도적 핵심이다.

제127조 소연방 시민의 신체의 불가침은 보장된다. 누구도 법원의 결정에 의하거나 검사의 제재에 의하지 아니하고는 체포 구속할 수 없다.

제128조 시민의 가옥은 불가침이며 신서통신의 비밀은 법률에 의하여 보장된다.

제129조 소연방은 근로인민의 이익을 위하거나 과학적 활동에 의하거나 민족해방을 위한 투쟁 때문에 박해받는 외국시민에 대하여는 망명권을 준다.

제130조 소연방의 모든 시민은 소비에트사회주의공화국의 헌법에 따라 법률을 존중하고 노동규율을 준수하며 공적의무를 수행하는데 정직하고 사회주의적 교재의 규칙을 존중할 의무를 진다.

제131조 소연방의 모든 시민은 소비체제의 성스럽고 침해할 수 없는 근거로서의 강화

할 의무를 진다. 공적 사회주의적 재산을 보전하고 강화하며 부의 원천으로서 나라의 힘으로서 모든 근로인민의 번영과 문화의 근거로서의 공적 사회주의적 재산을 침해하는 자는 인민의 적이다.

제132조 보편적 군 병역의무는 법이다. 노동자와 농민의 적군(赤軍)의 군 병역은 소연방 시민의 명예로운 의무이다.

제132조 조국을 방어하는 것은 모든 소연방 시민의 성스러운 의무이다. 니라에 대한 반역 즉 충성선서위반, 적에의 여적(與敵)행위, 국가의 군사력을 훼손하거나 간첩행위는 범죄 중에서도 가장 죄질이 나쁜 것으로 법에 따라 엄중한 처벌을 받게 된다.

제11장 선거제도

제135조 18세 이상의 소연방의 모든 시민은 종족과 국적, 종교, 교육과 거주요건, 사회적 출신, 재산상태, 과거의 행정에 관계 없이 대의원을 선거하고 선거될 권리를 가진다.

제136조 대의원의 선거는 평등하다. … 모든 시민은 한 표를 가지며 평등한 입지에서 선거에 참여할 수 있다.

제137조 여성은 남성과 동등한 자격으로 선거권과 피선거권을 가진다.

제138조 적국에 종사하는 시민도 모든 다른 시민과 같은 자격으로 선거권과 피선거권을 가진다.

4) 기본권보장의 특색

기본권의 조문만 보면 서방헌법과 별 차이가 없는 것으로 보이나 이것은 현격한 차이가 있다. 1936년 소련 헌법은 기본권보장에 있어서 법률의 유보조항을 많이 두었고 법률에 의하여 제한할 수 있는 근거를 많이 두고 있다. 또 자유권도 자연적 자유를 보장하는 것이 아니고 집회의 자유 등도 집회도구의 보장 등 물질적 보장을 강조하고 있다 첫째로는 헌법 제135조에서 헌법과 법률 준수의 의무를 강조했을 뿐만 아니라 노동기율의 유지, 공적 의무의 정직한 수행, 사회주의적 교제의 규칙 존중을 규정하여 사실상 표현의 자유를 제한하고 있다.

둘째로는 생존권적 기본권을 물질적으로 보장하기 위하여 경제제도의 발전 등을 규정하고 있으나 소연방은 경제공황으로 분리된 것을 볼 때 그림의 떡임을 알 수 있다.[40]

---

40) Le Fevre, *Constitutional Government Today in Soviet Russia*, New York, 1962, pp. 59-68; D. Mannheimer, "Comparing the American and Russian Constitution," *Alaska Justice Forum* 24(4), University of Alaska Anchorage, 2008, pp. 8-12; J. Qian "A Research on 1936 Soviet Constitution under Joseph Stalin," *The Macalester Review* Vol. 2, Issue 1 (Fall 2011), pp. 1-15.

　　조문상으로 보면 소련헌법도 미국 헌법과 비슷한 규정을 두고 있음을 볼 수 있으나 체제의 차이나 운용의 차이가 너무 크기 때문에 이를 동열에 두고 논할 수는 없을 것이다.

　　이러한 소련의 헛구호는 고르바초프 이후의 러시아 연방헌법에 와서 많이 개선되었다. 이 헌법에 관해서는 다음에 보기로 한다.

제2편

현대헌법의 인권 규정

제1장

아시아 현대헌법의 인권 규정

제1절 일본국 헌법의 인권 규정

1. 성립

일본은 명치유신을 통하여 서양의 문명을 받아들이기 시작하였고 입헌군주국가의 헌법인 명치헌법을 동양에서 최초로 제정한 것은 앞에서 보아왔다.

그런데 이 명치헌법의 기본권규정은 전제군주국가의 헌법으로서 법률에 의하여 인정되는 실정권으로 규정했고 법률에 의하여 얼마든지 제한할 수 있는 체제였다. 그 결과 중국과 전쟁을 시작했고 급기야는 소위 태평양전쟁을 일으켜 일본 신민뿐만 아니라 동남아 인민들과 미국 등의 국민을 괴롭혔었다.

일본이 제2차 세계대전에 패전하여 미국의 점령 하에 들어갔다. 맥아더 사령관은 일본의 민주화를 위하여 새 일본헌법을 만들게 하여 점령사령관 총본부의 군인들을 동원하여 헌법안을 만들게 하였다. 이들은 미국 헌법을 모범으로 하여 민주화헌법 초안을 만들었다.

이 총사령부 안이 일본정부에 의하여 받아들여져 일본의회를 통과하여 1946년 11월 3일에 공포되었다. 그리하여 일본은 세계인권선언을 참조하여 인권을 천부인권으로 보장한 점에 특색이 있다.[1]

---

1) Japan After World War Ⅱ: *Hardships, Macarthur The American Occupation and Reforms*; M. Jansen, *The Making of Modern Japan*, 2002; 日本國 憲法改正初案; S. Matsui, *The Constitution of Japan A Constitution of Japan A contextual Analysis*, Oxford 2011.

2. 일본국 헌법의 기본권 규정과 명치헌법의 기본권 규정과의 차이

일본국 헌법은 명치헌법과는 달리 ① 기본권의 전국가성을 강조하고 있고, ② 입법권에 대한 제약을 강조하고 있고, ③ 보장범위를 확대하였으며, ④ 보장의 예외를 부인하는 등 획기적인 발전을 보였다.

일본국 헌법은 「국민에게 보장되는 기본적 인권은 침해할 수 없는 영구의 권리로서 현재 및 장래의 국민에게 부여된다」(제11조)라고 하고 있다. 또 「이 헌법이 일본국민에 보장하는 기본적 인권은 인류의 다년에 걸친 자유획득의 노력의 성장이며, 이들 권리는 과거 수많은 시련을 이겨내고 현재 및 장래의 국민에 대하여 침범할 수 없는 영구의 권리로서 신탁된 것이다」(제97조)라고 하고 있다. 이 선언은 천부인권성·자연권성을 강조한 것이라고 하겠다.[2]

또 명치헌법에서는 군인에 대해서는 기본권규정보다도 육해군의 법령 또는 기율이 우선한다고 보았고, 기본권 규정은 「전시 또는 국가사변의 경우에 있어서 천황대권의 시행을 방해하지 않는다」고 하여 천황의 대권에 의하여 기본권에 특례를 인정하고 있었고, 계엄제도를 인정하여 계엄이 선포된 경우에 인권선언의 보장이 다소 제한될 수 있도록 하였으며, 긴급칙령제도를 인정하여 국민의 기본권을 법률이 아닌 천황의 칙령으로 제한할 수 있도록 하였다. 그러나 일본국 헌법은 이들 예외를 완전히 없애어 기본권보장에 철저를 기하고 있다.

3. 기본권 규정

1946년 11월 3일 공포된 일본국 헌법은 제3장에서 국민의 권리 및 의무를 규정하고 있다. 이 규정들은 비교적 상세하게 기본권을 보장하고 있는데 특색이 있다.

일본국 헌법의 기본권은 이를 여러 가지로 구분할 수 있으나 小林直樹 교수는 다음과 같이 구분하고 있다.[3]

---

2) 일본국 헌법에 대해서는 日本國憲法と日本帝國憲法條文比較; The Ministry of Foreign Affairs of Japan. *Civil Rights and Freedoms*, Prime Minister of Japan and his Cabinet, The Constitution of Japan, *Birth of the Constitution of Japan, Document with Commentaries*; 宮澤俊義, 「憲法 Ⅱ」, 尾高朝雄教授追悼論文集, 自由の法理, 昭和 38년; 戒能通孝, 自由と權利の法構造, 昭和 40년; 鈴木安藏, 「基本的 人權」, 昭和 26년; 기타 憲法教科書 참조.
3) 小林直樹, 「憲法講義」 (上).

Ⅰ. 기본권의 제한

　① 개인존중의 원칙

　② 법 하의 평등

Ⅱ. 개인적 기본권

　① 인신(또는 신체의 자유에 관한 것)

　a. 법의 정당절차의 보장　b. 부당한 체포 등에서의 자유　c. 노예적 구속 및 고역에서의 자유　d. 고문·잔학형의 금지

　② 정신의 자유에 관한 것

　a. 사상·양심·신교 등의 자유　b. 언론·출판의 자유 c. 집회·결사의 자유

Ⅲ. 사회적 기본권

　① 경제·사회적 기본권

　　a. 재산(소유)권　b. 거주·이전·직업선택의 자유

　② 생존권적 기본권

　　a. 협의의 생존권　b. 근로(또는 노동)의 권리　c. 근로(노동)자의 권리　d. 근로(노동)자의 단결권　e. 교육에 관한 권리　f. 가정생활에 관한 권리

Ⅳ. 참정권 및 청구권적 기본권

　① 능동적 관계에 있어서의 제권리

　a. 참정권 또는 공무원의 선정임명권　b. 청원권　c. 재판을 받을 권리

　② 청구권적 제권리

　a. 배상청구권　b. 형사보상청구권

4. 기본의무 규정

이와 같이 일본국 헌법의 기본권 규정은 상세하고 포괄적인 것이 특색이다. 그런데 일본헌법은 상기한 프랑스 헌법이나 서독헌법과는 달리 기본의무도 규정하고 있다. 기본의무로서는 ① 자녀에게 보통교육을 받게 할 의무(제26조 2항), ② 근로의 의무(제27조) 및 ③ 납세의 의무(제30조)를 규정하고, ④ 헌법이 국민에게 보장할 의무 및 부단의 노력으로서 이를 보지할 의무 및 이들을 항상 공공의 복지를 위하여 이용할 책임을 부과하고 있다.

참고로 일본헌법의 기본권조항의 번역문을 보면 다음과 같다.

제3장 국민의 권리 및 의무

제10조 일본 국민이 되는 요건은, 법률로 정한다.

제11조 국민은, 모든 기본적 인권의 향유를 방해받지 않는다. 이 헌법이 국민에게 보장하는 기본적 인권은, 침범할 수 없는 영구의 권리로서, 현재 및 장래의 국민에게 부여된다.

제12조 이 헌법이 국민에게 보장하는 자유 및 권리는 국민의 부단한 노력에 의하여 보유하지 않으면 안 된다. 또한 국민은 이것을 남용해서는 안되며, 항상 공공의 복지를 위해서 이것을 이용하는 책임을 갖는다.

제13조 모든 국민은, 개인으로서 존중된다. 생명, 자유 및 행복 추구에 대한 국민의 권리에 관해서는, 공공의 복지에 반하지 않는 한, 입법 기타의 국정의 위에서, 최대한 존중된다.

제14조 ① 모든 국민은 법 아래 평등하며, 인종, 신조, 성별, 사회적 신분 내지는 문벌에 의해, 정치적, 경제적 또는 사회적 관계에 있어서 차별되지 않는다.

② 화족 기타 귀족의 제도는, 이것을 인정하지 않는다.

③ 영예, 훈장 기타의 영전의 수여는, 어떠한 특권도 수반되지 않는다. 영전의 수여는, 현재 이것을 가지고 있거나, 또는 장래 이것을 받는 자 일대에 한하여 그 효력을 갖는다.

제15조 ① 공무원을 선정하고, 파면하는 것은 국민 고유의 권리다.

② 모든 공무원은 전체의 봉사자이지, 일부의 봉사자가 아니다.

③ 공무원의 선거에 대해서는, 성년자에 의한 보통 선거를 보장한다.

④ 모든 선거에 있어서 투표의 비밀은 침범돼서는 안 된다. 선거인은, 그 선택에 관한 공적 사적 책임을 지지 않는다.

제16조 누구도 손해의 구제, 공무원의 파면, 법률, 명령 또는 규칙의 제정, 폐지 또는 개정 기타의 사항에 관계되고, 평온하게 청원할 권리를 갖는다. 누구도 이러한 청원을 함에 있어 차별 대우를 받지 않는다.

제17조 누구도, 공무원의 불법 행위에 의해 손해를 받았을 때는, 법률의 정한 바에 따라 국가 또는 공공단체에 그 배상을 요구할 수 있다.

제18조 누구도 어떠한 노예적 구속을 받지 않는다. 또 범죄로 인한 처벌의 경우를 제외하고는, 그 뜻에 반한 고역에 종사하지 않는다.

제19조 사상 및 양심의 자유는, 이것을 침범해서는 안 된다.

제20조 ① 신앙의 자유는, 누구나 이것을 보장한다. 어떠한 종교 단체도, 국가로부터 특권을 받거나, 정치상의 권력을 행사해서는 안 된다.

② 누구도, 종교상의 행위, 축전, 의식 또는 행사에 참가하는 것을 강제받지 않는다.

③ 국가 및 어떤 국가 기관도, 종교 교육 기타 어떠한 종교적 활동도 할 수 없다.

제21조 ① 집회, 결사 및 언론, 출판 기타 일체의 표현의 자유는 이것을 보장한다.

② 검열을 해서는 안 된다. 통신의 비밀을 침범해서는 안 된다.

제22조 ① 누구도, 공공의 복지에 반하지 않는 한, 거주, 이전 및 직업 선택의 자유를 갖는다.

② 누구도, 외국에 이주하고, 또는 국적을 이탈하는 자유를 침범받지 않는다.

제23조 학문의 자유는 보장한다.

제24조 ① 혼인은, 양성의 합의에 기초하여 성립하고, 부부가 동등의 권리를 갖는 것을 기본으로 하여 상호 협력에 의해 유지되지 않으면 안 된다.

② 배우자의 선택, 재산권, 상속, 주거의 선정, 이혼 및 혼인 및 가족에 관한 기타 사항에 관해서, 법률은 개인의 존엄과 양성의 본질적 평등에 입각해 제정되지 않으면 안 된다.

제25조 ① 모든 국민은, 건강하고 문화적인 최저한도의 생활을 영위할 권리를 갖는다.

② 국가는, 모든 생활 국면에 대해서, 사회 복지, 사회 보장 및 공중위생의 향상 및 증진에 노력하지 않으면 안 된다.

제26조 ① 모든 국민은, 법률의 정하는 바에 따라 능력에 응해, 교육을 받을 권리를 가진다.

② 모든 국민은, 법률의 정하는 바에 따라 보호하는 자녀에게 보통 교육을 받게 할 의무를 갖는다. 의무 교육은, 이것을 무상으로 한다.

제27조 ① 모든 국민은 근로의 권리를 가지며 의무를 진다.

② 임금, 취업 시간, 휴식 기타의 근로 조건에 관한 기준은, 법률로 정한다.

③ 아동은 혹사당하지 않는다.

제28조 근로자가 단결하는 권리 및 단체 교섭 기타의 단체 행동을 할 권리는, 이것을 보장한다.

제29조 ① 재산권을 침범해서는 안 된다.

② 재산권의 내용은, 공공의 복지에 적합하게 법률로 정한다.

③ 사유 재산은, 정당한 보상 아래, 공공을 위해서 이용할 수 있다.

제30조 국민은 법률이 정하는 바에 따라 납세의 의무를 갖는다.

제31조 누구도 법률이 정하는 절차에 의하지 않고는 그 생명 내지는 자유를 침해받지 않으며 또한 기타의 형벌을 부과받지 않는다.

제32조 누구도 재판소에서 재판을 받을 권리를 빼앗기지 않는다.

제33조 누구도, 현행범으로서 체포되는 경우를 없애고는, 권한을 가진 사법 관헌이 발행하고, 이유와 범죄를 명시한 영장에 의하지 않으면 체포되지 않는다.

제34조 누구도 이유를 직접 통고받지 않고, 직접 변호인에게 의뢰할 권리를 갖지 않는 한, 억류 또는 구금되지 않는다. 또, 누구도 정당한 이유가 없이 구금되지 않으며, 이유가 있으면, 그 이유를 즉시 본인 또는 그 변호인이 출석하는 공개의 법정에서 제시하지 않으면 안 된다.

제35조 ① 누구도, 그의 주거, 서류 및 소지품에 대해서 침입, 수색 및 압수를 받지 않을 권리는, 제33조의 경우를 제외하고는, 정당한 이유에 기초하여 발행되고 동시에 수색하

는 장소 및 압수하는 물건을 명시한 영장이 없으면 침범받지 않는다.

② 수색 또는 압수는, 권한을 가지는 사법 관헌이 발행하는 별도의 영장에 의해 집행한다.

제36조 공무원에 의한 고문 및 잔학한 형벌은 절대로 금지한다.

제37조 ① 모든 형사 사건에 있어서 피고인은 공평한 재판소의 신속하고 공개 재판을 받을 권리를 갖는다.

② 형사 피고인은 모든 증인에 대해 심문할 충분한 기회를 갖고, 또한 공비로 자기를 위해 강제적 방법으로라도 증인을 구할 수 있는 권리를 갖는다.

③ 형사 피고인은 여하한 경우에도 자격을 갖춘 변호사를 의뢰할 수 있다. 피고인 스스로 의뢰할 수 없을 경우에는 국가에서 의뢰한다.

제38조 ① 누구도 자신에게 불리한 공술을 강요받지 않는다.

② 강제, 고문 또는 협박에 의한 자백 내지는 부당하게 장기 억류 또는 구금에 의한 자백은 그것을 증거로 채택할 수 없다.

③ 누구도, 자기에게 불이익인 유일한 증거가 본인의 자백일 경우에는, 유죄를 받거나 형벌을 부과받지 않는다.

제39조 누구도, 실행시 적법한 행위 또는 이미 무죄로 여겨진 행위에 대해서는, 형사상의 책임을 지지 않는다. 동일의 범죄에 대해서, 거듭 형사상 책임을 지지 않는다.

제40조 누구도 억류 또는 구금된 뒤, 무죄의 판결을 받았을 때는, 법률이 정하는 바에 따라 국가에 그 보상을 요구할 수 있다.

5. 일본 헌법의 기본권조항과 국제인권장전

일본헌법의 기본권규정은 미국헌법의 기본권규정을 거의 그대로 반영했다고도 할 수 있다. 그것은 원안이 SCAP(Supreme Commander for Allied Powers) 소속 군인에 의하여 기초되었기 때문이다.[4] 미국헌법은 오래된 것이기 때문에 시민의 권리와 자유를 중시한데 대하여 일본에서는 생존권(사회복지권)을 추가한 것이 특색이다. 이것은 유엔의 세계인권선언이 효력을 발생하기 이전이기 때문에 특기할 만하다. 이것은 독일의 바이마르헌법에 영향 받은 것이라 하겠다.

---

4) K. Port, "The japanese International Law Revolution: International Human Rights Law and its Its Impact in Japan," *Stanford Journal of International Law* 139. (1991), pp. 138–172 esp pp. 148–152; National Diet Library, *Main Issue Topic 3 Guarantees for Fundamental Human Rights, Birth of the Constitution of Japan*(http://www.ndl.go.jp/constitution/e/ronten).

제2절 한국 헌법의 기본권 규정

1. 한국 헌법의 역사

1) 1948년 헌법의 성립

미군정 하에서 유엔의 감시하에 5·10 선거를 실시하여 5·30 국회가 구성되었고 여기서 헌법기초위원을 선출하여 국회본회의에 상정하여 7·12 국회를 통과하였다. 이 헌법은 제헌헌법 또는 제1공화국헌법이라고 한다. 그 뒤 이승만 박사의 직선을 위한 개헌과 3선을 위한 개헌 등이 행하여져 이승만 대통령의 연임이 행해졌다.

2) 1960년 헌법의 성립

1960년 3월 15일 대통령 선거가 부정선거라고 하여 학생이 저항하여 4·19 혁명이 성공하여 국회에서 의원내각제 헌법을 개정하였다. 이를 제2공화국 헌법이라고 한다. 이 헌법은 1961년 5·16 쿠데타에 의하여 효력이 상실되었다.

3) 1962년 헌법의 성립

5·16 군사 쿠데타에 성공한 군부는 1962년에 민정복귀를 위한 헌법을 개정하기로 하여 1962년에 헌법개정안을 작성하여 12월 6일 최고회의의 의결을 거쳐 12월 17일 국민투표에서 확정되었다. 이 헌법은 제3공화국헌법이라고도 하며 한국식 대통령제를 도입하였다. 1969년 10월 21일에는 3선 개선을 하였다.

4) 1972년 헌법의 성립

이 헌법은 박 대통령의 4선을 가능하게 하기 위한 것으로 대통령을 통일주체국민회의에서 선출하는 간선제와 대통령의 독재를 규정한 헌법으로 유신헌법 또는 제4공화국헌법이라고 하며 북한의 사회주의 헌법과 같은 날 효력을 발생하였다. 이 시기는 대통령이 긴급조차로 통치하던 시기로 전형적인 신대통령제 또는 독재제대통령제 헌법이었다. 이 헌법은 박 대통령의 사망과 함께 폐지가 논의되었고 새 헌법의 제정 후에 대체되었다.

5) 1980년 헌법의 성립

박 대통령의 사망 후 다시 5·17 계엄 확대하여 새로운 군부가 등장하였다. 신군부는 신

헌법을 제정하기로 하고 요강적성소위원회를 두어 요강안을 작성하고 헌법개정심의위원회
가 열려 여기서 9월 9일에 헌법안을 확정하였다. 이것이 9월 26일 국무회의에서 정부안으로
확정되었다. 10월 22일에 국민투표에 회부하여 국민투표에서 확정되었다. 이것을 제5공화국
헌법 또는 제8차 헌법개정이라고 한다.

6) 1987년 헌법의 제정

전두환 대통령이 의원내각제로 개헌하기로 하였으나 대통령 간선제라고 하여 시민들이
반대하여 대통령 직선제로 헌법을 개정하기로 합의하여 국회에서 헌법개정안을 작성하고 심
의하여 국회안이 9월 18일 국회를 통과하였다. 이 안은 국민투표에 회부되어 10월 27일 국
민투표에서 확정되었고 10월 29일에 공포·시행되었다. 이 개정은 제6공화국헌법이라고도
하며 제9차 헌법개정이라고 한다. 이 헌법은 2017년 현재까지 효력을 가지고 있으며 2017년
들어 새 헌법개정이 논의되고 있다.[5]

2. 1948년 헌법의 기본권보장 조항

1) 특색

제헌헌법은 최초로 기본권을 헌법에서 보장한 점에 특색이 있다. 그러나 이 기본권규정
은 일본제국헌법과 바이마르헌법의 규정을 본받아 기본권을 천부인권으로 보지 아니하고 실
정헌법상의 권리로 보고 있으며, 각 기본권에는 법률의 유보조항을 두어 법률에 의하면 기본
권을 제약할 수 있는 체제를 갖추고 있었다.[6]

2) 내용

기본권규정의 내용을 보면 다음과 같다. ① 법 앞의 평등, ② 신체의 자유, ③ 거주·이
전의 자유, ④ 통신의 비밀, ⑤ 신앙과 양심의 자유, ⑥ 언론·출판·집회·결사의 자유, ⑦ 학

---

5) 헌법개정의 역사에 대해서는 김철수, 「헌법개정, 과거와 미래」, 진원사, 2008 참조; H. Jung, *History of Korean Constitution*, 2011. 4; *Constitution of South Korea*, Wikisource the free online library.
6) 제1공화국헌법의 기본권에 관하여서는 유진오, 「신고헌법해의」; 박일경, 「헌법」; 동, "국민의 권리의무," 「고시계」 3권 2·3·4호; 한태연, 「헌법학」(1955년판); 동, "기본권서설," 「법조협회잡지」 3. 4/5. 6; 문홍주, 「한국헌법」; 동, "기본적 인권의 보장, 미국헌법과 한국헌법의 비교고찰," 「사상계」 7권 7호('59. 7); 전봉덕, "국가조직에 있어서의 기본적 인권," 「자유세계」 1권 6호('51. 10); 정윤환, "기본권서설, 그 생성과 발전사의 일고찰," 「법정」 4권 7호('49. 1); 김철수, 「헌법개정, 과거와 미래」, 2008.

문과 예술의 자유, ⑧ 재산권의 보장, ⑨ 교육을 받을 권리, ⑩ 근로의 권리·의무, ⑪ 근로자의 단결권, 이익분배균점권, ⑫ 생활무능력자에 대한 보호, ⑬ 혼인의 남녀동권, ⑭ 청원권, ⑮ 재판을 받을 권리, ⑯ 형법불소급, 일사부재리, ⑰ 형사피고인의 권리, ⑱ 공무원선거권, ⑲ 공무담임권, ⑳ 공무원파면청원권 등을 규정하고, ① 납세의 의무, ② 국토방위의 의무, ③ 초등교육의 의무, ④ 근로의 의무, ⑤ 재산권행사의 공공복리적합의 의무 등을 규정하였다. 이 중에도 특이한 규정은 근로자의 이익분배균점권이라고 하겠다. 헌법 제18조 2항은 「영리를 목적으로 하는 사기업에 있어서는 근로자는 법률의 정하는 바에 의하여 이익의 분배에 균점할 권리가 있다」고 규정하였다. 이것은 당시의 헌법이 통제경제적 요소를 가미하여 자연자원의 국유화와 중요한 기업체의 국·공유화 등을 원칙으로 하였기 때문에 사영기업에서의 근로자의 이익분배에 균점권을 인정한 것이라고 보겠다.

3. 1960년 헌법의 기본권보장 조항

1) 특색

4·19 이후의 제3차 헌법개정으로 법률유보조항을 삭제하였고, 정당의 보호에 관한 규정을 두었으나, 기본권의 본질적 내용훼손을 금지하고 언론·출판·집회·결사에 대한 허가와 검열을 금지하였다. 이것은 서독헌법의 규정을 모방한 것으로 법률유보조항을 없애고 본질적 내용의 훼손을 금지한 것은 획기적인 것이라고 하겠다.

2) 내용

기본권규정의 내용 자체에는 큰 변화가 없었다. ① 다만 기본권에 대한 법률유보조항을 삭제하여 기본권을 실정권에서 자연권으로 변경시켰다. ② 또 헌법 제13조 2항에 「정당은 법률의 정하는 바에 의하여 국가의 보호를 받는다. 단 정당의 목적이나 활동이 헌법의 민주적 기본질서에 위배될 때에는 정부가 대통령의 승인을 얻어 소추하고 헌법재판소의 결정으로써 그 정당의 해산을 명한다」라고 하고, ③ 헌법 제28조 2항을 개정하여 「국민의 모든 자유와 권리는 질서유지와 공공복리를 위하여 필요한 경우에 한하여 법률로써 제한할 수 있다. 단 그 제한은 자유와 권리의 본질적인 내용을 침훼하여서는 아니 되며, 언론·출판에 대한 허가는 검열과 집회·결사에 대한 허가를 규정할 수 없다」라고 하고 있다. 이것은 기본권에 대한 법률유보조항이 국민의 기본권을 제한했던 것을 감안한 것이며 대통령의 긴급명령제도를 없애어 기본권보장의 예외를 축소하였다.

4. 1962년 헌법의 기본권보장 조항

1) 특색

5·16 이후의 제5차 헌법개정에 의하여 기본권규정이 정리되고, 생존권의 보장, 인간의 존엄과 가치보장에 대한 원칙규정이 신설되었다. 구헌법에 규정되었던 근로자의 이익분배균점권은 삭제하였고, 직업선택의 자유를 명문화하고 배열 순서를 바꾸었다.

2) 내용

제3공화국헌법은 ① 제8조를 두어 기본권보장의 원칙규정을 하였고, ② 제18조에서 언론·출판·집회·결사에 대하여 상세한 규정을 두었고, ③ 제13조에 직업선택의 자유에 관한 규정을 두고, ④ 제9조 2항에 고문의 금지를 규정하고, ⑤ 자유의 증거능력을 제한했으며 (제10조 6항), ⑥ 제24조에서 국민의 재판을 받을 권리를 보다 상세히 했으며, ⑦ 제30조에서 생존권을 규정하고, ⑧ 제28조 2항에서 근로의 의무를 보완하고, ⑨ 제27조 4항에서 교육의 자주성과 정치적 중립성을 보장하고, ⑩ 공무원파면청원권과 이익분배균점권을 삭제하였다.

제3공화국 헌법의 기본권규정은 실효성이 없는 두 조문을 폐지한 대신에 기본권규정을 정비한 것이 특색이다. 이는 일본헌법과 서독헌법을 모방한 것으로 기본권보장에 있어서는 상당히 진보적인 것이었다. 다만 긴급명령제도를 부활하여 예외를 확대한 것이 약간의 후퇴라고도 하겠다.[7)]

5. 1972년 헌법의 기본권보장 조항

1) 특색

유신헌법인 제4공화국헌법의 기본권조항은 배열순서는 그대로 두었으나 법률유보조항을 새로이 두었으며, 개별적인 기본권도 자연권에서 실정권적으로 규정하게 되었다. 이점에서 기본권보장규정은 제1공화국의 기본권규정으로 복귀했다고 보면 별 틀림은 없을

---

7) 제3공화국의 기본권규정에 대해서는 박일경·문홍주·한태연·김기범·한동섭·한상범 제교수 교과서 참조. 김철수, 새 헌법상의 기본권, 「고시계」 7권 6호('62); 김철수, 「헌법학」(상)(하).

것이다.

2) 내용

기본권의 종류와 순서는 제3공화국과 같다. 제3공화국의 기본권조항과 다른 것은 ① 기본권조항에 법률유보조항을 신설하였고, ② 신체의 자유에 관한 규정을 개정하여 강제노역과 보안처분은 법률에 의하지 아니하고는 할 수 없도록 하고 긴급구속의 범위를 확대하였고, 구속적부심사청구권과 사인에 의한 구속에서의 구제청구권을 삭제하고 자백의 증거능력제한규정을 삭제하였다. ③ 언론·출판의 자유에 관한 특수유보를 없애고 검열제·허가제도 가능하게 하고, ④ 재산권의 공용수용 등의 보상기준을 법률에 의한 보상으로 변경하고, ⑤ 재판을 받을 권리에서 대통령이 긴급조치를 한 경우에도 군법회의의 재판을 받도록 하고, ⑥ 국가배상청구권에 있어 군인·군속·경찰공무원 기타 자에게는 이중배상을 금지하고, ⑦ 중등교육까지도 의무화할 수 있게 했으며, ⑧ 근로삼권의 보장을 법률로 제한할 수 있게 하고 특히 단체행동권의 제한에 관한 법률제정의 근거를 부여하였으며, ⑨ 기본권제한규정을 개정하여 본질적 내용훼손금지조항을 삭제하고, 국가안전보장을 위하여 필요한 경우에도 법률로 기본권을 제한할 수 있도록 하였다. ⑩ 또 기본권제한의 예외로서 대통령의 긴급조치로 기본권을 잠정적으로 정지할 수 있게 하고, 기본권에 대한 긴급조치에 관한 사법심사를 배제함으로써 기본권보장에 있어서는 약간 후퇴하였다고 하겠다.

6. 1980년 헌법의 기본권보장 조항

1) 특색

유신헌법이었던 1972년헌법은 기본권을 법률유보로 했고 긴급조치로 마음대로 정지할 수 있게 하여 인권침해가 많았기에 1980년의 제5공화국헌법은 법률유보조항을 없애고 자연권적으로 규정한 것이 특색이다. 헌법 제9조는 두 번째 문항에서 「국가는 개인이 가지는 불가침의 기본적 인권을 확인하고 이를 보장할 의무를 진다」고 하여 불가침의 기본적 인권임을 강조하였다. 또 포괄적 기본권으로서 「인간의 존엄과 가치와 행복추구권」을 규정하였다 (제9조). 또 「국민의 자유와 권리는 헌법에 열거되지 아니한 이유로 경시되지 아니한다」고 하여 기본권의 포괄성을 규정하여 자연권을 선언하고 있었다고 하겠다.

2) 내용

기본권에 처음으로 규정된 것으로는 행복추구권이 규정되었다. 또 신체의 자유를 보다 잘 보장하기 위하여 제3공화국헌법으로 환원하였다. 새로이 규정된 것으로 연좌제금지(제12조 3항) ,사생활의 비밀의 침해금지(제16조), 형사피고인의 무죄추정권(제26조), 수용시 정당한 재산권보장(제22조), 이 밖에도 생존권 보장규정을 보완하였다. 평생교육진흥조항을 두었고(제29조 5항) 최저임금의 보장(제30조 1항), 근로기준의 강화(제30조 3항), 상이군경과 국가유공자의 가족의 취업우선보장(제29조), 깨끗한 환경에서 생활할 권리(제33조) 등을 규정하고 있었다.

7. 1987년 헌법의 기본권보장 규정

1) 특색

1987년 헌법인 현행 헌법은 기본권조항에 있어서는 제3공화국헌법으로 회귀한 느낌이 든다. 제5공화국헌법의 인간의 존엄, 행복추구권 규정을 그대로 두었고 기본권의 천부인권성을 유지하고 있다. 신체의 자유의 사법적 보장을 강조하고 연좌제를 금지했다. 정치적 자유로서 정당가입의 자유, 선거운동의 자유 등이 보장되고 있다.

생존권으로서 인간다운 권리, 교육을 받을 권리 등이 보장되어 있다.

2) 내용

내용은 제3공화국헌법과 제5공화국헌법을 유지한 것인데 미국헌법의 자유권 규정과 바이마르헌법의 생존권적 기본권을 아울러 규정한 것이기에 선진적인 기본권이 거의 망라되어 있다. 구속적부심 자유권은 사법적 보장을 원칙으로 하여 거의 완벽하게 보장하고 있다. 또 신앙의 자유 등도 잘 보장되고 있으며 표현의 자유도 잘 보장되고 있다. 생존권규정도 제5공화국헌법과 같이 규정하고 있다. 재판청구권 등 청구권적 기본권과 참정권 규정이 잘 보완되고 있다.

3) 기본권의 종류

현행 헌법상의 기본권의 종류를 예시하면 다음과 같다.8)

(ⅰ) 인간의 존엄권, 행복추구권(제10조)

(ⅱ) 평등권(제11조)

(ⅲ) 자유권적 기본권

① 신체의 자유

a. 죄형법정주의, 영장제도(제12조)　　b. 법률에 의하지 않은 보안처분·강제노역금지(제12조)　　c. 변호인의 도움을 받을 권리(제12조 4항)　　d. 구속적부심을 받을 권리(제12조 6항)　　e. 자백금지 증거능력제한(제12조 7항)　　f. 이중처벌의 금지, 사후입법의 금지(제13조)　　g. 연좌제금지(제13조 3항)

② 사회적·경제적 자유

a. 거주·이전의 자유(제14조)　　b. 직업선택의 자유(제15조)　　c. 주거의 안전(제16조)　　d. 사생활의 비밀보장(제17조)　　e. 통신의 비밀(제18조)　　f. 재산권의 보장(제23조)

③ 정신적 자유

a. 종교의 자유(제20조)　　b. 양심의 자유(제19조)

c. 언론·출판·집회·결사의 자유(제21조)　　d. 학문과 예술의 자유(제22조)

(ⅳ) 생존권적 기본권

① 생존권(제34조)

a. 인간다운 생활권　　b. 사회보장을 받을 권리　　c. 생활보호를 받을 권리

② 근로권(제32조)

③ 근로삼권(제33조)　　a. 단결권　　b. 단체교섭권　　c. 단체행동권

④ 교육을 받을 권리(제31조)

⑤ 환경권(제35조)

⑥ 혼인의 순결과 가족의 보건에 관한 권리(제36조)

(ⅴ) 청구권적 기본권

① 청원권(제26조)

② 재판청구권(제27조)

---

8) 제6공화국의 기본권에 관해서는 박일경·문홍주·한태연·김기범·김철수·한상범 제교수의 교과서 참조. South Korea-The Constitutional Framework.

③ 무죄추정권(제27조 4항)

④ 형사보상청구권(제28조)

⑤ 국가배상청구권(제29조)

⑥ 범죄피해자의 구조청구권(제30조)

(ⅵ) 참정권

① 선거권(제24조)

② 공무담임권(제25조)

4) 기본권의 제한

(1) 포괄성: 국민의 자유와 권리는 헌법에 열거되지 아니한 이유로 경시되지 아니한다.

(2) 법률에 의한 제한: 국민의 모든 자유와 권리는 국가안전보장 질서유지 또는 공공의 복지를 위하여 필요한 경우에 한하여 법률로써 제한할 수 있다.

(3) 본질적 내용침해금지: 법률로 제한하는 경우에도 자유와 권리의 본질적 내용은 침해할 수 없다.[9]

참고로 기본권조항의 영역문을 보면 다음과 같다.

〈CHAPTER Ⅱ RIGHTS AND DUTIES OF CITIZENS〉

Article 10 All citizens shall be assured of human worth and dignity and have the right to pursue happiness. It shall be the duty of the State to confirm and guarantee the fundamental and inviolable human rights of individuals.

Article 11 (1) All citizens shall be equal before the law, and there shall be no discrimination in political, economic, social or cultural life on account of sex, reli—gion or social status.

(2) No privileged caste shall be recognized or ever established in any form.

(3) The awarding of decorations or distinctions of honor in any form shall be effective only for recipients, and no privileges shall ensue therefrom.

Article 12 (1) All citizens shall enjoy personal liberty. No person shall be arrested, detained, searched, seized or interrogated except as provided by Act. No person shall be punished, placed under preventive restrictions or subject to involuntary labor except as provided by Act and through lawful procedures.

---

9) 상세한 것은 김철수, 「헌법개정, 과거와 미래」, pp. 207-212 참조.

(2) No citizen shall be tortured or be compelled to testify against himself in criminal cases.

(3) Warrants issued by a judge through due procedures upon the request of a prosecutor shall be presented in case of arrest, detention, seizure or search: Provided, That in a case where a criminal suspect is an apprehended flagrante delicto, or where there is danger that a person suspected of committing a crime punishable by imprisonment of three years or more may escape or destroy evidence, investigative authorities may request an ex post facto warrant.

(4) Any person who is arrested or detained shall have the right to prompt assistance of counsel. When a criminal defendant is unable to secure counsel by his own efforts, the State shall assign counsel for the defendant as prescribed by Act.

(5) No person shall be arrested or detained without being informed of the reason therefor and of his right to assistance of counsel. The family, etc., as designated by Act, of a person arrested or detained shall be notified without delay of the reason for and the time and place of the arrest or detention.

(6) Any person who is arrested or detained, shall have the right to request the court to review the legality of the arrest or detention.

(7) In a case where a confession is deemed to have been made against a defendant's will due to torture, violence, intimidation, unduly prolonged arrest, deceit or etc., or in a case where a confession is the only evidence against a defendant in a formal trial, such a confession shall not be admitted as evidence of guilt, nor shall a defendant be punished by reason of such a confession.

Article 13 (1) No citizen shall be prosecuted for an act which does not constitute a crime under the Act in force at the time it was committed, nor shall he be placed in double jeopardy.

(2) No restriction shall be imposed upon the political rights of any citizen, nor shall any person be deprived of property rights by means of retroactive legislation.

(3) No citizen shall suffer unfavorable treatment on account of an act not of his own doing but committed by a relative.

Article 14   All citizens shall enjoy freedom of residence and the right to move at will.

Article 15   All citizens shall enjoy freedom of occupation.

Article 16   All citizens shall be free from intrusion into their place of residence. In case of search or seizure in a residence, a warrant issued by a judge upon request of a prosecutor shall be presented.

Article 17 The privacy of no citizen shall be infringed.

Article 18 The privacy of correspondence of no citizen shall be infringed.

Article 19 All citizens shall enjoy freedom of conscience.

Article 20 (1) All citizens shall enjoy freedom of religion.

(2) No state religion shall be recognized, and religion and state shall be separated.

Article 21 (1) All citizens shall enjoy freedom of speech and the press, and freedom of assembly and association.

(2) Licensing or censorship of speech and the press, and licensing of assembly and association shall not be recognized.

(3) The standards of news service and broadcast facilities and matters necessary to ensure the functions of newspapers shall be determined by Act.

(4) Neither speech nor the press shall violate the honor or rights of other persons nor undermine public morals or social ethics. Should speech or the press violate the honor or rights of other persons, claims may be made for the damage resulting therefrom.

Article 22 (1) All citizens shall enjoy freedom of learning and the arts.

(2) The rights of authors, inventors, scientists, engineers and artists shall be protected by Act.

Article 23 (1) The right of property of all citizens shall be guaranteed. The contents and limitations thereof shall be determined by Act.

(2) The exercise of property rights shall conform to the public welfare.

(3) Expropriation, use or restriction of private property from public necessity and compensation therefor shall be governed by Act: Provided, That in such a case, just compensation shall be paid.

Article 24 All citizens shall have the right to vote under the conditions as prescribed by Act.

Article 25 All citizens shall have the right to hold public office under the conditions as prescribed by Act.

Article 26 (1) All citizens shall have the right to petition in writing to any governmental agency under the conditions as prescribed by Act.

(2) The State shall be obligated to examine all such petitions.

Article 27 (1) All citizens shall have the right to be tried in conformity with the Act by judges qualified under the Constitution and the Act.

(2) Citizens who are not on active military service or employees of the military forces shall not be tried by a court martial within the territory of the Republic of Korea, except in case of crimes as prescribed by Act involving important classified military information, sentinels, sentry posts, the supply of harmful food and beverages, prisoners of war and military articles and facilities and in the case of the proclamation of extraordinary martial law.

(3) All citizens shall have the right to a speedy trial. The accused shall have the right to a public trial without delay in the absence of justifiable reasons to the contrary.

(4) The accused shall be presumed innocent until a judgment of guilt has been pronounced.

(5) A victim of a crime shall be entitled to make a statement during the proceedings of the trial of the case involved as under the conditions prescribed by Act.

Article 28 In a case where a criminal suspect or an accused person who has been placed under detention is not indicted as provided by Act or is acquitted by a court, he shall be entitled to claim just compensation from the State under the conditions as prescribed by Act.

Article 29 (1) In case a person has sustained damages by an unlawful act committed by a public official in the course of official duties, he may claim just compensation from the State or public organization under the conditions as prescribed by Act. In this case, the public official concerned shall not be immune from liabilities.

(2) In case a person on active military service or an employee of the military forces, a police official or others as prescribed by Act sustains damages in connection with the performance of official duties such as combat action, drill and so forth, he shall not be entitled to a claim against the State or public organization on the grounds of unlawful acts committed by public officials in the course of official duties, but shall be entitled only to compensations as prescribed by Act.

Article 30 Citizens who have suffered bodily injury or death due to criminal acts of others may receive aid from the State under the conditions as prescribed by Act.

Article 31 (1) All citizens shall have an equal right to receive an education corresponding to their abilities.

(2) All citizens who have children to support shall be responsible at least for their

elementary education and other education as provided by Act.

(3) Compulsory education shall be free of charge.

(4) Independence, professionalism and political impartiality of education and the autonomy of institutions of higher learning shall be guaranteed under the conditions as prescribed by Act.

(5) The State shall promote lifelong education.

(6) Fundamental matters pertaining to the educational system, including in－school and lifelong education, administration, finance, and the status of teachers shall be determined by Act.

Article 32 (1) All citizens shall have the right to work. The State shall endeavor to promote the employment of workers and to guarantee optimum wages through so－cial and economic means and shall enforce a minimum wage system under the conditions as prescribed by Act.

(2) All citizens shall have the duty to work. The State shall prescribe by Act the extent and conditions of the duty to work in conformity with democratic principles.

(3) Standards of working conditions shall be determined by Act in such a way as to guarantee human dignity.

(4) Special protection shall be accorded to working women, and they shall not be subjected to unjust discrimination in terms of employment, wages and working conditions.

(5) Special protection shall be accorded to working children.

(6) The opportunity to work shall be accorded preferentially, under the conditions as prescribed by Act, to those who have given distinguished service to the State, wounded veterans and policemen, and members of the bereaved families of military servicemen and policemen killed in action.

Article 33 (1) To enhance working conditions, workers shall have the right to independent association, collective bargaining and collective action.

(2) Only those public officials who are designated by Act, shall have the right to association, collective bargaining and collective action.

(3) The right to collective action of workers employed by important defense industries may be either restricted or denied under the conditions as prescribed by Act.

Article 34 (1) All citizens shall be entitled to a life worthy of human beings.

(2) The State shall have the duty to endeavor to promote social security and welfare.

(3) The State shall endeavor to promote the welfare and rights of women.

(4) The State shall have the duty to implement policies for enhancing the welfare of senior citizens and the young.

(5) Citizens who are incapable of earning a livelihood due to a physical disability, disease, old age or other reasons shall be protected by the State under the conditions as prescribed by Act.

(6) The State shall endeavor to prevent disasters and to protect citizens from harm therefrom.

Article 35 (1) All citizens shall have the right to a healthy and pleasant environment. The State and all citizens shall endeavor to protect the environment.

(2) The substance of the environmental right shall be determined by Act.

(3) The State shall endeavor to ensure comfortable housing for all citizens through housing development policies and the like.

Article 36 (1) Marriage and family life shall be entered into and sustained on the basis of individual dignity and equality of the sexes, and the State shall do everything in its power to achieve that goal.

(2) The State shall endeavor to protect mothers.

(3) The health of all citizens shall be protected by the State.

Article 37 (1) Freedoms and rights of citizens shall not be neglected on the grounds that they are not enumerated in the Constitution.

(2) The freedoms and rights of citizens may be restricted by Act only when necessary for national security, the maintenance of law and order or for public welfare. Even when such restriction is imposed, no essential aspect of the freedom or right shall be violated.

Article 38 All citizens shall have the duty to pay taxes under the conditions as prescribed by Act.

Article 39 (1) All citizens shall have the duty of national defense under the conditions as prescribed by Act.

(2) No citizen shall be treated unfavorably on account of the fulfillment of his obligation of military service.

8. 한국의 기본권보장의 현실

한국은 1950년 6월 25일 북한의 남침에 따라 전쟁을 치루었기에 전시에 적과의 교전상태에서 인권보장은 기대하기 어려웠다. 북의 남침에 대한 전쟁을 수행하기 위하여 강제모병도 행해졌고 전시물자의 부족으로 생존권 보장이 어려웠다. 정전 후 통치자들이 독재권력을 행사하여 경제발전을 시킨 뒤에야 정부에서 인권보장에 관심을 쏟게 되었다.[10]

그러나 1987년에 민주화가 된 뒤에는 헌법에 가장 선진적인 기본권조항을 두었으며[11] 국가인권위원회를 두어 모범적인 인권국가로 발전하고 있다. 한국은 국제인권규약에도 가입하고 비준했으며 성실히 국제법적 의무를 다하고 있다. 그래서 국제적 지위도 많이 올라가고 있다.[12] 세계자유에서 주최하는 한국리포트에 따르면 한국의 총평으로는 자유(free)이고 2015년 점수는 자유지위는 2점이고 시민권 지위도 2점이고 정치권도 2점이었다. 2015년의 한국인권리포트에서도 한국인권사항이 다루어지고 있다. 한국은 2011년에 노동권리포트도 만들어 제출하기도 했다.[13] 북한의 인권상황은 세계최악이기 때문에 통일을 하여 통일국가에서의 인권의 주류기본권에 관한 하이브리드입헌주의에 대해서 관심을 가질 것을 경정하였다.[14] 또 피고인의 권리규정은 한국헌법이나 유럽인권장전규정이 같아질 것이다.[15]

---

10) Project MUSE, *Human Rights in Korea: Historical and Policy Perspectives*; S. Kim, *The Politics of Military Revolution In Korea*.

11) The articles on rights, like other portions of the Constitution, originated during a process of political compromise that deferred a number of complex or controversial issues until a later date. A number of new social welfare provisions were left to subsequent legislation. These measures included aspirations to protect working women from unjust discrimination, state protection for citizens incapacitated by disease and old age, environmental protection measures, housing development policies, and "protection for mothers". *South Korea—The Constitutional Framework*, http://countrystudies.us/south-korea/58.htm

12) AllRefer.com, South Korea-Human Rights, South Korean Information Resource; Country Reports on Human Rights Practices for 2015, United States Department of State·Bureau of Democracy, Human Rights and Labor.

13) Republic of Korea, *Labor Rights Report*, September, 2011.

14) David Moon, "Hybrid Constitutionalism to Mainstream Human Rights in a United Korea," Master of Law Thesis, Queen's University Kingston, Ontario, Canada September, 2013.

15) D. Schaefer, "The Future of the Korean and European Union Constitutions: A Comparative Analysis of Rights," *Gonzaga Journal of International Law*. 27 June 2010.

제3절 중화민국 헌법의 기본권 규정

1. 성립

1) 정치협상회의의 실패

중국은 제2차 세계대전에서 일본에 승리하였으나 내부에서는 국민당과 공산당 등의 분열에 시달리게 되었다.

중경에서의 국공(國共)합의에 따라 1946년 국민당 8인, 공산당 7인, 민주동맹 9인, 중국청년당 5인, 무당파 인사 9인으로 이루어진 「정치협상회의」에서는 「헌법초안수정원칙」을 채택하고 36년 헌법초안(35헌장)의 수정안을 작성하기로 하였다. 그러나 국민당이 이 정치협상회의의 합의원칙을 부인했기 때문에 공산당이나 민주동맹은 국민대회에 불참을 표명하고 국공내전이 강화되었다.

2) 국민당 헌법제정

이에 국민당과 그 지지자만으로 대회를 열어 1947년 1월 1일에 중화민국헌법을 제정 공포하였다.[16) 이 헌법은 손문의 유언에 따라 삼민주의, 건국강령을 지도원리로 하는 헌법이다. 헌법 제1조는 중화민국은 삼민주의에 기초하여 민유(民有), 민치(民治), 민향(民享)의 민주공화국이라고 하고 주권은 국민전체에 속한다(제2조)고 하고 있다. 또 5권분립 헌법으로서 입법·행정·사법의 3권 외에 고시, 감찰의 5권 분리원칙을 규정하고 있다. 그리하여 입법원, 행정원, 사법원, 고시원, 감찰원을 각장에서 따로 규정하여 국가기관의 민주화·효율화를 추구하고 상호견제균형에 의하여 권력남용을 방지하고 국가의 여러 기관을 국민의 권리보장기관으로 하고 있다.

3) 수정과정

그러나 국공내전에서 국민당 장개석 총통이 패전하여 대만으로 후퇴한 뒤 그 영역은 사실상 대만에 한정되어 있다. 1948년에는 국공내전을 극복하기 위하여 총통에게 비상대권을

---

16) 黃棟培, 「中華民國憲法釋論」, 民國 61年 台北; ICL, Taiwan-Constitution, Adopted on 25. Dec. 1946. ICL, *Taiwan-Constitution- Additional Articles, Adopted on 28. July 1994*; Wikipedia. Constitution of the Republic of China; History of Constitutional Revisions in the Republic of China.

부여하는 임시조항이 추가되고[17] 의회는 총통의 결정을 추인하는 기구로 바뀌었다. 총통은 국민당과 표리일체인 국민대회에서 선출되며 국가원수, 삼군의 통솔자인 동시에 5권의 위에 있는 절대적 존재로서 장개석은 종신 총통인 지위를 독점하고 대륙반공(大陸反攻), 반공반소(反共反蘇)를 국시로 하여 독재정치를 행하였다.

38년간의 계엄령 체제를 거쳐 1987년에 계엄령이 해제되었다. 이는 장개석 사망(1975), 장경국 사명(1988)의 결과라고도 할 수 있다.

제1차 추가개정은 1991년(민국 80년) 5월 동원·반란진압시기임시조항을 폐지하고 국민대회 대표선거를 자유지구와 대만지구에서의 선출로 한정하였다. 1992년에는 제2차 추가개정이 있었는데 총통 직접선거, 감찰원의 조직과 직책을 개정하고 입법위원의 전면개혁을 했다.

제3차 추가 개정은 1997년 7월 21일에 행해졌다. 총통의 수상임명권, 입법원에 대한 재산권을 확립하고 행정구조의 간소화를 기하고 있었다. 2000년에는 4월 24일 제5차 헌법추가개정이 행해졌는데 5권헌법의 구조유지, 행정입법의 상호억제구조, 행정효율의 향상, 사법권의 독립의 보장, 중소기업대책과 선주민족대책 등의 추가개정을 행하였다.[18]

2. 기본권 조항

기본권에 관해서는 제2장에서 인민의 권리와 의무로서 제7조에서 제24조까지 규정하고 있다.[19] 이를 유형별로 보면

1) 평등권(제7조)

2) 자유권

① 신체의 자유(제8조)
  사법절차에 있어서의 자유(제8조)

---

17) 動員戡亂時期臨時條款, 民國 37年 5月 10日 國民政府公布; 動員戡亂完成憲政實施綱要, 民國 36年 7月 10日 國民政府公布; 38 Years Martial Law, Taiwan Communiqué, European edition May 1987; Hwang/Liao/Chang, *Development of Constitutional Law and Human Rights in Taiwan Facing the New Century*, March 2003. Japan.

18) 小田美祐子, 「台湾」, 萩野芳夫 外, 『アジア憲法集』, 2004, 959-962.

19) Wikipedia, Human Rights in Taiwan; Taiwan Reviews its Progress in Human Rights, *Taiwan Sentinel*, Jan. 23. 2017; Dignity, Respect & Freedom Human Rights in *Taiwan Archived* March 12, 2005, at the Wayback Machine.

군사재판을 받지 않을 권리(제9조)

② 사회적·경제적 자유

거주·이전의 자유(제10조)

비밀·통신의 자유(제12조)

생존권, 공작권, 재산권 보장(제15조)

교육을 받을 권리(제21조)

③ 정신적 자유

언론·학술·저작 및 출판의 자유(제11조)

신앙·종교의 자유(제13조)

집회·결사의 자유(제14조)

3) 청구권

① 청원·소원 및 소송의 권리(제16조)

② 공무원의 불법행위에 대한 손해배상청구권(제24조)

4) 참정권

① 선거·파면·발의 및 국민투표권(제17조)

② 공무원 응시권, 공무복무권(제18조)

5) 의무

① 납세의 의무(제9조)

② 병역의 의무(제20조)

③ 교육을 받을 의무(제21조)

6) 기본권의 포괄성

인민의 기타 자유 및 권리는 사회질서와 공공이익에 방해가 되지 아니하면 모두 헌법의 보장을 받는다(제22조).

7) 기본권의 제한

이상 각조에서 열거한 자유와 권리는 타인의 자유를 방해하는 것을 방지하기 위하여 긴급한 위기를 피하기 위하여 사회질서유지와 공공이익에 필요한 경우를 제외하고는 법률로서 제한할 수 없다(제23조).

3. 기본 국가정책 조항

국가목표규정을 두어 국가의 조성의무를 규정하고 있다.

1) 국민경제

① 국민경제는 민생주의를 기본원칙으로 하여 국가정책과 민생 모두의 만족을 보장한다(제142조).
② 토지균분, 토지국유화와 정부의 수매권(제143조)
③ 기업공영과 허가를 거친 경우 국민이 경영가(제144조)
④ 사유재산과 사유산업에 대한 제한(제145조)
⑤ 외국거주 국민에 대한 경제사업의 지원(제151조)

2) 사회안전

① 적정직업의 보장(제152조)
② 노동자 농민의 보호(제154조 ①)
③ 노동하는 여성과 아동의 보호(제154조 ②)
④ 사회보장제도의 실시(제155조)
⑤ 여성과 아동의 복지정책실시(제156조)
⑥ 공공의료사업의 보장(제157조)

3) 교육문화

① 교육을 받을 기회의 평등(제159조)
② 기본교육을 받을 의무와 학비면제(제160조 ①)
③ 보습교육을 받을 의무와 학비면제(제160조 ②)
④ 장학금제도의 확충(제161조)
⑤ 교육문화사업에 대한 주가지원(제163조)
⑥ 교육 과학 예술인의 생활보장(제165조)

4) 1997년 추가수정조항

① 환경 및 생태보호(제10조 2)
② 중소기업인의 생존과 발전보호(제10조 3)
③ 국민의 전반적 보험제도 도입(제10조 5)
④ 여성에 대한 성차별금지, 양성의 실질적 평등보장(제10조 6)
⑤ 신체장애자의 보호(제10조 7)
⑥ 선주민족의 보호(제10조 9, 10)
⑦ 재외거류국민의 정치참가보장(제10조 11)

5) 2000년 추가수정조항

① 교육과학문화의 경비, 특히 국민교육비용은 우선적으로 편성한다(제10조 8)
② 사회구조, 복지서비스, 국민취업, 사회보험 및 건강보험 등의 사회복지사업의 중시
  (제10조 8)
③ 선주민족의 언어와 문화옹호, 사회복지의 증진보호(제10조 9, 10)
④ 군인의 퇴역후의 취학, 취업, 의료, 요양보장(제10조 9)

4. 기본적 인권보장 규정의 특색

1) 자연법적 규정

　기본권의 보장에 관한 2차 대전 전의 헌법초안에서는 법률유보조항을 두어 실정권으로 규정하였다. 그것이 1947년 헌법에서는 기본권의 포괄성을 규정하고 있는 것이 특색이다(제22조).

2) 국가목표 규정과의 분리

　기본권적인 권리와 자유의 보장은 국가의 재정이 많이 들지 않는 것인데 대하여 생존권의 보장은 국가의 재정에 따라 그 실현의 질이 좌우된다. 따라서 국가목표 규정 중 권리규정을 기본권 조항에 두는 경우 전부가 명목적·방침 규정으로 인정될 것을 두려워하여 이를 분리한 것으로 보인다. 이것은 바이마르 헌법의 규정을 본받은 것이 아닌가 생각된다.

참고로 기본권규정의 번역문을 보면 다음과 같다.

제2장 인민의 권리와 의무(제7조-제24조)

제7조(평등권) 중화민국 인민은 남녀, 종교, 종족, 계급, 당파를 구분하지 아니하며 법률적으로 모두 평등하다.

제8조(신체의 자유) 인민의 신체의 자유는 마땅히 보장되어야 한다. 현행범의 체포는 법률에서 별도로 규정하는 것을 제외하고, 사법 또는 경찰기관은 법정절차에 따르지 아니하고 체포하거나 구금하여서는 아니 된다. 법원은 법정절차에 따르지 아니하고 심문하거나 처벌하여서는 아니 된다. 법정절차에 따르지 아니한 체포, 구금, 심문, 처벌은 거절하여야 한다.

인민이 범죄혐의로 인하여 체포 구금될 시 그 체포구금기관은 마땅히 체포구금 이유를 본인 및 그 본인이 지정한 친족에게 서면으로 통지하여 24시간 내에 동 관할법원에 이송하여 심문하여야 한다. 본인 또는 타인이 동 관할법원에 24시간 이내에 체포한 기관에 심문을 진정하여야 한다.

법원은 전항의 진정을 거절하여서는 아니 되며 또한 체포 구금한 기관이 먼저 조사하도록 하여서는 아니 된다. 체포 구금하는 기관은 법원의 심문에 대하여 거절하거나 연기하여서는 아니 된다. 인민은 어떠한 기관의 불법적인 체포구금을 받았을 시 그 본인 또는 타인은 법원에 조사를 진정할 수 있으며 법원은 이를 거절하여서는 아니 되고 아울러 24시간 이내에 체포 구금기관을 조사하고 법에 따라 처리한다.

제9조(군사재판을 받지 않을 원칙) 인민은 현역군인을 제외하고 군사재판을 받지 아니 한다.

제10조(거주와 이전의 자유) 인민은 거주와 이전의 자유가 있다.

제11조(표현의 자유) 인민은 언론, 학술, 저작 및 출판의 자유가 있다.

제12조(비밀통신의 자유) 인민은 비밀 통신의 자유가 있다.

제13조(종교를 믿는 자유) 인민은 신앙종교의 자유가 있다.

제14조(집회결사의 자유) 인민은 집회 및 결사의 자유가 있다.

제15조(생존권, 작업권, 재산권의 보장) 인민의 생존권, 작업권 및 재산권은 마땅히 보장받아야 한다.

제16조(청원 소원 및 소송의 권리) 인민은 청원 소원 및 소송의 권리가 있다.

제17조(참정권) 인민은 선거, 파면, 발의 및 국민투표의 권리가 있다.

제18조(고시응시 및 복무의 권리) 인민은 시험에 응시하여 공직에 복무할 권리가 있다.

제19조(납세의 의무) 인민은 법에 따른 납세의 의무가 있다.

제20조(병역의무) 인민은 법률에 의해 병역의 의무를 진다.

제21조(교육을 받을 권리와 의무) 인민은 국민교육을 받을 권리와 의무가 있다.

제22조(기본인권 보장) 인민의 기타 자유 및 권리는 사회질서와 공공이익에 방해하지 아니하
면 모두 헌법의 보장을 받는다.

제23조(기본인권의 제한) 이상 각 조에서 열거한 자유의 권리는 타인의 자유를 방해하는 것
을 방지하며 긴급한 어려움을 피하며 공공이익을 증진하는데 필요한 경우를 제외하고
법률로 그것를 제한하여서는 아니 된다.

제24조(공무원과 국가에 대한 배상에 대한 책임) 공무원이 법을 위반하여 인민의 자유 또는 권
리가 침해되었을 경우 법률로 징벌을 받는 경우를 제외하고 마땅히 형사 및 민사책임
을 부담하여야 한다. 피해인은 손해에 대하여 법에 따라 국가에 손해배상을 청구할 수
있다.

5. 기본권보장의 현실

1) 계엄령 하의 기본권 보장

대만에서의 계엄령의 시행은 38년간 계속되었다.[20] 이것은 아마 세계에서 최장기적인
것이었다. 이는 전시특별법의 성격을 띤 것으로 헌법에 규정된 기본권에 대한 확정이 거의
효력을 발생하지 못해서 국민의 기본권이 많이 제한되었다. 헌법에 규정된 긴급처분에 의하
여 많은 권리가 제한되었는데 국민의 저항을 받았다. 특히 高雄 사건은 1979년에 있었는데
저명한 대만출생반대자를 전부 투옥하기도 하여 세계적인 비난을 받았다.

2) 계엄해제 후

1987년 계엄령이 해제된 후 인권제한은 많이 해제되었고 기본권이 보장되기 시작하였
다. 대만의 기본권보장은 한국의 민주화과정과 비교되기도 한다. 독재정권 하에서 경제성장
을 한 뒤 민주화가 되고 기본권이 보장되었기 때문이다. 물론 2012년 현재에도 인권침해 행
위는 있었다.[21]

2009년에는 대만은 국제인권규약(JCCPR과 ICESCR)에 가입 비준하여 국제적 인권보장
국가로서의 지위를 가지게 되었다.[22] 1990년대부터 대만에서는 헌법개정의 움직임이 나타나
고 있다. 국민당과 민진당에서는 장래문제에 관한 회의를 열어 앞으로의 과제를 논의하기도

---

20) International Committee for Human Rights in Taiwan, *38 Years Martial Law, Taiwan Communiqué*, European edition May 1987.

21) 상세한 것은 American Institute in Taiwan, *2012 Human Rights Report*(*Taiwan Part*).

22) J. Olivier, Taiwan Reviews its Progress in Human Rights, Taiwan Sentinel, Jan. 23. 2017.

하였는데 그 중 하나가 헌법개정이었다.[23]

민진당은 대만인의 의회진출을 쉽게 하기 위한 헌법개정에 찬성인데 반하여 국민당은 본토수복 후의 헌법임을 주장하며 반대하고 있어 헌법의 전면적 개정문제는 진전되지 않고 있다.

2015년 2월 4일에는 대만의 인권단체와 헌법학자들이 대만헌법을 시민친화적인 헌법으로 개정하기 위한 단체가 구성되어 헌법초안 작성을 준비 중이라고 한다.[24] 그들은 아프리카와 같은 신생국가에서도 헌법은 실질적 평등과 사회정의를 위한 조항을 두고 있다고 하면서 기본적 인권과 사회적 권리를 보장할 것을 요구하고 있다. 실업보장과 청소년 실업 제한 등을 요구하며 사회적 빈곤층의 구제를 요구하고 있다. 그러나 국민당의 반대로 조속한 개정은 어려울 것 같다.[25]

제4절 중화인민공화국의 기본권 규정

1. 헌법제정의 역사

1) 중국 인민정치협상회의의 공동강령

1949년 국공전에서 공산당이 승리한 뒤 최초로 만들어진 것이 공동강령이다. 건국강령으로 제1기 중국 인민정치협상회의가 열려 여기서는 공산당만이 아니라 다른 우당들로 같이 참여하였다. 1949년 9월 21일에 「중국 인민정치협상회의 공동강령(Common Program)」이 채택되었는데 혁명 직후의 임시헌법의 역할을 하였다.

이 공동강령은 당시의 국민당 축출 후의 통합과 경제회복 혁명권력강화의 과도기였다고 할 것이며 여기에서 새 중앙정부의 수장으로 마오쩌둥을 중앙인민정부의 주석으로 선출

---

23) International Committee for Human Rights in Taiwan, *The National Affairs Conference* 45, Taiwan Communiqué International Edition, August 1990; *Human Rights Reports*: Taiwan Bureau of Democracy, *Human Rights, and Labor, 2010 Country Reports on Human Rights Practices*, April 8. 2011.(https://www.state.gov/j/drl/rls/hrrpt/2010/eap/154383.htm).

24) D. Engbarth, Taiwanese Activists Push For Citizen-Based Constitution, *Global Issues*, February 05. 2015; 2010.

25) 대만에서는 그동안 많은 헌법개정 논의가 있었다. Y. Hwang, Historical and Political Knowledge in the Discursive Constitution of Taiwanese National Identity 1; Law and Political Development in Asia(Taiwan), *IDE Asian Law Series*, No. 24; D. Severson, Taiwan offers a model for advancing human rights, East Asia Forum, 23. Aug. 2013.

하였다. 그리하여 1949년 10월 1일에 중화인민공화국의 건국을 선언하였다.

이 공동강령은 공산당뿐만 아니라 8개의 우당이 참여하여 만든 것이기 때문에 국민통합의 과도기적인 규정도 두고 있었다. 그중에서도 사유재산권의 보장(제3조), 부르주아와의 통일(제13조), 사기업의 원조(제30조) 등이 돋보인다. 이 강령은 5년간 중화인민공화국의 정부의 기능의 기본이 되었다. 여기에는 민주주의적인 요소가 약간 남아 있었다.[26]

2) 1954년 헌법

중화인민공화국은 사회주의헌법을 제정하기로 했다. 1952년 12월 24일 주엔라이 총리는 당 대회에서 새로운 헌법안을 기초하도록 동의하였고 1953년 1월 13일에 의결되어 마오쩌둥을 의장으로 하는 30명의 기초위원이 임명되었다. 이 위원회 안이 첫 인민대표자대회에서 1954년 9월 20일에 통과하여 중화인민공화국의 첫 헌법이 되었다.[27]

이 헌법은 서언 제1장 총강, 제2장 국가기구, 제3장 공민의 기본 권리와 의무, 제4장 국기·국가·국휘, 수도에 관해서 규정하고 있다. 총 106조로 구성되어 있다. 제1장 총강은 공화국의 기본원리를 설명한 것으로 노동자 농민을 기초로 하는 인민민주국가라고 하고(제1조) 중화인민공화국의 일체의 권력은 인민에 속한다고 하고 인민의 권력행사는 전국 인민대표대회에서 행사한다고 하고 있다(제2조). 나아가 국시는 통일적 다민족국가임을 강조하고 민족 간의 일률평등을 강조하고 차별대우를 금지하였다(제3조). 국가가 사회주의 사회를 건설하는 것을 목적으로 하고(제4조), 국가소유제, 전인민소유제 등을 강조하고 있다(제5조). 나아가 경제제도 등을 규정하고 있다.

제2장은 국가기구를 규정하고 있다. 제1절에는 전국인민대표대회를, 제2절에는 중화인민공화국주석을, 제3절에는 국무원을, 제4절에는 지방각급인민대표대회, 지방각급인민위원회를, 제5절에는 민족자치지방적자치기관을, 제6절에는 인민법원, 인민검찰원을 규정하고 있다.

제3장에는 공민의 기본권리와 의무에 관해서 규정하고 있다. 제85조부터 제102조까지 비교적 상세히 규정하고 있다.

제4장에는 국기, 국휘, 수도에 관해서 규정하고 있다.

---

26) Wikipedia, Constitutional history of the People's Republic of China; Common Program (http://e-chaupak.net/database/chicon/1949/1949c.pdf); 小田美佐子, 中華人民共和國, 『アジア憲法集』, pp. 149–152; 淺井敦, 『中國憲法の論点』, 1985; 西村幸次郎, 『中國憲法の基本問題』, 1999.

27) *The Constitution of the People's Republic of China*(1954), e-chaupak.net; Wikipedia, 1954 Constitution of the People's Republic of China.

이 헌법은 소련의 스탈린헌법의 영향을 받은 것이다. 1970년 3월에는 중국공산당 중앙위원회에서 헌법개정문제를 토의하고 1970년 9월 6일 중국공산당 제9기 중앙위원회 제2회 전체회의에서 「중화인민공화국헌법수정초안」을 통과시켜 사실상의 헌법으로 사용하였다.

3) 1975년 헌법

1975년 1월 제4기 전국인민대표자대회 제1회 회의에 있어서 1954년 헌법과 1970년 헌법수정초안에 중대한 수정을 가하여 1975년 헌법을 제정하였다. 이것은 문화대혁명기의 헌법으로서 학계에서는 헌법으로서 부족하다고 하여 비판을 받고 있다.[28] 이 헌법은 조문수 30조밖에 안 되었으며 계급투쟁과 프롤레타리아독재의 혁명계속을 선언하였다. 당의 국가에 대한 우월을 합법화하는 등 극좌적인 내용을 가지는 것이었다. 이 헌법은 마르크스·레닌·마오쩌둥 헌법으로서 문화대혁명(1966-1976)의 무법천지를 이룬 악명 높은 헌법이다.

4) 1978년 헌법

문화대혁명이 끝난 뒤 4인방이 축출된 뒤 2년 후에 문화대혁명의 오류를 시정하기 위하여 1978년 3월에 제5기 전국인민대표자대회 제1회 회의에서 1978년 헌법이 채택되었다. 이 헌법은 1975년 헌법의 극좌적인 내용을 어느 정도 수정하고 1954년 헌법의 일부원칙과 제도를 부활하고 있었으나 의연히 당의 지배적 역할이 강조되어 있었다.

1978년 헌법은 전문, 제1편 총강, 제2편 국가기구, 제3편 인민의 기본적 권리와 의무, 제4편 국기·국장·수도로 60개 조문으로 구성되었다.

5) 1982년 헌법

이 헌법은 1982년 12월 4일 제5기 인민대표대회 제5회 회의에서 채택한 것이다.[29] 이 헌법은 1954년 헌법의 기본원칙과 정신을 부활 발전시켰다는 점이 강조되고 있다. 그 중에서도 국가 정치 중에서 헌법의 지위를 명확히 하고 경제발전수준에 적합한 경제제도를 규정하고 기본권보장조항을 추가한 점에서 장점이 있다. 그 중에서도 경제개혁 개방정책을 헌법 차원에서 구체화한 것이다.[30]

---

28) The Constitution of the People's Republic of China(1975), e-chaupak.net.
29) Wikipedia, 1978 Constitution of the People's Republic of China; H. Chiu, Chinese Constitutional Development from 1949 to 1981 in The Chinese Constitution and the Role of Law, *Review of Socialist Law* Vol. 11, No. 2 (1985), pp. 147-148.
30) 중요한 것만 나열한 것이다. 내용은 상세하고 많은 조문으로 되어 있다. 상세한 것은 *1982 Constitution*

① 제1차 개정(1988. 4) 국유토지사용권의 유상양도인정(제10조 4항), 사유경제를 사회주의 공유제경제의 보충으로 인정(제11조 추한 추가)

② 제2차 개정(1993. 3) 중국적 특색이 있는 사회주의 건설(전문), 사회주의적 시장경제의 실시(제15조), 국유기업의 자주경영권 인정(제16조), 국영경제(기업)을 국유경제(기업)으로 인정(제7조 등)

③ 제3차 개정(1999. 3) 중화인민공화국은 사회주의의 초급단계에 있으며 마르크스·레닌주의, 마오쩌둥, 덩샤오핑 이론에 영도되고 있다. 법치국가를 실시하고 사회주의적 법치국가건설(제5조), 개인경영경제, 사영경제 등의 비공유제경제는 사회주의시장경제의 중요한 구성부분(제11조) 등을 개정하였다.

④ 제4차 개정 새로이 개정된 것으로는 전문에서 「세계」의 대표사상을 규정하고 제13조에서 사유재산권의 보장에 관한 규정을 보완하고 공공의 이익을 위한 수용에는 보상을 요한다고 하고 국가는 인권을 존중하고 보장한다는 규정을 추가했다.

2. 1954년 헌법의 기본권보장 규정

1) 기본권 규정

1954년 헌법은 제3장에서 공민적 기본권리와 의무를 규정하고 있다. 이를 구분해 보면 다음과 같다.[31]

(1) 평등권
① 법률일률평등(제85조)
② 선거권과 피선거권의 평등, 남녀동권(제86조)
③ 부녀자의 남성과의 동권(제96조)

(2) 자유권
① 언론·출판·집회·결사·여행·시위적 자유(제87조), 국가공급 필수적 물질상 편리를 보장받을 자유(제87조)

---

of the People's Republic of China with Amendment; Constitution of the People's Republic of China(Chinese and English Text), National Peoples Congress; 중화인민공화국헌법 中華人民共和國憲法(1982).

31) Rahul Aryan-Academ ⋯ *Fundamental Rights & Duties of the Chinese People* ⋯; *The Constitution of 1954: the Real Start of Modernization of Chinese Constitutionalism.*

② 종교·신앙 자유(제88조)

③ 인신의 자유의 불가침, 법원의 결정에 의한 체포(제89조)

④ 주택의 불가침, 통신비밀의 법률에 의한 보장, 거주와 이사의 자유(제90조)

(3) 생존권 사회권

① 노동의 권리, 취업의 권리, 노동조건 개선의 권리(제91조)

② 노동자의 휴식권, 휴가제도, 휴식요양소제도의 확충(제92조)

③ 노령, 질병, 노동능력 상실시 물질적 방조를 받을 권리(93조)

④ 교육을 받을 권리, 국가의 교육문화청년체력 증진의무(제94조)

⑤ 과학연구, 문화 예술 창착과 문화활동의 자유(제95조) 이에 대한 국가의 물질적 장려와 방조의 의무

⑥ 부녀의 혼인, 가정, 모친과 아동의 국가적 보호를 받을 권리(제96조)

(4) 청구권

① 국가기관공작원에게 항의하고 제소하고 청원할 권리(제97조 1항)

② 공작원의 불법행위로 권리침해 당한 공민의 손해배상청구권(제97조 2항)

③ 국외화교의 정상적 권리와 이익을 보장받을 권리(제98조)

④ 정치적 압박을 받은 국민의 중국거류권(제99조)

2) 기본권 규정의 특색

1954년 헌법의 기본권규정은 스탈린 헌법의 기본권규정을 모방한 것이다. 이것은 총강에서 이미 사회주의건설(제4조), 생산수단의 국가소유제, 합작사소유제, 자본가소유제(제5조), 사회주의경제, 사회주의개조(제6조), 합작사경제(제7조), 토지의 국유제(제8조) 등에서 이미 사회주의를 규정하고 있었기 때문에 기본권에서도 당연히 공산주의 사회주의헌법에 따를 것이 예정되었다. 그리하여 자유권에서도 물질적 보장까지 규정하였고 생존권까지 규정하였으나 당시의 경제사정으로 보아 실현불가능한 것이었다. 그래서 1975년 헌법에서는 참정권과 언론·출판·집회·결사·종교의 자유와 파업의 자유까지 규정하고 있었으나 물적 보장을 규정하지 않았던 것이다.

3. 1978년 헌법의 기본권 조항

1) 기본권 규정의 내용

1978년 헌법은 1954년 헌법의 부활을 꾀했기 때문에 제3편에서 인민의 기본적 권리와 의무를 규정하고 있다.

(1) 자유권

① 언론·출판·통신·집회·행진·시위·파업의 자유, 의견발표, 토론의 자유, 대자보첩부의 자유

② 종교를 신앙하는 자유와 종교를 신앙하지 않고 무신론을 선전하는 자유

③ 인신의 자유와 주거의 자유의 불가침(제47조), 법원의 결정 또는 인민검찰원의 승인 없는 체포의 금지

(2) 생존권

① 일할 권리, 노동·취업의 안배, 노동보수의 증가, 노동조건의 개선, 노동보호, 집단적 복지의 증진(제48조)

② 근로자의 휴식의 권리, 노동시간과 휴가시간의 법정, 노동자 휴양의 물질적 조건의 확충(제49조)

③ 노령, 질병 또는 노동능력을 상실한 경우 물질적 보조를 받을 권리 사회보증 사회구제 국비의료 협동의료 등의 확충, 혁명상이군인, 혁명열사가족의 생활 보장(제50조)

④ 교육을 받을 권리, 각종 문화교육시설의 확대, 청소년의 건전한 성장노력(제51조)

⑤ 문화활동을 할 자유, 국가의 문화사업에서 창조적 활동을 장려·보조(제52조)

⑥ 남녀의 혼인의 자유, 혼인 가정 모친 아동의 국가보호, 가족계획실시(제53조)

(3) 평등권

① 선거권과 피선거권의 평등보장(제44조)

② 부인의 남자와의 평등권(제53조)

③ 동일노동에 대한 동일임금의 보장(제53조)

④ 재외화교에 대한 권리보호(제54조)

(4) 청구권

① 불법행위를 한 공무원에 대한 고발권

② 청원권(제55조)

③ 망명자비호, 외국인에게 거류권보장(제59조)

(5) 의무

① 중국공산당 지도 옹호, 사회주의제도 옹호, 조국통일과 각민족의 단결을 유지시킬 의무(제56조)

② 헌법과 법률준수의무(제56조)

③ 공공재산의 애호, 방위, 노동규율의 준수, 공공질서와 사회공공도덕의 존중

④ 국가기밀누설금지(제57조)

⑤ 조국수호·침략저항의무, 병역과 민병조직에 참가할 의무

2) 기본권보장의 특색

중국은 1970년대 말과 1980년에 들어와 법치건국을 주장하면서 법의 지배를 강조하였다. 그러나 헌법과 법률준수의무(제56조)는 사실에 있어서 경제발전이 따르지 않고 법치주의가 잘 지켜지지 않았다.[32] 특히 사법권의 독립이 잘 보장되지 않고 교도소 재소자의 인권도 잘 보장되지 않았다. 그리하여 시민단체들이 인권단체를 만들어 1979년 1월 17일에 중국인의 인권선언을 통과시키고 이를 천안문의 민주주의 벽에 게시하여 주목을 받았다.[33] 그 내용은 상세하나 여기서는 표제만을 보기로 한다.

제1조 표현의 자유, 정치범의 석방요구

제2조 비판하고 평가할 권리보장, 민주주의의 사회건설

제3조 소수민족보호, 다당제민주주의, 공산당의 정부지배반대

제4조 직접투표에 의한 지방지도자 선출하기 위한 전국적 총선실시

제5조 정부의 정보공개(주정부예산, 국민총소득·투자와 수익, 인구수, 실업자수, 군대수, 예산 적자 및 국내외 채무 등)

제6조 홍보, 전국인민대표대회의 공개, 방청의 자유보장

제7조 공공재산통제 소유권제도의 점진적 전환

---

32) Wikipedia, Human rights on China.

33) ICL, *China-Declaration of Human Rights Adopted on 17. Jan. 1979.*

제8조 국제적 데탕트, 미국인 일본인 소련국민과의 우호친선요구

제9조 서구의 과학기술뿐만 아니라 서구의 민주적 문화적 전통으로부터 빌릴 필요가 있다.

제10조 외국정보의 입수자유, 외국 언론과의 접촉허용, 외국신문 외국방송 TV의 시청 자유

제11조 고용·복장·운동의 자유, 피임 프로그램의 강제시행금지, 실업자의 실업보상청 구권

제12조 농민에게 기본곡물배급보장 요구

제13조 농촌 청소년교육 평등, 생활조건의 개선

제14조 기만적인 모집관행금지, 현금과 뇌물수수처벌

제15조 노동에 있어서 4개의 근대화추진환영, 인민의 요구를 받은 경우 신속하게 또 직접적인 처리요구

제16조 비밀경찰제도의 폐지, 비밀경찰에 의한 체포금지

제17조 생활공간, 침실의 확장, 검열의 금지, 대학입시에서의 정치성향조사

제18조 여행의 자유, 국경개방요구, 외국유학의 자유, 외국여행의 자유보장

제19조 모든 정부 인권단체에 의한 중국인권연합의 협조요구

4. 1982년 헌법의 기본권 조항

1) 기본권 규정

현행 중화인민공화국헌법인 1982년 헌법은 제2장에서 公民的 基本權利和義務를 규정하고 있다. 중국 학자들도 이제 기본권을 조문순으로 분류하지 않고 성질에 따라 구분하기 시작하였다. 모지홍의 헌법학 교과서는 다음과 같이 구분하고 있다.[34]

(1) 인간의 존엄과 평등권
① 인간의 존엄(제38조)
② 평등권(제32조), 남녀동권(제48조)

---

34) 莫紀宏 主編, 李忠 副主編, 『憲法學』, 北京, 2004; pp. 279-380. 간단한 설명으로는 China's Constitution Guarantee for People's Right.

(2) 자유권

① 인신의 자유(제37조), 주거의 불가침(제39조), 통신 자유(제40조)

② 정신적 자유(제35조 언론 출판 집회 결사), (제36조 신앙의 자유)

③ 경제적 자유

(3) 사회권

① 생존권 사회보장(제44조), 사회보험 사회구조(제45조), 혼인 가정보호(제49조)

② 교육을 받을 권리(제46조), 과학연구 문학창작(제47조)

③ 노동권(제42조), 휴식권(제43조), 퇴휴제도(제44조)

(4) 청구권

① 청원권(제41조)

② 소권(제41조) 신소권

③ 구상권(제41조)

(5) 참정권

① 선거권(제34조)

② 감독권(제41조)

이 밖에 의무에 관해서도 규정하고 있다.

① 국가통일, 민족단결의무(제52조)

② 헌법과 법률준수의무(제53조)

③ 조국방어 병역과 민방위의무(제55조)

④ 조국적 안전의무(제54조)

⑤ 납세의 의무(제56조)

⑥ 교육의 의무(제46조)

⑦ 부모부양의 의무, 자녀부양의 의무(제49조)

참고로 중화인민공화국의 현행헌법의 기본권규정을 보면 다음과 같다.

제2장 공민의 기본권리와 의무

제33조 ① 중화인민공화국 국적을 가진 자 모두는 중화인민공화국의 공민이다.

② 중화인민공화국 공민은 법률 앞에서 일률적으로 평등하다. 국가는 인권을 존중하고 보장한다.

③ 모든 공민은 헌법과 법률이 규정한 권리를 향유하는 동시에 헌법과 법률이 규정한 의무를 이행하여야 한다.

제34조 중화인민공화국 만18세의 공민은 민족·종족·성별·직업·가정출신·종교신앙·교육정도·재산상황·거주기한을 구분하지 아니하고 모두 선거권과 피선거권이 있다. ; 다만 법률에 따라 정치권리가 박탈된 자는 제외한다.

제35조 중화인민공화국 공민은 언론·출판·집회·결사·여행·시위의 자유가 있다.

제36조 ① 중화인민공화국 공민은 종교신앙의 자유가 있다.

② 어떠한 국가기관·사회단체·개인도 공민이 종교를 믿거나 믿지 않을 것을 강제 할 수 없고, 종교를 가진 공민과 종교를 갖지 않은 공민을 차별 할 수 없다.

③ 국가는 정상적인 종교 활동을 보호한다. 어떠한 사람도 종교를 이용하여 사회질서를 파괴하고, 공민의 신체건강을 상해하며, 국가교육제도를 방해하는 활동을 하여서는 안 된다.

④ 종교단체와 종교사무는 외국세력의 지배를 받지 않는다.

제37조 ① 중화인민공화국 공민의 신체자유는 침해받지 않는다.

② 어떠한 공민도 인민검찰원의 허가·결정 또는 인민법원의 결정을 거치지 아니하면 공안기관의 집행으로 체포되지 않는다.

③ 불법구금과 기타 방법으로 공민의 신체자유를 불법으로 박탈하거나 제한하는 것을 금지하고, 공민의 신체를 불법으로 수색하는 것을 금지한다.

제38조 중화인민공화국 공민의 인격존엄은 침해받지 않는다. 어떠한 방법으로도 공민에 대해 모욕·비방·무고·모함하는 것을 금지한다.

제39조 중화인민공화국 공민의 주택은 침범받지 않는다. 공민의 주택을 불법으로 수색하거나 침입하는 것을 금지한다.

제40조 ① 중화인민공화국 공민의 통신자유와 통신비밀은 법률의 보호를 받는다.

② 국가의 안전 또는 형사범죄의 수사에 의한 필요, 공안기관·검찰기관이 법률이 규정한 절차에 따라 통신에 대해 검사하는 것을 제외하고는 어떠한 조직이나 개인도 어떠한 이유로 공민의 통신자유와 통신비밀을 침해하여서는 안 된다.

제41조 ① 중화인민공화국 인민은 모든 국가기관과 국가공무원에 대해 비평과 건의를 제기할 권리가 있다. 어떠한 국가기관과 국가공무원의 위법한 직무상 과실에 대해 유관 국가기관에 고발·고소하거나 검거를 제기할 권리가 있고, 다만 사실을 날조하거나 왜곡하여 무고·모함을 하여서는 안 된다.

② 공민의 고발·고소 또는 검거에 대해 유관 국가기관은 반드시 사실을 철저히 조사하

고, 처리할 책임을 진다. 어떠한 사람도 보복을 위해 압제와 타격을 가하여서는 안 된다.

③ 국가기관과 국가공무원의 공민의 권리침해으로 손해를 입은 자는 법률의 규정에 따라 손해배상을 받을 권리가 있다.

제42조 ① 중화인민공화국 공민은 노동의 권리와 의무가 있다.

국가는 각종 경로를 통해 노동취업조건을 창조하고, 노동보호를 강화하며, 생산을 발전시키는 기초상에서 노동보수와 복지대우를 제고한다.

② 노동은 일체의 노동능력이 있는 공민의 영광스런 직책이다. 국유기업과 도시농촌집단경제조직의 노동자 모두는 국가주인의 태도로서 자기의 노동에 임하여야 한다. 국가는 사회주의 노동경쟁을 제창하고 모범노동자와 선진근로자를 장려한다. 국가는 공민이 의무노동에 종사하는 것을 제창한다.

③ 국가는 취업전의 공민에 대해 필요한 노동취업 훈련을 진행한다.

제43조 ① 중화인민공화국 노동자는 휴식할 권리가 있다.

② 국가는 노동자의 휴식·휴양의 시설을 발전시키고, 직공의 작업시간과 휴가제도를 규정한다.

제44조 국가는 법률의 규정에 따라 기업사업조직의 직공(職工: 관리직과 생산직 직원)과 국가기관 공무원의 퇴직제도를 실행한다. 퇴직자의 생활은 국가와 사회의 보장을 받는다.

제45조 ① 중화인민공화국 공민은 노년·질병·노동능력 상실의 경우, 국가사회로부터 물질적 도움을 얻을 권리가 있다. 국가는 공민의 이러한 권리를 향수하는데 필요한 사회보험·사회구제·의료위생사업을 발전시킨다.

② 국가와 사회는 장애군인의 생활을 보장하고, 열사가족을 부양하며, 군인가족을 우대한다.

③ 국가와 사회는 맹인·벙어리·기타 장애인의 노동·생활과 교육을 안배하고 돕는다.

제46조 ① 중화인민공화국 공민은 교육을 받을 권리와 의무가 있다.

② 국가는 청년·소년·아동이 덕성·지력·체질 등의 방면에서 전면적으로 발전하도록 배양한다.

제47조 ① 중화인민공화국 공민은 과학연구·문학예술창작·기타 문화활동을 할 수 있는 자유가 있다.

② 국가는 교육·과학·기술·문학·예술·기타 문화사업에 종사하는 인민에 유익한 창조적인 업무에 관하여 장려하고 지원한다.

제48조 ① 중화인민공화국 부녀는 정치·경제·문화·사회·가정적인 생활 등 각 방면에서 남자와 평등한 권리를 향유한다.

② 국가는 부녀의 권리와 이익을 보호하고, 남녀에 같은 업무에 같은 보수를 실행하며, 부녀간부를 배양하고 선발한다.

제49조 ① 혼인·가정·모친·아동은 국가의 보호를 받는다.

② 부부 쌍방은 가족계획을 실행할 의무가 있다.

③ 부모는 미성년 자녀를 부양 교육할 의무가 있고, 성년자녀는 부모를 봉양 부조할 의무가 있다.

④ 혼인의 자유를 파괴하는 것을 금지하고, 노인·부녀·아동을 학대하는 것을 금지한다.

제50조 중화인민공화국은 화교의 정당한 권리와 이익을 보호하고, 귀화화교와 그 가족의 합법적 권리와 이익을 보호한다.

제51조 중화인민공화국 공민은 자유와 권리를 행사할 때에 국가·사회·집단의 이익과 기타 공민의 합법적인 자유와 권리를 침해하여서는 안 된다.

제52조 중화인민공화국 공민은 국가 통일과 전국 각 민족의 단결을 유지할 의무가 있다.

제53조 중화인민공화국 공민은 헌법과 법률을 준수하고, 국가비밀을 지키며, 공공재산을 애호하고, 노동기율과 공공질서를 준수하며, 사회공덕을 존중하여야 한다.

제54조 중화인민공화국 공민은 조국의 안전·영예·이익을 유지할 의무가 있고, 조국의 안전·영예·이익을 해하는 행위를 하여서는 안 된다.

제55조 ① 조국보위·침략저항은 중화인민공화국 공민의 신성한 직책이다.

② 법률에 따라 병역복무와 민병조직 참가는 중화인민공화국 공민의 영광스런 의무이다.

제56조 중화인민공화국 공민은 법률에 따라 납세의 의무가 있다.

2) 기본권보장의 특색

이 헌법에서 인간의 존엄에 관한 규정이 처음으로 도입되었으나 과거에 있었던 파업에 관한 권리는 삭제되었다. 사회권의 보장에 있어서는 공산주의헌법의 관례처럼 물질적 보장을 병기하고 있으나 경제발전의 정도에 따라 그 보장의 정도가 달라지고 있다. 제2차 헌법개정에서는 제42조의 노동권에 관한 규정이 개정되었다. 경제제도의 변경에 따라 국가소유의 기업뿐만 아니라 지방의 집단경제조직에서도 노동자는 그 지위에 따라 그의 의무를 완수하도록 규정하고 국가는 사회주의노동원칙에 따라 노동공로자에게 보상을 할 수 있도록 규정하고 있다(수정 제10조).

제4차 헌법개정에서는 「국가가 인권을 존중하고 보장한다」는 규정을 추가하였다(제33조)[35] 1995년의 조사에서는 표현의 자유와 결사의 자유가 잘 보장되지 않으며 고문과 비인도적인 재소자에 대한 처우가 문제되고 있으며 사형이 집행되고 있고 여성의 지위가 향상되

---

35) Human Rights to be enshrined in Constitution, *China Daily*, China Approves Amendments On Property and Human Rights, *New York Times*, http://www.nytimes.com/2004/03/15/world/china-approves-amendments-on-property-and-human-rights.html.

지 않고 있으며 사법권이 독립되지 않고 적법절차가 지켜지지 않았다는 지적이 있었다.[36) 이 밖에도 티베트사태가 논의되고 있다.

3) 인권보장의 최근동향

중국은 그 뒤에 인권보장에 약간의 진전을 보여주고 있다. 2010년에는 미국인이 난징대학교에서 인권강의를 하였고 중국헌법에 대한 연구서들도 나오고 있다.[37) 근자에는 중국적 입헌주의의 특색이 있는가, 유교와 헌법학의 관련 등도 연구되고 있다. 중국이나 동남아에서는 기본권의 세계적 공통성을 부정하고 아시아적 가치를 강조하는 경향이 있어 이에 대한 비판도 행해지고 있다.[38)

주미 중국대사관은 중국에 있어서의 기본권의 진전을 선전하기도 했다.[39) 그러나 2009년까지의 인권에 대해서 서양에서는 많을 비판을 하였다. 특히 언론의 자유와 정치적 자유가 결핍되어 있고 티베트 등에 있어서의 종교적 자유의 침해, 한아이정책에 대한 반대 등이 많이 보도되었다. 샤(Shah)에 따르면 공산당의 독재로 경제성장을 위하여 정치적 자유는 보장되지 않고 정부의 안정을 위하여 정치권력이 남용되고 있다고 주장하였다.[40) 서방국가들은 중국이 경제적 발전을 위하여 정치적 압박을 하고 있는데 대하여 비판을 자제하기도 하였다.

2009년에는 티베트 사태가 일어나 티베트의 많은 반대자들이 죽었고 티베트를 완전히

---

36) China Human Rights Fact Sheet, March 1995, http://www.christusrex.org/www1/sdc/hr_facts.html; U.S. Department of State, *Exploring Chinese History: Politics, Human Rights Issue, China*, http://www.ibiblio.org/chinesehistory/contents/03pol/c06s01.html.

37) K. Musser, "Teaching the Bill of Rights in China," *The History Teacher* Vol. 43, No. 3, May 2010.

38) H. Chiu, The 1982 Chinese Constitution and the Role of Law, *Review of Socialist Law* Vol. 11, No. 2 (1985), pp. 143-160; W. Jones, "The Constitution of the People's Republic of China," *Washington University Law Review* Vol. 63, Issue 4 (1985), pp. 707-735; Z. Pu, "A Comparative Perspective on the United States and Chinese Constitutions," *William & Mary Law Review* Vol. 30, Issue 4. (1989); T. Kellogg, "Constitutionalism with Chinese characteristics?: Constitutional development and Civil litigation in China," Indiana University Research Center for Chinese Politics & Business Working Paper #1, February 2008; Y. Liu, The construction of Human Rights in US and Chinese Philosophical Discourse, Chapter Communicating Differences, pp. 131-144. http://link.springer.com; P. Peerenboom, *Lawyers in China: Obstacles to independence and the defence of rights*, New York: Lawyers Committee for Human Rights, 1998.

39) Embassy of the People's Republic of China, Human Rights Achievements in China, http://www.china-embassy.org/eng/zt/zgrq/t36636.htm.

40) A. Shah, China and Human Rights, Global Issues, May 12. 2010, http://www.globalissues.org/article/144/china-and-human-rights; B. Palmer, Is there Freedom of Speech in China?, Only Symbolically, http://www.slate.com/articles/news_and_politics/explainer/2010/10/is_there_freedom_of_speech_in_china.html.

외국에서 차단하여 세계에서 고립시켰다.[41] 중국정부는 티베트에 돈을 들여 철도를 개설하고 주택을 짓고 있으나 이것은 한인을 티베트에 이주시키는 목적이라고 보고 있다.

중국은 티베트의 독립을 원하지 않고 티베트를 한인(漢人)으로 채워 자치구를 만들려고 하고 있다. 헌법은 소수민족의 권리를 보호한다고 하고 있으나 동화정책을 쓰고 있는 것이 현실이다.

중국의 인권에 대한 국제적 관심을 반영하여 중국은 국제인권법을 비준하고 유엔에서 인권이사회에서 활동을 하고 있는데 인권의 특수성을 주장하여 인권보장에 소극적인 국가의 활동을 비호하고 있다. 중국이 국제적 경제력을 동원하여 주변 약소국에 대한 포섭정책을 쓰면서 국제인권보장활동 등은 소극적이라는 비판을 받고 있다.

중국은 2009년에 국내인권보장에 관한 보고서를 UN 총회의 인권이사회에 보고했는데 중국은 1978년부터 개방과 개혁을 하여 인권보장을 위한 노력을 하고 있다고 하고 있다.[42] 거기서 중국은 국제인권기구와의 협력을 방해하는 제도를 폐기하고 중국인의 독립된 목소를 낼 수 있도록 해 달라고 요구하고 있다. 유엔 인권이사회에서는 중국이 대만 대신에 가입하여 활동을 하고 상황에 대하여 불개입원칙을 지키려는 것 같다.[43] 중국의 인권상황에 관한 책과 논문들은 수많이 나와 있다.[44] 중국은 북한의 인권리포트 「현실과의 이혼」에 관한 것을 제재하려는 유엔의 노력에 대해서도 북한을 옹호하여 북한을 인권형사법정에 기소하는 것을 주저하고 있다.[45]

유엔인권이사회는 중국이 북한탈출자를 체포하여 다시 북으로 보내어 처벌하거나 심지어 사형을 처하는 것을 알면서도 탈북자를 북한으로 보내는데 대해 항의하고 있다.

엠네스티 인터내셔널도 2013년 인권보고서를 제출하였다. 여기서는 아직도 중국이 당면하고 있는 인권침해가 많이 지적되고 있다.[46] 중국의 형사사법상에는 헌법이 그대로 시행

---

41) T. Guasto, *Human Rights, Democracy and Freedom*, The Office of His Holiness The Dalai Lama, http://www.dalailama.com/messages/world-peace/human-rights-democracy-and-freedom; E. Bork, *China, Tibet, and Religious Oppression*, http://www.cfr.org/china/china-tibet-religious-oppression/p36930.

42) United Nations, *General Assembly, National Report Submitted in accordance with Paragraph 15(A) of Amex to Human Rights Council Resolutions 5/1 China*.

43) Sonya Sceats with Shaun Breslin, *China and the International Human Rights System*, Chatham House, Oct. 2012.

44) H. Teng, Human Rights in China, Fall 2009.

45) North Korea, China slam U.N. Human Rights Report, *CNN.com*.

46) Human Rights in China: Against the tide of human progress, *The Economist*, 11. April 2014; Human Rights in China-Chinese Studies, *Oxford Bibliographies*, 30. Aug. 2016; Amnesty Report 2013, China Human Rights(http://www.amnestyusa.org/our-work/countries/asia-and-the-pacific/china).

되지 않으며 아직도 부족한 기본권보장제도가 있으며 기본권침해가 행해지고 있다.[47]

그러나 중국정부는 고등학교에서도 헌법교육을 하고 있으며 비교적 많은 헌법교과서가 발행되고 있기 때문에 인권교육의 발전과 경제부흥의 정도에 따라 인권이 신장될 것으로 기대된다. 또 미국정부에서도 중국의 인권에 대해서 관심을 가지고 있어 인권문제의 개선이 행해질 전망이다.[48]

제5절 인도 헌법의 기본권 조항

1. 인도 헌법의 성립

1) 인도 독립 이전의 헌법

인도는 1858년부터 1947년까지 영국령 인도제국의 지배하에 있었으며 영국의회의 제정법에 의하여 통치되어 왔다. 이때의 여러 영국제정법 특히 1935년의 인도통치법은 이미 보았다. 1947년에는 인도독립법이 제정되었다. 이 인도독립법에 의하여 인도국과 파키스탄국으로 분리되었다. 영국의 각료사절단이 도착하여 인도헌법제정회의를 마련하고 인도헌법을 제정하도록 하였다.[49]

2) 인도헌법제정회의

인도헌법제정회의는 296명으로 구성되었는데 1946년까지 선거가 완료되어 1946년 12월 9일에 개원하였다. 1947년 7월 18일에 시행된 인도독립법에 따라 인도에서 파키스탄이 분리되게 되었다. 헌법제정회의는 2,473건의 개정안을 토의한 뒤에 1946년 12월 9일에 제정회의를 통과했고 이로써 영국의 식민지에서 완전히 독립하게 되었다.

---

47) 周葉中 主編,『全國高等學校法學專業核心課程敎材 憲法』, 高等敎育出版社, 2001. 433; 莫紀宏 主編, 『法律碩士專用學位硏究生通用敎材 憲法學』, 社會科學文獻出版社, 2004, 584.
48) T. Lum, *Human Rights in China and U.S. Policy: Issues for the 114th Congress September 17. 2015*, Congressional Research Service 7-5700.
49) Wikipedia, Constitution of India; Articles: Indian Constitutional Law and Philosophy, 1990, https://indconlawphil.wordpress.com/articles; 강경선,『인도헌법의 형성사』, 2014; 강경선,「네루와 인도헌법」,『인도논문집』제35집(2003. 2), 261-279.

3) 인도 헌법의 시행

인도헌법은 5, 6, 7, 8, 9, 60, 324, 366, 367, 380, 388, 391, 392, 393, 394조가 1949년 11월 26일 시행되고 나머지는 1950년 12월 26일에 헌법이 시행되었다. 이 헌법은 전문과 450조문을 가지고 12개의 별표, 2개의 부칙, 114개의 수정 조문으로 구성되어 세계 최장의 헌법의 하나로 불리고 있다. 인도헌법이 70년 가까이 효력을 가지고 있는 것은 의회에서 쉽게 개정할 수 있기 때문이다. 그동안 수많은 개정이 행해졌다.

2. 인도 헌법의 기본권 규정

1) 인도헌법의 전문

인도헌법은 간단한 전문을 두고 있는데 이는 네루가 기초한 것이다. 이 전문은 원래는 헌법적 구속력이 없는 것으로 생각되었으나 대법원의 결정에 따라 헌법과 같은 효력을 가진 것으로 인정되고 있다.[50] 내용은「우리 인도인은 경건하게 인도헌법을 주권적, 씨족적, 민주적 공화국으로 결정하여 모든 인도 시민에게 확인한다.

정의: 사회적·경제적·정치적

자유: 사상, 표현, 신조, 신앙과 숭배의

평등: 신분과 기회의 평등, 모든 사람에게 증진한다.

박애: 개인의 존엄을 보장하는 박애와 국민으로 통합하고 결합하는 박애」

헌법제정의회에서 1949년 11월 26일 이 헌법을 채택하고 성문화하여 부여한다.

이 규정은 1976년의 제42회 개정에서 사회주의(socialist)라는 용어를 추가하였다.

이 전문은 국가의 목적규범이며 원칙규범이다. 여기서 기본권과 관련된 것은 정의, 자유, 평등, 박애이다. 자유, 평등, 박애는 프랑스혁명의 구호이며, 이에 주석을 붙인 것이라고도 할 수 있다. 자유는 사상의 자유, 표현의 자유, 신조의 자유, 신앙의 자유와 예배의 자유를 규정하여 자유권의 원칙을 국가 목표로 함을 선언한 것이다. 또 평등에 있어서는 계급 평등, 기회의 평등과 모든 사람을 평등하게 보호 증진한다는 것을 규정하고 있다. 또 박애에서

---

50) Wikipedia, *Preamble to the Constitution of India*; Aparajita Baruah, *Preamble of the Constitution of India: An Insight and Comparison with Other Constitution*, New Delhi: Deep & Deep, 2007; Fundamental rights in The Preamble, Free Law Study material, IAS Law Notes, Study material for Ancient India Law, www.civilserviceindia.com.

는 개인의 존엄의 보장과 국민의 통합과 통일을 규정하고 있다.

프랑스혁명에서 이야기 되지 않는 것으로 정의를 들었는데 사회적 정의, 경제적 정의와 정치적 정의를 들고 있는데 이는 사회 경제적 평등을 보장하여 복지사회를 지향하며 정치적 정의는 참정권의 평등과 국가행위의 참여를 규정한 것이라고 하겠다.

2) 기본권조항의 내용

(1) 기본권체계

인도의 기본권은 제3편 Fundamental Rights에서 종류별로 나누어서 규정하고 있다. 이들은 성질로 따라 ① 평등권 ② 자유권 ③ 착취로부터의 권리 ④ 종교적 자유의 권리 ⑤ 문화적·교육적 권리 ⑥ 헌법적 구제의 권리로 나누어지고 있다. 이를 도표로 보면 다음과 같다.[51]

절	조	조문 이름
평등권	14	법 앞의 평등
	15	종교적, 인종적, 카스트, 성, 출생지에 근거한 차별금지
	16	공직 공무에서의 기회균등
	17	불가촉천민제도의 폐지
	18	작위제도의 폐지
자유권	19	언론자유 등에 관한 권리보호
	20	범죄 인정에서 존중을 받을 권리
	21	생명과 인신의 자유
	21A	교육을 받을 권리
	22	체포·구금에 대한 보호
착취에 대한 권리	23	인신매매와 강제노동에서의 보호
	24	공장에서의 아동취업의 금지
종교의 자유권	25	신앙의 자유, 예배의 자유와 종교선전의 자유
	26	종교행정의 자유
	27	특정종교에 대한 보호를 위한 조세징수에서의 자유

---

51) *Constitution of India/Fundamental rights*. Wikibooks open books for an open world; N. Chaudhari, "Human Rights and Indian Constitution," *European Academic Research* Vol. 2 Issue 18, March 2015; *Chapter Ⅲ Human Rights in Indian Constitution and International Covenant; Tarun Jain*, "Influence of Universal Declaration on the Judicial Interpretation of Fundamental Rights and Directive Principles in the Constitution of India," 30 Jan. 2008.

	28	특정종교기관에서의 종교교육이나 종교예배의 자유
문화적 교육적 권리	29	소수자의 이익의 보호
	30	소수자를 위한 교육제도의 창설과 행정에 관한 권리
	31	재산의 강제취득보호(1978년 헌법 개정에서 폐지됨)
헌법적 구제에 관한 권리	32	헌법적 구제를 위한 권리의 강제권
	32A	이 32조에 규정된 것과 관련된 주 헌법의 부적용(1997년 헌법 개정에서 폐지)
	33	헌법적 보장을 적용하기 위한 권리의 의회 수정권
	34	계엄령 선포지역에서의 이 권리의 제한
	35	헌법 제 구제규정의 효력에 관한 입법

(2) 기본권 전문

참고로 기본권 규정의 한국번역을 보면 다음과 같다(인도헌법 제14조-제32조).

제Ⅲ편 기본적인 권리
총칙

제12조(정의) 이 편에서 "국가"에는 문맥상 달리 요구되지 않는 한, 정부와 인도 의회와 각 주의 정부가 포함된다. 그리고 각 주 의회와 지방 정부 또는 기타 당국의 통제 하에 있는 인도 내의 모든 기관을 포함한다.

제13조(기본권과 모순되거나 위반되는 법들) (1) 인도 영토 내에서 시행되는 모든 법률은 이 헌법의 효력 발생 전에 그들이 이 편의 규정에 위배되는 한, 이 조항의 규정은 불일치가 있는 한도 내에서 무효가 된다.

(2) 국가는 (1) 조항에 의해 부여된 권리를 박탈하거나 침해하는 법률을 제정할 수 없고 모든 법률 위반의 범위 내에서 무효가 된다.

(3) 문맥상 달리 요구되지 않는 한, 이 조항에서 (a) "법"은 모든 법령, 명령, 선행령, 규칙, 규정, 통보, 관습 또는 관행 등 인도 영토 내에서 적용되는 법을 말한다. (b) "시행중인 법"에는 의회가 통과 또는 제정한 법률이 포함된다. 또는 인도의 영토 내 다른 권한 있는 당국이 이 헌법의 시작 이전에 제정한 것과 그러한 법률이나 그 일부가 모든 영역 또는 특정 영역에서 기능하지 않아 사전에 폐지되지 않는 법률과 그 부분을 포함한다.

(4) 본 조항의 어떠한 내용도 제368조에 의거한 헌법 개정에 적용되지 않는다.

평등권

제14조(법 앞에 평등) 국가는 어떤 사람에게도 인도의 영토 내에서는 법 앞에서의 평등 또

는 법의 평등 보호가 부인되지 아니한다.

제15조(종교, 인종, 계급, 성 또는 출생지를 이유로 한 차별의 금지) (1) 국가는 종교, 인종, 계급, 성별, 출생지 또는 그 중 하나를 이유로 하여 공민을 차별 대우해서는 안 된다.

(2) 시민권자는 종교, 인종, 계급, 성별, 출생지 또는 그 중 어느 하나만을 이유로 다음에 또는 사항에 관하여 자격을 상실당하거나 이러한 의무를 부과당하거나 제한을 당하거나 또는 조건을 부과당하지 아니한다. (a) 상점, 공공 식당, 여관 및 공공장소에 대한 출입 (b) 공공 기금이 전액 또는 부분적으로 정부 기금에서 유지되거나 일반 대중의 사용에 제공되는 우물, 탱크, 목욕용 산맥, 도로 및 장소의 사용.

(3) 이 조항의 어떠한 규정도 국가가 여성과 어린이를 위한 특별 규정을 하는 것을 방해하지 않는다.

(4) 이 조항 및 제29조 (2)항의 규정은 국가가 시민의 사회적·교육적 후진계층 또는 지정부족의 발전을 위한 특별규정을 두는 것을 방해하는 것은 아니다.

(5) 이 조항에서 제19조 (1)항 제(g)의 규정이 국가가 법으로 시민적 사회적·교육적 추진계층의 발전과 지정 카스트와 지정 부족의 공교육기관과 제30조 (1)항에 규정된 소수자 교육기관 아닌, 국가에 의해서 보조되거나 보조되지 않는 사립교육기관의 입학의 특별조건을 제정하는 것을 국가가 방해하는 것은 아니다.

제16조(공적고용에 있어서의 기회균등) (1) 국가 하의 관직에의 고용 또는 임명에 관한 사항에 대해서는 어떤 공민도 평등한 기회를 가진다.

(2) 어떤 공민도 종교, 인종, 카스트, 성별, 신분, 출생지, 거주지, 또 그 어떤 것인가 만을 이유로 하여 국가 하에 있는 관직에서 고용 또는 임명에 있어서 부적격으로 판정되거나 차별을 받아서는 안 된다.

(3) 이 조의 규정은 주 또는 연방 영내의 정부, 지방기관 또는 기타의 기관에 있어서 각 직종의 교용 또는 임명에 관하여, 당해 고용 또는 임명 이전에 당해 주 또는 연방 영내에 거주하는 것을 필요로 한다는 것을 필요로 한다는 뜻을 규정하는 법률을 국가가 제정하는 것을 방해하는 것은 아니다.

(4) 이 조항은 국가가 후진적 계층이나 시민이 국가의 의견이 국가 하에서 취업하고 있는 사람들이 부적절하게 대표되어 있다고 생각하는 경우 국가로 하여금 어느 특정한 정부직이나 다른 직역에의 임명을 유보하는 규정을 두는 것을 방해하지 않는다.

제18조(명예칭호제도의 폐지) (1) 군과 학문적 칭호 의한 명예 칭호 이외의 명예칭호는 국가가 수여하지 않는다.

(2) 인도인은 누구나 외국 국가로부터 어떤 칭호도 받아서는 안 된다.

(3) 인도 시민이 아닌 사람은 그가 국가의 공직을 가지고 있는 동안에는 대통령의 동의 없이는 외국으로부터 어떤 칭호도 받을 수 없다.

(4) 국가의 어떤 이득을 얻거나 신앙을 받고 있는 직무를 가지고 있는 사람은 대통령의 동의 없이는 외국 국가로부터는 어떤 선물이나 보수나 어떤 종류이건 직무를 수락할 수 없다.

제19조(자유권) (1) 모든 국민은 다음 권리를 가진다. (a) 언론과 표현의 자유 (b) 평화적 비무장적 집회의 자유 (c) 결사나 노동조합 사회협동조합을 결성할 권리 (d) 인도 영내의 어느 부분이든 거주와 정착의 자유 (f) 생업의 행사, 직업의 행사, 장사와 영업행위의 자유 (2), (3), (4), (5), (6)항 생략

제20조(범죄처벌로부터의 보호) (1) 그 행위가 사전에 범죄로 규정되었고 행위 시에 그 법률이 유효한 범죄를 행한 경우가 아닌 한, 유죄로 인정되지 아니한다. 또 범죄의 행위 실행 시의 법률에 의한 것보다도 중한 형법을 부과 받지 아니한다.

(2) 어떤 사람도 동일한 범죄행위로 이중기소 되거나 이중처벌 되지 아니한다.

(3) 어떤 사람도 범죄행위로 고발된 경우에는 본인의 의사에 반하여 진술을 강요당하지 아니한다.

제21조(생명과 인신의 자유의 보장) 누구도 법률이 규정한 절차에 의하지 아니하고는 생명이나 인신의 자유를 침해당하지 아니한다.

제21A조(교육의 권리) 국가는 법률에 따라 국가가 원하는 방법으로 6세에서 14세까지의 소인에게 모든 사람은 완전할 교육을 받을 권리를 가진다.

제22조(특정한 이유에 의한 체포와 구금에서의 보호) (1) 어떤 사람도 사전에 고지되지 아니하고는 또 체포의 이유를 즉시 고지 받지 아니하고는 체포 구금되지 아니한다. 또 즉시 자격 있는 변호사에 의한 의뢰와 변호를 받지 아니하고는 체포되거나 구금되지 아니한다.

(2) 체포되어 구금되어 있는 사람은 체포지에서부터 가장 가까운 이내에 법원의 법정에 제시해야 한다. 법원의 명령 없이는 이 기간을 초과하여 구금할 수 없다.

(3) (이하 생략)

착취에서의 권리

제23조(인신매매와 강제노역의 금지) (1) 인신매매와 부역 등 유사한 형태의 강제노동은 금지되며 이 규정에 위반되는 범죄는 법률에 따라 처벌된다.

(2) 이 조항의 규정은 국가가 공공의 목적으로 의무적 노무를 과하는 것을 방해하는 것은 아니다. 단 국가가 당해 역무를 부과하는 경우에는 종교, 인종, 카스트, 계층 또는 그 어느 하나만을 이유로 하여 차별을 해서는 안 된다.

제24조(공장 등에서의 아동고용의 금지) 14세 미만의 아동은 공장 또는 광산에서의 노동에 고용해서는 안 된다. 이 밖에도 다른 위험한 업무에 종사시켜서는 안 된다.

종교의 자유에 관한 권리

제25조(종교의 자유, 행사의식의 자유, 종교의 선교의 자유) 공공의 질서나 도덕, 건강과 이 장의 다른 규정에 제한 내에 있어서 모든 사람은 종교의 자유와 종교의식, 종교행사 등과 종교의 고백, 신앙과 선교의 자유를 가진다. (이하 생략)

제26조(종교적 행위의 자유) 공공의 질서, 도덕 및 보건상의 제한 범위 내에서 모든 종파 또는 분파는 다음의 권리를 가진다. (a) 종교적·자선적 목적으로 시설을 창설하고 유지하는 일 (b) 종교사항에 관한 업무를 처리하는 일 (c) 동산, 부동산을 소유하는 일

제27조(특정종교의 홍보를 위한 조세납부에서의 자유) 어느 누구도 특정한 종교 또는 종파의 선교 또는 시설의 비용을 부담하기 위한 조세의 납부를 강요당하지 아니한다.

제28조(특정종교 교육기관에서의 종교행위 행사의 참석 자유) (1) 국가재정에 의해서 완전히 유지되는 교육기관에서는 종교교육을 행해서는 안 된다.

(2) (이하 생략)

문화적 종교적 권리

제29조(소수자의 이익의 보호) (1) 인도 영내에 거주하는 시민과 인도의 어느 부분에서 주거하는 시민은 누구나 특별한 언어, 문자 또는 문화를 가진 사람은 그를 유지하기 위한 권리를 가진다.

(2) 어떤 시민도 국가나 국가의 지원을 받는 교육기관에서는 종교, 인종, 카스트, 언어 또는 그 어느 하나를 이유로 하여 학교의 입학이 거부되지 않는다.

제30조(소수자가 교육기관을 설립할 권리) 종교 또는 언어에 근거한 소수자는 그들이 선택하는 종교교육 (1A) (이하 생략)

제31조(재산권의 강제적 취득) 폐지됨

제31A조, 제31B조, 제31C조(재산권의 특별법) 생략

제32조(이 장의 권리집행을 위한 구제수단) (1) 이 장에서 보장되고 있는 권리를 실현하기 위하여서는 적정한 절차에 따라서 최고법원에 제소할 권리가 보장된다.

(2) 이 장에서 보장되고 있는 권리를 보장하기 위하여 최고법원은 인신보호영장, 직무집행영장, 금지영장, 권한개시영장 또는 이송명령서의 성질을 가지는 영장을 발부할 권한을 가진다.

(3) 위 (1), (2)항에서 최고법원에 주어진 권한에 대해서 의회는 (2)항에 따라 최고법원이 행사할 수 있는 권한의 전부 또는 일부를 다른 법원이 그 관할구역에서 행사할 수 있다는 법률을 제정할 수 있다.

(4) 이 조항에 의하여 보장된 권리는 이 헌법이 규정한 경우를 제외하고는 정지할 수 없다.

제32A조 폐지됨

제33조(이 장의 규정을 집행하기 위한 의회의 수정권) (이하 제34조 제35조 생략)

(3) 대법원 판례로 인정된 기본권

인도헌법은 이들 열거된 기본권 이외에도 열거되지 아니한 기본권을 인정하고 있다. 인도 대법원은 제21조, 제14조와 제19조의 기본권과 관련하여 다음의 여러 권리를 인정하고 있다. 그중에서도 제21조에서 다음의 권리들을 인정하고 있다.

（ⅰ）외국여행의 자유 （ⅱ）사생활비밀의 권리 （ⅲ）독방 감금금지의 권리 （ⅳ）기둥에 묶는 족쇄 등의 금지에 관한 권리 （ⅴ）법률구조의 권리 （ⅵ）신속한 재판을 받을 권리 （ⅶ）수갑을 차지 않을 권리 （ⅷ）지연된 집행을 반대할 권리 （ⅸ）감금시설에서의 폭행에 반대하는 권리 （ⅹ）공개적 교수형에 반대하는 권리 （ⅺ）건강 배려와 의사의 조력을 받을 권리 （ⅻ）주거의 권리 （xiii）알권리 （xiv）인권침해에 대한 보상을 받을 권리 （xv）채무이행노동자의 석방과 복권에 관한 권리 （xvi）잔혹하고 비정상적인 처벌에 반대하는 권리 （xvii）보호사회주택의 동거자의 권리

이 밖에도 약물, 유해화학물, 정신이상자, 여권, 원자력피폭에 대한 권리, 산림에 대한 권리가 인정되어 있다.

(4) 헌법에 열거되지 아니한 아직도 법원이 인정하지 않는 권리

예를 들면 시민적·정치적 권리에 관한 국제인권규약 중 인도 헌법에 규정되어 있지 않는 권리에 대해서는 그 실효성을 인정하지 않으려고 하였다. 국제인권위원회, 국제연합인권이사회 등의 권고로 이제 많은 국제인권규약의 내용이 헌법에 규정되어 있지 않더라도 법원이 효력을 인정하는 경우가 나타나고 있다.

3) 기본권조항의 특색

이 기본권조항은 인도의 마그나 카르타(Magna Charta)라고 불리우고 있으며 인도인의 양심이요 자랑이라고 생각하고 있다. 세계각국의 헌법규정과 국제연합의 세계인권선언이나 세계인권규약을 참고로 하고 있으며 대표적인 헌법규정이라고 하겠다. 인도헌법의 기본권 규정은 영국헌법과 러시아, 오스트레일리아, 일본, 독일, 캐나다, 아일랜드헌법의 영향을 받았다.

인도헌법의 기본권규정 중 특수한 것은 헌법상의 구제에 관한 권리 규정이다(제32조－제35조). 이 절(Part)에 규정되어 있는 권리의 실현을 하기 위하여 적정한 절차에 따라서 최고재판소에 제소할 권리가 보장된다. 이 권리를 보장하기 위하여 최고재판소는 적정한 지령, 명령 또는 인신보호영장, 직무집행영장, 금지영장, 권한개시영장 또는 이송명령서의 성질을 가지는 영장을 발할 권한을 가진다. 또 앞 절에서 규정한 최고재판소에 주어진 권한을 침해하

지 않는 한 국회는 앞 항에 근거한 최고재판소가 행사할 수 있는 권한의 모두 또는 일부를 다른 재판소가 그 관할구역에 있어서 행사할 수 있도록 하는 법률을 제정할 수 있다.

4) 기본권규정과 세계인권선언 및 국제인권규약의 관계

인도의 기본권 규정은 세계인권선언과 시민적·정치적 권리규약과도 유사성이 많다. 이 대조를 보면 다음과 같다.[52]

Comparative Position of Civil and Political Rights

인도 헌법	세계인권선언	시민적·정치적 선언
Article 14	Article 7	Article 14
Article 15	Article 2	Article 26
Article 16 (1)	Article 21(2)	Article 25(c)
Article 19 (1) (a)	Article 19	Article 19 (1)(2)
Article 19 (1) (b)	Article 20 (1)	Article 21
Article 19 (1) (c)	Article 23 (4)	Article 21(1)
Article 19 (1) (d)	Article 13(1)	Article 12(1)
Article 19 (1) (e)	Article 13	Article 12
Article 19 (1) (g)	Article 23(1)	−
Article 20 (1)	Article 11(2)	Article 15(1)
Article 20 (2)	−	Article 14(7)
Article 20 (3)	−	Article 14(3)(g)
Article 21	Article 3	Article 6(1) and 9(1)
Article 22	Article 9	Article 9 (2), (3) and (4)
Article 23 and 24	Article 4	Article (8)
Article 25−28	Article 18	Article 18(1)
Article 29 (1)	Article 27(1)(2)	Article 27
Article 32	Article 10	Article 14(1)

이와 같이 세계인권선언규정과 세계인권규약이 거의 같기 때문에 헌법학의 기본권으로 규정되어 있어 기본권연구에 편리하게 되어 있다.[53]

---

52) V. N. Shukla, *Constitution of India*, revised by D. K. Singh 7th edition, Lucknow: Eastern Book Company. 1982; U. Baxi, *The Right to be Human*, India International Centre, New Delhi, 1981; Secretariat Assistant, *Constitution of India and Civil Rights*. http://pscsecretariatassistant.blogspot.kr/p/constitution-of-india-and-civil-rights.html.

53) Constitution of India/Fundamental rights, Wikibooks open books for an open world; Kaushik Dhar, *Domestic Implementation of Human Rights*, Feb. 2012; 백좌흠, 「인도에서 국제법의 국내적

3. 국가정책의 기본원칙

1) 인도헌법의 국가정책의 조항의 의의

인도헌법은 기본적 인권과 달리 국가정책의 기본원칙을 제36조에서 제51조까지 규정하고 있다. 이것은 국가통치의 기본원칙은 바이마르헌법의 규정에서도 볼 수 있는 것이다. 이들 기본권 규정과 분리한 것은 이 조항은 직접 헌법이 법원을 구속하는 것이 아니라고 보아 원리 원칙규정을 독립시킨 것이다. 이것은 경제민주정치의 원리를 선언한 것이다.

2) 국가정책의 기본원칙의 내용

국가정책의 기본 원리를 요약해 보면 다음과 같다.

제36조(국가의 정의: 제3편에 있어서의 국가와 같다)

제37조(이 편의 원칙의 적용 재판상의 강제는 인정되지 않으나 입법상 이 원칙을 적용하는 것은 국가의 의무이다)

제38조(국민의 복지증진을 위한 사회질서 확립)

(1) 국가는 사회적, 경제적, 복지적 정의가 국민생활의 모든 조직에 확산되도록 국민의 복지를 증진하도록 노력하여야 한다.

(2) 국가는 다른 지역에 거주하고 다른 직업에 종사하는 개인 간에 있어서 뿐만 아니라 이들 국민집단 간에도 수입의 불평등의 감소에 노력하여 지위, 편의 및 기회의 불평등의 제거에 노력하지 않으면 안 된다.

제39조(국가가 준수할 일정한 정책원칙)

(a) 공민의 남녀 평등한 생활수단에서 권리

(b) 사회의 물적 소유 및 관리의 공공복리 적합하게 배분할 것

(c) 경제제도의 운영은 부와 생산수단의 집중에 공공에 유해하지 않도록 노력할 것

(d) 남녀의 구별 없이 동일노동에 대한 동일임금 지불보장

(e) 남녀 노동자와 유아의 건강과 체력의 혹사금지

(f) 아동의 발육의 권리, 연소자의 착취에서의 해방

제39A조(평등한 재판과 무료법률구조제도)

재판을 받아 구제를 받을 권리, 무료법률구조의 권리, 무료법률구조제의 도입

적용」, 『인도연구』 제13권 1호(2008. 5), 37-66.

제40조(촌락공동체의 조직)

국가는 촌락공동체를 조직하여 이를 자치단체로서의 기능을 가지도록 함에 필요한 권능을 부여해야 한다.

제41조(노동, 교육의 권리 및 일정한 장소에 있어서의 공적 부조에의 권리)

제42조(정당한 인간다운 노동조건 및 모성보호에 관한 규정)

제43A조(공장운영에의 노동자 참가)

제44조(공민을 위한 통일민법전)

제45조(아동에 대한 무상의 의무교육)

제46조(지정카스트, 지정부락, 기타의 약자층에 대한 교육생 및 경제상의 이익의 촉진)

제47조(영양수준 및 생활수준의 향상 및 공중위생의 개선에의 국가책무)

제48조(농업 및 목축업의 조직화)

제48A조(환경의 보호, 개선 및 유휴 및 삼림 및 야생동물의 보호)

제49조(국가적인 중요한 사적, 장소 및 물건의 보호)

제50조(행정에서의 사법의 분리)

제51조(국제평화 및 안전의 촉진)

3) 국가정책의 지도원칙 규정의 특성

기본권과 달리 국가정책의 지도원칙을 규정한 뜻은 기본권은 직접적 효력이 있어 국민이 법원에 구제를 청구할 수 있는데 반하여 지도원칙규정은 국가정책의 방침규정으로서 입법에 의하여 그 강제력을 인정할 수 있도록 한 것이다. 이것이 세계각국의 일반적인 경향이다. 이 입법방침규정은 사회적·경제적·문화적 권리이기 때문에 물질적 보장을 수반하는 것이기에 경제사정이 나쁜 경우에는 보장해 줄 수 없는 상황이기 때문이다. 그래서 이들 권리의 보장은 점진적으로 행해지는 것이 원칙이었다.

그런데 인도의 최고재판소는 1973년 「지도원칙과 기본권에는 부조화는 존재하지 않는다. 왜냐하면 이들은 헌법이 구가하고 있는 사회혁명의 실현과 복지국가의 확립이라는 동일한 목표를 지향하고 있는 점에서 상호보완적이기 때문이다」라고 하였다. 또 이 판결은 1980년대의 판결에도 발전적으로 계승되어 「기본권과 지도원칙의 조화적 균형은 인도헌법의 본질적 특징의 하나이다」라고 하고 있다. 그래서 인간다운 생활을 보장받을 권리에도 권리성을 인정하고 있다.

4) 지도원칙규정과 유엔인권선언과 사회적·경제적·문화적 인권규약과의 관계

이 국가정책의 기본원칙 중에는 세계인권선언과 경제적·사회적·문화적 권리에 관한 것도 규정되어 있다. 이를 비교해 보면 다음과 같다.

Comparative Position of Economic, Social and Cultural Rights

인도헌법	세계인권선언	경제적·사회적·문화적 인권선언
Article 39(d)	Article 23(2) and (3)	Article 7(a) (i)
Article 39(f)	Article 25(2)	Article 10 (2) and (3)
Article 41	Article 23(1)	Article 6(1)
Article 41 and 47	Article 25(1)	Article 12(2)(d)
Article 41	Article 25(1)	Article 9
Article 42	Article 23(1)	Article 7 (b)
Article 42	—	Article 10(2)
Article 43	Article 25(1)	Article 7(a)(ii)
Article 43	Article 24	Article 7(d)
Article 45	Article 26(1)	Article 13(2)(a)
Article 47	Article 25(1)	Article 11(1)and 11(2)(a)
Article 300 A	Article 17(1) and (2)	—

이것은 유엔의 국제인권법이 인도의 실정법에도 규정되어 있으므로 국제인권법이 실질적인 국가의무임을 확실히 하고 있다.

4. 1913년 인권보호법에 의한 보장

인도의회는 1993년 인권보장법(Protection of Human Rights Act, 1993)을 제정하고 2006년까지 43차에 걸쳐 개정하였다.[54] 여기서는 인권보장을 위하여 여러 가지 인권기구를 들고 조직과 활동, 절차 등을 규정하고 있다. 제2장에서는 국가인권위원회에 관해서 규정하고, 제3장에서는 국가인권위원회의 기능과 권한을 규정하고, 제4장에서는 절차를 규정하고 있

---

54) National Human Rights Commission, *The Protection of Human Rights Act, 1993; M. Sinha, Role of the National Human Rights Commission of India in Protection of Human Rights.*

다. 제5장에서는 주의 인권위원회에 관해서 규정하고 있다. 제6장에서는 인권법정을 규정하고 있다. 제7장은 재정과 결산 등을, 제8장은 잡류의 행정규칙제도에 관해서 규정하고 있다.

여기서 특기할 것은 인권재판소를 둔 것이다(제30-31조). 인권재판소를 주정부가 고등법원장과 상의하여 특수법원으로 법원의 각 구역마다 두게 한 것은 특색이 있다. 외국의 경우 인권재판소는 최종심인데 대하여 인도에서는 지방에 인권재판소를 두거나 법원에 부를 인권문제를 담당하는 법원으로 지정할 수 있게 하였다. 또 인권침해자를 소추하기 위한 검찰관을 둘 수 있게 한 것도 특별하다. 이 검사는 법조경력 7년 이상자여야 한다.

이 법에서 인권의 범위를 헌법이 보장하는 개인의 생명, 자유, 평등과 존엄의 권리와 국제인권규약이 규정한 것이나 인도의 법원이 강제할 수 있다고 보는 것을 말하고 있기 때문에 관할 범위는 매우 넓다고 하겠다.

5. 다른 법률이 규정한 인권의 보호와 증진

인도의회는 수많은 영역에 있어서 인권을 보장하는 법률을 제정하고 있기 때문에 이러한 법률에 따른 인권보호업무를 담당하고 있다. 예를 들면 장애자, 여성과 아동, 종족과 카스트 등에 관한 보호법이 있다. 이 중 중요한 것을 보면 다음과 같다.

(1) 시민권 보호법 1955(The Protection of Civil Rights Act of 1995): Untouchable(불가촉천민) 계급의 차별대우 금지와 처벌

(2) 아동노동(금지와 규제)법, 1986

(3) 노동계약(규제와 폐지)법, 1970

(4) 평등보상법(동일노동에 대한 남녀동일 임금법), 1976

(5) 피용자주보험법, 1948

(6) 모성보호법, 1948

(7) 최저임금법, 1961

(8) 담배노동자(고용조건)법, 1966

(9) 노동자보상법, 1923

(10) 근로자 보호기금(근로자, 가정, 펀드)법, 1952

(11) 수습노동자법, 1961

(12) 임금지불법, 1936

(13) 산업체고용법, 1946

(14) 노동조합법, 1926

(15) 공장법, 1948

(16) 채무강제노동체제(금지)법, 1976

(17) 동물이 먹도록 하는 변기와 건조변기제조(금지)법, 1933

(18) 모터운송노동자(복지)법, 1961

(19) 광산법, 1952

(20) 상선법, 1958

(21) 아동(노동금지)법, 1933

이 밖에도 20개의 개별법이 있는데 이는 생략하기로 한다.

6. 인도의 인권보장의 현실

1) 인도인권보장의 현실

앞에서 본 바와 같이 인도헌법의 기본권규정은 모범적으로 잘 되어 있으나 현실적인 보장문제는 아직도 부적한 점이 많다.

인도는 세계에서 가장 인구가 많은 민주주의 국가로서 정부는 국민의 기본권보장에 노력하고 있다. 인도는 시민사회가 발달해 있고 언론의 자유가 보장되고 있으며 사법권이 독립되어 있어 중국과는 달리 인권보장의 가능성은 높다. 그러나 과거의 오랫동안의 인권침해의 전통과 부폐, 인권침해자의 적발 등이 부족하여 아직도 상당한 인권침해가 행해지고 있다.

정부의 경찰개혁과 건강정책의 확장, 교육의 개선정책이 행해지고 있으나 불가촉천민(Dalits), 부족사회, 종교적 소수자, 장애인, 성적 소수자들은 아직도 차별을 받고 있다. 그 이유는 정부가 공무원의 차별적 행위를 중단시키는 훈련이 부족하기 때문이다.[55] 최근에 문제가 되는 것으로는 자유언론에 대한 제한과 종교적 소수자에 대한 박해 등이 행해지고 있다. 2016년에는 학생들이 내란죄로 처벌되고 있다.[56]

---

55) Human Rights Watch, World Report, 2013, India.
56) Human Rights Watch, World Report, 2016. India.

2) 개선노력

2016년 들어 모디 정부는 사회보험이나 건강제도 개선 등을 위한 재정확보를 위하여 노력하고 있어 가정에서 만족을 느끼는 일이 늘어나고 있다. 또 대법원이 군인들의 불법행위에 대한 책임면제법을 제한적으로 해석함으로써 군인들의 불법행위에 대하여 제동을 걸고 있다.[57]

정부도 인권침해가 계속되어 있는 상황을 인식하고 이의 개선을 위하여 노력을 하고 있다. 그러나 잠무와 카시미르 등에서의 분리주의자의 활동과 마오주의자들의 심각한 인권침해, 군인에 의한 살인, 경찰 공무원 시민들의 인권침해 행위가 계속되고 있는 실정이다.

정부보고서는 기본권 침해실태를 상세히 보고하고 이의 개선을 약속하고 있기에 인권개선을 위한 희망은 있다고 하겠다. 그동안 많은 법률이 개정되었고 대법원도 인권침해 근절을 다짐하고 있기 때문에 인권침해 행위의 감소는 기대할 수 있을 것이다.

---

57) *India 2014 Human Rights Report*, Government of India, 2015; I*ndia 2015 Human Rights Report*, Government of India, 2016; Report on Human Rights Commission.

유럽 현대헌법의 인권 규정

제1절 프랑스 헌법의 기본권 규정

1. 기본권 규정

제2차 세계대전 이후 프랑스는 1946년에 새로운 헌법을 제정하였다. 여기서는 전문에 기본권을 규정하고 있었다. 그러나 현행 프랑스 제5공화국 헌법은 기본권에 관한 특별한 규정을 두지 않고 전문에서 「프랑스 국민은 1789년의 권리선언에 의하여 정하여지고 1946년 헌법전문에 의하여 확인되고 보완된 바와 같이, 인간의 권리와 국민주권의 원리에의 애착을 엄숙히 선언한다」고 하고 있다. 이 규정의 효력에 대해서는 학설이 대립되고 있으나 헌법과 동일한 효력을 인정할 수밖에 없을 것이다. 프랑스는 1948년의 세계인권선언에 가입하였을 뿐만 아니라 1950년의 유럽인권규약(인권 및 기본적 자유를 보호하기 위한 조약)과 1961년의 유럽사회헌장에 가입하였으며, 2000년의 유럽연합의 인권헌장에도 가입하였다. 또 유엔의 국제인권규약 A조약과 B조약의 두 조약에도 가입하여 국제적인 기본권보장 국가로 되었다.[1]

2. 프랑스 제4공화국 헌법 전문

1946년 10월 27일의 프랑스 제4공화국 헌법 전문은 프랑스가 사회적 공화국임을 언명하고 그 전문에서 인권선언을 규정하고 있다. 이 전문은 「모든 인간이 종족·종교·신앙의 차

---

1) M. Duverger, *Droit Public*, 1961; G. Burdeau, *Les Libertés Publiques*, 1956; C. Colliard, *libertés publiques*, 1975; The French Constitution of October 4th, 1958, http://www.worldcat.org; 野村敬造, 『フランス憲法と基本的人權』, 1966; 萩原重夫, 『人權法入門』, 1996; 杉原泰雄, 『人權の 歴史』, 1992.

별 없이 불가양의 신성한 권리를 가지는 것을 성명하고」나아가 1789년의 인권선언에 의하여 승인된 인간 및 시민의 권리 및 자유와 공화국의 제 법률에 의하여 승인된 기본원칙을 엄숙히 재확인하고 이것을 계승하고 그 이외의 새로운 정치적·경제적 및 사회적 원리를 성명하고 있다.

    ① 남녀동권

    ② 자유를 위한 행동 때문에 박해된 자는 영토 내에 망명의 권리를 갖는다.

    ③ 노동의 권리·의무

    ④ 노동조합의 결성권과 노동조합가입권

    ⑤ 파업권의 보장

    ⑥ 노동자의 노동조건의 단체적 결정 및 기업관리에의 참가권

    ⑦ 사회화규정

    ⑧ 가정과 개인에 대한 보호

    ⑨ 아동·모성과 노령자의 보호

    ⑩ 교육의 권리와 무상의무교육에 대한 권리

여기서 보호하고 있는 권리는 사회적 내지 생존권적 기본권이라고 할 수 있을 것이다.

3. 프랑스 제5공화국 헌법에서의 기본권의 헌법평의회에 의한 보장

앞서도 말한 바와 같이 프랑스 제5공화국 헌법상의 기본권규정은 헌법 전문의 규정 밖에 없는바 이것만으로써는 기본권의 보장은 완전하다고는 할 수 없을 것이다.[2] 첫째로 위헌입법심사권을 갖는 헌법평의회는 인권의 옹호자로서의 기능을 다하지 못하고 있으며, 둘째로 이들 헌법 전문의 규정이 불명확하여 헌법평의회의 심사기준이 되기 어려우며, 셋째로 대통령의 비상대권에 의하여 기본권이 제한될 수 있게 하고 있다. 이 점에서 프랑스의 기본권 보장제도에는 상당한 허점이 있었다고 하겠다.

헌법소원제도는 2008년 7월 23일의 헌법개정에 의해서 도입되었다(헌법 제61-1조). 이 헌법

---

  2) 프랑스 제5공화국 헌법의 기본권에 관하여는 M. Duverger, *La Liberté Publique*; M. Duverger, *Institution politiques et Droit constitutionnel*, 1968; F. Luchaire, *La Protection constitutionnelle des Droits et des libertés*, 1987; W. Pickles, *The French Constitution of October 4th, 1958*, 1960; 辻村 みよ子, 『人權の普遍性と歷史性-フランス人權宣言と現代憲法』, 1992; 野田良之, 「基本的人權の思想史的背景」, 『基本的 人權 3』, 1968; 稲本洋之助, 1789年の人および市民の權利の宣言, 『基本的 人權 3』; ゲツェヴィチ, 『憲法の國際化 國際憲法の比較法的考察』, 昭和 39年; 田畑茂二郎 外, 『國際人權條約宣言集』, 1990; 국회도서관 법제자료실, 『불란서헌법사(외국의 법제자료 제5집)』, 1973.

개정에 따라3) 기본권보장이 잘 될 것으로 기대된다. 그런데 프랑스의 헌법평의회(Constitutional Court)는 처음에는 단순한 자문기관처럼 활동하였으나 2008년 이후에 주변국의 헌법재판소처럼 기본권보장을 위하여 활발한 활동을 시작하였다. 한 예를 들면, 2009년의 인터넷 경찰 관서를 두는 입법에 대하여 이 법은 「온라인상의 공공통신사업의 접근권」을 침해한 것이라고 하여 합법성을 배제하였다. 이로써 인터넷 검열을 통한 경찰의 접속금지권도 행사할 수 없게 되었다.4)

프랑스는 2008년 헌법을 개정하여 환경헌장을 추가하였다. 헌법의 제일 끝에 Charter for the Environment를 추가하여 제1조부터 제10조까지 규정하고 있다.

4. 기본권의 분류

1) 제3공화국에서의 기본권의 분류

프랑스에서는 제2차 세계대전 이전에는 기본권을 자유권과 참정권으로 구분하고 있었다. 에스망은 참정권과 자유권(Liberté)을 나누어 자유권은 물질적 이익의 자유(Liberté d'in-térêts matériels)와 정신적 이익의 자유(Liberté d'intérêts moraux)로 나누었고, 전자에는 신체의 자유, 주거의 불가침, 소유권의 불가침, 영업의 자유를 들었고, 후자에는 양심의 자유, 신앙의 자유, 결사의 자유, 출판의 자유, 교육의 자유 등을 포함한다고 했다.5)

오오류는 참정권과 자유권을 구별하고 자유권은 3개로 분류했다. 첫째는 자유적 지위의 자유(Liberté du status libertatis)로 이는 신체의 자유, 노동계약의 자유, 노동의 자유 등이다. 둘째는 정신의 자유(Liberté sprituelles)이며 양심의 자유, 신교의 자유, 교육의 자유, 출판의 자유, 집회의 자유이다. 셋째로는 사회적 제도창설권(droits individuels créateurs d'institutions sociales)이라고 하며 정당, 노동조합, 종교단체, 학술단체 등 회사들을 결성 또는 설립하는 자유 즉 결사의 자유이다.6)

듀기는 자유권과 함께 사회적 기본권을 인정하였다. 첫째는 공권력의 제약에서의 자유인 공공자유(Liberté publiques)이다. 이에는 신체의 자유, 주거의 불가침, 영업의 자유, 집회

3) Constitution Council, Priority Preliminary rulings on the issue of Constitutionality, http://www.conseil-constitutionnel.fr/conseil-constitutionnel/root/bank/print/48002.htm.
4) Top French Court Declares Internet Access 'Basic Human Right', *Fox News*, http://www.foxnews.com/story/2009/06/12.
5) A. Esmein, *Eléments de droit constitutionnel français et comparé*, 1927. 8e éd. Tome 1. p. 584 et. s.
6) M. Hauriou, *Précis de droit constitutionnel*, 1929, p. 156 et. s.

의 자유, 신교의 자유, 표현의 자유, 교육의 자유, 소유권을 들었다. 또 국가측에서 시민에 대한 적극적 급부의 의무(obligations de L'Etat), 즉 사회적 기본권을 들었다.[7]

2) 제4공화국 헌법에서의 기본권의 분류

제4공화국 헌법에서는 사회권 규정이 있었기 때문에 사회권적 기본권을 독립시키는 것이 일반적인 경향이 되었다. 페루 교수는 옐리네크의 고전적 분류에 따라 시민이 국가에 대하여 갖는 관계에서 차지하는 지위에 따라 소극적 지위(statute negatif), 능동적 지위(statute actif), 적극적 지위(statute positif)로 구분한다. 그는 1789년의 인권선언에서 규정되어 있던 소위 자유권은 국가에 대한 시민의 소극적 지위에 해당하고, 규정에 참여하는 능동적 지위에서 참정권이 나오고, 1848년 헌법 전문 및 1946년 헌법 전문에서 규정된 사회적 기본권은 국가에 대응하는 시민의 적극적 지위에서 대응한다고 하였다.[8]

투루타바 교수는 전통적 자유와 사회적·경제적 기본권으로 구분하고 있다. 전자는 ① 기본적 자유(Liberté fundamentaux)로 이는 신체의 자유를 말하며 ② 내심의 자유(Liberté intérieures)로 사상 및 양심의 형성에 관한 자유이며, 사상의 자유, 신교의 자유, 교육의 자유를 포함한다. ③ 이는 이렇게 형성된 사상을 외부적으로 발전시키는 자유, 즉 출판의 자유, 집회의 자유, 결사의 자유라고 한다. ④ 다음에는 참정권이 있다고 한다.[9]

코리알 교수는 자유권과 사회적 기본권을 나누고 있다.[10] 자유권에는 기본적 자유(Les liberté fondamentales)로 신체의 자유(Liberté de la personne)를 들고 있으며, 다음은 사상의 자유(Liberté de la pensée) 또는 지적 자유(Liberté intellectuelles)를 들고, 셋째로 경제적·사회적 자유(Liberté a contenu économiques et social)를 들고 있다. 경제적·사회적 자유에는 노동의 권리(La droit de du travail), 재산권(La droit de proprieté), 상업과 공법의 자유(La liberté du commerce et de l'industrie)를 들고 있다. 그는 평등은 권리라고 하지 않고 원칙(la principe d'egalité)이라고 보고 있다.[11] 그는 1848년 헌법의 사회권이라고 보고 있다.

뷰르도오 교수는 자유를 자율적 자유(Liberté autonomie)와 정치적 자유(Liberté politique)로 구별한다. 전자는 공권력의 제약에서의 시민의 해방, 강제의 결여, 시민에 의한 자율적인

---

7) L. Duguit, *Manuel de droit constitutionnel*, 1923, p. 209 et. s.
8) R. Pelloux, *Le Citoyen devant l'État*, 1955, p. 11 et. s.
9) L. Trotabas, *Manuel de droit public et administratif*, 1962, p. 99 et. s. 이상의 문헌은 수중에 없어서 野村敬造의 저서에 따라서 분류해 본 것이다. Colliard의 다음 저서도 많은 도움이 되었다.
10) C.-A. Colliard, *Libertés publiques*, 5e éd. 1975, pp. 211-215.
11) Colliard, *op. cit.*, pp. 185-210.

권리의 행사, 즉 전통적인 자유권을 말하고, 후자는 사회질서의 유지에 필요한 법규범의 제정에 시민이 직접 또는 간접으로 참여하는 능력 즉 참정권이다. 이러한 권리만으로는 경제적·사회적 진화에 대응할 수 없다고 보고 공동체에 참여할 수 있는 적극적 청구권(droit creance)을 인정하여 권리를 4종으로 나누고 있다.[12]

듀베르제 교수는 자유를 국가의 제약에서의 자유(Liberté limitie)와 국가활동에의 저항의 자유(Liberté opposition)로 나누고 있다. 전자는 신체의 자유, 주거의 불가침, 이전의 자유, 통신의 자유, 사상의 자유, 표현의 자유, 소유권의 불가침, 직업선택의 자유, 영업의 자유, 경제적 자유(자유경쟁, 자유교환, 자유시장)이다. 후자는 결사의 자유, 집회의 자유, 시위행동의 자유가 이에 포함된다고 하며 통치자의 활동에 대한 저항수단으로 인정된다고 한다. 다음에 국가의 활동에의 관여의 자유(Liberté participation)가 인정된다고 하여 이를 현재에 있어서 특히 필요한 것으로서 사회적·경제적 기본권이라 주장한다.[13]

프랑스 학자들의 이러한 분류방식은 1789년의 인권선언의 해석과 의회우월주의 사상에 근거하기도 하고 자유를 국가에 의한 자유로 해석하는 결과가 아닌가 생각된다.[14] 프랑스에서는 자유를 국가에 의한 자유로 보고 있다. 그리하여 국가의 주권이 인권에 우월하다고 보고 국민주권의 발로인 법률을 우위로 보아 법률에 의해서 권리가 형성된다고 본다. 그래서 과거에는 인권론이라고 하지 않고 공권론(Liberté public)이라고 했는데 이것은 법실증적인 인권론의 결과라 하겠다. 이것을 적극적 권리론이라고도 한다.[15]

이에 대하여 미국을 비롯한 자연권 국가에서는 기본권을 국가에서의 자유로 보았다. 오늘날 자연권론을 주장하는 나라에서는 권리는 천부인권이며 법률에 의해서 부여되는 것이 아니고 의회의 입법에 의해서도 제한될 수 없는 것으로 인정되어 왔다. 그리하여 법률이 권리를 침해하는 경우 위헌법률로써 무효로 하게 하는 위헌입법심사제도가 발전되고 있다. 이것을 소극적 권리(Negative Constitutional Right)라고도 할 수 있다.

프랑스에서도 점차 미국식 헌법론이 영향을 끼쳐 기본권이 법률에 의해서도 함부로 제한될 수 없는 것으로 인정되어 1958년 헌법 이후에 헌법평의회가 점차 위헌법률심판을 하게 되기에 이르렀다. 그래서 프랑스 학계에서도 기본권 개념의 재편성이 요청되고 있다. 1970년

---

12) G. Burdeau, *Les Libertés Publique*, 1961. 9. 11.
13) M. Duverger, *Droit Public*, 1961, p. 151 et. s.
14) 두 개의 자유론에 관해서는 辻村 みよ子, 『人權の普遍性と歷史性』, 1992, 171-227.
15) G. Bajrami, "Negative Constitutional Rights in America versus Positive Constitutional Rights in Other Democratic Nations and Why Our System Should Not Change," Seton Hall University, Law School Student Scholarship, 2013. Paper 180.

대 이후에는 헌법평의회에 의한 위헌심사제도가 활발히 논의되기 시작하였고 2008년 이후 위헌심사가 행해지고 있다. 또 새로운 권리로서 제2세대 인권이 보장되고 있으며 환경권리장전 등의 사법적 집행이 논의되고 있다.[16]

이 밖에도 헌법개정에 의하여 권리보호관(호민관)제도가 도입되었다(제71-1조). 권리보호관은 국가행정, 지방자치단체, 공공기관 및 공공서비스 업무를 부여받은 모든 기관 또는 조직법으로부터 권한을 부여받은 모든 기관들의 권리와 자유를 보장하고 있는지 감독한다. … 권리보호관은 대통령과 의회에 대하여 책임을 진다. 이 밖에도 유럽인권법원에 규정된 국가책임을 진다.[17]

참고로 프랑스 인권선언과 1946년 헌법 전문의 영역본을 보면 다음과 같다.

〈프랑스 인권선언(1789. 8. 26)〉

국민 의회를 구성하고 있는 프랑스 인민의 대표자들은 인권에 관한 무지·망각 또는 멸시가 오로지 공공의 불행과 정부 부패의 모든 원인이라는 것에 유의하면서, 하나의 엄숙한 선언을 통하여 인간에게 자연적이고 불가양이며, 신성한 제 권리를 밝히려 결의하거니와, 그 의도하는 바는, 사회체의 모든 구성원이 항시 이 선언에 준하여 부단히 그들의 권리와 의무를 상기할 수 있도록 하며, 입법권과 행정권의 제 행위가 수시로 모든 정치제도의 목적과의 비교에서 보다 존중되게 하기 위하여, 시민의 요구가 차후 단순하고 명확한 제 원리에 기초를 둔 것으로서, 언제나 헌법의 유지와 모두의 행복에 이바지할 수 있도록 하는 것이다. 따라서, 국민 의회는 지고의 존재 앞에 그 비호 아래 다음과 같은 인간과 시민의 제 권리를 승인하고 선언한다.

제1조. 인간은 권리에 있어서 자유롭고 평등하게 태어나 생존한다. 사회적 차별은 공동 이익을 근거로 해서만 있을 수 있다.

제2조. 모든 정치적 결사의 목적은 인간의 자연적이고 소멸될 수 없는 권리를 보전함에 있다. 그 권리란 자유, 재산, 안전, 그리고 압제에의 저항 등이다.

제3조. 모든 주권의 원리는 본질적으로 국민에게 있다. 어떠한 단체나 어떠한 개인도 국민으로부터 명시적으로 유래하지 않는 권리를 행사할 수 없다.

제4조. 자유는 타인에게 해롭지 않은 모든 것을 행할 수 있음이다. 그러므로 각자의 자연권의 행사는 사회의 다른 구성원에게 같은 권리의 향유를 보장하는 이외의 제약을 갖지

---

16) D. Marrani, "Human Rights and Environmental Protection: The Pressure of the Charter for the Environment on the French Administrative Courts," *Sustainable Development Law & Policy* Vol. 10 Issue 1 (Fall 2009), pp. 52-57, 88.

17) Council on Foreign Relations, "The Global Human Rights Regime," June 19. 2013, p. 80.

아니한다. 그 제약은 법에 의해서만 규정될 수 있다.

제5조, 법은 사회에 유해한 행위가 아니면 금지할 권한을 갖지 아니한다. 법에 의해 금지되지 않은 것은 어떤 것이라도 방해될 수 없으며, 또 누구도 법이 명하지 않는 것을 행하도록 강제될 수 없다.

제6조, 법은 일반 의사의 표명이다. 모든 시민은 스스로 또는 대표자를 통하여 그 작성에 협력할 수 있는 권리를 가진다. 법은 보호를 부여하는 경우에도 처벌을 가하는 경우에도 모든 사람에게 동일한 것이어야 한다. 모든 시민은 법 앞에 평등하므로 그 능력에 따라서, 그리고 덕성과 재능에 의한 차별 이외에는 평등하게 공적인 위계, 지위, 직무 등에 취임할 수 있다.

제7조, 누구도 법에 의해 규정된 경우, 그리고 법이 정하는 형식에 의하지 아니하고는 소추, 체포 또는 구금될 수 없다. 자의적 명령을 간청하거나 발령하거나 집행하거나 또는 집행시키는 자는 처벌된다. 그러나 법에 의해 소환되거나 체포된 시민은 모두 즉각 순응해야 한다. 이에 저항하는 자는 범죄자가 된다.

제8조, 법은 엄격히, 그리고 명백히 필요한 형벌만을 설정해야 하고 누구도 행위에 앞서 제정·공포되고, 또 합법적으로 적용된 법률에 의하지 아니하고는 처벌될 수 없다.

제9조, 모든 사람은 범죄자로 선고되기까지는 무죄로 추정되는 것이므로, 체포할 수밖에 없다고 판정되더라도 신병을 확보하는 데 불가결하지 않은 모든 강제 조치는 법에 의해 준엄하게 제압된다.

제10조, 누구도 그 의사에 있어서 종교상의 것일지라도 그 표명이 법에 의해 설정된 공공 질서를 교란하지 않는 한 방해될 수 없다.

제11조, 사상과 의사의 자유로운 통교는 인간의 가장 귀중한 권리의 하나이다. 따라서 모든 시민은 자유로이 발언하고 기술하고 인쇄할 수 있다. 다만, 법에 의해 규정된 경우에 있어서의 그 자유의 남용에 대해서는 책임을 져야 한다.

제12조, 인간과 시민의 제 권리의 보장은 공공 무력을 필요로 한다. 따라서 이는 모든 사람의 이익을 위해 설치되는 것으로서, 그것이 위탁되는 사람들의 특수 이익을 위해 설치되지 아니한다.

제13조, 공공 무력의 유지를 위해, 그리고 행정의 제 비용을 위해 일반적인 조세는 불가결하다. 이는 모든 시민에게 그들의 능력에 따라 평등하게 배분되어야 한다.

제14조, 모든 시민은 스스로 또는 그들의 대표자를 통하여 공공 조세의 필요성을 검토하며, 그것에 자유로이 동의하며, 그 용도를 추급하며, 또한 그 액수, 기준, 징수, 그리고 존속 기간을 설정할 권리를 가진다.

제15조, 사회는 모든 공직자로부터 그 행정에 관한 보고를 요구 할 수 있는 권리를 가진다.

제16조, 권리의 보장이 확보되어 있지 않고 권력의 분립이 확정 되어 있지 아니한 사회는

헌법을 갖고 있지 아니하다.

제17조. 하나의 불가침적이고 신성한 권리인 소유권은 합법적으로 확인된 공공 필요성이 명백히 요구하고, 또 정당하고, 사전의 보상의 조건하에서가 아니면 침탈될 수 없다.

〈프랑스 제4공화국 헌법 전문(1946. 10. 27)〉

1. 인간을 노예로 만들고, 품격을 떨어뜨리고자 했던 체제에 대해 자유인민이 승리를 쟁취한 다음날 프랑스 인민은 인종, 종교, 신념의 구별 없이 모든 인간은 양도할 수 없고 성스러운 권리를 가진다는 점을 새로이 선언한다. 프랑스 인민은 1789년의 권리선언과 공화국 법률에 의해 인정된 기본적 원칙에 의해 규정된 인간과 시민의 권리와 자유를 엄숙히 재천명한다.

2. 프랑스 인민은 우리 시대에 특히 필요한 다음과 같은 정치적·경제적·사회적 원칙을 선언한다.

3. 법률은 여성에게 모든 영역에 있어서 남성과 동등한 권리를 보장한다.

4. 자유를 옹호하는 자신의 행동 때문에 박해받는 모든 인간은 프랑스 영토에서 망명권을 가진다.

5. 모든 개개인은 근로의 의무와 일자리를 얻을 권리를 가진다. 어느 누구도 그 자신의 직업과 일자리에서 출신, 견해, 신념을 이유로 피해를 입지 않는다.

6. 모든 인간은 노동조합활동을 통해 자신의 권리와 이익을 보호하고, 자신의 선택에 따라 노동조합에 가입할 수 있다.

7. 파업권은 파업권을 규정하는 법률의 범주에서 행사될 수 있다.

8. 모든 노동자는 자신의 대표를 통하여 근로조건의 집단적 결정과 기업운영에 참여한다.

9. 그 이용이 국가적 공역무 또는 사실상의 독점적 성격을 가지거나, 가지게 된 모든 재화, 모든 기업은 집단의 소유가 되어야 한다.

10. 국가(Nation)는 개인과 가족에게 그들의 발전에 필요한 조건을 보장한다.

11. 국가는 모든 사람들 특히, 아이, 어머니, 고령노동자에게 건강보호, 물질적 안전, 휴식과 여가를 보장한다. 나이, 신체적 또는 정신적 상태, 경제적 상황을 이유로 일을 할 수 없는 모든 인간은 집단으로부터 생존에 충분한 수단을 얻을 권리를 가진다.

12. 국가는 국가적 재난으로부터 기인하는 책임 앞에 모든 프랑스인에 대하여 연대와 평등을 선언한다.

13. 국가는 교육, 직업교육과 문화에 대한 아이와 어른의 평등한 접근을 보장한다. 공교육 조직은 무상이고, 모든 단계에서의 종교적 중립은 국가의 의무이다.

14. 전통에 충실한 프랑스 공화국은 국제공법의 규율에 따른다. 프랑스 공화국은 정복을 위한 전쟁을 시도하지 않으며, 결코 인민의 자유에 반대하여 그 힘을 사용하지 않는다.

15. 상호성의 유보 하에, 프랑스는 평화의 구성과 방어에 필요한 주권의 제한에 동의한다.

16. 프랑스는 해외영토의의 인민과 함께 인종과 종교의 구별없이 권리와 의무의 평등에 기반하여 연맹(Union)을 형성한다.

17. 프랑스 연맹(Union française)은 각각의 문화를 발전시키고, 행복을 증진시키며, 안전을 보장하기 위해 자원과 노력을 공통으로 하거나 조직하는 국민과 인민으로 구성된다.

18. 전통적인 임무에 충실한 프랑스는 인민들을 그 스스로 통치하고, 민주적으로 자신의 일을 관리하는 자유를 가지는 인민으로 이끌고자 한다. 독재에 기반한 모든 식민지 시스템을 배제하면서 프랑스는 모두에게 공적인 직무에 대한 평등한 접근과 위에서 선언되고 확인된 권리와 자유의 개인적 또는 집단적 행사를 보장한다.

3) 제5공화국 헌법의 추가조항

〈환경헌장〉

인류의 미래와 존재는 자연환경과 밀접히 관련되어 있으며 환경은 인간존재의 공동유산임을 감안하여 현재 세대인의 선택이 차 세대인의 능력을 침해하지 않기 위하여 환경헌장을 선포한다.

제1조 개인은 누구나 건강을 유지하기 위하여 균형된 환경에서 생활할 권리를 가진다.

제2조 개인은 누구나 환경보존과 향상에 참가할 의무를 진다.

제3조 개인은 누구나 법이 정한 조건에 따라 환경파괴의 회피를 위하여 노력하여야 하며 환경손해의 결과를 한정하는데 한다.

제4조 개인은 누구나 법에서 정한 조건에 따라 환경침해에서 온 손실을 복구하는데 협력하여야 한다.

제5조 환경침해가 예상외의 이유로서 환경침해가 행해진 경우 공권력은 위험제거의 노력을 다하여야 한다.

제6조 공공정책은 지속적 발전을 추진해야 하며 이 목적을 위하여 경제발전과 사회진보의 보호와 향상을 위하여 노력하여야 한다.

제7조 개인은 누구나 법이 정한 바에 따라 공공기관이 가지고 있는 환경정보에 접근할 권리를 가지며 환경영향평가 등에 참여할 권리를 가진다.

제8조 환경과 관련된 교육과 연수는 이 장에 규정한 환경의 권리와 의무행사에 있어서 기여하여야 한다.

제9조 연구와 혁신은 환경의 보존과 발전에 기여하여야 한다.

제10조 이 헌장은 유럽과 세계적 수준에서의 프랑스의 활동을 찬양 고무할 것이다.

5. 유럽인권헌장의 적용

프랑스는 유럽연합의 회원국으로서 1950년의 유럽 인권 및 기본적 자유의 보호에 관한 유럽 협약(Convention for the protection of Human Rights and Fundamental Freedom)과 1961년의 사회헌장(Social Charter)과 2010년의 EU인권헌장(Charter of Fundamental Rights of the European Union)을 다 서명 비준하고 있다.

프랑스는 헌법을 개정하여 인간의 권리와 자유를 헌법화하려고 하였으나 이것은 프랑스 제4공화국 헌법 전문에 위반한다고 하여 헌법개정을 하지 못하게 되었기 때문에[18] 기본권 체계가 잘 정리되지 않았었다. 그런데 이 유럽인권헌장은 유럽학자와 정치인들이 만든 유럽헌법의 기본권장으로 생각되었던 것이었으나 유럽헌법은 몇 나라의 비준 거부에 따라 헌법으로서는 효력을 발생하지 않고 있으나 헌장 체약국에서는 헌법과 같은 효력을 발생하고 있다.

유럽인권협약이나 사회헌장의 기본적인 요소는 이 유럽인권헌장에 종합되어 있으므로 이 인권헌장이 프랑스헌법의 일부를 이루고 있다고도 할 수 있을 것이다. 프랑스헌법의 기본권 분류에도 참고가 될 것이므로 이를 보기로 한다.[19]

유럽인권헌장은 전문과 54조로 구성되어 있다. 제1부는 존엄(Dignity), 제2부는 자유(Freedoms), 제3부는 평등(Equality), 제4부는 연대(Solidarity), 제5부는 시민의 권리(Citizens' rights), 제6부는 사법(Justice), 제7부는 헌장의 해석과 적용에 관한 일반원칙으로 나뉘어져 있다. 목차를 중심으로 요약하면 다음과 같다.[20]

〈유럽인권헌장〉

인간의 존엄(Dignity)
1) 인간의 존엄은 불가침의 권리임
2) 사형제 폐지를 포함한 생명권
3) 신체 및 정신의 불가침, 특히 의료 절차 진행시 제대로 안내받을 권리, 장기 매매 및 인

---

18) Wikipedia, Constitutional amendments under the French Fifth Republic.
19) C-2012326EN.01039101.xml, http://eur-lex.europa.eu.metacomment.io/legal-content/EN/TXT/HTML. 상세한 조문 내용은 후술. 오스트리아 헌법 참조.
20) http://blog.naver.com/PostView.nhn?blogId=signorina00&logNo=123758562. C. Engel, *The European Charter of Fundamental Rights*, 2001; European Parliament, *Fundamental Rights in the European Union: The Role of Charter after Lisbon Treaty*, 2015; Report, *On the Situation of Fundamental Rights in the European Union in 2004*, January 2005.

간복제 금지

4) 고문을 포함한 비인간적이고 잔인한 대우 금지

5) 노예제 및 강제노동 금지

자유권(Freedoms)

1) 신체의 자유

2) 가족생활을 포함한 사생활의 자유

3) 개인정보 보호

4) 가족을 구성하고 가족생활을 영위할 권리

5) 사상과 종교의 자유. 여기에는 신앙을 이유로 한 병역거부도 포함

6) 언론과 표현의 자유

7) 집회 결사의 자유

8) 예술의 자유

9) 무상 의무교육을 포함한 교육을 받을 권리. 부모가 자기 신앙, 철학과 종교에 따라 국내 법을 어기지 않는 범위에서 자녀를 교육할 수 있는 범위도 보장

10) 직업 선택의 자유. 합법적으로 체류하는 제 3국인들의 직업선택의 자유도 동등하게 보장

11) 사업의 자유. 사업의 자유는 EU 조약상의 4대 자유 중 하나로도 보장

12) 재산권

13) 망명권(Right to asylum)

14) 집단 추방의 금지 및 범죄인 인도시 사형제를 규정한 국가로의 인도 금지

평등권(Equality)

1) 법 앞의 평등

2) 성, 종교, 인종, 민족, 언어, 유전적 장애, 정치적 의견 등의 사유로 인한 차별대우 금지

3) 문화, 종교, 언어의 다양성 보장

4) 남녀 평등

5) 아동의 복지

6) 노인 복지 보장

7) 장애인 차별 금지

연대의 권리(Solidarity)

1) 노동자가 회사의 사업정보를 요구하고 입수, 협의할 수 있는 권리

2) 단체행동권 및 단체교섭권

3) 직업 서비스(placement service) 접근권

4) 정당하지 않은 해고로부터의 법적 보호 청구권

　　5) 노동 시간 및 휴가 기간 보장을 포함한 적절한 노동 조건의 보장

　　6) 아동 노동 금지 및 미성년자 노동의 제한

　　7) 가족의 보호(소위 Work-life balance의 보장)

　　8) 사회보장 혜택 접근권

　　9) 의료보험 및 적절한 의료 혜택의 보장

　　10) 기본적 사회 인프라 접근권 보장

　　11) 환경 보호

　　12) 소비자 보호

시민적 권리(Citizens' rights)

　　1) 선거권 및 피선거권

　　2) EU 시민들이 자기가 거주하는 지역의 지방 정치에 참여할 수 있는 권리(외국인 참정권)

　　3) 올바른 행정(good administration)을 요구할 수 있는 권리

　　4) 정보공개 청구권

　　5) 옴부즈만 제도

　　6) 청원권

　　7) 거주 이전의 자유

　　8) 외교 보호 및 영사 보호권

사법절차에서 주장할 수 있는 권리(Justice)

　　1) 공정하고 효율적인 재판을 받을 권리

　　2) 형사절차시 무죄추정 원칙 및 변호를 받을 권리

　　3) 형사절차의 합법성 및 비례성 원칙

　　4) 일사부재리 원칙. 즉 같은 범죄로 두 번 소추되지 않을 권리

6. 기본권보장의 현실: 위기상태 하의 인권보장

　　프랑스는 1789년 인권선언의 나라로 인권이 발달한 나라로 정평이 있었다. 그러나 20세기 후반부터 이민자수가 늘어났고 또 인종전쟁의 결과 무차별 살인을 일삼는 폭도들 때문에 교도소의 인권문제가 논의되고 있었다.[21] 또 무슬림교도들이 외출할 때 여성은 베일을 쓰고 다녔는데 이를 금지하는 법률을 만들어 말썽이 생겼으나 유럽인권재판소는 이 법이 합헌이라고 판결하였다.[22] 2010년에는 루마니아 사람들의 추방이 행해져 인권단체들의

---

　21) Report attacks France's human rights record, World News, *The Guardian*, https://www.theguardian.com.

비판이 행해졌다. 유럽평의회는 이는 인간존엄성에 반한다고 하여 규탄했었다.[23] 루마니아
인이나 불가리아인들이 유럽연합의 가맹국이기에 여행의 자유는 있으나 불법적 캠프에서
생활하기 때문에 이들의 재입국을 하지 않는 조건으로 300유로를 주고 강제 퇴거하도록 했
었다. 자진 퇴거하지 않는 사람의 경우에는 추방을 하였다.[24] 망명 신청인이 많기에 정부에
서는 신청서를 불어로만 써내도록 하고 있으며 이 밖의 절차에 있어서 CAT가 비난하기도
하였다.

프랑스에 있어서도 외국인이나 급진주의자들에 의한 테러행위가 자주 행하여지고 있어
정부는 헌법에 규정된 비상조치권에 따라 범죄자를 수색하고 검거하고 감금하고 있다. 그러
나 이들의 재사회화는 거의 불가능한 파괴행위의 확신자이기 때문에 이에 대한 대처가 어렵
다. 프랑스 정부는 2015년 11월에 파리와 센생데니에서의 테러공격에 대한 대처를 위하여
헌법에 따라 비상조치상태를 선포하였다. 이때에는 대통령은 특권을 행사할 수 있다. 이 밖
에 1955년 4월 3일의 긴급상태법에 따라 각료회의는 긴급상태(État d'urgence)를 선포할 수
있게 하였다. 1955년 법은 20일간의 긴급상태를 선포할 수 있고 의회의 승인을 받게 하였다.
이에 대하여 제16조의 비상조치상태에서는 6개월간 장기적으로 선포할 수 있다.

2015년에 선포된 비상사태에 대해서는 인권단체와[25] 유럽인권회의에서 반대가 있었으
나[26] 대통령은 그 뒤 5회나 기간을 연장하여 2017년 7월까지 2년 6개월간의 위기대처를 하
게 되었다. 이 비상조치는 테러행위자의 체포나 테러행위의 예방을 위하여 영장 없는 압수
수색을 할 수 있으며 검문, 검색과 심문 등을 할 수 있다. 국가안전원이나 경찰에 의한 압
수·수색과 법원에 의하지 않는 장기구금 등은 인권침해 행위이기에 단기간에 그쳐야 할
것이다. 프랑스 정부는 전세계적인 테러행위의 근절이 쉽지 않다고 보아 프랑스 의회는
2016년 7월 2일 비상사태를 6개월간 연장하면서 영장 없는 체포, 구금, 가정 내에서의 감금
등에 관한 경찰의 권한을 강화하였으며 테러와 관련된 형사법규도 개정하여 강력한 대처를
하고 있다. 새 법은 경찰에게 컴퓨터나 휴대 모바일 전화까지도 압수·수색할 수 있게 하였

22) European Court of Human Rights upholds French burka ban, *The Telegraph*, http://www.tele graph.co.uk.
23) L. Davies, "France defends Roma expulsion policy," *The Guardian*, Sep. 15. 2010; "Rights body condemns French Roma expulsions," aljazeera.com; "France resumes deportations of Roma people from Romania, *Czech Press Agency*, Roma cz. 2010. 4. 13 Retrieved 25 Nov. 2011; B. Mirel, France's Immigration Chief Revisits the Roma Expulsion Issue, in Romania, *Le Monde World-crunch*, Retrieved 25 Nov. 2011.
24) 2010 Human Rights Report, France, https://www.state.gov/j/drl/rls/hrrpt/2010/eur/154424.htm
25) France: Abuses Under States of Emergency, *Human Rights Watch*, https://www.hrw.org.
26) EU Human Rights Council Slams French State of Emergency, *teleSUR*, http://www.telesurtv.net.

다. 대통령은 비상사태를 3개월 연장하려고 하였는데 의회는 6개월로 연장하였다.[27] 국가긴급상태를 이유로 한 비상사태선포는 터키에서도 있었다. 국민의 기본권은 국가비상사태나 계엄, 긴급사태에서 제한할 수 있기에 의회는 그 승인에 신중을 기해야 할 것이다.

　　프랑스의회는 2017년 2월에 회사에서 성실히 근무하도록 의무를 부과하는 법률을 만들었는데 이것이 강제노동을 허용하는 것이라는 주장에 대하여 헌법평의회는 합헌이라고 판단하였다.[28]

　　프랑스는 기본권을 국내헌법에서뿐만 아니라 유럽인권헌장, 국제인권협정 등에 가입하여 이들 기구에 의한 기본권보장을 받고 있다. 예를 들면 유럽인권재판소(스트라스부르)에도 제소할 수 있으며 유엔의 인권평의회와 인권위원회에서 구제를 받을 수 있다.[29]

제2절 독일 헌법의 인권 규정

1. 제2차 세계대전 후의 지방헌법의 인권 규정의 특색

　　1945년 5월 5일에 독일이 패전한 뒤 독일은 미·소·영·불 4강이 분할 점령되었다. 미·영·불 점령지역에 있던 각 지방에서는 새로 헌법을 제정하였다. 이들 지방 헌법은 Nazis의 인권침해에 대한 반성에서 자연권에 근거한 헌법을 만들게 되었다. 그리하여 기본권장에서 새로운 규정을 두게 되었다.[30] 여기서는 독일기본법 제정 전의 지방헌법만 보기로 한다.

1) 바이에른 헌법의 기본권 규정

　　1946년 12월 2일에 제정된 Bayern 헌법은 미국 점령지역에서 제일 먼저 제정된 새 지방헌법이다. 기본권의 편별은 1919년 바이마르 헌법과 같이 제2편에서 기본권과 기본의무에

---

27) France: Prolonged Emergency State Threatens Rights. *Human Rights Watch*, https://www.hrw.org.
28) France: Natl. Assembly adopts law imposing due diligence on multinationals to prevent serious human rights abuses in supply chains, *Business Human Rights Resource Centre*, https://business-humanrights.org.
29) Topics of the European Union-Human Rights, *EUROPA*, https://europa.eu.
30) E. Tjarks, *Zur Bedeutung der Landesgrundrechte: Materielle und prozessuale Probleme der Grundrechte in den deutschen Landesverfassungen*, 1999; K. Schultes, *Die süddeutschen Länderverfassungen*, Berlin, 1948; C. Pestalozza, *Verfassungen der deutschen Bundesländer*, Beck-Texte, 1995; E. Klein, Von der Spaltung zur Einigung Europas, in: Merten/Papier(Hrsg.), *Handbuch der Grundrechte*, Bd. 1, SS. 201-268, S. 218-221.

관해서 규정하였다.

헌법 제98조에서는 「이 헌법에 의해서 보장된 기본권은 원칙적으로 제한될 수 없다」고 하고 「법률에 의한 제한은 공공의 안전과 도덕, 건강과 복리를 위하여 필연적으로 요청되는 경우에만 가능하다. 그 이외의 제한은 제48조의 전제가 있는 경우에만 가능하다. 헌법재판소는 기본권을 위헌적으로 제한하는 법률이나 명령은 이를 무효로 선언할 수 있다」고 규정하고 있다. 이러한 규정은 Nawiasky 교수 등에 의해서 주장된 것을 규정한 것으로[31] 독일 지방(支邦) 헌법에서 포괄적 기본권을 규정하는 선례로 인정되었다. 또 서독기본법 제정에서도 많은 영향을 끼쳤다.

제99조에서 헌법의 기능과 보호에서 「헌법은 모든 주민의 정신적·육체적 보호를 위해 봉사한다. 외국에서의 침해에 대한 보호는 국제법을 통하여, 내부적 침해에 대해서는 법률과 사법과 경찰에 의하여 보호된다」고 했다. 또 제100조 인간의 존엄은 「인간의 인격의 존엄은 입법, 행정, 사법에서 존중되어야 한다」고 규정하고, 제101조에서는 일반적 행동자유권을 규정하고 있다. 제102조에서는 인신의 자유는 불가침이라고 규정하고 인신제한에 대한 사법적 보호를 명백히 규정하고 있다.

여기서 인간의 존엄(Die Würde der Menschlichen Persönlichkeit)의 존중이 규정되었는데 이는 독일 실정 헌법상은 처음이며 1949년 본기본법 제정에도 그대로 승계된 것이라고 하겠다. 제101조에서의 자유에 관해서도 「법률의 제한과 선량한 도덕 내에서도 다른 사람을 해치지 않는 한에서 무엇이든지 할 수 있다」고 규정한 것도 개인주의적인 자유주의 이념에 근거한 것이다.

바이마르 헌법에서 규정되기 시작한 생존권에 대해서 바이에른 헌법은 보장을 확대하고 있다. 예를 들면 주거의 권리(제106조 1항)를 청구권으로 규정하고 있고, 모성은 국가에 대하여 보호와 사회보호의 청구권을 가지며(제125조 1항), 다자녀 가족은 적정한 사회보호의 청구권, 특히 건강한 주택에의 청구권을 가진다(제125조 3항)고 하여 생존권을 대국가적 청구권으로 규정하고 있는 것이 특색이다.

특히 환경권을 보장하고 동물과 식물보호를 규정하고 자연의 아름다움과 공개된 자연, 숲과 산 길, 강에서의 항행 등 자연 속에서 휴양할 수 있는 권리를 보장해 주고 있다(제141조 2항, 3항). 바이마르 헌법 제151조와 같이 바이에른 헌법 제151조도 같이 경제생활은 모든 사람의 인간다운 생활을 포함한 공공복리를 위해서 행해야 하며 또 시민계급의 점진적인 생활

---

31) Nawiasky/Schweiger/Knöfle, *Die Verfassung des Freistaates Bayern*, 2003; Meder/Brechmann, *Die Verfassung des Freistaates Bayern*, 2002.

향상을 기하도록 규정하고 있다. 주민의 필수적인 생필품 수요의 충족을 위한 경제적 재화의
생산과 분배는 국가가 감독하도록 하고 있다(제152조). 여기서는 점진적 향상을 요구하고 있
다. 노동의 권리에서도 착취의 금지가 규정되어 있고, 농지의 소작제도가 금지되며, 실업자
나 장애자에 대해서는 실업수당을 주며(제168조 3항), 노동조합의 결성권 등이 보장되고 있
다. 이러한 사회복지제도나 경제·사회조항은 본기본법에 계수되지 않았다.

2) 헷센 헌법의 기본권 규정의 특색

1946년 12월 1일에 제정된 Hessen 헌법은 바이마르 헌법과는 달리 제1장에서 기본권
을 규정하고 있다.[32] 제1편에서는 인간의 권리가 규정되고 있다. 제1장은 평등과 자유를 규
정하고 있다. 제1조에 평등을, 제2조에서 일반적 행동자유권을 규정하고, 제3조에서 「생명,
건강, 명예, 존엄은 불가침이다」라고 규정하였다.

제1조에서 평등을 규정하고 있는 것은 바이마르 헌법과 같으나 제3조와 제2조를 규정
한 것은 새로운 구상이다. 제3조에서 인간의 존엄권을 규정한 것은 독일기본법 제1조에서
「인간의 존엄은 불가침이다」라고 한 것의 근거가 된 것으로 볼 수 있다. 여기에서는 생명의
권리뿐만 아니라 건강권과 명예권을 규정하고 있는 것이 특수하다.

제2조에서 인간은 자유이다. 인간은 다른 사람의 권리를 침해하지 않고 공동체의 헌법
적 질서를 침해하지 아니하는 한 행동하거나 행동하지 않을 권리를 가진다고 하고 누구나
법률이나 법률이 규정한 것을 요구하거나 허용하는 경우를 제외하고는 행위나 부작위나 수
인(受忍)을 강제당하지 아니한다고 하고 공권력에 의하여 자기의 권리가 침해되었다고 믿는
사람은 누구나 사법적 구제절차를 밟을 수 있다고 하여 구제수단까지 규정하고 있다. 이것은
일반적 행동자유권에 대한 가장 포괄적인 규정이라고 하겠다.

제27조에서 「사회·경제질서는 인간의 존엄과 인격에의 중시에 근거하고 있다」고 하였
다. 동독지역 지방의 헌법과 같이 생존권을 잘 보장하고 있어 영·미·프랑스의 점령지역에서
는 특별히 Hessen 헌법은 사회민주주의헌법이라고 칭송되었다.[33] 그 이후에는 개인적인 자
유권을 상세히 규정하고 있다.

---

32) Walter Jellinek, *Die Verfassung des Landes Hessen*, DRZ, 1947, S. 4; E. G. Franz, *Verfassungen in Hessen 1807-1946: Verfassungstexte der Staaten des 19. Jahrhunderts*, 1998; *Die Hessische Verfassung*, Originaltext, 1947.

33) Hinkel, *Verfassung des Landes Hessen, Kommentar*, 1999; Zinn/Stein, *Verfassung des Landes Hessen*, 1999; Eichel/Möller (Hrsg.), *50 Jahre Verfassung des Landes Hessen*, Eine Festschrift, 1997, S. 511; Die Hessen Verfassung, Pate und Vorbild der Grundgesetzes. http://www.springer.com.

　제2장에서는 인권의 보장과 한계에 대해서 규정하고 있다. 나치스 헌법 하에서 헌법에 기본권이 보장되어 있더라도 법률에 의해서 제한되고 긴급상태의 이유로 수권법에 의하여 기본권이 제한되었기에 특별히 이 조항을 두었던 것으로 보인다. 이들은 기본권의 내재적 한계와 법률적 한계 등을 규정하고 있다. 예를 들면 제17조에서는 내재적 한계로서「언론·표현의 자유, 집회·결사의 자유와 과학적·예술적 작품의 배포의 자유는 헌법적 상태를 침해하거나 위험하게 하는 경우에는 이를 근거로 주장할 수 없다」고 한 것이다. 바꿔 말하면 이러한 표현의 자유는 국가안전상태를 침해하거나 위태롭게 하는 경우에는 적용이 되지 않는다는 것을 명시한 것이다. 이것은 바이마르헌법 시대에 표현의 자유가 남용된 것이다. 이것은 바이마르헌법 시대에 표현의 자유가 남용된 것을 경험하였기에 처음부터 본질적 한계를 둔 것이다. 외부적 한계로서는 표현의 자유는 소년보호를 위한 법률로서는 제한할 수 있게 하고 있다(제18조). 그리고 기본권의 적용에서 직접적 효력을 인정하고 있다.「이 기본권은 불변이다. 기본권은 입법부와 법원 및 행정을 직접으로 구속한다.」이것도 독일기본법에 그대로 계수되었다.

　제3장은 사회적 및 경제적 권리에 관하여 규정하고 있다.「사회·경제 질서는 인간의 존엄의 인정과 인간의 인격권의 존중에 근거한다」고 하고 있어 인간의 존엄과 인격존중을 사회·경제생활의 기초로 하고 있다. 또 제32조에서는「5월 1일(메이 데이)은 모든 노동하는 인간의 법정공휴일이다. 이는 사회적 정의, 진보, 평화, 자유와 민족간 화합의 (신앙)고백의 상징이다」라고 하여 근로자의 유대를 강조하고,「노동자의 임금은 그의 실적에 적합해야 하며 노동자와 그 부양가족의 생계 수요에 충분해야 한다. 여자와 소년은 동일능력과 동일실적에 대하여 동일임금의 청구권을 가진다. 노동시간이 면제되는 공휴일의 노임은 계속 지불되어야 한다」(제33조)고 하고 좋은 노동조건, 노동시간의 단축, 사회보장제도의 실시 등을 규정하고 있다. 또 노동조합에 가입할 권리와 노동조합의 경영참가권 등을 규정하고 있다. 이러한 규정에 대해서는 미국이 자유시장경제와 합치되지 않는다고 하여 이의제기를 하기도 하였다. 경제적 자유의 남용이나 독점적 권력집중에 대해서는 금지하고 경제에 대한 국가의 간섭 등에 대해서 부정적이었다고 한다. 인민공유재산제도 등은 소련점령지역의 지방헌법과 거의 같았다. 또 조세도 재산과 수입에 따라 누진과세하게 하고 있었다.

　제4장은 교회, 종교와 세계관 단체에 관해서 규정하고 있다. 국가교회제도를 부정하고 종교의 자유를 인정하였다.

　제5장은 교육과 학교를 규정하고 있었다. 전체주의 교육의 폐해를 실감한 전후 독일은 교육의 목적을 특히 상세히 규정하고 있다. 부모는 자녀를 공동체적이고 육체적이며 정신적

이고 심령적으로 우수하게 교육할 의무를 강조하고 있다(제55조). 학교는 종교적이나 세계관적으로 모든 계파가 참여하는 학교(공동체학교)가 원칙이며 모든 교육의 기본은 관용(Duldsamkeit)이라고 하고 「교육의 목적은 젊은 사람을 도의적 인격자로 육성하는 것이며 직업적 재능과 정치적 책임을 준비하도록 인민에게 책임 있는 독자적으로 업무능력을 양성하고 경애와 이웃사랑, 인간존중과 관용, 합법성과 진실을 추구하는 인간으로 양성하는 것이다」(제56조)라고 하며 인성교육을 강조하고 있다. 또 역사교육에 있어서도 과거의 역사에 대하여 충실하게 거짓 없이 사실을 교육해야 하며 이때에도 인간의 위대한 복지를 가져온 사람, 국가와 경제, 문화의 발전에 공헌한 사람을 전면으로 내세워야 하며, 전쟁영웅이나 전쟁이나 전장에 대해서는 안 된다. 민주적 국가의 근본을 위협하게 하는 견해에 대해서는 관용해서는 안 된다(제56조).

초등·중등·고등·대학교육은 무상이다(제59조). 중등·고등·대학교에의 입학은 학생의 능력적합성에 따라서 결정된다(제59조).

제6장에서는 모든 기본권에 대한 공통규정이 되어 있다. 제63조는 기본권의 법률에 의한 제한에 있어서 주의할 것을 규정하고 있다. 「이 헌법이 이미 존재하고 있는 기본권을 법률로써 제한하는 것을 허용한 경우에나 법률에서 상세한 형성을 유보한 경우에 있어서 그 자체로서의 기본권을 침해해서는 안 된다」고 규정하고 있는데 이는 기본권의 본질적 내용침해금지를 규정한 본기본법의 전범이라고 하겠다.

3) 바덴 헌법의 기본권 규정의 특색

바덴은 1945년 프랑스의 점령지역으로 프랑스 군정에 지배를 받았다. 이때의 명칭은 République de Bade(바데공화국)이었다. 수도는 Fribourg-en-Arisgeu였다. 1946년 12월 2일에는 Bade-du-Sud와 통하여 Bade로 종속했다.

1947년 5월 18일 새로운 헌법을 국민투표로 채택하였다. 프랑스 군정청은 프랑스 점령지역 사령관의 명령 95호로[34] 행정권을 Baden 지방에게 넘겼으나 1949년 4월 10일의 점령조례로 지방행정권은 Baden으로 넘어갔다. 바덴 지방의 헌법은 1947년 5월 18일에 효력을 발생하였으나 1953년 11월 11일 바덴-뷜텐베르크 헌법에 따라 지방통합이 되어 효력을 상실하였다. 이 헌법은 지방헌법으로서도 최단명의 헌법이었다고 하겠다.

제1편에서는 기본권을 규정하였다.

---

34) Verordnung Nr. 95 des französischen Oberkommandos in Deutschland, 1947, http://www.verfas
sungen.de/de/rlp/rlp47-4.htm

제2편에서는 기본의무와 공동체생활을 규정하였다. 제1절에서는 가정·교육과 학교훈육을 규정하였고, 제2절에서는 교회와 종교단체를, 제3절에서는 노동과 경제를 규정하였다.

편별에 있어서는 기본권을 제일 먼저 규정한 것은 헷센 헌법과 같고, 경제생활과 공동체생활 등을 따로 규정한 것은 바이에른 헌법이나 헷센 헌법과 같이 바이마르 헌법규정을 도습한 것이라고 하겠다.

바덴 헌법은 바이에른 헌법과 헷센 헌법이 천부인권으로 규정한 것과 달리 전통적인 프랑스식 방법에 따라 실정권으로 규정하고 있다. 헌법 제1조에서도 「이 인권은 헌법에 의해서 명확히 인정되었으며 헌법의 보호 하에 있다」고 하고 있다. 이는 법률의 유보하가 아니라 헌법의 유보 하에 있음을 선언한 것이다. 그리고는 제20조까지 평등권과 자유권 등을 간결하게 규정하고 있다.

제2편에 있어서의 기본의무와 공동생활에서도 직접적인 청구권으로 규정한 것은 많은 자녀를 가진 사람의 적정한 조정을 받을 청구권과 모성의 청구권 등이 규정되어 있다. 노동과 경제에서는 노동권을 규정하고 파업권도 인정하고 있다. 그리고 기업에 대한 경영참가권을 인정하고 있다. 제43조에서는 바이마르헌법 제151조와 같이 인간다운 생활의 보장을 규정하고 사회정의의 원칙에 적합하도록 규정하고 있다.

바덴 헌법은 간결하게 필요한 기본권을 제60조까지 보장하고 있는 것이 특색이다.

4) 라인란트·팔츠 헌법의 기본권 규정

1947년 5월 18일의 Rheinland-Pfalz 헌법은 전문에서 「인간의 자유와 존엄을 보장하기 위하여 헌법을 제정했고, 사회적 정의의 원칙에 따라 공동체생활을 질서지우기 위하여… 헌법을 제정」했음을 강조하고 있다.[35] 프랑스 점령지역 이었음에도 라이란트·팔츠헌법은 미국 점령지역이었던 바이에른과 헷센 지방헌법에 따라 천부인권을 선언하고 있었다. 제1편은 기본권과 기본의무로 개인으로부터 시작된다.

제1조에서는 「인간은 자유이다. 인간은 자연적 윤리법칙에 주어진 제한 내에서 육체적·정신적 기반의 발전과 자기 인격의 자유발현에 관한 자연권을 가진다」고 하고, 제2조에서는 행동자유권을, 제3조에는 생명권과 신체의 불가훼손성을 규정하고, 제4조에서는 인간의 명예권을 규정하고 있다. 제5조에서는 신체의 불가침을 규정하고 있으며 신체의 자유의 사법적 보장에 관해서 상세히 규정하고 있다. 제6조에서는 법관의 재판을 받을 권리를 보장

---

35) Löwer/Tettinger, *Kommentar zur Verfassung des Landes Nordrhein-Westfalen*, 2002.

하고 있다. 제7조에서는 주거의 불가침을 규정하고 있다. 제16조에는 독일인의 외국에 인도되지 않을 권리를 규정하였다.

제1조에서 제16조까지의 표제를 자유권이라고 하고 있다. 제17조 이하에서 평등권에 관해서 규정하고 있다. 입법기관이나 사법기관이나 행정기관은 개인이나 개인집단에 대한 자의적인 우대나 하대를 할 수 없다고 규정하여 평등권이 입법, 행정, 사법권을 직접적으로 규율하고 있음을 규정한 것이다. 국민의 의무에 있어서는 국가의 헌법에 대한 충성의무를 규정하고, 명예직을 수용할 의무를 부과하고, 불안한 상태나 특별한 상태나 특별한 재해상태가 발생한 경우에는 법률에 따라 긴급구조를 제공할 의무를 규정하고 있다(제21조-제23조).

제2절은 혼인과 가족이며, 제3절은 학교, 교육, 문화사업이며, 제4절은 교회와 종교단체이며, 제5절은 지방자치와 지방결합체이며, 제6절은 경제와 사회질서에 관해서 규정하고 있었다.

제23조는 혼인과 가정은 인간사회의 자연과 결부된 근거라고 하고 공동체의 독자적인 자연권은 국가의 특별한 보호를 받는다고 규정하고 있었다. 이것은 2000년 3월 8일에 개정되었다. 제24조에서는 아동은 가정과 민족의 가장 중요한 보배라고 했다. 이 규정은 2000년 3월 24일에 헌법을 개정하였다. 이러한 조항은 지나치게 집단주의적이라는 비판이 있었던 것 같다. 제28조는 학교교육은 공립학교에서 하도록 하고 국가와 자치단체가 감독하도록 하였고 제29조에서는 공립초등학교는 기독교계나 같은 종교교육을 받도록 규정하고 있었다. 이러한 종교교육에 대한 반대로 이 조항도 개정되었다. 제32조는 학교교육에 있어서 남녀학생의 특성을 고려해야 한다는 규정이 있었으나 이것도 남녀차별의 폐가 된다고 하여 폐지되었다.

제6절의 경제질서와 사회질서에 있어서도 분규가 있었다. 경제정책이 사회주의화 하는 경향을 막기 위하여 제51조를 개정하여 「사회적 시장경제는 경제질서의 근거이다」라고 하여 자유주의 경제제도를 채택하였다. 또 제53조에서도 인간의 노동력은 인간적 재산으로서 착취에 반대하고 경영절차와 기타 사회적 해악을 보호하기 위한 「민족의 최고의 경제재」라고 했는데 이것도 개정되어 「근본적인 경제요소」로 변경되었다. 이 밖에도 토지제도, 농지제도에 대한 개정이 있었다. 이러한 경제사회제도에 대한 변경은 1949년 독일기본법의 채택 후 이에 적용하기 위한 것으로 보인다.

5) 브레멘 헌법의 기본권 조항의 특색

영국의 점령 하에 있었던 Bremen 자유시에도 헌법이 제정되고 있었다. 1947년 10월

21일에 제정된 브레멘 헌법은 전문에서 신체의 자유와 인간의 존엄을 침해한 나치스(Nazis)를 규탄하고 사회적 정의와 인간성과 평화를 보호하는 생활질서와 모든 노동을 원하는 사람의 인간의 존엄에 적합한 생존을 보호하는 생활질서를 창조하기 위하여 헌법을 제정했음을 선포하고 있다.36)

헌법은 전문 다음에 제1편에서 기본권과 기본의무에 관하여 규정하고 있다. 제2편에서는 사회생활의 질서를 규정하고 있다. 이것은 헷센 헌법의 편별과 비슷하다고 하겠다. 새로운 것으로는 제5조 제1항에서 「인간 인격의 존엄은 국가에 의하여 인정되며 존중된다」고 하고 있는 것이다. 「인간 인격의 존엄성은 인정되며 국가에 의해서 존중된다」고 하고 「인신의 자유는 불가침이다」라고 하고 있다.

제2조에서는 바이마르헌법에서와 마찬가지로 평등권을 규정하고 있다. 「모든 인간은 법률 앞에 평등이고 경제적 발전 가능성과 문화적 발전 가능성의 평등한 권리를 가진다」고 한 것이 특별하다.

제3조에서는 일반적 행동자유권을 규정했었다. 「모든 인간의 자유이다. 인간의 행동은 타인의 권리를 침해하지 아니하고 공공의 복리에 반하지 않는 한 자유이다.」 자유는 공공의 질서와 도덕률, 건강이나 복리를 위하여 필요한 경우에 한하여 법률로써 제한할 수 있다. 누구도 법률에 의해서 또는 법률에 근거한 규정에서 이를 요구하거나 허용하지 않는 한 행위나 수인(受忍)이나 부작위를 강요받지 아니한다」(제3조). 이에 따라 개별적 자유권이 보장되고 있다.

제8조에서는 「모든 사람은 노동을 할 도의적 의무를 지며 노동의 권리를 가진다」고 하여 노동권을 규정하고 있다. 이것은 생존권에서 규정되는 것이 일반적인데 특별하다.

제9조에서는 「누구나 민족과 헌법에 대한 신뢰의 의무를 진다 국민은 공직생활의 한 부분을 맡고 일반의 복지를 위하여 자기능력을 발휘할 의무가 있다. 그는 법률의 척도에 따라서 명예직을 수락할 의무를 진다」고 규정하고 있다.

제12조에서는 인격권을 규정하고 있으며 개인적 자료에 관한 권리도 보호하고 있다. 정보에 관한 권리를 규정한 것도 특별한 것이라 하겠다.

생존권으로서는 적절한 주거의 권리(제14조), 저항권으로서는 헌법에 규정된 인권을 공권력에 의하여 위헌적으로 침해하는 경우에는 저항할 권리와 의무가 있다(제19조). 제20조에서는 이 절에서 규정된 일반적 인권의 근본사상은 침해하는 것은 헌법제정에 의해서도 허용

---

36) Neumann, *Die Verfassung der Freien Hansestadt Bremen*, 1996.

되지 않는다. 기본권과 기본의무규정은 입법부와 행정공무원, 판사를 직접 구속한다. 헌법 제1조와 헌법 제20조는 개정할 수 없다.

제2편의 사회생활의 질서에 있어서는 가족, 교육과 훈육, 노동과 경제에서는 노동조건에 관한 권리, 휴식에 관한 권리, 적정임금에 관한 권리 등이 모두 보장되고 있으며 사회보장의 권리 등이 보장되고 있다.

재산권의 경우 공동재산(Gemeineigentum)권 제도를 법률로 도입할 수 있다고 했는데(제42조) 연간의 노동력은 국가의 특별한 보호를 받는다(제49조 1항). 국가는 모든 인민에게 구속되는 사회보장제도를 창설해야 한다. 공적 재정수단에 의하여 기여를 받는 사람도 시민권을 침해당해서는 안 된다.

교회와 종교단체는 정교분리의 원칙, 종교시설 보장권 등이 규정되고 있다(제59조).

모든 국가권력은 인민에서 나온다(제66조). 시민적 권력은 인민결정권(Volksentscheid)은 일반·평등·직접·자유·비밀로 결정된다(제70조). 또 법률에 대해서도 인민거부권을 행사할 수 있다(제73조).

브레멘헌법은 영국 점령상태에서 제정된 것이기에 영국이 마그나 카르타 등의 영향을 받아 만들어진 것으로 보인다. 조그마한 항구도시에 불과했기 때문에 한자도시로서의 전통이 유지되었던 것으로 보인다.

6) 자를란트 헌법의 기본권 규정의 특색

Saarland는 유독 독일 영토이었으면서도 프랑스의 압력에 의하여 경제독립체로 구성되었고 자를란트는 프랑스 공화국의 경제 영토에 속하게 되어 국제적 지위를 가지게 되었다. 독일에서 정치적 독립을 보장하고 프랑스에서는 프랑스가 아닌 자를지방으로서의 특성을 받았고 프랑스의 조세와 관세동맹에 속해 있었다. 실제적으로는 프랑스경제공동체에 속해 있으면서 장래의 결정에 따라 독일에의 복귀도 가능할 수 있게 되었다.

1947년 12월 15일에 제정된 자를란트의 헌법은 제1편이 기본권과 기본의무였다. 제1절은 개인으로 시작된다. 제1조에서 생명, 자유, 인간존엄에 관해서 규정하고 있다.[37] 「모든 인간은 개인으로서 존중될 권리를 가진다. 인간의 생명에의 권리, 자유권과 인간존엄에 대한 인정에 관한 권리는 공공복리와 공동체의 질서의 한계 내에서 보장된다」고 했다. 당시에는 인간의 존엄권에 대한 관심이 많았다. 그리하여 인간은 개인으로서 존중된다고 하고 생명권,

---

37) 이 헌법의 전문은 1956년 9월 20일 헌법개정에 따라 완전히 삭제되었다.

자유권, 인간의 존엄권의 존중은 공공복리나 공동체의 질서를 위해서는 제한된다고 보았다. 제2조에서는 「인간은 자유롭고 행동이나 부작위나 인용은 강제되지 않는다」고 규정했다. 제3조에서는 인신의 자유는 불가침이다. 법률에 대해서만 제한될 수 있다고 하고 있다. 제5조는 모든 사람은 누구나 법률의 제한의 범위 내에서만 구두나 글로나 인쇄물이나 그림이나 기타의 방법에 따라서 자유롭게 표현할 수 있다고 하고 있다. 이러한 법률유보조항은 프랑스 헌법사상과 같다고 하겠다.[38]

이 1956년 헌법개정은 자를란트가 독일로 복귀함에 따라 개정된 것으로 헌법제정의 주체를 자를란트인에서 모든 독일국민으로 바꾸었고 법률유보규정을 보다 엄격하게 제한하여 서독기본법의 기본권제한 규정에 맞게 규정하였다.[39] 이 밖에도 제20조까지 자유권에 관한 것이 규정되어 있었다. 제21조에서 「기본권은 그 본질상 불가변이다. 기본권은 입법관, 재판관과 행정관에게 직접 적용된다.」여기서 기본권의 직접규정성을 강조하였다.

제2편에서는 혼인과 가정에 대하여 규정하고 있다.

제3편에서는 교육, 훈육, 국민형성, 문화육성, 스포츠를 규정하고 있다. 교회와 종교단체는 교육기관으로 인정된다(제26조 3항).

제4편에서는 교회와 종교단체에 관하여 규정하고 있다. 제5부에서는 경제와 사회질서에 관하여 규정하고 있다.

7) 기본권 제정 전의 기본권 규정

1946년에서 1949년까지의 헌법제정은 독일기본법 제정을 위한 하나의 심벌로서 중요한 역할을 했다. 바이에른국의 헤렌킴제 섬에서 행해진 제헌회의에는 독일의 쟁쟁한 학자들이 거의 다 참여하였다. 바이에른지방헌법 제정에 참여한 나비아스키이가 대표적이었다. 또 미국 기본권 제정에 밝았던 게오르크 옐리네크도 헷센지방 헌법의 제정에 참여하여 독일기본권조항의 성문화에 노력하였다. 그러나 독일기본법이 의회를 통과한 다음에는 이에 반대되는 헌법조문을 만들 수 없었기에 단순화되었다고 하겠다.

---

38) Weber-Fas, *Deutsche Verfassung*, 2. A. 2001.

39) U. Bachmann, "Die Hessische Verfassung-Pate und Vorbild des Grundgesetzes? Einflüsse der hessischen Verfassungsgesetzgebung und Verfassunggeber auf das Bonner Grundgesetz," *50 Jahre Verfassung des Landes Hessen*, 1997, SS. 90-121.

2. 서독기본법의 기본권보장 규정

1) 서독기본법의 제정역사

독일은 패전 후 미·소·불·영의 4개국으로 분할 점령되었다. 그 중에서도 미국의 점령지였던 바이에른과 헷센 지방에서 기본권이 제정되었는데 바이마르 헌법의 규정을 도습하면서 자본주의와 사회주의의 경제질서를 가진 혼합형 헌법체제였다. 각 란트는 1947년 3월 20일에서 모스크바에서 개최된 4개국 외상회의에서도, 같은 해 11월 25일 런던에서 개최된 외상회의에서도 소련과 영·미·불 3개국 외상회의는 의견이 일치하지 않아 영·미·불 3개국은 소련을 제외하고 1948년 2월 23일부터 다시 런던에서 독일문제에 대한 회의를 열고 도중에서 베네룩스 3국도 참가하였다. 영·미·불 3국의 외상회의는 영·미·불 3국 점령지역을 통합한 서방 독일에 적용될 헌법을 제정하는 것에 합의하였다(동년 6월 7일의 런던협정).

이 협정을 실행하기 위하여 당시의 11개의 Land 수상은 헌법제정회의를 수립할 권한을 부여받았다. 이 협정은 프랑크푸르트문서라고 한다. 이는 1948년 7월 1일에 서부지역의 11개 란트 수상에서 수교된 것으로 1948년 9월 1일까지 헌법제정회의(eine Verfassunggebende Versammlung)를 소집할 것을 요청한 것이었다.[40] 수상회의는 주권이 회복되지 않는 상황에서는 헌법제정회의가 아닌 그에 대체하는 기관으로서 기본법제정 기관으로서 의회평의회(Parlamentarischer Rat)를 소집하기로 결정하였다.

바이에른 수상인 에하르트가 소집한 약 30명으로 이루어진 전문가회의인 헌법위원회를 소집하였다. 이때 베를린도 참고자문적 지위에서 참여하였다. 여기에는 투표권이 있는 바이에른의 슈발버(CUS), 라인란트·팔츠의 퓨스테헨(COU)과 빌텐베르크·호헨쪼른의 슈미트(SPD)가 대표자로 참여하였고, 20명이 투표권 없는 참여자로 활동하였다. 이들 중에는 나비아스키, 마운쯔, 퀴스터가 있었다. 이 위원회는 바이에른이 주도하였는데 각료회의 장관인 파이퍼(CSU)가 이를 담당하였다. 이들이 만든 안이 헤렌킴제 헌법안이다. 이것은 란트의 수상에 의하여 설립된 전문가위원회가 뮌헨 근처의 킴제(Chiemsee) 호수에 있는 남자 섬에서 숙식을 하면서 안을 만들었다. 킴제호수의 헌법초안은 기본권에 있어서는 상당한 합의가 되었다. 당대의 석학이었던 발터 옐리네크, 한스 나비아스키 등이 나치스의 박해에서 살아났고

---

40) Frankfurter Dokumente-Herrenchiemsee-Entwurf-parlamentarischer Rat-Grundgesetz der Bundesrepublik Deutschland, (http://brd-schwindel.org).

이들이 바이마르헌법의 취약점을 잘 알고 있었기에 기본권 초안은 순조롭게 작성이 진행되었다. 헤렌킴제에서의 헌법위원회(Verfassungskonvent)는 1948년 8월 10일에 회의를 시작하여 23일까지 헌법초안을 작성하였다.[41]

이 헌법위원회는 제헌위원회가 아니고 전문가회의로서 본에 소집된 의회주의적 의회(Parlamentarischer Rat)에 초안을 제공할 역할을 하고 있었을 뿐이었다. 그들은 많은 토론의 결과 149조에 달하는 헌법초안을 작성하였는데 이에는 다수의견과 소수의견이 같이 제출되었다.[42]

이 Herrenchiemsee에서 만들어진 초안에서는 권력구조나 국제관계에 관해서는 이의가 있었으나 기본권 초안은 만장일치로 통과되어 의회 헌법제정위원회에 회부되었다. 이 초안은 자구수정 끝에 통과되었다.

2) 서독기본법의 기본권 규정의 내용

(1) 인간의 존엄권 보장

서독기본법은 인권존중의 원칙을 대전제로 하면서 기본권보장을 실효화하기 위한 여러 가지의 보장규정을 두고 있다. 기본권 규정을 헌법의 모두에 두고 있어 기본권의 중요성을 강조하고 있다.

헌법 제1조에 「인간의 존엄은 불가침이다. 이를 존중하고 보호하는 것은 모든 국가권력의 의무이다. 따라서 독일인은 불가침·불가박탈의 인권을 모든 인간 공동체의 기초로서 세계에 있어서의 평화와 정의의 기초로서 인정한다. 이하의 기본권은 직접적으로 타당한 법규로서 입법권·집행권·사법권을 구속한다」고 하고 있다. 이는 기본권의 자연권성을 선언한 것이요, 인권의 존중은 국가의 의무임을 강조한 것이고, 기본권규정이 단순한 입법방침규정이 아니고 모든 국가권력을 직접적으로 구속하고 있음을 강조하고 있다.[43]

이 인간의 존엄(Würde des Menschen)은 기본법에 앞선 지방헌법의 규정에서도 발견되고 있으며, 1948년의 세계인권선언에서 강조된 것을 특히 강조한 것이다. 독일에서는 이 제1조 1항의 「인간의 존엄은 불가침이다. 이를 존중하고 보장하는 것은 모든 국가권력의 의무이다」는 ① 기본권규정일 뿐만 아니라 ② 객관적 가치질서로서 조직규범으로서 국가목적규

---

41) Verfassungskonvent von Herrenchiemsee, 10.–23. August 1948, Historisches Lexikon Bayerns, (https://www.historisches-lexikon-bayerns.de/Lexikon).

42) Entwurf zu einem Grundgesetz für einen Bund deutscher Länder, (http://www.verfassungen.de/de/de49/chiemseerentwurf48.htm).

43) C. Enders, *Die Menschenwürde in der Verfassungsordnung: zur Dogmatik des Art. 1, GG*, 1997.

정이라고 보고 있다.[44]

인간의 존엄권은 주관적 공권으로서 국가에 대한 보호청구권을 가지며 소극적 방어권 (Abwehrrecht)으로서의 성격을 가진다.

(2) 자유권 보장

개별적 기본권으로서는 주로 자유권적 기본권을 보장하고 있다. 자유권 중에서 규정되었던 사법적 기본권은 뒤에 독립하여 사법조항에서 규정하고 있다. 생명권의 보장은 기본권에서 사형제도의 폐지는 사법조항(제102조)에서 규정한 것과 같다.

자유권 중에서는 생명의 권리를 인신의 자유와 함께 규정하고 있다. 이는 나치스 시대의 대량학살에 대한 반대 때문이다. 제2조 2항에서는 생명의 자유와 신체의 불가침을 규정하고 있다. 제2조 1항에서는 인격의 자유발현권을 규정하고 있다. 인격의 자유로운 발현권은 정신적 자유권이라고 하겠다. 법률 앞에 있어서의 평등권(제3조), 신앙과 양심의 자유, 종교행사의 자유, 양심적 반전의 자유(제4조), 언론·출판의 자유, 예술 및 과학연구와 교수의 자유, 일반적으로 접근할 수 있는 정보원에서 방해됨이 없이 자유롭게 정보를 얻을 수 있는 알 권리(제5조), 자 및 모성의 보호, 사생아에 대한 평등한 권리보장(제6조), 교육의 자유(제7조), 평온히 무기를 가지지 않고 집회할 자유(제8조), 결사와 단결의 자유 특히 노동조합결성의 자유(제9조), 신서의 비밀 및 우편·전신·전화의 비밀보장(제10조), 거주이전의 자유(제11조), 직업·사업장소·훈련장소를 선택하는 자유, 강제노동의 금지(제12조), 주거의 불가침(제13조), 소유권과 상속권의 보장, 소유권의 의무화(제14조), 토지·천연자원 및 생산수단의 사회화(제15조), 국적박탈의 금지 및 정치적 피압박자에 대한 비호(제16조), 청원권(제17조) 등을 규정하고 있다.

자유권적 기본권의 분류는 학설상 완전하다고 볼 수는 없다. 그 이유는 바이마르 헌법처럼 개인적 자유, 경제적 자유, 사회적 자유, 정치적 자유 등과 같이 구분하지 않았기 때문이다. 또 가능한 한 명목적 규정을 없애기 위하여 결사의 자유와 노동조합결성의 자유를 같이 한 조항에서 규정한다든가 모성과 자녀 등의 약자의 보호를 자유권에서 규정하고 있기 때문이다.[45]

---

44) Kimms/Schlünder, Verfassungsrecht Ⅱ, 1998. S. 6; 김철수, 「인간의 존엄과 가치 행복추구권에 관한 연구」, 『대한민국학술원논문집』 제47집 1호·2호(2008), 199-279, 41-104; 김철수, 「동서독헌법상 기본권비교」, 『독일통일의 정치와 헌법』, 2004, 167-188.

45) V. Mangoldt, Grundrechte und Grundsatzfragen des Bonner Grundgesetzes, *AÖR*, Bd. 75, 1949, S. 273; Neumann/Bettermann/Nipperdey/Scheuner, *Die Grundrechte*, Bd. 1-5; Maunz-Dürig- Herzog, *GG Kommentar*.

(3) 사법적 기본권 보장

기본법은 기본권의 헌법에 의한 보장을 중시하였다. 그리하여 기본권 침해 시 이를 보장받기 위한 재판을 받을 권리를 제19조 4항에서 특별히 규정했으며 헌법소원을 통한 규제도 규정하고 있다(제93조). 사법조항에서 재판을 받을 권리(제103조), 죄형법정주의, 이중처벌의 금지(제103조), 신체의 자유(제104조), 사형제도의 금지(제102조) 등이 규정되어 있다.

제104조에서는 신체의 자유박탈에 대한 권리보장을 규정하고 있는데 이는 일반적으로는 신체의 자유권에서 규정하는 것이다.[46]

(4) 기본권 제한의 특례

기본권을 제한하는 경우 그 요건을 엄격히 규정하여 법률유보를 둔 경우가 있는데 이때 기본권 제한 법률은 일반적이어야 하며 개별적 사건에 적용될 수 없게 하였다. 또 그 법률은 기본권 몇 조의 기본권을 지시한 것인지 명시하여야 한다(제19조 1항). 또 기본권은 어떠한 경우에도 그 본질적 내용은 침해할 수 없다고 규정하고 있다(제19조 2항).

(5) 기본권 남용의 금지

기본법 제18조는 이러한 기본권의 남용에 의하여 자유민주적 기본질서가 침해될 우려가 있으므로 이를 방지하기 위하여 예방규정을 두고 있다. 「이들 표현의 자유, 그 중에서도 출판의 자유(제5조 1항), 교수의 자유(제5조 2항), 집회의 자유(제8조), 결사의 자유(제9조), 신서·우편 및 전신·전화의 비밀(제10조), 소유권(제14조), 망명자비호권(제16조 2항) 등을 자유민주적 기본질서에 대한 공격을 위하여 남용하는 자의 기본권은 상실된다. 기본권의 상실과 그 정도에 관해서는 연방헌법재판소가 판결한다」(제18조).

3) 생존권적 기본권보장에 관한 규정

(1) 기본법 규정의 생존권

생존권적 기본권에 관해서 바이마르 헌법이 상세하게 규정하고 있었으며 서독기본법제정 전의 지방헌법에서도 비교적 상세히 규정되어 있었다. 기본법 제정자들은 기본권의 실효성을 강조한 나머지 방침규정이나 국가목적규정은 가능한 규정하지 않기로 했다. 그 결과 생존권적 기본권에 관해서는 많은 규정을 하지 않았다. 기본권규정에서의 인간의 존엄권(제1조), 혼인과 가정, 교육제도에 관한 조항(제6조·제7조), 노동자의 단결권의 보장(제9조), 사회

---

46) C. Pestalozza, Deutsche Verfassungen-Änderungen nach dem 1, März 2014, (http://www.jura.fu-berlin.de).

화 규정(제15조), 재산권규정(제14조)과 사회국가규정(제20조·제28조) 등에서 보장되고 있다고 본다. 국내법적으로는 이 밖에 지방헌법이 효력을 가지고 있고 국제법적으로는 유럽인권헌장과 국제연합인권장전 등이 기본권을 보장하고 있다.

(2) 유럽사회헌장에서의 보장

유럽사회헌장은 유럽연합에서 1961년 10월에 체결하고 1964년에 효력을 발생하였다.[47] 이 헌장에서는 노동의 권리(제1조), 노동조건에 관한 권리(제2조), 안전하고 건강한 근로조건에 관한 권리(제3조), 정당한 임금에 관한 권리(제4조), 근로자의 단결권(제5조), 단체협약의 권리(제6조), 소년과 아동의 보호에 관한 권리(제7조), 여성근로자의 보호에 관한 권리(제8조), 직업소개자문에 관한 권리(제9조), 직업교육을 받을 권리(제10조), 건강보호에 관한 권리(제11조), 사회보장에 관한 권리(제12조), 생활보호에 관한 권리(제13조), 사회복지사업에 관한 권리 청구권(제14조), 심신장애자의 직업교육과 사회복지에 관한 권리(제15조), 가정의 사회적·법률적·경제적 보호에 관한 권리(제16조), 모성과 아동의 사회적·경제적 보호에 관한 권리(제17조), 아동노동자와 그 가정의 보호와 부조의 권리(제19조) 등을 보장하고 있다. 1991년 10월 21일에는 유럽사회헌장을 개정하는 의정서를 채택하여 당일 효력을 발생하였다. 그 내용은 유럽사회헌장의 집행을 위한 것으로 보고 등 행정절차에 관한 것을 주로 둔 것이었다.

(3) 국제인권조약, 경제적·사회적·문화적 조약의 적용

유럽사회헌장에 대응하는 국제연합의 경제적·사회적·문화적 조약(Internationaler Pakt über wirtschaftliche, soziale und kulturelle Rechte)이 1966년 12월 19일에 체결되었고 독일연방법률보 1973 II 1570면으로 서명 효력을 발생하였다. 이것은 유엔 조약법으로 독일연방에도 효력이 있다.

참고로 독일기본권과 세계인권선언을 비교해 보기로 한다.

독일기본권과 세계인권선언 비교표

독일기본권	세계인권선언
제1조 ① 인간의 존엄은 침해되지 아니한다. 모든 국가권력은 이를 존중하고 보호할 의무를 진다. ② 그러므로, 독일 국민은 이 불가침·불가양의 인권을 세계의 모든 인류공동체 평화 및 정의의 기초로 인정한다.	제1조 생래의 자유권, 동등한 존엄과 권리, 이성과 양심, 형제애의 정신에 입각한 행동 제28조 인권보장이 되는 사회질서향유권 제6조 법에 앞서 자연인으로 인정받을 권리

---

47) Die Europäische Sozialcharta, 1978; C. Grabenwarter, *Europäische Menschenrechtskonvention*, 2003.

③ 다음에 열거하는 기본권은 직접적인 효력을 갖는 권리로서 입법권·행정권·사법권을 구속한다.	
제2조 ① 누구든지 다른 사람의 권리를 침해하거나 헌법질서 또는 도덕률에 반하지 않는 한 자기의 인격을 자유로이 실현할 권리를 가진다. ② 누구든지 생명권과 신체적 훼손을 받지 않을 권리를 가진다. 인신의 자유는 침해되지 아니한다. 이 권리들은 오직 법률에 근거하여 제한할 수 있다.	제3조 생명권, 신체의 자유와 안전권 제4조 노예제도·노예매매금지 제5조 고문, 잔혹·비인도적인 처우처벌금지
제3조 ① 모든 인간은 법 앞에 평등하다. ② 남성과 여성은 동등한 권리를 가진다. 국가는 남성과 여성의 동등한 권리가 실제적으로 실현되도록 지원하고 현존하는 불이익이 제거되도록 노력한다. ③ 누구든지 자신의 성별, 가문, 인종, 언어, 고향과 출신, 신앙, 종교적 또는 정치적 견해 때문에 불이익을 받거나 우대받지 아니한다. 누구라도 장애를 이유로 불이익을 받지 아니한다.	제7조 법 앞에 평등, 차별 없이 동등하게 법의 보호를 받을 권리 제3조 인종·피부색·성별·언어·종교·종교적 입장 및 여타 견해·국적·사회적 출신·재산·출생·여타의 신분에 따른 차별대우금지, 국가·국제적 지위에 차별대우 금지
제4조 ① 신앙과 양심의 자유 및 종교적·세계관적 신조의 자유는 침해되지 아니한다. ② 종교활동의 자유는 보장된다. ③ 누구든지 자신의 양심에 반하여 집총병역을 강요당하지 아니한다. 자세한 사항은 연방 법률로 정한다.	제18조 사상·양심·종교의 자유, 종교나 신념의 자유, 가르침·의식·예배 표방할 자유
제5조 ① 누구든지 자기의 의사를 말, 글 및 그림으로 자유로이 표현·전달하고, 일반적으로 접근할 수 있는 정보원으로부터 방해받지 않고 정보를 얻을 권리를 가진다. 출판의 자유와 방송과 영상으로 보도할 자유는 보장된다. 검열은 허용되지 아니한다. ② 이 권리들은 일반 법률의 조항, 청소년 보호를 위한 법규 및 개인적 명예권에 의하여 제한된다. ③ 예술과 학문, 연구와 교수는 자유이다. 교수의 자유는 헌법에 충실할 의무로부터 면제되지 아니한다.	제19조 의사와 표현의 자유, 정보와 이념의 추구·획득·전달할 권리 제29조 문화생활에 참가할 자유, 예술감상 과학의 진보와 그 혜택을 받을 권리, 과학적 문화적 또는 미술작품에서 생하는 정신적 물질적 이익을 보호받을 권리
제9조 ① 모든 독일인은 단체와 회사를 결성할 권리를 가진다. ② 그 목적이나 활동이 형법에 위반되거나 또는 헌법질서, 국제적 협조의 이념에 반하는 단체는 금지된다. ③ 근로조건 및 경제조건의 유지 및 개선을 위한 단체를 결성할 권리는 모든 개인 및 직업에 보장된다. 이 권리를 제한하거나 방해하는 합의는 무효이며 이를 목적으로 하는 조치는 위법이다. 제12a조, 제35조 제2항 및 제3항, 제87a조 제4항과 제91조에 따른 조치는 제1문이 말하는 단체의 근로조건 및 경제조건의 유지 및 개선을 위한 노동쟁의에 대하여 행하여져서는 아니 된다.	제23조 ① 노동, 직업선택, 노동조건, 실업 보호 ② 동일노동의 동일보수권 ③ 적절한 보수권 ④ 노동조합 조직 참여권

제10조 ① 서신 및 우편과 전신의 비밀은 침해되지 아니한다. ② 이에 대한 제한은 오직 법률에 근거하여 행하여질 수 있다. 그 제한이 자유민주적 기본질서 또는 연방이나 주의 존립이나 안전의 보호에 기여하는 경우에는 법률은 그 제한이 당사자에게 통지되지 않는다는 것과 사법적 권리 구제절차 대신에 국민의 대표자에 의하여 임명된 기관과 보조기관에 의하여 심사가 이루어지는 것을 정할 수 있다.	제12조 사생활·가족·가정·통신의 자유와 비밀보장
제11조 ① 모든 독일인은 전체 연방영역에서 거주이전의 자유를 가진다. ② 이 권리는 충분한 생활기반이 없기 때문에 국민일반에게 특별한 부담이 발생할 수 있는 경우 또는 연방이나 주의 존립이나 자유민주적 기본질서의 절박한 위험의 방지를 위하여 전염병 위험, 자연 재해, 또는 특히 심각한 재난의 극복을 위하여 청소년을 방임으로부터 보호하거나 범죄행위를 예방하기 위하여 필요한 경우에만 오직 법률에 의하거나 법률에 근거하여 제한될 수 있다.	제13조 자국 내에서 이동·거주할 자유, 자국의 출국 및 귀국의 자유
제12조 ① 모든 독일인은 직업, 직장 및 직업훈련장을 자유로이 선택할 권리를 가진다. 직업의 행사는 법률에 의하거나 법률에 근거하여 제한될 수 있다. ② 누구도 전통적이고 일반적인 모두에게 평등한 공공역무의 의무를 제외하고는 특정한 노동을 강요당하지 아니한다. ③ 강제노동은 오직 법원이 명하는 자유박탈의 경우에만 허용된다.	제23조 ① 노동·직업선택·노동조건 실업보호 제24조 휴식·노동시간·여가의 보장
제6조 ① 혼인과 가족은 국가의 특별한 보호를 받는다. ② 자녀의 양육과 교육은 부모의 자연적 권리인 동시에 최우선적으로 부모에게 주어진 의무이다. 그들의 실행에 대하여 국가공동체는 감독한다. ③ 교육권자가 의무를 해태하거나 자녀가 기타의 이유로 방치될 위험이 있을 때에는 자녀는 오직 법률에 근거하여 교육권자의 의사에 반하여 가족으로부터 격리될 수 있다. ④ 어머니는 누구든지 공동체의 보호와 부조를 받을 권리를 가진다. ⑤ 혼인 외의 자녀에게는 입법을 통하여 그 신체적 및 정신적 성장과 사회에서의 지위에 대하여 혼인 중의 자녀와 동등한 조건이 마련되어야 한다.	제16조 ① 성인 남녀의 결혼·가정의 권리 제26조 ③ 부모의 자녀교육 선택우선권 제25조 ② 모성·아동의 권리, 적서차별금지
제7조 ① 모든 학교제도는 국가의 감독을 받는다. ② 교육권자는 종교수업에 그 자녀를 참여시킬지를	제26조 ① 교육의 권리, 초등교육의 의무교육, 기술교육·직업교육, 능력에 따른 동등한 고등교육

결정할 권리를 가진다.

③ 종교수업은 공립학교에서 비종파 학교를 제외하고는 정규 과목이다. 국가의 감독권과는 관계없이 종교수업은 종교단체의 교리에 따라 진행된다. 교사는 자신의 의사에 반하여 종교수업을 할 의무를 지지 아니한다.

④ 사립학교를 설립할 권리는 보장된다. 공립학교를 대체하는 사립학교는 국가의 인가를 요하고 주법의 적용을 받는다. 사립학교는 교육목표시설 및 교사의 학력에 있어서 공립학교에 뒤지지 않고 부모의 재산 상태를 기준으로 학생을 선발하지 않는 한 인가되어야 한다. 교사의 경제적 및 법적 지위가 충분히 보장되지 않는 때에는 인가가 거부되어야 한다.

⑤ 사립초등학교는 교육청이 특별한 교육적 이익을 인정하는 때 또는 그 학교를 종파 혼합학교, 종파학교, 세계관학교로서 설립하고자 하고 그 지방자치단체에 이러한 유형의 공립초등학교가 없는 경우로서 교육권자가 신청하는 때에만 허용될 수 있다.

⑥ 예비학교는 폐지된다.

제8조 ① 모든 독일인은 신고나 허가 없이 평화적으로 무기를 소지하지 않고 집회할 권리를 가진다. ② 이 권리는 옥외집회의 경우 법률에 의하여 또는 법률에 근거하여 제한될 수 있다.	제20조 평화적 집회와 결사의 자유

제12a조 ① 남성에게는 만 18세부터 군대, 연방국경수비대 또는 민방위대에서 복무할 의무를 지울 수 있다.

② 양심상의 이유로 집총병역을 거부하는 사람에게는 대체복무의 의무를 지울 수 있다. 대체복무의 기간은 병역기간을 초과할 수 없다. 자세한 사항은 양심의 결정의 자유에 영향을 미칠 수 없고, 군대와 연방국경수비대와 무관한 대체복무의 가능성을 규정하여야 하는 법률로 정한다.

③ 제1항과 제2항에 따라 복무에 동원되지 않는 병역 의무자에게는 방위사태 시에 법률에 의하여 또는 법률에 근거하여 민간인 보호를 포함하는 방위의 목적을 위하여 근로관계에서 민간역무의 의무를 지울 수 있다. 공법상의 근무관계에서의 의무 부과는 경찰 임무의 수행을 위하여 또는 공법상의 근무관계에서만 충족시킬 수 있는 공공행정의 고권적 임무의 수행을 위해서만 허용된다. 제1문에 따른 근로관계는 군대, 군대 보급분야 및 공공행정에서 성립될 수 있다. 민간인 급양분야에서 근로관계에서의 의무부과는 민간인의 생활에 필요한 수요를 충족시키거나 그 보호를 확보하기 위해서만 허용된다.

④ 방위사태 시 민간의 보건시설과 의료시설 및 상주 군사의료기관에서의 민간역무 수요가 자원자로 충족될 수 없으면, 만 18세부터 55세까지의 여성은 법률에 의하여 또는 법률에 근거하여 그러한 유형의 복무에 투입될 수 있다. 여성은 어떠한 경우에도 집총복무에 강제될 수 없다.

⑤ 방위사태 발생 이전 시기에는 제3항의 의무는 제80a조 제1항의 조건에 따라서만 부과될 수 있다. 특별한 지식과 숙련을 요하는 제3항에 따른 역무에 대비하기 위하여 법률에 의하여 또는 법률에 근거하여 교육참가의무가 부과될 수 있다. 이 범위에서 제1문은 적용되지 아니한다.

⑥ 방위사태 시 제3항 제2문에서 말하는 분야에서 노동력의 수요가 자원자로 충족될 수 없으면, 이 수요를 확보하기 위하여 직업의 행사 또는 직장을 포기하는 독일인의 자유를 법률에 의하여 또는 법률에 근거하여 제한할 수 있다. 방위사태의 발생 전에는 제5항 제1문이 준용된다.

제13조 ① 주거는 침해되지 아니한다.

② 수색은 법관에 의하여만 명하여지며, 지체의 염려가 있는 경우에는 법률에 규정된 다른 기관에 의하여도 명하여질 수 있다. 수색은 법률에 규정된 형식으로만 실행될 수 있다.

③ 일정한 사실로 어떤 사람이 법률에 개별적으로 규정된 특히 중대한 범행을 한 사실을 증명하고 사태의 조사가 다른 방법으로는 지나치게 곤란하거나 가망이 없을 수 있는 경우에는 그 범행을 추적하기 위하여 법관의 명령으로 피의자가 체재하는 것으로 추정되는 주거를 감청하기 위하여 기술적 수단을 설치할 수 있다. 이 조치는 기한이 정하여져야 한다. 명령은 3인의 법관으로 구성된 합의체에서 행한다. 지체의 염려가 있는 경우에 명령은 1인의 법관에 의하여 이루어질 수 있다.

④ 공공 안전에 대한 급박한 위험, 특히 공동의 위험 또는 생명의 위험을 방지하기 위해서는 오직 법관의 명령으로 주거의 감시를 위하여 기술적 수단을 설치할 수 있다. 지체의 염려가 있는 경우에 이 조치는 법률로 정한 다른 기관이 명령할 수 있다. 이 경우에는 사후에 지체 없이 법관의 결정을 받아야 한다.

⑤ 기술적 수단이 오직 그 설치 당시 주거에서 활동하는 사람의 보호를 위한 것일 때에는 그 조치는 법률에 규정된 기관에 의하여도 명하여질 수 있다. 이때 취득한 정보를 다른 목적에 이용하는 것은 형사소

제12조 ① 사생활 가족 가정 통신 보호
제9조 자국의 사법재판소에서 구제를 받을 권리
제10조 형사상 책임에 사법재판소의 공정한 심리를 받을 권리
제11조 자의적인 체포나 구금 추방금지

추 또는 위험방지의 목적으로만 그리고 사전에 그 조치의 적법성이 법관에 의하여 확인된 경우에만 허용된다. 지체의 염려가 있는 경우에는 사후에 지체 없이 법관의 결정을 받아야 한다.
⑥ 연방정부는 매년 연방의회에 제3항에 따른 기술적 수단의 설치와 연방의 권한 영역 내에 있는 제4항에 따른 기술적 수단의 설치 및 법관의 심사가 필요한 한에서 제5항에 따른 기술적 수단의 설치에 대하여 보고한다. 연방의회가 선출한 위원회는 이 보고를 기초로 의회의 통제를 행한다. 주에도 동등한 의회 통제가 행하여진다.
⑦ 그 외에도 침해와 제한은 공동의 위험 또는 개인의 생명의 위험을 방지하기 위하여또한 법률에 근거하여 공공안전과 질서의 긴박한 위험의 방지 특히 주택부족의 해결,전염병 위험의 퇴치 또는 위험에 처한 청소년의 보호를 위해서만 행하여질 수 있다.

제14조 ① 재산권과 상속권은 보장된다. 그 내용과 한계는 법률로 정한다. ② 재산권은 의무를 수반한다. 그 행사는 동시에 공공복리에 이바지하여야 한다. ③ 공용수용은 공공복리를 위해서만 허용된다. 공용수용은 오직 보상의 종류와 정도를 규정하는 법률에 의하여 또는 법률에 근거하여 행하여질 수 있다. 보상은 공공의 이익과 관계자의 이익을 정당하게 형량하여 결정되어야 한다. 보상의 수준에 대한 분쟁의 경우에는 일반법원에 소송을 제기할 수 있다.	제17조 ① 단독 또는 집단으로 재산을 소유권 공동재산을 소유권 ② 재산박탈금지 제29조 ③ 권리와 자유행사 민주사회의 도덕과 공공질시와 일반적 복지에 대한 정당한 요건에 부응한 목적의 법에 따라 제한
제15조 토지, 천연자원 및 생산수단은 사회화를 목적으로 보상의 종류와 정도를 규정하는 법률에 의하여 공유재산 또는 공동관리 경제의 다른 형태로 전환될 수 있다. 그 보상에는 제14조 제3항 제3문 및 제4문을 준용한다.	
제16조 ① 독일인의 국적은 박탈되지 아니한다. 국적의 상실은 법률에 근거하여서만 그리고 이로 인하여 당사자가 무국적이 되지 않는 때에만 당사자의 의사에 반하여 행하여질 수 있다. ② 어떤 독일인도 외국에 인도되지 아니한다. 법치국가 원칙이 준수되는 한 법률로 유럽연합의 회원국 또는 국제사법재판소에 인도하는 예외적 규정을 둘 수 있다.	제15조 ① 국적을 가질 권리 ② 국적박탈금지, 국적변경의 권리
제16a조 ① 정치적으로 박해받는 자는 망명권을 가진다. ② 유럽연합의 회원국 또는 난민의 법적 지위에 관한	제14조 ① 박해를 피해 다른 나라에 망명권, 망명생활권 ② 비정치적 범죄·국제연합의 목적과 원칙에 위배되

협약, 인권 및 기본적 자유의 보호를 위한 협약의 적
용이 보장되는 제3국으로부터 입국하는 사람은 제1
항의 권리를 주장할 수 없다. 제1문의 조건에 해당되
는 유럽공동체 외의 국가는 연방참사원의 동의를 요
하는 법률로 정한다. 제1문의 경우에는 체류를 종료
시키는 조치는 이에 대한 사법적 권리구제와 관계없
이 집행할 수 있다.

③ 연방참사원의 동의를 요하는 법률로 법적 현실법
률 적용 및 일반적인 정치적 상황에 기초하여 정치적
박해나 비인도적이거나 모욕적인 형벌이나 취급이
이루어지지 않음이 보장되고 있는 것으로 보이는 국
가들이 규정될 수 있다. 그러한 국가로부터 입국하는
외국인은 정치적으로 박해받고 있다는 가정의 근거
가 되는 사실을 제출하지 않는 한 정치적으로 박해받
지 않는다고 추정된다.

④ 체류를 종료시키는 조치의 집행은 제3항의 경우
와 명백하게 이유가 없거나 또는 명백하게 이유가 없
는 것으로 간주되는 다른 경우에 그 조치의 적법성에
대한 진지한 의혹이 있을 때만 법원에 의하여 정지된
다. 심사의 범위는 제한될 수 있고, 지체하여 제출된
신청은 고려되지 않을 수 있다. 자세한 사항은 법률
로 정한다.

⑤ 제1항 내지 제4항은 유럽연합의 회원국 상호간에
그리고 조약국에서 그 적용이 보장되어야 하는 난
민의 법적 지위에 관한 협약과 인권 및 기본적 자유
의 보호를 위한 협약으로부터 나오는 의무를 준수하
면서 망명권 결정의 상호 승인을 포함한 망명 신청심
사에 대한 권한규정을 제정하는 제3국들과의 국제법
상의 조약에 반하여 적용되지 아니한다.

는 행위 기소제한

제17조 누구든지 단독으로 또는 타인과 공동으로 서
면에 의하여 관할기관과 의회에 청원 또는 소원을 제
출할 권리를 가진다.

제17a조 ① 병역복무와 대체복무에 관한 법률은 군
대와 대체복무의 소속원에게 병역복무 또는 대체복
무 기간에 말, 글 및 그림으로 의견을 자유로이 표현
하고 전달하는 기본권(제5조 제1항 제1문 전단), 집
회의 자유의 기본권(제8조), 타인과 공동으로 청원
또는 소원을 제출할 권리가 보장되는 경우의 청원권
(제17조)이 제한되도록 정할 수 있다.

② 민간인의 보호를 포함하는 국방에 기여하는 법률
은 거주이전의 자유(제11조)와 주거의 불가침(제13
조)의 기본권이 제한됨을 정할 수 있다.

제18조 자유민주주적 기본질서를 공격할 목적으로 표현의 자유 특히 출판의 자유(제5조 제1항), 교수의 자유(제5조 제3항), 집회의 자유(제8조), 결사의 자유(제9조), 서신, 우편 및 전신의 비밀(제10조), 재산권(제14조), 또는 망명권(제16a조)을 남용한 자는 기본권의 효력을 상실한다. 실효 및 정도는 연방헌법재판소에 의하여 결정된다.	제29조 ① 기본권 제한의 제한 제30조 기본권 남용금지
제19조 ① 기본법에 의하여 기본권이 법률에 의하여 또는 법률에 근거하여 제한될 수 있는 경우에 그 법률은 일반적으로 적용되어야 하고 개별적인 경우에만 적용되어서는 안 된다. 이밖에 그 법률은 기본권의 해당 조항을 적시하여야 한다. ② 어떠한 경우에도 기본권의 본질적 내용이 침해되어서는 안 된다. ③ 기본권은 본질상 적용될 수 있는 경우에는 내국법인에도 적용된다. ④ 권리가 공권력에 의하여 침해될 때에는 소송을 제기할 수 있다. 다른 관할권이 인정되지 않는 한 통상적 권리구제절차가 인정된다. 제10조 제2항 제2문에는 영향을 주지 않는다.	제29조 ① 인격의 자유 발전의 의무 ② 기본권 제한의 제한 ③ 국제연합의 목적 및 원칙에 합치하는 행사의무

(4) 유럽인권헌장의 적용

유럽의회는 유럽인권협정을 체결하였는데 이는 헌법적 효력을 가진다.[48]

유럽의회는 2001년 니스 회의에서 기본권헌장에 합의하였다. 이것은 유럽헌법초안에 포함되어 2004년에 선포되었으나 유럽헌법은 다수국의 비준을 받지 못하여 효력을 가지지 못했다. 다만 기본권헌장은 이미 가맹국이 가입 비준을 했기에 현재도 효력을 가지고 있다.

3. 독일의 인권상황

1) 전후의 기본권 상황

제2차 세계대전 전의 독일은 나치스에 의하여 인권이 짓밟혀 최악의 인권국가로 인정되어 왔다. 헌법은 기본권을 이상적으로 규정하고 있었으나 법률이나 긴급명령에 의하여 기본권을 제약하거나 무시하는 일이 일상이었으며 수권법(Ermächtigungsgesetz)의 제정으로 법

---

48) M. Möstl, *Verfassung für Europa*, 2005, Olzogverlag; Charta der Grundrechte der Europäischen Union 2000/C, 364/01, Nice.

률이 아닌 총통의 명령으로 기본권이 정지되었으며 표현의 자유가 제한되었고 심지어 밤과 안개(Nacht und Nebel) 속에 체포되어 재판 없이 처형되는 일이 많았다.[49]

이에 제2차 대전에 패전한 뒤 독일인은 기본권의 보장이 가장 중요하다는 것을 인식하고 1949년 기본법을 제정하면서 기본권을 천부인권으로서 인정했을 뿐만 아니라 법률로써 기본권을 제한하는 헌법규정이 있을 때도 최소한으로 이를 제한할 수 있게 하였다. 그러나 기본권의 남용으로 공공질서가 무너지고 기본권이 침해된 것을 경험삼아 기본권의 남용을 금지하고 기본권 남용자에게는 기본권을 상실할 수 있게 하였다.

또 민주적 기본질서를 보장하기 위하여 헌법에 위반하는 정당을 해산할 뿐만 아니라 비평화적·무장적 집회를 금지하는 등 방어적 민주주의를 채택하는 등 기본권보장을 위한 제도를 마련하였다.

그 결과 동서독 분단 하에서도 질서가 유지되었으며 통일 후 급진주의자들의 폭동이 있었으나 정부의 노력으로 기본권보장의 모범국가로 등장하였다.[50]

2) 기본권 침해 사례

그럼에도 불구하고 일부에서도 독일에서도 기본권 침해행위가 있다는 비판적 보고도 있다. 엠네스티 인터내셔널이나 휴먼라이트위치 등 NGO들은 작은 사건도 이를 크게 취급하는 사례가 있다. 많이 지적되는 것으로는 극우주의자들이 소수자나 외국인에 대하여 폭력을 쓰거나 차별대우를 하는 것이다. 이것은 통일 후 동독에서 터기인이나 외지인에 의하여 행해져 문제가 되었다.[51]

극우나 극좌 정당에 대해서는 위헌소송이 제기되고 있다. 극우주의적인 독일국가민주당(NPD)은 주로 폭력단체로 활동하고 있어 헌법수호청에 의하여 항시적 감시를 받고 있다. 또 헌법재판소에 참의원이 이들 단체를 해산제소를 하기도 했다.[52] 또 극좌적인 좌파(The Left)

---

49) Mary Wilke/Jacob Marcet, Human Rights Before, During, and After World War Ⅱ, https://www.crl.edu/focus/article/414.

50) Archive of Germany reports, (https://www.web.archive.org/web/20060710215106/https://www.amnesty.org/library/eng-deu/index) by Amnesty International.

51) 2008 U. S. States Department country report on human rights practices in Germany, https://www.state.gov/j/drl/rls/hrrpt/2008; 2010 U. S. States Department Human Rights Report: Germany. https://www.state.gov/j/drl/rls/hrrpt/2010/eur/154426.htm.

52) NPD 위헌해산 기각결정 Senat, Bundesverfassungsgericht 2 (18 March 2003). "Bundesverfassungsgericht-Entscheidungen-Einstellung der NPD-Verbotsverfahren: Erfordernis einer qualifizierten Zweidrittelmehrheit für Ablehnung des Antrags auf Verfahrenseinstellung- Einstellung sbeschluss eine Prozess-und keine Sachentscheidung, ohne Bindungswirkung."

단체도 위헌성이 문제되어 감시되고 있다. 독일국가민주당의 해산제소에 대하여 헌법재판소는 이들의 행동이 국가위해를 가져오지 않는다고 하여 기각(2017년 1월 17일 판결)하였기에 국회는 이들 반헌법적 정당에 대해서는 국고보조를 금지하는 법률을 상원에서 통과시켰다(2017. 3. 10 통과).[53] 근소한 사건으로 보고되거나 기소된 사건이 많으며 이들은 유럽인권재판소에서 개별적으로 구제가 되고 있다. 독일에서도 난민들이 이주해 와서 망명신청을 하거나 불법 체류하여 문제가 되고 있으며 이들이 비토하여 사회문제로 되고 있다. 미국무성에 발표한 2010년 인권관행보고서 독일편에 의하면 독일에서는 기본권 규정을 거의 헌법조문대로 준수하고 있다고 하고 있다.[54]

독일에서도 교원을 포함한 공무원은 파업권을 가지지 않는다.

3) 정부의 기본권보장 노력

독일정부는 기본권보장을 위하여 많이 노력을 하고 있다.[55] 연방경제협조와 경제발전부에서도 50여년에 걸쳐 인권발전정책을 펴고 있다. 독일발전정책에 있어서 기본권의 신장은 가장 중요한 목적의 하나이다. 이는 독일발전정책에서 인권에 근거한 어프로치를 채택하고 인권은 존속 가능한 사회의 지도원리이며 유엔 2000년 총회에서의 백만년 발전목표가 인권의 보장임을 강조하고 있다. 또 빈곤의 퇴치, 지속가능한 경제발전과 평화를 행동의 근거로 삼고 있다. 평화와 분쟁해결에 대해서도 재정원조를 해주고 있다.

독일인권연구소의 독일인권상황에 관한 의회에 대한 보고서(2015. 1.-2016. 6)를 보면 독일은 국제인권연구소와 인권재판소 등에 대한 인적지원과 재정지원을 하며 국제연합에서도 많은 기여를 하고 있음을 알 수 있었다. 또 유럽의 피난민을 보호하기 위한 최초기구를 만들어서 여기서 피난민의 정책과 교육기구, 주거기구의 제도 도입을 위한 노력을 하고 있었다. 피난민의 구호를 위한 시설설비와 교재 제공 등에 힘쓰고 있었다. 이 밖에도 피난민에 대한 정보자료보호, 망명자의 신속처리활동을 하고 있었다.[56]

독일은 헌법상 기본권의 국내적 보장뿐만 아니라 국제적 보장에도 노력하고 있다.[57] 연

---

53) NPD위헌해산 기각결정 Senat, Bundesverfassungsgericht 2 (u. vom 17. Januar 2017).
54) Violations of Human Rights in Germany, http://home.broadpark.no/~wkeim/files/de_human_rights.htm
55) "Human Rights in German Development Policy, Strategy," BMW paper 4/2011e.
56) Deutsches Institut für Menschenrechte, Kurzfassung Entwicklung der Menschenrechtssituation in Deutschland Januar 2015-Juni 2016, Bericht an den Deutschen Bundestag gemäß §2 Absatz 5 DIMRG.
57) "Protection of human rights," Facts about Germany, https://www.tatsachen-ueber-deutschland.de/en/chapter/foreign-policy.

방정부는 유엔 사업에도 지원하고 있다. 독일 외교관들은 유엔인권위원회의 의장도 맡았다. 독일은 국내외적인 기본권보장의 모범국가라 할 수 있다.

제3절 오스트리아 헌법의 기본권보장

1. 기본권보장 역사

1848년의 3월혁명의 결과 오스트리아에서도 헌법 제정이 요구되었다. 시민들은 시민적 국가의 요청으로서 헌법을 요구했고, 의회와 지방자치와 자유권을 요구하였다. 4월에는 Pillersdort 헌법이 제정되었고 양원제로 하였으며 상원은 왕의 하에 있었다. 그러나 5월부터 폭풍청원(Sturmpetition)을 일으켰고 농민해방을 요구하였으며 10월에는 혁명으로 발전하였다. 제헌의회는 Kremester로 이동하여 여기서 헌법안을 만들었다(Kremester헌법). 그러나 이 헌법안은 공포되지 않았고 12월에는 혁명분자는 폭력으로 진압되었다.

1848년과 1849년에는 지방헌법의 제정이 논의되었다. 이 시기에 헌법제정회의는 기본권위원회를 만들어 기본권안을 만들었으나 시행에까지는 이르지 않았다.[58] 이 기본권 안은 당장에 공포되지는 아니하였으나 후대의 헌법에 영향을 미쳤다. 당시에는 기본권 특허장(Grundrechtspatent)이라고 하였다. 1849년 혁명을 진압한 뒤 왕정복고가 행해졌고 1849년에는 흠정헌법(3월헌법)이 제정되었다.

이 헌법 하에서는 상·하 양원제가 있었으나 인권헌장은 제정되지 않았으며 왕은 독재적·군사적으로 지배하였다. 1851년에는 흠정헌법이 폐지되고 실베스터 특허장(Silversterpatent)이 제정되었다. 이로써 신절대주의로 되었으며 의회는 자율적 권리밖에 없었다. 1962년에는 가택보호법이 제정되었다.

1867년에는 황제가 아니라 제국의회에서 헌법이 제정되었다. 이 헌법은 처음으로 시민적인 참여가 행하여졌다. 이 1867년 헌법은 12월 헌법: 시민의 일반적 권리에 관한 국가기본법이 제정되었다. 이 법률은 1849년의 라이히특허장을 계수했으며 그 뒤 헌법(1918)에도 계수되었다.[59]

---

58) Alfred Fischel, Austria Reichtstag, *Die Protokolle des Verfassungsausschusses Über Die Grundrechte*, 2013; Alfred Fischel, *Die Protokolle des Verfassungsausschusses Über Die Grundrechte: Ein Beitrag Zur Geschichte Des Osterreichische Reichtags Vom Jahre 1848* (Classic Reprint).

59) Demokratiezentrum Wien, "Verfassungsentwicklung in Österreich und der EU", http://www.

2. 기본권보장에 관한 법원의 내용

오스트리아의 기본권장은 한 헌법전에 통일적으로 규정된 것이 아니고 여러 법전과 조약에 산재하고 있어 그 법원을 발견하기가 어렵다.

1) 가택권의 보호에 관한 법률

1862년 10월 27일에 제정된 법률로서 오늘까지 효력을 가지고 있었다. 가택에 대한 수색을 공권력에 의하여 행하는 것을 방지하는 법률로 1867년 헌법에서(제9조) 인정되어 현재까지 효력을 유지하고 있다.

2) 시민의 일반적 권리에 관한 국가기본법

이 법률은 1867년의 12월 헌법의 일부이며 1849년 헌법에서 성안되었으나 시행되지 않다가 1967년에 시행되었고 1918년의 공화국헌법에서도 계승되고 있다.

그 내용으로는[60]

평등권(StGG 제2조)

공직에서 평등권, 취임권(제3조)

인신의 거주이전의 자유(제4조 1항)

재산권의 자유(제4조 1항)

재산권의 불가침(제4조 1항)

주거지의 자유선택권과 체류의 자유(제6조 1항)

영업(행위)의 자유(제6조 1항)

부동산거래의 자유(제6조 1항)

하속관계나 종속관계의 폐지(제7조 노예지도의 금지)(강제노동의 금지)

가택권의 불가침(제9조)

신서의 비밀(제10조)

---

demokratiezentrum.org/wissen/timelines.

60) Wikipedia, Grundrechte (Österreich), AustriaWiki im Austria-Forum, Grundrechte (Österreich); Walter Berka, *Die Grundrechte: Grundfreiheiten Und Menschenrechte in Österreich*, 1999; Baumgartner/Merten/Merten-Papier/H.-J. Papier/Schäffer, *Handbuch der Grundrechte in Deutschland und Europa* Ⅶ/1 Grundrechte in Österreich, Müller, 2009; F. Ermacora, *Grundriß der Menschenrechte in Österreich*, 1988.

청원권(제11조)

결사의 자유(제12조)

집회의 자유(제12조)

표현의 자유(제12조 제1항)

출판의 자유(제12조 2항)

종교의 자유, 신앙의 자유(제14조)

양심의 자유(제14조)

학문의 자유와 학술의 자유(제17조 1항)

교육의 자유(제17조 2항)

예술의 자유(제17a조)

직업선택의 자유와 직업행사의 자유(제18조)

오스트리아 토종인종의 차별금지(제19조)

3) 상 제르만·앙 레이의 국가조약

상·제르만조약은 1919년 9월 10일에 체결되어 현재까지 효력이 있다.

생명의 권리(제63조 1항)

자유권(제63조 1항)

평등권과 오스트리아인 특히 소수민족의 차별금지(제62조 이하)

언어의 자유(제66조 3항) 특히 소수민족의(제67조)

언어 소수민족의 특권(제68조)

4) 연방헌법법률

연방헌법은 1920년에 제정되고 제2차 세계대전 후에 다시 효력을 가진다.

여성의 자유로운 연방군에서의 자의에 의한 근무와 이를 종결할 권리(제9a조 3항)

군복무거부권(제9a조 4항)

사교육의 공공화(제14조 7항)

유럽의회에의 선거권과 피선거권(제23a조), 국민의회(제26조), 연방대통령(제60조), 지방의원 등 선거권과 피선거권(제117조 2항)

투표권, 국민발안(제41조 2항), 국민투표권(제46조 2항), 국민질문권(제49b조 3항)

법률이 정한 법관의 재판을 받을 권리(제83조 2항)

5) 독립적이고 민주적인 오스트리아 재건조약

1955년 5월 15일의 오스트리아 재건 조약

슬로베니아와 크로아티아 언어 소수자에 대한 관용어(제7조)와 중학교에서의 언어권(제7조 2)

6) 인권과 기본자유 보호에 관한 협정

유럽인권조약은 1951년에 체결된 것이나 오스트리아에서는 1958년에 효력을 발생하였다. 국제법적 조약에서 일반적으로 전환되어 직접적 효력을 가지며 직접 적용된다.

새로 도입된 기본권으로는

고문의 금지(제3조)

민사·형사사건에 있어서 공정한 재판을 받을 권리(제6조)

죄형법정주의(제7조)

사생활과 가정생활의 존중(제8조)

사상의 자유(제9조)

안전의 권리(제12조)

혼인체결의 권리(제12조)

효과적인 제소의 군리(제11조)

평등권과 모든 인간의 차별금지(제14조)

외국인의 정치활동의 자유(제16조)

7) 인권과 기본자유보호조약의 추가조항

유럽인권조약의 추가조항 제1추가조항, 1958년 비준

교육성장의 권리(제2조)

선거권(제3조)

8) 인권과 기본자유보호조약 제4차 추가조항

유럽인권선언 제4차 추가조항, 1969년에 효력발생

고향여행의 자유(제3조 2항)와 고향 국가에서의 추방의 금지(제3조 1항)

9) 인간의 데이터 관련보호에 관한 연방법률

정보자료보호법 2000

1978년부터 정보데이터보호기본권(제1조)이 보장되며 오스트리아에서는 유일하게 직접적 효력을 가지고 있다.

10) 인권과 기본적 자유의 보호에 관한 조약 제6차 추가의정서

유럽인권협정 제6차 추가의정서

이 협정은 오스트리아에서는 1985년 3월 1일에 효력을 발생하였다. 사형의 최후집행은 1950년이었고 법적으로는 1968년에 폐지되게 되었다.

11) 인신의 자유의 보호에 관한 헌법

인신의 자유를 보호하기 위한 연방헌법과 인신의 자유보호에 관한 법률은 1867년에 국가기본법의 일부가 되었으나 1988년까지 효력을 가졌다.

12) 인권과 기본자유의 수호를 위한 인권조약 추가조항 제13 프로토콜

사형의 완전집행을 위한 기본권

이 조약은 2002년 5월 3일에 제정된 것이었는데 2004년 5월 1일부터 효력을 가지고 있다. 이미 1968년에 국제법적으로 승인되었다.

13) 유럽 기본권헌장

2000년에 선포된 것이나 2009년 12월 1일에 리스본조약에서 효력을 가지게 되었다. 이 헌장은 유럽연합조약 제6조에 의하여 법적으로 모든 유럽기관을 구속하게 되어 있다. 2012년 3월 14일에 헌법재판소는 오스트리아에 있어서는 헌법과 같이 일반적으로 승인된 법률로써 판단하여 기본권 해석에서 큰 진전을 보았다.

14) 기타의 중요한 기본권

외국인 간의 평등권(제1조 BVG)
민사대피근무의 권리(§2. Zivildienst Gesetz)

3. 기본권 규정의 특색

1) 비정렬성

위에서 본 바와 같이 기본권이 헌법에 옳게 규정되어 있지 않고 법률과 조약 등으로 구성되고 있어 이의 정렬이 어렵다. 법원에 의해서 분류한 것이 위의 분류이다.

2) 강학상 성질에 의한 분류

강학상에는 기본권의 법원에 따르지 않고 주로 유럽인권선언에 따라서 내용상으로 분류하고 있다.

4. 기본권의 분류

1) 트레터의 분류

Wien 대학의 Tretter 교수는 기본권을 다음과 같이 분류하고 있다.[61]

(1) 평등권과 차별금지

(2) 존재권(Existenelle Recht)
생명권(EMRK 제2조), 고문금지, 비인간적이고 비하적인 형벌과 처우금지(EMRK 제3조) 노예제도의 금지(EMRK 제4조 1항)

(3) 인신의 자유권과 거주이전의 자유권
인신의 자유권(EMRK 제3조)과 인신의 자유의 보호, 거주이전의 자유권한(ZPEMRK 제4조 4항, 2항)

(4) 사생활과 가정생활권
사생활의 존중권(EMRK 제7조), 가정생활의 존중에 관한 권리(EMRK 제7조)

(5) 사상의 자유, 양심의 자유와 종교의 자유
양심의 자유, 종교행사의 자유, 대체병역근무

---

61) H. Tretter, Grundrechte in Österreich: Eine Einführung, Fassung, SS. 2007.

(6) 정치적 권리

자유롭고 민주적인 선거권(제23a 2b), 언론, 출판, 집회, 시위, 청원권

(7) 문화적 권리

교육을 받을 권리, 자녀교육권, 학문의 자유, 예술의 자유

(8) 경제적 권리

재산권보장, 부동산의 자유, 직업선택의 자유, 직업행사의 자유, 강제노동의 금지, 의무노동의 금지

(9) 인종적 소수자의 권리

소수자의 보호, 슬로베니아, 크로아티아 소수인의 보호

(10) 소송적 기본권

공정한 재판을 받을 권리, 자격있는 법관에 의한 재판을 받을 권리, 죄형법정주의의 권리, 이중처벌금지, 추방에 대한 재심권

2) 베르카의 분류

Salzburg 대학의 헌법 교수인 Berka는 다음과 같이 분류하고 있다. Berka는 성질에 따라 자유권, 사회권, 정치권 등을 나누고, 유보 있는 기본권, 유보 없는 기본권 등으로 나누고 있는데 내용에 따라 개별적 기본권을 나누고 있다.[62]

(1) 인신의 권리(Grundrechte der Person)

생명의 권리, 고문금지, 비인간적 처우의 금지, 인신의 자유의 권리, 인신의 이전의 자유, 강제노동의 금지, 사생활과 가정생활의 보호, 개인정보의 보호, 주택권, 신서의 비밀, 전신의 비밀, 양심의 자유, 종교의 자유(양심을 이유로 한 병역근무 거부), 공인된 교회와 종교단체의 기본권적 지위

(2) 공동체생활의 기본권

1. 상호통신의 자유(Kommunikationsfreiheit) 정보의 자유, 미디어의 자유, 언론의 자유, 의사표현의 자유, 방송의 자유
3. 학문의 자유 유보없는 자유, 대학의 기본권, 대학의 자치

---

62) W. Berka, *Lehrbuch Verfassungsrecht*, 2005.

4. 예술의 자유, 예술개념의 공동화

5. 집회의 자유, 집회의 자유와 침해

6. 결사의 자유, 결사의 자유 제한 한계

7. 교육의 권리, 학부모의 교육의 권리, 학교의 교육권과 부모의 권한

8. 경제적 권리, 재산권의 보장, 취업의 권리, 부동산처분 자유, 경제헌법의 문제, 영업 행사의 자유

(3) 기본권적 조직과 절차의 조직보장권

기본권적 조직절차에서의 조직규범, 공정한 재판, 법률이 정한 법관의 도움을 받을 권리, 민사절차에 있어서의 공정한 재판청구권

(4) 평등권

평등권, 일반적 평등원칙, 평등보장원칙, 차별금지조치, 소수자의 특별조치

(5) 기본권보장을 위한 규정

이러한 분류는 기본권의 법원(法源)이 잡다하기 때문에 집단적 보장의 방법을 강구할 수 밖에 없다.[63]

5. 오스트리아의 인권상황

오스트리아의 Wien Konkret는 오스트리아에 있어서도 인권침해가 있다고 주장하고 있다.[64] 그리고는 인권침해의 원인을 들고 있는데 이는 세계 미디어에서나 공통적이다. 다만 유럽은 중동지방에서의 난민으로 말미암아 인권에 문제가 많이 발생하고 있다. 오스트리아도 예외는 될 수 없다. 오스트리아에도 이민자나 망명자, 외국인, 소수민족에 대한 차별이 있을 수 있는데 이러한 차별이나 불평등은 처벌되고 있다. 오스트리아에서는 남성당이 구성되어 여성이 남성보다도 우대받는다고 하여 항의집회를 하기도 한다. 정부는 외국인이나 소수자에 대한 차별시 공무원을 엄벌하고 있어 사건은 많이 줄어들고 있다.[65]

법률은 언론·출판의 자유에 있어 민족 간의 증오심을 조장한다든가 나치스를 찬양하고

---

63) Merten/Papier, *Handbuch der Grundrechte in Deutschland und Europa*, Grundrechte in Österreich, Bd Ⅶ/1, 2. Aufl.
64) Wien Konkret, "Menschenrechtsverletzungen in Österreich", http://www.wien-konkret.at.
65) Austria 2013 Human Rights Report.

소수종교인을 차별하는 것을 처벌하는 규정을 두고 있기 때문에 이러한 사건은 적게 일어나고 있다. 문제는 망명지원자의 처우이다. 이들은 망명자법원에서 판결을 하여 허가를 받아야만 하는데 그 기간이 오래 걸린다고 하여 불만이 심하다. 망명자의 신청이 거부되는 경우 본국에 송환되게 하는데 여기에도 불만이 많다. 그러나 정부는 적법절차를 통하여 망명자를 심사하고 있으며 심사에 불합격한 사람은 부득이 본국으로 송환하고 있다.

비엔나 인구조사처에 의하면 유대인은 약 7,000명이 살고 있는데 NGO에 의하면 반유대주의범죄는 거의 배로 늘고 있다. 유대인에 대한 모독과 협박 등이 문제이다. 법률은 신나치행위에 대하여 처벌하고 있으므로 점점 줄어들 것으로 본다. 학교에서도 나치스에 대한 반대교육은 잘 되고 있다.

멀지 않아 이러한 문제는 국민들의 의식변화에 의하여 좋아질 것으로 보이며 현재도 세계최고의 인권국가로 평판받고 있다고 하겠다.

근로자의 47%가 13개의 오스트리아노동조합연맹에 가입하고 있다. 정부는 근로자의 단체협약권을 보호하고 있으며 법률은 파업에 관해서 언급하고 있지 않으나 정부는 실제적으로 인정하고 있다. 근로자의 근무시간은 주 40시간까지 할 수 있게 하고 있으며 초과근무는 주 10시간 이내로 제한하고 있으나 정부는 이를 강제하지 않고 있다. 자율적인 집단계약이 더 중시되고 있다.

제4절　스위스연방 헌법의 기본권 규정

1. 스위스연방 1999년 헌법과 개정

1) 스위스 헌법의 역사

스위스 국가는 북유럽과 남유럽의 통로이기 때문에 여러 번 침략을 당했다. 1291년까지 오스트리아의 지배하에 있었으며 합스부르크가의 지배가 가혹했기 때문에 3개 주가 방위동맹을 맺고 1648년 신성로마제국에서 독립하였다. 그 뒤 1815년의 빈 회의에서 2개의 지방(Canton) 연합체로서 재건하고 영세중립국가로서 영토불가침이 승인되었다.

그 뒤 1848년 9월 12일에는 새로운 헌법을 제정하였다. 이 헌법은 미국헌법의 이념과 프랑스혁명의 이념에 근거한 것이며 헌법은 각 Canton의 주권을 인정하고 있었다. 1874년에는 헌법을 개정하여 연방제를 도입하였다. 그 헌법은 22개의 칸톤에 의하여 구성되는 연방

국으로 연방헌법에 규정되어 있는 것을 제외한 것은 모두가 칸톤의 주권 하에 있었다.

2) 1999년 헌법의 제정과 개정

1999년에는 헌법의 완전개정이 행해졌다(1998. 12. 18). 이 헌법은 칸톤의 비준투표와 전 연방의 국민투표에 의하여 1999년 4월 18일에 승인되었다. 그러나 실시는 2000년 1월 1일부터 실시되었다. 전문과 6부 196조로 구성되어 있다. 그 중에서도 중요한 것은 스위스 중립규정을 약간 제한하여 2002년에는 국제연합에 가입한 것이다.[66]

현재의 스위스 연방은 26개의 칸톤의 연합체이다.

3) 헌법의 개정

(1) 전면개정

스위스헌법의 개정에는 두 가지 방법이 있다.[67] 하나는 전면적 개정의 방법이고 다른 하나는 부분적 개정의 방법이다. 전면적 개정은 새로운 헌법의 제정방법이다. 이를 위해서는 연방의회가 상·하원이 공동으로 헌법의 전면개정을 통과시키면 국민투표가 행해진다. 국민투표에서 투표자의 다수를 얻고 칸톤의 다수를 얻으면 새 헌법으로 기능을 발휘한다. 만약에 국민투표에서 부결되거나 주 투표에서 패배하면 이 안은 폐기된다.

만약에 국회의 일원이 헌법개정안을 찬성 통과시키고 다른 한 원이 반대하는 경우에는 국민투표에 회부한다. 만약에 스위스 시민이 국민투표에서 이를 찬성하면 의회는 해산되고 새 선거로 새 의회가 구성된다. 새 의회가 새 헌법초안에 승인하며 다시 국민투표에 회부된다. 새 헌법안에 대하여 국민투표에서 다수를 얻고 칸톤의 다수를 얻으면 새 헌법이 효력을 발생한다.

헌법의 전면개정은 국민발안(Initiative)으로도 가능하다. 10만명 이상의 스위스 유권자가 새 헌법안을 제안하면 이 안은 곧 국민투표에 회부된다. 이 국민투표에서 투표자 다수가 찬성하면 이 안은 연방의회에 회부되고 연방의회가 만든 새 안도 국민투표에 회부된다. 만약에

---

66) Wikipedia, Swiss Federal Constitution; Ehrenzeller/Mastronardi/Schweizer/Vallender (eds.), *Die schweizerische Bundesverfassung, Kommentar* (in German), 2002.

67) Amendment of the Swiss Constitution: 2 Methods, http://www.politicalsciencenotes.com/switzerland; Thomas Fleiner, Decisions of the Swiss Sovereign on November 27 2016, Constitution- Making and Constitutional Change, http://constitutional-change.com; Thomas Fleiner, Recent Constitutional decisions of majority of peoples and the cantons of Switzerland, Constitution- Making and Constitutional Change, http://constitutional-change.com; Decisions of the Swiss Sovereign on February 12 2017, Constitution-Making and Constitutional Change, http://constitutional-change.com.

이 헌법이 투표자와 칸톤의 다수를 얻으면 구헌법을 대체하는 새 헌법이 된다.

1848년 헌법의 전면개정이 1874년에 행해졌고 그 뒤 여러 번 개정시도가 있었으나 1998-1999년에야 헌법개정이 성공하였다.

(2) 부분개정

부분개정의 제안도 국민이 발안할 수 있다. 10만명 이상의 투표자가 헌법개정을 제안하는 경우 이는 국민투표에 회부된다. 이 안이 다수를 얻으면 연방의회는 이 안을 심의하고 여기서 국민의회를 통과하면 다시 국민투표에 회부되고 여기서 스위스 시민 투표자의 과반수와 칸톤의 과반수를 얻으면 개정으로 효력을 발생한다.

이를 보면 스위스헌법은 경성헌법임을 알 수 있다. 1999년에 스위스헌법은 전면 개정되고, 내용이 풍부해졌다. 그 뒤 스위스 국민은 국민투표로서 부분개정을 성공시켜 왔다(상세한 것은 현행 헌법조문 참조).[68]

2. 기본권 조항

1) 스위스 1999년 헌법의 기본권조항의 성립

(1) 1874년 헌법의 기본권 규정

1874년 헌법은 제1장 총칙에서 여러 가지 잡다한 규정을 두고 있었는데 이 중 기본권에 관한 규정을 체계 없이 규정하고 있었다. 예를 들면 환경권(제24조의6), 인간과 자연환경의 보호(1962년과 1987년 개정)(제24조의7) 등이 1971년에 개정 추가되었고, 생명의 보호(제24조의 9)가 1992년 개정되었으며 동물보호(제25조의2)(1973년 개정)도 추가되었다. 의무교육의 권리, 공립학교에 있어서의 신앙·양심의 자유(제27조)(1985년 개정), 영업의 자유(제31조)(1947년 개정), 노동자보호에 관한 규정(제34조) 등과 사회보장(제34조의2-제34조의9), 우편 및 전신의 비밀(제36조), 투표권(제43조) 등이 규정되었다. 제45조에서는 거주이전의 자유를 규정하고 자유권을 제56조까지 규정했으며 제57조부터 청원권, 재판을 받을 권리, 범죄피해자의 구조 등을 규정하고 외국인에 관하여 규정하고 있었다(제69조의3, 제70조).

(2) 1999년의 기본권 규정의 분류

이러한 잡다한 기본권규정을 정리한 것이 1999년 헌법의 기본권규정이라고 하겠다. 제

---

68) Federal Constitution of the Swiss Confederation of 18 April 1999 (Status as 1 January 2016); 스위스연방헌법(2016. 1. 1); Wikipedia, Swiss Federal Constitution.

2부에서 「기본적 권리, 시민과 사회적 목적」편을 두어 제1장에서 기본권을 규정하고(제7조-
제36조), 제2장에서 시민권과 정치적 권리를 규정하고(제37조-제40조), 제3장에서 사회적 목
적(제41조)을 규정하고 있다.[69] 이것을 보다 상세히 분류해 보면 다음과 같다.

    (a) 인간의 존엄(제7조), 인격자로 취급(제9조), 프라이버시의 권리(제13조)

    (b) 평등권(제8조)

    (c) 생명권과 인신의 자유(제10조), 혼인과 가족의 보장(제14조)

    (d) 아동과 청소년의 보호(제11조)

    (e) 생활보호를 받을 권리(제12조)

    (f) 통신의 불가침, 개인정보의 보호(제13조)

    (g) 자유권

        종교와 양심의 자유(제15조)

        표현의 자유와 정보의 자유(제16조)

        미디어에의 자유(제17조)

        언어사용의 자유(제18조)

        기본교육의 자유(제19조)

        연구와 교육의 자유(제20조)

        예술적 표현의 자유(제21조)

        집회의 자유(제22조)

        결사의 자유(제23조)

        주거·주소의 자유(제24조)

        국외추방에서의 자유(제25조)

        소유권의 자유(제26조)

        경제적 자유(제27조)

        직업결사의 자유(제28조)

    (h) 청구권

        사법적·민사적 소송에서의 권리(제29조)

        국선변호인의 조력을 받을 권리(제29조 3항)

법정접근에의 권리(제29a조)

사법절차에의 권리(제30조)

사법절차에서의 권리(제30조)

자유박탈의 금지(제31조)

형사소송에의 권리(제32조)

청원권(제33조)

(i) 참정권

정치권(제34조)

정치표현의 권리(제34조)

시민권(제37조)

시민권의 취득과 상실(제38조)

정치권의 행사(제39조)

정치권의 행사의 권리와 자유(제39조)

외국거주 스위스인의 권리(제40조)

(j) 생존권, 사회권(제41조)

사회보장청구권(a),

건강보호청구권(b)

가정, 아동과 성인의 보호(c)

자유경쟁 하에서의 적절한 노동의 권리(d)

주거 탐색의 권리, 적정한 기간 내의 주거권(e)

교육을 받을 권리, 균등하게 교육을 받을 권리(f)

아동과 청소년에 대한 사회적, 문화적, 정치적 통합을 위한 권리(g)

노년, 장애자, 병자, 유사고자, 실업자, 모성, 과부 등의 사회보장권(제41조 2항)

사회적 목적을 위한 국가에 기초한 수익권(제42조 3항)

(k) 교육권

장학금(제66조), 음악교육(제67a조), 스포츠(제68조), 문화권(제69조), 영화권(제71조)

(l) 교육을 받을 권리

학교교육의 필수적 요소, 의무교육과 사교육(제61a조)

장애자에 대한 20세까지의 아동과 청년의 무상의무 교육부과(제62조), 직업교육(제63조), 고등교육(제64조), 연구(제64조), 평생교육(제64조)

(m) 환경권(제74조, 제73조)

  토지·경관계획권(제75조), 제2주거의 권리(제75b조), 물에 대한 권리(제76조)

3. 기본권보장의 특색

1) 실정권적인 규정

위에서 보아 온 바와 같이 1999년의 신 헌법에서도 기본권의 분류가 정확히 되어 있지 않다. 제2차 세계대전 이후의 헌법이 대부분 기본권을 자연권으로 선언하고 있는데 대하여 스위스 헌법은 인간의 존엄권은 규정하고 있으나 이를 전국가적인 권리로 보고 있지 않는 것 같다.[70]

2) 포괄적 권리 규정의 부재

스위스헌법은 제2조에서 스위스연방의 목적을 규정하고 있다. 「스위스연방은 인민의 자유와 권리를 보장하여야 하고 국가의 독립과 안전을 보장하여야 한다」고 하여 국민의 기본권은 국가가 보장하는 것으로 보았고 또 법률의 지배를 강조하고 있다. 「국가의 모든 행위는 법에 근거하여야 하고 법에 의하여 제한된다」(제5조 1항).[71]

1874년의 헌법 하에서는 기본권 규정이 적었기에 헌법에 열거되지 아니한 기본권도 해석상 이를 확장한 견해(Zaccharia Giacommetti)와 엄격히 문헌에 국한하여야 한다는 이론(Hans Huber)이 대립하였다. 연방법원은 그 중간에서 때로는 확장해석을 하고 때로는 제한해석을 하였다. 그런데 신 헌법은 거의 망라적으로 규정하고 있기 때문에 이 흠결 있는 규정을 어떻게 보충하게 될지 문제가 되고 있다.

1999년의 신 헌법은 유럽인권협정이나 유엔인권규약 등을 많이 수용하고 있기 때문에 이를 해석에 수용할 것으로 보인다. 또 제7조의 인간의 존엄권을 최고의 가치로 보아 이에서 파생하는 기본권을 찾을 수도 있을 것이다.

---

70) J. P. Müller, "Geschichtliche Grundlagen, Zielsetzung und Funktionen der Grundrechte" in Merten/ Papier, *Handbuch der Grundrechte in Deutschland und Europa* Ⅶ/2, *Schweiz und in Liechtenstein*, S. 3ff; D. Türer, "Verfassungsrechkicher und völkerrechtlicher Status der Grundrechte," *Handbuch der Grundrechte in Deutschland und Europa* Ⅶ/2, *Schweiz und in Liechtenstein*, SS. 31-58.

71) Merten-Papier, *Handbuch der Grundrechte in Schweiz*에서는 다음과 같이 분류하고 있다. ① 자유권과 평등권 ② 대화적 기본권 ③ 정치적 권리 ④ 경제적·사회적 권리 ⑤ 절차적·실질적 기본권. * 대화적 기본권(Kommunikationsgrundrecht)으로는 (ⅰ) 표현의 자유, (ⅱ) 언론의 자유, (ⅲ) 학문의 자유와 예술의 자유, (ⅳ) 집회를 자유를 들고 있다.

3) 기본권의 제한원칙

1999년 헌법은 제36조에서 기본권의 제한을 규정하고 있다. 「① 기본권의 제한에는 법률적 근거를 요한다. 중요한 제한은 법률로서 직접 규정하여야 한다. 예외적으로 진정하고 직접적이며 이 위험을 방어할 수단이 없는 경우에는 예외로 한다. ② 기본권의 제한은 공공의 이익이나 제3자의 기본권을 보호하기 위한 경우에만 정당화될 수 있다. ③ 기본권의 제한은 비례적이어야 한다. ④ 기본권의 핵심내용은 불가침이다.」

이 규정은 독일기본법 제19조와 비슷하다. 기본권이 법률에 근거에 의해서 아무렇게나 제한할 수 있는 것이 아니고 공익과 제3자의 이익을 위하여 필요불가결한 경우에만 법률로 제한할 수 있고 본질적 내용을 법률로써도 침해할 수 없도록 규정한 점에서 내심의 자유 등은 제한할 수 없는 절대적 기본권이라고 하겠다.

4) 사회권, 사회보장권 규정

스위스의 1999년 헌법의 생존권과 사회보장규정은 여러 곳에 산재하고 있어 이를 정리해 보면 다음과 같다.

제12조 빈곤 긴급시의 보호청구권을 규정하고 있다. 「누구나 자기자신을 부양할 상태에 있는 사람은 인간다운 존재에 적합한데 필수적인 물질에 대한 원조와 배분을 청구할 권리를 가진다.」

제41조 ① 사회적 목적으로서 연방과 칸톤에 개인적 책임과 사적 이니시어티브를 보완하기 위하여 다음 제도를 운영해야 한다. ⓐ 모든 사람이 사회보장에 참여할 수 있는 ⓑ 모든 사람이 그의 건강을 위하여 필요한 요양을 얻도록 ⓒ 성년자와 소년의 공동체인 가족은 보호되어야 하고 양육되어야 하며 ⓓ 노동에 의하여 생계를 운영하는 소득 가능자에게는 적절한 노동조건을 보장해야 하며 ⓔ 자신과 가정을 위하여 적합한 가옥을 구하는 자에게는 감당할 수 있는 조건으로 가옥을 찾을 수 있게 하며 ⓕ 아동과 청소년 및 노동 가능한 연령에 있는 사람은 그의 능력에 따라 교육을 받으며 훈련받고 계속 교육을 받을 수 있게 해야 하며 ⓖ 아동과 청소년은 독자적이고 사회적으로 책임을 지는 인격자로서 발전할 수 있도록 추진해야 하며 그의 사회적·문화적·정치적 통합이 되도록 원조해야 한다.

② 연방과 칸톤은 모든 사람이 연령, 신체장애, 질병, 재산, 실업, 산모, 고아와 과부 등의 결과로 경제생활을 보장할 수 없는 사람들을 위하여 보호조치를 해야 한다.

③ 연방과 칸톤은 헌법적 권한 범위와 가용재산을 통하여 사회적 목적을 달성하는데 노력하여야 한다.

④ 사회적 목적규정에서는 국가적 급부의 직접적 청구권이 도출되지 않는다.

제3부 연방, 칸톤과 지방자치단체, 제2장 권한, 제8절 주거, 고용, 사회보장과 건강(이하 요약)

제111조 노령, 유가족, 사회보장과 건강

① 연방은 노인, 유가족 자녀와 장애인에 대한 충분한 재정적 지원을 하여야 한다. 이를 위하여 연방보험제도를 실시해야 한다.

② 연방은 연방 노령, 유가족과 재해와 직업보험제도를 시행해야 한다.

③ 칸톤은 이 연방보험제도를 부담하는 사람에게 세금감면 등으로 부담을 경감할 수 있으며 피보험자와 그 고용주에게 기여금 등에 대한 세금감면을 할 수 있다.

④ 연방은 칸톤과 협력하여 특히 조세정책과 재산소유제도의 증진에 의하여 사적 보험제도를 장려하여야 한다.

제112조 노령, 유가족과 신체상해보험

① 연방은 노령, 유가족과 불구자보험을 채택하여야 한다.

② 이를 행함에 있어 다음 원칙을 준수해야 한다. ⓐ 강제보험, ⓐ$^{bis.}$ 현금과 비현금 보상, ⓑ 기초생활비의 충분한 보장을 하여야 한다. ⓒ 최대보험수령액은 최저보험의 2배 이상이어서는 안 된다. ⓓ 보험수령액은 최고액이 물가변동과 연관하여 조정되어야 한다.

③ 보험의 재원은 ⓐ 피보험자의 기여와 고용주의 반액 이상의 기여금, ⓑ 연방정부에서의 보조금

④ 연방 재정지원은 보험액의 반 이상을 초과해서는 안 된다.

⑤ 연방의 재정지원은 우선 담배세에서 충당해야 하며 그 뒤에는 증류주세와 게임장의 세금에서 충당해야 한다.

제112a조 보완적 수익

제112b조 상해보험의 증가

제112c조 노령자와 불구자의 보호

제113조 직장보험제도

제114조 실업보험제도

제115조 생활곤란자에 대한 지원–칸톤의 업무

제116조 자녀와 모성보험

제117조 건강과 상해보험

제117a조 기초의료보호제도

제118조 건강보호

제118a조 대체의학

스위스 헌법의 사회권규정은 그것이 국가목표규정이며 직접적인 급부청구권이 발생하지 않기 때문에(제41조 4항) 사법적으로 적용할 수 없다.72) 그러나 여러 조약규정에 의하여 조약에 의한 급부의무는 발생할 수도 있다.

4. 스위스 헌법의 기본권 조항의 한역

참고로 스위스 헌법의 기본권장의 한역문을 보기로 한다.73)

제2편 기본권, 시민권 및 사회적 목적
제1장 기본권

제7조(인간의 존엄) 인간의 존엄은 존중되고 보호된다.

제8조(법 앞의 평등) 모든 인간은 법 앞에 평등하다.

② 누구든지 출생, 인종, 성별, 연령, 언어, 사회적 지위, 생활양식, 종교적·철학적·정치적 신념 또는 신체적·정신적·심리적 장애를 이유로 차별받지 아니한다.

③ 남자와 여자는 동등한 권리를 가진다. 양성의 법률상·사실상의 평등, 특히 가족, 교육 및 노동에 있어서 평등은 법률로 보장한다. 남자와 여자는 동일한 가치의 노동에 대하여 동일한 임금을 받을 권리를 가진다.

④ 장애인에게 미치는 불이익을 제거할 수단은 법률로 정한다.

제9조(독단으로부터의 보호 및 신의성실의 원칙 보장) 모든 사람은 국가로부터 독단에 빠지지 않고 신의성실에 따라 처우를 받을 권리를 가진다.

제10조(생명과 인격적 자유의 권리) ① 모든 사람은 생명의 권리를 가진다. 사형은 금지된다.

② 모든 사람은 개인의 자유, 특히 신체적 정신적으로 상처받지 아니할 권리와 활동의 자유에 대한 권리를 가진다.

---

72) Social security provisions in the Constitution of Switzerland, https://socialprotection-humanrights.org/instru/social-security-provisions-in-the-constitution-of-switzerland.

73) 국회도서관, 『세계의 헌법 Ⅰ·Ⅱ』, 2013; 세계법제정보센터, 스위스 헌법 번역한 것을 인용하였음.

③ 고문과 그 밖의 잔학하고 비인도적인 또는 모욕적인 처우나 처벌은 금지된다.

제11조(어린이와 청소년의 보호) ① 어린이와 청소년은 특히 자기가 상처받지 아니할 특별한 보장과 그 성장발달을 지원받을 권리를 가진다.

② 어린이와 청소년은 그들의 인식능력의 범위에서 그들의 권리를 행사한다.

제12조(곤궁한 상태에서 지원받을 권리) 곤궁하거나 자활이 곤란한 사람은 지원과 도움를 받거나 인간의 존엄한 생존을 위하여 필수적인 수단을 제공받을 권리가 있다.

제13조(사적 영역의 보호) ① 모든 사람은 그 개인적 및 가족적인 생활, 가정 그리고 우편과 전기 통신의 비밀에 관하여 존중받을 권리가 있다.

② 모든 사람은 개인정보의 남용으로부터 보호받을 권리가 있다.

제14조(혼인 및 가정에 관한 권리) 혼인 및 가족 형성의 권리는 보장된다.

제15조(신앙과 양심의 자유) ① 신앙과 양심의 자유는 보장된다.

② 모든 사람은 자기의 신앙과 철학적 신념을 자유롭게 선택하고, 이를 독자적으로 또는 다른 사람과 협력을 통하여 선언할 권리를 가진다.

③ 모든 사람은 종교단체를 가입하거나 소속될 권리 및 교리에 따를 권리를 가진다.

④ 누구든지 종교단체의 가입 또는 소속을 강제받지 아니하고, 종교 활동에 참여하거나 교리에 따를 것을 강요받지 아니한다.

제16조(표현 및 정보의 자유) ① 표현의 자유와 정보의 자유는 보장된다.

② 모든 사람은 자신의 견해를 자유롭게 형성하고, 표명하며 공표할 권리를 가진다.

③ 모든 사람은 자유롭게 정보를 접하고, 일반적으로 접근할 수 있는 정보원으로부터 정보를 수집하며, 이를 공표할 권리를 가진다.

제17조(대중매체의 자유) ① 출판, 라디오 및 텔레비전, 그리고 작품과 정보를 그 밖의 형태로 공적으로 방송하는 자유는 보장된다.

② 검열제도는 금지된다.

③ 편집의 비밀은 보장된다.

제18조(언어의 자유) 언어의 자유는 보장된다.

제19조(초등교육의 권리) 무상으로 충분한 초등교육을 받을 권리는 보장된다.

제20조(과학의 자유) 과학 연구 및 교육의 자유는 보장된다.

제21조(예술의 자유) 예술의 자유는 보장된다.

제22조(집회의 자유) ① 집회의 자유는 보장된다.

② 누구든지 집회를 조직하고, 집회에 참가하거나 집회에 관여하지 아니할 권리를 가진다.

제23조(결사의 자유) ① 결사의 자유는 보장된다.

② 누구든지 단체를 조직하고, 단체에 가입·소속되거나 그 단체의 활동에 참여할 권리를 가진다.

③ 누구든지 단체에 가입하거나 소속될 것을 강요받지 아니한다.

제24조(거주의 자유) ① 스위스시민은 영토 내의 어디에서든지 거주할 권리를 가진다.

② 스위스시민은 출국하거나 귀국할 권리를 가진다.

제25조(추방, 인도 및 강제이주로부터의 보호) ① 스위스시민은 국외로 추방당하지 아니하고, 본인의 동의가 있는 경우에만 외국기관에 인도될 수 있다.

② 난민은 강제 이주되거나 그가 박해를 받는 국가에 송환되지 아니한다.

③ 누구든지 고문이나 그 밖의 잔학하고 비인도적인 처우나 처벌을 받을 수 있는 국가로 강제 이주되지 아니한다.

제26조(재산권의 보장) ① 재산권은 보장된다.

② 공용징수와 공용징수에 준하는 재산권 제한에는 충분한 보상이 따른다.

제27조(경제적 자유) ① 경제적 자유는 보장된다.

② 경제적 자유에는 특히 직업선택의 자유, 사경제활동에 자유롭게 접근하거나 활동할 자유가 포함된다.

제28조(조합결성의 자유) ① 노동자, 사용자 및 그들의 조직은 그들의 이익을 옹호하기 위하여 단결하고, 단체를 구성하며, 단체에 가입하거나 가입하지 아니할 권리를 가진다.

② 쟁의는 가능한 한 교섭과 조정에 의하여 해결되어야 한다.

③ 파업과 직장폐쇄는 노동관계와 관련되고, 노동평화를 옹호하거나 조정의 교섭을 유도할 책무에 방해가 되지 아니하는 한 허용된다.

④ 파업이 금지되는 사람의 범위는 법률로 정한다.

제29조(일반 절차의 보장) ① 모든 사람은 행정절차나 재판절차에 있어서 공정한 처우를 받을 권리를 가지며, 합리적인 기간 내에 판결을 받을 권리를 가진다.

② 당사자는 청문을 받을 권리를 가진다.

③ 자력(資力)이 부족한 사람은 누구라도, 그 쟁송이 이길 가능성이 전혀 없는 경우를 제외하고는 무료로 법률지원을 받을 권리를 가진다. 이러한 사람은 자기의 권리 옹호를 위하여 필수적인 경우에는 무료변론을 청구할 권리를 가진다.

제29a조(재판 받을 권리의 보장) 모든 사람은 법적 쟁송에 관하여 재판관에 의한 판단을 받을 권리가 있다. 연방과 주는 예외적인 경우 법률로 정하여 재판 받을 권리를 배제할 수 있다.

제30조(재판절차의 보장) ① 자기 사건을 재판절차에서 판단을 받아야 하는 자는 누구든지, 법률로 설치되고, 재판권을 가지며, 독립적이고 공정한 법원에서 재판을 받을 권리가 있다. 특별법원은 금지된다.

② 민사소송의 피고인은 그 주소지의 법원에서 재판을 받을 권리를 가진다. 그 밖의 재판적(裁判籍)에 대하여는 법률로 정할 수 있다.

③ 재판의 심리 및 판결의 선고는 공개된다. 예외사항에 관해서는 법률로 정한다.

제31조(자유의 박탈) ① 누구든지 법률로 정한 사실과 법률로 정한 형태에 의하지 아니하고는 자유를 박탈당하지 아니한다.

② 자유를 박탈당한 사람은 누구든지 즉시 그리고 이해 가능한 언어로 자유박탈의 이유 및 자신의 권리에 대하여 고지 받을 권리가 있다. 자유를 박탈당한 사람은 자신의 권리를 행사할 기회가 부여되어야 한다. 특히, 자유를 박탈당한 사람은 자신의 친족에게 이를 알릴 권리를 가진다.

③ 미결 구금된 사람은 누구든지 지체 없이 재판관의 심리를 받을 권리를 가지며, 재판관은 미결 구금된 사람을 석방할 것인지 계속 구금할 것인지를 결정한다. 미결 구금된 사람은 합리적인 기간 내에 재판을 받을 권리를 가진다.

④ 재판 없이 자유를 박탈당한 사람은 누구든지, 언제라도 법원에 소를 제기할 권리를 가진다. 이 법원은 가능한 한 신속하게 자유박탈의 적법 여부를 결정한다.

제32조(형사절차) ① 누구든지 법적 효력이 있는 유죄판결을 받기 전에는 무죄로 추정된다.

② 피고인은 누구든지 가능한 한 신속하게 피의사실 전부를 고지받을 권리가 있다. 피고인은 자기 방어권을 행사할 기회를 반드시 보장받아야 한다.

③ 재판을 받은 자는 상급 법원에서 재심을 받을 권리가 있다. 다만, 연방대법원이 유일한 심급일 경우에는 그러하지 아니하다.

제33조(청원권) ① 모든 사람은 어떠한 편견 없이 관련 기관에 청원을 제출한 권리를 가진다.

② 청원을 받은 관련 기관은 그 내용을 검토해야 한다.

제34조(참정권) ① 참정권은 보장된다.

② 참정권의 보장은 시민의 자유로운 의사 형성과 시민의 확고하고 정확한 의사 표현을 보호한다.

제35조(기본권의 실현) ① 기본권은 모든 법체계 내에서 실현된다.

② 국가 기능의 담당자는 기본권을 존중하고, 그 실현을 위하여 노력해야 한다.

③ 관련 기관은 기본권이 그 성격상 유추 적용 될 수 있는 경우에는 사적 부문 간에도 존중될 수 있도록 노력한다.

제36조(기본권의 제한) ① 기본권의 제한은 법률에 기초해야 한다. 중대한 제한은 법률에 의하여 명시적으로 예견되어야 한다. 다만, 긴급하고 명백한 위험의 경우에는 그러하지 아니하다.

② 기본권의 제한은 공익 또는 제3자의 기본권의 보호를 위하여 정당화되는 경우에 한한다.

③ 기본권의 제한은 추구하는 목적에 비례하는 것이어야 한다.

④ 기본권의 핵심적인 내용은 침해할 수 없다.

제2장 국적, 시민권 및 참정권

제37조(국적 및 시민권) ① 지방자치단체와 주의 시민권을 가진 사람은 스위스시민권을 가진다.

② 누구든지 그 시민권을 이유로 우대받거나 불리한 처우를 받지 아니한다. 다만, 주 법률에서 별도로 규정하는 경우를 제외하고는 시민 및 단체에서의 참정권을 조정하고 이들의 재산 분배를 조정하기 위하여 이 원칙에서 예외가 있을 수 있다.

제38조(국적 및 시민권의 취득과 상실) ① 연방은 혈통, 혼인 및 입양에 의한 국적 및 시민권의 취득과 상실에 관하여 정한다. 그리고 연방은 다른 원인에 의한 스위스국적의 상실 및 국적의 회복에 관해서도 규정한다.

② 연방은 주가 행하는 외국인의 귀화에 관하여 최소한의 규정을 두고 귀화허가를 승인한다.

③ 연방은 무국적인 아동의 국적취득을 지원한다.

제39조(참정권의 행사) ① 연방은 연방차원에서 참정권 행사를 규정하고, 주는 주 또는 지방자치단체 차원에서의 참정권을 규정한다.

② 참정권은 주소지에서 행사한다. 연방과 주는 그 예외를 정할 수 있다.

③ 누구든지 1개 주 이외의 주에서 참정권을 행사할 수 없다.

④ 주는 주 또는 지방자치단체 차원에서의 투표권을 전입일로부터 최대 3개월의 기한이 경과한 후에만 행사할 수 있음을 신규 전입자에게 통지할 수 있다

제40조(재외국민) ① 연방은 외국에 거주하는 스위스시민 간의 관계 및 그들과 스위스와의 관계를 촉진한다. 연방은 이러한 목적의 달성을 도모하는 조직을 지원할 수 있다.

② 연방은 외국 거주 스위스시민의 권리 및 의무에 관하여, 특히 연방차원의 참정권 행사, 병역 또는 대체복무 수행, 도움이 필요한 사람에 대한 지원과 사회보험에 관한 스위스시민의 권리 및 의무를 법률로 정한다.

제3장 사회적 목적

제41조 ① 연방과 주는 자기책임과 자주성에 대한 보완으로서, 다음 사항을 보장하기 위하여 노력한다.

1. 모든 사람이 사회보장의 혜택을 받을 것

2. 모든 사람이 건강을 위하여 필요한 보호를 받을 것

3. 성인과 아동으로 구성되는 공동체로서의 가정이 보호받고 장려될 것

4. 일할 능력이 있는 자는 누구든지 평등하고 공평한 조건에서 노동을 통하여 자기의 생계를 유지할 수 있을 것

5. 주택을 구하는 자는 누구든지 자기와 자기 가족을 위한 적절한 주택을 부담할 수 있는 조건으로 찾을 수 있을 것

6. 아동, 청소년 및 근로가능 연령대의 국민이 기초교육을 시작하고 그들의 능력에 상응하는 지속적인 교육 혜택을 받을 것

7. 아동과 청소년이 독립적이고 사회적 책임을 질 수 있는 성인으로 성장할 수 있도록 육성하고, 그들의 사회적, 문화적 및 정치적 통합에 대한 지원을 받을 것

② 연방과 주는 모든 사람이 노령, 장애, 질병, 사고, 실업, 출산, 고아, 과부인 때문에 발생되는 경제적 결과로부터 보호될 수 있도록 노력한다.

③ 연방과 주는 헌법상의 권한과 사용가능한 수단을 쓸 수 있는 범위에서 사회적 목적의 실현을 위하여 노력한다.

④ 국가의 급부를 직접 청구할 권리는 사회적 목적을 근거로 도출되지 아니한다.

5. 스위스 헌법과 국제적 인권법의 적용

1) 영세중립국으로서의 스위스

스위스연방헌법은 연방의회에 중립을 위한 조치를 하도록 의무를 부과하고 있다(제173조. 제194조). 그리하여 스위스는 제2차 세계대전이 끝날 때까지 중립을 지켜 전화에서 면할 수 있었다. 그리하여 상비군제도를 폐지하고 있다(제58조).

2) 스위스의 인권활동의 헌법규정

그러나 스위스 연방은 인권보장에 있어서는 국제협조를 하고 있다. 1999년의 연방헌법은 기본권의 장을 두고 있으며 기본권을 시민적 및 정치적 권리의 유엔인권협정과 유럽인권협정에 보장되어 있는 본질적인 자유권을 말한다고 하고 있다. 정치적 기본권은 시민권과 정치적 기본권장에서 규정하고 있다.[74]

그러나 사회권 생존권에 관해서는 국제법을 적용하지 않고 있다. 스위스는 경제적·사회적·문화적 권리에 관한 유엔인권협정을 1966년에 승인하고 있으나 연방헌법에서는 사회목적이라 하여(제41조) 그 직접적 효력을 부인하고 있다. 그래서 이는 개인이 직접 청구할 수 있는 권리가 아니고 국가목적규정이나 입법방침규정으로 인정하고 있다. 그러나 연방법원은 궁핍 상태에서의 구조청구권(제12조)과 무상초등의무교육의 청구권(제19조)은 인정하고 있다.

---

74) Menschenrechte und Grundrechte in der Schweiz Einführung, http://www.humanrights.ch/de/service/einsteiger-innen/schweiz; Bilal Alemdaroğlu, Fundamental Rights And Liberties In Switzerland, http://www.academia.edu/9695575.

3) 국제인권 규정의 가입

스위스는 중립규정에도 불구하고 유엔의 인권협정과 유럽연합의 인권조약에는 가입하고 있다.

1974년에는 당시로는 최후의 유럽연합 회원국으로서 유럽인권협정에 가입하였다. 그러나 1966년의 유럽사회헌장에는 가입하지 않았다. 그 이유는 사회권은 직접 집행하는 권리로 인정하지 않았기 때문이다.

세계적으로는 1955년 제네바도망자협정(1951)에 가입하였고 고문금지나 비인도적 행위의 금지 등을 위한 협정(1984)에는 1987년에 가입하였다. 스위스는 1992년에 유엔의 두 인권협약(1966)에 가입하였다. 이 밖에도 여성차별금지조약에 1979년에 가입하였고 1989년에는 아동의 권리조약에 가입하였다. 스위스가 국제조약에 가입하는 것이 늦어진 이유는 조약에 대한 헌법상 비준절차가 복잡하기 때문이다.

4) 국제적 인권활동

스위스는 유럽인권협정에 가입한 뒤 이의 헌법적 효력을 인정하고 있다. 유럽인권협정에 가입한 뒤에는 연방최고법원이 이를 판결에서 적용하고 있다. 그래서 칸톤법이 유럽인권협정에 위반되는 경우 무효를 선언하고 있다.[75]

또 국제법의 법적 효력을 인정하고 있다(제5조 4항). 국제법규정의 국내적 적용에 있어서는 헌법적 효력을 가진다. 조약법에 관한 비엔나협정에 따라 국내법이 국제법에 위반되지 않도록 노력하고 있다.

연방헌법 제190조에 따라 연방최고재판소는 연방법과 국제법의 해석을 담당하고 있다. 국내법이 국제법에 위반하는 경우 어느 법률을 우월시하여야 하는가에 대해서는 연방최고법원에 대한 규정이 없음에도 연방최고법원은 국제법의 일반원칙이 국내법에 우선함을 결정하고 있다.

스위스는 인권신장을 위한 정책을 추진하고 있다. 이 담당기관은 연방정부의 외무부가 담당하고 있다.[76] 스위스 외무부는 연방외무부 인권정책 2016-2019년에서 인권에 대한 외교정책을 잘 정리하고 있다. ① 인권의 보편성을 증진한다. ② 인권보장제도의 확립과 강화

---

75) Switzerland: Implementation of European Convention on Human Rights, https://www.un.org/ruleoflaw/blog/portfolio-items.
76) Switzerland's human rights policy commitment, https://www.eda.admin.ch.

한다. ③ 외국과의 인권보장의 협조 강화한다.

6. 스위스 인권보장의 현황

스위스는 인권을 잘 보장하고 있으며 유럽의 한 회원국으로서 가장 오래된 민주국가이다. 스위스는 국제적인 인권보장국가의 선두에 서 있다고 하겠다.[77] 그 이유는 인구가 800만명 이하이고 세계최고의 1인당 국민소득을 자랑하고 있기 때문이기도 하다. 스위스는 조약의 중요성을 인정하고 인권조약을 체결하고 있는데 이는 새로운 입법조치 없이 바로 적용될 수 있게 되어 있으며 그 실현도 과감히 하고 있다. 많은 인권 NGO단체가 있어 인권보장을 감시하고 있으며 인권보호관(Human Rights Defenders)제도를 두어 인권보호에 힘쓰고 있다.[78]

물론 스위스에 있어서도 완전히 문제가 없는 것은 아니다. 인권보고서에 의하면 망명신청자, 이민신청자에 의한 심사가 길어진다든가, 로마인을 비롯한 소수자에 대한 차별대우, 보안요원의 지나친 강제연행, 여성과 소년에 대한 임금의 차별대우 등이 지적되고 있다.[79] 외국인 범죄자나, 망명신청자, 소년범죄자 등에 대한 유치장이 부족하다는 지적이 많아 이것은 많이 개선되고 있다.

직접민주주의의 전통에 따라 대중집회에서의, 대광장에서의 투표권의 행사 등에 이를 계산하기 힘든 점 등이 지적되고 있으나 이는 시민총회라는 면에서 묵인되기도 한다.[80]

제5절 이탈리아 헌법의 기본권 규정

1. 이탈리아 1947년 헌법의 성립

1) 사르디니아 왕국 헌법

이탈리아는 일찍부터 헌법학이 성행하였다(자코뱅 시기: 1797–1799). 이때 볼로냐 대학

---

77) Wikipedia, Human Rights in Switzerland.
78) Federal Department of Foreign Affairs, Swiss Guidelines on the Protection of Human Rights Defenders.
79) Switzerland 2014 Human Rights Report; Switzerland 2015 Human Rights Report.
80) Universal human rights challenged in Switzerland, SWI swissinfo.ch, https://www.swissinfo.ch/eng.

등에는 헌법강의가 개설되기도 하였다. 그러나 통일헌법의 제정은 1861년에야 이루어졌다. 그때까지는 지방정부에서 여러 가지 헌법을 제정하여 통일을 이루지 못하였다. 그런데 1948년에 사르디니아 헌법이 제정되었고 그 내용은 1930년 프랑스헌장과 1831년의 벨기에헌법에 영향을 받은 것이었다. 1861년에 사르디니아가 이탈리아를 통일하여 군주제 헌법이 계속 효력을 가지고 있었다. 그래서 이 헌법은 1900년대까지 계속되게 되었다.

2) 파쇼주의 헌법

제1차 세계대전 후에는 파쇼주의자와 사회주의자 간의 대립이 행해지기도 하였다. 무솔리니는 1922년 10월에 로마에 진격하여 수상으로 임명되었다. 이에 따라 이탈리아 자유주의는 망하고 새로운 파쇼 독재국가가 성립하였다. 이 파쇼체제는 대의제까지 부정하고 파쇼체제를 유지하였다. 무솔리니도 독일과 동맹하여 제2차 세계대전을 일으켰으며 1943년 7월 10일에는 연합군이 상륙하고 무솔리니는 퇴임하지 않을 수 없었다.

3) 현행 1947년 헌법의 제정과 시행

1943년에는 국왕이 이탈리아 남부로 도피하여 왕국을 유지하였고 북에는 나치스 정부의 지원 아래 무솔리니가 복권하여 일시적인 남북분단이 되었으며 북쪽 내부에서도 저항운동이 일어났었다. 1944년 6월에는 로마가 해방되고 전쟁이 종결되게 되었다.

1946년 6월 2일에는 제헌의회의 선거에 따라 6월 25일부터 제헌회의는 활동을 시작하여 헌법제정에 착수하였다. 이 안은 1947년 1월 31일 헌법개정안 초안이 제헌의회에 제출되었고 3월부터 심의한 뒤 12월 25일에 가결되었다.[81]

이 헌법은 동서냉전이 시작할 무렵에 기독교민주주의자와 사회주의자의 타협에 의하여 만들어졌기 때문에 의의가 컸다. 이 헌법은 유엔인권선언의 공포 전에 만들어진 것이기는 하나 노동의 권리를 중시하고 노동자의 공장 등에서의 지위를 강화하고 있었다.

2. 기본권 규정

1) 특색

독일 등에서 지배했던 옐리네크의 분류인 자유권, 수익권, 참정권 대신에 국가 내 개인

---

81) Wikipedia, Constitution of Italy.

이라는 체계에서 개인의 사회관계를 중심으로 한 인권체계가 구성되어 있다. ① 첫째로는 시민적 관계(인신의 자유, 표현의 자유 등의 자유권 중심), ② 둘째로는 윤리적 사회적 관계(가족·건강의 권리, 예술·학문의 자유 등) ③ 셋째로는 경제적 관계(근로의 권리, 조합결성권, 경제적 자유권) ④ 넷째로는 정치적 관계(선거권, 정당결성권) 등으로 인권의 구분이 행해지고 있다.

이것은 제2차 세계대전 후의 헌법이 인권의 구분에 고심하고 전통적인 대국가적 권리 규정만 한 것이 아니고 시민생활, 사회생활, 경제생활, 정치생활 등 생활영역에 따라 분류한 것이 특색이며 바이마르헌법과 소련헌법 등의 이론을 흡수 통합하는 것이 아니었던가 한다.[82]

2) 내용

(1) 기본권존중의 대원칙

이탈리아헌법은 제일 먼저 기본원칙에 관해서 규정하고 있다. 제2조에서 기본권보장의 기본원칙을 선언하고 있다. 「공화국은 개인과 인격이 형성되는 사회단체의 구성원으로서 인간의 불가침의 기본권을 인정하며 보장한다. 공화국은 개인의 정치적, 경제적, 사회적 의무가 충족되는 것을 기대한다.」

제3조에서는 인간의 존엄과 법 앞에서의 평등을 규정하고 있다. ① 모든 시민은 평등한 사회적 존엄권을 가지며 법 앞에 평등하다. 성별이나 인종, 언어, 종교, 정치적 의견을 차별 없이 인간으로서나 사회적 조건에 있어 평등하다. ② 시민의 자유와 평등을 사실상 제한하고 경제적 또는 사회적 장애물은 이를 제거해야 한다. 특히 노동자의 정치적, 경제적 이때 사회적인 효율적인 참여를 제한하는 조치는 폐지하는 것은 국가의 의무이다.

제4조는 노동의 권리에 관해서 규정하고 있다. ① 공화국은 모든 시민의 노동의 권리와 이들 권리를 유효하게 하는 조건을 충족하는 것을 인정한다. ② 모든 시민은 그의 능력과 개인적 선택에 따라 정신적, 물질적 진보를 위하여 기여하여야 할 의무를 진다.

제7조 국가와 가톨릭교회는 자기들의 영역에 있어서는 독립적이고 주권적이다. 그 상호관계는 라테란협약에 의하여 규율된다. 이 협약의 개정은 양 당사자가 수락하는 경우에는 헌법개정절차를 요구하지 않는다.

제8조 모든 종파는 법률 앞에 평등하고 자유이다. 가톨릭교 이외의 종파는 이탈리아 법

---

82) I. Pavan, "These new rights social security in the postwar Italian debate," *Journal of Modern Italian Studies* Vol. 22, Issue 2, 2017. pp. 175-193; Protection of Human Rights under the Italian Constitution. http://stason.org/TULARC/travel/italy-italian; Recognition of Human Rights in the Italian Constitution, https://www.docsity.com/it.

률에 저촉되지 않는 한 자기들의 규칙에 따라 자율조직권을 가진다. 이들 종교와 국가 간의 관계는 상호간 대표자에 의해서 합의된 것에 근거하여 법률로써 기술적 연구의 발전을 장려한다.

제9조 국가는 문화의 발전과 과학적·기술적 연구의 발전을 장려한다. 국가의 자연경관과 역사적 유물, 예술적 유물은 안전이 보장된다.

제10조 이탈리아의 법체계는 일반적으로 승인된 국제법의 원칙에 따른다. 외국인이 자국에서는 이탈리아 헌법이 보장하는 민주적 자유의 실질적 행사가 부인되는 경우에는 법률이 정한 조건에 따라 망명자비호권이 보장된다. 외국인은 정치적 범죄를 이유로 추방되지 아니한다.

제11조에서는 일본헌법 제9조와 같이 전쟁금지원칙을 규정하고 있다. 「이탈리아는 전쟁을 다른 인민들의 자유를 침해하거나 국제분쟁의 해결수단으로 인정하는 것을 부인한다. 이탈리아는 다른 나라와 평등한 조건 하에서 각 주간에 평화와 정의를 확보하기 위하여 필요한 주권의 제한을 동의한다. 이탈리아는 이러한 목적을 가진 국제기구를 추진하며 고무한다.」

(2) 시민의 권리와 의무

헌법 제1부에서는 시민의 권리와 의무에 관해서 규정하고 있다.[83]

제1장 시민관계

제13조 인신의 자유는 불가침이다. 구금, 신체의 검사. 수색에 대한 보장 등 미결구류의 시간제한

제14조 주거는 불가침이다. 개인적 주소는 불가침이다. 가택감시, 수색 등의 금지, 건강과 안전 등을 위한 수색은 법률에 근거해야 한다.

제15조 신서의 자유, 교신의 자유는 불가침이다. 통신의 제한은 법률의 규정에 따라 법원의 결정에 따라 할 수 있다.

제16조 거주·이전의 자유를 가진다. 모든 시민은 국토인 영토를 자유롭게 이탈할 수 있다.

제17조 시민은 평화적으로 무장 없이 집회하는 권한을 가진다. 사전신고는 필요하지 않다. 공개된 장소에서의 집회는 안전과 공공질서를 유지하기 위하여 제한할 수 있다.

---

83) 이하의 조문은 이해를 돕기 위하여 제목 중심으로 요약한 것이며 완전한 번역이 아니다.

제18조 시민의 결사를 조직하는 권리는 정부의 동의 없이 자유롭게 결사할 수 있다. 그러나 형법의 규정에 위반해서는 안 된다.

제19조 신앙의 자유, 공개장소나 사적 장소에서의 예배의식의 자유는 공공의 도덕을 침해하지 않는 한 자유이다.

제20조 종교단체에 대한 차별적 취급의 금지

제21조 표현의 자유, 검열의 금지, 출판물에 대한 압류의 제한, 선량한 풍속에 반하는 표현의 금지

제22조 정치적 이유에 의한 권리능력, 시민권, 성명권 박탈의 금지

제23조 법률에 의하지 않은 인적, 재산적 급부의 금지

제24조 권리침해에 대한 소송제기권, 변호인의 조력을 받을 권리, 오판에 대한 보상

제25조 법관에 의한 재판을 받을 권리, 소급입법에 의한 차별금지, 보안처분을 받지 않을 권리

제26조 범죄인 인도의 조건, 정치범죄인의 외국 인도 금지

제27조 형사책임의 일신전속성, 무죄추정의 원칙, 범죄처벌은 범죄인의 재교육을 위한 것, 사형금지

제28조 불법행위를 한 공무원의 배상책임, 공공기관의 직접책임, 이 경우 민사상의 책임은 국가와 공공단체가 진다.

제2장 윤리적·사회적 권리와 의무

제29조 혼인과 가족의 권리인정, 혼인의 배우자 상방의 윤리적·법적 평등에 근거한다.

제30조 자녀를 보육하고 교육하는 것은 비적출자의 경우에도 부모의 책임이다. 부모가 부양을 할 수 없는 경우에는 그 의무의 수행자를 법률이 정한다. 혼외자의 출생자녀의 보호는 정하고 부의 수색에 관한 규정과 그 제한은 법률로 정한다.

제31조 가족형성에의 배려, 대가족에 대한 특별한 보호, 빈곤자의 무상치료, 법률에 의하지 아니한 특별보호조치의 금지, 모성·아동·청년의 보호와 필요한 시설 조성

제32조 공화국의 국민건강보호의무, 빈곤자에 대한 무상치료보호, 법률에 의하지 아니한 강제보건상 행위의 금지, 인신의 보호를 위한 필요한 조치를 초월한 조치는 법률로써도 규정할 수 없다.

제33조 예술, 과학의 자유를 보장하며 그 교수도 자유이다. 공화국의 일반교육에 대한 법정, 모든 종류와 단계의 국립학교설치의무, 법인 또는 사인의 국가보조 없는 학교와

교육기관의 창설의 자유, 사립학교교육의 국립학교에 준하는 교육을 시킬 의무와 자유, 국가는 여러 종류의 학교의 입학과 졸업에 관한 국가시험을 실시한다. 고등교육기관과 대학, 대학원(academia)은 법률이 정한 규정의 한계 내에서 자율적인 규제를 할 권한을 가진다.

제34조 학교는 모든 사람에게 공개된다. 초등교육은 최소한 8년이며 무상이고 의무로 한다. 능력 있고, 자격 있는 학생은 경제적 무능력자를 포함하여 교육질의 최상위에 있는 교육을 받을 권리를 가진다. 공화국은 장학금이나 가족수당과 기타 이익을 제공하여 교육을 받을 권리가 있으며 이는 경쟁시험제도에 의하여 선발된다.

제3장 경제적 권리와 의무[84]

제35조 공화국은 모든 종류의 형식과 실제에서 노동할 권리를 가진다. 근로자의 육성과 근로능력의 향상의무, 근로의 권리의 국가적 달성·규제하는 것을 목적으로 하는 국제협정 및 국제조직의 추진 조성, 공화국은 공공의 이익을 위하여 법률이 정한 경우를 제외하고는 이민의 자유를 승인한다. 국가는 외국에 있는 이탈리아 근로자의 근로를 보호한다.

제36조 적정한 보수를 받을 권리, 근로자는 스스로의 근로의 양과 질에 비례한 보수를 받을 권리를 가진다. 이 보수는 어떠한 경우에도 근로자와 그 가족에 자유롭고 위엄 있는 생존을 보장하는데 충분한 것이어야 한다. 근로일의 최고한도의 법정, 근로자의 휴가에 대한 권리.

제37조 근로여성의 보수는 비교대상 직업에서는 남자와 평등한 보수를 받을 권리를 가진다. 여성의 근로조건은 가사노동의 본질적 역할을 다하고 적당한 모성과 자녀를 보장해야 한다. 공화국은 미성년자의 노동에서도 특별한 부조 등으로 동일노동에 대한 동일임금을 받을 권리를 보장한다. 임금노동의 최저 연령은 법률로 정한다.

제38조 노동을 할 수 없거나 생존에 필요한 자금을 얻지 못한 사람에게는 사회보장지원을 받을 권리를 보장한다. 노동자는 사고나 질병, 장애 및 노령과 자기의사에 반하는 실업의 경우에는 그 생활에 필요한 적정한 보장을 받을 권리가 있다. 근로능력이 없는 자와 신체장애자는 교육과 직업훈련을 받을 권리를 가진다. 국가는 이들 임무를 수행하기 위한 제도를 국가의 지원으로서 기구나 제도를 창설하여야 한다. 사적인 생

---

84) I. Pavan, "These new rights social security in the postwar Italian debate," *Journal of Modern Italian Studies* Vol. 22, Issue 2, 2017. pp. 175-193.

활원조는 자유이다.

제39조 노동조합의 설립은 자유이다. 조합에 대하여는 법률의 규정에 따른 직업조합결
성의 의무나 지방이나 중앙기관에의 등록의 의무 외에는 강제되지 아니한다. 등록의
조건은 노동조합이 설립되어 있는 경우 그 등록은 민주적 기반에 입각한 내부조직을
가져야 한다. 등록된 조합은 법인격을 가진다. 노동조합은 그 구성원의 비례에 따라
선발된 통합대표단이 집단도농계약을 체결할 수 있다. 이 노동협약은 이 합의와 관련
된 모든 당사자에게 불가역적인 대표권을 가진다.

제40조 파업권은 민사소송에서 행사되어야 한다.

제41조 사적 경제기업은 자유이다. 그러나 기업은 사회안전이나 자유 및 인간의 존엄을
해치는 방법으로 공공재에 반하는 활동을 할 수 없다. 기업에 대해서는 협조나 사회
적 목적을 위하여 공·사기업의 경제활동에 대하여 적정한 계획과 통제를 법률로서
도입할 수 있다.

제42조 공적 소유와 사적 소유의 인정, 경제재의 국유, 단체소유, 개인에게 귀속할 수
있다. 사적 소유권 인정·보호, 사적 소유권의 법률에 의한 조정·제한 가능, 사적 소
유권의 공공의 이익을 위한 수용은 보상과 함께 법률로 정한다. 법률에 의한 상속 및
유산상속의 인정과 상속재산에 대한 국가의 권리인정

제43조 공공의 선을 목적으로 법률에 의한 국가기업의 설립 가능, 기업이 본질적 공공
서비스이거나 에너지 산업, 독점산업인 경우 법률에 의한 보상을 하고 국가, 공공기
관, 노동자 또는 사용단체에게 강제매수하게 할 수 있다.

제44조 토지의 합리적 이용을 목적으로 형평성 있는 사화관계의 확보를 목적으로 토지
의 사적 소유권은 법률에 의하여 의무를 부과하며 제한할 수 있다. 소유의 크기는 지
역과 농업지역에 따라 제한할 수 있다. 토지의 개간, 대토지 소유의 개혁 및 생산단위
의 재편성을 추진하고 의무화하는 것은 법률로 정한다. 산악지대에 대하여는 따로 법
률로 정한다.

제4장 정치적 권리와 의무

제48조 성년에 달한 남녀 모든 시민은 선거권을 가진다. 투표는 개인전속적이고 평등이
며 자유롭고 비밀이다. 투표권의 행사는 공적 의무이다. 법률은 재외국민에 관한 선거
요건과 방법을 그들이 이 권리를 효과적으로 행사할 수 있게 투표권을 규정한다. 투
표권은 무능력자이거 불가항쟁적인 확정판결의 결과로나 법률이 정한 도덕적 무가치

성의 이유가 아닌 한 제한할 수 없다.

제49조 모든 시민은 민주적 절차를 통한 국가정책결정에 기여하기 위하여 정당을 자유롭게 결성할 수 있는 권리를 가진다.

제50조 모든 시민은 의회에 입법문제나 집단적 필요성을 표현하기 위하여 청원을 제출할 수 있다.

제51조 모든 시민은 남녀의 성을 불문하고 법률이 정하는 조건에 따라 공무원직과 선출직에 평등하게 임명될 수 있는 평등권을 가진다. 이 목적을 위하여 공화국은 남녀 간의 기회의 평등을 보장하기 위한 특별한 조치를 한다. 법률은 공화국내에 주거하지 않는 이탈리아인에게도 시민과 동등한 공직취임과 선출직 취임을 목적으로 법률로 특별한 규정을 둔다. 누구든지 공직에 선임된 사람은 그 임무를 수행하기 위한 시간과 전직 수행에 필요한 시간을 보장받는다.

제52조 조국의 수호는 모든 시민의 신성한 권리이다. 군사복무는 법률이 정하는 바와 같이 그 범위 내에서 의무적이다. 병역의 수행은 시민의 직업이나 정치권의 행사에 불이익을 주어서는 안 된다. 무장군의 조직은 공화국의 민주적 정신에 입각해야 한다.

제53조 모든 사람은 그의 능력에 따라 공공지출에 기여하여야 한다. 조세는 누진적이어야 한다.

제54조 모든 시민은 공화국에 충성하고 헌법과 법률을 준수할 의무를 진다. 공적 기능을 수임받은 시민은 누구나 그 기능을 규율에 적합하게 명예롭게 행사해야 하며 법률에 따라 선서를 해야 한다.

3) 이탈리아 헌법의 기본권 규정의 특징

(1) 자연권 선언

이탈리아는 파쇼정권 하에서 인권이 짓밟혔기에 제2차 세계대전 후에는 기본권을 자연권으로 인정하고(제2조) 불가침, 불가양의 절대적 권리로 인정하였다. 이것은 자연법에 근거한 자연권사상으로서 국가가 창조한 것이 아니고 국가는 단순히 이를 인정하고 실제적으로 이를 보장할 권능만을 가지고 있다는 뜻이다.

(2) 인간의 존엄성 강조

유엔인권선언에 앞서 인간의 존엄을 강조한 것이 특색이다. 제3조에서는 평등권을 규정하면서 시민은 동등한 사회적 존엄을 가진다는 것을 명백히 하고 있다. 또 근로자 가정이 존엄한 존재로 보호될 것을 규정하고 있다(제36조).

(3) 국제협조와 전쟁의 금지

국가 간에 있어서의 평화와 정의를 확보하기 위하여 전쟁을 금지했으며 국제협조주의를 강조하고 있다. 이에 따라 국제법을 통한 인권보장에도 노력하고 있다.

(4) 생존권적 기본권의 보장

윤리적·사회적 권리와 의무에서 가정과 혼인의 권리(제29조), 부양불가능한 가족의 경우 사회보장적 혜택(30조)을 규정했다. 건강과 건강보험의 권리(제32조), 교육의 권리(제33조), 교육을 받을 권리(제34조) 등을 규정하고 있다.

경제적 권리와 의무에서는 근로의 권리(제35조), 최저임금(제37조), 근로자의 권리, 근로시간제한(제36조), 모성과 자녀의 지원과 보호(제37조) 등을 보장하고 있다. 노동불능자에 대한 사회복지지원(제38조), 노동조합의 결성권(제39조), 파업권의 보장(제40조), 사기업의 자유(제41조), 재산권 보장(제42조), 노동자의 경영참가권(제46조) 등을 규정하고 있다.

이것은 2년 후에 성립한 서독헌법과는 다르며 1946년의 일본헌법과 비슷하다고 하겠다. 이것은 자유주의 진영과 공산주의 진영에서 발전된 자유권과 사회권을 통합하여 규정하려는 것으로 사회권의 직접적 효력을 인정하는데 문제가 있었다.

(5) 국제인권법의 준수

이탈리아 헌법은 제10조에서 「이탈리아의 법체계는 일반적으로 승인된 국제법의 원칙에 합치하여야 한다」고 규정하고 있다. 이 조항은 국제인권법의 적용에서 많은 논란을 가져왔다. 유엔인권선언은 1948년 유엔총회에서 통과되었는데 이와 함께 많은 인권조약이 체결되어 있었다.

이탈리아는 시민과 정치적 권리에 관한 국제인권규약에 1966년에 서명하였다. 그러나 사형제도 폐지, 프로토콜은 비준하지 않고 있었다. 1994년 10월 5일 의회가 전시군형법에서 폐지하여 이제 사형폐지국가가 되었다.

이탈리아는 1950년 유럽인권협정(Covenant)에 가입 서명하였다. 이탈리아는 이 조약이 말하는 조약은 헌법 제10조의 「일반적으로 승인된 국제법규가 아니라」는 주장으로 유럽인권협정의 효력을 인정하지 않으려고 하였다.[85] 이것이 이탈리아헌법재판소에 의하여 닛짜

---

85) Publication: The Italian constitution, the European Union and human rights, https://www.researchgate.net/publication/298533713; Q8. 10 Ⅱ. Protection of Human Rights in Italy under the International Law, http://stason.org/TULARC/travel/italy-italian.

(Nizza)에서 통과한 유럽인권헌장은 조약과 같은 효력을 가진다고 판정하여 이 문제를 해석학적으로 해결하였다.

유럽인권협정은 유럽인권재판소의 판례에 의하여 많이 발전하였으며 유럽인권헌장(EHC)의 채택으로 기본권 해석의 통일이 가능할 것이다.[86]

3. 이탈리아 헌법의 기본권 조항의 한역

참고로 이탈리아 헌법의 기본권편의 한역문을 보면 다음과 같다.[87]

제1부   시민의 권리와 의무

제1편   시민적 관계

제13조 개인의 자유는 불가침이다.

누구도 법률에서 규정된 경우에 한하여 법률에 따른 방식으로 이유를 명시한 법원의 명령에 의하지 아니하고는 누구도 구금, 조사, 수색당하거나 기타 방식으로 개인의 자유를 제한 받지 아니한다.

예외상황 및 법률에 확실히 규정된 필요하고 긴급한 조건 하에서 경찰은 임시 조치를 취할 수 있고, 48시간 내에 사안을 법원에 제출하여 정당성을 인정받되, 이후 48시간 내에 그 정당성을 인정받지 못한 조치는 취소되며 무효로 간주된다.

개인의 자유가 제한된 자에 대한 신체적, 정신적 폭력행위는 처벌된다.

예방구금의 최대 기간은 법률로 정한다.

제14조 주거는 불가침이다.

개인 주거지는 불가침이다.

개인의 자유를 보호하기 위한 조치에 따른 경우와 방식에 의하지 아니한 가택 조사, 수색, 압수는 허용되지 않는다. 공중보건 및 공공안전이나 경제적, 재정적 목적의 규제와 검사에 관해서는 적절한 법률로 정한다.

제15조 서신과 기타 모든 형태의 통신의 자유와 비밀은 불가침이다.

이유를 명시한 법원 결정에 의해서 그리고 법률에 규정된 보장에 있는 경우에만 제한할 수 있다.

---

86) European Social Charter and European Convention on Human Rights, https://www.coe.int/en/web/turin-european-social-charter; Human Rights, Sustainability Report 2015, http://csv2015.telecomitalia.com.

87) 이 번역은 국회도서관, 세계의 헌법 번역문을 전재한 것이다.

제16조 모든 국민은 국내에서 거주·이전의 자유를 가진다. 예외적으로 보건이나 안전을 이유로 일반적인 제한을 법률로 정할 수 있다. 거주·이전의 자유는 정치적 이유로 제한할 수 없다. 모든 국민은 법적 의무와 상관없이 자유롭게 출국 및 귀국할 수 있다.

제17조 국민은 평화적이고 무기를 휴대하지 아니하는 집회를 할 권리를 가진다.

공중에게 개방된 장소에서 열리는 집회를 포함한 집회에 대한 사전 통지는 불필요하다.

공공장소에서 열리는 집회의 경우 당국에 사전 통지하고, 당국은 입증된 안보나 공공안전을 이유로만 집회를 금지할 수 있다.

제18조 국민은 형법상 금지되지 않은 목적을 위해서는 허가 없이 자유롭게 단체를 설립할 수 있다.

비밀 결사와 간접적이라도 군사적 성격을 띤 조직으로 정치적 목적을 추구하는 단체는 금지한다.

제19조 누구든지 공중도덕을 위반하지 않는 한, 어떤 형태로든 종교적 신앙을 개별적 또는 집단적으로 자유롭게 고백하고, 촉진하고 공적 또는 사적으로 의식을 거행할 수 있다.

제20조 종교적 특성이나 종교적 목적을 근거로 어떤 단체에 대해 법적 능력, 설립 및 활동에 대해 특별한 제한이나 세금을 부과할 수 없다.

제21조 누구든지 연설, 서면 또는 기타 형태의 의사소통을 통하여 자신의 생각을 자유롭게 표현할 권리를 갖는다.

언론은 어떠한 허가나 검열을 받지 않는다.

언론에 관한 법률에 규정된 범죄를 저지르거나 그 범죄에 대한 책임자의 신원을 확인할 의무를 위반한 경우에 한해 이유를 기재한 법원 명령으로 압수가 허용된다.

절대적으로 긴급하고 법원의 개입이 불가능한 경우, 경찰은 정기간행물을 압수할 수 있고, 즉시 그리고 어떤 경우에도 24시간 내에 그 사안을 법원에 제출하여 정당성을 인정 받도록 한다. 이후 24시간 내에 그 정당성을 인정받지 못한 조치는 취소되며 무효로 간주된다.

정기간행물 출판 재원 공개에 관한 일반 규정을 법률로 정할 수 있다.

공중도덕을 위반하는 출판, 공연, 기타 전시는 금지된다. 위반에 대한 예방 및 규제 조치는 법률로 정한다.

제22조 누구도 정치적 이유로 법적 능력, 시민권과 이름을 박탈당하지 않는다.

제23조 법률에 의하지 않으면 누구에게도 개인적 또는 재정적 성격의 의무를 부과할 수 없다.

제24조 누구든지 민법과 행정법에 따른 권리를 보호하기 위해 법원에 제소할 수 있다.

변호는 법적 절차의 모든 단계와 심급에서 불가침 권리이다.

빈곤층은 법률에 의해 모든 법원에서 소송이나 변호를 위한 적절한 방법을 지원 받을 수 있다.

사법적 오류에 대한 배상의 조건과 형식은 법률로 정한다.

제25조 어느 사건도 법률에 따라 그것을 심리하는 법원에서 이송할 수 없다.

범죄 당시 유효한 법률에 의하지 않으면 처벌할 수 없다.

법률에 규정된 경우가 아니면 개인의 자유는 제한되지 않는다.

제26조 국제 협정에 명시된 경우에만 국민을 송환할 수 있다.

정치적 범죄로 인한 송환은 어떠한 경우에도 허용될 수 없다.

제27조 형사책임은 일신 전속적이다.

피고인은 최종 선고가 날 때까지 무죄로 추정된다.

형벌은 비인간적일 수 없으며 유죄를 선고받은 자의 재교육을 목표로 한다.

사형은 금지된다. (이 조항은 2007년 10월 2일 헌법개정법(No. 1)에 의해 개정되었다.)

제28조 국가나 공공기관의 공무원은 권리 침해 행위에 대해 형법, 민법, 행정법에 따라 직접 책임을 진다.

그러한 경우 민사 책임은 국가와 해당 공공기관에 확대된다.

제2편 윤리적·사회적 권리와 의무

제29조 국가는 결혼에 기초한 자연적 사회로서 가족의 권리를 인정한다.

결혼은 가족의 통합을 보장하기 위해 법률에 규정된 한도 내에서 배우자의 도덕적, 법적 평등을 토대로 한다.

제30조 혼외 자녀의 경우라도 자녀를 부양, 양육, 교육하는 것은 부모의 의무이자 권리이다.

부모가 무능력자인 경우, 그들의 의무 이행에 관하여 법률로 정한다.

법률은 합법적 가족의 일원으로서의 권리에 부합하는 법적, 사회적 보호 조치를 혼외 자녀에게 보장한다.

부(父)의 결정에 관한 원칙과 제한은 법률로 정한다.

제31조 국가는 경제적 조치와 기타 혜택을 통해 대가족을 우대하여 가족의 형성과 그 의무 이행을 지원한다.

국가는 필요한 규정을 채택하여 모성, 아동, 청소년을 보호한다.

제32조 국가는 개인의 기본권과 공동체 이익으로서의 건강을 보호하고, 빈곤층에 무상의료를 보장한다.

법률에 따른 경우를 제외하고 누구도 치료 받을 의무는 없다. 법률은 어떤 경우에도 인간 존중에 따른 한계를 침해할 수 없다.

제33조 국가는 예술과 과학의 자유를 보장하여, 이를 자유롭게 교육할 수 있게 한다.

국가는 교육에 관한 일반 규칙을 정하고 각종 공립학교를 설립한다.

국가에 대한 비용 부담 없이 단체와 개인도 학교와 교육기관을 설립할 수 있다.

동등성이 요구되는 사립학교의 권리와 의무를 법률로 정할 때 이들 학교가 완전한 자유를 누리고 공립학교 학생에게 제공되는 것과 동일한 수준의 교육과 기능을 학생에게 제공하도록 보장한다.

각종 학교의 입학과 졸업 및 직업 수행 자격에 관한 국가시험을 규정한다.

고등교육기관, 대학교와 학술원은 법률의 범위 안에서 자체 규칙을 제정할 수 있다.

제34조 학교는 누구에게나 개방한다.

최소 8년간 제공되는 초등교육은 의무적 무상 교육이다.

가정 형편이 어려운 학생을 포함하여 유능하고 자질 있는 학생은 최고교육까지 도달할 권리가 있다.

국가는 이 권리를 장학금, 가족수당, 기타 혜택을 통해 제공하며, 이는 경쟁시험을 통해 할당한다.

제3편 경제적 권리와 의무

제35조 국가는 모든 형태의 그리고 실무상의 노동을 보호한다.

국가는 노동자 교육과 전문성 향상을 보장한다.

국가는 노동권을 제정 및 규정하는 목표를 가진 국제협약과 단체를 촉진하고 장려한다.

국가는 공익상 법률에 의해 규정된 의무가 적용되는 이민의 자유를 인정하고, 해외에서 근무하는 이탈리아 노동자를 보호한다.

제36조 노동자는 자기 노동의 양과 질에 상응하며 어떤 경우에도 자기와 가족에게 자유롭고 품위 있는 생활이 보장될 수 있는 보수를 받을 권리가 있다.

최대 일일 근로시간은 법률로 정한다.

노동자는 매주 휴일과 유급 연차휴가를 받을 수 있다. 이 권리는 포기할 수 없다.

제37조 근로 여성은 동일한 노동에 대하여 남성과 동등한 권리를 누리고 동일한 보수를 받는다. 근로 조건은 여성이 가족 내에서의 필수적 역할을 수행할 수 있도록 정해져야 하며 모자(母子)에게 적절한 보호를 보장해야 한다.

유급 노동의 최소 연령은 법률로 정한다.

국가는 특별규정에 의해 미성년자의 노동을 보호하고 그들에게 동일노동에 대한 동일임금의 권리를 보장한다.

제38조 근로능력이 없고 필요한 생계 수단이 없는 모든 국민은 복지 지원을 받을 수 있다.

노동자는 사고, 질병, 장애, 노령, 비자발적 실업 시 그들의 요구와 필수품을 위한 수단을 보장받을 권리를 갖는다.

장애인은 교육과 직업훈련을 받을 수 있다.

이 조에 따른 책임은 국가가 설립하거나 지원하는 단체나 기관에 위탁된다.

민간 부문 지원도 자유롭게 제공할 수 있다.

제39조 노동조합은 자유롭게 설립할 수 있다.

법률 규정에 따라 지방이나 중앙 관청에 등록하는 것 외에 어떤 의무도 노동조합에 부과할 수 없다.

등록 조건은 노동조합 정관으로 내부 조직을 민주적 기반에 두도록 하는 것이다.

등록된 노동조합은 법인이다. 그들은 회원 수에 비례하는 통합 대표를 통해 단체협약을 체결할 수 있는데, 위 협약은 이에 언급된 범주에 속하는 모든 사람에게 강제적 효과를 발생시킨다.

제40조 파업권은 법률에 따라 행사한다.

제41조 민간 경제 기업은 자유롭다.

이는 공공이익에 반하거나 안전, 자유, 인간의 존엄성을 해치는 방식으로 경영될 수 없다.

적절한 프로그램과 규제를 법률로 정하여 공공 및 민간 부문의 경제 활동이 사회적 목적을 지향하고 이를 위해 조정될 수 있도록 한다.

제42조 재산은 국유 또는 사유이다. 경제적 자산은 국가, 공공기관, 사인에게 속할 수 있다.

사유 재산은 법률로 인정되고 보장된다. 법률은 사유재산의 사회적 기능을 보장하고 누구나 접근할 수 있도록 취득 및 향유의 방법과 그 한계를 규정한다.

법률이 정한 경우로서 보상규정이 있는 때에 공익을 이유로 사유 재산을 수용할 수 있다.

적법한 유언 상속의 규칙과 한계, 유산 문제에 관한 국가의 권리는 법률로 정한다.

제43조 공공이익의 목적상 어떤 기업이나 그 범주를 보상규정과 함께 선매 결정이나 의무적 매입 권한을 통해 정부, 공공기관, 노동자 또는 사용자 단체에 귀속시키는 법률을 제정할 수 있으나, 그 기업이 필수적 공공 서비스나 에너지원 또는 독점 분야에서 활동하고 일반적인 공익성이 있어야 한다.

제44조 토지의 합리적 사용과 공평한 사회적 관계를 보장하기 위해 법률로 토지 사유에 의무와 제한을 부과하고, 주와 농업구역에 따라 토지 면적의 한도를 정하며 토지 개간, 대농장 개조, 농장단위 개편을 장려 및 부담시키고 중소 규모의 토지를 지원한다.

산악 지대에 관해서는 법률로 규정한다.

제45조 국가는 상호부조적이고 비투기적인 협동조합의 사회적 기능을 인정한다. 법률은 적절한 수단을 통해 협동조합을 촉진 및 장려하고 적절한 조사를 통해 그 특성과 목적을 보장한다.

법률은 수공예를 보호하고 촉진한다.

제46조 노동자의 경제적, 사회적 발전을 위해 그리고 생산 요구에 맞게, 국가는 노동자가

법률에 규정된 방식과 한계 내에서 기업 경영에 참가할 권리를 인정한다.

제47조 국가는 모든 형태의 저축을 장려하고 보호한다. 국가는 여신 운영을 규제, 조정, 감독한다.

국가는 민간 저축의 사용을 통해 주택 및 농장 소유와 주요 국영기업 주식의 직·간접적 소유를 촉진한다.

제4편 정치적 권리와 의무

제48조 성년에 달한 남녀 국민은 선거권이 있다.

투표는 개인, 평등, 자유, 비밀투표로 한다. 투표권 행사는 국민의 의무이다.

재외 국민의 투표권 행사를 위한 요건과 양식을 법률로 정하여 이 권리의 실효성을 보장한다.

의회선거를 위한 재외 국민의 선거구를 정하여야 한다. 그러한 선거구의 의석수는 법률이 정한 기준에 따라 헌법 조항에 명시한다.

무능력이나 취소 불가능한 형사 판결을 선고받은 경우 또는 도덕적으로 자격이 없는 것으로 법률에 규정된 경우를 제외하고 투표권을 박탈할 수 없다.

제49조 모든 국민은 민주적 절차를 통해 국가의 정책 결정에 기여하는 정당을 자유롭게 설립할 권리가 있다.

제50조 모든 국민은 입법 조치를 요청하거나 집단적 요구를 표현하기 위해 의회에 청원할 권리를 가진다.

제51조 성별에 관계없이 모든 국민은 법률에 규정된 조건에 따라 동등하게 공직과 선출직에 진출할 수 있다.

이를 위해 국가는 남녀 기회균등을 촉진하는 구체적 조치를 채택한다.

국내에 거주하지 않는 이탈리아인에게도 공직과 선출직에 진출하는 목적을 위하여 국민과 동일한 권리를 법률로 부여할 수 있다.

공직에 선출된 자는 누구나 그 직무 수행과 기존 직업 유지에 필요한 시간을 가질 수 있다.

제52조 국방은 모든 국민의 신성한 의무이다.

병역은 법률에 규정된 한계와 방식 내에서 의무적이다. 그 의무 이행은 국민의 직업이나 정치적 권리 행사에 불이익을 주지 않아야 한다.

군대 조직은 국가의 민주적 정신을 토대로 한다.

제53조 모든 사람은 각자의 능력에 따라 공공 지출에 기여한다.

조세는 누진세로 한다.

제54조 모든 국민은 국가에 충성하고 헌법과 법률을 준수할 의무가 있다.

공무를 위임받은 국민은, 법률에 규정된 경우 선서를 하고, 규율에 맞도록 명예롭게 공무를 수행할 의무가 있다.

4. 이탈리아의 기본권상황

　　유럽의 남부에 위치한 이탈리아의 인구는 약 6,000만명으로 북은 공업국가로 부자들이 많고 남은 농업국가로 농민들이 가난하게 살고 있다. 경제적으로는 수출면에서 보면 세계 10위권에 드는 나라이나 이웃 나라들의 국정이 불안해서 많은 난민들이 이탈리아에 들어오고 있다.

　　난민들의 유입에 따라 이들의 숙식문제, 정착문제에 애로점이 있으며 국내적으로는 인종주의자, 반유대주의자, 성차별 등 많은 문제가 있어 왔다. 유럽 이민정책은 유럽전체의 문제이나 고무보트를 타고 지중해를 건너온 난민문제는 심각한 사회문제로 등장하고 있다.

　　이탈리아 정부는 사회에 팽배하는 인권문제를 극복하기 위하여 많은 노력을 해 왔다. 그중에서도 사형제도의 폐지를 비롯하여 민주정치의 신장, 권리신장, 사상의 자유와 표현의 자유를 신장해 왔으며 아동의 권리와 여성의 권리신장에도 많은 진전이 있었다.

　　2010년의 리포트에 의하면 2009년에는 군인에 의한 강제구인 등의 문제가 있었고 테러범에 대한 고문 등이 논란되었다. 2009년에는 17,600명이 망명을 신청하였고 그 중 2,230명만이 망명이 허용되었다. 정부는 임시조치로 이민신청자들을 인권대상자로 처리하고 있다.

　　국내정치에서는 공무원의 부패행위가 심각하다. 또 유대인에 대한 종교탄압도 일부에서 행해지고 있다. 2010년도 보고서에 의하면 정부가 언론사, 방송사 등에 대한 간섭이 보도되고 있다. 이탈리아 언론전국연합은 정부의 언론편집에 개입한다고 반대하고 있었다. 성매매 특히 아동의 성 착취가 많이 행해지고 있다. 특히 해외여행자와 이민자들의 성매매 행위가 근절되지 않고 있다.[88]

　　2016년 이탈리안 인권연보에 의하면 이탈리아의 인권상황은 많이 좋아졌다. 또 이탈리아의 국제인권보장에도 중요한 역할을 하고 있다. 이탈리아의 공무원들이 유엔기구에서 중요한 직책을 맡아 국내외에서의 인권활동을 착실히 하고 있다. 이 점에서 이탈리아의 인권상황이 빨리 진전될 것으로 기대된다.[89]

---

88) Italy and Human Rights, http://www.esteri.it/mae/en/politica_estera/temi_globali/diritti_umani/litalia_e_i_diritti_umani.html; Italy World Central Asia Human Rights Watch, https://www.hrw.org/europe/central-asia/italy.
89) #EU4HumanRights, The Italian Yearbook of Human Rights 2016 presented at Italy's Foreign Ministry, http://www.onuitalia.com/eng/2016/12/15.

제6절 포르투갈 헌법의 기본권 규정

1. 포르투갈 신 헌법의 성립

포르투갈은 제2차 세계대전에서 독재정권 하에서 신음하고 있었다. 1974년 혁명으로 독재자를 몰아내고 1976년에 의회는 새 헌법을 제정하였다. 이 헌법은 민주주의를 부활하고자 노력하였는데 독재를 다시 경험하지 않기 위하여 서독의 제도를 모방하였다.

헌법은 296조로 되어 있으며 그동안 1982, 1989, 1992, 1997, 2001, 2004, 2005년에 걸쳐 여러 번 개정되었다. 이 헌법은 전문에서「포르투갈 혁명을 통해 포르투갈 국민들은 기본권과 자유를 되찾았다」고 하고「그러한 권리와 자유를 행사하는 과정에서 국민의 적법한 대표자들은 포르투갈의 국가적 열망에 부합하여 헌법을 마련하기 위하여 협력해 왔다.」「포르투갈의 국가적 자주성을 수호하고 국민의 기본권을 보장하여 민주주의의 기본원칙들을 마련하고 법치주의에 입각한 민주주의 국가의 우월성을 보장하며 사회주의적 사회를 향한 길을 개최하기로 한」국민들의 결의에 따라 이 헌법을 제정하였다고 하고 있다.

2. 포르투갈 신 헌법의 기본권 규정의 원칙

신 헌법은 기본원칙에서부터 기본권보장의 대원칙을 선언하고 있다. 제1조「포르투갈은 인간의 존엄성과 국민의 의지를 기반으로 한 주권적 공화국이다」라고 하고, 제2조는「포르투갈공화국은 법치주의, 국민주권, 민주주의에 부합하는 다원주의의 표현 및 결사, 기본권과 자유에 대한 존중, 효과와 실현, 권력의 분립에 … 민주주의를 더욱 발전시키는 것을 국가적 목표로 삼는다」라고 하고 있다.[90]

3. 기본권 규정의 편별

기본권의 중요성을 강조하기 위하여 제1부에서 기본적 권리와 의무를 규정하였다.[91]

---

90) Wikipedia, Verfassung Portugals; Wikipedia, Constitution of Portugal; Wikis(The Full Wiki), Constitution of Portugal; Portugal: Constitution of the Portuguese Republic; ICL Portugal-Constitution; Constitution of the Portuguese Republic. Portugal: Constitution of the Portuguese Republic, WIPO, http://www.wipo.int/wipolex/en/details.jsp?id=5452.

제1편에서는 일반원칙, 제2편에서는 권리, 자유, 보장, 제1장 인권, 자유, 보장(제22조-제47조), 제2장 정치참여에 관한 권리, 자유 및 보장(제48조-제52조), 제3장 노동자의 권리, 자유 및 보장(제53조-제57조), 제3편에서는 경제적, 사회적, 문화적 권리의 의무, 제1장 경제적 권리와 의무(제58조-제62조), 제2장 사회적 권리와 의무(제63조-제72조), 제3장 문화적 권리와 의무(제73조-제79조)로 구성되어 있다.

여기서는 전통적 자유권, 참정권뿐만 아니라 사회적 기본권까지 면밀하게 규정되어 있다. 이 기본권규정은 유럽헌법 중에서는 가장 상세히 규정한 것으로서 유럽인권협정의 보완이 필요 없도록 완벽하게 규정한 것이 특색이다.

4. 기본권 규정의 특색

1) 일반원칙의 특색

헌법 **제1조**에서 공화국의 원칙은 인간과 인신의 존엄에 근거한 공화국임을 강조하고, **제2조**에서 민주국가의 원칙을 선언하면서 기본권보장을 강조하고 있다. **제3조**에서는 국가는 헌법 하에 있으며 민주적 법치주의에 근거하고 있다고 했다.

제7조에서는 국제관계를 규정하면서 인권의 존중을 다짐하고 국가 간의 평화와 정의를 확립할 것을 다짐하고 유럽국가 간의 우의를 강조하고 개인으로서의 인권과 국민의 인권을 보장한다고 하고 있다. 제8조는 국제법의 일반적으로 승인된 원칙은 국내법의 효력을 가진다는 것을 명시하고, 헌법적 조약과 비준된 조약은 국내법의 효력을 가진다고 하고, 유럽연합의 법과 조약은 포르투갈 국내법의 효력을 가지며 상호간 민주주의 원칙에 따를 것을 약속하고 있다.

제9조는 국가의 기본목적을 규정하고 있는데 b. 기본권과 자유를 보장하고 법치주의에 근거한 민주국가의 원칙을 존중한다고 하고. d. 인간 복지와 삶의 질을 향상하고 포르투갈인 간의 평등을 증진하고 경제적·사회적·문화적이고 환경적인 권리를 확보한다고 하고 있다. e. 자연환경과 문화재 보호, f. 교육의 보장, h. 남성과 여성의 평등 증진.

제10조에서는 모든 사람에게 보편적, 평등, 직접, 비밀, 정기적 선거와 국민투표와 헌법

---

91) Gomez da Silva, Human Rights in the Portuguese Constitution, Persée, http://www.persee.fr/doc/rjenv_0397-0299_1994_num_19_4_3104; Social security provisions in the Constitution of Portugal-Social Protection and Human Rights, http://socialprotection-humanrights.org/instru/social-security-provisions-in-the-constitution-of-portugal.

에 따라서 주권행사를 보장한다고 하고 있다.

2) 기본권과 의무보장의 원칙

제12조 모든 시민은 그의 권리와 의무를 헌법에 따라 행사하며 권리 곧 신체를 즐겁게 하며 의무는 그 본성에 있어 비례적이다.

제13조 모든 시민은 동등한 사회적 존엄을 가지며 법 앞에 평등하다. 어떤 이유로도 차별대우를 받지 아니하며 어떤 사회생활에서도 평등한 권리를 보유한다.

제14조 외국에 거주하는 포르투갈인도 국가의 보호를 받으며 해외에 있는 경우에도 동등한 권리와 의무를 누린다.

제15조 외국인, 무국적자, 유럽 시민은 포르투갈에 거주하는 이상 동등한 권리를 가진다. 상호주의원칙에 따라 유럽시민에게는 유럽의회 의원선거권을 가진다.

제16조 이 헌법에 근거한 기본권은 다른 법이나 일반적으로 승인된 국제법이 보장하는 권리를 배제하는 것은 아니다. 이 헌법과 법의 규정은 기본권보장에 관해서도 유엔의 세계인권선언에 따라서 해석되고 규정되어야 한다.

제18조 이 헌법에 규정된 권리와 자유, 보장에 관한 규정은 직접적으로 적용되는 규정으로 공·사의 법인과 기관을 구속한다. 이 헌법에 규정된 권리와 자유와 보장은 헌법이 명시적으로 규정한 경우에 법률로써만 제한할 수 있으며 법률이 제한하는 경우에도 이 헌법에서 보호되는 다른 권리와 이익을 보장하기 위해서만 제한할 수 있다. 권리와 자유와 보장을 제한하는 법률은 추상적이며 일반적 성격이어야 하고 소급효를 지니거나 이 헌법조항의 본질적 내용을 축소하거나 제한해서는 안 된다.

제19조 주권의 사용을 하는 주체는 계엄시를 제외하고는 통합적으로나 개별적으로 권리, 자유, 보장의 행사를 정지해서는 안 된다. 계엄상태나 긴급상태는 이 헌법이 규정한 형태로서만 선언할 수 있다. 계엄상태나 긴급상태는 포르투갈 영토의 일부 또는 전부가 적군의 이 헌법이 규정한 직접적인 위해가 생긴 경우에 또 이 헌법이 규정하는 본질적 내용을 보호할 필요가 있는 경우에 한정된다. 긴급상태는 본조의 전항이 규정한 것보다도 덜 엄중하고 특정한 권리, 자유, 보장의 일부만을 정지하여도 권리, 자유나 보장을 일부 정지할 수 있는 경우에만 한다. (이하 생략)

제20조(효과적인 사법보호와 법에의 접근권) 법에 의해서 보호되고 있는 권리와 이익이 침해된 경우에는 누구나 법과 법원에의 접근이 보장된다. 이때 사법부는 누구에게도 사법수단의 비용이 없다는 이유로 재판을 거부할 수 없다. (이하 생략)

제21조(저항권) 어떤 권리나, 자유나 보장이 제한되고 공공기관에 그 침해의 해소를 요구하는 경우에도 이를 회복할 수 없는 경우에는 무력으로 저항할 권리를 가진다.

제22조(공공기관의 책임) 국가공무원이 자기들의 기능을 다하지 못하여 권리나 자유나 보장이나 기타 타인에게 손해를 입한 경우에는 그러한 부작위나 작위에 의하여 손해를 가한 경우에는 공무원들이 공동으로나 개인적으로 민사적 책임을 진다.

제23조(인권감찰관) 시민은 인권감찰관(Ombudsman)에게 공공기관이 한 작위나 부작위에 대하여 옴부즈만에게 항의서를 제출할 수 있으며 이에 대하여 다른 기관에 이송하거나 스스로 제출할 수 있다. (이하 생략)

이 규정은 기본권의 보장원칙과 구제원칙에 관한 규정으로서는 거의 완벽한 규정이다. 그동안 독재국가에서 고생했던 국민들의 기본권을 보장해 주기 위한 최선의 고안이라고 하겠다.

① 첫째로 기본권보장을 국가의 가장 중요한 목적으로 규정하고,

② 헌법이 규정한 조항이 직접적 효력을 가지고 법원을 비롯하여 모든 국가기관을 직접적으로 구속한다고 규정한 것은 획기적이다. 외국의 헌법들이 자유권에는 직접적 효력을 인정하고 있으나 생존권 규정에 대해서는 직접적 효력 규정을 두지 않고 있는데 경제적 후진국가가 직접적 청구권을 충분히 인정해 줄 수 있을 것인지 걱정된다.

③ 기본권의 정지에 있어서 계엄사태와 긴급상태가 아니면 권리를 정지할 수 없게 규정한 것도 특이한 것이다. 테러사태가 발생한 경우를 대비한 문제가 나올 수도 있을 것이다.

④ 기본권의 제한의 경우 헌법과 법률에 의해서만 제한할 수 있게 하고 그 법률에 의한 제한의 경우에도 본질적 내용을 침해할 수 없게 규정한 것, 법률의 일반성에 관한 규정도 서독기본법 제19조를 본받는 것이라고 하겠다.

⑤ 기본권 침해시 구제방법으로 인권옴부즈만을 두었고 법원을 두었으며 헌법재판소를 두어 기본권보장기관으로 한 것은 좋은 착상이라고 했다. 또 국제법, 유럽법의 적용으로 유럽인권재판소의 관할을 인정한 것도 장점이라고 하겠다.

⑥ 인권침해자의 작위나 부작위에 불구하고 그들이 손해를 발생시킨 경우 국가배상을 하게 한 것도 기본권보장을 위한 좋은 제도라고 하겠다.

3) 인신의 권리, 자유와 보장의 특색

이것은 전통적인 자유권에 관한 보장규정이라고 하겠다.

제24조 특기할 것은 생명권의 보장, 사형제도의 완전폐지

제25조 1항 인간의 도덕적·육체적 통일성의 불가침

제25조 2항 비인간적·비인도적 처벌이나 비인간적 처우의 금지

제26조 인간의 인신의 권리로서 인격·평판 등을 규정하여 인간의 존엄권을 구체적으로
보장하였고, 기타 인간의 권리에서도 인간의 존엄과 유전자 정통성의 보호, 개별적 성
격형성의 자유 등을 보장하고

제27조 안전과 자유의 권리에서도 사법부의 결정에 의하지 않고는 완전이나 부분적인
자유의 박탈을 금지하고

제27조 3항 자유와 안전의 권리에서는 구속과 구금에서의 법적 절차를 규정하고 있다.

제28조 구금 또는 체포된 자의 권리에서는 시간과 장소의 제한이 규정되어 있다.

제29조 형사법의 적용에 관해서는 죄형법정주의, 소급입법의 금지, 피고인에게 유리한
경우의 신법의 적용 등

제30조 형사벌이나 보안처분의 제한, 형사책임의 이전금지

제31조 인신보호영장제도, 대질심문제도

제32조 형사절차에 있어서의 안전, 변호권, 항소권의 보장, 무죄추정권, 변호인선임권,
피해자의 법정참여권

제33조 해외추방형, 망명자의 권한

제34조 가정의 불가침과 통신의 비밀

제35조(컴퓨터 사용권) 자기정보에 관한 컴퓨터보유의 권리, 제3자의 자료접근은 금지
되어야 한다.

제36조(가정, 혼인, 친자관계) 가정창설의 권리, 동권에 따른 혼인의 권리, 혼인과 이혼
의 법정, 부모의 자녀교육권

제37조(표현의 자유와 정보의 자유) 표현·출판의 자유, 검열금지, 반론권과 오류 시정권

제38조(출판의 자유와 미디어의 자유) 출판의 자유보장, 언론인의 평론정책의 자유, 공
중 라디오와 텔레비전 국가보장

제39조(미디어에 대한 규제) 독립행정기구에 의한 미디어의 책임성보장, 정치적 권력과
경제적 권력에서의 자유, 방송시간의 권리와 정치적 응답·반론권

제40조(방송시간, 반론권, 정치적 응답권) 정당·노동조합 등의 방송시간의 보장, 정당
의 의석수에 따른 방송시간의 평등, 선거후보자의 방송시간의 보장

제41조(양심·종교·의식의 자유) 양심·종교·의식의 자유의 불가침, 정교의 분리, 종교

교육의 자유, 양심적 반전주의자 보호

제42조(문화창조의 자유) 지적·예술적·과학적 창조의 자유, 저작권의 보호

제43조(학습과 교수의 자유) 학습과 교수의 자유 보장, 국가의 문화정책과 교육정책의
사상적 중립성 보장, 사립교육기관의 허용

제44조(여행과 망명의 자유) 국내거주이전의 자유, 해외망명과 귀국의 자유

제45조(집회와 시위의 자유) 허가 없는 공개 장소에서의 평화적 집회의 자유, 시위의
자유 인정

제46조(결사의 자유) 허가 없는 결사의 자유의 보장, 법과 사법부 결정에 의하지 아니
한 결사 해산의 금지, 무장결사 군유사결사의 금지

제47조(직업선택의 자유와 공무담임의 자유) 직업선택의 자유, 공무담임을 위한 응시의
자유와 평등

4) 정치참여에 관한 권리, 자유, 보장

제48조(정치생활에의 참여권) 정치생활참여권과 피선거권, 국가에 의한 공적 업무에 대
한 보고를 받을 권리

제49조(투표권) 19세 이상자는 법률이 정한 투표권을 가짐, 투표권은 개인적으로 행사
하여야 하며 시민의 의무

제51조(정치적 결사와 정당) 정당을 포함한 정치적 결사 가입, 결성권, 복수정당 가입
의 금지, 종교적 정당의 금지, 정당재정이나 정당활동의 법적 규제

제52조(청원권과 공적활동의 권리) 청원권, 진정권, 요구권, 국회나 의회에 대한 청원절
차의 법정, 공공보건과 환경권, 환경보전 등에 반하는 행위금지 요청, 국가자산의 보
존, 지방자치단체 재산의 보존을 위한 활동 요구

5) 노동자의 권리, 자유, 보장

제53조(직업안전의 보장) 직업안전의 보장, 불공정하고 이념적 이유에 의한 면직금지

제54조(근로자의 위원회) 근로자는 회사생활의 이익을 보장하기 위하여 위원회 구성권
을 가진다. 노동에 의한 단체대표자 선정권, 위원회는 노동자의 이익을 보장하기 위원
회구성권을 가진다. 노동자에 의한 단체대표자 선정권, 위원회는 노동자의 이익을 보
장하기 위한 개입을 해야 한다. 노동조합 대의원의 권리보장, 기업경영이나 회사업무
에 참여할 권리, 근로자 대표의 선출권

제55조(노동조합에 관한 자유) 노동조합결성권, 노동조합가입권, 강제가입의 금지, 민
주적 운영의 원칙, 노동조합의 국가나 종교단체나 정당에서의 자유, 국제노동조합연
맹에의 가입권

제56조(노동조합과 단체협약권) 노동조합의 책임, 노동조합의 권리, 사회보장제도에의
참가권, 경제 사회계획에의 의견 제출권, 사회적 조정제도에의 참가권, 회사재건에의
참여권, 집단단체협약체결권

제57조(파업권과 워크아웃금지) 파업권보장, 워크아웃(회사운영정지)의 금지

6) 경제적 권리와 의무

제58조(노동의 권리) 완전고용정책, 노동에의 평등한 기회보장, 문화적·기술적 적응훈련
제59조(노동자의 권리) 노동자의 동일노동에 대한 동일임금권, 사회적 존엄주의 노동조
직, 노동조건 안전, 보건, 전염병 예방, 실업시의 보조, 직업상의 재해보상, 최저임금
보장, 노동시간의 제한, 모성의 보호, 휴식의 장소, 학생노동자의 노동조건, 봉급의 특
별한 보장

제61조(사기업체, 협동조합, 노동자관리) 사적 경제기업의 자유, 협동조합 형성의 자유,
노동자관리

제62조(사유재산권) 사유재산권의 보장, 재산권 이전의 자유

7) 사회보장과 연대

제63조(사회보장의 권리) 질병, 노령, 고아, 과부, 실업보험의 권리, 사적 자선단체와 비
영리자선단체의 보장

제64조(건강권) 건강권과 건강보장의무, 건강보장제도의 의무, 건강보호제도이용의 무
료, 아동·청소년과 노령자의 건강보호, 건강교육, 의료보호제도의 시행, 의료보호와
의약품의 비용의 공적부담, 의약품의 관리

제65조(주택과 도시계획) 자기와 가족을 위한 주택의 권리, 주택정책의 목표, 저임대료
의 사회주택건설, 사기업체의 장려, 국가의 임대주택건설의무

제66조(환경과 생활의 질) 건강하고 환경적합적인 주택환경에의 권리와 의무, 국가의
환경보전의무, 환경오염의 방지, 시도시계획과 농어촌계획의 수립, 경관의 보호, 환경
교육과 환경가치의 존중, 생활 질의 향상

제67조(가정) 가정의 사회보호적 기능 부모의 자녀교육에의 협조, 개인적 자유, 가족계

획의 보장, 인간의 존엄성에 적합한 임신 도움, 가정지출과 관련한 조세와 사회보장에
의 조정

제68조(부성과 모성의 보호) 아동의 가정교육을 위한 부모의 보장권, 임신 중의 모성의
특별한 보호, 아동양육을 위한 부모의 휴가제도보장

제69조(아동의 권리) 아동에 대한 특별한 보호, 미성년노동의 금지

제70조(청소년) 청소년의 특별한 권리, 교육·훈련의 권리, 사회보장의 관계에 있어서의
권리

제71(장애시민) 육체적·정신적 장애시민의 권리, 장애인의 보호, 질병회복, 사회통합의
기회제공(조)

제72조(노령자) 노령자의 경제적 생활보장, 공동체 생활에의 적용을 위한 기회보장

8) 문화적 권리와 의무

제73조(교육·문화·과학) 모든 사람은 교육과 문화의 권리를 가진다. 교육의 민주화,
불평등 배제, 교육·과학·문화발전에 대한 국가의무

제74조(교육) 교육의 권리, 기회의 균등, 국가의 교육정책, 일반적·의무적 초등교육, 학
교전 교육제도의 확충, 평생교육의 진흥, 문맹자의 퇴치, 포르투갈 언어의 발전

제75조(공립학교 사립학교와 협동조합에서의 교육) 국가의 모든 주민의 수요를 충족시
킬 수 있는 공립학교의 설립의무, 법률이 정한 사립학교와 협동조합학교의 승인

제76조(대학과 고등교육의 접근권) 대학교 고등교육제도의 평등한 교육기회제공과 교
육의 민주화, 대학의 자율성과 질의 향상

제77조(교육에 있어 민주적 참가) 교사와 학생은 학교관리에 민주적 참가권을 가진다.
법은 교사조합, 학생단체와 학부형단체를 인정한다

제78조(문화의 향유와 창조) 모든 사람은 문화적 향유권과 창조의 권리를 가진다. 국가
의 의무, 문화적 전통의 발전과 문화적 자동성의 고조

제79조(체육과 스포츠) 모든 사람은 체육과 스포츠의 권리를 가진다. 국가의 문화유지
의 의무

9) 총평

이상에서 헌법에서 규정되어 있는 기본권을 간단히 살펴보았다. 그 내용은 매우 상세하
여 모든 기본권을 총망라하여 규정한 것이라고 하겠다. 이 규정은 가장 상세히 규정한 것이

므로 참고가 될 것이다. 다만 시민의 권리와 국가의 의무를 같이 규정하고 있으므로 이를 모두 권리규정이라고 보기는 어렵고 일부는 국가입법방침규정으로 독립시키는 것이 옳을 것이다.

5. 포르투갈 헌법의 기본권 규정의 한역

참고로 포르투갈 헌법의 기본권 규정의 한역문을 보기로 한다.

제2편 권리, 자유, 보장
제1장 인권, 자유, 보장

제24조(생명권)

1. 인간의 생명은 침해될 수 없다.
2. 사형은 어떠한 경우에도 존속되어서는 아니 된다.

제25조(인간 존엄성에 대한 권리)

1. 모든 국민의 도덕적, 육체적 존엄성은 침해될 수 없다.
2. 누구도 고문이나 잔혹 행위를 당하지 아니하며 모멸적이거나 비인도적인 처우 또는 처벌을 받아서는 아니 된다.

제26조(기타 인격권)

1. 모든 국민은 개인의 정체성에 대한 권리, 각자의 개성을 계발할 권리, 시민의 자격에 대한 권리, 시민권, 명예 및 평판에 대한 권리, 초상권, 발언권, 사생활 및 가정생활의 비밀을 보호 받을 권리, 모든 형태의 차별에 대해 법적 보호를 받을 권리를 가진다.
2. 개인 및 가족에 관한 정보의 제공과 남용 및 인간의 존엄성에 반하는 정보의 활용을 효과적으로 방지할 수 있는 보장 수단들은 법률로 정한다.
3. 특히 기술의 창안, 개발, 활용 및 과학적 실험에 있어서 인간의 존엄성과 유전적 정체성을 법률로 보장한다.
4. 시민권의 박탈과 시민의 자격에 대한 제한은 법률로 정할 수 있는 경우에 또한 법률이 정하는 조건에 따라서만 이루어질 수 있으며, 정치적 동기를 근거로 하면 아니 된다.

제27조(자유와 안전에 대한 권리)

1. 모든 국민은 자유와 안전에 대한 권리를 가진다.
2. 누구도 전적으로 또는 부분적으로 자유를 박탈당해서는 아니 된다. 단, 법정형으로 자유형이 정하여진 어떤 행위를 저질렀다는 이유로 부과된 판결 내지 법원에 의하여

부과된 보안처분의 결과로서 자유가 박탈되는 경우는 예외로 한다.

3. 법률로 결정할 수 있는 기간 및 조건 하에서 다음에 열거한 바와 같이 자유를 박탈하는 경우들은 상기의 원칙에 대한 예외로 간주한다. a) 현행범으로 구금 b) 최대 3년 이상의 징역형으로 처벌 받을 수 있는 중범죄의 수행을 입증하는 확실한 증거가 존재할 때의 미결 구금 또는 유치 c) 포르투갈 영토를 불법으로 침입했거나 동 영토에 불법으로 머무는 자 또는 현재 범인 인도나 국외 추방 절차의 대상에 해당되는 자에 대해 사법적 통제에 따른 자유형 또는 미결 구금, 그 밖의 모든 강압적 조치의 부과 d) 군 요원에 대해 징계적 자유형 부과, 그러한 자유형은 관할 법원에 대한 항소의 대상이 된다. e) 관할 법원의 명령에 따라 적절한 시설에서 보호, 보조 또는 교육을 받을 수 있도록 하기 위해 마련된 미성년자에 대한 강제적 조치 f) 법원 판결을 따르지 않은 것에 대한 법원 명령에 따라 실시되는 구금 또는 관할 사법 당국으로의 출두를 보장하기 위한 구금 g) 반드시 필요하다고 판단되는 경우에 필요한 시간동안 신원 확인을 목적으로 하는 피의자 구금 h) 정신이상 증세를 보이고 있는 자를 관할 사법기관의 명령 또는 확인에 따라 적절한 치료 시설에 수용

4. 자유를 박탈당한 모든 자에 대해서는 그의 체포, 투옥 또는 구금에 대한 이유와 각자의 권리에 관한 정보를 즉시 이해할 수 있는 방법으로 전달한다.

5. 본 헌법 및 법률의 규정에 반하는 자유의 박탈이 있을 경우, 국가는 권리를 침해당한 피해자에게 법에 따른 보상을 하여야 한다.

제28조(미결구금)

1. 구금할 경우에는 구류자의 석방 또는 적정한 강압적 조치의 부과를 목적으로 최대 48시간 이내에 사법심사를 받아야 한다. 판사는 구금의 이유를 파악해야 하며 이를 피구금자에게 전달해야 하고 그에게 심문함과 아울러 항변을 진술할 기회를 제공한다.

2. 미결구금은 예외적인 성격을 지니며, 보석을 허용할 수 있는 경우 또는 법적으로 규정된 보다 완화된 대체적인 조치를 적용할 수 있는 경우에는 미결구금 명령을 내리거나 이를 유지해서는 아니 된다.

3. 자유의 박탈을 수반하는 어떤 조치를 실시 또는 유지하는 모든 법원 명령은 피구금자가 지명할 수 있는 친척 또는 그 밖에 믿을 수 있는 사람에게 즉시 통보되어야 한다.

4. 미결구금은 법적으로 규정된 기한 내로 제한된다.

제29조(형법의 적용)

1. 기존의 법규 조항에 의거해 문제의 행위 또는 부작위가 처벌 대상에 해당되는 경우가 아닌 한 누구도 형법에 의거한 판결을 받지 않으며, 기존 법규에서 전제요건을 규정하고 있지 않는 한 누구도 보안처분의 대상이 되지 않는다.

2. 전항의 규정들은 범법 행위 당시 공통적으로 인정된 국제법의 일반 원칙에 따라 형사

상 범죄로 간주된 행위 또는 부작위를 포르투갈 국내법에 명시된 한도 내에서 처벌하는 것을 배제하지는 아니한다.

3. 기존 법규에서 명시적으로 승인하지 않는 한, 어떠한 판결이나 보안처분도 적용해서는 아니 된다.

4. 누구나 문제의 행위를 수행한 당시 또는 보안처분을 적용하기 위한 전제 요건이 충족될 당시에 마련된 법 규정들이 아닌 그 후 제정된 피고인에게 더욱 불리한 법규를 적용하여 판결 또는 보안처분을 내려서는 아니 된다. 다만 피고에게 보다 유리한 형법 규정들은 소급하여 적용한다.

5. 누구도 동일한 범죄에 대하여 거듭 처벌 받지 아니한다.

6. 부당하게 유죄 판결을 받은 국민들은 그러한 판결에 대하여 재심을 제기할 권리가 있으며 그들이 입은 손해에 대해서는 법률에 명시된 바에 따라 보상 받을 권리를 가진다.

제30조(판결 및 보안처분에 대한 제한)

1. 자유를 박탈 또는 제한하는 판결이나 보안처분은 영속적이어서는 아니 되며 무한한 기간 동안 유지되어서는 아니 된다.

2. 개방적인 환경에서 치료를 실시할 수 없는 중증 정신이상 증세에 근거한 위험이 있는 경우 자유를 박탈 또는 제한하는 보안처분은 문제의 정신상태가 유지되는 기간 동안 계속 연장할 수 있되 이러한 조치는 항상 사법적 판결을 통해서 이루어져야 한다.

3. 형사적 책임은 전가될 수 없다.

4. 어떠한 판결도 시민의 권리, 직업적 권리 또는 정치적 권리의 상실을 자동적으로 초래해서는 아니 된다.

5. 자유를 박탈하는 판결 또는 보안처분의 대상이 되어 그러한 처분이 확정된 사람은 기본권을 보유하되 이러한 처분에 내재한 제한과 각각의 처분의 집행에 의해 특별하게 부과된 요구 사항에는 따라야 한다.

제31조(인신보호영장)

1. 인신보호영장은 불법적인 체포, 투옥 또는 구금의 형태로 권한을 남용하는 것을 견제할 목적으로 사용한다.
   인신보호영장은 관할 법원에 신청한다.

2. 인신보호영장 명령은 체포, 수감 또는 구금된 자가 신청하거나 또는 정치적 권리를 행사하는 모든 국민이 신청할 수 있다.

3. 인신보호영장 신청일로부터 8일 이내에 판사는 변론 및 반론에 따라 진행되는 청문절차를 거쳐 신청에 대한 판결을 한다.

제32조(형사상 법적절차 내 안전장치)

1. 형사소송절차는 항소권을 포함해 변호에 필요한 모든 보호 수단을 보장한다.

2. 모든 피고는 자신에 대한 판결이 최종적으로 통과될 때까지 무죄로 간주되며, 방어권에 지장을 주지 않는 범위 내에서 가능한 한 신속한 재판을 받는다.

3. 피고는 모든 소송행위와 관련해 변호사를 선임할 권리와 변호인의 조력을 받을 권리를 가진다. 변호사의 지원이 필수적으로 요구되는 소송의 사건들 및 단계들은 법률로 정한다.

4. 예비 조사는 판사의 책임 하에 대부분 이루어져야 한다. 다만, 기본권과 직접적인 관계가 없는 조사 실행을 법이 정한 바에 따라 다른 사람 또는 기관들에게 위임할 수 있다.

5. 형사소송절차는 탄핵주의를 따르며, 공판과 법이 요구할 수도 있는 예비 조사는 변론 및 반론의 원칙에 따라 진행한다.

6. 공판을 포함한 소송 행위에서 항변권의 보호를 조건으로 피고 또는 형사적 피고인의 입회를 생략할 수 있는 경우들은 법률로 정한다.

7. 피해자들은 법률에 명시된 바에 따라 소송 절차에 참여할 권리가 있다.

8. 고문, 강압, 개인의 신체적 또는 도덕적 존엄성 침해, 사생활, 가정, 서신 또는 통신에 대한 부당한 개입을 통해 확보한 모든 증거는 무효로 간주된다.

9. 이전의 법규에 의거해 이미 관할권을 가진 법원으로부터 어떠한 소송도 각하되어서는 아니 된다.

10. 행정위반에 관한 소송 또는 제재가 부과될 수 있는 있는 모든 소송의 피고들은 청문권과 방어권을 가진다.

제33조(국외 추방, 범인 인도 및 망명권)

1. 포르투갈 국민들은 포르투갈 영토에서 강제 추방되지 않는다.

2. 포르투갈 영토에 정식으로 입국했거나 정식으로 주재하는 자, 거주 허가증을 교부받은 자 또는 거부된 바 없는 망명 요청서를 제출한 자의 추방은 오로지 사법기관의 명령에 의해서만 가능하다. 그러한 경우에 법은 신속한 절차에 의해 판결이 이루어지도록 보장하여야 한다.

3. 포르투갈 영토에서 포르투갈 국민에 대한 범죄인 인도는 국제협약을 통해 양국 간 범죄인 인도 조약을 체결한 경우, 또는 테러 행위나 국제적인 조직범죄의 경우와 인도 신청국의 법 제도가 정의롭고 공정한 재판의 보장이 있는 경우에 한해서만 허용할 수 있다.

4. 범죄인 인도 신청국의 법률에 따라 영구적으로 또는 불특정한 기간 동안 자유를 박탈하거나 제한하는 판결 또는 보안처분에 따라 처벌을 받을 수 있는 범죄를 근거로 한 범죄인 인도는 포르투갈이 체결한 이 영역의 국제 협약에서 신청국이 협약 당사자인 경우와 신청국이 그러한 판결 또는 보안처분을 적용 또는 집행하지 않을 것임을 보장

하는 경우에만 허용할 수 있다.

5. 전항의 규정들은 유럽연합(EU)의 권한에 따라 마련된 규칙으로서 형사상 분야에서 사법적 협조를 규율하는 규칙들의 적용에 지장을 주어서는 아니 된다.

6. 어떤 경우든 간에 누구도 범죄인 인도 신청국의 법률에 따라 사형 또는 개인의 신체적 존엄성을 돌이킬 수 없을 정도로 손상시키는 결과를 초래하는 형벌로 처벌 가능한 범죄를 저질렀다는 이유로, 또는 정치적 이유를 근거로 신병이 넘겨지거나 인도되어서는 아니 된다.

7. 범죄인 인도는 사법기관의 명령에 의해 이루어져야 한다.

8. 망명권은 민주주의, 사회적 해방 및 국가 해방, 인류 평화, 자유 또는 인권을 증진하기 위한 활동을 수행한 이유로 박해의 대상이 되거나 박해에 처해질 심각한 위협 아래 있는 외국인 및 무국적자들을 대상으로 보장된다.

9. 정치적 망명자의 지위는 법률로 정한다.

제34조(주거 및 통신 불가침권)

1. 개인의 주거 및 우편의 비밀과 기타 사적인 통신 수단들은 침해할 수 없다.

2. 국민의 가정에 침입하는 조치는 오로지 관할 사법기관에 의해서만 결정할 수 있으며 법률에 규정된 경우에 한해 법률에 규정된 형식에 따라 이루어질 수 있다.

3. 현행범인 경우, 또는 법률로 정한 바에 따라 테러 활동, 인신매매, 무기밀매 또는 마약밀매 등 특히 폭력적이거나 고도로 조직적인 범죄의 경우에서 사법적 권한 승인이 이루어진 경우를 제외하면 당사자의 동의 없이 누구도 그 가정에 침입해서는 아니 된다.

4. 공공기관은 형사 소송과 관련해 법률이 규정할 수 있는 경우들을 제외한 그 외의 상황에서 우편, 전기통신 또는 기타 통신 수단에 간섭해서는 아니 된다.

제35조(컴퓨터의 사용)

1. 모든 국민은 법률로 정한 바에 따라 자신에 관한 모든 전산 자료에 접근할 권리, 그러한 자료들을 수정 및 갱신할 것을 요구할 권리 및 그러한 자료들의 본래 사용목적에 관하여 통지받을 권리를 가진다.

2. 법률은 개인 정보의 개념을 정의함과 아울러 개인 정보의 자동 처리 및 연결, 전송 및 사용에 적용할 수 있는 정해야 하며 특별히 독립적인 행정기관을 통한 개인 정보의 보호를 보장하여야 한다.

3. 컴퓨터는 철학적 또는 정치적 신념, 정당 또는 노동조합 가입, 종교적 신조, 사생활 또는 인종에 관한 자료를 처리할 목적으로 사용되어서는 아니 된다. 다만 자료 주체가 명시적으로 허락하는 경우, 법률에 따라 권한이 부여된 경우 및 차별 금지를 보장하는 경우, 또는 개별적인 신원이 드러나지 않는 통계 자료를 처리하는데 그 목적이 있는 경우는 예외로 한다.

4. 법률에 규정되어 있는 경우를 제외하고는 개인 정보에 대한 제3자의 접근은 금지한다.

5. 모든 국민에게 단 하나의 고유번호를 할당하는 행위는 금한다.

6. 모든 사람은 공용 컴퓨터 통신망에 자유롭게 접속할 수 있는 권리를 보장받아야 하며 다국 간 데이터 이동에 적용되어야 하는 규칙과 개인 정보 및 국익을 위해 보호되는 것이 마땅한 그 밖의 정보에 대한 적절한 보호 수단에 적용되어야 하는 규칙을 법률로 정한다.

7. 수동 파일에 수록된 개인 정보는 법률로 정한 바에 따라 전항에 명시된 것과 동일한 보호를 받는다.

제36조(가족결혼 및 친자 관계)

1. 모든 국민은 가족을 구성하고 전적으로 평등한 한도에서 결혼할 권리가 있다.

2. 결혼이 성립된 방식에 관계없이 결혼의 요건과 효력 및 사망 또는 이혼에 의한 혼인 관계의 해소는 법률로 정한다.

3. 배우자들은 시민적, 정치적 자격, 자녀의 부양, 및 교육과 관련해 동일한 권리와 의무를 가진다.

4. 혼외 관계로 태어난 자녀들은 차별을 받아서는 아니 되며, 법률 또는 공공기관이나 공적 서비스는 친자 관계와 관련하여 차별 조항을 적용해서는 아니 된다.

5. 부모는 자녀를 교육 및 부양할 권리와 의무가 있다.

6. 부모가 자녀들에 대한 기본적인 의무를 이행하지 않는 경우를 제외하면 자녀들은 부모와 분리되어서는 아니 되며 부모와의 분리는 항상 사법적 명령에 따라 결정한다.

7. 입양은 법률로 규정하고 보호 받으며, 입양에 필요한 사항을 신속히 기재할 입양 양식을 포함하여야 한다.

제37조(표현과 정보의 자유)

1. 모든 국민은 자신의 생각을 자유롭게 표현할 권리와 함께 단어, 이미지 또는 그 외의 수단을 통해 생각을 알릴 권리를 가지며, 타인에게 정보를 전달하고 스스로 정보를 확인하며 방해나 차별 없이 정보를 습득할 권리를 가진다.

2. 상기 권리의 행사는 어떠한 검열 방식이나 형태로든 방해 받거나 제한받지 아니한다.

3. 상기 권리의 행사 과정상의 위반 행위는 형법 또는 행정 위반을 규율하는 법률의 일반 원칙에 따라 처리 하며, 법률에 정한 바에 따라 각각 재판소 또는 독립적인 행정 기관에 소추되어야 한다.

4. 모든 국민과 법인은 반론권 및 정정의 권리는 물론, 피해에 대한 보상을 받을 권리를 동등하면서도 실질적으로 보장받는다.

제38조(언론과 매체의 자유)

1. 언론의 자유는 보장된다.

2. 언론의 자유란 다음을 의미한다. a) 언론인과 기타 관계자의 표현 및 창작의 자유 및 해당 대중매체 기관의 편집 방침을 결정하는 과정에 참여할 수 있는 언론인의 자유. 단, 편집 방침이 교리적 또는 교파적 성격을 띤 경우는 예외로 한다. b) 법률에 정한 바에 따라 정보의 출처에 접근할 권한을 확보하고 직업상의 독립성 및 비밀을 보호받을 언론인의 권리와 편집위원회 구성원들을 선출할 수 있는 언론인의 권리 c) 사전적인 행정 승인, 약정 또는 자격 획득 여부에 관계없이 신문 및 기타 모든 간행물을 창간할 수 있는 권리

3. 일반적으로 대중매체 기관 소유주들의 성명과 그러한 기관의 자금 조달, 수단을 일반에 공개하도록 법률로 보장한다.

4. 국가는 일반 정보매체를 보유한 기업들에 대해 전문화의 원칙을 적용하고 그러한 기업들을 공평한 방법으로 대우와 지원을 하는 한편, 특히 다양한 방법 또는 관련되는 방법을 통해 그러한 기업들의 집중을 방지함으로써 정치권력 및 경제적 영향력으로부터 매체의 자유와 독립을 보장한다.

5. 국가는 공영 라디오 및 TV 방송 서비스의 존속과 운영을 보장한다.

6. 공공부문 대중매체의 구조와 운영은 정부, 행정부 및 기타 공공기관으로부터 독립성을 유지하며, 상이한 여론의 동향들이 모두 각자의 입장을 표명하고 서로 경쟁할 수 있도록 보장한다.

7. 라디오 및 TV 방송국은 법률에 정한 바에 따라 공개 입찰신청에 따라 교부되는 면허를 취득할 경우에만 운영된다.

제39조(각종 매체의 규제)

1. 독립 행정기관은 대중매체 내에서 다음에 열거한 사항들을 보장할 책임이 있다. a) 정보에 대한 권리와 언론의 자유 b) 대중매체 소유권의 분산 c) 정치권력 및 경제적 영향력으로부터 독립 d) 개인의 권리, 자유 및 보장에 대한 존중 e) 대중매체의 업무를 규제하는 법령 및 규정에 대한 존중 f) 다양한 여론에 관한 입장표명과 이의제기가 가능토록 함 g) 방송 시간에 대한 권리의 행사, 반론 및 정치적 대응

2. 전항에 인용된 기관의 구성, 책임, 조직, 운용 방식 및 의회를 통해 임명되거나 그렇게 임명된 사람에 의해 선임된 기관 구성원들의 지위와 역할은 법률로 규정한다.

제40조(방송 시간답변 및 정치적 반응의 권리)

1. 정당, 노동조합, 직업 및 기업 조직과 전국적 규모를 갖춘 기타 조직들은 각 조직의 규모와 대표성 및 법률로 정해진 객관적 기준들에 따라 공영 라디오 및 TV 방송 서비스에서 방송 시간에 대한 권리를 가진다.

2. 의회 내에 1개 이상의 의석을 확보하고 있으며 정부의 일부분을 구성하지 않는 정당들은 법률로 정한 바에 따라 공영 라디오 및 TV 방송 서비스에서 각 정당의 의회 내

비례 의석 점유율에 따라 할당되는 방송 시간에 대한 권리를 가질 뿐만 아니라, 정부의 정치적 입장 표명에 대해 정치적으로 반론 또는 대응할 권리를 가진다. 그러한 방송 시간에 대해서는 정부의 방송 및 입장 표명 시 부여되는 시간과 동일한 분량과 중요도를 보장한다. 자치구 의회에서 의석을 확보한 정당들은 해당 지역의 범위 내에서 동일한 권리를 향유한다.

3. 선거기간 중, 입후보자들은 법률로 정한 바에 따라 전국 또는 지역적 규모의 라디오 및 TV 방송국에서 정기적이고 적정한 방송 시간에 대한 권리를 가진다.

제41조(양심, 종교 및 예배의 자유)

1. 양심, 종교 및 예배의 자유는 불가침이다.
2. 누구도 자신의 신념이나 종교적 행사를 이유로 박해를 받거나 권리를 박탈당하거나 또는 시민의 책무 또는 의무로부터 면제를 받지 아니 한다.
3. 개별적으로 확인할 수 없는 통계적 자료를 수집하는 경우가 아닌 한, 어떤 기관도 개인의 신념 또는 종교적 행사와 관련하여 질문을 해서는 안 되며 누구도 이러한 질문에 대한 답변을 거부한 이유로 불이익을 받아서는 아니 된다.
4. 교회와 기타 종교 공동체는 국가와 분리되어야 하며 각자의 조직을 구성하고 종교 의식과 예배를 집전할 자유가 있다.
5. 해당 교파 내에서 종교적 가르침을 전달할 자유 및 종교 활동을 추구하기 위해 적절한 대중 매체를 활용할 자유는 보장된다.
6. 양심에 따라 병역을 거부할 수 있는 권리는 법률에 정한 바에 따라 보장된다.

제42조(문화적 창작의 자유)

1. 지적 창작, 예술적 창작 및 과학적 창작은 제한되지 않는다.
2. 이러한 창작의 자유는 과학적, 문학적, 예술적 저작물을 발명, 생산 및 발표할 권리를 구성하며 법률에 의한 저작권의 보호를 포함한다.

제43조(학습과 교수의 자유)

1. 학습과 교수의 자유는 보장된다.
2. 국가는 어떤 철학적, 미학적, 정치적, 이념적 또는 종교적 방침에 따라 교육 및 문화 교과 과정을 규정해서는 아니 된다.
3. 공교육은 특정 종파에 속해서는 아니 된다.
4. 사립학교와 협력학교를 설립할 권리는 보장된다.

제44조(여행 및 이주에 대한 권리)

1. 모든 국민은 포르투갈의 영토 내에서 자유롭게 여행 및 정착할 권리를 보장받는다.
2. 모든 국민은 포르투갈의 영토로부터 타국으로 이민 또는 출국할 권리는 물론, 포르투갈의 영토로 귀환할 권리를 보장받는다.

제45조(집회 및 시위에 대한 권리)

1. 국민은 당국의 승인을 받지 않고도 일반에 개방된 장소에서 무기를 소지하지 않고 평화롭게 집회에 참가할 권리가 있다.
2. 모든 국민의 시위 참여권은 인정된다.

제46조(결사의 자유)

1. 국민은 당국의 승인을 받지 않고도 서로 자유롭게 결사할 권리가 있다. 단, 그러한 결사가 폭력을 조장해서는 아니 되며 연합의 그 목적은 포르투갈 형법에 부합해야 한다.
2. 결사는 공공기관의 방해를 받음이 없이 그 목적을 자유롭게 추구하며 국가에 의해 해산되거나 그 활동이 강제적으로 중단되어서는 아니 된다. 단, 법이 정한 경우라면 단지 사법적 명령에 의해서 그러한 조치가 이루어질 수 있다.
3. 누구도 결사에 소속되어야 할 의무는 없으며 결사에 참여해야 한다는 어떠한 형태의 강요를 받아서도 아니 된다.
4. 인종 차별적 성격을 띠고 있거나 파시즘적 이념의 무장 결사, 군대 조직, 군사 교육을 받았거나 준군사조직의 형태를 갖춘 결사와 조직들은 허용되지 아니한다.

제47조(직업선택 및 행정 참여의 자유)

1. 모든 국민은 직업 또는 업종을 자유롭게 선택할 권리가 있으며 다만 공공의 이익을 위해 법률이 부과할 수 있는 제약 조건 또는 각자의 능력에 내재되어 있는 제약 조건들을 따른다.
2. 모든 국민은 일반적으로 경쟁에 의한 채용절차를 통해 동등한 자격으로 자유롭게 공공 행정직에 응시할 수 있는 권리를 가진다.

제2장 정치 참여에 관한 권리, 자유 및 보장

제48조(공무 참여)

1. 모든 국민은 직접 참여를 통해 혹은 자유롭게 선출된 대표들을 통해 정치생활과 국가 공무의 관리에 참여할 권리를 가진다.
2. 모든 국민은 국가 및 기타 공공기관의 조치에 대해 객관적인 설명을 들을 권리가 있으며, 공무의 운영에 관한 정보를 정부 및 기타 기관들로부터 전달받을 권리가 있다.

제49조(투표권)

1. 18세의 연령에 도달한 모든 국민은 선거권을 가진다. 단, 일반법에 규정된 금치산자들은 예외로 한다.
2. 선거권은 개인이 행사하며 시민의 의무를 구성한다.

제50조(공직 입후보권)

1. 모든 국민은 모든 공직에 동등한 자격으로 자유롭게 입후보할 수 있는 권리를 가진다.
2. 누구도 정치적 권리의 행사나 공직의 보유를 이유로 임용, 직무나 직업 경력 또는 그

에게 부여된 사회적 혜택에서 불이익을 받아서는 아니 된다.

3. 선출직 공직에 입후보할 권리를 규율함에 있어 선거권자의 선택의 자유와 해당 공직을 수행하기 위한 독립성 및 편견의 배제를 모두 보장하는데 필요한 무자격(無資格) 요건을 법률로 정함에 그친다.

제51조(정치적 연합 및 정당)

1. 결사의 자유는 정치적 연합 및 정당을 구성하거나 이에 참여할 권리를 포함하며 민의(民意)의 형성 및 정치적인 힘의 조직을 목적으로 그러한 연합 및 정당을 통해 민주적으로 공동 협력할 권리를 포함한다.

2. 누구도 1개 이상의 정당에 소속 당원으로 동시에 등록할 수 없으며 누구도 합법적으로 결성된 정당의 당원으로 등록되었거나 그러한 정당을 탈퇴한 이유로 권리의 행사를 박탈당해서는 아니 된다.

3. 정당 성명서의 근간을 이루는 철학 또는 이념을 침해하지 않는 한도에서 정당들은 특정 종교 또는 교회와 직접적으로 관련된 표현 또는 국가나 종교의 상징과 혼동될 수 있는 표상들을 포함하는 명칭을 사용해서는 아니 된다.

4. 정당 설립 시 종교적 성격 또는 의도가 있는 명칭 또는 성명서를 사용해서는 아니 된다.

5. 정당들은 투명성의 원칙, 민주적 구성과 관리의 원칙 및 전 당원 참여의 원칙에 따라 운영된다.

6. 각 정당의 재정을 규율하는 규칙들, 특히 정치자금 후원 요건 및 한도뿐만 아니라, 자산과 회계를 공표하기 위한 필수요건들에 관한 규칙들을 법률로 정한다.

제52조(청원권 및 대중 소송권)

1. 모든 국민은 주권 행사 기관, 자치구의 자치기관 또는 그 외의 당국을 상대로 자신의 권리, 헌법, 법규 또는 일반적 이해관계를 변호하면서 청원, 진정, 청구 또는 소송을 개별적으로 또는 타인과의 연대를 통해 제기할 권리를 가질 뿐만 아니라, 적정한 시일 내에 그러한 조치들을 검토한 결과를 통보받을 권리도 가진다.

2. 의회와 자치구 의회에 대한 공동 청원을 본회의에서 검토하기 위한 근거가 되는 조건들은 법률로 정한다.

3. 모든 국민은 법률로 정한 경우에 그에 정한 조건에 따라 권리를 침해당한 당사자를 위하여 해당 이해관계의 수호를 목적으로 하는 결사를 통해 혹은 개인적으로 적절한 보상을 신청할 권리를 포함하여 민중소송을 제기할 권리를 가진다. 동 권리는 특히 다음에 열거한 사항들을 목적으로 행사한다. a) 공중 보건, 소비자의 권리, 삶의 질 또는 환경 및 문화유산의 보존 등을 해치는 침해행위의 예방, 중단 또는 사법적 기소의 촉진 b) 국가, 자치구 및 지방자치단체의 재산 보호

제3장 노동자의 권리, 자유 및 보장

제53조(고용 안정) 노동자들은 고용 안정을 보장받으며 정당한 사유가 없거나 정치적 또는 이념적 이유를 근거로 한 해고는 금한다.

제54조(노동자위원회)

1. 노동자들은 자신의 이해관계를 옹호하고 회사의 경영활동에 민주적으로 참여하기 위해 노동자위원회를 구성할 권리를 가진다.

2. 노동자위원회의 구성은 위원회의 정관을 승인하고 직접, 비밀투표를 통해 위원들을 선출할 해당 노동자들에 의해 결정된다.

3. 경제적 구조조정 시 중재를 원활하게 하고 노동자의 이익을 보장하기 위한 목적으로 조정위원회를 구성할 수 있다.

4. 위원회의 위원들은 노동조합 대표들에게 부여되는 법적 보호를 받을 수 있다.

5. 노동자위원회는 다음에 열거한 권리들을 가진다. a)과업을 수행하는데 필요한 모든 정보를 획득할 권리 b) 기업의 경영을 감시할 권리 c) 특히 교육활동과 관련된 경우 혹은 근로조건이 변경되는 경우, 기업 구조조정 절차에 참여할 권리 d) 노동자 부문의 문제를 다루는 노동 입법 및 경제 사회적 계획을 마련하는 과정에 참여할 권리 e) 기업의 사회적 활동을 관리하거나 그러한 관리에 참여할 권리 f) 법률로 정한 바에 따라 국가 또는 그 외의 공공기관에 속해 있는 기업의 경영 조직에로의 노동자 대표의 선출을 지지할 권리

제55조(노동조합에 관한 자유)

1. 노동자들은 자신의 권리와 이익을 수호하기 위한 단일체를 구성하는 조건이자 그러한 단일체의 보장으로서 노동조합을 결성 및 운영할 자유가 있다.

2. 노동조합을 결성하고 운영할 자유를 행사하는 과정에서 노동자들은 특히 다음에 열거한 사항들을 차별 없이 보장받는다. a) 모든 수준에서 노동조합을 결성할 자유 b) 노동조합에 가입할 자유, 노동자는 자신이 가입하지 않은 조합에 회비를 지불할 의무가 없다. c) 노동조합의 조직 및 내부 규정을 결정할 자유 d) 기업 내 노동조합 활동에 참여할 권리 e) 노동조합의 각 정관에 명시된 방식으로 정치적 견해를 피력할 권리

3. 노동조합은 당국의 승인 또는 인가를 받지 않고도 비밀투표를 통해 조합의 운영위원들을 정기적으로 선출하는 것을 근거로 한 민주적 조직 구성 및 관리의 원칙에 따라 운영되어야 하며 노동조합 활동의 모든 측면에 걸쳐 노동자의 적극적인 참여를 기반으로 한다.

4. 노동조합은 고용자, 국가, 종교적 교파 및 정당들과 기타 정치 단체에 의해 좌우되지 않는 독립된 조직이어야 하며, 노동자계급 단결의 바탕이 되는 독립성을 위해 적절한 보장 사항들은 법률로 정한다.

5. 노동조합은 국제 노동조합 기구들과의 관계를 형성하거나 그러한 기구들에 가입할
권리를 가진다.

6. 노동자들이 선출한 조합 대표들은 직무를 합법적으로 수행하는 과정에서 정보 및 자
문을 제공받을 권리가 있으며 그러한 과정에서 조건, 제약 또는 제한을 따라야 하는
모든 형태의 종속으로부터 충분한 법적 보호를 받을 권리가 있다.

제56조(노동조합권 및 단체협약)

1. 노동조합은 노동조합이 대변하는 노동자들의 권익을 변호하고 그러한 변호를 증진해
야 할 책임이 있다.

2. 노동조합은 다음에 열거한 권리들을 가진다.

a) 노동입법 과정에 참여할 권리 b) 노동자들의 이익을 실현하고자 노력하는 사회보
장 기관 및 기타 기구들의 운영에 참여할 권리 c) 경제·사회적 계획에 관한 의견을
제시하고 그러한 계획의 이행 과정을 감독할 권리 d) 법률에 정한 바에 따라 사회적
조정 기관들을 대표할 권리 e) 특히 교육활동과 관련된 경우 혹은 근로조건이 변경
되는 경우, 기업 구조조정 절차에 참여할 권리

3. 노동조합은 법률로 정한 바에 따라 보장되어야 할 권리로서 단체협약 체결권을 행사
할 책임이 있다.

4. 단체노동협약을 체결하기 위한 합법성과 그러한 협약 규정의 유효성을 규율하는 규
칙들을 법률로 정한다.

제57조(파업권 및 직장 폐쇄 금지)

1. 파업권은 보장된다.

2. 노동자들은 파업을 통해 옹호할 이익의 범위를 정의할 책임이 있으며 법률은 그러한
이익의 범위를 제한해서는 아니 된다.

3. 장비 및 시설의 안전과 유지를 보장하는데 필요한 서비스 및 사회적 요구를 충족하는
데 없어서는 안 될 최소한의 서비스를 파업 중에 제공하기 위한 근거가 되는 조건은
법률로 정한다.

4. 직장 폐쇄 조치는 금한다.

제3편 경제적, 사회적, 문화적 권리와 의무
제1장 경제적 권리와 의무

제58조(노동권)

1. 모든 국민은 노동권을 가진다.

2. 노동권을 보장하기 위해 국가는 다음에 열거한 사항들을 증진해야 할 책임이 있다.

a) 완전 고용 정책의 실현 b) 직업 또는 업종의 선택 시 동등한 기회 보장. 또한 직책, 직무 또는 직종에 대한 접근을 성 차별적으로 차단 또는 제한하는 조치를 막는데 필요한 조건 c) 노동자들을 위한 문화적, 기술적 훈련 및 직업 교육

제59조(노동자의 권리)

1. 연령, 성별, 인종, 시민권, 출신지, 종교 및 정치적·이념적 신념에 관계없이 모든 노동자는 다음에 열거한 권리를 가진다. a) 동일노동, 동일임금의 원칙을 존중하여 업무의 분량, 성격 및 질적 수준에 따라 적정한 생활을 보장할 수 있는 방법으로 자신의 업무에 대한 보수를 받을 권리 b) 개인적인 성취감을 제공함은 물론 직장생활과 가정생활의 조화를 가능케 하는 방식과 사회적 존엄을 존중하는 방향으로 해당 업무를 조직할 수 있는 권리 c) 청결하고 안전하면서 건강한 근로 한도에서 근무할 권리 d) 휴식 및 여가 시간, 평일 최대 근무 일수, 주간 휴업기간 및 정기 유급휴가에 대한 권리 e) 비자발적 실업 시 물질적인 지원을 받을 권리 f) 업무와 관련된 사고 또는 직업병으로 피해를 입을 경우, 지원 및 공정한 배상을 받을 권리

2. 국가는 노동자들의 권리를 수반하는 근무조건, 보수조건 및 휴업 관련 조건들을 특히 다음에 열거한 방법들을 통해 보장해야 할 책임이 있다.

   a) 노동자들의 요구, 생계비 상승, 각 생산 부문의 발전 수준, 경제적·재정적 안정을 위한 요구 사항 및 개발 목적의 자본금 축적 등을 특별히 감안한 국가 최저 임금의 결정 및 갱신 b) 국가 근로시간 한도의 결정 c) 임신 중 여성, 출산 후 여성들을 위해 특별 업무 관련 보호 수단의 보장, 미성년자와 장애인 및 매우 고된 직업에 종사하고 있거나 비위생적이며 유독성의 위험한 근로 한도에서 일하는 자들을 위한 보호 수단의 보장 d) 사회적 기구들과 협력하여 휴양 및 휴가 시설망의 체계적인 개발의 보장 e) 재외 이주민 노동자의 근로 조건의 보호 및 사회 급여의 보장 f) 근로 장학생의 근로조건의 보호

3. 임금은 법률로 정한 바에 따라 특별히 보장된다.

제60조(소비자의 권리)

1. 소비자들은 좋은 품질의 제품 및 서비스를 소비할 권리, 교육 및 정보에 대한 권리, 건강, 안전 및 경제적 이익의 보호를 받을 권리, 손해에 대한 배상을 받을 권리를 가진다.

2. 광고는 법규를 통해 규제하며 모든 형태의 비밀 광고, 간접 광고 또는 허위 광고는 금한다.

3. 소비자 단체와 소비자 협동조합은 법률로 정한 바에 따라 국가로부터 지원을 받을 권리와 소비자 보호문제에 관해 발언할 권리가 있으며, 구성원들을 옹호하거나 집단의 이익 또는 일반 이권을 변호하기 위해 원고 적격을 가진다.

제61조(민간 기업, 협동조합 및 노사)

1. 민간 경제 부문의 사업은 본 헌법과 법률에 규정된 전반적인 틀 안에서 일반적인 이해관계를 고려해 자유롭게 수행되어야 한다.

2. 모든 국민은 협동조합의 원칙에 따라 협동조합을 자유롭게 구성할 권리를 가진다.

3. 협동조합은 법률에 규정된 전반적인 틀 안에서 활동을 자유롭게 수행하며 연합, 연맹 및 동맹과 법률로 정해진 형태의 기타 조직 내에서 집단을 형성할 수 있다.

4. 국가 또는 공공기관이 지분을 보유하고 있는 협동조합에 대한 특별한 조직적 요구 사항들은 법률로 정한다.

5. 노무 관리에 대한 권리는 법률로 정한 바에 따라 부여된다.

제62조(사유재산권)

1. 모든 국민은 본 헌법에 규정된 바와 같이 사유재산권을 보장받으며 생존 중에 또는 사망 시 사유재산권을 타인에게 양도할 권리도 보장받는다.

2. 공익을 위한 사용 및 수용은 법규에 근거해 공정한 보상을 지불하는 조건 하에서만 실시한다.

제2장 사회적 권리와 의무

제63조(사회보장 및 연대)

1. 모든 국민은 사회보장에 대한 권리를 가진다.

2. 국가는 노동조합, 노동자들을 대변하는 그 밖의 기구 및 기타 모든 수혜자들을 대변하는 단체들의 참여 하에 통합 및 분권화된 사회보장제도를 구성, 조정하고 그에 필요한 보조금을 제공할 책임이 있다.

3. 사회보장제도는 질환이 있거나 고령인 국민들을 비롯해 장애인배우자를 잃은 사람 또는 고아실업자 또는 생계 수단이나 업무 능력의 결여 또는 감소를 동반하는 그 밖의 상황에 처한 자들을 보호한다.

4. 법률로 정한 바에 따라 총 근무 기간은 수행한 활동의 부문에 관계없이 고령 연금 및 장애 연금을 산정하는데 기여한다.

5. 본 조 및 아래의 제67조 제2항 제2호, 제69조, 제70조 제1항 제5호, 제71조 및 제72조에 특별히 규정된 사적 연대의 목적을 추구하기 위해 국가는 법률로 정한 바에 따라 공익적 단체로 인정되는 민영 자선기관 및 기타 비영리 기관들의 활동과 운영을 지원 및 감시한다.

제64조(보건)

1. 모든 국민은 보건의 권리와 더불어 건강을 유지하고 증진해야 할 의무가 있다.

2. 보건의 권리는 다음에 열거한 방법을 통해 행사한다. a) 보편적이면서 일반적인 서비스로서 특별히 이를 이용하는 국민들의 경제적, 사회적 조건들을 고려해 대체로 무상

으로 제공되는 국민건강 보험의 실시 b) 아동, 청소년 및 노인의 보호를 특별히 보장하는 경제적, 사회적, 문화적, 환경적 조건들을 조성하고 생활 및 근로 조건들을 조직적으로 개선하면서 학교와 사회에서 육체적 건강과 스포츠 활동을 증진 하는 한편, 국민의 건강 및 위생 교육과 건강한 생활 습관들을 개발

3. 국민이 보건의 권리를 향유할 수 있도록 보장하기 위해 국가는 다음에 열거한 바와 같은 일차적 의무를 이행한다. a) 개인의 경제적 상황에 관계없이 모든 국민이 예방, 치료 및 재활을 목적으로 하는 의료서비스를 이용할 수 있도록 보장할 의무 b) 보건의료 단위 및 인적 자원의 관점에서 합리적이면서 효율적인 전국적 보험서비스를 보장할 의무 c) 의료 및 의약에 소요되는 비용에 대한 공적 자금을 제공하기 위해 노력할 의무 d) 법인 및 사설 형태의 의료서비스를 규제 및 감시하고, 공영 및 민영 보건의료기관에서 효율성 및 품질의 적정 기준들을 보장할 수 있는 방법으로 국민보건서비스를 그러한 의료기관들과 연계할 의무 e) 화학제품, 생물학적 제품 의약 제품과 기타 치료 및 진단용 수단들의 생산, 공급, 마케팅, 판매 및 사용을 규제하고 통제할 의무 f) 약물 남용의 예방 및 치료를 위한 정책들을 수립할 의무

4. 국민보건서비스는 분권화된 참여적 관리 제도를 갖추어야 한다.

제65조 주택 및 도시계획)

1. 모든 국민은 자신과 가족을 위해 청결하면서도 쾌적한 한도에서 개인 및 가족의 사생활을 보호하는 충분한 규모의 주택을 보유할 권리가 있다.

2. 국민의 주거의 권리를 보장하기 위해 국가는 다음에 열거한 의무들을 이행한다. a) 일반적 도시농촌계획에 포함되어 있으며 적절한 교통망 및 사회시설망의 설치를 보장하는 도시계획에 의해 뒷받침을 받는 주거 정책의 수립과 시행 b) 자치구 및 지방자치단체와 협력해 저비용의 사회적 주택 건설을 촉진할 의무 c) 일반적인 이해관계에 따라 민간 부문의 주택 건설을 촉진하고 저비용의 공공주택을 이용할 수 있는 기회를 증진할 의무 d) 주택문제 해결을 위해 노력하고 주택협동조합 및 직접시공협동조합의 구성을 촉진하는 지역사회개발계획을 장려하고 지원할 의무

3. 국가는 가계소득 및 개인주택 보유능력에 걸맞은 임대 제도를 위한 정책을 마련한다.

4. 국가, 자치구 및 지방자치단체는 특히 계획기구를 통해 도시농촌계획과 도시계획에 관한 법규의 전반적인 틀 안에서 도시 대지의 점유, 사용 및 변형을 규율하는 규칙들을 규정하며, 공용 도시계획의 목적을 달성하는데 필요한 대지를 수용한다.

5. 이해당사자들은 도시계획기구와 기타 실재하는 도시농촌계획기구들을 구성하는 작업에 참여할 자격이 있다.

제66조(환경과 삶의 질)

1. 모든 국민은 건강에 유익하면서 생태학적으로 균형을 이룬 생활환경에서 생활할 권

리가 있으며 그러한 권리를 옹호해야 할 의무가 있다.

2. 지속가능한 개발의 전반적인 틀 안에서 국민의 관여 및 참여와 함께 적절한 기관들을 통해 국민의 관여 및 참여로써 이루어지는 환경에 대한 권리의 향유를 보장하기 위해 국가는 다음에 열거한 의무들을 이행한다. a) 해와 그에 따른 영향 및 유해한 형태의 부식을 방지하고 통제할 의무 b) 바른 활동 장소, 균형 잡힌 사회적·경제적 개발 및 조경 강화를 목적으로 도시농촌계획을 수행하고 추진할 의무 c) 자연을 보호하고 역사적 또는 예술적으로 중요한 문화적 가치와 자산을 보존할 수 있는 방법으로 자연과 휴양 보호구와 공원을 조성 및 개발하고 경관과 장소를 분류 및 보호할 의무 d) 천연자원의 합리적인 사용을 도모하면서 세대 간 결속의 원칙을 존중해 천연자원의 회복 능력과 생태학적 안정을 유지할 수 있는 능력을 유지할 의무 e) 지방자치단체와 협력하면서 특히 건축적 측면과 사적지의 보존을 고려하여 농어촌 거류지 및 도시생활의 환경적 질을 증진해야 할 의무 f) 자연 분야별로 다양한 정책들에 반영된 환경적인 목적의 통합성을 제고시킬 의무 g) 환경교육을 추진하면서 환경적 가치에 대한 존중을 증진해야 할 의무 h) 재정 정책상 환경 및 삶의 질과 양립하는 내용의 개발을 보장할 의무

제67조(가족)

1. 사회의 기본 요소인 가족은 사회와 국가로부터 보호를 받을 권리뿐만 아니라, 가족 구성원들이 저마다 개인적인 성취를 얻을 수 있도록 하는데 필요한 모든 조건들을 실질적으로 충족할 권리가 있다.

2. 가족을 보호하기 위해 국가는 특히 다음에 열거한 의무들을 이행한다. a) 가족 단위의 사회적, 경제적 독립을 증진할 의무 b) 노인 정책과 함께 가족을 부양하도록 계획된 국가적 보육 시설망 및 기타 사회 시설망의 설립을 추진하는 한편, 이러한 시설망의 이용권한을 보장해야 할 의무 c) 자녀교육과 관련하여 부모와 협력해야 할 의무 d) 개인의 자유와 관련하여 가족계획에 대한 권리를 보장하고 그에 필요한 방법 및 수단들에 대한 정보 전달을 촉진하면서 그러한 방법 및 수단들을 이용할 수 있는 권한을 강화하는 한편, 모성과 부성에 대한 계획이 의식적으로 수립되는 데 법적, 기술적 계획을 준비해야 할 의무 e) 인간의 존엄성을 보호할 수 있도록 대리 임신을 규제해야 할 의무 f) 가계비용에 따라 세금 및 사회적 급여를 규율해야 할 의무 g) 가족을 대변하는 단체들의 조언에 따라 포괄적이면서도 통합적인 가족정책을 수립 및 시행해야 할 의무 h) 다양한 분야별 정책들이 어우러질 수 있도록 하고 직장생활과 가정생활의 조화를 도모해야 할 의무

제68조(부모)

1. 자녀, 특히 자녀교육과 관련해 대체할 수 없는 고유한 역할을 수행하는 과정에서 부

모는 사회와 국가로부터 보호를 받을 권리와 각자의 직업적 성취와 시민생활 참여를 보장받을 권리가 있다.

2. 부성과 모성은 고귀한 사회적 가치들을 구성한다.

3. 여성은 임신 중, 출산 후 특별한 보호를 받을 권리가 있으며, 여성 노동자들 역시 보수나 특권을 상실하지 않는 한도에서 충분한 기간 동안 휴가를 보장받을 권리가 있다.

4. 자녀의 복리 및 가족 단위의 필요에 따라 부모에게 충분한 기간 동안 휴가를 보장할 것을 법률로 정한다.

제69조(아동)

1. 전인적인 성장을 위해 자녀들은 특히 모든 형태의 유기, 차별 및 억압은 물론, 가족이나 기타 기관 내 권한 행사의 남용으로부터 사회와 국가의 보호를 받을 권리가 있다.

2. 국가는 고아, 유기된 아동 또는 다른 방법으로 정상적인 가정환경을 박탈당한 아동들에 대해 특별한 보호를 보장한다.

3. 취학 연령대에 속하는 미성년자들의 노동은 법률이 정한 바에 따라 금지된다.

제70조(청소년)

1. 청소년들은 경제적, 사회적, 문화적 권리를 실질적으로 향유하기 위해 특히 다음과 같은 특별한 보호를 받는다. a) 교육, 직업교육 및 문화 b) 최초 취업, 직장 및 사회보장 관련 c) 주택 입주 d) 체육 및 스포츠 분야 e) 여가 시간의 활용

2. 청소년 정책의 우선적인 목적은 청소년들의 개성을 함양하고 활동적인 생활환경에 효과적으로 융화되는 데 필요한 조건을 조성하는 한편, 자유로운 창의성에 대한 애정과 사회봉사에 대한 의식을 갖추도록 하는데 있다.

3. 국가는 상기의 목적을 추구하면서 가족, 학교, 기업, 주민 단체, 문화 단체 및 재단, 문화 및 레크리에이션 집단 등과 협력해 청소년 기구들과 국제 청소년 교류를 육성하고 지원한다.

제71조(장애인)

1. 신체적 또는 정신적 장애가 있는 국민들은 본 헌법에 규정된 권리를 충분히 향유하고 헌법에 규정된 의무를 이행한다. 단, 장애 때문에 그들에게 부적합한 권리의 행사 또는 의무의 이행은 예외로 한다.

2. 국가는 장애의 예방, 장애인의 치료, 재활, 통합 및 장애인 가족에 대한 지원 등을 목적으로 하는 국가정책을 시행하고, 사회를 교육하고, 장애를 지닌 국민들에 대한 존중 및 결속 의무를 사회에 숙지시키는 한편, 장애인의 부모 또는 보호자의 권리와 의무를 침해하지 않으면서 장애인들이 자신의 권리를 실질적으로 향유할 수 있도록 보장한다.

3. 국가는 장애인 단체들을 지원한다.

제72조(노인)

1. 노인들은 경제적 안정을 누릴 권리가 있으며 개인적 자율을 존중하며 고립 또는 사회적 소외를 방지하고 극복하는 주거, 가정생활 및 공동체 생활과 관련된 조건에 대한 권리를 가진다.

2. 노인 정책은 공동체 생활에 적극 참여함으로써 개인의 성취를 위한 기회들을 노인들에게 제공할 수 있는 사회적, 경제적 및 문화적 성격의 조치들을 포함한다.

제3장 문화적 권리와 의무

제73조(교육문화 및 과학)

1. 모든 국민은 교육과 문화에 대한 권리를 가진다.

2. 국가는 교육의 민주화는 물론, 기회 균등에 기여하기 위해 학교 및 기타 교육 수단들을 통해 실시되는 교육에 필요한 그 밖의 조건들을 증진하며 경제적, 사회적, 문화적 불평등의 극복과 개성의 함양, 관용, 상호이해, 사회의 발전과 민주적 공무 참여에 대한 연대 및 책임의 정신 등을 증진한다.

3. 국가는 대중매체, 문화단체 및 재단, 문화 및 레크리에이션 집단, 문화유산 단체, 주민 단체 및 기타 문화 담당자들과 협력해 문화 향유 및 창작에 대한 모든 국민들의 접근을 장려하고 보장함으로써 문화의 민주화를 증진한다.

4. 국가는 과학적 연구와 창안 및 기술 혁신의 자유 및 자율성을 보장하고 경쟁력을 강화하면서 과학 연구기관과 기업 간 협력을 보장하는 방향으로 과학적 연구와 창안 및 기술 혁신을 촉진하고 지원한다.

제74조(교육)

1. 모든 국민은 교육의 권리를 가지며 동등한 기회를 가질 권리, 학교교육을 받을 권리 및 학교교육과정을 성공적으로 이수할 권리를 보장받는다.

2. 교육정책을 시행하는 과정에서 국가는 다음에 열거한 의무들을 이행한다. a) 보편적이고 의무적이며 자유로운 기초교육을 보장할 의무 b) 공공의 유치원 제도를 마련하고 이를 발전시킬 의무 c) 평생교육을 보장하고 문맹을 퇴치해야 할 의무 d) 개인의 역량에 따라 최고 수준의 교육, 과학적 연구 및 예술창작에 대한 모든 국민의 접근권한을 보장할 의무 e) 점진적으로 모든 단계의 교육을 무상으로 실시할 의무 f) 일선의 학교들을 해당 지역 사회에 편입하는 한편, 교육활동과 경제, 사회 및 문화적 활동 간 연결고리를 형성할 의무 g) 장애인들이 교육을 받을 권리를 증진하고 지원하는 한편, 필요한 경우 특수교육을 지원해야 할 의무 h) 문화의 표현이자 교육 및 동등한 기회를 획득하기 위한 수단으로서 포르투갈 수화를 보호하고 개발할 의무 I) 재외 동포들의 자녀들이 포르투갈어를 배우고 포르투갈 문화를 접할 기회를 향유할 수 있도록 보장 할 의무 j) 이주민들의 자녀들이 실질적인 교육의 권리를 향유할 수 있도록

적절한 지원을 제공해야 할 의무

제75조(공교육, 사교육 및 협력 교육)

1. 국가는 모든 국민의 필요를 충족하는 공교육 시설망을 구축한다.
2. 국가는 법률로 정한 바에 따라 사교육 및 협력교육을 승인하고 감독한다.

제76조(대학교 및 고등교육을 받을 권리)

1. 대학교 및 기타 고등교육 기관에서 교육을 받을 권리를 규율하는 규칙들은 교육제도 안에서 동등한 교육기회와 교육제도의 민주화를 보장하며, 자격을 갖춘 인력을 확보하고 국가의 교육적, 문화적, 과학적 수준을 높여야 할 국가적 필요성을 충분히 고려한다.
2. 법률로 정한 바에 따라 그리고 교육의 질적 수준에 대한 적절한 평가를 배제하지 않는 범위에서 각 대학은 충분한 평가의 권리를 침해하지 않는 조건에서 자체 정관을 자율적으로 마련하며 과학적, 교육학적, 행정적, 재정적 자율권을 향유한다.

제77조(민주적 교육 참여)

1. 교사와 학생들은 법률에 정한 바에 따라 학교의 민주적 운영 과정에 참여할 권리가 있다.
2. 교사 단체, 학생 단체, 학부모 단체와 지역사회 기관 및 과학기관이 교육 정책을 마련하는 과정에 참여하는 방식은 법률로 정한다.

제78조(문화 향유 및 창달)

1. 모든 국민은 문화를 향유 및 창달할 권리가 있는 동시에, 문화유산을 보존, 유지하고 강화해야 할 의무가 있다.
2. 국가는 모든 문화적 행위자들과 협력해 다음에 열거한 의무들을 이행한다. a) 문화 활동에 필요한 수단과 방법들을 모든 국민들이 이용할 수 있도록 독려 및 보장하고 이러한 점에서 국가가 안고 있는 기존의 불균형을 교정해야 할 의무 b) 다양한 형식 및 표현을 동원해 개인 및 공동의 창작을 촉진하고 수준 높은 문화재와 문화자산을 통해 더 많은 관광객을 유치할 계획을 뒷받침할 의무 c) 문화유산의 보호 및 강화를 추진하는 한편, 그러한 문화유산이 공통적인 문화적 정체성을 고취하는 요소가 될 수 있도록 노력해야 할 의무 d) 모든 국민들, 특히 포르투갈어를 사용하는 사람들과의 문화적 관계를 돈독히 발전시켜 나가면서 해외에서 포르투갈 문화의 보호 및 홍보를 보장할 의무 e) 문화정책을 기타 분야별 정책과 조율할 의무

제79조(체육 및 스포츠)

1. 모든 국민은 체육교육 및 스포츠에 대한 권리를 가진다.
2. 국가는 학교, 스포츠 단체 및 집단과 협력해 체육교육, 스포츠의 수행과 보급을 추진 촉진, 유도, 지원하고 스포츠에서의 폭력을 방지해야 할 의무가 있다.

6. 사회권적 기본권보장 규정의 위기시 적용

포르투갈헌법은 앞에서 본 바와 같이 사회권적 기본권에 관해서 모범적인 규정을 두고 있었다.[92] 1976년 4월 25일의 헌법 채택에서도 16 : 250표로 찬성을 얻어 탄생을 한 것이다. 이 헌법은 민주사회센터(CDS)에 의하여 의회가 지배되고 있었다. 이 시대에는 임시혁명위원회가 있어서 군인과 정치인들이 이 헌법의 적합성에 관해서 심사했을 때였다. 1982년에 혁명위원회가 해산되고 헌법재판소가 창설되었다. 포르투갈헌법의 사회권 조항은 그때까지 나온 중에서 가장 모범적인 것이었고 그 후에도 그처럼 완성된 것은 없었다. 300조 중에서 29조로 구성된 「경제적, 사회적, 문화적 권리와 의무」 규정은 노동의 권리를 보장하고 사회보장을 규정하여 가정의 보호, 주택의 배분, 환경권과 생활의 질 향상 등 필요한 모든 것을 규정하고 있었다.

이때 유럽헌법에서는 독일과 오스트리아 헌법이 사회권 규정을 두고 있지 않았는데 포르투갈헌법이 지극히 상세한 규정을 두어 대조를 이루고 있었다.

사회권의 해석문제에 있어서는 헌법적 논쟁보다는 경험적 논쟁이 많았다. 시장경제가 성공할 경우, 국민소득이 많아질 경우, 실현될 것으로 기대되고 있었다. 학계에서는 이 사회권의 헌법적 성격에 관한 논쟁이 있었다.

1976년의 헌법제정 이후에는 시민적, 정치적 권리의 확보에 치중하였다. 민주화를 위한 장치가 마련되었다. 선거결과 진보정당이 약해졌고 국민의 저항이 적어졌기 때문이라고 한다.

그러나 헌법에 생존권이 보장된 이상 헌법재판소에 의한 판단은 없을 수는 없었다. 유럽에 경제적 위기가 닥치자 이제까지의 사회정책에 대한 반성이 행해졌고 사회복지 혜택의 축소에 대한 반항도 심하였다. 예를 들면 포르투갈, 그리스, 아일랜드 등이 그 대표적인 케이스이다. 그 중에서도 노동의 권리와 사회보장문제가 헌법재판의 판례로 등장하기 시작하였다.[93] 위기극복을 위한 포르투갈 당국과 유럽중앙은행과 국제금융펀드 등과의 MOU에 의하여 사회복지혜택을 많이 줄일 것으로 하고 있었다.

이에 따라 근로자의 노임이 삭감되고 연금이 삭감되며 헌법적 문제가 많이 나오게 되었

92) P. Magalhães, Explaining the Constitutionalization of Social Rights: Portuguese Hypothesis and a Cross-national Test, in *Social and Political Foundations of Constitution*, Oxford University Wolfson College, 2010.
93) J. Gomes, "Social Rights in Crisis in the Eurozone. Work Rights in Portugal," *Social rights in times of crisis in the Eurozone: the role of fundamental rights' challenges*, Law 2014/05 EU Working Papers, EUI.

다. 포르투갈 헌법재판소는 이 문제에 대하여 여러 번 결정하였다. 헌법재판소는 정부의 헌법에 대한 침해 주장에 대하여 찬반되는 판결을 하고 있다. 유럽헌법재판소는 임금삭감에 대한 합의가 임금삭감을 금지한 헌법에 위반한다고 하였다. ILO는 포르투갈헌법재판소와 유럽인권재판소, 유럽재판소 등에 제소를 하고 있다.

이 위기상황에 있어 포르투갈헌법재판소는 판결을 하지 않을 수 없게 되었다. 의회의원들은 헌법재판소에 대하여 2011년 재정법의 규정이 헌법에 위반된다고 제소하였다. 이 조항들은 공무원의 봉급에 관한 것으로 1월 1일부터 월급을 3.5%에서 10%까지 삭감한다는 내용이었다. 헌법재판소의 다수의견은 급료의 삭감은 헌법에 위반되는 것은 아니라고 하였다. 그러나 이 판결을 정당화하기 위해서는 임금의 삭감이 임시적이어야 하며 그 비율이 적합하여야 한다고 했다. 법원은 임금의 삭감금지규정이 헌법에 있기 때문에 이 규정은 헌법위반이라고 판단하였다. 여기서 제일 문제가 된 것은 평등권의 문제였다. 9:3으로 난 결정에서 3명은 반대의견을 표시하고 있다. 헌법재판소는 임금의 감소가 50%인 경우 이것은 제한이 과잉이라고 하여 위헌 선언하였다. 그 뒤 재판관이 바뀌어 9 : 3으로 무효로 인정되었다. 그런데 2011년 5월 포르투갈은 경제위기에 처하여 유럽위원회(EC)와 유럽중앙은행(ECB), 국제재정펀드(IMF)에 경제개혁을 위하여 차관을 신청하였다.[94] 그래서 양해각서(Memorandum of Understanding, MOU)를 체결하였는데 이는 포르투갈의 사회·경제·문화정책을 축소하는 것이었다. 그리스와 마찬가지로 재정능력이 없는데도 지나치게 복지정책을 폄으로써 헌법적 문제를 야기하게 된 것이다.

정부는 연금법을 개정하기로 하였는데 이는 헌법에 위반되는 법령으로서 위헌 선언될 것이었다. 그러나 헌법재판소는 경제위기를 감안하여 판단하지 않을 수 없었다. 헌법재판소는 2012년 판결에서는 연소득을 14.3%나 감소하는 것은 위헌이라고 하였으나 2013년의 재정법에 대해서는 경제적 위기를 극복하기 위하여 연금을 3,750유로나 삭감하는 것은 부득이하다고 보았다. 헌법재판소는 생존권 규정에 입각하여 헌법해석을 하지 않고 재판소의 의사에 따라 연금문제, 임금문제에서 평등의 원칙을 강조하여 위헌여부를 판단하기도 하였다.

---

94) M. de Brito, "Putting Social Rights in Brackets? The Portuguese Experience with Welfare Challenges in Times of. Crisis," EUI Working Papers, *Social rights in times of crisis in the Eurozone: the role of fundamental rights' challenges*. 2014/05 European University Institute.

7. 포르투갈에서의 기본권 현실

포르투갈은 인종주의나 징계절차에 의한 문제로 많은 문제가 등장했었다.[95] 그 이유는 인종이 여러 가지이기 때문이다. 그 중에서도 이민자(대부분 아프리카인이나 아프리카의 후손, 브라질, 우크라이나, 루마니아, 러시아와 다른 동유럽 사람)들과 함께 살고 있기 때문에 인종차별이 있을 수밖에 없다.

이러한 차별대우를 없애기 위하여 정부는 많은 노력을 기울이고 있다. 인종문제는 모든 사회생활에 걸쳐 있으므로 조속한 시일 내에 이를 근절하기는 힘드나 정부가 고용, 교육, 주거, 건강, 물건과 서비스에 접근, 형사재판, 미디어 등 각 방면에서 노력하고 있으므로 머지않아 개선될 것으로 보인다.

---

95) ENAR Shadow Report, Racism and related discriminatory Practice in Portugal 2011~2012.

미주 국가의 헌법

제1절 브라질 헌법의 기본권 규정

1. 브라질 헌법의 역사

1) 2차 대전 후의 헌법의 역사

브라질은 1822년 9월 7일에 포르투갈왕국에서 독립하여 그동안 여러 번의 정권교체를 거쳐 1891년 헌법과 1934년 헌법과 1937년 바르가스의 독재헌법을 가졌었다. 전후 1946년에 새 헌법을 제정하였는데 이는 자유주의적인 헌법이었다. 이 헌법은 미국헌법을 모방하여 연방제도를 도입하였다. 이 헌법은 그동안 여러 번 수정되었다.[1]

2) 1967년 헌법

1967년에는 제6차 헌법이 제정되었다. 1964년 4월 1일의 쿠데타로 집권한 새 정부는 1964년 헌법을 존중하겠다고 하였으나 현실은 1946년 헌법의 원칙을 지키지 못하였다. 1966년에는 민정 복귀를 공약하였으나 군부와 많은 극우주의자의 요청에 따라 군정이 유지되었다. 그런데 1965년에는 야당이 지방선거에서 승리하자 다시금 군부가 민주주의 요소를 폐지하고 군정을 강화하게 되었다. 이 헌법은 브랑코 대통령이 임명한 법률가들이 기초한 것이었다.[2]

---

[1] Constitutional history of Brazil, ConstitutionNet; Wikipedia, History of the Constitution of Brazil; Wikiwand, History of the Constitution of Brazil.

[2] Constitute, *Brazil's Constitution of 1988 with Amendment Through 2014*; L. Barroso, *Brazil's Constitution of 1988 on its twenty first Anniversary: Where we stands now*; Wikipedia, Constitution of Brazil.

이 헌법은 연방의 공무원, 대통령 등에 대한 직선제를 폐지하고 간선제로 대통령과 주지사를 간접선거로 선출하였다. 또 국민의 기본권을 제한하여 집회·결사의 자유는 형식에 불과했다. 정당도 해산했고 정당설립이 어려워졌다. 판사의 독립 특권도 박탈되었다. 군부 국가경찰대가 거리를 순찰하며 공공질서를 유지하였다. 또 주의 자치권을 많이 제약하였다.

1969년에는 이 의미를 주군사위원회에 의하여 새로 개정되었다. 이는 전면 개정이기 때문에 제7차 헌법이라고도 말하여졌다. 신 헌법은 대통령에게 국가긴급상태의 선포권을 주어 헌법규정을 정지할 수 있게 했으며 인신영장제도를 폐지하고 군사법원을 도입하여 처벌을 엄격히 하고 여행을 금지하기도 했다.[3] 1985년에 시민정부가 들어서서 이 헌법에 대한 개정이 논의되었다.

3) 현행 1988년 헌법의 제정

이 헌법은 시민헌법(Citizen Constitution)이라고도 하며 현행 헌법이다. 이 헌법은 1822년 독립 이후 제7차의 헌법이다. 1989년의 공화국 선포 이후에는 제6차 신헌법이다. 이 헌법은 군사독재시대의 헌법의 반작용으로서 기초된 것이다. 1988년 10월 5일에 헌법제정회의에서 공포되었으며 효력을 발생하였다.

이 헌법은 군사독재 하의 인권침해에 대한 반작용으로 기본권이 잘 보장되고 있는 것이 특색이다. 기본권보장에 있어 소비자방호법(1990년 제정), 아동과 청소년법(1900)과 새 민법(Civil Code, 2002)을 제정하여 기본권의 범위를 확대하였다.

현행 헌법은 국민의 직접 참여의 형식을 도입하였다. 예를 들면, 국민발안, 국민결정과 법률안 제안권까지 보장하고 있다. 1993년에는 국민발안으로서 대통령제를 확인하였으며 2005년에는 총기류의 매매금지법을 국민투표로 통과시켰다. 이 헌법은 헌법정치의 효율성을 위하여 수차례 개정되었다.

2. 기본권보장 규정

1) 기본권보장 규정의 편별

현행 브라질 헌법 제2부는 기본권과 보장에 관해서 규정하고 있다. 제1장에서는 개인과

---

3) P. Pinheiro, *Democratic Consolidation and Human Rights is Brazil, Working Paper #266*, June 1988, Kellogg Institute.

집단의 권리와 의무를 규정하고 있다. 제2장에서는 사회적 권리에 관해서 규정하고 있다. 제5조는 평등권을 보장하고 있는데 그 이하에서 78항에 걸쳐 평등권과 시민권, 정치권, 신체의 자유, 청구권 등을 규정하고 있다. 제6조에서는 헌법에 따르는 생존권을 정의하고, 제7조에서 개별적 생존권을 34호까지 규정하고, 제8조에서는 직업과 조합에 관한 권리를 규정하고 있다. 제9조는 파업권을 규정하고, 제10조는 노동자와 고용주의, 정부기관에서의 노동자와 피용자는 집단체를 보장하고 있다. 제11조에서는 200명 이상의 고용장에서는 대리인의 선거 원칙을 규정하고 있다.4) 제3장에서는 국적을 규정하고 있다. 제12조에서는 브라질 시민권자를 규정하고 있다. 제13조에서는 언어와 연방 상징에 관해서 규정하고 있다. 제4장에서는 정치적 권리를 규정하고 있다. 제14조는 인민주권과 시민의 정치권에 관하여 규정하고 있다. 제15조는 정치권의 정치에 관해서 규정하고 있다. 제16조는 선거절차법에 관해서 규정하도록 하고 있다. 제5장에서는 정당에 관해서 규정하고 있다. 제17조는 정치적 결사에 관해서 규정하고 있다.

2) 기본권의 내용

제5조에 규정되어 있는 생명의 권리, 자유권, 평등권, 안정권과 재산권을 구체적으로 보면 다음과 같다.

1. 이 헌법의 조건 하에서 남녀는 평등한 권리와 의무를 가진다.
2. 법의 효력에 의하지 아니하고는 누구나 행위를 강제당하거나 어떤 행위를 할 것을 제한당하지 아니한다.
3. 누구나 고문을 당하지 아니하며 비인도적 행위나 저평가되는 대우를 받지 아니한다.
4. 사상의 표현은 자유이고 익명의 표현은 금지된다.
5. 범죄에 비례한 반론권과 징벌이나 도덕적 손해나 평가절하에 따른 손해에 대한 보상권은 보장된다.
6. 신념과 신앙의 자유는 불가침이다. 종교적 신념의 행사, 표현의 자유는 인정되며 종교적 예식과 예배의 장소는 법이 정하는 바에 따라 보장되며 보호된다.
7. 집단숙식이 행해지는 민간 장소나 군사시설에서 종교적 지원은 법률이 정하는 바에 따라 보장된다.
8. 종교적 신념이나 정치적, 철학적 이념에 관한 권리 (이하 제목만 나열함)

---

4) "Human Rights are the basic rights that every human being should have," The Brazilian Constitution guarantees, *Presentation transcript*.

9. 지식, 예술, 과학적 표현행위의 자유, 검열금지

10. 개인적 사생활의 자유, 명예 평판의 불가침

11. 주거의 자유, 동의 없는 주거침입의 금지

12. 우편, 통신과 전화통화의 불가침

13. 직업, 통상 및 생업은 자유이다.

14. 정보의 접근권은 보장된다.

15. 평화시에 있어서 국토 내에서의 거주이전의 자유, 국내입국, 출국, 체류의 자유

16. 평화적 비무장 집회의 자유

17. 합법적 목적의 결사의 자유, 준군사조직의 금지

18. 결사에 협동조합의 창설, 그 활동이 국가기능을 침해하는 경우에는 금지될 수 있다.

19. 결사는 사법부의 결정으로 해산하거나 활동을 중시시킬 수 있다.

20. 결사의 가입이나 잔류가 강요되지 아니한다.

21. 특별히 수권된 결사는 사법적이나 사법외적 절차에 있어 그 조합원을 대표하여 소권을 가진다.

22. 재산권은 보장된다.

23. 재산권은 사회적 기능에 적합해야 한다.

24. 헌법이 규정한 예외를 인정하면서 공용수용 공용제한을 함에 있어서는 금전보상을 전제로 한 법률을 제정할 수 있다.

25. 급박한 공공의 위험이 있는 경우 정당한 기관은 사적 소유권을 손상 시에 주인에게 보상하는 조건으로 사용할 수 있다.

26. 작은 농촌 재산이 법률이 정하는 바와 같이 가족에 의해서 운영되는 경우에는 채무변제를 위하여 생산활동을 중단시킬 수 없다.

27. 작가는 자기 작품을 출판하거나 자기 작품을 재생할 수 있다. 법이 정한 기간 동안 상속도 할 수 있다.

28. 지적 재산권의 보장, 스포츠권, 경제발전참여권

29. 발명자의 특허권, 산업창조자의 권리, 상표권자의 권리 등의 보호

30. 상속재산권의 보장

31. 브라질 연방에 있는 외국인 재산권의 상속권

32. 소비자의 보호권

33. 공공기관으로부터 정보입수권, 국가정부나 사회가 소유하고 국가비밀정보의 공개는

법에 따라 처벌될 수 있다.

34. 수수료 없이 다음의 권리가 보장되어 있다. a) 청원권, b) 자기 권리방어를 위한 정부문서의 배부, 개인적 이익을 명확히 하기 위한 문서를 얻을 권리

35. 권리침해에 대한 사법부의 심사에서 배제당하지 않을 권리

36. 정당한 재판을 받을 권리

37. 예외 법원이나 예외 심판소의 폐지

38. 배심원의 재판을 받을 권리

39. 사후입법의 금지, 죄형법정주의

40. 소급입법의 금지, 피고 당사자의 이익이 되는 경우 제외

41. 기본권과 자유를 차별적으로 공격하는 자의 처벌

42. 인종차별의 관행은 범죄이며 보석될 수 없고 시효적용을 받지 않는다. 이는 법이 정하는 바에 따라 징역형에 처해진다.

43. 고문행위, 마약범죄 및 기타 약매매범죄, 테러행위 등 범죄는 법률에 의하여 보석될 수 없으며 은사나 사면도 할 수 없다. (생략)

44. 헌법질서나 민주국가에 대한 반대행위를 하는 민간인이나 무장군인단체는 보석할 수 없으며 시효가 적용되지 않는 범죄이다.

45. 범죄를 범한 범죄인외에는 형법을 적용할 수 없다. 그러나 법률에 의하여 손해에 대한 책임이나 재산의 손실에 대해서는 상속인에 대하여 배상을 청구할 수 있다.

46. 범죄에 대한 형벌은 개별적으로 부과할 수 있다. a) 자유의 박탈이나 제한 b) 재산권의 상실 c) 벌금 d) 사회봉사형 e) 권리의 제한이나 박탈

47. 다음 형벌은 부과할 수 없다. a) 사형 전쟁선포 시의 경우에는 예외이다. b) 종신형 c) 강제노동 d) 아웃형(추방형) e) 잔혹한 형벌

48. 선고된 형은 범죄의 성격, 연령, 성의 차이에 따라 다른 분리된 교도소에서 집행되어야 한다.

49. 교도소 수감자는 그의 육체적 도덕성 완전성을 존중받는다.

50. 여성 재소자에게는 수유 기간 동안 아동과 함께 있을 조건을 보장해 주어야 한다.

51. 브라질인은 귀화하기 전에 일반범죄를 저질렀거나 법률이 정한 마약류의 불법적인 매매에 가담하지 않는 한 국외로 추방되지 않는다.

52. 외국인은 정치적, 이데올로기적 범죄로 추방되지 않는다(망명권).

53. 누구도 정당한 관헌에 의하지 아니하고는 심판되거나 형의 선고를 받지 않는다.

54. 법의 적당한 절차에 의하지 아니하고는 자유나 재산을 박탈당하지 아니한다.
55. 사법이나 행정소송에 있어서의 당사자나 일반적인 피고인은 당사자주의가 보장되며 완전한 방어권이 보장된다.
56. 불법적 수단으로 얻어진 증거는 소송에서 증거로 인정되지 않는다.
57. 범죄행위에 인하여 종국적이거나 항고할 수 없는 최종판결이 날 때까지는 유죄로 인정되지 않는다.
58. 민사재판을 받는 사람은 법에 정한 경우를 제외하고는 형사재판을 받지 아니한다.
59. 공적 소추를 해야 할 범죄에서 범이 정한 기간 내에 공적 소추를 하지 않는 경우에 한하여 사적 소추가 허용된다.
60. 법은 소송의 공개제도를 사적 이익이나 사회적 이익을 방어하기 위하여 필요한 경우에 한하여 제한될 수 있다.
61. 현행범이나 판사의 영장에 의하지 아니하고는 체포되지 않는다. 단 법이 정한 군사범죄나 특별군인범죄는 예외로 한다.
62. 어떤 사람을 체포한 경우에는 그가 어디에 소재하는지 통신할 장소를 즉시 판사와 체포된 자의 가족이나 그가 지정한 사람에게 체포 사실을 알려야 한다.
63. 체포된 사람은 묵비권을 가지고 있다는 것과 가족이나 변호사의 조력을 받을 수 있는 권리가 있음을 통지해야 한다.
64. 체포된 사람은 그의 체포나 심문에 관하여 경찰관의 이름을 확인할 권리를 가진다.
65. 사법관청은 불법적으로 체포된 자를 즉시 석방해야 한다.
66. 법이 보석금이나 보석금 없이 임시적으로 석방될 수 있는 경우에는 교도소에 수감하거나 감금할 수 없다.
67. 채무를 갚지 않는다고 하여 수감되지 않는다.
68. 불법적이나 권리를 남용하여 거주이전
69. 인신보호영장에서 보호되지 않는 보호영장을 발부받을 권리를 가진다.
70. 국민의회에 대표되어 있는 정당이나 적법하게 조직된 조합이나 직업노동조합은 집단적 보장 영장을 받을 권리를 가진다.
71. 헌법적 권리나 자유를 행사할 수 있는 규정이 없거나, 주권, 국적과 시민권의 보장에 관한 특권이 없는 경우에는 정지영장을 발부받을 수 있다.
72. 청구인의 자료가 국가기관의 소유하고 있는 경우 청구인은 자료영장(habeas data)을 발부받을 수 있다.

73. 소송으로 자기의 권리를 보장받기 위한 인신보호영장과 공개정보수집영장을 청구할 수 있다. 이때 비용은 면제된다.

74. 국가는 소송을 함에 있어서 충분한 비용을 지불할 수 없는 사람에게는 충분한 무료변호인을 보장한다.

75. 국가는 사법부의 잘못으로 범죄인으로 취급되거나 선고된 형기보다는 오랫동안 감금되었던 사람에게는 보상금을 지급한다.

76. 법률이 정한 가난한 사람에게는 무상으로 출생증명서와 사람증명서를 발부해 준다.

77. 인신보호영장. 자료보호영장 청구소송은 무료로 한다. 또 시민권의 행사도 같다.

78. 사법절차와 행정절차는 일정한 합리적인 시간 내에 결정되어야 하며 보장은 신속히 행해져야 한다.

사회적 권리

제6조 교육, 건강, 영양, 노동, 주거, 레저, 안전, 사회보장, 모성과 아동의 보호, 빈곤층의 원조는 헌법에 규정한 사회권이다.

제7조 다음은 도시와 농촌 노동자의 권리이며 사회적 조건을 개선하려는 사람들의 권리이다.

1. 고용보호권은 보장된다. 자의적인 해고와 원인 없는 해고 등은 금지된다.

2. 자기 의사에 반하는 실업시의 보장(실업보험)

3. 장기고용보험

4. 법률이 정한 최저임금제, 노동자의 기본생활과 가족의 필요, 교육, 건강, 휴양, 의복, 위생, 교통과 사회보장의 구매력 유지를 위한 조정

5. 노동의 양과 질에 따른 비율의 임금구조

6. 봉급과 노임의 감소금지

7. 봉급과 임금이 최저임금 이하에로의 금지

8. 13개월의 월급지급

9. 야간근로임금의 주간노동이상의 보장

10. 법에 의한 임금보장

11. 이익이나 결산에 대한 참여

12. 가족수당의 지급

13. 1일 8시간 노동제와 주당 44시간 노동제

14. 교대근무시 1일 6시간 노동제

15. 주말 휴식제 가능하면 일요 휴식제

16. 초과근무수당(50% 이상)

17. 유급휴가제도 임금의 3분의 1 추가 지불

18. 모성휴가제도 120일간의 임금

19. 법의 규정에 따른 부성휴가제도

20. 여성에 대한 직업시장의 보호

21. 해고의 30일 이전 통지

22. 건강, 위생과 안전수칙 등에 의한 위험 감소

23. 법이 정한 스트레스 심하고 불건강하고 위험한 직업추가 봉급

24. 퇴직연금

25. 생후부터 5세 이하의 아동이나 가족에 대한 유치원이나 탁아소에서의 보조

26. 단체협약의 인정

27. 법이 정한 자동화작업에 대한 보호

28. 산업재해보험, 고용주에 의한 지불

29. 노동계약 만료 후 5년 이내의 고용에 따르는 수당

30. 성별, 연령, 피부색 또는 결혼 지위에 의한 고용과 의무의 완수도에 따른 임금의 차이 금지

31. 불리한 지위에 노동자의 채용기준의 차별과 임금차별의 금지

32. 수동적, 기술적, 지능적 작업에 의한 차별금지와 직업에 관련된 차별의 금지

33. 18세 이하의 소년에 대한 야간, 위험, 비건강 업무종사의 금지와 16세 이하 소년의 훈련생 노동의 금지

34. 영구직 피용자와 임시직 노동자 간의 노동자의 동권

제8조(노동조합 가입의 권리)

1. 법은 국가에 대하여 신디케이트조합을 공인할 필요가 없다. 따라서 정부는 노동조합을 금지하거나 개입할 수 없다.

2. 한 직종이나 경제 단위에서 한 개 이상의 조합을 같은 지역에서 결성하는 것은 금지된다.

3. 조합은 사법적, 행정적 분쟁에 있어서나 기타 쟁송에 있어 집단적 권리나 개인적 권리 집단적 이익이나 개인적 이익을 방어하는 책임을 진다.

4. 총회는 급료에서 공제한 회비를 확정할 수 있으며 대표기관의 재정으로서 사용할 수 있다.

5. 노동조합에 회원으로 가입이나 그 잔류를 강제할 수 없다.

6. 노동조합은 단체협상협의에 참가하여야 한다.

7. 퇴직 회원은 회의에 투표할 수 있으며 피선될 수 있다.

8. 노동조합의 회원은 그가 리더로서 대의기관의 대표 후보가 된 경우에는 면직할 수 없고 그가 대표자로 선발되면 그 임기만료 1년 이내에는 그 직책을 면직시킬 수 없다.

제9조(스트라이크의 권리)

파업의 권리는 보장된다. 파업은 노동자가 결정한다.

제10조 노동자와 고용주의 참가는 허용되며 노동조합의 활동은 그의 직무상 사회보장을 위한 목적으로 행해진다.

3. 기본권보장의 특색

브라질의 현행 헌법의 규정은 세계각국의 기본권규정을 혼합하여 한 것으로 체계화가 잘 되어 있지 않다. 따라서 기본권을 분류하기가 어렵다. 제2장뿐만 아니라 제7장의 경제적·사회적 질서와 제8장의 사회질서에도 경제적 권리와 사회적 권리를 이야기하고 제4장의 과학과 기술을 규정하고 있어 혼동스럽다. 제2장의 기본권과 의무는 소극적 권리이기에 방임해도 될 수 있으나 기타 사회권과 제도보장규정은 이를 실효화하려면 많은 권리들이 적극적인 보장을 해야 되기 때문에 국가의 경제적·사회적 부담이 늘어날 수밖에 없다. 브라질은 그동안 올림픽 등을 치러 경제가 더 피폐된 점에서 장래의 보장도 쉽지 않다고 본다.

4. 브라질의 인권상황

1) 브라질 군사정권 하의 인권

브라질은 남미의 최강국이라고 할 수 있다. 인구만 해도 2억이 넘고 영토도 광범위하고, 지하자원도 풍부하여 남미의 보고로 불리었다. 그러나 잦은 쿠데타로 인하여 군부가 독재를 하여 인권 후진국가로 불리어졌다. 제2차 세계 대전 후에도 쿠데타가 계속되어 헌법의 인권규정은 효력을 발휘하지 못하였다.[5]

1970년대에는 군정이 인민봉기와 경제건설에 대한 불만세력으로 독재를 하기도 하였다. 군정에서도 1974년에는 의회의원선거가 행하여져 의회정치가 시작되었다. 1982년에는 군정이 주 지방선거에서 직접선거를 허용하였다. 그리고 1985년에는 제헌회의를 열어 1988년 헌법을 기초하였고 기본권보장규정도 두었다.

그동안 군정기에는 군과 경찰의 폭거가 심했고 반대자에 대한 인권이 유린되었다. 또 농촌에서는 노예노동이 행해졌고 부녀에 대한 강간, 학대, 차별대우가 극심하였다.

2) 1988년 헌법의 제정과 기본권의 신장

1988년 헌법은 기본권보장에서 가장 좋은 규정을 두고 있었다. 정부도 이에 고무되어 기본권보장에 노력하고 있다.[6] 그러나 인권보고서에 의하면 아직도 만족할 상태는 아니다.[7] 브라질은 과거 국가안전문제와 이데올로기 대립으로 반대파와 군인 간에 많은 다툼이 있었는데 지금은 국가안전과 경찰력의 대립으로 그것이 계승되고 있다. 과거에는 옛 수도 리우데자네이루와 최대 도시인 상파울로에서만도 많은 범죄행위가 있어 처형된 사람도 많았다. 세계 올림픽과 피파 축구를 과연 안전하게 치룰 수 있을 것인가 문제가 되었는데 약간의 문제는 있었으나 그래도 성공적으로 개최할 수 있었던 것은 다행이라고 하겠다.

지방에서는 노동시장이 문제되고 있다. 아직도 지방에서는 일종의 노예노동이 행해지고 있으며 노동시간이 지켜지지 않을 뿐만 아니라 아동의 강제노동까지 행해지고 있어 문제가 많다. 지방에서는 소수민족이나 원주민의 권리도 차별되고 있다. 농촌의 경우에는 아직도 원시적인 생활을 벗어나지 못하고 있다. 농민들은 농지를 가지지 못하고 있으며 경작지도 댐을 만들거나 다른 공공사업으로 수용되어 그들이 생업을 이을 수 없어 도시로 이주하는 일이 일어나고 있다. 브라질의 농지 없는 노동자운동은 라틴 아메리카 최대의 단체로 27개 주 중 23개 주에서 활동하고 있으며 그 수는 150만명을 상회한다고 한다.

---

5) Human Rights Violations in Brazil: *Report of the National Truth Commission*, COHA, Dec. 16, 2014.

6) Human Rights Evolution in Brazil, United Nations Educational Scientific and Cultural Organization, http://www.unesco.org; Wikipedia, Human Rights in Brazil.

7) Brazil, 2015 Human Rights Report, 2016; Country Reports on Human Rights Practices for 2015, United States Department of State·Bureau of Democracy, *Human Rights and Labor; Country Reports on Human Rights Practices for 2014*, United States Department of State·Bureau of Democracy, *Human Rights and Labor, Brazil 2016/2017* Amnesty International. https://www.amnest-y.org/en/countries/ americas/brazil/report-brazil; Human Rights Violations in Brazil: *Report of National Truth Commission*, http://www.coha.org; World Report 2014: Brazil Events of 2013, Human Rights Watch, https://www.hrw.org/world-report/2014/country-chapters/brazil.

브라질은 1988년 헌법에서 기본권을 보장하고 사회·경제적 환경을 개선하여 국민의 시민적·정치적 권리뿐만 아니라 생존권을 보장하기로 하였다. 정부는 경제발전을 통하여 이를 이룩하려고 하였으며 기본권을 보장하기 위한 입법을 하였다. 그리하여 기본권보장은 향상 중에 있었다. 시민운동도 활발하여 사회의 안전에 기여하기도 하였다.[8] 정부는 사회복지증진을 위하여 많은 경제지출을 하였다. 이것이 부패의 원인으로 인정되어 2016년 8월 31일에는 루세프 대통령이 탄핵되었다.[9] 그리고는 기본권에 관한 헌법개정(PEC 241/55)을 하기로 하여 앞으로 20년간 재정지출을 억제하기로 하였다. 그리하여 교육, 건강, 기타 재정지출을 억제하게 되었다. 이 개정은 상하 양원을 통과하였는데 유엔의 특별보고관은 이에 대하여 극단적인 빈곤과 인권의 후퇴가 있을 것이라 하여 반대하였다.

2016년 브라질 의회는 기본권을 증진하기 위한 제안을 한 바 있으나 이 법안들이 통과할지도 의문이다.

2016년 12월 미주 인권위원회는 브라질이 한 북부주가 노예노동을 하고 있으며 인신의 매매, 농촌노동자의 처우에 관하여 규탄하였다.

아직도 치안은 불안하다. 2015년 살인사건은 58,000명에 달한다고 한다. 경찰이 자위를 위한 살인이 아직도 많이 행해지고 있다고 한다. 리우데자네이루에서의 2016년 올림픽 게임에서의 안전보장과 관련하여 인권침해가 보도되기도 하였다. 특히 올림픽 개최를 반대하는 학생 시위대에 대한 과격진압도 문제되었다.

엠네스티 인터내셔널은 2015년에 기본권운동자가 1월에서 9월까지 최소한 47명이 살해되었다고 보도했다. 브라질에는 약 1백 20만명의 망명신청자, 망명자 외국인 이주자들이 살고 있는데 이들에 대한 적절한 보호도 행하지 못하고 있다. 이 밖에도 관행적으로 행해지고 있는 여성과 소년에 대한 성범죄가 행해지고 있고 아동의 권리가 잘 보장되지 않고 있다. 이러한 기본권침해 행위가 단기간에 완전히 해소되기는 어렵기에 다른 미주인권조약 가맹국들의 협력이 요청되고 있다.[10]

---

8) E. Leeds, "Civil Society and Citizen Security in Brazil: A Fragile but Evolving Relationship." WOLA, June 2013.

9) Brazil 2016/2017 Amnesty International. https://www.amnesty.org/en/countries/americas/brazil/report-brazil.

10) I. Oliveira, *Using International Human Rights Law to Guarantee the Right to Health: a Brazilian Experience*, http://blogs.lse.ac.uk/humanrights/2016/12/13; Human Rights. the Brazilian Experience and the International Scenario, http://www.china.org.cn/english/features/bjrenquan/190894.htm.

3) 미주 인권 촉진체제와 브라질

2011년 현재 브라질에서는 미주 인권조약기구의 활동에 대해서는 잘 알려져 있지 않으나 이 기구의 인권위원회와 인권재판소가 활발히 활동하고 있어 브라질의 인권보장에 큰 역할을 하고 있다.[11] 미주인권재판소는 그동안 브라질 헌법규정의 위헌성을 다루고 이를 위헌으로 선고하여 강제로 집행하게 했다. 이것을 본 브라질 학자나 인권단체들도 이들 기구의 중요성을 깨닫고 이를 이용하고 있어 국제기구에 의한 인권보장 압박도 국내법적 적용을 통하여 크게 기여할 것으로 보인다.

제2절 볼리비아 헌법의 기본권 규정(2009)

1. 성립

볼리비아는 콜럼버스의 미국 정복 전에는 잉카제국이었으며 중앙아메리카의 인구 9백만의 국가이다. 스페인의 식민지였으나 1809년에 스페인에서 독립하였다. 그동안 200번 가까운 쿠데타와 반쿠데타가 행해진 나라다.[12]

1825년에 최초의 헌법이 만들어졌으나 채택되지는 않았고 1826년 헌법이 제정되어 시행되었다. 1831년에는 페루와 볼리비아가 연합정부를 형성하였고 1836년에도 새로운 헌법을 만들었다. 그 뒤 1839년 헌법과 1880년 헌법, 1935년 헌법과 1947년 헌법이 제정되었다.

1952년에는 민족주의자들이 혁명을 일으켜 새 헌법을 만들었고 1961년과 1967년, 1994년 헌법이 제정되었다. 2005년에는 사회주의운동당(MAS)의 모랄레스가 최초의 원주민 대통령이 된 뒤 빈부격차를 해소하기 위한 헌법개정을 주장하였고 2006년에 헌법제정회의가 소집되었다. 2007년에는 초안이 작성되었으나 2009년 1월 29일에 헌법제정 국민투표를 통과하였고 2월 7일에 대통령이 공포하여 현행 헌법이 되었다.

국가권력은 입법기관, 선거기관, 행정기관, 사법기관으로 나뉘었는데 선거기관이 제4부

---

11) V. Mazzuoli, "The Inter-American Human rights protection system: Structure, functioning and effectiveness in. Brazilian law," *African Human Rights Law Journal* Vol. 11, Issue 1, Jan. 2011, pp. 194-215; S. Goonesekere, "National Implementation of International Human Rights. Social Inclusion and the Empowerment of People," http://www.un.org/esa/socdev/egms/docs/2013/Em powermentPolicies.

12) Constitutional history of Bolivia, ConstitutionNet.

로 기능했는데 여기에는 최고선거법원도 포함되고 있다. 사법부는 대법원과 헌법재판소로 2
분화되었다.[13) 현재의 대통령은 모랄레스인데 2020년까지 임기가 보장되어 있다. 그는 2016
년에 연속 3선을 하기 위한 국민투표에서 패했기 때문에 2019년에는 출마할 수 없게 되었는
데 그 때 다시 헌법개정을 시도할지는 모를 일이다.[14)

2. 국가목적 조항

　　볼리비아의 2009년 헌법은 자연을 인간과 같이 기본권의 주체로 규정하여 지구의 권리
를 규정한 점에서 유명하다.[15)

　　볼리비아 헌법은 제1부에서 국가의 원칙, 가치와 목적을 규정하고 있다. 제8조에서는
국가의 목적과 원칙을 규정하고 있는데 국가가 평등, 존엄, 자유, 연대, 존경, 조화 등의 가
치에 근거하여 기회균등, 참여에 있어서 사회적 평등과 성적 평등, 일반복지, 책임, 사회정
의, 부의 분배와 사회적 부의 재분배를 위해 노력할 것을 다짐하고 있다. 제9조에서도 복지
와 발전, 안전과 보호, 개인, 민족, 인간과 사회에서의 개인의 존엄성과 문화적·문명적·언어
적 다양성을 보장하는 것을 국가의 중요한 의무로 규정하고 공화적 이해를 증진하여야 한다
고 보고 있다. 또 이 헌법에서 인정되고, 봉헌된 원칙, 가치, 권리, 의무의 충족을 위한 보장
을 언급하고 교육과 건강과 노동의 접근에 대한 보장을 규정하고 있다(4항, 5항).

3. 기본권 규정

　　제2부에서 기본적 권리와 보장을 규정하고 있다. 기본권의 중요성을 제2부의 첫 머리에
서 규정하고 있는 것을 볼 때도 알 수가 있다. 제1장은 기본권 총칙을 규정하고 있다.

제1장 기본권

제13조 Ⅰ. 이 헌법에서 인정하고 있는 권리는 불가침이고 보편적이며 상호간 연관되
　　고 있으며 불가분이고 진보적이다. 국가는 이들을 증진하고 보호하고 존중할 의무를
　　진다. Ⅱ. 이 헌법에서 선언된 권리의 명기는 열거되지 아니한 다른 권리를 부정하는

13) Wikipedia, Constitution of Bolivia.
14) the Guardian, *Bolivian referendum goes against Evo Morales as voters reject fourth term*, 2016.
15) the Guardian, Bolivia enshrines natural world's rights with equal status for Mother Earth.

것으로 이해해서는 안 된다. Ⅲ. 이 헌법에서 규정되어 있는 권리의 분류는 어떤 계층이나 다른 권리에 대한 우월성을 결정한 것은 아니다. Ⅳ. 볼리비아 의회에서 비준된 인권을 인정하고 비상상태에서도 제한을 금지하고 있는 국제조약과 헌장은 국가의 입법에 상위한다. 이 헌법에서 확인된 권리와 의무는 볼리비아가 비준한 국제인권조약의 취지에 따라서 해석되어야 한다.

제14조 Ⅰ. 모든 인간은 그 법적 지위나 능력의 차이에도 불구하고 법 앞에서 아무 차별 없이 이 헌법에서 인정된 권리를 향유할 수 있다. Ⅱ. 국가는 성별, 피부색, 연령, 성적 기원, 성적 평등, 기원, 문화, 국적, 시민권, 언어, 종교적 확신 또는 철학적 확신, 시민적 지위, 경제적·사회적 조건, 직업적 조건, 교육의 수준, 장애, 임신과 기타 그 결과에 있어 어떤 차별도 기도하지 않고 어떤 해악과의 상계 없이 모든 인간의 권리를 평등하게 승인하고 향유하며 행사하는데 차별하는 모든 형태는 금지되고 처벌된다. Ⅲ. 국가는 모든 사람에게 이 헌법과 법률과 국제조약이 인정하는 아무 차별 없이 모든 집단적 권리와 자유롭고 효과적으로 행사할 권리를 보장한다. Ⅳ. 권리의 행사에 있어서는 헌법이나 법률에 의하여 명령되지 않는 것은 어느 누구도 이를 행할 의무가 없으며 또 금지되지 않는 행위는 박탈하지 않는다. Ⅴ. (생략). Ⅵ. (생략).

제2장 기본권과 국가의 의무

제15조 Ⅰ. 모든 사람은 생명의 권리와 육체적, 심리적, 색정적 완전성에 관한 권리를 가진다. 어느 누구도 고문을 당하거나 잔혹하고 비인간적이며 불명예스럽거나 비열한 처우를 받지 아니한다. 사형제도는 존재하지 않는다. Ⅱ. 누구나, 특히 여성은 가정에서나 사회에서 육체적, 성적, 심리적 폭력을 당하지 아니할 권리를 가진다. Ⅲ, Ⅳ, Ⅴ. 노예제도의 금지.

제16조 Ⅰ. 모든 사람은 식수와 식품의 권리를 가진다.

제17조 모든 사람은 모든 단계의 교육을 받을 권리를 가진다.

제18조 모든 사람은 건강에의 권리를 가진다.

제19조 모든 사람은 가정생활과 공동체생활의 적절한 주거의 권리를 가진다.

제20조 모든 사람은 가정에서 보편적이고 적절한 식수와 재봉기계와 전기·가스 서비스를 받을 권리를 가지고 우편과 전신·전화 서비스를 받을 권리를 가진다.

제3장 시민적 및 정치적 권리

제21조 볼리비아인은 다음의 권리를 가진다. ① 문화적 자기정체성, ② 사생활, 비밀, 명예, 자신의 이미지와 존엄, ③ 신앙, 양심, 종교와 예식의 자유를 개별적으로 표현하

거나 집단적으로 표현할 권리, ④ 집회, 결사의 자유, ⑤ 표현의 자유, ⑥ 정보에의 접근권, ⑦ 거주·이전의 자유.

제22조 인간의 존엄과 자유는 불가침이다. 이를 존중하고 보호하는 것은 국가의 가장 중요한 책임이다.

제23조 인신의 자유권과 인신의 안전권, 피의자와 피고인의 법정에서의 권리 등.

제24조 청원의 권리와 회답을 받을 권리.

제25조 주거의 불가침과 사적 통신의 비밀.

제26조 정치적 행위에 참여할 권리 ① 정치적 참여를 위한 조직권, ② 선거권, 평등, 보통, 직접, 비밀, 자유, ③ 합의정부에의 참여, ④ 직접 선거, 국민대표자의 지명 등, ⑤ 공공기능행위의 모니터링.

제27조 Ⅰ. 해외동포들의 선거권, 대통령과 부통령 선거에 참여할 권리, 선거기관에 대한 선거 참여. Ⅱ. 볼리비아 거주의 외국인의 지방선거에의 참여권.

제28조 선거권 행사의 정지요건.

제29조 외국인의 망명권.

제4장 국민의 권리와 지방원주민의 권리

제30조 Ⅰ. 인간공동체에 참여할 권리. Ⅱ. (생략). Ⅲ. 국가는 국민이 가지는 권리를 보장하고 존중하고 보호하여야 한다.

제31조 (생략).

제32조 (생략).

제5장 사회적·경제적 권리
제1절 환경권

제33조 모든 사람은 건강하고 보호되며 균형된 환경에의 권리를 가진다. 현재와 장래의 세대의 개인적·집단적으로 주어진 이 권리의 행사는 현재의 생물뿐만 아니라 다른 생물의 존재들까지 고려하여 정상적이고 항구적인 방법으로 발전시켜야 한다.

제34조 누구든지 자기의 권리나 집단의 권리를 위하여 환경권의 방어를 위한 법적 행위에 대해서는 활동할 권리를 가진다.

제2절 건강권과 사회보장권

제35조 Ⅰ. 국가 또는 시·군 등은 건강권을 보호하고 공공정책을 증진하며 생활의 질을 향상하고 집단적인 복지와 건강서비스에의 인구의 자유로운 접근에 노력하여야 한다. Ⅱ. (생략).

제37조 국가는 건강서비스의 보장과 유지에 있어 불가변적인 의무를 지고 있다. 이의 가장 중요한 기능은 무엇보다도 재정적 책임을 지는 것이다. 건강의 증진과 질병의 예방은 우선되어야 한다.

제38조 (생략).

제39조 Ⅰ. 국가는 공적 건강사업을 보장하여야 한다. 또 사적 건강서비스도 이를 인정하여야 한다. Ⅱ. 법률은 의료의 실제에 있어서 행위의 해태나 축소를 하는 경우에 처벌한다.

제40조 (생략).

제41조 Ⅰ. 국가는 인민들에게 의료서비스의 접근을 보장해야 한다. Ⅱ. (생략). Ⅲ. (생략).

제42조 Ⅰ. 국가의 전통적 의약품을 보장하고 존중하는 것은 국가의 책임이다. (이하 생략) Ⅱ. (생략). Ⅲ. (생략).

제43조 법률은 세포나 줄기세포나 내장기관의 양여나 이식을 인간성과 연대, 기회원칙과 무료로 효율적으로 할 수 있도록 규율한다.

제44조 누구도 자기의 동의 없이 또는 법적으로 위임된 제3자의 동의 없이는 강제수술, 의학실험이나 실험테스트에 제공되지 않는다. 다만 그의 생명이 경각의 위험에 처한 경우를 제외하고는.

제45조 Ⅰ. 모든 볼리비아 사람은 사회보장의 권리를 가진다. Ⅱ. 사회보장은 그의 문화적 성격과 효율성을 고려하여 보편성의 원칙, 효율성의 원칙, 형평의 원칙하에서 제공되어야 한다. Ⅲ. (생략). Ⅳ. (생략). Ⅴ. (생략). Ⅵ. (생략).

제3절 노동의 권리와 고용의 권리

제46조 Ⅰ. 모든 사람은 다음의 권리를 가진다. 1. 존엄성 있는 노동의 권리, 산업적, 직업적 건강과 안전의 권리, 공정하고 만족한 보수의 권리, 노동자와 그의 가족의 존엄한 존재를 위한 봉급, 2. 균형있고 만족한 조건 하의 노동장소의 안정적 고용의 권리. Ⅱ. (생략). Ⅲ. (생략).

제47조 Ⅰ. 모든 사람은 집단적 복지를 해치지 않을 조건 하에서 비즈니스, 산업 또는 합법적 경제조건에 종사할 권리. Ⅱ. (생략). Ⅲ. (생략).

제48조 Ⅰ. 사회적이고 노동배치는 의무충족사항이다. Ⅱ. (생략). Ⅲ. (생략). Ⅳ. 노동자의 임금 등을 지불하지 않는 경우에는 다른 채권에 우선한다. Ⅴ. (생략). 여성은 동일노동에 대하여 동일임금을 받을 권리가 있다. Ⅵ. (생략). Ⅶ. (생략).

제49조 Ⅰ. 단체교섭권은 인정된다. Ⅱ. (생략). Ⅲ. (생략).

제50조 국가는 고용주와 노동자 간의 노동관계에서 오는 법원과 특별한 행정기구를 두어 분쟁을 해결한다.

제51조 Ⅰ. 모든 노동자는 법에 따라서 노동조합을 조직할 권한을 가진다. Ⅱ. (생략). Ⅲ. (생략). Ⅳ. (생략). Ⅴ. (생략). Ⅵ. (생략). Ⅶ. (생략).

제52조 Ⅰ. 자유로운 직업단체를 구성하는 권한은 인정되고 보장된다. Ⅱ. (생략). Ⅲ. 국가는 직업단체의 훈련기구를 인정한다. Ⅳ. (생략).

제53조 파업의 권리를 법률이 정한 법에 따라 자기들의 권리를 방어하기 위하여 노동을 중지하는 법적 권력의 행사는 보장된다.

제54조 Ⅰ. 국가는 교용정책을 정립할 의무를 진다. (이하 생략) Ⅱ. (생략). Ⅲ. (생략).

제55조 협동조합체계는 연대, 평등, 상호의존성, 분배의 공평, 사회적 목적과 구성원의 비이익적 동기에 근거한 체제이다. 국가는 법률이 정하는 법에 따라서 협동조합 조직의 원조와 규율을 해야 한다.

제4절 재산권

제56조 Ⅰ. 모든 사람은 사회적 기능에 봉사하기 위하여 사적, 개인적, 단체적 재산을 가질 권리가 있다. Ⅱ. 사적 재산권은 그 행사가 집단적 이익에 허가되지 않는 한 보장된다. Ⅲ. 상속권은 보장된다.

제57조 공용수용은 법률이 정한 바에 따라서 공공의 필요성이 있다는 경우 사전에 보상을 한 뒤에 집행될 수 있다.

제5절 아동의 권리 미성년자와 청년의 권리.

제58조 미성년의 모든 사람은 아동이거나 미성년자로 인정된다. 아동과 미성년자는 헌법이 인정한 권리를 가진다. (이하 생략).

제59조 Ⅰ. 모든 아이와 미성년자는 육체적 발전의 권리를 가진다. Ⅱ, Ⅲ, Ⅳ, Ⅴ. (생략).

제60조 국가는 사회와 가정에서 어린이와 미성년자의 권리를 우선적으로 보장할 의무를 진다. (이하 생략).

제61조 Ⅰ. 아동과 미성년자에 대한 폭력형태로서의 처벌은 가정에 있어서나 사회에 있어서 처벌된다. Ⅱ. 강제노동과 아동의 노동은 금지된다. (이하 생략).

제6절 가정의 권리

제62조 국가는 가정을 사회의 기본적 핵심으로서 인정하고 보호한다. 또 가정의 완전한

발전을 위하여 필요한 사회적·경제적 조건을 보장한다. 가정 성원은 모든 권리와 의무와 기회에 있어서 평등하다.

제63조 I. 남녀 간에 있어서의 혼인은 부부 간의 권리와 의무의 평등에 근거한 법적 결합의 형태이다. II. 사실상의 자유결혼은 민사적 결혼과 같은 효력을 가진다. (이하 생략).

제64조 I. 부부나 공동생활자는 평등한 조건으로 공동노력으로 가정의 유지와 책임에 대한 의무를 지며 아동이 미성년인 경우와 장애를 가진 경우에 아동의 교육과 발전에 대한 의무를 진다. II. (생략).

제65조 아동과 미성년자의 이익을 위하여 아동의 출생에 대한 부모의 추정은 부나 모의 주장에 의하여 결정된다. 이 추정은 반대증거가 없는 경우에 인정되며 입증책임은 부모임을 다투는 사람에게 있다. (이하 생략).

제66조 여성과 남성은 성적 권리와 아동출산권의 행사가 보장된다.

제7절 노인의 권리

제67조 I. 이 헌법에 의해서 인정된 권리에 추가해서 모든 성년자는 노령이 되면 질과 인간의 따뜻함을 보장받을 노령자로서의 존엄의 권리를 가진다.

제68조 국가는 노인의 능력과 가능성에 따른 노인의 보장, 주의, 휴식, 휴양, 성년의 사회적 직업 등을 위한 공공정책을 채택하여야 한다.

제69조 전쟁 후생자에 대해서는 법률이 정한 바에 따라 연금을 받는다.

제8절 장애자의 권리

제70조 장애자는 다음의 권리를 가진다.

1. 가정과 국가에서 보호를 받을 권리
2. 무상교육과 육체적 건강에의 권리
3. 통신에 있어서 대체언어의 권리
5. 개인적 능력발전의 권리

제71조 I. (생략). II. (생략). III. (생략).

제72조 (생략).

제9절 자유가 박탈된 사람들의 권리

제73조 I. 자유가 박탈된 어떤 사람도 인간존엄을 존중하여 대우되어야 한다. II. (생략).

제74조 I. (생략). II. (생략).

제10절 서비스 이용자와 소비자의 권리

제75조 이용자와 소비자는 다음의 권리를 가진다.

1. 식품공급과 약품, 일반적 생산물 등을 공급받을 권리

2. 소비하거나 이용하는 서비스의 성질과 내용에 관한 믿을 수 있는 정보를 얻을 권리

제76조 Ⅰ. (생략). Ⅱ. (생략).

제6장 교육, 문화적 다양성과 문화적 권리

제1절 교육

제77조 교육은 가장 중요한 기능이고 국가는 그를 유지하고 보장하고 조정하는 중요한 의무를 다하는 재정적 책임을 진다. Ⅱ. (생략). Ⅲ. (생략).

제78조 1. 교육은 통일적이고 공적이고 보편적이고 민주적이며 비식민주의 이어야 하고 질이 좋아야 한다. Ⅱ. (생략). Ⅲ. (생략). Ⅳ. (생략).

제79조 교육은 시민적 관심성과 다문화적 대화와 윤리적·도덕적 가치를 증진해야 한다. 이 가치는 성적 평등에 기여해야 하며 역할의 차이 없이 비폭력적이고 인권의 완전한 실현을 기해야 한다.

제80조 Ⅰ. (생략). Ⅱ. (생략).

제81조 Ⅰ. 교육은 중등학교를 졸업까지는 의무적이다. Ⅱ. 공교육은 고등교육을 포함한 모든 단계에서 무상이다. Ⅲ. 중등단계의 수학을 끝낸 경우에는 즉시 바첼러 학위를 수여하여야 하며 무상으로 하여야 한다.

제82조 국가는 교육의 기회를 보장하여야 하며 모든 시민의 계속교육은 완전평등의 조건 하에서 보장된다. Ⅱ. (생략). Ⅲ. (생략).

제83조 (생략).

제84조 (생략).

제85조 (생략).

제86조 (생략).

제87조 (생략).

제88조 (생략).

제89조 (생략).

제90조 (생략).

제2절 고등교육

제91조 Ⅰ. (생략). Ⅱ. (생략). Ⅲ. 고등교육은 공·사립의 대학교와 교원양성대학과 기술적, 기교적, 예술적 대학으로 이루어진다.

제92조 I. 공립 대학교는 자율적이며 그 계층에서 평등하다. (생략). II. 그들의 자율권을 행사하기 위하여 공립 대학은 볼리비아 대학의 형태를 가지며 상호 협조하고 중심기관으로서 대학발전계획을 추진한다.

제93조 I. 국가의 대학보조의무

II. 공립 대학은 그 내부기구의 하나로서 사회참여기구를 구성해야 한다. III. (생략). IV. (생략). V. (생략).

제94조 I. 사립 대학교는 교육체계의 기구에 따라 정책 계획 프로그램 등이 관리된다. II. (생략). III. (생략).

제95조 I. (생략), II. (생략), III. (생략).

제96조 I. 공립학교 교사의 양성과 훈련은 고등교육기관의 수준에서 행해지며 국가의 책임이다. II. (생략). III. (생략)

제97조 (생략)

제3절 문화

제98조 (생략).

제99조 (생략).

제100조 (생략).

제101조 (생략).

제102조 (생략).

제4절 과학, 기구, 연구

제103조 국가는 공익을 위하여 과학과 기술적, 공예적 연구와 과학의 보장과 발전을 기해야 한다. II. (생략). III. (생략).

제5절 과학과 레크리에이션

제104조 모든 사람은 스포츠나 체육, 레크리에이션의 권리를 가진다. 국가는 스포츠에 접근하는 기회를 보장한다.

제105조 (생략).

제6절 사회적 소통

제106조 I. 국가는 통신의 권리와 정보의 권리를 보장한다. II. (생략). III. (생략). IV. (생략).

제107조 I. 통신의 공적 수단은 윤리적, 도덕적 가치에 공헌하여야 하며 각기 다른 문화의 윤리적, 도덕적, 시민의식적 가치의 증진에 노력해야 한다. II. (생략). III. (생

략). Ⅳ. (생략).

제3부 의무

제108조 볼리비아인의 의무는

1. 헌법과 법률을 알고, 준수하고 집행을 확실히 할 의무

2. 헌법에서 인정되고 있는 권리의 지식과 존중과 증진

3. 헌법에 의해 선언된 가치와 원칙의 홍보증진과 실천의무

4. 평화의 권리의 보장, 증진과 기여와 평화문화의 교육의무

5. 노동의 의무

6. 바첼러 학위 취득까지의 교육체계에서 스스로 공부할 의무

7. 납세의 의무

8. 부패와의 투쟁의무

9. 자기 아이에 대한 간호, 양육과 교육의무

10. 선조에 대한 보호, 간호, 보조의무

11. (생략)

12. (생략) 군사의무

13. 볼리비아 국가방어 등의 의무

14. 자연적, 경제적, 문화유산의 보장 보호

15. 자연자원의 보호의무

16. 인간의 발전을 위한 환경보장과 방어의무

제4부 사법적 보장과 방어행위

제109조 Ⅰ. 헌법에 의해서 인정된 모든 권리는 직접 적용될 수 있고 그 보호에서 평등하게 보장된다. Ⅱ. 권리와 보장은 법률에 의해서만 규율될 수 있다.

제110조 (생략).

제111조 (생략).

제112조 (생략).

제113조 (생략).

제114조 (생략).

제115조 (생략).

이하 **제116조 - 제124조** (생략)

제2장 방어행위
제1절 자유를 위한 소송

제125조. 누구든지 자기의 생명이 위험에 처해 있다고 생각하고 불법적으로 기소되었거
나 불법적으로 인신의 자유가 침해된 경우에는 석방의 청구를 할 수 있다. (이하 생략)

제126조 – 제127조. (생략).

제2절 헌법적 보호를 위한 소송

제128조 헌법과 법률이 인정한 권리를 제한하거나 제압할 위험이 있는 경우에는 헌법
보호를 위하여 소(Amparo)를 제기할 수 있다.

제129조 Ⅰ. Ⅱ. Ⅲ. Ⅳ. Ⅴ. (생략)

제3절 사생활의 보호를 위한 소

제130조 자기가 사생활이 불법적으로 침해되었다고 생각하는 사람은 사생활의 보호를
위한 소를 제기할 수 있다. Ⅱ. (생략).

제131조 (생략).

제4절 반헌법적인 것에 대한 소송

제132조. 제133조 (삭제).

제5절 승낙의 소

제134조 (생략).

제6절 민중소송

제135조 – 제136조 (생략).

4. 결언

볼리비아 헌법은 인권의 불가침성에 관해서 규정하면서 유엔이 선언한 세계인권선언과
유엔의 정치적, 시민적 권리에 관한 국제인권규약과 같은 경제적, 사회적, 문화적 권리에 관
한 국제인권규약과 기타 여러 가지 특별조약을 전부에 헌법에 규정하고 있다. 그리고 제13
조 2항에서 「이 헌법에서 선언된 권리의 명기는 열거되지 아니한 다른 권리를 부정하는 것
으로 이해하여서는 아니된다」고 하여 헌법에 열거되지 아니한 권리가 있음을 규정한 점에서
포괄적이라고 볼 수 있다. 이를 종합하면 볼리비아 헌법은 기본권을 너무 상세하게 규정하여
조문수를 늘렸고 헌법전에 장황하게 만든 흠이 있다.

특히 생존권적 기본권까지 1항에서 기본권으로 규정하고 있으며 2항에서는 국가의무규

정으로 규정하고 있는데 1항의 직접적용성을 적용할 수 있음을 규정한 것이라 하겠다. 인도 헌법이나 아프리카 헌법처럼 재판 가능한 규범과 직접 재판을 할 수 없는 규정을 구분했으면 좋지 않을까 생각한다.

제3절 니카라과 헌법의 기본권 규정(1987년 헌법)

1. 니카라과 헌법의 역사

니카라과는 그동안 헌법을 여러 번 제정하였다. 특히 1970년대 독재자 소모자에 대한 쿠데타에는 현재의 대통령 오르테가도 참여하였다. 그 뒤로 그는 군대를 배경으로 권력의 유지를 획책하였다.

1987년 1월 1일에도 니카라과 헌법이 제정되었는데[16] 이 헌법은 그동안 여러 번 개정되었으며 2014년에는 오르테가 대통령의 주도로 헌법의 5분의 1이 개정되는 대개정을 하였다.[17] 그 중에서도 대통령의 계속 재임을 금지하기 위하여 2기의 계속 집권은 금지했었는데 이 2014년 개정에서 이 조항을 없애고 2016년에 다시 재선하였다. 또 대통령에게 계엄 선포하는 권한도 가지게 되었다. 2016년에는 다시 대통령으로 입후보하여 다시 대통령으로 당선하여 2021년까지 집권을 연장할 수 있게 되어 계속 집권을 할 수 있을 것으로 보인다.

2. 니카라과 1987년 헌법의 특색

이 니카라과는 1987년의 헌법시행으로 권력분립주의 국가로 되었으며 중미의 사회주의 국가로서 국민의 반대를 많이 받았었다. 심지어 미국의 레이건 대통령은 니카라과를 이란, 리비아, 북한과 쿠바의 최초의 친구로 보아 공산주의 테러의 근거지라고 말하기도 했다.

---

16) Nicaragua, THE CONSTITUTION, http://countrystudies.us/nicaragua/46.htm; Wikipedia, Constitution of Nicaragua.

17) Despite Constitution, Nicaragua's Ortega plans to stay in power, http://www.mcclatchydc.com/news/nation-world/world/article24589570.html; Daniel Ortega moves to quash Nicaragua's presidential term limits, https://www.theguardian.com/world/2013/nov/07/nicaragua-daniel-ortega-second-terms; Nicaragua: Ortega allowed to run for third successive term, http://www. bbc.com/news/world-latin-america-25937292; Change in Nicaragua's constitution, http://www.ourlittleearth.com/2014/03/change-in-nicaraguas-constitution.

산디니스타 왕이 오랫동안 집권하고 대통령도 4선 내지 5선 되었기에 독재정권이라는 평을 듣고 있다.

3. 니카라과 1987년 헌법의 기본권 규정

이 헌법은 기본권에 있어서는 국제주의를 규정하고 기본권의 자연권성을 규정한 것으로 높이 평가할 수 있다. 헌법제정회의는 많은 사람들이 참여한 가운데 2년여에 걸쳐 만든 안을 통과시켰다.[18) 이 헌법은 제1편 총강과 제2편 국가, 제3편 니카라과 헌법의 국적, 제4편 권리·의무와 니카라과 인민이 규정되어 있다. 이하에서는 통치기구에 관해서 규정하고 있다.

제1장 총칙편인 기본원칙, **제4조**에서는 「국가는 개인과 가족과 공동체의 행위의 시작에서 끝까지 인정하며, 공동선언의 추구와 각자의 니카라과인의 모든 사람이 기독교적 가치와 사회주의적 이상 실천에 근거한 연대, 민주주의와 인간주의가 보편적이고 일반적인 가치이고 동시에 니카라과인의 문화와 정체성에 기초한다」고 하고 있다. 또 **제5조**에서는 「자유, 정의, 인간으로서의 존엄의 존중, 미개발된 원주민과 아프리카 출생인이 통일성의 불가분리 국가로 재산의 여러 형태를 인정하고 자유로운 국제협력과 자유로운 인민의 자결권을 존중하고 기독교적 가치와 사회주의적 이상과 연대에 근거한 실천과 니카라과의 문화와 정체성의 가치와 이상은 니카라과 민족국가의 원칙이다」고 하여 인권에 근거한 국가임을 주장하고 있다.

제2편 국가편에서도 **제6조**에서 「니카라과는 독립적, 자유적, 주권적, 단일적 불가분리의 국이다」고 규정하고 있다. 이는 법질서를 통해서 인민의 존엄을 보호하는 자유, 정의, 평등, 연대, 사회책임과 일반적으로 인권의 최고성, 윤리와 공동선 등 최고의 가치를 증진하는 법의 지배에 근거한 민주적 사회적 국가로 조직된다. 여성 시민과 남성 시민, 가족은 국가의 정책결정과 행정절차의 중요요소이라고 하여 기본권의 보장을 국가의 중요한 목적으로 천명하고 있다.

제4편에서는 니카라과 인민의 권리·의무와 보장을 규정하고 있다. 제1장은 개인적 권리를 규정하고 있다. **제23조**에서는 「생명의 권리는 불가침이며 인간존재에 태생의 권리이

---

18) A. Reding, "Nicaragua's New Constitution," *World Policy Journal* Vol. 4, No. 2 (Spring 1987), pp. 257–294; A. Reding, "By the people, constitution making in Nicaragua," *Christianity & Crisis* Vol. 46, No. 18 (8 December 1986), pp. 434–441.

다. 니카라과에는 사형제도는 없다」고 하여 사형폐지의 선언을 규정했다. **제24조** (생략).

제25조 모든 사람은 권리를 가진다. 1. 개인적 자유권, 2. 안전권, 3. 법적 인간성과 능력의 인정.

제26조 모든 사람은 권리를 가진다.[19] 1. 그의 생활과 가족생활의 사생활의 비밀, 2. 명예와 평가의 존중에 관한 권리, 3. 자기 자신의 정보에 관한 알권리, 그러한 정보를 소유하고 있는 목적에 관한 정보를 알 권리, 4. 그의 주거, 우편, 통신의 불가침. (이하 생략).

제27조 법 앞의 평등, 평등보호를 받을 권리, 어떤 이유로도 차별을 받지 않을 권리, 국내에 있는 모든 사람에 대한 보장과 권리의 존중.

제28조 해외에 있는 니카라과 국민의 국가의 보호를 받기 위하여 소(Amparo)를 외교기관을 통하여 제소할 수 있다.

제29조 양심의 자유, 사상의 자유, 신앙고백의 자유와 신앙불고백의 자유, 신념, 이데올로기, 정치신념을 강제당하지 않을 자유.

제30조 자기 신념을 자유롭게 표명할 권리.

제31조 거주이전의 자유, 귀국의 자유, 출국의 자유.

제32조 법에 의해서 명령되지 않는 일을 강요당하지 아니하며 법이 금지하지 않는 일을 금지당하지 않을 권리.

제33조 법적 절차에 의하지 아니하고는 자의적으로 구금되거나 교도소에 수감되거나 자유를 박탈당하지 않을 권리. (1, 2, 3, 4, 5 생략).

제34조 피고인은 공정한 심판과 실효적인 사법적 보호를 받을 권리를 가진다. (1, 2, 3, 4, 5, 6, 7, 8, 9, 10, 11 생략).

(2항, 3항 생략).

제35조 미성년자는 재판의 대상이 되지 않는다.

제36조 고문금지, 비인간적 잔혹한 처우의 금지.

제37조 형벌은 범죄의 양을 초과할 수 없다. 총계 30년 이상의 형벌은 금지된다.

제38조 소급입법에 의한 처벌 금지.

제39조 교도소 제도는 인간적이어야 한다. 형벌의 목적은 사회복귀를 위한 교육에 있다.

---

19) 이하의 법문의 번역은 완전한 것이 아니고 제목만 달거나 간단한 설명적 번역임을 밝혀둔다.

제40조 강제노역이나 노예제도는 금지된다.

제41조 채무관계로는 교도소에 수감되지 않는다.

제42조 민주주의, 평화, 정의, 인권을 위한 투쟁에서 소추된 사람에게는 망명을 허용한다.

제43조 니카라과에서는 정치적 범죄나 일반범죄에 있어 국외추방형은 하지 않는다.

제44조 동산이나 부동산의 사적 소유권은 인정된다. 부동산의 경우 법률에 따라 공익이나 사회적 이익을 위하여 제한하거나 수용할 수 있다.

제45조 헌법적 권리가 침해되거나 침해될 우려가 있을 때에는 인권보장을 위하여 사법적 구제절차를 밟을 수 있다.

제46조 이러한 권리를 보장하기 위하여서는 세계인권선언, 미주 인간의 권리와 의무선언, 유엔의 경제적·사회적·문화적 권리에 관한 국제규약, 유엔의 시민적·정치적 권리에 관한 국제규약 등 규정한 권리를 충실히 적용한다.

제2장 정치적 권리

제47조 16세가 되면 시민이 된다. 시민은 정치적 권리를 향유한다. 결심으로 유죄가 확정된 사람의 정치적 권리는 정지할 수 있다.

제48조 모든 니카라과인은 정치적 권리의 무조건적인 평등권을 가진다. 남녀 간의 정치적 권리의 평등은 절대적 평등이다. (2항 생략).

제49조 니카라과에서 모든 시민은 결사의 자유를 가진다.

제50조 모든 시민은 평등한 조건으로 국가의 공직에 참여할 수 있는 권리를 가진다. 피선거권의 평등.

제51조 시민은 투표권을 가지며 공기관의 공무원으로 입후보할 권리를 가진다.

제52조 청원권과 고발권을 가진다.

제53조 평화적 집회는 인정된다. 이 권리행사에는 사전허가를 요하지 않는다.

제54조 법률에 적합한 공공집회와 시위 동원은 인정된다.

제55조 정당설립과 정당가입의 권리를 가진다.

제3장 사회권

제56조 국가는 불구자와 일반적으로 전쟁에 의하여 살해된 사람과 희생된 사람의 가족보호 프로그램에 있어 특별한 주의를 해야 한다.

제57조 모든 니카라과인은 그의 인간성에 따라서 노동을 할 권리를 가진다.

제58조 모든 니카라과인은 교육과 문화의 권리를 가진다.

제59조 모든 니카라과인은 건강에 대한 평등한 권리를 가진다. 국가는 건강증진과 보호

와 재활을 위한 기본조건을 설치해야 한다. (2항 이하 생략).

제60조 니카라과인은 건강한 환경에서 생활할 권리를 가진다. (이하 생략).

제61조 국가는 니카라과인에 대하여 사회보장을 받을 권리를 가진다.

제62조 국가는 장애인의 이익을 위한 프로그램을 마련하여 육체적, 심리적, 직업적 재활과 직업 배치를 위하여 노력하여야 한다.

제63조 니카라과인은 기아에서 보호받을 권리를 가진다. (국가의 의무 생략).

제64조 니카라과인은 검소하고 안락하며 안전한 가옥을 가질 권리가 있다. (국가의 의무 생략).

제65조 니카라과인은 스포츠, 체육, 레크리에이션과 휴양의 권리를 가진다. (국가의 의무 생략).

제66조 니카라과인은 진실된 정보의 권리를 가진다.

제67조 정보에의 권리는 사회적 책임이 있으며 헌법이 규정한 원칙을 엄중히 준수하여 행사되어야 한다.

제68조 사회적 기능의 틀 속에서 대중 통신 미디어는 국가의 발전을 위하여 공헌하여야 한다. (2, 3, 4, 5 생략).

제69조 모든 사람은 개인적으로나 단체로 자기 신앙을 공적으로나 사적으로 예배와 행사와 교육으로서 표현할 권리를 가진다. (2항 생략).

제4장 가정의 권리

제70조 가정은 사회의 기본적 핵심으로서 사회와 국가의 보호를 받을 권리를 가진다.

제71조 니카라과인은 가정을 창립할 권리를 가진다. 가정의 상속제도는 보호된다.

제72조 혼인과 사실혼은 국가에 의해서 보장된다.

제73조 가정관계는 남자와 여자 간의 존중과 유대와 절대적 평등권에 의하여 권리와 책임이 절대적으로 평등하게 보장된다. (2항 생략).

제74조 국가는 인간의 재생과정에 특별한 보호를 받는다. 여성은 혼인기간 중에도 모성 휴가를 받으며 봉급과 모든 적정한 사회보장 이익을 받는다. (3항 생략).

제75조 모든 아동은 평등권을 가진다.

제76조 국가는 미성년자의 보호를 위한 특별한 프로그램을 만들어 주어야 한다.

제77조 노인은 가정과 사회, 국가의 보호조치를 받을 권리를 가진다.

제78조 국가는 부성과 모성을 보호할 책임을 진다.

제79조 양자의 권리

제5장 노동권

제80조 노동은 권리인 동시에 사회적 의무이다. (2항 생략).

제81조 노동자는 그의 경영에 참가할 권리를 가진다.

제82조 노동권은 노동조건에 의한 특별한 보호를 받는다. 1. 동일노동에 대한 동일임금의 권리, 2. 적정에서 법적 통화로, 3. 최저임금과 사회적 이익의 수용금지, 4. 노동조건의 보장, 육체적 안전성, 건강, 보건위생과 노동직장의 안전을 위한 노동제해의 축소, 5. 일일 8시간 노동, 주일 휴일, 휴가, 국공립 축제일과 13개월간의 월급, 6. 직장의 안전, 특별한 평등기회의 보장, 7. 노령, 직업위험, 질병 또는 모성, 친척의 사망 등 노동능력 상실시의 사회보장.

제83조 파업권은 인정된다.

제84조 아동의 정상적 발전에 영향을 주고, 의무교육에 장애가 되는 아동은 금지된다.

제85조 노동자는 문화적, 과학적, 기술적 발전에 관한 권리를 가진다. 국가는 특별한 프로그램으로 이를 보장해야 한다.

제86조 모든 니카라과인은 직장을 자유롭게 선택할 권리를 가진다. 직장의 선택기준은 대학 학위의 존재와 사회적 목적을 위한 요청만이 요건이 될 뿐이다.

제87조 완전한 노동조합의 자유가 인정된다. 어떤 노동자도 특정연합에 가입하거나 자기 소속 조합에 탈퇴를 강요당하지 아니한다. 노동조합의 자율성은 인정된다.

제88조 개인적이거나 단체적인 이익을 위하여 노동자는 고용자와 함께 1. 개별적 계약, 2. 집단적 단체계약 또는 양자를 법에 따라서 적용받는다.

제6장 대서양 해안의 자치단체의 권리

제89조 (생략).

제90조 (생략).

제91조 (생략).

4. 니카라과 헌법의 기본권보장의 특징

1987년 헌법의 성립은 많은 사람들이 참여한 헌법이었고 많은 초안이 토론되었다. 또 좌익이나 우익 사람들도 어느 정도 타협하여 헌법을 만들었는데 그중에서도 기본권 규정은 많은 특징을 가지고 있었다.

그 중에서도 기본권 규정이 세계인권선언을 비롯한 유엔의 경제적·사회적·문화적 인권협정과 시민적·정치적 권리에 관한 인권협정과 미주인권선언의 규정을 니카라과인의 기본권으로 인정한 것인데 이는 획기적인 것이다. 앞서 본 바와 같이 헌법 제46조는 「국내 영토에 사는 모든 사람은 국가에 의한 생래의 인간의 권리를 보호하고 내재적인 인권의 무제한적인 인권을 존경하고 보장하고 증진할 뿐만 아니라 세계인권선언에 규정된 모든 인권의 내용을 완전히 충족시키며 미주의 인간의 권리와 의무에 관한 미주인권선언에 규정된 자연권을 완전히 적용하며, 유엔의 경제적·사회적·사회주의 권리에 관한 인권규약에 있는 기본권의 내용을 완전히 적용하며, 미주 기구조직의 인간의 권리의 미주협약을 완전히 적용하게 된다」고 선언한 것이다(제46조). 이것은 유엔과 세계각국의 집단적 인권선언을 승인한 것으로 인권의 세계적 통일경향을 나타낸 것이라 하겠다. 그리고 국가목적규범으로서 제4조와 제5조를 두어 인권선언 준수에 있어 세계적 모범을 보인 것이라 하겠다.

이 밖에도 사형폐지, 노예제도폐지, 고문의 금지 등 많은 규정을 신설했으며 생존권, 노동권, 교육권 등을 새로이 규정한 것은 세계적으로 모범적인 제도라고 하겠다.[20] 그러나 재정이 불황이었는데도 불구하고 사회보장의 폭을 넓힌 것은 생존권보장의 헌법적 적극적용을 옳게 하지 못하게 한 것은 잘못이라고 하겠다.

5. 니카라과의 현재의 인권상황

현재의 니카라과에는 아직도 군부세력의 잔재로 완전한 민주국가라고 할 수 없는 점이 있다.[21] 또 대통령의 연임 제한을 풀어 영구집권의 기회를 제공한 것은 민주주의의 후퇴라고 하겠다.

니카라과에서는 중국과 체결한 대운하계획이 자연환경을 파괴하고 원주민의 권리를 침해한다고 하여 현재 대법원에서 심리하고 있다. 미국의회에서는 니카라과의 인권침해 행위에 대하여 규탄성명을 발표하기도 했다. 민주주의국가에 둘러싸여 사회주의국가의 앞날도

---

20) A. Reding, "Nicaraguan New Constitution," *The Nicaraguan Constitution of 1987*, Ohio University Latin America Monograph Series 1991.

21) Country Reports on Human Rights Practices for 2013, United States Department of State Bureau of Democracy, Human Rights and Labor; Nicaragua, HumanRights.gov is the official United States Government, https://www.humanrights.gov/countries/nicaragua.html; Nicaragua 2016/2017, Amnesty International, https://www.amnesty.org/en/countries/americas/nicaragua/report-nicaragua; *Nicaragua's new constitution becomes law*, http://www.bbc.com/news/world-latin-america-26146038; OHCHR, *Nicaragua Homepage*, http://www.ohchr.org/EN/Countries/LACRegion/Pages/NIIndex.aspx.

순탄하지만은 않을 것이다.

제4절 온두라스 1982년 헌법의 기본권 규정

1. 온두라스의 헌법의 역사

온두라스는 원래는 1838년에 중앙아메리카연합에서 독립하여 만들어진 것이다. 그 뒤 여러 번 주변국가와 연립하였으나 1898년 11월 1일에 중앙아메리카가 해체되고 온두라스가 독립하였다. 그 뒤 여러 번 군사쿠데타가 행해졌고 1982년에야 새 헌법이 탄생하였다. 이 헌법은 그동안 2005년까지 26번이나 개정되었다.[22]

이 헌법 하에서도 군부가 힘을 가져서 인권은 침해되었다. 2009년 6월 28일에는 군부 쿠데타가 일어나서 셀라야 대통령이 축출되고 다시는 입후보를 할 수 없게 되었다. 2013년에는 선거가 행해져 에르난데스 대통령이 취임하였다. 야당은 헌법개정을 논의하고 있으나 정부는 이에 반대하고 있어 헌법개정은 쉽지 않을 것으로 보인다.

2. 온두라스 1982년 헌법의 기본권보장 규정

온두라스의 1982년 헌법은 기본권을 제3부에서 선언과 권리, 보장이라는 제하에 제1장 선언, 제2장 개인적 권리, 제3장 사회권, 제4장 아동의 권리, 제5장 노동, 제6장 사회보장, 제7장 건강, 제8장 교육과 문화, 제9장 주택으로 구성되어 있다. 제4부에서는 헌법적 보장으로서 제1장 인신보호영장과 소장의 제기, 제2장 위헌성과 그 심사, 제3장 보장의 제한과 정지로 구성되어 있다.

1) 저항권 규정

제1부 제1장 국가편에서 제3조에서 저항권에 관해서 규정하고 있다. 「아무도 정부에 반란하거나 군사력으로 헌법과 법률에 의하여 설립된 규정을 침해하거나 무시함으로써 공적 직무를 탈취하거나 공적 서비스를 탈취한 사람에 대해서는 복종할 의무가 없다. 이러한 방법을 이용하여 얻은 권위는 무효다. 인민은 헌법적 질서를 방위하기 위하여 반란을 진압할 권

---

22) Wikipedia, Constitution of Honduras.

리를 가진다」이 규정은 온두라스 헌법이 쿠데타를 가능하게 하는 헌법이라는 사실에 입각할 때 공문에 그친 감이 있다.

2) 조약의 법률에 대한 우위

온두라스는 국제법의 원칙과 실천을 지지한다(제15조). 모든 국제조약은 행정권에 의하여 비준되기 전에 국회의 동의를 얻어야 한다(제16조 1항). 국제조약이 온두라스에 의하여 다른 나라와 체결된 경우에는 그 효력이 발생한 날로부터 국내법의 효력을 가진다(제16조 2항).

국제조약이 헌법규정과 경합하는 경우, 집행권에 의하여 비준하기 전에 의회에 의하여 헌법개정과 같은 절차에 따라 의회에서 승인되어야 한다(제17조). 조약이나 헌장이 법률과 충돌하는 경우에는 조약이나 헌장이 우월하다(제18조).

이것은 국제인권조약이나 국제인권헌장에도 적용됨으로 국제인권법이나 국제헌장도 국내법에 우월하다는 것을 알 수 있다.

3) 인권선언(Declaration Rights and Guarantees)

제3부 제1장은 인권선언을 규정하고 있다. 제59조 인간은 사회와 국가의 최고의 목적이다. 모든 사람은 인간을 존중하고 보호할 의무를 진다. 인간의 존엄은 불가침이다.

제60조 모든 사람은 자유롭고 권리에 있어 평등하게 태어났다. 온두라스에는 특권계급이란 없다. 모든 온두라스인은 법 앞에 평등하다. 성별, 인종, 계급 또는 어떤 다른 이유로 차별하는 모든 형태는 인간의 존엄을 침해하는 것으로 처벌된다. 법은 이 조항을 침해하는 범죄와 처벌을 규정해야 한다.

제61조 헌법은 모든 온두라스인과 온두라스에 거주하는 외국인에게 생명, 개인적 안전과 자유, 법 앞의 평등과 재산의 권리의 불가침성을 보장한다.

제62조 모든 사람의 권리는 다른 사람의 권리, 집단적 안전과 일반복지의 정당한 요청과 민주적 발전을 위해서 제한된다.

제63조 선언, 권리와 보장으로서 헌법에 열거된 것은 다른 선언, 권리 보장으로 특별히 선언되지 않는 것일지라도 국민주권에서 유출한 것과 정부의 민주적 대표적 형태와 인간의 존엄에서 나오는 권리 등의 존재를 부정하는 것으로 해석되어서는 안 된다.

제64조 이 헌법에 의해서 승인된 선언, 권리 보장이 아닌 법률과 정부의 규정이나 다른 권리의 존재가 헌법이 인정한 것을 축소하거나 제한하거나 회피하는 그리한 권리와 보장은 적용해서는 안 된다.

이 인권선언의 규정은 외국 헌법에서는 보기 힘든 것으로 미국의 인권선언이나 프랑스의 인권선언의 모방이 아닌가 생각될 수 있다. 그러나 여기서는 인간의 존엄성의 중요성이 강조되고 있는 것을 볼 때 세계인권선언의 영향이 크다는 것을 알 수 있고 제63조의 규정은 미국 수정헌법 제9조를 모방한 것으로 보인다. 이들 선언을 종합해 보면 인권은 개별적 실정권이 아니라 포괄적 자연권임을 알 수 있으며 헌법에서의 실정권 규정은 예시적인 것이요 그 이외의 인권도 많이 내포되어 있음을 알 수 있다. 이 점에서 이하의 여러 인권과 합쳐 자연권을 규정한 것이라고 보아야 하겠다.

4) 개별적 자유권

인간의 생명의 권리는 불가침이다(제65조). 사형제도는 폐지된다(제66조). 태아도 법률이 정한 바에 따라 그 범위 내에서 출생한 것으로 인정되어 인간의 권리를 가진다(제67조). 모든 사람은 물리적, 정신적, 도덕적 완전성을 존경받는다(제68조). 인신의 자유(제69조), 일반적 행동의 자유(제70조), 영장 없는 구속의 금지(제71조), 표현의 자유(제72조), 명예의 권리, 사생활의 권리, 인간의 존엄권(제76조), 집회와 결사의 권리(제78조), 평화적 집회의 자유(제79조), 거주이전의 자유(제81조), 가택권(제81조), 교도소 수감자의 권리(제84조), 자백강요의 금지(제88조), 무죄추정권(제89조), 공정한 재판을 받을 권리(제90조), 죄형법정주의(제95조), 소급입법의 금지(제96조), 자유형제도(제97조), 가택의 불가침(제99조), 통신의 불가침과 비밀(제100조), 망명권(제101조), 외국추방형의 금지(제102조), 사유재산권의 보장(제103조), 재산권몰수금지(제105조), 특허권, 저작권, 상표권 등의 보장(제109조).

5) 사회권(제3장 사회권)

가정, 혼인, 모성, 아동의 보호(제111조), 혼인제도, 시민혼, 관습혼 제도의 인정(제112조), 이혼의 인정(제113조), 아동의 권리(제114조), 양자의 권리(제116조), 노인의 보호(제117조).

6) 아동의 권리(제4장 아동의 권리)

아동의 보호(제119조), 미성년 장애자의 보호(제120조), 가정법원과 소년법원의 설치(제122조), 어린이의 교육받을 권리와 사회보장권(제123조).

7) 노동의 권리(제5장 노동)

노동권과 직업선택의 자유(제127조), 노동조건의 국가관여(제128조), 노동자의 직장의 보호

(제129조), 사회입법정책의 보장(제131조), 농림노동자의 보호(제132조), 독립지식인의 보호(제133조), 노동법원의 보장(제134조), 노동법의 보장(제134조), 노동분쟁의 평화적 해결(제138조).

8) 사회보장(제6장 사회보장)

노동불가능 시의 경제적 수단에 의한 지원(제142조), 사회적 보장을 위한 재정지원 기여금제도의 도입(제143조), 농어촌지역 노동 건강보험제도의 실시(제143조).

9) 건강(제7장 건강)

건강의 보호(제145조), 식량·약품 등의 공급권한(제146조), 사회건강과 사회복지제도의 건강제도의 보장(제149조).

10) 교육과 문화(제8장 교육과 문화)

국가의 교육, 과학, 문화 보장제도의 정비(제151조), 공교육과 사교육의 보장(제151조 2항), 공교육과 사교육의 보장(제151조 2항), 학부모의 교육장소 선택권(제152조), 공교육기관과 교육행정기관의 설치(제154조), 고등교육의 온두라스 국립 자율대학의 독집(제156조), 대학교육부와 대학 간의 공조(제159조), 국립자율대학의 수입은 면세된다(제161조), 초등학교 교사의 월급과 연금에 대한 면세(제164조), 헌법교육과 온두라스 역사교육은 필수적(제168조).

11) 주택(제9장 주택)

온두라스인은 주택에 관한 권리를 가진다(제178조), 주택에 대한 사회기금 창설(제180조).

12) 헌법적 보장(제4부 헌법적 보장)

제1장 인신보호영장과 기본권구제신청
인신보호영장제도와 기본권구제신청제도(제182조), 기본권 구제신청제도보장(제183조).
제2장 위헌성과 심사
위헌법률심사는 대법원의 독립적 권한이다(제184조), 위헌법률심사절차(제185조).
제3장 보장의 제한과 정지
보장은 특별한 경우에 제한할 수 있다(제187조). 계엄법의 적용시에는 정지될 수 없다. 정지기관에는 특별한 정지기관을 창설할 수 없다(제188조).

13) 정치적 권리

제2부 국적과 시민권

제3장 시민

제37조 시민의 권리

1. 투표권과 피선거권, 2. 공공기관에 입후보 할 수 있는 권리, 3. 정당을 창설하고 가입하고 탈퇴할 권리, 4. 이 헌법과 법률에서 인정된 다른 권리

제40조 시민의 의무

1. 이 헌법과 법률의 준수, 방위, 관찰할 의무, 2. 신분증 발부받을 의무, 3. 투표권의 행사, 4. 국민에 의해서 선거된 공무원 취임의무, 5. 군사복무의 의무, 6. 헌법과 법률이 정한 기타 의무

3. 온두라스의 인권상황

온두라스에서는 2009년에 쿠데타가 일어나 현직 대통령을 파면시키는 결정을 대법관과 의회가 하였는데 이것이 과연 합법적인가가 많이 논의되었다. 이때 헌법상의 탄핵조항이 적법하게 집행되었는가가 논란의 대상이 되었다.[23] 2003년에는 헌법에 규정되었던 탄핵조항이 없었는데도 의회가 대통령의 위법성을 조사해 달라고 대법원에 요청하여 대법원이 심사한 헌법 제31조 2항이 문제되었다. 탄핵조항이 없어졌음으로 탄핵에 의한 대통령의 퇴출은 불가능했는데 대신에 대법원이 현직 대통령에 대한 구속영장을 발부하여 국외추방을 명할 수 있을 것인가가 논점이었다. 대법원 판사가 군부의 요청에 따라 체포영장을 발부하였는데 군부는 그를 체포하여 외국으로 추방하였다.

그런데 온두라스 헌법에는 국민의 외국추방이 금지되어 있었다(헌법 제102조). 이 강제추방은 명백히 헌법에 위반한다고 하여 관계부처에서 계속 조사를 하고 있다고 한다. 의회와 대법원의 체포영장발부 자체는 합헌이라고 의회와 대법원이 결정하였기에 이 문제는 끝냈다고 하겠다. 그러나 당시 군부의 인권정지결정에 대해서는 비난이 많았다(Decree PCM-U-016-2009).

2013년 11월 대통령 선거에서는 국민당의 에르난데스 대통령이 2014년 1월부터 4년 임

---

23) Honduras: Constitutional Law Issues, Law Library of Congress, https://www.loc.gov/law/help/honduras/constitutional-law-issues.php; Wikipeda, Constitution of Honduras.

기의 대통령직에 취임하였다. 형식은 다당제 입헌공화국이다. 우파가 집권하고 있으며 좌파가 반대하고 있다. 전임 대통령 로보는 군부가 정권을 유지하고 있다는 비난이 있었다. 이제는 입헌주의가 유지되고 있는 것 같다. 그동안 야당 등에서는 헌법개정 요구가 있었으나 아직은 논의단계에 있을 뿐이다.[24]

온두라스의 인권문제는 사법권의 약제로 헌법상의 기본권이 잘 지켜지고 있지 않는 것이 문제이며 부패의 만연, 보안기관에 의한 불법적 살해와 조직적 범죄가 창궐하고 있다. 그러나 경제가 회생되고 정치적으로 법치가 강조될 경우에는 인권상항도 나아질 것이 기대된다.

제5절 파나마 공화국 1972년 헌법의 기본권 규정

파나마 공화국은 1972년에 헌법을 제정하였는데 2004년까지 수차 헌법을 개정하였다. 파나마 헌법은 제4조에서 「파나마공화국은 국제법의 규범을 준수한다」고 하고 있다.

1. 자연권 선언

파나마 헌법은 제3편에서 개인적 권리와 사회적 권리 및 의무를 규정하고 있다. 그 첫 장에서는 기본적 보장을 규정하고 있다. 제17조에서 「공화국의 제도는 모든 국민의 생명, 명예와 재산을 보호하기 위한 목적으로 만들어진 것이라고 하고 그들이 어디에 살 건, 또 외국인이라고 하더라도 공화국의 영역에 거주하면 개인적, 사회적 권리·의무를 가지며 이 헌법과 법률에 규정된 권리와 의무의 이행을 요구한다」고 하고 있다. 제2항에서도 「헌법에 의해서 인정되어 있는 권리와 보장은 개인의 기본적 인권과 인간의 존엄에 관한 다른 기본권을 제외한 것이 아닌 최저한도의 것으로 고려되어야 한다」고 규정하고 있다.

제2항은 미국헌법 수정 제9조보다 강력한 성명으로 헌법에 열거되지 않는 권리가 헌법

---

24) Honduras 2014, Human Rights Report; Country Reports on Human Rights Practice for 2014, United States Department of State Bureau of Democracy, *Human Rights and Labor*, Wikipedia, Human Rights in Honduras; *Honduran Democracy Still in Crisis 7 Years After Coup*, http://www.telesurtv. net/english/analysis/Honduran-Democracy-Still-in-Crisis-7-Years-After-Coup-20150520-0052. html; Latino Rebels, *Honduras Is What's Wrong With Latin America*. http://www.latinorebels.com/ 2015/05/01/honduras-is-whats-wrong-with-latin-america.

에 열거된 것보다도 상위의 것이 있을 수 있다는 선언으로 자연권에 관한 선언이라고 하겠다. 또 제1항에서 국가의 기관의 존재목적이 인간의 생명, 명예와 재산을 보장하기 위한 것이라고 한 점에서 자연권을 선언하고 있다고 하겠다.

2. 실정권 규정

1) 평등권 보장

공적, 사적 특권 금지(제19조), 법 앞의 평등, 차별대우의 금지(제20조)

2) 자유권 보장

영장 없는 자유박탈의 금지(제21조 1항), 구금된 자와 재소자의 권리(제21조 2−4항), 체포된 사람의 체포이유고지 받을 권리(제22조 1항), 무죄추정의 원칙(제22조 2항), 인신보호영장에 의한 석방(제23조 1항), 국외추방형의 금지(제24조), 자기부책증언의 금지(제25조), 주거의 자유 불가침(제26조 1항), 보건법에 따른 주거검색 시에는 공무원증 제시 필요(제26조 2항), 거주이전의 자유(제27조), 형벌의 목적은 안보, 재사회화와 사회안전 유지에 있다(제28조 1항), 재소자교육의 목적은 직업교육을 하여 사회의 복귀에 필요한 것이어야 한다(제28조 2항), 미성년자에 대해서는 특별한 유치, 보호, 교육 프로그램이 요청된다(제28조 3항), 통신의 비밀보장(제29조 1항), 사적 교신에 대한 비밀보장(제29조 3항), 사형제도, 국외추방형, 재산몰수형 폐지(제30조), 소급처벌의 금지, 불소급(제31조), 이중재판의 금지(제32조), 종교의 자유, 신앙고백의 자유(제35조), 종교결사의 자유(제36조), 의견발표의 자유, 검열의 금지(제37조), 평화적 집회의 권리, 비무장집회의 자유(제38조), 회사, 조합 등 설립의 자유(제39조), 직업선택의 자유, 자유계약 통상의 자유(제40조), 청원의 권리(제41조), 정보의 수집, 집적의 자유(제42조), 정보공개청구의 자유(제43조), 정보공개영장에 의한 정보공개청구(제44조), 사회복지를 위한 성직자의 활동의 자유(제45조), 법인과 사인에 의한 사적 재산권의 취득(제47조), 사적 재산권의 의무(제48조), 질 좋은 상품과 좋은 물건의 구입, 사용의 자유(제49조), 사익과 공익, 사회적 이익의 충돌시 공익, 사회적 이익의 우선(제50조), 수입상품 조세부담의 부인(제52조), 저작권의 보장(제53조).

3) 가정에 관한 권리(사회권)

혼인과 모성, 가정의 국가보호(제56조), 혼인은 가정의 기초이며 부부는 동권이고 법이 정하는 바에 따라 이혼할 수 있다(제57조), 5년 이상의 이성간의 사실혼은 법률혼으로 인정될 수 있다(제58조), 친권은 아동에 대란 권리인 동시에 의무이다(제60조), 부모는 자식을 양육하고 보호하고 교육할 의무를 진다(제59조), 국가는 가정의 사회적, 경제적 발전을 위하여 노력해야 한다(제62조), 유치원, 특수한 교육제도를 설립할 수 있다(제63조).

4) 노동(제3장 노동)

노동은 개인의 권리인 동시에 의무이다. 국가는 국민의 완전고용의 보장에 노력해야 한다. 노동자는 상당한 생존을 위한 필요조건을 국가는 보장해야 한다(제64조). 공사의 직에 있는 모든 노동자는 최저임금을 받아야 한다. 사기업체의 노동자는 경제조건에 따라 기업이익에 분배받을 자유를 가진다(제65조).

제66조-제79조 (생략).

5) 국가문화(제4장 국가문화)

국가는 개인의 국가문화에 참여하는 권리를 인정한다(제80조).

제81조-제90조 (생략).

6) 교육(제5장 교육)

모든 사람은 교육을 받을 권리를 가진다. 동시에 교육되어질 책임도 있다(제91조).

제92조-제108조 (생략).

7) 건강, 사회보장, 사회복지(제6장 건강, 사회보장, 사회복지)

국가의 본질적 기능의 하나는 모든 인간의 건강을 보호하는 것이다(제109조).

제110조-제117조 (생략).

8) 환경(제7장 생태계)

제118조-제121조(생략).

9) 농촌제도(제8장 농촌제도)

제122조 - 제128조 (생략).

10) 호민관청(제9장 호민관 사무처)

제129조 - 제130조 (생략).

11) 정치적 권리(제4편)

제1장 시민의 자격

제131조 - 제134조 (생략).

제2장 투표권

투표권은 모든 시민의 권리이며 의무이다. 투표는 자유, 평등, 비밀, 직접선거 행한다(제135조).

제136조 - 제141조 (생략).

제3장 선거법원

제142조 - 제145조 (생략).

3. 파나마의 인권상황

2014년 5월에 파나마 대통령선거가 있었다. 후안 카를로스 바렐라가 대통령으로 당선되었다. 일반적으로 선거는 자유롭고 평안하게 행해졌다. 바렐라는 2014년 7월에 취임하였다. 파나마는 다당제 입헌국가인데 현재는 안보군을 잘 통제하고 있는 것 같다.[25]

인권문제는 교도소의 혼잡과 부실한 건강보장, 시민, 국회의원, 국방군 등의 부패가 문제가 되고 있다. 그동안의 부패척결의 노력으로 부패는 좀 줄어들었으나 경제사정이 좋지 않아 사회적·경제적 권리는 잘 보장되지 않고 있다.

---

25) Country Reports on Human Rights Practice for 2015, United States Department of State Bureau of Democracy; OHCHR, Panama Homepage, http://www.ohchr.org/EN/Countries/LACRegion/Pages/PAIndex.aspx; Americas Watch, *Human Rights in Panama*, 1988.

제4장

아프리카 제국의 헌법

제1절 남아연방공화국 헌법의 기본권 규정

1. 남아프리카공화국 헌법의 성립

남아공화국은 아프리카의 최남단에 있는 2010년에 인구 4천 9백만명의 대국이다. 아프리카에서는 최대의 경제대국이고 가장 공업화된 국가이다. 그러나 공식 언어만 하더라도 11개나 되고 많은 인종이 살고 있다. 흑인이 79.4%, 백인이 9.2%, 혼혈유색인이 8.9%, 인도와 아시아인이 2.6%를 차지하고 있다. 남아공화국은 원래 영국 식민지였으나 1910년에 독립하여 영국연방의 한 영역이 되었다. 1994년까지는 백인들이 지배했는데 개혁을 시작하였는데 이 개혁의 결과 4월의 첫 다민족 선거에서 흑인인 만델라가 5월에 대통령으로 당선하여 민주공화국이 건설되었다. 만델라 집권 후 헌법제정회의에서 헌법안이 작성되었고 이것이 헌법재판소에서 심사를 부결하였다. 1996년 10월 11일에 제헌회의는 다시 소집되어 초안에 많은 개정을 한 뒤에 12월 4일 헌법재판소가 이를 확인하여 12월 18일에 만델라 대통령이 공포하였고 1997년 2월 4일에 효력을 발생하였다.

이 헌법은 그동안 17회나 개정되었다. 헌법은 전문과 14장 244조로 구성되어 있다.[1]

제1장은 창설규정이다. 이 장은 헌법의 국정 핵심을 규정하고 국기와 국가, 공용어, 정부의 언어정책을 규정했다. 남아공화국은 단일 주권적 민주국가이며 기본권에 근거했음과 헌법의 최고성, 법치주의, 보통선거를 규정하고 있다.

---

1) Wikipedia, Constitution of South Africa; South Africa Constitution 1996, South Africa History Online.

2. 기본권 규정의 내용

기본권에 관해서는 제2장에서 권리장전(Bill of Rights)이라는 이름 아래 규정하고 있다. 남아인은 시민적 권리, 정치적 권리, 경제적 권리, 사회적 권리와 문화적 권리를 보유하고 있음을 규정하고 있다. 이들 권리는 남아공화국에 사는 거의 모든 사람에게 적용되나 투표권과 노동권, 국내입국권 등은 시민에게만 적용된다. 이 기본권 조항은 너무 상세하기에 요약해 보기로 한다.

제7조 기본권보장의 일반원칙을 규정하고 있다.

제8조 기본권의 적용범위를 규정하고 있다.

제9조 법 앞의 평등권을 규정하고 있다. 그리고는 차별을 금지하고 있다. 또 국가는 차별금지법을 만들도록 요구하고 있다.

제10조 인간의 존엄을 존중받고 보장받을 권리를 가진다.

제11조 모든 사람은 생명권을 가진다. 사형제도는 금지된다.

제12조 인신의 자유와 안전에 관한 권리를 가진다. 이에는 자의적인 구금과 법원의 재판 없는 구금의 금지, 폭력행위에서의 보호를 받을 권리, 고문의 금지, 잔혹하고 비인도적인 처벌의 금지, 육체적 안전과 재생할 수 있는 권리, 출산의 자유권, 신체의 안전, 동의 없이 의학적·과학적 실험대상이 안될 자유

제13조 노예제도의 금지, 강제노역·강제노동 금지

제14조 사생활의 비밀보장, 주거수색금지, 재산수색금지, 소유물의 압수금지, 통신의 비밀보장

제15조 양심, 종교, 사상, 신념과 의견의 자유, 종교의식은 국가 또는 국가지원시설에서 거행할 수 있다. 결혼의식의 자유

제16조 표현의 자유, 출판과 기타 미디어의 자유, 정보나 이념의 입수의 자유, 예술창작의 자유, 학문과 과학연구의 자유, 전쟁선전의 금지, 급박한 폭력의 선동금지, 인종적·종족적·성적·종교에 근거한 증오의 폭동이 유발할 경우에는 금지된다.

제17조 평화적이고 비무장한 집회·시위·피켓·청원의 자유

제18조 결사의 자유

제19조 정치적 권리들, 정당결성과 선택의 자유, 정당참여, 정당 당원모집 등 자유, 정당캠페인 등 참여 자유, 헌법에 따른 자유·공정·정규적 선거에 참여할 권리, 선거권, 피선거권, 공무담임권

제20조 시민권 박탈 금지

제21조 이동의 자유, 출국의 권리, 국내입국·체류·거주의 자유, 여권의 자유, 거주이전의 자유

제22조 통상, 직장, 직업을 자유롭게 선택하고 영위할 권리 단 그 행사는 법률에 의해 규율할 수 있다.

제23조 노동관계, 공정한 노동행위의 권리, 노동조합결성권, 노동조합의 활동에 참여하는 권리, 파업권, 고용주의 권리, 고용주의 단체형성권, 참여권, 단체협상권, 법률에 의한 권리 제한

제24조 환경, 건강과 복지에 유해한 환경 배제 권리, 현재와 후세대 인간의 이익을 위한 환경보호, 환경오염의 배제, 환경보전의 증진, 생태적으로 지속가능한 자연자원의 이용에 따른 경제사회 발전을 증진하는 조치

제25조 재산권, 법의 일반적 적용의 예외를 제외한 재산권 박탈의 금지, 재산권의 자의적 박탈을 허용되는 법률제정의 금지, 재산권 수용시의 정당한 보상지급의무, 재산권 취득에 있어서의 차별금지

제26조 주택, 적당한 주택을 접할 권리, 법원의 명령 없는 주택의 강제퇴거와 주택의 파괴금지

제27조 보건, 식품, 식수와 사회보장을 받을 권리, 건강보장의 권리, 식량과 식수에 관한 권리, 스스로 생계를 유지할 수 없는 사람들에 대한 사회구조권보장, 응급의료보호를 받을 권리

제28조 아동, 출생과 동시에 국적과 성명을 가질 권리, 가족과 부모의 보호를 받을 권리, 기본적 식량과 주거의 기본적 건강서비스와 사회서비스를 받을 권리, 아동노동의 금지, 아동의 복지, 교육, 아동은 18세 이하의 사람을 말한다.

제29조 교육, 기초교육, 성인의 기본교육을 받을 권리, 공무에 의한 교육을 받을 권리, 사립학교를 창설하고 교육할 권리

제30조 문화, 자기언어를 사용할 권리와 자기가 선택한 문화생활에 참여할 권리

제31조 문화적, 종교적, 언어적 공동체 자기문화를 즐기고, 자기 종교를 행사하며, 자기 언어를 사용할 권리, 문화적 종교적 언어적 조합이나 시민사회의 다른 조직을 형성하고 참가하고 유지하는 권리

제32조 정보접근권, 국가가 가지고 있는 정보 권리보장을 위하여 권리를 행사하는데 필요한 정보수령권

제33조 정당한 행정행위, 법적이고 합리적이고 절차적으로 공정한 행정행위를 할 권리, 행정행위에 의하여 반대되는 영향을 받은 경우 서면에 의한 이유를 고지받을 권리, 법원에 의한 행정행위의 재심을 받을 권리, 효과적인 행정을 촉진할 권리

제34조 법원에의 접근권, 모든 사람은 분쟁시 법정에서 공정한 공개재판을 받을 권리를 가진다.

제35조 체포되고 구금되고 고소된 인간의 권리, 범죄를 행했다는 이유로 체포된 사람은 ① 묵비권 ② 묵비권과 묵비하지 않음으로써 모든 결과에 대한 고지를 받을 권리 ③ 자백을 강요받지 않을 권리와 자백이 자기에 대한 증거로 사용될 수 있는 부담이 되는 것을 고지받을 권리 ④ 48시간 이내에 가능한 빨리 구속이유와 구금계속의 이유를 고지받을 권리

유죄판결을 받은 재소자는 ① 유치이유를 신속하게 고지받을 권리 ② 변호인의 조력을 받을 권리와 이를 고지받을 권리 ③ 국가가 비용을 지급하는 국선변호인의 도움을 받을 권리 ④ 법정에서 구속적부심판을 받을 권리 ⑤ 구금이 이유 없는 경우 즉시 석방될 권리

피고인의 권리 ① 체포된 이유의 상세한 이유를 고지받을 권리 ② 방어를 준비하기 위한 충분한 시간의 보장 ③ 일반적인 법원에서의 공개재판 ④ 불합리한 지연이 없는 신속한 재판 ⑤ 자력이 없는 사람에 대한 국선변호인 선출권의 고지를 받을 권리 ⑥ 자기부책증거제출을 강요당하지 않을 권리 ⑦ 소급입법에 의해 처벌받지 않을 권리 이 인권규정에 위반하여 얻은 증거는 증거로서 인정되는 것에서 제외되어야 하며 만약에 그것이 증거로 채택한 경우에 그 재판이 불공정하여 무죄로 재판될 권리

제36조 권리의 제한, ① 이 인권장전의 권리는 그 제한의 내용이 합리적이고 인간의 존엄과 평등 자유에 입각한 공개적 민주주의 사회에 다음의 중요한 요소를 감안하여서 일반적으로 적용되는 법률에 의해서만 제한될 수 있다. ⓐ 권리의 본질 ⓑ 제한목적의 중요성 ⓒ 제한의 성질과 내용범위 ⓓ 제한과 그 목적 간의 관계와 ⓔ 그 목적달성을 위한 최소한의 제약수단 인지

② 위 항과 이 헌법의 기타 조항의 규정에 의하여 법률로 제한하는 경우에도 이 권리장전에 확립된 인권장전의 어떤 권리도 제한할 수 없다.

제37조 긴급상태, 긴급상태는 의회입법에 의해서만 선언될 수 있으며 ① 그것도 전쟁, 외적의 침범, 일반적 반란, 질서문란, 자연재해나 공공 위급시에만 선포할 수 있다.

② 이 상태의 선포는 평화와 질서를 회복하기 위한 경우에만 할 수 있다.

기타 비상사태가 선포된 경우에도 그 내용에 대해서는 많은 제한조항을 두고 있다. 그 중에서도 특정한 권리는 비상사태법에 의하더라도 제한할 수 없게 하고 있다. 비상사태의 선포시의 남용을 막기 위하여 선포 자체를 사법심사할 수 있으며 법원이 권리침해자의 권리보호를 할 수 있게 규정하고 있다.

제39조 인권장전의 해석 ① 인권장전을 해석할 때 법원, 심판위원회, 포럼 등은 ⓐ 인간의 존엄, 평등과 자유에 근거한 공개적이고 민주적인 사회가 근거하고 있는 가치를 증진해야 하며 ⓑ 국제법을 고려하여야 하며 ⓒ 외국법을 고려할 수 있다. ② 입법을 해석할 때나 보통법을 발전시킬 때나 관습법을 발전시킬 때에 모든 법원이나 심판위원회나 포럼은 이 권리장전의 정신과 목적과 과제를 증진 촉진하여야 한다. ③ 인권장전은 권리장전외의 보통법이나 관습법이나 입법에 규정되어 있는 권리와 자유의 존재를 이 헌장에 합치되는 한도 내에서 부정하는 것은 아니다.[2]

3. 기본권 규정의 한역

참고로 국회도서관이 간행한 『세계의 헌법』에 게재되어 있는 1996년 남아공화국 헌법의 기본권 규정을 보면 다음과 같다.

제2장 권리장전

제7조(권리) ① 본 권리장전은 남아프리카공화국 민주주의의 초석을 이룬다. 우리나라 모든 국민의 권리를 소중히 여기며, 이 권리장전을 통하여 인간의 존엄성, 평등, 자유의 민주적 가치를 확인한다.

② 국가는 권리장전에 포함된 권리를 존중, 보호, 증진 및 실현하여야 한다.

③ 권리장전에 포함된 권리는 제조 또는 권리장전의 기타 조항에 수록 또는 언급된 제한을 받는다.

제8조(적용) ① 권리장전은 모든 법률에 적용되며 입법부, 행정부, 사법부 및 모든 국가기관을 구속한다.

② 권리장전의 규정은 해당 권리의 속성 그리고 해당 권리에 의해 부과되는 모든 의무

2) South Africa: Constitutional Law & Human Rights, Columbia University Libraries, http://library.columbia.edu/locations/global/virtual-libraries/african_studies/countries/south_africa/law.html; Constitution of the Republic of South Africa(ch. 8), http://www.africa.upenn.edu/ Govern_Political/SouthAf_Const_8.html; Heynes/Brand, "Introduction to society-economic rights in the South African Constitution," *Law, Democracy & Development* Vol. 19 (2015).

의 속성을 고려해 적용이 가능한 경우, 적용이 가능한 범위 내에서, 자연인 또는 법인에 대해 구속력을 가진다.

③ 전항과 관련하여 권리장전의 규정을 자연인 또는 법인에게 적용할 때, 법원은 a. 권리장전에 포함된 권리의 효력을 발생시키기 위해 법률에 의해 해당 권리의 효력이 발생하지 않는 경우 보통법을 적용하거나 필요한 경우 보통법을 개발해야 한다. b. 해당 권리를 제한하기 위한 보통법상의 규칙을 제36조 제1항의 한계 내에서 마련할 수 있다.

④ 법인은 권리의 성질 및 해당 법인의 특성상 필요한 범위 내에서, 권리장전상의 권리를 향유할 수 있다.

제9조(평등) ① 모든 국민은 법 앞에서 평등하며 동등한 법적 보호 및 혜택을 누릴 권리를 가진다.

② 평등은 모든 권리와 자유의 완전하면서도 동등한 향유를 포함한다. 평등의 실현을 증진하기 위해 부당한 차별로 인해 불이익을 당한 자들 또는 그러한 부류를 보호하거나 그들에 대한 처우를 개선할 목적으로 입법 및 그 이외의 조치를 취할 수 있다.

③ 국가는 인종, 성별, 임신, 혼인 여부, 민족적 또는 사회적 출신, 피부색, 성적 성향, 연령, 장애, 종교, 양심, 신념, 문화, 언어 및 출생을 포함한 하나 이상의 사유를 근거로 하여 누군가를 직접 혹은 간접적으로 부당하게 차별해서는 안 된다.

④ 누구도 위 제3항과 관련해 하나 이상의 사유를 근거로 하여 다른 사람을 직·간접적으로 부당하게 차별해서는 안 된다. 부당한 차별 행위를 예방 또는 금지하기 위한 법률이 제정되어야 한다.

⑤ 위 제항에 나열된 사유 중 하나 이상을 근거로 한 차별은 그러한 차별이 정당하다는 사실이 입증되지 않는 한, 부당한 것으로 간주된다.

제10조(인간의 존엄성) 모든 국민은 고유한 존엄성을 지니고 있으며 각자의 존엄성을 존중 및 보호받을 권리를 가진다.

제11조(생존) 모든 국민은 생존권을 가진다.

제12조(개인의 자유와 안전) ① 모든 국민은 다음의 권리를 포함해 개인의 자유와 안전에 대한 권리를 가진다. a. 임의로 혹은 정당한 사유 없이 자유를 박탈당하지 않을 권리, b. 재판 없이 구금되지 않을 권리, c. 공권력 또는 사적 권력에 의한 모든 형태의 폭력으로부터 자유로울 권리, d. 어떤 식으로든 고문을 당하지 않을 권리, e. 잔인하거나 비인간적이거나 모욕적인 방식의 대우 또는 처벌을 받지 않을 권리

② 모든 국민은 다음의 권리를 포함해 육체적, 정신적 건강에 대한 권리를 가진다. a. 출산에 관한 의사를 결정할 권리, b. 본인의 신체에 대한 안전 및 통제에 관한 권리, c. 정보제공을 통한 동의 없이 의료 또는 과학 실험의 대상이 되지 않을 권리

제13조(노예제, 강제 노역 및 노동) 누구도 노예제 및 강제 노역 및 노동의 대상이 되어서는

안 된다.

제14조(사생활) 모든 국민은 다음의 권리를 포함해 사생활에 대한 권리를 가진다. a. 신체 또는 가택 수색을 받지 않을 권리, b. 재산 수색을 받지 않을 권리, c. 개인 소유물을 압류당하지 않을 권리 d. 통신상의 사생활을 침해당하지 않을 권리

제15조(종교, 신념 및 의견의 자유) ① 모든 국민은 양심, 종교, 생각, 신념 및 의견의 자유를 누릴 권리를 가진다.

② 종교적 의식은 국가 시설 또는 국가가 지원하는 시설에서 수행할 수 있다. 단, a. 그 의식은 해당 공공 기관이 정한 규칙을 준수해야 한다. b. 그 의식은 공평하게 수행되어야 한다. c. 그 의식의 참석은 자유롭게 그리고 자발적으로 이루어져야 한다.

③ a. 본 조는 다음을 인정하는 법률의 제정을 막지 않는다. ⅰ. 전통 또는 종교법개별법 또는 가족법에 따라 성립된 혼인 ⅱ. 전통에 따른 또는 특정 종교의 신앙을 가진 자들이 고수하는 개별법 및 가족법, b. 위 제a호에 관련한 인정은 본 조와 이 법의 기타 조항에 부합해야 한다.

제16조(표현의 자유) ① 모든 사람은 아래의 사항을 포함해 표현의 자유를 누릴 권리를 가진다. a. 언론 및 기타 매체의 자유, b. 정보 또는 생각을 수용 또는 제공할 수 있는 자유, c. 예술적 창작의 자유, d. 학술적 자유 및 과학적 연구의 자유

② 전항의 권리는 다음 사항에 대해서는 확대 적용되지 않는다. a. 전쟁을 위한 선전 활동, b. 임박한 폭력 선동, c. 인종, 민족, 성별 또는 종교를 근거로 하여 폭동을 유발하는 증오의 옹호

제17조(집회, 시위, 피케팅 및 청원) 모든 국민은 무장을 하지 않은 상태에서 평화적으로 집회, 시위, 피케팅 및 청원을 할 권리를 가진다.

제18조(결사의 자유) 모든 국민은 결사의 자유를 누릴 권리를 가진다.

제19조(정치적 권리) ① 모든 국민은 다음의 권리를 포함해 정치적 선택을 할 자유가 있다. a. 정당을 결성할 권리, b. 정당의 활동에 참여하거나 정당의 당원을 모집할 권리, c. 정당 또는 정치적 주장을 위한 운동을 할 권리

② 모든 국민은 이 법에 따라 설립된 모든 입법기관에 대하여 자유롭고 공정하고 정기적인 선거에 참여할 권리를 가진다.

③ 모든 성인 국민은 다음의 권리를 가진다. a. 이 법에 따라 설립된 모든 입법기관에 대한 선거에서 투표를 할 권리와 이를 비밀리에 할 권리, b. 관청의 장으로서 공직담임권과 선출직 공직담임권

제20조(국적) 모든 국민은 국적을 박탈당하지 않는다.

제21조(이동 및 거주의 자유) ① 모든 국민은 이동의 자유를 누릴 권리를 가진다.

② 모든 국민은 남아프리카공화국에서 출국할 권리를 가진다.

③ 모든 국민은 남아프리카공화국에 입국할 권리, 체류할 권리, 거주할 권리를 가진다.

④ 모든 국민은 여권을 소지할 권리를 가진다.

제22조(직업의 자유) 모든 국민은 기술직, 일반직, 전문직을 포함해 직업을 자유롭게 선택할 권리를 가진다. 직업의 업무는 법률에 의해 규제될 수 있다.

제23조(노사관계) ① 모든 국민은 정당한 노동 행위에 대한 권리를 가진다.

② 모든 노동자는 다음의 권리를 가진다. a. 노동조합을 결성하고 이에 가입할 권리, b. 노동조합의 활동 및 프로그램에 참여할 권리, c. 파업을 할 권리

③ 모든 사용자는 다음의 권리를 가진다. a. 사용자단체를 결성하고 이에 가입할 권리, b. 사용자단체의 활동 및 프로그램에 참여할 권리

④ 모든 노동조합과 모든 사용자단체는 다음의 권리를 가진다. a. 자체적인 운영, 프로그램 및 활동을 결정할 권리, b. 조직을 구성할 권리, c. 연합체를 결성하고 이에 가입할 권리

⑤ 모든 노동조합사용자단체 및 사용자는 단체교섭에 참여할 권리를 가진다. 단체교섭을 규제하기 위한 법률을 제정할 수 있다. 법률로 본 장의 권리를 제한할 경우 제36조 제1항을 따라야 한다.

⑥ 법률에 따라 단체협약에 포함된 조합 보장 협정을 인정할 수 있다. 법률로 본 장의 권리를 제한할 경우, 제36조 제1항을 따라야 한다.

제24조(환경) 모든 국민은 다음의 권리를 가진다. a. 자신의 건강 또는 행복에 유해하지 않은 환경에 대한 권리, b. 다음의 합리적 입법 조치 및 기타 조치를 통해, 현재 및 미래 세대의 이익을 위해 환경을 보호 받을 권리, ⅰ. 공해 및 생태계 파괴를 방지하는 조치, ⅱ. 환경 보존을 촉진하는 조치, ⅲ. 생태적으로 지속 가능한 천연자원 개발 및 사용을 보장하면서 정당한 경제 사회적 개발을 촉진하는 조치

제25조(재산) ① 일반적으로 적용되는 법률에 의한 경우를 제외하고는 누구도 재산을 박탈당해서는 안 되며 어떠한 법률도 임의로 재산 박탈을 허용해서는 안 된다.

② 다음의 경우에 일반적으로 적용되는 법률에 의해서만 재산을 수용할 수 있다. a. 공공의 목적 또는 공익을 위한 경우, b. 보상 금액지급 시기 및 방법에 대해 영향을 받는 당사자들이 합의했거나 법원에서 이들 사항을 판결 또는 승인한 경우

③ 보상 금액과 지급 시기 및 방법은 공정하고 공평해야 하며 공익과 당사자의 이해 간의 공평한 균형을 반영하고 다음 사항을 포함해 모든 관련 상황을 고려해야 한다. a. 재산의 현재 용도, b. 재산의 취득 및 사용 이력, c. 재산의 시가, d. 재산의 취득 및 수익자본 개선에 대한 국가 직접 투자 및 보조금 지급의 범위, e. 재산 수용의 목적

④ 본 조와 관련하여 a. 공익은 국가의 토지 개혁 의무와 남아프리카공화국의 모든 천연자원에 대한 공평한 접근을 실현하기 위한 개혁 의무를 포함한다. b. 재산은 부동산에

국한되지 않는다.

⑤ 국가는 가용 자원의 범위 내에서 국민들이 부동산 접근 권한을 공평하게 획득할 수 있는 여건을 조성하기 위해 합리적인 입법 조치 및 기타 조치를 취해야 한다.

⑥ 과거의 인종차별적 법률 또는 관행으로 인해 부동산 소유권이 법적으로 불안전한 개인 또는 공동체는 법률에 규정된 범위 내에서 법적으로 안전한 소유권 또는 그에 준하는 보상을 받을 권리를 가진다.

⑦ 과거의 인종차별적 법률 또는 관행으로 인해 1913년 6월 19일 이후 재산을 빼앗긴 개인 또는 공동체는 법률에 규정된 범위 내에서 해당 재산을 반환 받거나 공평한 보상을 받을 권리를 가진다.

⑧ 이 조의 어떠한 규정도 국가가 과거의 인종차별로 인한 결과를 보상할 목적으로 실시하는 부동산, 수자원 및 그에 관한 과년 개혁을 위한 입법 조치 등을 방해하여서는 아니된다. 이때 이 조의 규정에 대한 모든 이탈 행위는 제36조 제1항의 규정을 따라야 한다.

⑨ 국회는 상기 제6항에 언급된 법률을 제정해야 한다.

제26조(주거) ① 모든 국민은 적당한 주거를 이용할 권리를 가진다.

② 국가는 가용 자원의 범위 내에서 이러한 권리를 점진적으로 실현하기 위해 적절한 입법 조치 및 기타 조치를 취해야 한다.

③ 모든 관련 상황을 검토하여 이루어진 법원의 명령 없이는 누구도 자신의 집에서 퇴거당하지 아니하며, 집이 파괴되어서도 안 된다. 그 어떠한 법률도 임의적 퇴거 조치를 허용해서는 안 된다.

제27조(보건음식물 및 사회보장) ① 모든 국민은 다음에 접근할 권리를 가진다. a. 출산을 포함한 보건 서비스, b. 충분한 음식과 물, c. 자신과 피부양자를 부양할 수 없는 경우 적정한 사회부조를 포함한 사회보장

② 국가는 가용 자원의 범위 내에서 이러한 권리들을 점진적으로 실현하기 위해 적절한 입법 조치 및 기타 조치를 취해야 한다.

③ 누구도 응급치료를 거부당해서는 안 된다.

제28조(아동) ① 모든 아동은 다음의 권리를 가진다. a. 태어나면서 이름과 국적을 획득할 권리, b. 가정 또는 부모의 보호를 받을 권리, 또는 가정환경으로부터 보호받지 못할 경우 적절한 대체적 보호를 받을 권리, c. 기본적 영양, 주거, 기본적 보건, 서비스 및 사회복지에 대한 권리, d. 학대, 방치, 폭행 또는 비하로부터 보호를 받을 권리, e. 착취적 노동 행위로부터 보호를 받을 권리, f. 다음과 같은 작업을 수행하거나 서비스를 제공하도록 요구 또는 허용되지 않을 권리, ⅰ. 해당 아동의 연령인 자에게 부적합한 작업 또는 서비스, ⅱ. 아동의 행복, 교육, 신체적 또는 정신적 건강이나 영적, 윤리적 또는 사회적 발달을 위협하는 작업 또는 서비스 g. 최후의 수단인 경우를 제외하고는 구금되지 않을

권리, 최후의 수단으로 구금되는 경우 아동은 최소한의 적절한 기간 동안만 구금될 수 있으며, 제12조 및 제35조에 따라 아동이 향유하는 권리에 더해 다음의 권리를 가진다. i. 18세 이상의 성인 구금자들과 따로 구금될 권리 ii. 아동의 연령을 감안한 대우를 받고 연령을 고려한 여건에 있을 권리 h. 아동에게 영향을 미치는 민사 소송에서 실질적으로 부당한 결과가 발생할 우려가 있는 경우 국가가 비용을 부담하여 국선변호사를 배정받을 권리, i. 무력 충돌에 직접 이용되지 않을 권리, 무력 충돌 시 보호를 받을 권리

② 아동의 최대 이익은 아동에 관한 모든 사안에서 가장 중요하다.

③ 본 조에서 아동은 연령이 18세 미만인 자를 의미한다.

제29조(교육) ① 모든 국민은 다음의 권리를 가진다. a. 성인 기초 교육을 포함한 기초 교육을 받을 권리, b. 국가가 적절한 조치를 통해 점진적으로 이용 및 접근 가능한 교육을 계속 받을 권리

② 모든 국민은 해당 교육이 합리적으로 실행 가능한 공공 교육기관에서 공용어 또는 각자가 선택한 언어로 교육을 받을 권리를 가진다. 이러한 권리에 대한 효과적인 접근을 보장하고 이러한 권리의 충족을 보장하기 위해 국가는 다음 사항을 고려하여 단일 매개 시설을 포함한 모든 합리적 교육 대안을 검토해야 한다. a. 형평성, b. 실행 가능성, c. 과거의 인종차별적 법률 및 관행에 따른 결과를 보상해야 할 필요성

③ 모든 국민은 사비로 다음과 같은 독립적 교육기관을 설립 및 유지할 권리를 가진다. a.인종에 근거한 차별을 하지 않으며, b. 국가에 등록되어 있고, c. 동등한 공공 교육기관의 수준에 뒤떨어지지 않는 수준을 유지한다.

④ 전항은 독립적 교육기관에 대한 국가 보조금을 막지 않는다.

제30조(언어 및 문화) 모든 국민은 자신이 선택한 언어를 사용하고 자신이 선택한 문화생활에 참여할 권리를 가지지만 이러한 권리들을 행사하는 누구도 권리장전의 규정에 부합하지 않는 방식으로 그 권리를 행사해서는 안 된다.

제31조(문화종교 및 언어 공동체) ① 문화, 종교 또는 언어 공동체에 속하는 자들은 해당 공동체의 다른 구성원들과 함께 다음의 권리를 거부당해서는 안 된다. a. 각자의 문화를 향유하고 각자의 종교를 실천하며 각자의 언어를 사용할 권리 b. 문화, 종교 및 언어 단체와 기타 시민 사회 조직을 결성, 가입 및 유지할 권리

② 전항의 권리는 권리장전의 규정에 위배되는 방식으로 행사해서는 안 된다.

제32조(정보에 대한 접근) ① 모든 국민은 다음의 정보에 접근할 권리를 가진다. a. 국가가 보유한 모든 정보, b. 타인이 보유하고 있는 정보로서 권리의 행사 또는 보호를 위해 필요한 모든 정보

② 이러한 권리를 구현하기 위하여 국가의 입법이 행해져야 하고 국가의 행정적, 재정적 부담을 덜기 위한 적절한 조치를 마련할 수 있다.

제33조(공정한 행정처분) ① 모든 국민은 합법적이고 합리적이며 절차상 공정한 행정처분을 받을 권리를 가진다.

② 행정처분으로 인해 자신의 권리에 불리한 영향을 받은 사람은 누구나 처분서를 제공받을 권리를 가진다.

③ 법률이 이러한 권리를 구현하기 위하여 제정되어야 하며, a. 법원 또는 적절한 경우 독립적이며 공정한 심판위원회에서 행정처분에 대하여 다시 심리 받을 수 있는 절차를 규정해야 하고, b. 상기 제1항 및 제2항의 권리를 구현해야 할 의무를 정부에 부과해야 하며, c. 효율적인 행정을 촉진해야 한다.

제34조(법원에 대한 접근) 모든 국민은 법률의 적용으로 해결될 수 있는 모든 분쟁에 대해 공정한 청문회를 거쳐 법원 또는 적절한 경우 독립적이며 공정한 심판 위원회 또는 포럼에서 공정한 청문회를 거쳐 판단 받을 권리를 가진다.

제35조(체포구금 및 기소된 자) ① 범죄를 범한 혐의로 체포된 모든 사람은 다음의 권리를 가진다. a. 진술을 거부할 권리

b. 다음 사항을 즉시 통보받을 권리, ⅰ. 진술거부권을 행사할 권리, ⅱ. 진술거부권을 행사하지 않을 경우의 영향, c. 당사자에게 불리한 증거로 사용할 수 있는 자백 또는 시인을 강요받지 않을 권리, d. 합리적으로 가능한 한 빨리 늦어도 다음 기간 이내에 재판에 회부될 권리, ⅰ. 체포된 지 48시간 이내 또는, ⅱ. 48시간의 시한이 통상적인 공판 시간이 아닌 시간에 또는 통상적인 공판일이 아닌 날에 만료 되는 경우 48시간이 초과된 후 첫 번째 공판가능일이 끝나기 전, e. 체포된 후 최초로 법정에 출두 시 기소되거나 구금이 계속되는 사유를 설명 받거나 또는 석방될 권리, f. 정당한 경우 적절한 조건에 따라 석방될 권리

② 법정에서 선고를 받은 수용자를 포함해 구금된 모든 국민은 다음의 권리를 가진다. a. 구금 사유를 즉시 통보받을 권리, b. 변호사를 선택하고 변호사와 상의할 권리 그리고 이러한 권리를 즉시 통보받을 권리, c. 실질적으로 부당한 결과가 발생할 우려가 있는 경우 정부가 비용을 부담하는 국선변호사를 배정받을 권리, 그리고 이러한 권리를 즉시 통보받을 권리, d. 법정에서 구금의 합법성에 대해 직접 이의를 제기할 권리 그리고 그러한 구금이 불법일 경우 석방될 권리, e. 적어도 정부가 비용을 부담하는 충분한 수용 공간영양독서자료 및 치료의 사용 및 제공 등을 포함하는 인간의 존엄성에 부합하는 구금 환경을 가질 권리, f. 다음의 관계자와 연락하고 이들 관계자의 면회를 받을 권리, ⅰ. 본인의 배우자 또는 파트너, ⅱ. 본인의 친족, ⅲ. 본인이 선택한 종교 상담자, ⅳ. 본인이 선택한 의사

③ 모든 피고인은 다음의 권리를 포함해 공정한 재판을 받을 권리를 가진다. a. 답변에 필요한 충분한 세부 내용과 함께 혐의를 통보받을 권리, b. 변호를 준비하기에 충분한

시간 및 편의를 가질 권리, c. 일반 법정에서 공판을 받을 권리, d. 불필요한 지체 없이 재판이 시작 및 종결되도록 할 권리, e. 재판 중에 출석할 권리, f. 변호사를 선택하고 변호사가 피고인을 대리하도록 할 권리, 그리고 이러한 권리를 즉시 통보받을 권리, g. 실질적으로 부당한 결과가 발생할 우려가 있는 경우 정부가 비용을 부담하여 국선변호사를 배정받을 권리, 그리고 이러한 권리를 즉시 통보받을 권리, h. 무죄로 추정받을 권리, 진술거부권을 행사할 권리, 그리고 소송 과정에서 증언을 하지 않을 권리, i. 증거를 제시할 권리와 증거에 대해 이의를 제기할 권리, j. 자기부죄(自己負罪)의 증거 제공을 강요받지 않을 권리, k. 피고인이 이해할 수 있는 언어로 재판을 받을 권리, 또는 그러한 재판을 할 수 없는 경우해당 언어로 소송 절차를 통역 받을 권리, l. 해당 행위 또는 부작위를 저지른 시점에 국내법이나 국제법 중 어느 쪽에 의해서도 범죄가 아닌 행위 또는 부작위를 이유로 유죄 판결을 받지 않을 권리, m. 이전에 무죄 또는 유죄 선고를 받은 행위 또는 부작위와 관련한 범죄에 대해 재판을 받지 않을 권리, n. 어떤 범죄를 저지른 시점부터 판결 시점까지 해당 범죄에 대해 규정된 처벌의 내용이 변경된 경우 규정된 처벌 중 가장 낮은 형으로 처벌을 받을 권리, o. 상급 법원에 항소할 권리 또는 상급 법원에서 다시 심리를 받을 권리

④ 본 조에 따라 누군가에게 정보를 전달해야 할 경우 해당 정보는 당사자가 이해할 수 있는 언어로 전달되어야 한다.

⑤ 해당 증거의 인정이 재판을 부당하게 만들거나 사법 집행을 저해할 우려가 있는 경우권리장전에 포함된 권리를 침해하는 방식으로 획득된 증거는 배제되어야 한다.

제36조(권리의 제한) ① 권리장전에 포함된 권리는 그러한 권리의 제한이 다음을 포함한 모든 관련 요소를 고려할 때 인간의 존엄성 평등 및 자유에 기초한 열린 민주 사회에서 적절하고 정당한 범위에서 일반적으로 적용되는 법률에 의해서만 제한할 수 있다. a. 권리의 본질, b. 제한의 목적의 중요성, c. 제한의 본질과 범위, d. 제한과 목적의 관련성, e. 목적을 달성하기 위한 덜 제한적인 수단

② 전항 또는 이 법의 기타 조항에 명시된 경우에 의하지 않고는 어떠한 법률도 권리장전에서 보호하는 권리를 제한할 수 없다.

제37조(비상사태) ① 비상사태는 다음의 경우에 한해서 법률에 따라서만 선포할 수 있다. a. 전쟁, 침공, 전면적 반란, 소요, 천재지변 또는 기타 공적 위급 상황으로 인해 국가의 존속이 위태로울 경우 b. 평화와 질서를 회복하기 위해 선포가 필요한 경우

② 비상사태의 선포와 그러한 선포의 결과로 제정된 모든 법률 또는 시행된 기타 조치는, a. 미래에 대해서만 효력을 가지며, b. 하원이 비상사태 선포를 연장하기로 의결하지 않는 한 비상사태 선포일로부터 최대 21일 동안만 유효하다. 하원은 비상사태 선포를 회에 최대 13개월간 연장할 수 있다. 비상사태의 첫 번째 연장은 하원의원의 과반수 찬성

표로 채택된 결의안을 통해 이루어져야 한다. 이후의 모든 연장은 하원의원의 60%이상
의 찬성표로 채택된 결의안을 통해 이루어져야 한다본 항에 따른 결의안은 하원에서 공
개토론을 실시한 후에만 채택할 수 있다.

③ 모든 관할 법원은 다음의 유효성을 결정할 수 있다. a. 비상사태의 선포, b. 비상사태
선포의 연장, c. 비상사태를 선포한 결과로 제정된 모든 법률 또는 시행된 기타 조치

④ 비상사태의 선포에 따른 결과로 제정된 모든 법률은 다음에 해당하는 경우에 한해서
만 권리장전의 적용 대상에서 제외될 수 있다. a. 그러한 적용 제외가 비상사태에 의해
엄격하게 요구되며, b. 해당 법률이 ⅰ. 비상사태에 적용되는 국제법에 따른 공화국의
의무에 부합하고, ⅱ. 하기 제5항의 규정을 충족하며, ⅲ. 제정 후 합리적으로 가능한 한
빨리 중앙정부 관보에 공고될 경우

⑤ 비상사태의 선포를 승인하는 법률과 선포의 결과로 제정된 법률 또는 시행된 기타
조치는 다음을 허용 또는 승인할 수 없다. a. 불법행위에 대한 국가 또는 사람의 면책,
b. 이 조에 대한 적용 제외, c. 적용 제외 대상이 아닌 권리를 나열한 아래 표의 1열에 명
시된 각 조의 맞은 편에 나열된 표의 3열에 대한 적용 제외

적용 제외 대상이 아닌 권리

1. 조 번호	2. 조 제목	3. 권리의 보호 범위
9	평등	오로지 인종, 피부색, 민족적 또는 사회적 출신, 성별, 종교 또는 언어에 근거한 부당한 차별에 관련된 경우
10	인간의 존엄성	모든 경우
11	생존	모든 경우
12	개인의 자유와 안전	제1항 제d호 제e호 및 제2항 제c호와 관련된 경우
13	노예 제도, 노역 및 강제 노동	노예 제도 및 노역과 관련된 경우
28	아동	다음에 관련된 경우 제1항 제a호제b호 제1항 제g호 제i목 제ii목
35	체포구금 및 기소된 자	다음에 관련된 경우 제1항 제a호 제b호 제c호 및 제2항 제d호 제3항의 제a호에서 제o호까지에 명시된 권리(제d호 제외) 제4항 해당 증거의 인정이 재판을 부당하게 만들 우려가 있는 경우 증거의 배제에 관한 제5항

⑥ 비상사태의 선포로 인한 권리의 적용 제외에 따른 결과로서 누군가가 재판 없이 구
금될 경우 항상 다음의 조건을 준수해야 한다. a. 금자의 성인 가족 구성원 또는 친구가
합리적으로 가능한 한 빨리 연락을 받아야 하며 해당자가 구금된 사실을 통보받아야 한

다. b. 구금자의 성명 및 구금 장소를 명시하고 해당자의 구금이 이루어진 근거가 된 비상조치를 언급하는 통지가 해당자가 구금된 지 5일 이내에 중앙정부 관보에 공고되어야 한다. c.구금자는 의사를 선택하고 언제든 적절한 시기에 의사의 방문을 받도록 허락되어야 한다. d. 구금자는 법적 대리인을 선택하고 언제든 적절한 시기에 법적 대리인의 방문을 받도록 허락되어야 한다. e. 법원은 해당자가 구금된 후 합리적으로 가능한 한 빨리 늦어도 10일 이내에 구금 내용을 다시 심리해야 하며 평화와 질서를 회복하기 위해 구금을 계속 유지할 필요가 있는 경우가 아니라면 구금자를 석방해야 한다. f. 상기 제e호나 이 호에 따라 석방되지 아니한 경우 구금자 는 이전 심리일부터 10일이 경과한 이후의 어느 시점에든 다시 구금에 대한 새로운 심리를 법원에 신청할 수 있으며 평화와 질서를 회복하기 위해 구금을 계속 유지할 필요가 여전히 있는 경우가 아니라면 법원은 구금자를 석방해야 한다. g. 구금자는 해당 구금과 관련된 모든 재판에 직접 출석하고 그러한 심리에서 구금자의 변호사가 법적 대리인이 되도록 하며 계속적 구금에 항의하게 하도록 허락되어야 한다. h. 국가는 구금자의 계속적 구금을 정당화하기 위해 사유서를 법원에 제출해야 하며 법원에서 구금의 정당성에 대하여 심리하는 날의 적어도 2일 전에 구금자에게 그러한 사유서의 사본을 전달해야 한다.

⑦ 법원이 구금자를 석방할 경우해당자를 재구금해야 하는 정당한 사유를 국가가 먼저 법원에 입증하지 않는 한해당자를 동일한 사유로 재구금할 수 없다.

⑧ 상기 제6항 및 제7항은 남아프리카공화국 국민이 아니며 국제적 무력 충돌의 결과로 구금된 자에게는 적용되지 않는다. 그 대신국가는 그러한 자의 구금과 관련해 국제인도법에 따라 공화국에 대해 구속력을 갖는 규범을 준수해야 한다.

제38조(권리의 집행) 이 조에 열거된 모든 사람은 관할 법원에 접근하여 권리장전에 포함된 권리가 침해되었거나 위협을 받았다는 혐의를 제기할 권리를 가지며 법원은 권리의 선언을 포함해 적절한 구제책을 승인할 수 있다. 법원에 접근할 수 있는 사람은 다음과 같다. a. 자신의 이익을 위해 행동하는 모든 자, b. 직접 행동할 수 없는 타인을 대신하여 행동하는 모든 자, c. 여러 명으로 이루어진 집단 또는 계층의 구성원으로서 행동하거나 그러한 집단 또는 계층의 이익을 위해 행동하는 모든 자, d. 공익을 위해 행동하는 모든 자, e. 구성원의 이익을 위해 행동하는 단체

제39조(권리장전의 해석) ① 권리장전을 해석할 때 법원심판위원회 또는 포럼은, a. 인간의 존엄성평등 및 자유에 기초한 열린 민주 사회의 근간이 되는 가치들을 증진해야 하며, b. 국제법을 고려해야 하고 c. 외국법을 고려할 수 있다.

② 법률을 해석할 때 그리고 보통법 혹은 관습법을 개발할 때 모든 법원심판위원회 또는 포럼은 권리장전의 정신취지 및 목적을 증진해야 한다.

③ 권리장전은 해당 법이 권리장전에 부합하는 범위에서보통법관습법 또는 법률에 의해

인정 또는 부여된 그 외의 모든 권리 또는 자유의 존재를 부인하지 않는다.

4. 기본권보장 규정의 특색

1) 모방헌법규정(수입헌법규정)

남아공화국의 기본권보장규정은 현재로는 가장 상세한 기본권규정이다.[3] 이 기본권규정은 미국 기본권규정보다도 좋다고 평가되고 있다. 그 이유는 미국헌법은 제1세대헌법으로 제1세대의 기본권 즉 시민적·정치적 기본권만 규정하고 있기 때문이다. 미국헌법 제정 당시에는 이들 기본권이 소극적 권리(negative right)로서 중요시되었기 때문이다. 그것이 프랑스혁명 이후에 자유, 평등뿐만 아니라 박애사상이 등장하였고 산업화에 따라 빈자와 부자, 고용주와 노동자 간의 생활격차가 생김으로써 생존권사상이 등장하였고 독일에서 생존권 개념이 등장하여 비스마르크가 사회보장정책을 시행하였고 1919년의 바이마르헌법에서 생존권을 규정하기 시작하였다. 제2차 세계대전 후 이 권리를 사회적·경제적·문화적 권리라 하여 제2세대의 인권이라고 부르게 되었다.[4] 이것은 적극적 권리(positive)이다.

20세기말에는 제3세대의 기본권으로 환경권 등이 주장되고 21세기에는 연대권 개발권이 주장되고 있다.

남아프리카헌법의 기본권규정은 제1세대 기본권뿐만 아니라 제3세대 기본권까지도 상세히 규정하고 있다. 그 이유는 남아공화국헌법이 1996년에 제정되었기 때문에 그동안의 인권보장의 발전과정을 보고 외국의 선진헌법과 유엔의 인권조약, 각 대륙의 인권조약 등을 참고하여 제정할 수 있었다. 1994년에는 학자들이 주로 (Western Cape 대학 교수들) 기초위원이 되어 사회정의헌장(Charter of Social Justice)을 만들었는데 이들은 외국에서 공부한 사람이 많았고 국제인권협정도 알고 있었다. 이들은 독일기본법과 캐나다의 인권법을 모방하여 안을 만들었다. 또 유엔을 적으로 생각했던 과거에서 벗어나 유엔인권규약을 1994년에 서명 가입하여 국제인권규약도 참고하였다.[5]

---

3) Project MUSE, Human rights and customary law under the new Constitution, https://muse.jhu.edu/article/456789; M. Kende, Why the South African Constitution is BETTER than the United States's, https://academic.udayton.edu/race/06hrights/GeoRegions/Africa/Safrica03.htm; T. Bennett, *Human Rights and African Customary Law: Under the South African Constitution*, 1999.

4) 상세한 것은 김철수, 「생존권적 기본권의 법적성격과 체계」, 『대한민국학술원논문집』 제40집(2001), 347-392.

5) J. Sarkin, "the Effect of Constitutional Borrowings on Drafting of South Africa's Bill of Rights and Interpretation of Human Rights Provisions," *Journal of Constitutional Law* Vol. 1, 2 (Fall 1988).

이 헌법에서는 특히 사회적·경제적 권리에 관한 규정이 많아졌는데 이것은 남아프리카가 아파르트헤이트 때문에 불평등을 겪었기 때문에 실질적 평등을 강조한 것이다. 또 독일 기본법에 따라 인간의 존엄규정을 두었고, 가장 상세한 사회·경제적 권리를 둔 것이 특색이다.[6]

사회·경제적 기본권을 헌법에 규정할 것인가? 규정하면 어느 정도로 할 것인가에 대해서는 논란이 많았다. 이러한 논쟁에서 특히 문제가 된 것은 그 효력에 관한 것이었다. (1) 사회·경제적 권리를 완전한 권리로 인정하여 어떠한 특별한 자격 없이 사법에서 집행할 수 있는 권리로 할 것이냐 (2) 사회·경제적 권리를 권리장전에 규정하되 사법에 의하여 집행할 수 있는 권리로 하되 특별한 자격요건을 두어 제약하는 것으로 할 것이냐 (3) 단순히 규정하되 사법상 집행할 수 없는 명목적 권리로 하느냐 (4) 이러한 권리를 아예 규정하지 않을 것인가의 문제였다.

이것은 외국에서도 논의된 것으로 독일에서는 규정하지 않는 것으로 인도에서는 규정하되 입법방침으로 하는 것으로[7] 이것은 유엔인권선언 발표 전에 만든 것이었다. 중국에서는 새 헌법에서도 세계인권선언이나 국제인권규약을 무시하고 중국 독자적인 인권을 강조해왔다.[8] 이에 반하여 러시아의 새 헌법은 인권보장을 상세히 규정한 것이 다르다. 남아공화국헌법의 권리장전에서는 자유권과 정치권, 사회·경제적 권리, 문화적 권리를 동일선상에서 규정하고 있다. 인도헌법과 같이 국가정책의 지도원리나 소위 말하는 방침규정으로 규정하지 않았기 때문에 동일한 효력을 가지는 것처럼 보인다. 헌법 제7조 2항에서는 「국가는 인권장전의 권리를 존중하여야 하고 보호하여야 하며 증진하여야 하고 충족시켜야 한다」고 하고 있기 때문에 모두가 똑같은 효력을 가진 것으로 보인다. 그러나 제8조 2항에서는 「권리장전의 규정은 자연인과 법인을 구속한다. 만약에 그 내용이 권리의 본질에 따라서 그것이 바로 적용될 것인가 여부를 고려하고 권리에 의해서 부과되는 의무의 성질을 고려해서 적용해야 한다」고 하고 있어 권리의 본질에 따라 구속력을 달리하고 있는 것으로 해석하고 있다. 또 사회적·경제적 권리는 사인의 의무와도 연결되어 사인에게도 적용(수평적 적용)되고 있기 때문에[9] 국가에게 직접적 청구만을 하기 어렵다고 해석한다. 또 유엔국제사회경제문화규약에서

pp. 176-204.

6) Heyns/Brand, *op. cit.*

7) Sripati, Constitutionalism in India and South Africa: A Comparative Study From a Human Rights Perspective, *Tulane Journal of International & Comparative Law* Vol. 16, 2007-2008.

8) J. He, "The Comparison of Constitutional Protection of Human Rights between China and South Africa," Asian Social Science, http://www.ccsenet.org.

9) Karun Chetty, The Horizontal Application of the South African Bill of Rights, Diss. of University

도 적용에 있어 어느 정도의 유연성을 주고 있음을 인용하여 해석하고 있다.[10]

남아공화국의 헌법재판소와 대법원, 국가인권위원회 등은 기본권이 직접적 구속력을 가지는가를 많이 논의한 끝에 우선적 권리(Prior right)는 직접적 효력을 인정하고 있다. 예를 들면 ① 공정한 노동관행에 관한 권리 ② 노동자의 노동조합형성·가입권·파업권 ③ 고용주의 단결권, 단체교섭권 ④ 적당한 주거의 권리 등이 실정권으로 직접적 효력이 인정된다. 이 기본권의 해석에 관한 권한이 헌법재판소 등 사법부에 있기 때문에 사법부의 권력이 강화된 것이 특색이다.

2) 기본권보장의 현실

헌법상의 기본권이 이상적으로 규정되어 있다고 하여도 현실은 이상적이 아니고 후진적인 경우가 있다. 아프리카의 인권선언의 현실은 아직도 후진적이다. 위키피디아는 남아공의 헌법과 인권보장의 에는 따라 다르다.[11] 일부에서는 현행 헌법은 종이 호랑이라고 보고 개정을 주장하고 있다.[12] 2015년 남아공헌법은 탄생 20주년을 맞았다. 많은 사람들은 이 헌법을 세계에서 가장 좋은 진보적 헌법이라고 칭찬하고 있으나 일부에서는 반대 의견도 있다. 인권장전의 규정은 가장 잘 정리되고 있으나 건강보호제도의 혜택이라든가 안전하고 구입가능한 주택이라든가 교육, 기타 기본권이 수백만명의 사람들에게 보장되고 있지 않다. 이러한 현상은 덜 보호되고 있는 인민들의 보호를 요망하고 있다.[13]

국가는 새로운 국민건강보장제도를 도입했으나 의사 등과 간호요원들의 부족이 심하며 교육제도도 헌법의 요청과는 멀다. 20년전 만델라 대통령이 꿈꾸었던 복지사회가 아직도 완성되지 못하고 있다.

정부보고서나 민간연구서의 연구를 보면 민주화 이후에 기본적 인권의 보장은 많이

of Natal-Durban, 1998.

10) Meyersfeld, Domesticating International Standards: The Direction of International Human Rights Law in South Africa, *Constitutional Court Review*, Conference in July 2013; S. Goonesekere, National Implementation of International Human Rights, Social Inclusion and Empowerment of People, Economic and Social Survey of Asia and the Pacific, UNESCAP Thailand, 2012; P. Coertzen, Constitution, Charter and religions in South Africa, *African Human Rights Law Journal* (Chapter 7 Vol. 1) (2014).

11) Wikipedia, Human Right in South African.

12) Foundation for Human Rights, *Is the South African Constitution a Paper Tiger?*, http://fhr.org.za/index.php/latest_news/south-african-constitution-paper-tiger.

13) Oechsli/Walker, 20 years on, South Africa's remarkable constitution remains unfulfilled, *The Atlantic Philanthropies*, March 21. 2015.

좋아진 것 같다. 2000년 인간발전보고서에 의하면 5년 동안의 인권발전이 보고되어 있다.[14] 헌법은 제2장 권리장전에서 세계인권규약(A규약과 B규약)을 헌법에 수용하였다.[15] 2013년의 미국 정부 인권보고서에 의하더라도[16] 경찰의 폭행과 고문, 교도소의 방혼잡(정원 초과), 재소자에 대한 권력남용, 간수에 의한 강간사건 등을 문제로 삼고 있다. 이 밖에도 자의적 체포, 장기적인 재판전 구금, 재판의 지연, 시위자에 대한 강제해산, 피난민에 대한 권력남용, 부폐, 여성과 아동에 대한 사회적 차별, 매음 등이 행해지고 있고 외국인에 대한 폭행 등이 행해지고 있다. 정부는 정부조사관과 소추재판관여 공무원들을 교육하고 있으나 아직도 불법 행위가 많이 보고되고 있다.

정부의 보고에 의하면 치안질서가 좋지 못하여 외국인의 야간통행의 자제와 절도자에 대한 감시 등이 요청되고 있다. 또 빈부격차에 의한 빈민들의 사회보장이 잘 되어 있지 않다. 그러나 남아공화국은 풍부한 자연자원과 넓은 영토 넓은 해양 등을 가져 경제발전에 따라 기본권보장도 선진화될 것으로 보인다.

제2절 남북 수단공화국

1. 수단의 분단

수단은 약 4,000만명의 인구를 가진 공화국이다. 그동안 22년간의 내전을 거친 후에 2005년에 통합평화조약(Comprehensive Peace Agreement)를 체결하여 남북으로 분단하였다. 남북은 임시전국통일정부를 수립하였다. 북에는 이슬람교파가 주동이 된 민족의회당(National Congress Party)이 주도권을 장악하고 있고 남에는 수단인민해방운동(SPLM, Sudan People's Liberation Movement)과 기독교인과 남부의 전통적 종교주의자들로 구성되어 지배하고 있다. 남북은 각기의 임시헌법을 제정하기로 하였다(2005). 북은 바시르 대통령이 재선되고 의회의 다수를 얻고 있다. 남에서는 민족해방전선이 정부의 지배당이다. 이들은 통일조약에도 불구하고 각 분단지역에서 독자적인 활동을 하고 있다.

---

14) S. Liebenberg, Human Development and Human Rights South African Country Study, *Human Development Report 2000 Background Paper.*

15) P. Andrews, "Incorporating International Human Rights Law in National Constitution: The South African Experience," Miller & Braspies (ed.), *Progress in International Law*, 2008. pp. 835-854.

16) US Department of State, South Africa 2013, Human Rights Report 2014; Human Rights Watch, World Report 2015: South Africa Events of 2014.

2. 수단 1973년 헌법과 1998년 헌법

수단의 최초의 영구헌법은 1973년에 제정되었다. 이것은 남북의 제1차 내전이 아디스아바바조약에(1972년) 따라 종전되었기 때문이다. 그런데 이 헌법은 1998년에 헌법의 국민투표로서 통과되었다. 그러나 이 헌법은 남북 내전 중에 제정된 것이기 때문에 그 효력이 전국적이지 못했다.[17] 1989년에는 민족 이슬람전선(NIF)에 의한 쿠데타가 행해졌었다. 이슬람정당과 군대와 민병대가 민주적으로 선출된 정부를 전복하였다. 2년여의 계엄사태 하에서는 인권보장이 잘 되지 않았다. 남북에서도 군사정권이 득세하고 있었다. 1990년 말에는 인도적 문제와 헌법문제가 많이 논의되어 1998년에 헌법이 제정되었다.

1998년 헌법은 전문에서 「국민구제(National Salvation)의 혁명 덕에 이 헌법을 만들었다」고 하고 있다. 수단의 공식언어는 아랍어라고 하고(제3조), 정의와 연대(제11조) 등을 강조하고 있다. 제2부에서는 자유, 권리와 책임에 대해서 규정하고 국가의 지도원칙에 관해서도 규정하고 있다.

3. 수단 2005년 헌법의 기본권 규정[18]

2005년에 내전을 종결시키면서 각기 영토의 경계선을 만들고 새로운 임시헌법을 만들기로 하였다. 이 수단헌법은 북 수단에서만 효력을 가지고 있었다. 이 헌법의 전문에서는 1998년 헌법의 존중과 2005년의 평화조약의 체결에 따라 이 헌법이 제정되었음을 밝히고 있다.

제1부에서는 국가, 헌법과 지도원칙을 규정하고 있다.

제1조 2항에서는 「수단국가는 인간의 존엄을 존중하며 증진하며 인권과 기본적 자유의 증진과 정의, 평등에 근거한 국가이다」라고 하고 있다. 제3조에서는 「수단임시헌법이 국가의 최고법이며 남수단임시헌법과 주헌법과 다른 법률도 이에 합치해야 한다」라고 규정하고 있다. 제2장에서는 지도원칙과 방침을 규정하고 있다.

제2부에서는 권리장전을 규정하고 있다.

제27조에서는 권리장전의 성질에 관해서 설명하고 있다. 권리장전은 수단인민 간의 협약이며 정부와 그 기관들도 이 헌법에 각인된 인권과 기본적 자유를 존중하고 증진하여야

17) Wikipedia, *Constitution of Sudan.*
18) Wikipedia, *Human Rights in Sudan.*

한다고 했다. 또 이는 수단에서의 사회정의, 평등과 민주정치의 초석이라고 하고 있다. 그리고 국가는 이를 보장하고 보호하고 집행해야 한다고 했다. 또 국제인권조약이나 인간협정이나 수단공화국에 의하여 비준된 조약은 이 권리장전의 일체적 부분으로 간주한다고 했다.

제28조에서는 모든 인간은 생명과 존엄과 인신의 완전성의 생래적 권리를 가지며 이는 법률로써 보호해야 하며 누구도 그의 생명을 자의적으로 침해해서는 안 된다고 규정하고 있다.

제29조에서는 인신의 자유와 안전에 대한 권리를 규정하고 있다. 그리하여 노예나 노예매매를 금지하고 노예나 강제노역상태에 있어서는 안 된다고 하고 있다.

이 장에서는 국민의 시민적 · 정치적 권리뿐만 아니라 경제적 · 사회적 · 문화적 권리까지 중요한 것을 모두 나열하고 있다.

생존권에 관한 것으로는 ① 여성과 아동의 권리(제32조), ② 교육을 받을 권리(제44조), ③ 특별히 곤궁한 사람과 노인의 구조에 관한 권리(제45조), ④ 건강보장을 받을 권리(제46조), ⑤ 문화적 생활을 보장받을 권리(제47조)를 규정하고 있다. 또 헌법재판소에 의한 권리장전의 보호도 규정하고 있다.

4. 북 수단의 인권상황

북 수단의 헌법은 화려하게 규정하고 있으나 대통령은 장기 집권하여 인권침해가 극도에 달하고 있다. 그리하여 세계에서 최하의 인권국가라고 말하여진다.[19]

이에 국내외에서 인권상황의 개선을 요구하고[20] 있으며 미국에서는 헌법개정도 요구하고 있다.[21]

5. 남 수단의 헌법개정

남 수단은 2005년의 합의에 따라 2005년 1월 9일 남부헌법을 제정하였다. 이 헌법은 남

---

19) Wikipedia, Human rights in Sudan; REDRESS, *The Constitutional Protection of Human Rights in Sudan: Challenges and Future Perspectives*, January 2014; African Centre, *Human Rights Violations in the Republic of Sudan*, April 2012.

20) Sudan/Human rights: *UN expert calls on the Government to adopt urgent democratic reform*, http://www.ohchr.org/EN/NewsEvents/Pages/DisplayNews.aspx?NewsID=21651&LangID=E.

21) A Constitution for Sudan/U.S. Agency for International Development, https://www.usaid.gov/news-information/frontlines/democracy-human-rights-governance/constitution-sudan.

수단공화국이 독립국가임을 선포한 2005년 1월 9일부터 효력을 발생하였다. 2011년에는 남수단헌법기초위원회가 만든 안을 남수단의회에서 통과시켜 남 수단의 독립일인 2011년 7월 9일에 효력을 발생하였다.22) 2011년 헌법은 2005년 헌법에 대한 수정을 했을 뿐 그 자체는 비슷하다.

6. 남 수단 헌법(2011)의 기본권 조항

헌법은 제2부에서 권리장전(Bill of Rights)을 규정하고 있다.23) 제9조는 「① 권리장전은 수단인민 간의 또 수단인민 상호의, 또 정부의 모든 단계와의 협약이며, 이 헌법에 각인된 인권과 기본적 자유의 존중과 증진한다는 서약이며 사회정의와 평등과 민주정치의 초석이다. ② 이 장전에 각인된 개인과 단체의 권리와 자유는 정부의 모든 기관과 부서에서 또 모든 인민에 의해서 존중되어야 하며 유지되고 증진되어야 한다. ③ 수단공화국이 비준하거나 수락한 국제인권조약과 국제인권규약 및 국제제도에 각인된 모든 권리와 자유는 이 권리장전의 통합적 부분이다.」

제10조 「권리장전은 대법원과 다른 권한 있는 법원에 의하여 지지되고 보호되고 적용되어야 한다. 인권위원회는 이 헌법과 법률에 따라 합치적으로 적용되고 있는가 모니터링한다.」

제11조는 생명권과 인간의 존엄에 관해서 규정하고 있다. 「모든 사람은 생명, 존엄과 인신의 완전성에 대한 생래의 권한을 가지며 법률에 의해서 보호되어야 한다. 어느 누구도 자의적으로 그의 생명을 침해해서는 안 된다.」 다음에는 인신의 자유, 신체의 완전성, 법 앞의 평등을 보장하고 있다. 이 밖에도 생존권에 관해서 많은 조항을 들고 있다. ① 가정을 형성할 권리(제15조), ② 여성의 권리보호(제16조), ③ 어린이의 권리(제17조), ④ 교육을 받을 권리(제29조), ⑤ 노인과 특수한 보호가 필요한 사람의 권리(제30조), ⑥ 건강의 권리(제31조), ⑦ 문화적 생활에의 권리(제33조), ⑧ 주택의 권리(제34조)를 규정하고 있다.

---

22) I. Henneberg, *Text comparison of the Interim Constitution of Southern Sudan (2005) and the Transitional Constitution of the Republic of South Sudan (2011)*, 2017.

23) Wikipedia, Human rights in South Sudan; Constitute, South Sudan's Constitution of 2011.

7. 남 수단 헌법의 국가목표 규정

헌법 제3부에서는 국가의 목적과 지도원칙을 규정하고 있다. ① 정치적 목적(제36조), ② 경제적 목적(제37조), ③ 교육, 과학, 예술과 문화(제38조), ④ 가정(제39조), ⑤ 아동, 청년, 스포츠(제40조), ⑥ 환경(제41조), ⑦ 국방정책(제42조), ⑧ 외국정책(제43조), ⑨ 저축(제44조)을 규정하고 있다.

8. 결어

이러한 민주정치, 인권과 통치를 위하여 미국 원호처에서는 여러 가지 지원을 하고 있다.[24] 이들 보조와 외국의 원조들 때문에 남 수단의 인권상태는 많이 나아지고 있다. 그리하여 남 수단의 인권지표는 중위에 있다.

---

24) USAID, *Democracy, Human Rights, and Governance Assessment of South Sudan*, March 2013; Wikipedia, Human Rights in South Sudan.

제5장

구 공산주의국가의 신 헌법

제1절 러시아 연방헌법의 기본권 규정

1. 러시아 헌법의 역사

1) 스탈린 헌법 이후

러시아의 1936년 헌법은 스탈린 헌법이라고 불리어졌다. 스탈린 헌법 하에서는 인권의 보장은 뒷전으로 하고 공산주의 국가의 팽창을 위한 노력이 심하였다.

제2차 세계 대전 후 스탈린이 사망하자 새로운 브레즈네프 헌법이 1977년 헌법으로 채택되었다. 1978년에는 4월 12일 러시아소비에트연방사회주의공화국헌법이 제정되었다. 이 1978년 러시아 소비에트사회주의헌법은 페레스트로이카에 따라 8번이나 개정되었고 합계 340조항이 개정되기도 하였다.

2) 현행 1993년 헌법

이것이 다시 개정되어 1993년 11월 1일에 1993년 헌법으로 제정되었다.[1] 이 헌법은 내용적으로는 92년 헌법의 개정이라고 하겠으나 적법한 개정절차를 밟은 것이 아니고 대통령이 헌법회의를 조직하여 만든 것이었다. 그래서 새로이 국민투표법을 만들어 국민투표에서 통과시킨 것이기에 적헌성이 논란되었다.

이 헌법은 대통령의 권한을 강화하였고 기본권조항을 서구화하는 등 많은 개혁을 하였다. 특히 기본권보장을 하기 위하여 헌법재판소를 두는 등 공산주의 후 헌법의 모방이 되고

---

1) Constitute, *Russian Federation Constitution of 1933 with Amendments Through 2008.*

있으나 잘 지켜지지는 못하고 있다.[2]

3) 현행 헌법의 특색

이 헌법은 전문과 제1부 9장과 제2부로 규정으로 구성되어 있다. 제1부는 제1장 총칙, 제2장 인간과 시민의 권리와 자유, 제3장 연방제 구조, 제4장 러시아연방대통령, 제5장 연방의회, 제6장 러시아연방의 정부, 제7장 사법권, 제8장 지방자치단체, 제9장 헌법개정과 헌법심사 등 137조로 되어 있고, 제2부는 부칙과 경과규정으로 되어 있다.

새 헌법은 공산당 독재규정을 없애고 정당간의 평등을 규정하고 국가형태를 민주적 연방제, 법치주의적 공화국의 정부형태를 취한다(제1조)고 하고 있다. 주권의 소유자이며 러시아 연방의 권력의 원천은 다민족 국민이라고 하고(제3조), 국민은 권력을 직접 행사하거나 간접으로 정부나 지방자치단체의 인민이 행사하는 것으로 하고 있다(제3조 2항)., 러시아연방의 국가권력은 입법, 행정, 사법의 권력분립에 따라 행사하며(제10조), 사회국가라고 하고 있다(제7조). 러시아연방의 헌법은 최고의 사법적 권력으로 직접 적용된다고 하고 법률과 기타 법규는 러시아연방헌법에 반해서는 안 된다(제15조)고 하고 있다.

이들 규정을 보면 과거 공산주의와는 단절하고 민주적, 연방제, 법치주의국가, 사회국가, 권력분립주의, 인민주권주의를 표방하여 서방민주주의국가와 별 차이가 없다고 하겠다.[3]

2. 1993년 헌법의 기본권 규정

1) 기본권 존중의 이념

1993년 헌법에서는 러시아연방이 기본권에 기초를 둔 국가임을 선언하고 있다. 「러시아민들이 인간의 권리와 자유, 시민적 평화와 협조에 근거하여 국가를 형성했다」고 강조하고 있다. 총강에서도 「인간은 권리와 자유를 가진 최고의 가치이다. 인간과 인권과 자유의 승인, 존중, 보호는 국가의 의무이다」(제2조) 「모든 러시아연방의 시민은 러시아 영토 내에서 러시아헌법이 보장하는 모든 권리와 자유를 누리고 평등한 의무를 부담한다」(제6조 2항)고 하고 있고 「시민은 러시아에서 추방되지 않으며 권리를 변경당하지 아니한다」(제6조 3항)고

2) Wikipedia, Constitution of Russia; Wikisource, Constitution of Russia; 15 Salient Features of Constitution of Russia, http://www.yourarticlelibrary.com/constitution/15-salient-features-of-the-constitution-of-russia/44244.

3) Levent Gönenç, *Prospects for Constitutionalism in Post-Communist Countries*, Kluwer Law International, 2002.

규정하고 있다. 이와 같이 기본권 존중을 전문과 총강에서 강조하고 있어 인권국가를 선언한 것이라고 할 수 있다.

2) 인권의 내용

(1) 특성

제2장은 인간과 시민의 권리와 자유를 규정하고 있는데 무려 제17조에서 제64조까지 48조를 규정하고 있다. 이 중에서도 기본원리로서 제17조와 제18조가 규정하고 있다. 제17조는 「러시아연방에서 인정하고 보장하는 인간과 시민의 권리와 자유는 세계적으로 인정된 국제법의 원칙과 규범에 기초하고 현재의 헌법에 기초하고 있다」고 강조하고 있다. 또 「인간의 기본권과 자유는 불가박탈이며 출생일부터 향유한다」,「이 인간과 시민의 권리와 자유의 행사는 다른 사람의 권리와 자유를 침해해서는 안 된다」고 규정하고 있다. 이 원칙은 기본권의 천부인권성을 인정한 것이며 과거에서 단절된 것이다. 제18조에서는 「인간과 시민의 자유와 권리는 직접적으로 효력을 가진다. 그들은 법률의 본질과 의의 및 적용을 결정하고 입법권의 행사와 집행권의 행사, 지방자치권의 행사를 결정하며, 사법행정에 의하여 보장된다」고 하고 있다. 이는 기본권이 법률의 제정 없이도 직접 적용되는 것을 규정한 것으로 최신 학설에 따르고 있다.

(2) 평등권

「모든 사람은 법과 법원 앞에 평등하다」(제19조)고 하여 입법상 평등뿐만 아니라 사법상 평등을 규정하고 있다. 「국가는 인간과 시민의 권리의 평등을 보장하며 성, 인종, 국적, 언어, 원천, 재산과 공적 지위, 거주지역, 종교, 신념, 공공결사의 회원여부와 기타 사정에 따라서 차별대우를 받지 아니한다. 사회적, 인종적, 국적적, 언어적, 종교적 근거에 의한 인권의 제한 형태는 금지된다」(제19조 2항). 남녀는 권리와 자유에 있어 평등하며, 행사에 있어서도 평등한 가능성을 가진다(제19조 3항). 여기서는 차별의 근거를 총망라하여 금지하고 있는 점이 특색이다.

(3) 인간의 존엄과 생명권

모든 국민은 생명권을 가진다(제20조). 국가는 인간의 존엄을 보호해야 한다(제21조). 사생활의 불가침, 개인생활 가정생활의 불가침, 명예와 좋은 평판의 보호(제23조 1항), 정보의 권리(제24조), 통신, 전신, 신서의 프라이버시권, 법관의 영장에 의한 제한은 가능하다. 주거의 불가침(제25조 1항), 국적의 권리, 모국어에 대한 권리, 모국어에 의한 또는 자기선택에 의

한 언어에 의한 교육, 창조적 활동권(제26조 2항)

(4) 자유권

(i) 일반적 행동의 자유

국내거주이전 여행의 자유, 출국의 자유, 귀국의 자유(제27조)

(ii) 정신적 자유

종교와 신념의 자유, 종교행사의 자유(제28조), 사상과 언론의 자유, 선동선전의 자유(제29조), 사상 불표현의 자유, 법적 수단에 따른 정부수락 등의 자유(제29조 4항), 대중매체에의 자유(제29조 5항)

(iii) 사회적 자유

결사의 자유, 노동조합결성의 자유, 결사에 가입하지 않을 자유(제30조), 평화적 집회의 권리(제31조), 시위 행진, 피켓의 자유(제31조)

(iv) 정치적 자유와 권리

국가행정에 참여할 권리(제32조 1항), 선거권과 피선거권(제32조 2항), 국가서비스를 균등하게 받을 권리(제32조 4항), 사법행정에 참여할 권리(제32조 5항), 청원권(제33조)

(v) 경제활동의 자유

직업 경영과 경제행위의 자유(제34조), 사적 재산권의 보장(제35조), 재산권 소유 처분의 자유(제35조 2항), 재산권 박탈의 금지, 토지소유권(제36조)

(5) 생존권

(i) 노동의 권리

노동의 자유(제37조 1항), 강제노동의 금지(제37조 2항), 근로조건의 보호, 실업에 대한 보장(제37조 3항), 휴식의 권리, 유급휴가의 권리(제37조 5항)

(ii) 가정생활의 보호

모성과 자녀, 가정의 보호(제38조 1항), 아동의 배려와 양육은 양친의 동권이며 의무(제38조 2항), 18세 이상 성년자의 부모 배려의무(제38조 3항)

(iii) 사회보장을 받을 권리

노령, 질병 근로능력 없는 장애인들에 대한 사회보장(제39조 1항), 국가연금 등 사회구조금(제39조 2항), 자율적 사회보장, 기타의 사회보장과 자선사업(제39조 3항)

(iv) 주택에의 권리

주거에의 권리보장(제40조 1항), 국가나 자치단체의 주택건축촉진 및 주택정책 집행(제

40조 2항), 저임금 시민들에 대한 값싼 사회주택의 제공(제40조 3항)

(ⅴ) 건강의 권리와 환경권

건강보호를 받을 권리, 국가와 병원의 적정한 병원비용, 건강보험제도 도입(제41조 1항), 국가와 지방의 국민건강체계확립, 건강보장제도의 확립(제41조 2항), 공무원의 인민의 생명이나 건강에 대한 위험 은폐에 대한 책임(제41조 3항), 환경에 대한 권리(제42조), 환경침해에 의한 손해배상책임(제42조)

(ⅵ) 교육을 받을 권리

교육을 받을 권리(제43조 1항), 유치원, 초등교육, 직업 초등교육의 자유와 무상(제43조 2항), 경쟁적 기초에서의 고등교육, 직업고등교육을 무상으로 받을 권리(제43조 3항), 일반 초등교육의 의무화(제43조 4항), 교육과 자습 학습의 장려(제43조 5항)

(ⅶ) 문화생활을 할 자유와 권리

문학, 예술, 과학, 기술 등 창의적 작업과 교육, 지적재산권 보장, 문화생활에 참가할 권리(제44조 2항), 문화유산과 역사유적의 보호에 관한 권리(제44조 3항)

(6) 국가보호청구권

기본권과 기본자유를 보장받을 권리(제45조 1항), 권리와 자유의 침해에 대한 사법적 보호청구권(제46조 1항), 범죄 피의자의 배심원의 참여재판을 받을 권리(제47조 2항), 변호인의 도움을 받을 권리(제48조), 무죄추정을 받을 권리(제49조), 동일 범죄에 대하여 이중처벌을 받지 않을 권리(제50조 1항), 불법취득증거의 증거능력배제의 권리(제50조 2항), 범죄 피해자의 보상을 받을 권리(제52조), 국가공무원의 불법행위에 의한 손해배상청구권(제53조)

(7) 시민권

18세 이상의 시민의 독립적 권리행사(제60조), 국외로 추방당하지 않을 권리(제61조), 이중 국적을 가질 권리(제62조), 정치적 망명자 비호청구권(제63조), 개인적 법적 지위의 보장원칙(제64조)

(8) 시민의 의무

조세납부 의무(제57조), 자연과 환경보장의무(제58조), 조국방위의무(제59조)

3. 1993년 헌법의 기본권 규정의 한역

참고로 1993년 러시아 헌법의 기본권 규정의 한역문을 보면 다음과 같다.

제2장 개인과 시민의 권리와 자유

제17조 1. 러시아연방에서는 보편적으로 인정되는 국제법상의 원칙과 규범 및 헌법에 의해
개인과 시민의 권리와 자유가 인정되고 보장된다. 2. 개인의 기본 권리와 자유는 박탈할
수 없으며 출생 시부터 모든 국민들이 향유하는 것이다. 3. 개인과 시민의 권리와 자유
의 행사가 타인의 권리와 자유를 침해하여서는 안 된다.

제18조 개인과 시민의 권리와 자유는 직접적인 효력을 가지며, 법률의 의미, 내용 및 적용,
입법부 및 행정부의 작용, 지방자치기구의 작용을 규정한다.

제19조 1. 모든 국민은 법과 재판 앞에 평등하다. 2. 국가는 성별, 인종, 국적, 언어, 출신,
재산과 지위, 거주지, 종교, 사회단체 소속 여부 및 그 밖의 여건에 상관 없이 개인과 시
민의 권리와 자유를 동등하게 보장한다. 3. 남성과 여성은 동등한 권리와 자유 및 이를
실현하기 위하여 동등한 기회를 갖는다.

제20조 1. 모든 국민은 생명권을 갖는다. 2. 사형은 사형제도가 폐지될 때까지 연방법에 따
라 생명에 관한 특히 생명 침해의 중대 범죄에 대한 배타적 형태의 처벌로서 설정될 수
있고, 피고인은 배심원이 참가하는 재판에서 사건의 심리를 받을 권리가 있다.

제21조 1. 인간의 존엄성은 국가에 의해 보호되며, 그 무엇도 이를 훼손할 수 없다. 2. 누구
도 고문, 강압, 체벌, 그 밖의 가혹행위 또는 굴욕적인 처우 또는 처벌을 받아서는 안 된
다. 누구도 자발적 동의에 의하지 아니하고는 의학, 과학, 기타의 실험을 당하지 아니한다.

제22조 1. 모든 국민은 자유와 신체 불가침권을 갖는다. 2. 체포구금 및 감금은 법원의 결
정에 의해서만 허용되며, 법원의 결정 없이는 시간 48이상 구금되어서는 안 된다.

제23조 1. 모든 국민은 사생활의 불가침, 자신과 가족의 프라이버시의 불가침, 자신의 명예
와 명성을 보호할 권리를 갖는다. 2. 모든 국민은 서신, 전화통화, 우편, 전신과 다른 통
신수단에 대한 프라이버시권을 가지며 이 권리의 제한은 법원의 명령에 의해서만 허용
한다.

제24조 1. 개인의 사생활에 관한 정보의 수집, 보존, 이용과 유포는 본인의 동의 없이는 허
용되지 않는다. 2. 국가기구 및 지방자치기구들과 이 기관의 책임자들은 법에서 달리 정
하는 경우가 아니면, 모든 개인들에게 본인의 권리와 자유에 직접 영향을 미치는 문서와
자료에 접근할 수 있는 기회를 보장할 의무가 있다.

제25조 주거는 불가침이다. 그 누구도 연방법에 명시된 경우나 법원의 명령에 의하지 아니
하고는 거주자의 의사에 반해 주거에 침범할 권리를 갖지 못한다.

제26조 1. 모든 국민은 자신의 국적을 결정할 권리를 갖는다. 누구도 이에 관한 결정을 강요받지 아니한다. 2. 모든 국민은 모국어를 사용할 권리가 있고, 의사소통, 교육, 학습 및 창작에 관하여 자유로운 언어 선택권이 있다.

제27조 1. 러시아연방 영토 내에서 합법적으로 거주하는 모든 개인들은 자유로운 이전이 보장되며 일시적 또는 영구적 주거지를 자유롭게 선택할 권리를 갖는다. 2. 모든 국민은 러시아연방 영토의 국경을 넘어 자유로이 다닐 수 있으며, 러시아연방 국민은 러시아연방으로 자유로이 돌아올 권리를 갖는다.

제28조 모든 국민에게는 양심의 자유와 종교의 자유(개인적으로 또는 집단적으로 원하는 종교를 신봉할 권리 또는 어떤 종교도 신봉하지 않을 권리종교와 그 밖의 신념을 자유롭게 선택, 신봉, 전파할 수 있는 권리를 포함한다)가 보장된다.

제29조 1. 모든 국민에게는 사상과 언론의 자유가 보장된다. 2. 사회적, 인종적, 국가적 또는 종교적 증오와 반목을 야기하는 선전 또는 선동은 허용되지 않는다. 사회적, 인종적, 국가적, 종교적 또는 언어적 우월성에 대한 선전은 허용되지 않는다. 3. 누구도 개인의 사상과 신념을 표현하거나 또는 이를 부인하도록 강제 당하지 아니한다. 4. 모든 국민은 어떠한 합법적인 방법으로든 자유로이 정보를 추구, 수신, 전달, 생산, 전파할 수 있는 권리가 있다. 국가의 기밀을 구성하는 정보 유형의 목록은 연방법에 의해 정해진다. 5. 보도의 자유는 보장되며 검열은 금지된다.

제30조 1. 모든 국민은 자신의 이해를 보호하기 위한 노동조합을 결성할 권리를 포함하여 결사의 권리를 가진다. 공공조합의 활동의 자유는 보장한다. 2. 누구도 어떠한 단체에 가입하거나, 그 단체에 머무를 것을 강요당하지 아니한다.

제31조 러시아연방 국민은 무기를 갖지 않고 평화롭게 집회, 집단적 모임 및 시위행진 및 피켓 행위를 할 권리를 갖는다.

제32조 1. 러시아연방 국민은 직접적으로 그리고 대표자를 통해 국정운영에 참여할 권리가 있다. 2. 러시아연방 국민은 국가기구와 지방자치기구에 대한 선거권과 피선거권을 가지며 국민투표에 참가 할 권리가 있다. 3. 법원에 의해 무능력자로 선고되거나, 법원 판결에 의해 수감 중인 시민들은 선거권과 피선거권이 없다. 4. 러시아연방 국민은 공무에 참여할 수 있는 동등한 권리를 갖는다. 5. 러시아연방 국민은 법 집행에 참여할 권리를 갖는다.

제33조 러시아연방 국민은 국가기관이나 지방자치기관에 개인적으로 또는 집단적으로 소청할 권리를 갖는다.

제34조 1. 모든 국민은 법으로 금지되어 있지 않은 경제활동이나 기업 활동을 위해 자신의 재산과 능력을 자유롭게 이용할 권리를 갖는다. 2. 불공정한 경쟁이나 독점을 위한 경제활동은 허용되지 않는다.

제35조 1. 사유재산권은 법률로 보장한다. 2. 모든 국민은 단독으로 또는 타인과 공동으로

재산을 소유, 점유, 사용, 처분할 수 있는 권리를 갖는다. 3. 누구도 법원의 명령에 의하지 아니하고는 자기의 재산을 몰수당하지 아니한다. 국가의 필요에 따른 재산의 강제수용은 사전에 공정한 보상을 하는 조건하에서만 행해질 수 있다. 4. 재산상속권은 보장한다.

제36조 1. 개인이나 단체는 토지를 사유재산으로 소유할 권리를 갖는다. 2. 환경을 훼손하지 않고 타인의 권리 및 적법한 이익을 침해하지 않는 한, 자연자원이나 토지의 소유, 사용과 처분은 자유롭게 행할 수 있다. 3. 토지 이용의 조건과 절차는 연방법에 따라 정한다.

제37조 1. 자유로운 노동은 보장한다. 모든 개인들은 자신의 노동능력을 자유롭게 활용하며 직업과 노동의 유형을 자유롭게 선택할 수 있는 권리가 있다. 2. 강제노동은 금지한다. 3. 모든 국민은 안전과 위생이 보장된 조건하에 노동하고, 일체의 차별 없이 연방법이 정한 최저 임금보다 적지 않은 임금을 받으며, 실업으로부터 보호받을 권리가 있다. 4. 파업을 포함하여 연방법으로 정해진 분쟁 해결 수단을 사용하는 개인적, 집단적 노동쟁의는 허용된다. 5. 모든 국민은 휴식을 취할 권리가 있다. 노동계약에 따라 일하는 근로자들에게는 연방법에 의해 정해진 근로시간, 휴일, 공휴일과 연가(유급)가 보장된다.

제38조 1. 모성, 아동과 가족은 국가의 보호를 받는다. 2. 아동에 대한 보호와 양육은 양친의 동등한 권리이며 의무이다. 3. 18세 이상의 근로능력자는 노동 능력이 없는 부모를 부양해야 한다.

제39조 1. 모든 국민에게는 노령, 질병, 신체장애, 가장의 사망과 아동의 양육에 대해 법에 정해진 바에 따라 사회적 보장이 허용된다. 2. 국가연금과 사회적 수당은 법에 의해 정해진다. 3. 자발적인 사회적 보험이나 추가적인 형태의 사회보장 및 자선단체의 창설은 장려된다.

제40조 1. 모든 국민은 주거의 권리를 갖는다. 누구도 자의적으로 주거의 권리를 박탈당할 수 없다. 2. 국가기관이나 지방자치기관은 주택건설을 촉진하고, 주거의 권리를 실현시킬 조건을 만들어야 한다. 3. 극빈자 및 주거가 필요한 것으로 법으로 정해진 기준에 따라 국가, 지방자치단체, 기타 주택기금으로부터 무상으로 또는 저렴한 임대료로 주택이 제공될 수 있다.

제41조 1. 모든 국민은 건강의 보호와 의료보호를 받을 권리가 있다. 국가기관이나 지방자치단체의 의료보호는 국민에게 무료로 시행하며 관련 비용은 국가, 예산보험료, 납입, 기타의 자금에 의해 충당된다. 2. 러시아연방에서는 공공의 건강을 보호하고 개선하는 연방 프로그램이 재정적 지원을 받고, 국가, 지방자치단체와 민간의 보건제도를 발전시키는 조치가 강구되며, 개인의 건강 향상, 신체교육과 스포츠의 발전, 생태적, 위생적 및 역학적 행복에 기여하는 활동이 권장된다. 3. 국민의 건강과 생명을 위협하는 사실과 환경을 공무원이 은폐하는 행위에 대하여는 연방법에 따라 책임을 묻는다.

제42조 모든 국민은 환경에 대한 정보를 제공받고 좋은 환경에서 살 권리를 가지며 환경상

의 위법행위로 인하여 발생한 재산이나 건강상 손실에 대하여는 배상을 청구할 권리를 갖는다.

제43조 1. 모든 국민은 교육을 받을 권리를 갖는다. 2. 국가나 지방자치단체의 보통교육 시설과 기업체에 있어서 학령 전 교육, 중등교육, 중등직업교육은 일반인들이 무상으로 받을 권리를 가진다. 3. 모든 국민은 경쟁에 기반하여 국가나 지방자치단체의 교육시설 및 기업들에 의해 행해지는 고등교육을 무상으로 받을 권리가 있다. 4. 기초 보통교육은 의무이다. 부모나 법정대리인은 자식이 기초 보통교육을 받을 수 있도록 보장하여야 한다. 5. 러시아연방은 국가교육 수준을 정하여 여러 형태의 교육 및 자율학습을 지원한다.

제44조 1. 모든 국민에게 문학, 미술, 과학, 기술 그리고 그밖의 형태의 창작활동과 교수의 자유가 보장된다. 지적소유권은 법률에 의하여 보호한다. 2. 모든 국민은 문화적인 생활에 참여하고, 문화시설을 이용하고 문화적 유산에 접근할 수 있는 권리를 가진다. 3. 모든 국민은 역사적, 문화적 유산을 보호해야 하며 역사 및 문화적 기념물을 보존할 의무를 가진다.

제45조 1. 러시아연방에서는 개인과 시민의 자유와 권리에 대한 국가의 보호가 보장된다. 2. 모든 국민은 법률에 의해 금지되지 않는 모든 수단을 이용하여 자신의 권리와 자유를 보호할 권리를 갖는다.

제46조 1. 모든 국민의 권리와 자유에 대한 사법적 보호가 보장된다. 2. 국가기관, 지방자치단체, 시민단체공무원의 결정이나 행위(작위 또는 부작위)는 법원에 제소될 수 있다. 3. 모든 국민은 개인의 권리에 대한 러시아연방의 국내적 법적 보호수단이 없을 경우러시아연방이 체결한 국제조약에 의거하여 개인의 권리와 자유의 보호를 국제기구에 제소할 권리를 갖는다.

제47조 1. 누구도 법원과 법관에 의해 재판받을 권리를 박탈당하지 아니한다. 2. 범죄 피의자는 연방법이 규정하는 경우, 배심원의 참여 속에 재판을 받을 권리를 갖는다.

제48조 1. 모든 국민은 자격을 갖춘 법적 조력을 받을 권리를 보장받는다. 법에 규정된 경우, 법적 조력은 무상으로 제공된다. 2. 체포 또는 구금된 모든 피의자들은 체포 또는 구금된 시점부터 변호인의 도움을 청할 권리를 갖는다.

제49조 1. 범죄행위로 인해 기소된 모든 국민은 연방법률에 규정된 절차에 따라 유죄임이 증명되고 법원의 판결을 통해 유죄가 확정될 때까지는 무죄로 간주한다. 2. 피의자 및 피고인은 자신의 무죄를 입증할 의무가 없다. 3. 피의자에 대한 움직일 수 없는 혐의는 피의자에게 유리하게 해석한다.

제50조 1. 누구도 동일 범죄에 대해 중복하여 판결을 받지 아니한다. 2. 연방법을 위반하여 획득한 증거는 재판과정에서 이용할 수 없다. 3. 형을 선고받는 모든 사람들은 연방법에 규정된 절차에 따라 상급법원에 항소할 권리가 있으며 형의 사면 또는 경감을 신청할

권리가 있다.

제51조 1. 누구도 본인이나 본인의 배우자, 연방법에 의해 그 범위가 정해진 가까운 친척들에 대해 불리한 증언을 할 의무가 없다. 2. 연방법률은 증언 의무가 면제되는 다른 사례들을 규정할 수 있다.

제52조 범행이나 직권남용으로 인해 피해를 입은 자의 권리는 법률로 보호된다. 국가는 피해자들이 입은 손해에 대한 보상이나 재판을 보장한다.

제53조 국가기관이나 공무원들의 불법행위로 인해 손해를 입은 경우 모든 국민들은 국가로부터 배상을 받을 권리를 갖는다.

제54조 1. 책임을 부과하거나 이를 증대시키는 법률은 소급효가 없다. 2. 누구도 행위의 시점에서 범죄를 구성하지 않는 행위에 대해서는 책임을 지지 않는다. 범죄를 저지른 후 그에 대한 책임이 경감되거나 면제되는 경우 신법이 적용된다.

제55조 1. 러시아연방 헌법에 기본적인 권리와 자유가 열거되어 있다고 하여 다른 보편적인 개인의 권리와 자유를 축소 또는 부인하는 것으로 해석되어서는 안 된다. 2. 러시아연방 내에서는 개인과 시민의 권리와 자유를 축소하거나 폐지하는 법률이 제정되어서는 안 된다. 3. 개인과 시민의 권리와 자유는 헌법체제, 윤리, 보건, 타인의 권리와 법적 이해관계의 기초 및 국가의 방위와 안전을 보장하기 위해 필요한 정도로만 연방법률로써 제한할 수 있다.

제56조 1. 국가비상 사태하에서는 국민의 안전보장 및 헌법질서의 수호를 위해 그리고 연방의 헌법적 법률이 정하는 바에 따라 일정기간과 범위를 명시하여 개인의 권리와 자유를 제한할 수 있다. 2. 러시아연방의 모든 영토 및 개별지역에 대한 비상사태 선포는 상황에 맞게, 연방 헌법적 법률이 정한 절차에 따라 이루어진다. 3. 러시아연방 헌법 제20조, 제21조, 제23조 제1항, 제24조, 제28조, 제34조 제1항, 제40조 제1항, 제46조~제54조에 규정된 권리와 자유는 제한할 수 없다.

제57조 모든 국민은 법에 규정된 세금과 부담금을 납부해야 한다. 납세자의 부담을 확대하거나 새로운 조세를 규정한 법률은 소급효가 없다.

제58조 모든 국민은 자연, 주변 환경과 천연자원을 보호할 의무가 있다.

제59조 1. 조국수호는 러시아연방 국민의 본분이며 의무이다. 2. 러시아연방 국민은 러시아연방법률에 따라 병역의 의무를 완수해야 한다. 3. 자신의 신념이나 종교적 믿음이 군복무 이행과 상충하는 경우 및 연방법률에 규정된 다른 경우에 러시아 연방 국민들은 대체 복무를 선택할 수 있다.

제60조 러시아연방 국민들은 18세부터 자기의 권리와 의무를 독자적으로 행사할 수 있다.

제61조 1. 러시아연방 국민들은 러시아 연방으로부터 추방되거나 외국으로 인도되지 아니한다. 2. 러시아연방은 자국 국민에 대한 보호 및 해외에서의 지원을 보장한다.

제62조 1. 러시아연방 국민은 연방법률과 러시아연방이 체결한 국제조약에 따라 외국국적
(이중국적)을 가질 수 있다. 2. 러시아연방 국민은 외국국적을 취득해도 연방법률이나
러시아연방이 체결한 국제조약과 다르게 규정되지 않는 한, 그 권리와 자유가 축소되지
않고, 러시아 국민으로서의 의무가 면제되지도 않는다. 3. 외국 시민이나 무국적자도 연
방법률이나 러시아연방이 체결한 국제조약이 규정하는 경우를 제외하고는 러시아연방
시민과 동등한 권리와 자유를 향유하며 의무를 진다.

제63조 1. 러시아연방은 국제법원 보편적 규정에 따라 외국인과 무국적자에 대해 정치적
망명을 제공할 수 있다. 2. 러시아연방에서는 자신의 정치적 신조 때문에 또는 러시아
연방 내에서 범죄로 간주되지 않는 행동(작위 또는 부작위) 때문에 박해를 받은 인사를
타국에 양도하지 않는다. 범죄자에 대한 인도는 타국에서 복역 중인 기결수의 인도와 마
찬가지로, 러시아연방법과 러시아 연방이 체결한 국제조약에 의거하여 이루어진다.

제64조 본장의 규정은 러시아연방에서의 개인의 법적 지위에 관한 기본원리를 구성하고,
이는 헌법에 규정된 절차에 의하지 않고서는 변경되지 않는다.

4. 인권보장의 특색

앞에서 본 바와 같이 1993년의 러시아연방헌법의 기본권규정은 공산주의 색채를 완전
히 벗은 민주적 기본권 선언임이 특색이다.

1977년 10월 7일에 효력을 발생한 소비에트사회주의공화국연방헌법은 제2부 국가와 개
인의 편에서 인권에 관하여 규정하고 있었다. 제6장은 소비에트사회주의공화국연방의 시민
권과 시민의 권리 평등에 관하여 규정했고, 제7장은 소련방 시민의 기본권, 자유와 의무를
규정하고 있었다.

그러나 이들 시민의 사회적, 정치적, 인신의 권리와 자유는 소비에트헌법과 법률에 의
하여 시민에게 보장되는 것으로(제39조) 국가와 법이 국민에게 보장해 주는 실정권으로 규정
하고 있었다.[4] 사회주의 국가에 있어서의 기본권은 노동자, 농민이 싸워서 얻은 권리로 생
각하였으며 이를 실정권으로만 인정하고 있었다. 이는 1936년 스탈린헌법 하에서도 주장되
었던 것이다.[5] 그것이 1993년 러시아연방헌법에서는 전문, 총강, 기본권장에서 천부인권으

---

4) Constitution (Fundamental Law) of the Union of Soviet Socialist Republics, 1977; Le Fevre,
   Constitutional Government Today in Soviet Russia, New York, 1962, pp. 59-68;
5) C. Osakwe, The Theories and Realities of Modern Soviet Constitutional Law: An Analysis of the
   USSR Constitution, *University of Pennsylvania Law Review* Vol. 127, pp. 1350-1437; E. Poppe,
   Grundrechte des Bürgers in der sozialistischen Gesellschaft, Berlin, 1980.

로 인정하고 있어서 이는 기본권관에 대전환을 이룬 것이다. 이는 1993년 헌법의 기초자들
이 세계인권선언과 국제인권규약(시민적·정치적 권리규약과 사회적·경제적·문화적 권리규약) 등
유엔의 인권조약을 반영하였고 또 미국헌법을 비롯한 세계각국헌법을 참조하여 헌법을 만들
었기 때문이라고 보기도 한다. 국가가 부여하는 실정권에서 불가양, 불가침의 자연권으로 전
환한 것은 큰 성공이라고 하겠다.[6]

다음에 헌법은 이 기본권이 직접 적용되는 것으로 규정하고 헌법 제18조가 「인간과 시
민의 권리와 자유는 직접적 효력을 가진다」고 규정한 것은 과거의 기본권과는 완전히 다른
것으로 사회권 규정이 입법방침규정이라고 보아온 선진국에서도 채용하지 않았던 이론을 헌
법에 직접 규정하였기에 사법부에 의한 직접 적용이 행해지게 되었다.

이 밖에도 헌법 제55조에서 「헌법에서의 기본권과 자유의 열거는 다른 일반적으로 인
정된 인권과 자유를 부정하거나 축소하는 것으로 해석해서는 안된다」는 규정은 미국 수정헌
법 제9조와 같은 맥락으로 규정된 것이며 이는 기본권의 포괄성을 규정한 것으로 큰 의의가
있다고 하겠다. 또 헌법이 규정하고 있는 이 「인간과 시민의 권리와 자유를 법률이 폐지하거
나 축소할 수 없다」고 규정한 것은 헌법에 유보 없이는 기본권을 제한할 수 없다는 규정으
로 독일기본법 제19조의 본질적 내용 침해규정보다도 발달한 것이라고 하겠다.

5. 인권보장의 현실

그러나 이러한 좋은 규범이 현실적으로 실현될 것인가에 대해서는 시행 초부터 회의론
이 있었다.[7] 그 뒤 러시아의 입법현실은 헌법규정과는 괴리가 생겼다.

1994년에는 옐친이 조직범죄처벌법을 만들어 헌법이 규정한 사회적 보장을 잘 하지 않
고 있었다.[8] 1994년에는 공산당과 국민당이 비슷한 의석을 가졌으나 일점반 정당이 되면서
민주주의가 후퇴하기 시작하였다고 한다. 2000년 이후 푸틴이 재집권한 뒤에 민주화가 후퇴
하고 있다고 한다. 그것은 우크라이나 사태와 관련한 국가안전문제와 관련이 있다고 한다.
언론·표현의 자유가 많이 제한되어 있어 심지어 러시아 헌법을 큰 소리로 읽었다고 하여 수

6) W. Schwarzer, Civil and Human Rights and Courts under the New Constitution of Russian
   Federation, 28 *International Lawyer* 825 (1994), p. 830.
7) W. Schwarzer, *op. cit.*, pp. 833-834;
8) Russia-Civil Rights, http://countrystudies.us/russia/74.htm; The Heritage Foundation Report
   Europe, Advancing Freedom in Russia, Nov. 28. 2007; Civil Rights Defenders, Human Rights in
   Russia, 24. June 2015.

감되는 경우도 있다고 한다.9) 미 국무성 리포트에 의하면 인권보장의 현실은 아직도 헌법규정에는 따라가지 못하고 있다고 본다.

이에 따르면 언론, 출판, 집회, 결사의 자유가 잘 보장되지 않고 있으며 정치적 기소가 행해지고 있으며 사법절차의 합헌적 운영이 저해되고 있고 아직도 인종, 종교, 성적 소수자에 대한 차별대우가 행해지고 있고 부패와 폭행이 행해지고 있다고 한다.10)

2012년에는 외국대리법(Foreign Agent Law)이 제정되어 외국자금의 유입을 방지하고 있으며 2016년에는 Yarovaya법이 제정되어 테러행위자와 급진주의자에 대한 형사처벌이 엄해지고 있다고 한다.11) 러시아 하원은 유럽인권재판소가 러시아 스파이법이 휴대폰을 감청하는 것을 러시아헌법 위반이라는 판결에 대하여 유럽인권법의 결정을 번복할 수 있는 권한을 헌법재판소에 주는 법안을 통과시켰다.12) 이 법률에 따라 러시아는 유럽인권재판소의 결정을 취소하였다.13) 러시아도 유럽인권재판소의 오랫동안의 회원국이다.

제2절 헝가리 헌법의 기본권 규정(2011)

1. 헝가리 헌법의 성립

헝가리는 1949년 공산주의 하에서 인민공화국헌법을 제정하였다. 1972년에는 사회주의 헌법을 개정하였다. 공산주의에 반대하여 민주국가로 전환한 뒤 1989년에 헝가리 공화국헌법을 채택하였다. 2011년에 새민주주의 헌법이 제정되었다.14)

---

9) Halya Coynash, Many detained in Russia for reading aloud the Russian Constitution, Human Rights, 13. 12. 2016.

10) Russia 2015 Human Rights Report, 2016; Country Reports on Human Rights Practices for 2015, United States Department of State · Bureau of Democracy, Human Rights and Labor.

11) Yarovaya Law, The Death of The Russian Constitution, http://www.huffingtonpost.com.

12) Russia passes law to overrule European Human Rights Court, BBC News, 4. Dec. 2015; Russia distances itself from the European Court of Human Rights, http://theduran.com.

13) Russia versus the European Court of Human Rights: Russia rejects the Court's Yukos verdict, http://theduran.com.

14) Constitution of Hungary, http://en.wikipedia.org/wiki/Constitution_of_Hungary.

2. 1989년의 민주화와 헌법개정

1989년 헝가리는 공산독재에 반대하여 공산당 일당독재를 청산하고 헌법을 개정하여 인민공화국헌법에서 헝가리공화국헌법으로 변경하였다.[15] 그러나 그 편별이나 체제는 그대로 두었다. 이 헌법개정에서는 제12장의 기본권을 대개정하였다.

제54조는 「① 헝가리공화국에서는 누구나 생명 및 인간의 존엄성에 대한 고유한 권리를 가진다. 누구도 이러한 권리를 자의적으로 부정할 수 없다」고 하여 세계인권선언에 규정된 인간의 존엄에 대한 고유한 권리를 가진다고 하여 자연권사상으로 전환하였다.

제57조는 「헝가리공화국에서는 누구나 법 앞에 평등하며, 법적 소송절차에서 자신에 대한 고소를 공정하고 공개적인 재판에서 법률에 의하여 설립된 독립적이고 공평한 법원에 의하여 판결을 받을 권리가 있다」고 규정하여, 모든 시민의 평등권을 법원의 재판으로 보장하고 있다. 또 제2조에서 「① 헝가리공화국은 독립적이고 민주적인 법치국가이다. ② 헝가리공화국에서 주권은 국민에게 있으며 국민은 직접 또는 선출된 대표자를 통해 주권을 행사한다. ③ 누구나 공권력을 강제적으로 취득 또는 행사하거나 공권력을 배타적으로 소유하려고 하는 행위를 할 수 없다. 누구든지 그런 행위를 법에 의해 허용된 방식으로 저항할 권리와 의무를 가진다」고 규정하고 있다. 「노동자 농민의 국가」에서 모든 국민이 주권을 가진 민주공화국으로 변경하였다. 나아가 불법행위를 한 행위에 대하여는 저항권을 인정하고 있다. 또 2/A조는 「조약의 효력에 의해 헝가리공화국은 유럽연합의 회원국으로서 유럽연합과 유럽위원회의 창설에 관한 조약에 의해 부여된 권리 및 의무와 관련하여 다른 회원국과 공동으로 권한을 행사할 수 있다. 이 권한은 직접 행사할 수도 있고 유럽연합의 제도를 통해 행사할 수도 있다. ① 제1항에 규정된 조약의 비준과 공포는 국회의원 3분의 2 이상의 찬성으로 승인을 받아야 한다」고 규정하여, 유럽연합에 가입한 뒤의 협력관계를 규정하고 있다. 따라서 유럽인권규약에도 가입하게 되었다.

공산주의국가에서 민주공화국으로 체제가 변환하는 즉시 노동자, 농민 등 노동계급의 실정권에서 모든 국민의 천부인권이 헌법상의 인권임을 선언한 것은 체제변환국가의 공통적 현상이다.

---

15) 이 개정헌법의 한국역은 국회도서관, 「세계의 헌법」 제2권(초판), 675-707 참조.

3. 2011년 기본법의 성립

1989년 헝가리는 철의 장막을 걷어 들임으로써 바르샤바조약 국가인 인민공화국들을 붕괴시켰다. 동독은 이에 따라 서독으로 흡수 통일되었다. 1989년 10월 23일 인민공화국을 폐지하고 공화국을 선포하였다. 1990년 총선에서는 보수적인「헝가리 민주포럼」이 승리하여 권력을 잡았다. 1991년 6월 19일 소련군이 철군하고 헝가리는 유럽연합에 가입할 수 있게 되었다.16) 헝가리의 1949년 헌법은 헝가리의 첫 성문이고, 1972년에는 헌법개정이 아닌 헌법개혁으로 노동자의 권리가 아닌「시민의 권리」를 인정하게 되었다. 1949년 인민공화국헌법은 공산주의의 패퇴 후에도 1989년 10월 23일 대개정을 한 뒤 2011년의 새 기본법이 제정될 때까지 효력을 가지고 있었던 희귀한 예이다.

헝가리는 1994년 2월 1일에는 유럽연합의 준가맹국이 되었고 2004년 5월 1일에는 가맹국이 되었다. 1999년 3월 12일에는 북대서양동맹(NATO)에 가입하여 서방국가로서의 지위를 굳혔다. 4년마다 행해진 국회의원선거에서 정권이 바뀌었는데 2010년 선거에서는 보수당이 3분의 2의 의석을 차지하게 되어 헌법개정에 착수하게 되었다. 2011년 3월 15일에는 정부안이 국회에 제출되었고 2011년 4월 18일에는 의회를 통과하였다. 그리고 2011년 4월 25일에 대통령이 서명하고 2012년 1월 1일부터 효력을 발생하게 되었다.17)

4. 2011년 기본법의 인권사상

이 기본법은 헌법인데 기본법이라는 용어를 사용하였는데 특별한 의미는 없었고 기본법은 의회 재적 3분의 2 이상으로 개정될 수 있었다. 2011년 헌법의 제정에는 국민의 의사가 잘 반영되지 않고 졸속으로 제정되었다고 하여 비판도 받았고 베니스위원회나 유럽연합, 유엔에서도 우려를 표시하였다. 과거의 권위주의를 유지하고 있다는 비판을 받고 있다.18)

16) Ungarn im 20. Jahrhundert, Demokratiezentrum Wien, http://www.demokratiezentrum.org/wissen/timelines/ungarn-im-20-jahrhundert.html; Wikipedia, Constitution of Hungary.
17) Z. SZABÓ, *Das Ungarische Verfassungssystem*, Technische Universität Dresden, 2012; Wikipedia, Grundgesetz Ungarns; Ungarn in schlechter Vergassung, magazin.hiv, https://magazin.hiv/2011/04/20/ungarn-in-schlechter-verfassung; H. Kipper, Ungarn Verfassung vom 25, April 2011, *Studien des Instituts für Ostrecht* München Bd 69, 2012. 이 헌법은 자유주의파가 득세한 뒤 2013년에 헌법재판소에 관한 규정이 개정되었다.
18) Ungarns Verfassung: Vorbildlich oder eine Gegahr für die EU?, *Euractiv*, http://www.euractiv.de/section/wahlen-und-macht/news/ungarns-verfassung-vorbildlich-oder-eine-gefahr-fur-die-eu; Parlament beschließt neue Verfassung: Europa sorgt sich um Ungarns Demokratie,

기본권에 관해서는 전문에서 「우리는 인간의 존엄이 인간존재의 근거임을 고백한다. 또 우리는 개인의 자유가 타인과의 협동에서만 전개될 수 있음을 고백한다. 우리는 우리들의 공동생활의 영역에서는 가정과 민족이 가장 중요한 것임을 고백하며 우리들의 공동귀속의 기본적인 가치는 충실·믿음과 사랑임을 고백한다. 또 우리는 공동체의 힘의 근거이며 인간 정신의 노동과 체현은 인간의 명예에 근거한다는 것을 고백한다」고 하여 인간의 존엄과 자유 가족, 민족, 인간의 명예의 중요성을 강조하여 자연권 사상에 근거하고 있음을 고백하고 있다.[19]

제E조에서는 헝가리가 유럽민족의 자유, 복지, 안전의 발전 이익을 위하여 유럽통합의 창조에 공동 참여한다고 하고, 나아가 헝가리는 유럽연합의 구성국가로서 참여하는 이익으로서 국제조약에 근거하여 창립조약에서 나오는 권리를 행사하며 그 의무를 필요한 만큼 충족시켜 이 기본법에서 도출되는 권한에서 다른 구성 공동체의 일원으로서 유럽공동체 기구의 권한을 공동으로 행사할 것이다」라고 하여 유럽공동체의 구성원으로서 권리와 의무를 다 할 것을 서약하고 있다.

자유와 책임 조항에서는 제Ⅰ조부터 XXXⅠ조까지 권리와 의무에 관해서 규정하고 있다. 그러나 여기서는 자유뿐만 아니라 생존권까지 상세히 규정하고 있다.

제Ⅰ조는 「(1) 인간의 불가침이고 불가양의 기본권은 존중해야 한다. 이는 보호하는 것은 국가의 원초적 의무이다. (2) 헝가리는 인간의 개별적이고 집단적인 기본권을 승인한다. (3) 기본적 권리와 의무에 관련된 규율은 법률에 의해서 확정된다. 기본권은 다른 사람의 기본권의 실현의 이익을 위하여 또는 헌법적 가치의 보호를 위하여 필요하고 성취할 수 있는 목적에 적합한 정도로 기본권의 본질적 내용을 고려한 한도 내에서 제한할 수 있다. (4) 이 법률에 근거하여 형성된 권리 주체는 이 기본권이 보장될 뿐만 아니라 권리주체로서 인간에 관련하여 자연적인 의무도 또한 지고 있다.

제Ⅱ조는 「인간의 존엄은 불가침이다. 모든 인간은 생명의 권리와 인간존엄의 권리를 가지며 태아로서 수태할 때부터 생명이 보호된다.」 이 밖에서 기본권의 본문에서 「권리를 가진다」고 하고 부여한다고는 하지 않았으며 이 불가침, 불가양의 권리가 국가에 선존한다는 것을 선언하고 있는 점에서 공산주의 하의 실정권에서 민주주의 하의 자연권으로 옮겨 왔음을 확인시켜 주고 있다.

Tagesschau, https://www.tagesschau.de/ausland/ungarn246.html.

19) 이 전문은 국민의 고백(Nationales Bekenntnis)이라고 하여 국가의 목적과 나아갈 방향을 제시하고 있다.

제3절 폴란드 헌법의 기본권 규정(1997)

1. 폴란드 1997년 헌법의 성립

소련의 붕괴로 폴란드는 민주공화국으로 다시 탄생하였다. 1989년 4월의 헌법 개정 후에 12월에 헌법개정을 하고 제3공화국이 출범하였다.[20] 여기서는 소련과의 동맹규정을 삭제하고 사회주의국가 규정을 삭제했으며 공산당의 지도적 지위를 삭제하고 폴란드공화국으로 국명을 환원하였다. 그리고 민주적 법치국가로 변경하였다. 1989년 6월에는 자유선거가 행해졌기 때문에 1952년 헌법의 개정은 급하지 않았다. 그러나 헌법개정에의 시도는 계속되었고 1992년에 작은 헌법(Kleine Verfassung)에 의하여 보완되었다. 여기서는 입법, 행정, 사법의 3권분립을 다시 도입하였다. 그럼에도 새로운 헌법제정이 더욱 요구되었다.

1997년 봄에 하원과 상원에 의하여 새 헌법이 통과되었고 국민의 국민투표에 의하여 비준되어 1997년 10월 17일에 효력을 발생하였다.[21] 이 헌법은 13장과 243조로 구성되어 있다.

2. 1997년 헌법의 기본권 규정의 이념

제1장은 공화국이고, 제2장은 인간과 국민의 자유, 권리와 의무로 되어 있다. 전문에는 하느님을 진리와 정의와 선과 미의 원천으로 믿고 있다고 하여 공산국가에서의 종교탄압에서 종교의 중요성을 인정하고 있다. 또 「과거 폴란드가 인간의 기본적 자유와 권리가 침해되었던 것을 회고하면서 앞으로는 기본권을 항구히 보장하게 될 희망에서 폴란드헌법은 국가에게 자유와 정의를 존중하며 … 시민과 공동체의 권리를 공권력에 의하여 강화할 것」을 규

20) Dritte Republik, Verfassungsnovelle vom Dezember 1989; Wikipedia, Verfassungsgeschichte Polens; Die Umsturzbewegungen 1989 in Mittel -und Osteuropa, http://www.bpb.de/geschichte/deutsche-einheit/deutsche-teilung-deutsche-einheit/43728/die-umsturzbewegungen-1989?p=2; J. Jan Siedlarz, *Kirche und Staat im kommunstischen Polen 1945-1989*, Paderborn, 1996; T. Ash, *The Polish Revolution Solidarity*, New York, 1985.

21) Wikipedia, Polnische Verfassung; T. Diemer-Benedict, Die neue Verfassung der Republik Polen, *OER* 1997. 12. 3, 223-264; Polen, Staat und Regierrung, Vile Netzwerk, https://www.vile-netzwerk.de/polen/articles/polen-staat-und-regierung.html; *Verfassung der Republik Polen vom 2, April 1997*, Verfassung der Republik Polen; verabschiedet von der Nationalversammlung am 2. April 1997; Poland-Constitution, confirmed by Referendum in Oct. 1997.

정하였다.

제3공화국의 복리를 위한 이 헌법은 모든 인간의 자연적 존엄을 요구하며 그의 권리와 자유와 의무를 타인과의 연대와 이 원칙의 보장을 폴란드공화국의 흔들릴 수 없는 근거로 존중할 것을 호소한다.

이 전문에서 이미 인권은 자연권이며 국가에 선존하고 국가가 이를 보장할 의무를 진다는 것을 명시하였다. 총강에서도 제2조에서 「폴란드공화국은 사회적 정의를 실현하는 기본원칙에 입각한 민주적 법치국가이다」라고 하고 있다. 제4조는 「폴란드공화국의 고권은 인민에게 있다」고 하고 있다. 제9조는 「폴란드공화국은 구속적인 국제법을 존중한다」고 하고, 제14조는 「폴란드공화국은 언론과 기타 매체의 자유를 보장한다」고 했다. 제18조는 「혼인과 가정을 보호한다」고 하고, 제20조에서 「공화국의 경제질서의 근거는 사회적 시장경제이다」라고 하고, 제21조는 「재산권과 상속권을 보장한다」고 하고 있다. 「노동은 국가의 보호하에 있으며 국가는 노동조건을 감시한다」(제24조)고 하고, 「기업의 자유는 제한할 수 있다」(제22조)고 하고 있다.

제2장은 인간과 시민의 자유, 권리와 의무로 되어 있는데 제1절 총칙, 제2절 인신의 자유와 권리, 제3절 정치적 자유와 권리, 제4절 경제적·사회적·문화적 자유와 권리, 제5절 자유와 권리의 보호수단, 제6절 의무로 구성되어 있다.

첫 머리인 제30조는 인간의 존엄에 관해서 규정하고 있다. 「인간의 생래적이고 불가양도인 존엄은 인간과 시민의 자유와 권리의 원천이다. 인간의 존엄은 불가침이고 인간의 존엄의 존중과 보호는 공권력의 의무이다」라고 하여 세계인권선언의 인간의 존엄을 가장 중요한 인권으로 규정하고 있다.

제31조에서는 자유권을 규정하고 있다. 「1. 모든 인간의 자유는 법적으로 보호된다. 2. 모든 개인은 타인의 자유와 권리를 존중할 의무를 진다. 누구나 그의 행동을 강요하여서는 아니 되며 이 권리를 금지해서는 안 된다. 3. 헌법적 자유와 권리는 법률에 의해서만 제한될 수 있다. 이 제한이 민주주의 국가의 보장과 안전을 침해하거나 공공질서의 안전이나 환경보호, 건강보호와 공중도덕의 보호를 위하여 타인의 권리를 보호하기 위하여 필수적인 경우에만 제한될 수 있다. 그러나 이 제한은 자유와 권리의 본질적 내용을 침해해서는 안 된다.」

제32조는 인간의 평등권에 관해서 규정하고 있다. 「1. 모든 사람은 법 앞에 평등하다. 모든 사람은 공권력에 의하여 평등하게 취급될 권리를 가진다. 2. 누구나 공적인, 사회적이나 경제적 생활에 있어서 어떠한 이유로서도 차별대우를 받아서는 안 된다.」 이 밖의 기본권

도 이 원칙에 따라 보장되고 있다. 전문에서와 같이 기본권보장 규정이 국가나 당이나 권력자가 부여하는 것이 아니라 국가 이전에 보장되어 있었던 자연권을 선언한 점에서 명백히 공산주의적 실정권 이론에서 탈피한 것이라고 하겠다.

경제적·사회적·문화적 권리규정에서도 「권리를 부여한다고 규정하지 않고 권리를 가진다」고 하여 천부인권임을 강조하고 있다(제64조 재산권보장). 이 규정들도 경제적·사회적·문화적 권리의 세계인권협약에 준하고 있다.[22] 헌법 제8조는 「1. 헌법은 폴란드공화국의 최고의 법이다. 2. 헌법의 규정은 헌법에서 특별히 규정한 경우를 제외하고는 직접적으로 적용된다」고 규정하고 있어 경제적·사회적·문화적 기본권의 적용에는 문제가 있을 것 같다.

---

22) M. Martel, *Die Soziale Grundrechte in der Polnischen Verfassung von 1997.*

제6장

영국과 미국계 헌법의 기본권

제1절 영국 헌법의 기본권

1. Magna Charta에서 Human Rights Act로

1) 영국의 인권보장의 효시인 마그나 카르타

1215년의 영국의 대헌장은 국민 전체의 기본권을 보장한 것이 아니고 귀족의 권리를 보장한 영국 최초의 헌법으로 800년이 지났다.[1] 당시 이 헌법은 민주주의의 심벌로 여겨졌으며 외국에도 많은 영향을 끼쳤다.[2] 그런데 800년이 지난 현실에서는 많은 변화가 불가피해졌다.

2) 영국 인권법의 제정

영국은 유럽연합에 가입하여 유럽인권헌장의 적용을 받게 되었으며 1998년에는 영국인권법이 발효되었다.[3] 과거의 관습법의 역사에서 성문법의 역사로 전환한 것이다. 물론 인권에 대한 성문법으로서는 인권장전(1689)이 있었다. 제2차 대전 후에는 국제화에 따라 기본권 규정이 법제화되게 되었다.[4]

---

1) Andrew Blick, "Magna Carta and contemporary constitutional change," *History and Policy*, 13 March 2015.

2) Andrew Muchmore, The English Bill of Rights and Its Influence on the United States Constitution, http://libguides.law.uga.edu/c.php?g=177206&p=1164810.

3) Robert Blackburn, *Towards Const. Bill of Rights/UK*, bloomsbury Publishing, 1999.

4) GMC, Human Rights Act 1998 (UK), http://www.gmc-uk.org/guidance/ethical_guidance/30629.asp; GOV.UK., The Human Rights Bill, https://www.gov.uk/government/publications/the-human-rights-bill.

이 인권법은 유럽협의회에서 1950년 11월 4일 12개국 회원국에 의해서 서명되었다. 이 유럽인권헌장은 조약이므로 이 유럽인권헌장은 영국인에 의하여 기초되었으며 초기 발전에 많은 역할을 했다. 영국은 1951년에 이 헌장을 비준하였고 초대 유럽인권재판소장은 영국 법률가 McNair였다. 그래서 영국인들은 직접 유럽인권재판소에 제소할 수 있을 것 같았으나 유럽인권재판소는 국내의 최고법원의 결정에 반대하여 제소하는 경우에 인정되었다.

영국은 1998년에 유럽인권법조약을 영국에 실현하기 위하여 1998년에 법률을 제정하였고 2000년 10월부터 효력을 가지게 되었다.

2. 1998년 인권법의 내용

제1장 서장에서는 연합인권조약의 권리(convention rights)를 정의하고 있다. 이에 따르면 연합인권조약의 (a) 제2조에서 제12조까지와 제14조, (b) 제1의정서 제1조에서 제3조, 제13의정서의 제1조 등이라고 말하고 있다. 이들 권리는 스케줄(Schedule) 1에 규정되어 있다.[5] 스케줄 1은 이 인권법에서 보장되는 권리를 열거하고 있다. 제1부에서는 유럽기본권조약의 권리와 자유를 규정하고 있다. 이하에서는 이 조문을 의역한 것이다.

제2조 생명의 권리

1. 모든 사람의 생명권은 법률에 의해서 보장된다.

2. 다음의 경우에는 생명의 침해라고 보지는 않는다.

  (a) 자위권 행사(정당방위)

  (b) 합법하게 구금된 자의 도주 방지를 위한 법적 체포

  (c) 폭동이나 반란의 진압

제3조 고문의 권리

고문이나 비인간적 처우의 금지, 잔혹한 형벌의 금지

제4조 노예제도의 금지와 강제노동의 금지

1. 노예제도와 강제노역형 제도의 금지

2. 강제노동의 금지

3. (a) 형 집행시의 노동은 강제노역에 포함되지 않는다. (b) 군사적 노역, 병역대체 근

---

5) Human Rights Act 1998, Schedule 1 (Sect. 1. (3); BBC News, UK Human Rights Act: What the articles say, http://news.bbc.co.uk/2/hi/uk/946400.stm; Council of Europe, Die Europäische Menschenrechtskonvention Human Rights Act 1998(Repeat and Substitution) Bill.

무자의 직무는 강제노역이 아니다. (c) 인간의 생명이나 공동체의 복지를 위협하는 위기시의 봉사활동은 이에 포함되지 않는다. (d) 평상적인 시민의 의무로 하는 형태의 서비스, 노동은 강제노동이 아니다.

제5조 자유와 안전의 권리

1. 모든 사람은 인신의 자유권과 안전권을 가진다. 법률이 정한 절차에 따라서 행해지는 다음 행위는 이 권리를 침해하는 것이 아니다. (a), (b), (c), (d), (e), (f) 생략

2. 체포된 자는 즉시 그 이유와 피의사실을 통고받아야 한다.

3. 정당하게 체포된 자는 법에 의해서 권한 있는 법원의 면전에 제출되어야 한다.

4. 체포나 구금에 의하여 자유가 침해된 자는 법원에 의한 신속한 재판이 행해져야 한다. 구금이 불법인 경우 즉시 석방한다.

5. 이 조문의 규정에 위반되어 구속되거나 구금된 자는 형사보상을 받을 집행권이 있다.

제6조 공정한 재판을 받을 권리

1. 시민권이나 의무, 형사범죄와 혐의로 구속된 자는 법에 의하여 설립된 독립이고 공정한 법원에서 합리적인 시간 내에 청문을 받을 권리를 가진다. 판결은 공개되어야 하나 언론은 민주사회에 있어서 도덕이나 공공질서나 국가안전을 위하여 특정한 경우에 공개를 제외할 수 있다.

2. 형사범죄로 소추된 사람은 법에 의하여 유죄가 확정될 때까지는 무죄로 추정된다.

3. 형사범죄로 소추된 사람은 최소한 다음의 권리를 가진다. (a) 그에 대한 소추 원인의 성격과 이유를 곧 상세하게 설명 받을 권리가 있다. (b) 그의 방어를 위한 충분한 시간과 장소 (c) 자신이나 자기가 선정한 변호사의 법적 조원을 통하여 자기 방어를 할 권리를 가진다. 사법의 이익을 위하여 필요한 경우에는 무료변호를 받을 수 있다. (d) 피의자에 반대하는 증인과 같은 조건의 자기의 증언에 대하여 같은 조건의 증인의 증언시간 등을 충분히 받을 수 있다. (e) 법정에서 사용하는 언어를 알아들을 수 없는 사람에게는 무상으로 통역의 도움을 받을 권리를 가진다.

제7조 죄형법정주의: 법률 없이는 범죄 없다.

1. 누구든지 자기의 범죄가 그것이 행해진 때에 국내법이나 국제법에 의하여 형사범죄를 구성하지 않는 경우에는 처벌될 수 없다. 그 형사범죄가 행해졌을 때 적용될 법률보다도 중한 형벌을 규정한 경우에는 이 사후법을 적용당하지 아니한다.

2. 그 행위가 행해졌을 때 개발된 시민국가가 인정한 법의 일반원칙에 따라 범죄가 행하여진 경우에도 그 사람의 재판과 처벌에 있어 편견을 가져 손해를 보게 하지는 않

을 것이다.

제8조 사생활과 가족생활의 존중에 관한 권리

1. 누구든지 사생활과 가정생활의 존중을 받을 권리와 가택과 통신의 비밀존중을 받을 권리를 가진다.

2. 이 권리는 … 특별한 경우를 제외하고는 공권력에 의하여 방해를 받지 아니한다.

제9조 사상, 양심, 종교의 자유

1. 모든 사람은 사상과 양심과 종교의 자유를 가진다. 이 자유는 종교나 신앙을 변경할 자유, 혼자 또는 공동으로 공적이나 사적으로 그의 종교나 신앙을 선언하고 예배하고 교육하고 실천하고 준수할 자유를 포함한다.

2. 자신의 종교나 신앙을 선언하는 자유는 법률이 정한 제한에 의해서만 제약될 수 있다. ….

제10조 표현의 자유

1. 모든 사람은 표현의 자유를 가진다. 이 권리는 의견을 가지는 자유와 정보와 이념, 공적기관의 간섭 없이 수령하고 전파하는 권리를 포함한다.

2. 이 자유의 행사는 의무와 책임을 가지므로 법률이 정하는 바에 따라 그 형식, 조건과 제한, 형벌에 처해질 수 있다. ….

제11조 집회와 결사의 자유

1. 모든 사람은 평화적 집회의 자유와 다른 사람과 결사를 결성할 자유의 권리를 가진다. 결사의 자유에는 그들의 이익을 보호하기 위하여 노동조합을 형성하고 이에 가입할 권리를 포함한다.

2. 이 권리의 행사는 법률이 정한 바에 따르지 않으면 제한할 수 없다. 제한은 … 이 권리는 군인에 대한 것과 경찰에 대한 것, 국가행정에 대한 이 권리의 행사의 합법적인 제한을 불가능하게 예방하는 것은 아니다.

제12조 혼인의 권리

결혼 연령에 달한 남성과 여성은 이 권리의 행사에 관한 국가법에 의하여 혼인을 할 권리와 가정을 형성할 권리를 가진다.

제14조 차별의 금지

이 인권조약이 규정한 권리와 자유의 향유는 성, 인종, 피부색, 언어, 종교, 정치적 또는 다른 신념, 국민적, 사회적 기원, 국민적 소수파와의 결사, 재산, 출생 또는 계급과 같은 어떤 이유로서도 차별 없이 보유된다.

제16조 외국인의 정치행위의 제한

제10조, 제11조, 제14조의 규정은 체약국이 외국인의 정치적 행위에 대한 제한을 부과하는데 제약이 되지 않는다.

제17조 권리의 남용의 금지

이 인권조약의 규정이 국가나 단체나 개인에게 어떤 행위를 하거나 어떤 권리나 자유의 파괴를 목적으로 한 행위에 대하여 그 제한을 이 인권조약이 규정한 것보다도 더 광범하게 해석하는 것을 인정하는 것은 아니다.

제18조 권리제한 사용의 제한

이 인권조약에 의해서 허용된 권리와 자유의 제한은 이 인권조약에 규정된 것 이외의 목적이나 다른 권리의 제한을 허용한 것은 아니다.

제2부 제1의정서

제1조 재산권의 보장

모든 자연인과 법인은 소유물을 평화적으로 향유할 권리를 가진다. 누구도 그의 소유물을 국내법이 규정한 공익과 조건에 의하지 아니하고는 또 국제법의 일반원칙에 의하지 아니하고는 박탈당하지 아니한다.

그러나 이 제한규정은 국가의 일반이익이나 세금의 지불 또는 형벌의 부과에 의한 재산권의 사용의 통지를 위한 법률의 집행에 대한 국가의 권리를 제약하는 것은 아니다.

제2조 교육의 권리

누구도 교육의 권리를 부정당해서는 안 된다. 교육과 교수에 관련된 어떤 기능의 행사에 있어서도 국가는 부모의 종교적, 철학적 신념에 합치되는 교육과 교수를 행하는 권리를 존중해야 한다.

제3조 자유선거권

체결당사국은 합리적인 간격을 두고 비밀선거로 입법의 선택에 있어 인간의 신념을 자유로이 표현할 수 있게 하는 조건으로 자유선거를 시행해야 한다.

제3부 제13합의의정서

제1조 사형의 폐지

사형은 폐지된다. 그러한 형벌을 선고하거나 집행한다고 하여 어느 당사국도 비난받지 않는다.

3. 인권법 적용의 문제

영국의 노동당이 유럽인권조약의 영국법에의 적용을 목적으로 인권법을 1998년에 제정한 목적은 인권침해문제를 스트라스부르에 있는 인권재판소가 아닌 영국의 법원에서 판결할수 있도록 하기 위한 것이었다. 그래서 인권 침해자에게는 구제를 빨리 해줄 수 있을 뿐만아니라 스트라스부르에 가는 많은 비용을 절약할 수 있었다.6) 그 결과

1) 유럽인권조약(ECHR)은 영국의 국내법이 되었다. 그리하여 공공기관이 인권을 침해한 경우에 곧 영국의 법원에 제소할 수 있게 되어 신속한 처리가 가능해졌다.7)

2) 그리하여 모든 공공기관(법원, 경찰, 지방단체, 병원과 공립학교)과 공적 기능을 가진 다른 단체들도 인권을 존중하고 보장할 의무를 지게 되었다.

3) 의회는 법률을 제정할 때마다 그것이 인권조약의 규정에 합치되는지 여부를 검토하게 되었다. 물론 영국은 의회주권국가이기에 국회법이 인권조약에 위반된다는 것을 인정하기는 어려웠다.

4) 법원은 이제까지 영국의 판례법에 따라서 재판해 왔는데 이제는 유럽인권재판소의 판례도 판례로 적용해야 되어 영국법의 전통문제가 나타났다.8)

이에 대하여 영국의 자존심은 상처를 입었다.9)10) 보수당은 이 노동당의 인권법 제정에 반대하여 이에 반대하는 인권법전(Bill of Rights)을 만들겠다고 하여 많은 논란이 일어나고 있다. 보수당이 이 인권법에 대하여 반대하는 이유 중에는 여러 가지가 있는데 주로 의회주권의 문제를 보면 장관이 하원에 입법안 초안을 제출하면 이 법안이 유럽인권법의 규정에 합치되는가 여부를 표시하는 「합치문서」를 제출해야 한다.

의회는 인권합동위원회에서 이 법안이 인권법에 합치하는가 여부를 심사하고 있다. 비

6) The Human Rights Act, Equality and Human Rights Commission, https://www.equalityhumanrights.com/en/human-rights/human-rights-act; Human Rights and the EU, Full Fact, https://fullfact.org/europe/eu-and-human-rights.

7) The Human Rights Act, Equality and Human Rights Commission, https://www.equalityhumanrights.com/en/human-rights/human-rights-act.

8) Human Rights and the EU, Full Fact, https://fullfact.org/europe/eu-and-human-rights.

9) The Human Rights Act: 800 Years in the making, *The Guardian*, https://www.theguardian.com/humanrightsandwrongs/800-years-making.

10) SPICSe Briefing, *The European Convention on Human Rights in the United Kingdom*, 2014. 14/80; effort of the human rights act 1998; K. Bullock and P. Johnson, "Impact of the Human Rights Act 1998 on Policing in England and Wales," *The British Journal Criminology* Vol. 52, Issue 3 (2012), pp. 630-650.

록 이에 비토할 권리는 없지만 2007년 이후에 많은 정당이 인권법 대신에 권리장전을 만들 것에 대해서 논의하였다.[11]

혹자는 보다 광범하게 경제적·사회적 권리와 환경권을 추가하자고 하고 노동당은 의무와 책임에 관한 규정을 추가하자고 한다. 여기에 대하여 보수당은 현재의 인권법을 폐기하고 새로운 권리장전을 만들자고 주장한다. 이들은 새 헌법을 제정하기에 앞서 권리장전을 먼저 제정하여 영국풍토에 맞는 법률을 만들자고 한다. 이들은 법원이 점점 적극주의적으로 법률 등의 기본권 침해성을 인정하는 판례를 형성하는데 반대하고 있다.

노동당이 인권법 1998을 제정한 뒤에 보수당은 선거공약으로서 이를 폐기하고 새로운 영국 권리장전(British Bill of Rights)을 만들겠다고 공약을 해 왔다. 그 이유는 인권법이 영국의 권리장전의 전통을 무시하고 영국의 전통적인 의회주권을 무시한다는 것이었다. 그 역사를 여기서 상세히 설명할 수 없기 때문에 몇 개의 방송·신문·논조만 들어보기로 한다.[12]

그런데 2013-14년에는 하원의 유럽위원회는 유럽기본권헌장의 적용문제에 관한 리포트를 발표한 바 있다.[13] 이 리포트에서 의회 위원회는 정부에 대하여 유럽인권헌장이 영국에도 적용될 것인가 여부에 대하여 명확한 답변을 해 주기를 바랬으나 정부는 이에 응하지 않고 계속 성문화도 안 된 영국인권장전만 고집하고 있어 문제가 되었다. 영국정부의 애매성 때문에 법원은 이 유럽인권장전을 적용하는 예가 늘어나 혼란이 계속되고 있다.

의회는 이 문제에 대하여 토론하기 시작하였다. 상원은 2015-16년 회기에 「영국과 유럽연합과 영국권리장전」에 대한 청문회를 열었다.[14] 상원 유럽연합위원회는 2015-16년에

---

11) House of Lords House of Commons, Joint Committee on Human Rights, A Bill of Rights for the UK? *Twenty-Ninth Report of Session* 2007-08 Vol. 1·Vol. 2; Joint Committee on Human Rights, Twenty-Ninth Report, https://publications.parliament.uk/pa/jt200708/jtselect/jtrights/165/16502.htm; From the Human Rights Act to a Bill of Rights?: key issues for the 2010 Parliament, http://www.parliament.uk/business/publications/research/key-issues-for-the-new-parliament/security-and-liberty/from-the-human-rights-act-to-a-bill-of-rights; C. Bryant, "A Bill of Rights: What for?," *Towards a New Constitutional Settlement*, 2007.

12) Home Secretary Theresa May wants Human Rights Act axed, *BBC News*, 2 October 2011; Q & A on the Human Rights Debate in the UK, *Human Rights Watch*, September 19, 2012; Lydia Smith, Human Rights Act: What is the row over British Bill Of Rights all about?, *International Business Times*, June 1, 2015; UK bill of rights, *theguardian*, December 2016.

13) House of Commons, European Scrutiny Committee The application of the EU Charter of Fundamental Rights in the UK: a state of confusion, Forty-third Report of Session 2013-14; Joshua Rozenberg, Human rights legislation in the UK: a cut-out-and-keep guide, *theguardian*, 1 September 2014.

14) House of Lords, European Union Committee, 12th Report of Session 2015-16, The UK the EU and a British Bill of Rights.

연 청문회에서 새 권리장전(Bill of Rights)에 관하여 연구하고 있다. 상원의 이 청문회 개최 중에도 영국정부는 영국권리장전의 원문을 발표하지 않고 제정의 필요성만을 강조하고 있다. 이 보고서는 하원에서의 토론을 요청하고 있었다. 그런데 영국은 유럽연합레퍼렌덤에서 영국 탈퇴를 결정하였다. 이에 카메론 수상은 유럽탈퇴 국민투표에 책임을 지고 물러났다.[15]

4. Brexit와 영국 권리장전

1) LSE Symposium

Brexit 투표 이전에 이미 영국의 인권보장의 영향에 대한 토론회가 있었다.[16] 영국정경 대학에서는 Brexit의 영향으로 영국인권헌장의 요구는 더 강해질 것으로 보고 있었다. Brexit의 경우 영국이 유럽연합을 전부 탈퇴할 것인지 그 일부만 탈퇴할 것인지도 확실하지 않다. 유럽연합과 유럽경제공동체를 둘 다 탈퇴할 것인지도 확실하지 않다. 유럽인권협정(Convention) 은 유럽경제공동체 48개국에 의해서 구성되어 있으므로 영국이 이에 잔류한다면 인권협약 (Convention)에 그대로 남아 있을 수 있다. 그렇게 생각한다면 영국에서 유럽기본권헌장만 적용하지 않으면 될 것이다. 그러나 콧대 높은 영국이 경제로도 Brexit를 하는데 기본권보장 을 위한 Brexit를 할 것으로 보인다. Brexit를 한정한 영국인권장전(Convention)은 계속 효력 을 유지할 것으로 짐작된다. 그런 점에서 영국인권장전의 제정은 늦어질 것으로 보인다. 여 기서 논의된 영국권리장전은 유럽인권조약의 권리를 많이 제거한 것으로 영국의 전통을 유 지하려는 안이었다.[17] 보수당의 새로운 수상인 Gove는 영국권리장전의 제출을 주저했는데 그 이유는 보수당이 크게 승리한 것이 아니었기 때문에 이의 통과를 장담할 수 없었다고 한 다. 영국이 스트라스부르에 있는 유럽인권재판소와의 긴장관계에 있는 이유는 형사재소자에 게 투표권을 줄 것인가의 문제였다. 또 영국인은 외국의 법원이 영국인의 권리에 관하여 판

---

15) Brexit: David Cameron to quit after UK votes to leave EU, *BBC News*, 24 June 2016; Brexit Referendum Live Updates: Vote Results, Stock Market Reactions And What Happens Next If The UK Leaves The EU, http://www.ibtimes.com/brexit-referendum-live-updates-vote-results-stock-market-reactions-what-happens-next-2385775; Britain's Labour Party in turmoil over Brexit vote results, CNN.com. June 27, 2016. http://edition.cnn.com/2016/06/26/europe/uk-brexit-labour-corbyn.

16) LSE European Institute, *The implications of Brexit for fundamental rights protection in the UK, Report of the hearing held on 25th Feb. 2016.*

17) *op. cit.*, pp. 10-11; LSE, Brexit: Fundamental rights and fundamental fears, http://blogs.lse.ac.uk/brexit/2016/03/17/fundamental-rights-and-fundamental-fear; Ministers put British bill of rights plan on hold until after Brexit, *the guardian*, 29 December 2016.

결하는데 반대하였다. 이것이 Brexit의 원인이 되기도 하였다. 어쨌든 새 권리장전은 유럽인권헌장의 권리를 축소할 것이며 그렇게 되는 경우 영국의 체면도 많이 깎일 것으로 보아 반대하는 사람도 있었다.

2) Edinburgh Law School의 Workshop

Brexit 국민투표에서 Brexit가 결정된 뒤인 2016년 10월 27일 에든버러대학교 법과대학에서는 Brexit와 영국권리장전에 관한 워크숍을 하였다. 여기서도 토론은 뜨거웠는데 유럽연합 탈퇴의 방법과 국내적으로 스코틀랜드의회의 동의, 아일랜드공화국정부와 인민의 동의 등 어려운 문제도 논의되었다. 또 의회가 유럽공동체 탈퇴에 있어 적당한 통제를 할 수 있을 것인가도 논의되었다.[18] 여기서 주로 문제된 것은 유럽연합에서의 탈퇴에서 오는 영국인권법의 해체와 새 영국권리장전의 제정에 따른 기본권의 구체적 축소문제가 논의되었다.[19]

Brexit는 영국 내에서의 인권의 형식적 보장의 전반적인 축소를 자져오는 것이 필연적인데 유럽연합에서의 탈퇴는 유럽인권헌장의 영국법 질서에서의 소멸을 인정하는 것이다. 유럽인권헌장은 현재도 공기관이 UK법의 적용에서 인정하는 경우에만 적용될 수 있다. 반대로 유럽인권조약은 1988 인권법의 규정을 통하여 공권력의 행위로서 직접 적용되고 있다. 이 헌장에서의 탈퇴는 영국의 다른 법률에서는 보장되어 이지 않은 많은 권리를 박탈하는 효과를 가져온다. 예를 들면 정보보호의 특권이라든가 아동보호의 특권이 이에 해당한다. 또 유럽연합에서의 탈퇴에 따라 유럽연합헌장에서도 탈퇴하게 되어 이에 따른 권리상실도 많아진다.

이 유럽인권헌장에서의 탈퇴는 영국의 인권보장체계의 전반적인 약화를 가져올 것이므로 새로 영국법을 통한 개인의 권리보장의 확대를 요구한다.

이에 대한 구제방법으로는 성문법이 아닌 판례법(case law)에 의한 보호, ECJ판결과 연결되어 남아있는 영국의 반차별법의 해석, 변호사와 판사들이 배우지 않았던 EU법을 하루아침에 잊어버리는 것과 영국의 비EU국가와의 계속적 의무로서 국제인권조약(예를 들면 유럽인권조약이나 유엔아동의 권리 조약 등)의 계속적 적용으로서 이를 보장할 수 있다는 견해가 있었다. 그러나 이러한 보장은 약하기 때문에 성문법에 의한 보장이 우월하다고 생각되었다. 그래서 영국권리장전의 제정이 요청되었다.[20] 이 영국권리장전의 채택 문제에 대해서도 많

---

18) Lock/Daly, Brexit and the British Bill of Rights, Research Paper Workshop held Edinburgh Law School on 27 October 2016, pp. 1−42.
19) op. cit., pp. 11−18.

은 논쟁이 있었다. 영국인권장전은 2012년에 발표된 것이 있었는데 위원회의 다수는 보다 강력한 인권법의 채택을 요구했는데 일부는 ECUR권리 체계에서의 탈퇴로 권리와 구제절차의 취약성을 유지하는 것이 바람직하다는 주장도 있었다. 이들은 정치적 현실로 보아 영국권리장전은 불가피하게 권리축소적인 경향을 띠게 될 수밖에 없다고 하였다. 또 기본권의 단일법전화보다도 많은 성문법이 있어서 상호보완적으로 적용되어야 한다고 했다.

3) 정부의 결정

정부는 2016년 12월에 Thersa May 수상이 유럽인권조약(ECHR)에서 탈퇴하는 것을 2020년 총선 캠페인의 중요 테마로 하기로 하였다고 선언하였다. 그런데 아직도 영국권리장전의 안도 발표되지 않고 있다. 2016년 12월 29일 정부는 영국권리장전의 제출을 Brexit 이후에나 할 것을 발표하였다.[21] May가 과연 유럽인권조약에서 탈퇴한다는 것은 영국의 권리장전을 영국 런던의 최고재판소에서 강제한다는 것을 뜻하며 스트라스부르에 있는 인권재판소의 관할을 벗어난다는 뜻이다. 메이 수상은 영국권리장전의 제정을 목적으로 하여 선거강령에서 강조하고 있으나 의회 의원들은 적극적이지 않다. 왜냐하면 이 인권조약은 영국을 인권제도의 선진국으로 만든 제도이기 때문이다.

이 인권조약은 제2차 세계대전 후 보수당의 처칠 수상에 의해 「법에 의하여 인간의 자유와 보장이 규정된 인권의 헌장」이라고 주장된 것을 파기하는 것에는 많은 의원들이 회의를 하고 있다. 따라서 2020년의 총선 전에 영국권리장전이 제정될 지는 아직 확실하지 않다.

5. 영국 인권법의 적용현실

1) 영국 권리장전 제정까지의 영국 인권법

앞서 말한 바와 영국정부는 유럽연합에서 탈퇴하고 영국권리장전을 만들려고 하고 있으나 이를 추진하는 보수당이 이를 강행하지 못하여 당분간 영국권리장전이 제정될 때까지는 현행 인권법 1998에 의해서 인권을 보호하고 있다.

이 영국인권법은 상원과 하원이 잘 협의하여 2000년 10월 2일부터 효력을 발생하였다. 이 법은 유럽인권협정을 직접적으로 영국법으로 인정하여 그 권리의 적용을 스트라스부르의

---

20) op. cit., pp. 16–18.
21) Ministers put British bill of rights plan on hold until after Brexit, *the guardian*, 29 December 2016.

인권재판소가 아닌 영국법원에서 판단하게 하였다. 이 법은 공무기관이 인권조약에 규정된 권리에 위반되는 행위를 한 경우에는 이를 불법으로 인정할 수 있게 하였다. 또 법 제3절은 제1차법이나 제2차 입법이 인권조약에 합치하는 경우에는 그 효력을 인정할 수 있게 하였다. 이와 같이 법원에 법률의 인권조약침해여부의 심사를 할 수 있게 하여 법원의 권위를 높였다. 법원은 법률이 인권조약에 위반한다고 인정하는 경우에는 부적법성(incompatibility)까지 선언할 수 있게 하였다. 많은 판사들이 인권조약에 위반된다고 생각하는 경우에는 판사에 대한 구속력을 인정하지 않았다. 이들은 스트라스부르의 판례도 꼭 따를 필요가 없었다.

인권조약 제46조는 인권조약이 기본권과 다른 결정을 한 경우에는 (법원이 법률이 기본권 조약에 위반한다 하는 경우에는) 법을 개정해야 한다는 뜻이다. 만약에 정부가 이 판결에 불복하는 경우에는 유럽인권조약에서 탈퇴할 수 있다. 그러나 조약을 탈퇴하는 경우에는 국제적 신뢰에 반할 수 있으며 많은 곤란이 따르게 될 것이다. 만약에 정부가 법원의 결정에 반대하는 경우에는 스트라스부르 인권재판소에 제소할 수밖에 없다. 정부나 의회는 법원의 결정을 번복할 수는 없다.

2) 유럽 인권조약법의 국내법적 효력

유럽인권조약상의 권리는 인권법에 따라 국내법으로 직접 적용되는 것이므로 이를 적용해야 한다. 앞서 말한 바와 같이 영국인권법은 인권조약상의 여러 권리를 그대로 적용하고 있다. 그러한 것으로는 생명권이 있다. 사형제도는 합의의정서에 따라 영구히 폐지되었다.

이 밖에도 정신적 자유에 관한 규정이 많다.[22] 여기에는 신앙 종교 양심의 자유와 표현의 자유 집회·결사의 자유, 사생활의 자유와 가정생활의 자유와 비밀이 규정되어 있다.

이 외에도 고문금지, 반인도적 처우의 금지 규정 등이 있다. 또 소유권의 자유, 노예제도의 금지, 공정한 재판을 받을 권리, 차별에서의 자유, 선거권 등이 보장되어 있다.

3) 유럽 인권헌장의 적용

유럽인권헌장은 유럽인권조약과 달리 인권법에서는[23] 유럽기본권헌장(Charter of Human

---

22) A. Morgan, *Implementation of Convention Rights: Human Rights Act 1998*. 21 February 2014.

23) V. Miller, *Effects of the EU Charter of Rights in the UK*, House of Commons Library, 2014; Fundamental Rights in the European Union, European Parliament; *EU Charter of Fundamental Rights*, European Commission, http://ec.europa.eu/justice/fundamental-rights/charter/index_en.htm; Fundamental Rights in the European Union The role of the Charter after the Lisbon Treaty *European Parliamentary Research Service*, March 2015; House of Commons, *The Application of the EU Charter of Fundamental Rights in the UK: a State of Confusion Forty-Third Report of Session*

Rights)은 유럽기본권조약(Convention)과 혼동되고 있으나 그것은 성립근거가 다르다. 유럽인권헌장은 유럽연합의 기구이며 유럽법의 해석은 원칙적으로 유럽최고재판소의 관할이다. EU법은 유럽공동체법 1972년에 의하여 국가법으로서 효력이 인정되고 있다.

　　EU헌장은 원래는 정치적 목적으로 유럽헌법의 일부로 제정되었다. EU헌장은 리스본조약에 의하여 법적 지위를 인정받았다. 이 권리는 EU조약에 의해서 나오며 제1에는 입법방침과 규정도 있다. 시민적 권리와 정치적 권리는 이미 유럽인권법에도 규정되어 있었으나 사회적·경제적 권리는 여기서 처음 규정되어 있다. 경제적 권리와 사회적 권리는 일반적으로 원칙규범이며 따라서 직접 적용되지 않는다. EU Charter의 서문은 어떤 권리는 새로이 창설되는 것이 아니라고 규정하였는데 이것은 영국측 노력이 성공한 것이다.[24] 그런데 EU법은 국가법에 우선한다. 만약에 국가법이 EU법에 위반되면 EU법이 직접 적용되고 국가법의 효력이 부정된다. EU Charter는 EU 공동체에 있어서 보충적 효력을 가진다. 그래서 이 헌장은 유럽국가를 구속한다. 그러나 그 국가가 유럽법의 집행에 유럽법이 효력을 부여하는 경우에 한정된다. 헌장의 내용의 일부는 법원에 의해서 최종 결정될 것이 아니고 어떤 규정은 판사가 아니고 법적 결정권자인 EU 법제정자에게 위탁되기도 한다.

　　유럽법은 인권조약과 달리 영국에서는 법원에 대해서 직접적 구속력을 가지고 있으며 국내법에 우월한다. 인권헌장이 의회에 의하여 효력이 부여된 경우에는 영국에서는 영국법의 기본법을 무효화할 수 있다고 본다. 그래서 정부는 리스본조약의 추가조항인 프로토콜 30에 따라 교섭하고 있다. 영국은 이 법이 규정하고 있는 기본권과 자유, 원칙이 헌법에 위배된다고 보고 있다. 이에 대하여 유럽최고재판소는 프로토콜 30이 영국법원이 카르타와 반대되는 결정을 허용하는 것은 아니라고 판단하였다. 결정에 의해 제소자는 더 이상 EU 법상의 권리를 집행할 수 없다고 하였다.

　　EU 법정은 헌장의 사용을 늘여가고 있다. 2011년에는 43건 판결이 있었고 2014년에는 21건의 판결이 있었다. 2014년에는 유럽위원회가 11건을 최고재판소에 제소하였는데 그 중 5개가 망명과 이민사건이었다.[25]

2013-14; The Charter of Fundamental Rights, https://www.ukessays.com/essay/european-studies; House of Lords, European Union Committee 12th Report of Session 2015-16, The UK, the EU and a British Bill of Rights, 9. May 2016.

24) House of Lords, The UK, the EU and a British Bill of Rights, European Union Committee 12th Report of Session 2015-16, p. 10; R. Pati, "Rights and Their Limits: The Constitution for Europe in International and Comparative Legal Perspective," *Berkeley Journal of International Law* Vol. 23, Issue 1 (2005), pp. 223-280.

25) Human Rights and the EU, Full Fact, https://fullfact.org/europe/eu-and-human-rights.

4) 유엔 인권조약에 의한 기본권 보장

영국은 많은 국제연합의 인권조약에 참여하였다.[26]

	조약 명	비준 여부	비준 연월일
1	모든 종류의 인종차별의 철폐에 관한 조약 비준	○	1969. 5. 7
2	시민적·정치적 권리에 관한 인권규약	○	1976. 5. 20
	제1 합의 의정서	×	
	제2 합의 의정서	○	1999. 12. 10
3	경제적·사회적·문화적 권리에 관한 인권규약	○	1976. 5. 20
4	모든 종류의 여성에 대한 차별금지 인권조약	○	1986. 4. 7
	제1 의정서	○	2004. 12. 17
5	유엔의 고문금지 조약	○	1988. 12. 8
	선택 의정서	○	2003. 12. 10
6	아동의 권리에 관한 인권조약	○	1991. 12. 16
7	무장분쟁에 있어 아동에 관한 선택 의정서	○	2003. 6. 24
8	아동 매매 아동 성매매 금지에 관한 조약	○	2009. 2. 20
9	이주 여성과 그 가족의 권리에 관한 인권조약	×	
10	장애인의 권리에 관한 인권조약	○	2009. 6. 8
	선택 의정서	○	2009. 8. 7

5) 장래 기본적 인권의 문제

영국에서는 유럽인권조약 중에는 사회권조약에 대해서는 이를 시행하지 않았고 유럽인권장전의 경제적·사회적 권리에 관해서도 이것은 지도적 원리나 기본원칙이라고 하여 직접적 효력을 인정하지 않았다. 그런데 영국의 권리장전이 만들어진다고 한다면 EU Right-minus가 될 것이 틀림없음으로 이에도 물론 사회적·경제적 기본권은 포함되지 않을 것으로 보인다.

---

26) 이 조약들은 영국이 체결에 참여하여 비준한 조약으로 법률과 같은 효력이 있으므로 국내법적으로 효력을 가진다. Wikipedia, Human rights in the United Kingdom; United Nations Human rights, *The European Union and International Human rights Law*.

Brexit 이후의 영국의 기본권 운영에 대해서는 확실하지 않다. 한 논설에 의하면 4개의 시나리오를 들 수 있다고 한다.[27]

첫째는 유럽공동체에 잔류하면서 인권법을 유지하는 것이다. 이 경우 유럽인권협정과 영국인권법은 효력을 유지할 것이다. 그런데 이 제도는 살아 있는 제도이기 때문에 이를 그대로 적용하는 경우 상당한 저항을 받을 것이다.

이 경우에는 유럽인권장선의 적용상 문제가 계속될 것이고 사회권·경제권의 해석문제에 있어 유럽연합과 많은 알력이 있을 가능성이 있다.

둘째는 유럽공동체에 잔류하면서 인권법을 폐지하는 것이다.

이렇게 되면 기존의 성문법과 관습법이 조약법에 우선할 가능성이 있다. 이 경우 판사는 조약법인 인권조약에 따라서 판단할 수도 있을 것인데 이에 대한 비판이 일어날 수 있을 것이며 입법적 해결이 없는 경우 국내법 전통법의 우월을 주장하는 사람은 있게 될 것이다. 이 경우 유럽연합을 탈퇴하지 않는 한 유럽인권조약이나 유럽인권헌장이 유럽법으로 적용될 수도 있을 것이다. 원칙적으로는 유럽법이 국내법에 우월하기 때문에 유럽인권조약이나 유럽인권헌장의 효력을 부정할 수 없게 될 것이다.

셋째는 유럽연합을 탈퇴하고 인권법을 존립하는 것이다. 이것은 유럽연합을 탈퇴하면서 인권법을 유지하는 방법인데 이렇게 되면 영국은 유럽연합의 복잡한 인권체계에서 벗어나게 된다.

이렇게 되면 유럽인권장전의 권리적용에는 예방할 수 있을 것이나 유럽인권조약은 보존할 수 있을 것이다. 그렇게 되면 국내법에 따라 유럽인권조약상의 기본권은 축소될 것이며 국내법에 따라서 인권침해의 구제가 어려워지게 될 것이다.

넷째는 유럽연합을 탈퇴하고 인권법을 폐지하는 것이다.

이렇게 되면 영국의 전통적인 성문법과 관습법에 의한 기본권을 보호하게 될 것이다. 그러나 그런 전통에 따라 1689년의 권리장전의 해석에도 유럽판례법이 많은 영향을 끼치고 있어 순수한 영국인권법의 지배를 위해서는 새로운 영국권리장전이 제정될 필요가 있을 것이다.

그런데 이러한 영국권리장전의 제정은 정치적 문제로 정쟁의 대상이 되고 있다. 인권보

---

27) Brexit and a British Bill of Rights: four scenarios for human rights, The UK in a Changing Europe, http://ukandeu.ac.uk/explainers; Brexit: UK's vote to leave EU sparks uncertainty, BlackRock, https://www.blackrock.com/investing/insights/brexit-bulletin; EU Law Analysis: Brexit and the Future of Human rights Law in the UK, http://eulawanalysis.blogspot.kr/2016/12/brexit-and-future-of-human-rights-law.html.

장을 축소할 것이냐 유지할 것이냐는 정쟁의 논점이 되어 국회의원선거의 중요쟁점이 되어 있다. 2020년에 보수당이 집권한 경우에는 가능할지 모르나 노동당의 반대에 부딪칠 것은 확실하다.

언제 영국권리장전(English Bill of Rights)이 제정할지 확립되지 않은 터에 장래의 영국인 권법의 적용을 예단하기는 어렵다고 하겠다.

6) 현재 운영의 평가

영국의 인권상황에 대한 현황보고는 많지 않고 영국인권법의 제정에 관한 논란만 많았 다. 2004년의 미국 국무성 보고에 의하면 영국의 인권보호 상황은 양호하다고 한다.[28]

영국의 내치는 남부에서는 영국정부가 맡고 있으나 북부에서는 스코틀랜드정부와 의회 가 관장하고 있다. 북아일랜드의 치안도 스코틀랜드에서 맡고 있다.

인권단체들은 영국권리장전의 제정으로 영국인권법을 파괴하려는데 대하여 반대하고 있고 북부지방에서는 유럽연합에서의 탈퇴도 반대하는 경향이다. 영국의 인권은 브렉시트의 결과와 새 권리장전의 제정에 있는바 유럽인권조약상의 기본권이 축소되지 않기를 바라고 있다.[29]

제2절 캐나다의 인권법 조항의 적용

1. 캐나다 인권법의 역사

1) 캐나다 헌법

캐나다는 이민들이 만든 국가이다. 이들 이민은 조국에서 법을 가지고 있었는데 캐나다 에 이주한 뒤 캐나다법이 자기 법과 다른 것을 알게 되었다. 캐나다법은 원래는 영국법에서 유래하였다. 영국의 인권법이 영국영지였던 캐나다에 지배하였다. 다만 퀘벡주에서는 영국

---

28) Human Rights a British Perspective, *The Evropaevum*. http://www.europaeum.org/europaeum/ ?q = node/602.

29) 2004 Country Report on Human Rights Practices in United Kingdom, https://www.state.gov/ j/drl/rls/hrrpt/2004/41716.htm; Olivier De Schutter, *Fundamental Rights in the European Union* (Oxford European Union Law Library), 2017; Save the Human Rights Act, https://savetheact.uk; The Human Rights Act, *Liberty*, https://www.liberty-human-rights.org.uk/human-rights/what-are-human-rights/human-rights-act.

이 아닌 프랑스의 언어와 법이 재배하였다. 그래서 영국과 프랑스 등 대륙법 사상이 지배하였다.

캐나다의 헌법은 영국 제정시대에 1867년 헌법을 제정하였다. 그 뒤 1960년 헌법에 따라 1960년 인권법이 제정되었다. 캐나다 권리장전(Canadian Bill of Right)을 1960년에 제정하여 인권을 보장하게 되었다. 이 인권법은 영국의 영향을 받은 것이며 1960년에 왕의 인가를 받아 공포되어 시행되었다. 캐나다에서는 1962년을 인권혁명의 시작이라고 한다.[30]

2) 캐나다 권리장전의 제정

1980년대에 들어 캐나다인은 독립을 원했고 캐나다인에 의한 헌법제정을 요구하였다. 이들의 요구가 받아들여져 캐나다의회는 1980년에 영국에서 독립할 것을 원했으며 1982년에 캐나다 상·하양원이 이 헌법 법을 채택하고 여왕의 승인을 받아 공포하였다. 이로써 캐나다는 독립국가로 되었으며 영연방의 한 국가로서 독립성을 가지게 되었다. 이 날 함께 공포된 헌법 법(Constitutional Law Act)에는 권리와 자유에 관한 캐나다 헌장(Canadian Charter of Rights and Freedom)이 4월 17일 오타와에서 엘리자베스 Ⅱ세 여왕이 서명하여 효력을 발생하였다.

2. 캐나다 권리장전의 내용

1) 캐나다 권리장전

이 장전은 영국의 Bill of Rights를 본받아 권리장전이라고 말해졌다. 이 법의 공식명칭은 「인권과 기본자유를 인정하고 보장하는 법」으로 1960년 8월 10일에 발표되었다.[31]

전문에서 캐나다 국가는 인간의 존엄과 가치, 사회속의 가정의 위치를 자유인과 자유제도의 원칙 위에서 구성되었음을 캐나다 의회는 확인하면서, 자유는 인간과 제도가 도덕의 존중과 정신 가치와 존중과 법의 지배로서만 인간과 제도가 자유롭다는 것을 확인하면서 이러한 원칙에 근거하여 인권과 기본자유가 파생함을 명심하여 이 권리장전을 선포한다고 하고 있다.

---

30) Clément/Silver/Trottier, *The Evolution of Human Rights in Canada*, 2012.
31) Canadian Bill of Rights, http://laws-lois.justice.gc.ca/eng/acts/c-12.3/FullText.html.

2) 제1부 권리장전, 권리와 자유의 인정과 선언

제1조 캐나다인은 인종, 민족적 기원, 피부색, 종교 또는 성의 차별 없이 인간의 권리와 기본적 자유가 과거에도 있었고 앞으로도 있을 것을 확인하고 선언한다.

(a) 개인의 생명의 권리, 인간의 자유, 안정의 권리와 재산을 향유할 권리, 법의 적법한 절차에 의하지 아니하고는 박탈할 수 없는 권리

(b) 법 앞에서 평등할 개인의 권리와 법의 보호를 받을 권리

(c) 종교의 자유

(d) 언론의 자유

(e) 집회와 결사의 자유

(f) 언론의 자유

그리고는 캐나다 의회에 법률에 의해 명백히 선언된 경우를 제외하고는 캐나다 권리장전의 권리를 제한적으로 구성하거나 제한적으로 적용해서는 안 된다. … 다음에 인정되고 선언되고 자유권 중의 어느 것도 제한적으로 해석하거나 적용되어서는 안 된다. 특히 캐나다의 어떤 법률도 다음과 같이 구성하거나 적용되어서는 안 된다.

(a) 자의적 체포·감금이나 망명을 허용하거나 효과를 주는 것

(b) 잔혹하고 비정상적인 대우나 처벌을 행하거나 허용하는 것

(c) 구속되거나 구금된 사람에게 권리박탈을 해서는 안 된다. (ⅰ) 체포나 구금의 이유를 신속하게 고지받을 권리 (ⅱ) 지체 없이 변호인의 조력을 받을 권리의 고지와 설명 (ⅲ) 인신보호영장의 방법으로 구금의 효력결정과 법적이 아닌 구금시의 석방을 위한 구제방법의 고지

(d) 법원이나 심판원이나 위원회나 관청이나 기타의 관헌에게 그에게 변호인이 부인된 경우 증인이나 증거의 제출을 강요해서는 안 되며, 자기부책반대나 다른 헌법적 구제방법에 의한 보호를 부정하는 행위

(e) 그의 권리와 의무를 결정하는 기본사법의 원칙에 적합하게 공정한 청문을 할 권리의 박탈

(f) 형사사건에서 범죄로 기소된 사람에게 법에 의하면 유죄확정시까지는 무죄로 추정되는 권리와 독립된 불편부당한 판관에 의하여 공정한 공개재판을 받을 수 있는 권리와 합리적인 보석을 받을 권리의 고지를 정당한 이유 없이 고지하지 않는 것

(g) 법정 행위에서 진행되는 언어를 잘 이해하지 못하거나 말하지 못하는 사람에게

당사자나 증인이 되는 경우에 통역사의 도움을 받을 권리가 있다는 사실의 불고지 법무부장관의 의무 3 (1) 3 (2) (생략)

제2부

5 (1) 제1부에서 규정되거나 제약되거나 제한된 권리가 인권이나 기본적 자유와 권리선언(여기)에 열기하지 아니하였다는 이유로 이 법률이 제정될 때에 그러한 권리가 캐나다에 존재하지 않았다고 해석해서는 안 된다.

(2) 생략

(3) 생략

이 캐나다 권리장전의 규정은 인권의 내용이 빈약하고 주로 형사절차에 관한 것이 많았다. 이것은 영국의 1696년의 권리장전을 모방하였기 때문에 사법부에 대한 금지규정이 많았던 것이다. 이것은 제정 22년에 폐지되고 대신에 헌법적 법으로서 권리와 자유에 관한 캐나다 권리장전이 제정되어 현대적 기본권 보장 규정이 되었다.

3. 캐나다 권리장전(권리와 자유에 관한 캐나다 장전)

1) 분류

권리장전의 제1부는 권리와 자유의 보장에 관해서 규정하고 있다. 이는 내용상 구분하여[32]

1. 캐나다에서의 권리와 자유(1)

2. 기본적 자유(2)

3. 민주적 권리(3-5)

4. 아동의 권리(6)

5. 법적 권리(7-14)

6. 평등권(15)

7. 캐나다의 공용어(16-22)

---

32) Constitution Acts, 1867 to 1982, http://laws-lois.justice.gc.ca/eng/const; Learn about the Canadian Charter of Rights and Freedoms, http://www.justice.gc.ca/eng/csj-sjc/charter-charte/learn-ausujet. html; Wikipedia, Canadian Charter of Rights and Freedoms.

2) 내용

제1조 캐나다에 있어서의 권리와 자유

제2조 기본적 자유

신앙과 종교, 사상, 신념, 의견과 표현, 출판과 미디어 통신, 평화적 집회, 결사

제3조 시민의 민주적 권리

의회의원의 선거권, 의회의원으로의 피선거권

제4조 (1) 입법의회의 최대한 임기 5년 이내

(2) 특별한 경우의 임기계속, 전쟁 침략 또는 반란 때에는 1/3 이상의 하원의원의 반대 투표가 없는 경우 계속 재임

제5조 의회의 연회기 개회, 매 12개월마다 한번 이상 개회해야

제6조 (1) 아동의 자유, 입국과 체재, 출국의 자유

(2) 캐나다의 시민과 영주권자는

    (a) 지방의 어느 곳에서나 주소를 이동할 수 있다.

    (b) 어떤 지방에서거나 생활기반을 구축하고 활동할 수 있다.

(3) 캐나다 시민이나 영주권자는

    (a) 현재의 지방이나 전지방의 어떤 법률이나 일반적으로 적용되는 것 이외의 현재와 과거의 주소에만 근거한 사람과의 차별 금지

    (b) 사회서비스를 공적으로 취득할 수 있는 자격으로서 이성적인 주거요건을 요구할 수 있다.

(4) 적극적 보호조치 2항과 3항의 규정은 캐나다의 고용률이 다른 지방의 고용률보다 적어 사회적으로나 경제적으로 불이익하여 지방개량을 위한 경우의 법률제정에는 적용하지 않을 수 있다.

사법적 권리

제7조 생명, 자유, 인신의 안전의 권리보장, 예외 있음

제8조 수색과 압수, 누구나 불합리한 수색이나 몰수에 대해서는 안전의 권리를 행사할 수 있다.

제9조 구류나 형무소 유치의 금지, 누구나 자의적인 구류나 형무소 유치를 당하지 않을 권리를 가진다.

제10조 체포와 구금시

    (a) 즉시 그 이유를 고지받는다.

    (b) 지체 없이 변호인의 도움을 얻을 권리와 그 권리고지

    (c) 인신보호영장제도의 방법으로 구류의 효력을 다툴 수 있으며 구류가 합법이 아닌 경우에는 즉시 석방된다.

제11조 범죄로 고발된 사람의 권리

    (a) 즉시 고발된 이유의 고지

    (b) 지체없이 변호인의 도움을 받을 권리의 고지와 그 권리의 정보제공

    (c) 범죄혐의와 관련된 사람에 대한 소송에서 증인으로 강요되지 않을 것

    (d) 공정하고 공개적인 독립되고 공평한 법원에 의한 청문에서 법률에 의하여 유죄로 입증될 때까지의 무죄추정

    (e) 정당한 원인이 없는 경우에도 합리적인 보석을 부정당하지 않을 권리

    (f) 군법에 관한 범죄로 군사법원에서 재판을 받는 경우를 제외하고는 배심원에 의한 재판을 받을 이익

    (g) 행위시와 부작위시의 법률 또는 조약에 의하지 아니하고는 소급하여 유죄로 결정되지 않을 권리

    (h) 최종적으로 무죄판결을 받은 경우에는 다시 재판받지 아니하며 최종적으로 유죄로 확정되어 처벌받은 사람은 동일범죄로 다시 심판받지 아니한다.

    (i) 범죄행위로 유죄로 인정되었던 사람의 행위가 행위시와 선고시간에 형벌이 다른 경우에는 경한 형벌의 이익을 받는다.

제12조 잔혹하고 비정상적인 처우나 형벌을 받지 않을 권리

제13조 형사소송에서 증언한 증인은 그 유죄증거로 제시되어 사용되어진 증언에 대하여 다른 소송에서 위증죄나 반대되는 증거를 제공한 경우 이외에는 증인에게 불리한 증거로 사용될 수 없다.

제14조 어느 소송의 당사자나 증인으로서 소송이 진행되는 언어를 이해할 수 없거나 표현할 수 없는 경우와 벙어리인 경우에는 통역자의 도움을 받을 권리가 있다.

평등권

제15조 (1) 법 앞에서와 법 아래서의 평등과 차별 없이 법의 평등한 보호와 평등한 이익을 받을 권리를 가진다.

(2) 전항은 차별되고 있는 사람이나 집단의 불이익한 조건의 개선을 목적으로 하는 법률이다. 프로그램이나 행동을 사전에 배제하는 것은 아니다.

캐나다의 공식언어

제16조

제16조의1

제17조

제18조

제19조 생략

제20조

제21조

제22조 생략

소수언어교육권

제23조 캐나다 시민

집행

제24조 권리와 자유의 집행과 증거의 배제

(1) 이 헌장에 의하여 보장된 권리와 자유가 침해되었거나 부정되었다고 생각하는 사람은 누구나 권한있는 관할의 법원에 소를 제기하여 이 경우에 적당하고 정당하다고 법원이 생각하는 구제를 받을 수 있다.

(2) 제1항의 소송에 있어서 법원이 증거가 이 헌장에서 보장하는 어떤 권리와 자유를 제한하거나 부정하는 방법으로 얻어진 경우에는 모든 사항을 고려하여 사법행정에 분쟁을 일으키게 되는 경우에는 그 증거를 배제하여야 한다.

일반규정(헌장해석에 있어서의)

제25조 원주민의 권리 (생략)

제26조 헌법에 열거되지 않은 기본권

이 헌장에서 특정한 권리와 자유를 보장하는 것은 캐나다에서 존재했던 다른 권리와 자유의 존재를 부정하는 것으로 인정되어서는 안 된다.

제27조 이 헌장은 캐나다인의 지역적 정통성의 보존과 강화에 일치하도록 해석되어야

한다.

제28조 이 헌장의 어느 조항도 인권과 자유의 보장에 있어 남성과 여성의 평등을 보장하지 않는 것으로 해석해서는 안 된다.

제29조 이 헌장은 캐나다헌법에 의해서 보장되고 있는 비종파적, 분리적, 비합의적 학교의 권리를 폐기하거나 훼손하는 것은 아니다.

제30조 해외영토에서의 본 헌장의 적용 확인

제31조 이 헌장은 지방의회나 권위 있는 기관의 입법권을 확대하는 것은 아니다.

이 헌장의 적용

제32조 (1) 이 헌장은 (a) 유콘영역과 북서영역을 포함한 모든 의회의 권한에 관한 사항에 관련하여 캐나다의 의회와 정부에 적용된다. (b) 각 주의 입법부의 권한에 속하는 모든 사항과 관련하여 각 주의 의회와 정부에 적용된다.

(2) 전항의 규정에도 불구하고 제15조는 이 항이 효력을 발생한 뒤 3년 내에는 효력을 발생하지 아니한다.

제33조 입법선언에 의한 제외

(1) 연방의회 또는 주의 입법부는 경우에 따라 의회의 법률이나 주의 입법행위로서 명백히 헌장의 제2조와 제7조에서 제15조까지를 포함한 규정에도 불구하고 적용을 거부할 수 있다.

(2) 이 조항의 선언에서 규정된 법률이나 법률의 조항은 그 선언에 관련된 헌장조항의 없었던 것처럼 적용될 수 있다.

(3) 제1항에서 행하진 선언은 효력이 발생한 후 5년 후이나 선언에 특정한 기간 중 빠른 기일에 효력을 상실한다.

(4) 의회나 주의 입법부는 제1항에서 제정된 선언을 다시 제정할 수 있다.

(5) (3)항의 규정은 (4)항의 재제정의 경우에도 적용된다.

인용

제34조 이 부분은 권리와 자유에 관한 캐나다헌장이라고 인용할 수 있다.

(이하 생략)

3) 집행

① 입법

이 헌장의 집행으로 캐나다인은 영국의회에서 독립하여 인권에 관한 헌법을 제정하고 개정할 수 있는 전권을 얻었다. 또 이 전통은 영국의 불문법 시대에서 캐나다의 성문법 시대로 발전하였다고 하겠다. 영국도 이 영향에 따라 영국인권법을 1998년에 만들어 성문법화 시대로 진입하였다. 또 1982년의 헌법법 제52조에서 「캐나다헌법은 캐나다의 최고법이며 이 헌법의 조항에 위반되는 어떤 법률도 위반하는 한에는 효력이 없다」고 하여 전통적인 판례법까지도 변경하게 된 것이다.

② 사법

그리하여 캐나다 법원은 조심스럽게 의회주권주의에서 사법부에 의한 해석의 중요성을 강조하여 과거의 판례를 변경해 갔다.[33]

행정부도 처음에는 사법부의 결정에 회의적이었으나 법학계와 인권운동가의 주장에 따라 사법부의 판단을 존중하게 되었다. 이제 사법부법(Department of Justice Act)에 의하여 법무부장관은 하원에 상정할 모든 법령은 헌장에 합치되는가 여부를 심사하여야 하게 되었다.[34]

③ 기존 인권법의 효력

헌장은 기존의 인권과 자유에 관한 캐나다법을 인정하였고 그 뒤 연방법이나 지방법도 인권에 관한 한 준헌법적 효력이 인정되었다. 그러나 이러한 구 인권법은 헌장에 합치하는가 여부에 따른 법원의 판단에 따라 많은 변경이 예정되고 있다. 예를 들면 캐나다 인권법도 인권헌장이 제정된 후 많은 개정을 하여 현행에 이르고 있다.

---

33) Human Rights and the Courts in Canada(BP-279E), http://publications.gc.ca/Collection-R/LoPBdP/BP/bp279-e.htm; R. Cholewinski (ed.). *Human Rights in Canada : Into the 1990s and Beyond*, Human Rights Research and Education Centre, University of Ottawa, Ottawa, 1990; M. Dawson, "The Impact of the Charter on the Public Policy Process and Department of Justice," *Osgoode Hall Law Journal*, Vol. 30, No. 3 (Fall 1992), p. 595.

34) I, Greene, *The Charter of Rights and Freedom*, James Lorimer & Company, Toronto, 1989; M. Mandel, *The Charter of Rights and the Legalization of Politics in Canada*, Wall & Thomson, Toronto, 1989; D. Siegel, "Canadian Fundamental Justice and American Due Process: Two Models for a Guarantee of Basic Adjudicative Fairness," *George Washington International Law Review* Vol. 37, No. 1, 2005.

④ 인권법에 대한 여론

시민여론도 인권법령의 합헌성 판단은 최고법원에서 해야 한다고 하고(70%) 있는데 이는 인권헌장 덕이다. 그러나 국민의 다수는(55%) 만약에 테러방지법이 법원에 의하여 시민의 자유를 침해하는 것이라고 판단하면 이것은 변경되어야 한다고 보고 있다.

캐나다에서의 여론조사는 캐나다 연구와정보센터(CRIC)에서 만들어졌는데 여론의 일치를 보지는 못하고 있다.[35] 캐나다인은 원래 이민자들이었기에 언어에서나 생활상에서 많은 차이가 있으나 인권헌장에 대해서는 찬성하고 있음을 볼 때 통합의 계기를 단축할 수 있다고 보고 있다.

⑤ 캐나다인의 인권구제방법

캐나다인은 과거 인권법 시대에는 시민소송적인 조정에 만족하였으나 현재는 인권헌장 침해에는 직접 법원에 호소하는 것을 원하고 있다. 이 점에서 캐나다 인권헌장은 성공했다고 할 수 있을 것이다.

4. 캐나다 헌법의 기본권 규정의 한역

참고로 1982년 캐나다 헌법상 기본권헌장의 한역문을 보면 다음과 같다.[36]

제1장 캐나다 권리 자유헌장

캐나다는 신의 주권과 법치주의를 인정하는 제반 원칙에 근거하여 건국한다.

권리와 자유의 보장

제1조 캐나다의 권리와 자유

캐나다의 권리 자유헌장은 오로지 자유롭고 민주적인 사회 내에서 명백하게 정당화할 수 있는 한도로서 법에 의하여 규정된 적정 한도에 따라 권리와 자유를 보장한다.

기본적 자유

제2조 기본적 자유

　a. 모든 사람은 다음에 열거한 기본적 자유를 갖는다.

---

35) The CRIC Paper, The Charter: dividing or Uniting Canadians, April 2002; What is Canadian Charter of Rights and Freedoms; Clément/Silver/Trottier, *The Evolution of Human Rights in Canada*, 2012; Linda McKay-Panos, The Canadian Charter of Rights and Freedoms: An Integral Part of our Constitution, Law Now, January 1, 2013.
36) 국회도서관, 『세계의 헌법 Ⅱ』, 356-363.

b. 양심 및 종교의 자유

c. 언론 및 기타 통신 매체의 자유를 포함한 사상, 신념, 의견 및 표현의 자유

d. 평화적 집회의 자유

d. 결사의 자유

민주적 권리

제3조 국민의 민주적 권리

캐나다의 모든 국민은 연방 하원의원 선거 또는 주 하원의원 선거 시 투표할 권리가 있고, 연방 또는 주 하원의원에 당선될 자격이 있다.

제4조 입법 기관의 최대 존속 기간

① 캐나다 연방 하원 및 주 하원은 의원 총선 시행 영장의 반환을 위하여 지정된 기일로부터 5년을 초과하여 존속하여서는 아니 된다.

② (특별한 상황에서의 존속)전쟁, 침략 또는 반란이 실제로 발생하거나 감지될 경우, 캐나다 연방 하원은 연방의회에 의하여, 주 하원은 주 입법부에 의하여, 캐나다 연방 하원의원 또는 주 하원의원의 3분의 1을 넘는 투표로 존속을 반대하지 않을 경우 5년을 초과하여 존속할 수 있다.

제5조 입법기관의 연중 개회

캐나다 연방의회 및 각 주 입법부는 적어도 12개월에 1회 이상 개회해야 한다.

이동 권리

제6조 국민의 이동

① 캐나다의 모든 국민은 캐나다에 입국 및 주재할 권리와 캐나다에서 출국할 권리를 갖는다.

② (이동과 생계수단을 획득할 권리)캐나다의 국민 그리고 캐나다 영주권자의 지위를 보유한 자는 누구나, (a) 원하는 주로 이동하고, 원하는 주에서 거주할 권리를 갖는다. (b) 원하는 주에서 생계 수단의 확보를 추구할 권리를 갖는다.

③ (제한 조건) 제2항에 규정된 제반 권리는, (a) 주로 현재 또는 과거의 거주지를 근거로 하여 사람들을 서로 차별하는 법률 내지 관례를 제외하고 어떤 주에서 일반적으로 적용 및 발효 중인 모든 법률 또는 관례 그리고 (b) 공적으로 제공되는 사회복지서비스를 이용할 자격 요건으로서 적정한 거주 요구 사항들을 규정하고 있는 모든 법률을 따른다.

④ (처우개선 프로그램) 제2항과 제3항은 어떤 주의 취업률이 캐나다 전체 취업률에 미치지 못할 경우 사회 경제적으로 불이익을 받는 해당 주 주민들의 여건을 개선하는 데 목적을 둔 어떠한 법률, 프로그램 또는 활동을 배제하지 않는다.

법적 권리

제7조 사람의 생명, 자유 및 안전

모든 사람은 사람의 생명, 자유 및 안전에 대한 권리를 가지며 기본적 정의의 원칙을 따르는 경우가 아닌 한, 권리를 박탈당하지 아니 한다.

제8조 수색 또는 압류

모든 사람은 불합리한 압수수색으로부터 보호를 받을 권리가 있다.

제9조 구금 또는 투옥

모든 사람은 임의로 구금 또는 투옥되지 않을 권리가 있다.

제10조 체포 또는 구금

누구든지 체포 또는 구금 시, (a) 그 사유를 즉시 통보받을 권리가 있다. (b) 즉시 변호사를 고용하여 사실을 전달할 권리와 함께 그러한 권리를 통보받을 권리가 있다. 또한, (c) 인신보호영장을 통하여 구금의 정당 여부를 판정받을 권리를 갖는 것은 물론, 구금이 불법으로 판정될 경우에는 석방될 권리를 갖는다.

제11조 형사 및 처분 문제의 제반 절차

범죄로 기소된 자는 (a) 해당 범죄의 내용을 지체 없이 통보받을 권리가 있다. (b) 적정시일 내에 재판을 받을 권리가 있다. (c) 범죄와 관련하여 당사자를 상대로 한 소송 절차에서 증언의 강요를 받지 않을 권리가 있다. (d) 독립적이면서 공정한 법정에 의해 소집되는 공평하면서도 공개적인 심리에서 법률에 따라 유죄로 판명될 때까지 무죄로 간주될 권리가 있다. (e) 정당한 사유 없이 적당한 보석을 거부당하지 않을 권리가 있다. (f) 군법에 해당하는 범죄로 군사재판을 받는 경우가 아닌 한, 법정형의 하한형이 징역 5년 이상일 경우 배심재판을 받을 권리가 있다. (g) 어떠한 작위 또는 부작위가 발생 당시 캐나다법 또는 국제법에 의하여 범죄로 성립되지 않는 한, 혹은 그러한 작위 또는 부작위가 국가 공동체가 인정하는 일반 법률 원칙에 따라 범죄로 성립되지 않는 한, 그러한 작위 또는 부작위를 이유로 유죄판결을 받지 않을 권리가 있다. (h) 최종적으로 무죄판단을 받은 경우, 그로 인해 다시 재판을 받지 않을 권리가 있고 어떤 범죄에 대하여 유죄판결 및 처벌을 받을 경우, 그로 인하여 다시 재판을 받거나 처벌을 받지 않을 권리가 있다. 그리고 (i) 범죄 발생 시점으로부터 판결 시점까지 해당 범죄에 대한 형벌의 내용에 변경이 있는 경우 그중 더 약한 처벌을 받을 권리가 있다.

제12조 처우 또는 처벌

모든 사람은 무자비하고 비정상적인 처우 또는 처벌을 받지 않을 권리가 있다.

제13조 자신에게 불리한 증언

어떠한 소송 절차에서 유죄의 증거로 제시된 증인의 진술은 다른 소송 절차에서 당해 증인의 유죄를 입증하기 위한 증거로 사용되지 않을 권리가 있다. 단, 위증죄로 소추될 경우 또는 모순된 증거의 제시를 위한 경우는 예외로 한다.

제15조 통역

소송 절차에서 사용되는 언어를 사용 또는 이해하지 못하거나 청각에 장애가 있는 당사자나 증인은 통역인의 도움을 받을 권리가 있다.

평등권

제15조 법 앞의 평등 및 법률에 따른 평등 그리고 법률의 동등한 보호 및 혜택

① 모든 개인은 법 앞에서 평등하고, 평등하며 특히 인종, 국적, 민족, 피부색, 종교, 성별, 연령, 정신적 또는 신체적 장애 등을 이유로 한 차별을 받지 않고 법률상 동등한 혜택을 누릴 권리가 있다.

② (처우개선 프로그램) 전항은 인종, 국적, 민족, 피부색, 종교, 성별, 연령, 정신적 또는 신체적 장애를 이유로 불이익을 당하는 자들을 포함하여 불이익을 받은 개인 내지 집단의 여건을 개선하는 데 목적을 둔 법률, 프로그램 내지 활동을 배제하지 않는다.

캐나다의 공식 언어

제16조 캐나다의 공식 언어

① 영어와 불어는 캐나다의 공식 언어이고, 캐나다 연방의회 및 캐나다 정부의 모든 기관에서 이들 공식 언어의 사용과 관련하여 동등한 지위 및 동등한 권리와 특권을 갖는다.

② (뉴브런즈윅 주의 공식 언어) 영어와 불어는 뉴브런즈윅 주의 공식 언어이고, 뉴브런즈윅 주 입법부 및 주 정부의 모든 기관에서 공식 언어의 사용과 관련하여 동등한 지위 및 동등한 권리와 특권을 갖는다.

③ (공식 언어의 지위 및 사용 증진) 본 헌장의 모든 규정은 영어와 불어의 동등한 지위 내지 활용을 증진할 연방의회 또는 주 입법부의 권한을 제한하지 않는다.

제16.1조 뉴브런즈윅 주 내 영어권 및 불어권 공동체

① 뉴브런즈윅 주 내 영어권 공동체와 불어권 공동체는 개별 교육제도에 대한 권리는 물론, 각 공동체의 보존 및 진흥에 필요한 개별 문화제도에 대한 권리를 포함하여 동등한 지위, 권리 및 특권을 갖는다.

② (뉴브런즈윅 주 입법부 및 주 정부의 역할) 뉴브런즈윅 주 입법부 및 정부가 전항에 언급된 지위, 권리 및 특권을 보존, 진흥하기 위한 역할을 한다.

제17조 연방의회의 의사 진행 절차

① 누구나 캐나다 연방의회의 모든 토의나 의사 진행 절차에서 영어 또는 불어를 사용할 권리가 있다.

② (뉴브런즈윅 주 입법부의 의사 진행 절차) 누구나 뉴브런즈윅 주 입법부의 모든 토의나 의사 진행 절차에서 영어 또는 불어를 사용할 권리가 있다.

제18조 연방의회 법령 및 기록

① 연방의회의 법령, 기록 및 의사록은 영어와 불어로 인쇄, 발행하여야 하고, 두 언어로 작성된 자료는 동등한 권위를 갖는다.

② (뉴브런즈윅 주 법령 및 기록) 뉴브런즈윅 주 입법부의 법령, 기록 및 의사록은 영어와 불어로 인쇄, 발행하여야 하고, 두 언어로 작성된 자료는 동등한 권위를 갖는다.

제19조 연방의회에 의해 설립된 법원에서의 소송 절차

① 캐나다 연방의회가 설립한 법원의 모든 관계자들은, 또는 법원에서의 변론이나 소송 절차에서는, 영어나 불어 중 하나를 사용할 수 있다.

② (뉴브런즈윅 주 법원에서의 소송절차) 뉴브런즈윅 주 법원의 모든 관계자들은, 또는 법원에서의 변론이나 소송절차에서는 영어나 불어 중 하나를 사용할 수 있다.

제20조 국민과 연방 기관 간의 의사소통

① 캐나다의 국민은 누구나 캐나다 연방의회 또는 정부 산하에 설치된 기관의 기관장 내지 중앙 부서와 영어 또는 불어로 의사를 교환할 권리를 가지고, 기관장 내지 중앙 부서로부터 이용 가능한 서비스를 같은 언어로 받을 권리가 있다. 또한 다음의 경우에 그러한 기관의 다른 부서와 관련해 동등한 권리를 갖는다. (a) 해당 부서와 해당 언어로 의사를 교환하고 그러한 부서가 제공하는 서비스를 해당 언어로 이용하려는 자들의 수요가 많을 경우 (b) 해당 부서의 속성상, 해당 부서와 영어 또는 불어로 의사를 교환하고 그러한 부서가 제공하는 서비스를 영어 또는 불어로 이용하는 것이 타당한 경우

② (국민과 뉴브런즈윅 주 산하 기관 사이의 의사소통) 뉴브런즈윅 주의 주민은 누구나 뉴브런즈윅 주 입법부 내지 정부 산하기관 부서와 영어 또는 불어로 의사를 교환할 권리가 있고, 그러한 부서가 제공하는 서비스를 영어 또는 불어로 이용할 권리가 있다.

제21조 기존 헌법 조항의 존속

제16조 내지 제20조의 규정은 영어 및 불어 또는 두 언어 중 하나와 관련하여 캐나다 헌법의 다른 조항을 통하여 존속하는 어떠한 권리, 특권 또는 의무를 폐지하거나 훼손하지 않는다.

제22조 권리 및 특권 유지

제16조 내지 제20조의 규정은 영어 또는 불어가 아닌 모든 언어와 관련하여 본 헌장의 효력이 발생하기 전후로 획득 내지 향유된 어떠한 법적, 관습적 권리 또는 특권을 폐지하거나 훼손하지 않는다.

소수 언어 교육권

제23조 교육 언어

① 캐나다 국민으로서, (a) 현재 거주 중인 주의 영어권 또는 불어권 소수 주민 언어를 제1언어로 배우고 현재까지 이해하고 있는 국민 또는 (b) 캐나다에서 영어 또는 불어로

초등교육을 받고, 그러한 교육을 받은 해당 언어가 주의 영어권 내지 불어권 소수 주민 언어인 국민은 자녀들이 해당 소수 언어로 초등 및 중등 교육을 받도록 할 권리가 있다.
② (언어 교육의 지속)캐나다에서 영어 또는 불어로 초등 내지 중등교육을 받았거나 현재 그러한 교육을 받고 있는 자녀를 둔 캐나다의 국민은 자녀가 모두 동일한 언어로 초등 내지 중등교육을 받도록 할 권리가 있다.
③ (수가 충분한 경우에 적용) 제1항 및 제2항에 따라 어떤 주의 영어권 내지 불어권 소수 주민의 언어로 초등 내지 중등교육을 받을 기회를 자녀들에게 제공할 수 있는 캐나다 국민의 권리는 (a) 해당 주에서 그러한 권리를 보유한 캐나다 국민의 자녀수가 소수 언어 교육의 공적 자금을 통하여 교육을 실시해도 될 정도로 충분히 많을 경우에 적용된다. (b) 자녀의 수가 충분히 많을 경우, 공적 자금의 지원을 받는 소수 언어 교육 시설에서 자녀가 교육을 받도록 할 권리를 포함한다.

집행

제24조(보장된 권리와 자유의 집행)

① 본 헌장에서 보장하는 권리나 자유를 침해 또는 거부당한 자는 누구나 제반 상황에서 법원이 적절하고 공정하다고 판단하는 구제수단을 획득하기 위하여 관할법원에 신청할 수 있다.
② (법 집행의 평판을 떨어뜨리는 증거의 배제) 제1항에 따른 소송 절차에서 본 헌장이 보장하는 권리 또는 자유를 침해하거나 거부하는 방식으로 증거를 획득했다는 법원의 판결이 있을 경우, 제반 상황을 고려하여 소송절차에서 그러한 증거를 허용하는 것이 법 집행의 평판을 떨어뜨릴 것이라는 사실이 입증된다면 그 증거를 배제하여야 한다.

일반사항

제25조 본 헌장의 영향을 받지 않는 원주민의 권리 및 자유

본 헌장에서 특정 권리 및 자유의 보장은 다음에 열거한 사항을 포함하여 캐나다 원주민과 관련된 모든 원주민 협정 내지 그 밖의 권리 또는 자유를 폐지 또는 훼손하도록 해석해서는 아니 된다.
(a) 1763. 10. 7. 국왕포고령에서 인정한 모든 권리 또는 자유 (b) 토지청구협약을 통하여 통해 현존하거나 그러한 방법으로 취득할 수 있는 권리 또는 자유

제26조 본 헌장의 영향을 받지 않는 기타 권리 및 자유

본 헌장에서 특정 권리 및 자유의 보장은 캐나다에 존재하는 모든 권리 또는 자유의 존재를 부정하는 것으로 해석해서는 아니 된다.

제27조 다문화적 유산

본 헌장의 내용은 캐나다의 다문화적 유산을 보존 및 강화하는 것과 부합하도록 해석하

여야 한다.

제28조 양성에 대해 동등하게 보장된 권리

본 헌장의 조항에도 불구하고 헌장에 인용된 제반 권리 및 자유는 남성과 여성에게 동등하게 보장된다.

제29조 보존 대상의 특정 학교에 관한 제반 권리

본 헌장의 어떠한 조항도 종파 학교, 분리파 학교 또는 비국교 학교와 관련하여 캐나다 헌법에서 보장하거나 동 헌법에 따라 보장되는 여하한 권리 내지 특권을 폐지하거나 훼손하지 않는다.

제30조 준주 및 준주 행정 당국에 대한 적용

본 헌장에서 주에 대한 언급 또는 주 하원 또는 입법부에 대한 언급은 유콘 준주 및 노스웨스트 준주에 대한 언급 또는 경우에 따라서는 위 준주의 해당 입법 기관에 대한 언급을 포함하는 것으로 간주한다.

제31조 입법권 확대 적용 금지

본 헌장의 어떠한 조항도 어떠한 기관 내지 당국의 입법권을 확대 적용하지 않는다.

헌장의 적용

제32조 헌장의 적용

① 본 헌장은 (a) 유콘 준주 및 노스웨스트 준주와 관련된 모든 사안을 포함하여 캐나다 연방의회의 권한 범위 내에서 모든 사안에 대하여 캐나다 연방의회 및 정부에 적용된다. 그리고, (b) 각 주 입법부의 권한 범위 내에서 모든 사안에 대하여 각 주의 입법부 및 정부에 적용된다.

② (예외 사항) 전항의 규정에도 불구하고 제15조는 본 조의 효력이 발생한 날로부터 3년이 경과할 때까지 발효해서는 아니 된다.

제33조 명시적 선언의 경우 예외 사항

① 캐나다 연방의회 또는 주의 입법부는 경우에 따라 연방의회 또는 입법부 법규에서 해당 법규 내지 법규의 조항이 본 헌장의 제2조 또는 제7조 내지 제15조에 포함된 특정 조항과 관계없이 적용하지 않아야 한다고 명시적으로 선언할 수 있다.

② (예외 사항의 발효)본 조에 따른 선언의 발효 시 그와 관련된 특정 법규 또는 그러한 법규의 특정 조항은 해당 선언에서 언급된 본 헌장의 조항이 없었다면 발생했을 효력을 갖는다.

③ (5년 제한) 제1항에 따른 선언은 발효된 날로부터 5년 후에 효력을 상실하거나, 해당 선언에 명시된 그보다 이른 일자에 효력을 상실한다.

④ (재제정) 캐나다 연방의회 또는 주의 입법부는 제1항에 따른 선언을 다시 제정할 수 있다.

⑤ (5년 제한) 제3항은 제4항에 따른 재제정과 관련하여 적용된다.

인용

제34조 인용

본 장은 캐나다 권리 자유헌장으로 인용될 수 있다.

제2장 캐나다 원주민의 권리

제35조 기존 원주민권 및 협정권의 인정

① 캐나다 원주민들이 보유한 기존의 원주민권 및 협정권을 그대로 인정하고 확인한다.
② ("캐나다 원주민"의 정의)이 법에서 캐나다 원주민은 "캐나다 인디언", 이누이트 및 메이티를 포함한다.
③ (토지청구협약)보다 확실히 하기 위해, 제1항의 "협정권"은 토지청구협약을 통해 존재하거나 같은 방법으로 취득할 수 있는 권리들을 포함한다.
④ (양성에 대해 동등하게 보장되는 원주민권 및 협정권)이 법의 다른 모든 조항에도 불구하고 제1항에 언급된 원주민권 및 협정권은 남성 및 여성에 대해 동등하게 보장된다.

제35.1조 헌법회의 참여에 대한 서약

캐나다 연방정부와 주 정부는 "1867년 헌법" 제91조 제24항, 이 법 제25조 또는 본장의 규정을 수정하기에 앞서 다음의 주요 사항을 이행할 것을 서약한다. (a) 개헌안과 관련된 항목이 의제에 포함되고, 캐나다 연방총리 및 각 주의 수상으로 구성되는 헌법회의를 캐나다 연방총리가 소집한다. (b) 캐나다 연방총리는 캐나다 원주민 대표들이 위 항목에 관한 논의에 참여할 수 있도록 초청한다.

제3장 균등화 및 지역 불균형

제36조 기회 균등 증진에 대한 서약

① 캐나다 연방의회 또는 주 입법부의 입법 권한 혹은 입법 권한의 행사와 관련된 이들의 제반 권리를 변경하지 않는 조건에서, 캐나다 연방의회 및 주 입법부는 캐나다 연방정부 및 주 정부와 함께 아래에 열거한 사항들을 이행하기로 서약한다. (a) 캐나다 국민의 복지를 위하여 기회균등을 위해 기회 균등을 증진 (b) 기회 불균형을 줄이기 위하여 경제개발을 추진 (c) 모든 캐나다 국민에게 적정한 수준의 필수적인 공공 서비스를 제공
② (공공 서비스에 관한 서약) 캐나다 연방의회 및 연방정부는 주 정부가 어느 정도 비슷한 수준의 과세 조건에서 어느 정도 비슷한 수준의 공공 서비스를 제공하는데 필요한 충분한 액수의 세입을 보유할 수 있도록 보장하기 위하여 균등지원금을 지급한다는 원칙을 준수하기로 서약한다.

5. 캐나다 인권법

1) 성립

캐나다는 헌법에서 인권규정을 두고 있었는데 연방의회가 연방법으로 만든 것이 1977
년의 캐나다 인권법(Canadian Human Rights Act)이다.[37] 이 법률은 연방에만 적용되며 주마
다 다른 인권법이 있다. 이 인권법은 그동안 수차례 개정되어 2014년 11월 1일부터 효력을
발생하고 있다. 주법으로는 브리티시 콜롬비아 주의 인권법전(BC Human Rights Code)이 있
다. 1974년 제정된 뒤 2017년 4월에 개정되었다.

2) 내용

이 연방법은 주로 차별금지를 위하여 규정한 법률이다. 현행법은 2014년 11월 11일부
터 시행되고 있다. 제1조는 법률명(Canadian Human Rights Act)을 규정하고, 제2조는 목적을
규정하고 있다. 캐나다 개인의 평등권을 보장하기 위한 것을 모든 종류의 차별을 금지하기
위한 것이었다.

제1부 박탈된 차별
　총칙 차별의 금지 원인(제3조-제4조)
　차별적 행위(제5조-제25조)
제2부 캐나다인권위원회(제26조)
　권한, 의무, 기능(제26조-제38조)
제3부 차별적 관행과 일반규정(제39조-제47조)
　캐나다인권법정(제48조-제65조)
제4부 적용(제66조)

이 법률은 대륙법적으로 보면 체계적이지 않고 그동안 많은 개정을 통하여 해석이 복잡
하게 되었다. 여기서 중요한 것은 차별행위의 내용이며 그에 대한 수사 처벌 등 형사절차규
정이라고 하겠다.[38]

---

37) CanLII-Canadian Human Rights Act, RSC 1985, c H-6, https://www.canlii.org/en/ca/laws/
　　stat/rsc-1985-c-h-6/latest/rsc-1985-c-h-6.html; Wikipedia, Canadian Human Rights Act.
38) Jay Makarenko, The Canadian Human Rights Act: Introduction to Canada's Federal Human Rights

범죄행위
차별금지근기

제3조 (1) 이 법의 목적은 종류, 출생지, 피부색, 종교, 연령, 성별, 성적기원, 결혼상태, 가정상태, 장애여부 등의 원인으로 행해진 차별을 금지하는 법률이다. 다만 그 행위에 대하여 사면이 행해졌거나 집행정지가 명령된 경우를 제외한다.

(2) 차별의 원인으로서는 임신, 자녀출생이 포함되며 이 차별은 성에 근거한 차별로 취급된다.

제3-1조 큰 차별행위는 하나나 그 이상의 금지된 차별이유에 의할 것이며 이들은 차별이유로 처벌되거나 금지이유의 복합으로서 처리될 것이다.

제4조 5조에서 141조까지에 기술된 차별적 관행은 3부에서의 항의의 대상이 될 수 있으며 거기서 차별적 관행으로 인정된 사람은 53조의 규정에 따라 처리될 수 있다.

차별적 관행

제5조 물질이나 서비스나 장소나 주거에 대한 차별

제6조 상업적 약속이나 레스토랑에서의 처우에 의한 차별

제7조 고용에 있어서의 차별, 특정인의 취업거부, 고용주와의 관계에서 반대되는 고용의 차별행위

제8조 고용신청과 광고에 있어서의 차별

제9조 노동자의 노동조합 가입금지나 축출

제10조 고용주, 피용자조직, 고용자조직에 대한 차별

제11조 동일노동에 대한 남녀간의 차별, 임금제한 행위, 휴가비, 아동

제12조 차별적 노트 등의 공표

 (a) 차별의 의사가 있는 차별적인 내용이든 표현

 (b) 다른 사람을 화합하려는 목적이 없이 다른 사람을 경멸하는 것

제13조 (삭제)

제14조 괴롭힘

(1) 차별적인 실천

(2) 성적 차별선언

Legislation, *Judicial System & Legal Issues*, Nov. 18, 2008; Your Guide to Understanding the Canadian Human Rights Act, Canadian Human Rights Commission, 2010; How are human rights protected in Canada?, Canadian Human Rights Commission.

제14.1조 지연

제15조 예외

(2) 필요한 경우에 있어서의 주거알선

(3) 규율

(4) 생각한 바의 규율의 공표

(5) 협의

(6) 제외

(7) 규율의 작성

(8) 적용

(9) 캐나다 군인의 업무의 일반성

특별한 프로그램(제66조)

　이러한 유형이 25조까지 규정되고 있는데 이하는 생략하기로 한다. 이 법률은 캐나다연방 전체에서 통용하는 것으로 이러한 범죄의 구제를 위하여 캐나다인권법 위원회와 캐나다 인권법 법정이 규정되어 있다.

　이 범죄의 적용대상은 첫째로는 정부기관으로서 연방정부와 행정각부, 기관, 왕립협회 등이다. 연방정부는 이 법에 따라 사람간의 차별이 아닌 서비스에 있어서의 차별에 적용한다. 둘째로는 연방에 의해서 규제되고 있는 산업체와 영업기관 등에 적용된다. 예를 들면 은행, 항공사, 전신전화기관 등이 이에 구속된다. 이들 기관이 한 차별대우에 적용되며 전신전화 등에서의 증오발언(hate speech)에서는 전신기관이나 인터넷에 적용된다.

　이 법을 적용하기 위하여는 캐나다인권위원회를 둔다. 인권위원회는 독립된 연방기관으로서 진정을 접수하고 범죄행위에서 상호중재를 하는 기관이다. 이 기관은 행정기관이고 입법기관이 아니다. 피해자는 당장에 법원에 제소할 수 없고 인권위원회에 심사와 조사를 요구한다. 그리고는 분쟁해결을 중재한다.

　만약에 이 중재협의가 실패하면 캐나다인권심판원에 이송된다. 이 기관은 독립된 기관으로 독자적인 규칙과 소송절차를 가지고 있다. 심판원의 분쟁 양 당사자의 의견을 듣고 법에 대한 위반행위가 있었는가를 결정하고 구제를 해 주거나 처벌을 한다. 인권위원회나 인권심판원의 결정에 의의가 있는 사람은 비로소 캐나다법원이나 캐나다 최고법원에 항소할 수 있다.

　이 법률의 침해행위는 형사범죄가 아니기 때문에 전과기록이 없고 형무소에 수감할 수 없다. 이 제도는 민사소송에 닮았다. 이 기관은 책임자를 처벌하기보다는 분쟁 당사자 간에 상호 합의할 수 있는 해결방안을 찾는 것이 목적이다. 이 협의가 성립하지 않으면 인권심판원은 심리하고 인권침해유무를 결정한다. 만약 법위반행위가 발견되면 심판원은 구제를 위한 재량권을 가진다. 이러한 구제방법은 범법자에게 차별행위를 금지하도록 명령하고 또 구제방법을 강구하며 장래의 행위를 예방하고 피해자에게 비용과 임금의 손실이나 고통에 대한 보상을 명할 수 있다. 의회는 이 법에 추가할 사항이 있거나 폐지할 사항이 있는 경우에는 법률을 개정하여 실천하게 한다. 이 캐나다인권법의 규정은 범죄를 비형벌화하여 민사적인 방법으로 상호조정을 하게 한 점에 장점이 있다고 하겠다.[39]

6. 캐나다의 인권상황

캐나다는 선진국가로서 인권에 대한 비판은 거의 없다. 그러나 반테러법에 대해서는 반대가 있다.[40]

미국 외무부의 2008년 보고서를 보면 캐나다는 시민의 인권보장에 있어 존경받고 있으며 사법부도 개인의 인권보장에 있어 효과적이라고 했다.[41] 특히 차별금지가 잘 되고 있으며 여성의 차별이 없어졌다고 했다.

벨라루스의 2012년 보고서는, 캐나다는 평화적 집회의 권리가 침해되어 있다고 하며 몬트리올 사건을 들고 있다.[42] 이 중에는 학생들의 수업료인상 반대도 들어 있다.

그동안의 캐나다의 인권상황은 인권입법이나 사법에 있어서 모범적인 것으로 보인다. 다만 보통법 사회에서 성문법사회로 변천하면서 입법에 대한 관심이 높아지고 있다.[43]

---

39) Howe/Johnson, *Restraining Equality: Human Rights Commissions in Canada*, University of Toronto Press, 2000; "Canadian Human Rights Act (R.S.C., 1985, c. H−6)" *Department of Justice Canada*, 25 June 2008. 04 August 2008, http://laws−lois.justice.gc.ca/eng/acts/h−6; A Guide to the Canadian Human Rights Act, Canadian Human Rights Commission, 16 August 2004, 04 August 2008; "The Report of the Canadian Human Rights Act Review Panel," *Government of Canada*, June 2000, 04 August 2008.

40) BC Freedom of Information and Privacy Association, *Canada's Anti−terrorism Act: An Unjustified Limitation of Freedom of Information and Privacy Rights*, March 2005; New terror laws must re− spect Canadians Fundamental Rights, http://www.canadianprogressiveworld.com/2014/10/29/harp− ers−new− terror−laws−must−respect−canadians−fundamental−rights−watchdogs.

41) 2008 Human Rights Reports: Canada, https://www.state.gov/j/drl/rls/hrrpt/2008/wha/119151.htm.

42) Ministry of Foreign Affair of the Republic of Belarus, *Human Rights Violations in Certain Countries in 2012.*

43) Still A Matter of Rights, January 2008, Canadian Human Rights Commission; *Human Rights Issues*

제3절   미국 헌법의 인권 조항의 변천

1. 미국 인권헌법의 역사

　　미국의 인권은 영국 식민지 시대에 영국의 과세나 압제에 항거하기 위하여 성립한 것이
다. 미국독립선언이나 미국헌법의 기본권조항이나 수정헌법의 인권법전에 대해서는 이미 설
명한 바 있어 여기서 재언을 피하기로 한다. 권리장전이라고 불리는 수정헌법 제1조에서 제
10조까지는 1791년에 헌법화되어 아직까지 기본권규정의 법원이 되고 있다. 그런데 이 시기
는 18세기였으며 아직도 인권사상이 고정되지 않았던 시기였다.

　　18세기에 만들어진 헌법을 21세기에 적용해야 하는 미국으로서는 이를 현실에 적합하
게 적용해야만 하는 고충이 있었다. 우드 항소법원 판사는 유명한 연설에서 이 문제를 다루
고 있다.[44] 그는 215년의 변천을 잘 설명하고 있다. 390만명의 인구를 가진 농촌경제에서
거의 3억명의 시민을 가진 초강대국이 되기까지 이 시대상황에 적응해 온 것은 판사들의 해
석의 덕이라고 하고 있다.

　　지난 215년간의 세계정세는 괄목한 바 있으며 미국은 1945년 유엔을 창설하고 1948년
에는 세계인권선언을 선포하는데 큰 기여를 했는데 미국의 기본법은 구태의연했기 때문에
이를 개정해야 한다는 의견이 많았다. 그러나 미국의 헌법은 대법원의 스티븐슨(Stevens) 대
법관이 말한 것처럼 거의 개정이 불가능한 것이었다.[45] 근자에도 텍사스의 주지사인 아보트
(Abbott)는 미국의 균형예산 등을 위하여 9개의 헌법개정안을 제안하고 미국의 헌법개정회의
(constitutional convention)을 열기를 미국의 대법원을 통하여 개정하자고 주장하였다.[46] 이에
는 공화당 의원들 중에도 찬성하는 사람이 있다. 그러나 사실상 헌법개정은 불가능할 것으로
보인다.

　　그래서 미국은 영국의 불문법주의에 따라 불문헌법(unwritten constitution)의 전통에 따

---

in Canada, Alberta Civil Liberties Research Centre.

44) Diane P. Wood, "Madison Lecture, Our 18th Century Constitution in the 21st Century World," *New York University Law Review* Vol. 80, No. 4 (Oct. 2005), pp. 1079-1107.

45) Stevens, *The U. S. Constitution Is Impossible to Amend, Amending the constitution is much too hard, Blame the founders*, http://www.slate.com/articles/news_and_politics/view_from_chicago/2014/05/amending_the_constitution_is_much_too_hard_blame_the_founders.html.

46) Texas Gov. Proposes 9 New Amendments To U.S. Constitution, Across America patch, https://patch.com/us/across-america/texas-gov-proposes-9-new-amendments-us-constitution-0.

라 법원이 해석 발전시켜야 한다고 주장한다.[47] 그러나 불문법주의의 원조인 영국에서조차 불문법으로서는 해결이 안 된다고 하여 영국인권법(1998)이라는 성문법을 만들어 유럽인권헌장의 적용을 강제하고 있다.

불문법의 조국인 영국에서조차 새로운 성문헌법의 제정이 연구되고 있으며 초안과 같은 것도 발표되고 있다.[48] 특히 인권에 관해서는 영국권리장전(English Bill of Rights)을 만들어 영국인권법(1998)을 대체해야 된다는 주장이 행해져 왔다.[49] 그러나 아직까지도 영국헌법의 안은 공포되지 않고 있다. 또 영국인권법에 대신할 영국권리장전도 안조차 제출되지 않고 있다. 영국에서는 전면적인 헌법제정의 어려움을 극복하기 위하여 의회에서 성문법을 만들고 있다. 그 중에서도 인권법 1998과 정보자유법 2000, 헌법개정법으로 대법원을 창설한 것 등이다.

성문헌법의 조국인 미국에서도 의회법에 의하여 기본권에 관한 규정이 만들어지고 있다. 예를 들면 표현의 자유나 사생활의 자유를 제한하는 애국법 등이 있다. 그러나 현대사회에 적합한 인권법의 제정은 극히 어렵다고 하겠다.

2. 권리장전의 해석에 의한 권리확장

미국에서는 18세기에 만들어진 인권장전을 21세기에 적용하기 위해서는 헌법개정을 해야 하는데 세계에서 가장 오래된 성문헌법을 가지고 있는 미국에서는 앞서 본 바와 같이 거의 불가능하다. 미국에서는 이 권리장전의 규정을 통틀어 인권법(Human Right)이라고 하지 않고 개별적 권리(Individual Right)라고 보고 개별적인 권리로 파악하는 경향이 있다. 그러기에 인권이라는 개념과 같은 통합적인 고려가 적은 것이 사실이다.

미국의 인권에 관한 학문연구는 입법론적인 것이 아니고 해석론에 입각하고 있다. 주로 대법원의 판례연구의 해석과 타당성 연구에 그치는 경향이 있다. 이 경우에도 문언(文言) 해석이냐, 동태적(dynamism) 해석이냐, 원의주의(original intent)냐, 적극적 해석이냐 등 여러 가지 해석방법에 의한 찬반논쟁이 심하다.[50] 원의주의의 해석에도 주관적 원의주의와 객관적

---

47) S. Sherry, "The Founders' Unwritten Constitution," *The University of Chicago Law School Review* Vol. 54, Iss. 4 (1987). p. 1127.

48) Centre for Political and Constitutional Studies King College London, *Codifying-or-Not Codifying the United Kingdom Constitution: A Literature Review, Series Paper 2*, February 2011; Codifying-or-Not Codifying the United Kingdom Constitution Series Paper 2, May 2012.

49) 상세한 것은 R. Blackburn, *Towards a Constitutional Bill of Rights-for the United Kingdom*, Pinter, 1999.

원의주의가 있다. 원의주의는 미국헌법을 만들 때 저자가 원래 의도한 대로 해석하는 것을 말한다. 적극주의는 헌법이 판사나 법원에 의하여 헌법 창시자가 그 당시에는 있지 않은 사실이나 깊이 분석되지 않았던 사회적, 과학적 사실을 새 현실에 적합하게 헌법을 현실화하는 것을 말한다. 적극주의자에는 브레이어(Breyer) 대법관이 있다. 그것은 여섯 가지 방법이 있다. 텍스트, 역사 전통, 선례, 목적과 결과가 있다고 한다. 그는 원의주의자는 앞의 네 가지 방법에 의하나 적극주의자는 뒤의 두 가지를 중시한다고 한다. 브레이어 판사는 미국헌법을 해석하는데는 그 내용을 새, 현대적, 사회적, 과학적 문제 적합한 내용으로 해석해야 한다고 한다.

이에 대하여 스칼리아(Scalia) 대법관은 원의주의를 채택하고 있다. 그는 문제는 입법자가 채택한 당시의 성문법 조문의 제한이 있으며 그 목적은 모든 사안에 관한 것이 아니라 특정한 사안에 관한 제한이 있다. 만약에 이 성문법의 목적을 너무 넓게 해석하여 현실적합적으로 해석하는 것은 잘못이라고 한다.

우드(Wood) 판사는 문언주의에 따라 조문을 가능하면 넓게 해석하여야 하고 적법절차, 잔혹한 형벌 등의 용어는 당시에 생각하지 않았던 넓은 뜻으로 해석할 수 있다고 보고 정 문제가 되는 경우에는 캐나다처럼 헌법개정에 의할 수밖에 없다고 본다.[51]

이 밖에도 헌법해석에 사상적 경향을 도입해야 한다고도 한다. 예를 들면 헌법의 창시자의 한 사람인 페인(Paine)은 「자연법은 인간이 존재하기 위하여 항상 소속되는 권리다. 이러한 종류의 권리로는 모든 지적 권리, 또는 의사의 권리와 개인의 자기의 안락과 행복을 위하여 다른 사람의 권리를 해치지 않는 한도의 행동을 할 수 있는 모든 권리이다」라고 하고 있다.[52]

해밀턴은 「신은 인간에게 인간제도가 성립하기 이전에 모든 사람에게 영구한 법을 제

---

50) K. Thomas, *Selected Theories of Constitution Interpretation*, Congressional Research Service 2011; R. Post, *Theories of Constitution Interpretation*, Yale Law School Legal Scholarship Repository 1-1-1990, Faculty Scholarship Service Paper 2009; C. Banfield, *The Importance of Interpretation: How the Language of the Constitution Allows for Differing Opinions*, University of Tennessee Honors Thesis Projects, 2014; Constitution Interpretation: Originalism v, Activism, Collegemart.s Blog. https://collegesmart.wordpress.com/2010/07/30/constitution-interpretation-originalism-v-activism.

51) D. Wood, "Our 18th Century Constitution in the 21st Century World," *New York University Law Review* Vol. 80, No. 4 (2005), pp. 1098-1107. Principles of Constitution, The Federalist Papers; The Court and Constitutional Interpretation, Supreme Court of the United States, https://www.supremecourt.gov/about/constitutional.aspx.

52) Natural Rights and Civil Rights as Taught by Thomas Paine, *OneClimbs*, http://oneclimbs.com/2011/02/14/natural-rights-and-civil-rights-as-taught-by-thomas-paine.

정하였다. 이를 자연법이라고 한다. 이 자연법에 의존하여 인간의 자연권이 존재한다. 이 인간의 성스러운 권리는 광선에 의하여 인간의 본성에 각인되었다. 그래서 이 하느님의 법은 어떠한 법원도 어떠한 법전도 어떠한 제도도 이를 번복하거나 손상할 수 없다. 이 영구법은 물체의 본질로서 상속되어진 것이기 때문이다」53)라고 했다.

미국 헌법과 수정헌법은 이 자연권, 자연법사상에 의해서 만들어졌다.54) 그래서 바커는 미국의 인권규정은 자연권의 일부를 명문화한 것이라고 본다. 그는 특히 수정헌법 제1조, 수정헌법 제9조, 수정헌법 제10조를 그 근거로 들고 있다.55) 수정헌법 제1조는 기본권을 제한하는 법률을 제한할 수 없다고 하여 일정한 자유권을 절대적 권리로 규정하고 있다. 수정헌법 제9조는 「이 헌법에 일정한 권리를 열거한 것으로써 인민이 보유하는 다른 여러 권리를 부정하거나 이를 경시한 것으로 해석해서는 안 된다」고 규정했다. 또 수정헌법 제10조는 「이 헌법에 의하여 미국 연방에 위임되지 않고 또 주에 대하여 금지되지 않은 권한은 각각의 주 또는 인민에게 유보된다」고 하고 있다. 이 조항의 해석에 의하여 미국의 기본권의 범주는 확장되고 있다.

3. 수정헌법 제9조의 해석

미국헌법의 수정 제9조의 해석에는 여러 가지 방법이 있다. 우선 이념적으로 보아 도덕적 해석방법이56) 있고 자연적 해석방법이 있다. 드워킨(Dworkin) 교수는 미국헌법의 해석은 전부가 도덕적 해석이라고 한다. 그러나 이 도덕은 헌법에 있어서는 정치적 도덕을 말한다고 한다. 판사 특히 대법관들의 판결에 대하여 보수적인 판결이 있고 진보적인 판결이 있다고 한다. 판사가 추상적인 규정인 헌법을 자기 신념에 따라 보수적이라 판단하고 진보적 성격을 가진 판사는 진보적으로 해석한다고 본다. 그러나 도덕적 해석은 아니라고 한다. 진보적인 학자는 헌법의 조문을 살아있는 문서로 보아 이를 현실에 끌어와 적용해야 한다고 한다. 이러한 진보주의자는 구세대적 헌법을 새 헌법으로 해석하고 있다. 이에 대한 비판도 있다. 왜

53) Alexander Hamilton, Henry Cabot Lodge (ed), *The Works of Alexander Hamilton* vol 1, New York, 1904, pp. 62-63.
54) R. Barker, "Natural Law and the United States Constitution," *The Review of Metaphysics* 66 (September 2012), pp. 105-130.
55) R. Barker, *op. cit.*, pp. 16-17. 자연권에 근거한 헌법해석을 natural method of interpretation이라고 한다.
56) R. Dworkin, The Moral Reading of the Constitution, *The New York Review of Book*, http://www.nybooks.com/articles/1996/03/21/the-moral-reading-of-the-constitution.

냐하면 미국의 헌법은 명문으로 명확히 규정하고 있기 때문에 해석에 따라 변경되어서는 안된다고 한다. 그러나 문리적 해석만이 충분하지는 않다.[57] 궁극적으로 헌법의 수정조항은 실현하기도 어렵고 바람직하지도 않다. 공동상식과 리더십이 정당정책의 과정이나 개인의 정책과 종교규정이 절차적으로 이분되어 있어 여론에 의한 투쟁은 의회에서 막아질 것이다. 그런데 광장에서만 떠돌던 사람들도 결국에는 통합하고 합리적으로 만들었다. 그러기에 자기의 신앙에만 근거를 찾지 말고 실업층이 되어진 경우에는 경제도 좋아질 것이기에 경제 제일의 관점에서 해석하여야 한다. 개인의 도덕적 이해의 합이 역사에 정당성을 가지게 될 수도 있다고 본다.

자연법적 해석방법에서는 헌법 인권규정에 흠결이 있는 경우에는 자연법적으로 흠결을 고치고 새로운 기본권을 도입해야 한다고 본다. 특히 수정헌법 제9조의 경우 범위를 넓혀 당시에는 생각되지 않았던 새로운 권리도 수정헌법 제9조의 보장 대상이라고 본다.[58] 그 이유로는 헌법기초자들의 의견도 결정적이다. 헌법기초자들은 자기들이 기대하는 미국인의 헌법하의 권리는 자기들이 만든 것이 다른 권리를 확인하는데 불과하다고 보았다. 헌법의 역사를 볼 때 제9조는 헌법학자들이 말하는 비열거적 권리의 보장을 위한 목적이라고 본다. 이러한 권리는 당시의 제정자에는 권리장전에 특별히 규정해야 될 필요가 없는 것이라고 보았을 것이다. 그런데 이 열거되지 아니한 기본권에는 오늘날의 미국에서는 사생활의 권리와 같은 것을 포함하고 있다. 그 하나가 낙태권과 같은 것을 포함하고 있다.

수정헌법 제9조는 거의 잊혀진 성격의 권리였다. 그래서 많은 대법관과 교수들이 이를 무시하고 나왔었다.[59] 라쉬 교수는 수정헌법 제9조를 문리적, 역사적 해석을 한 대표자이며 이에 반하여 바네트 교수는 라쉬 교수에 대한 반론으로서 문리적, 역사적 해석으로서는 안된다고 비판하고 있다. 바네트 교수는 문리적, 역사적 해석이 아닌 제정자의 원의에 따라서

---

57) Literal interpretation of Constitution not practical, http://www.freerepublic.com/focus/news/ 1712276/ posts.

58) The Right of Privacy: Is it Protected by the Constitution?, http://law2.umkc.edu/faculty/projects/ ftrials/conlaw/rightofprivacy.html; T. Sharp, *Right to Privacy: Constitutional Rights & Privacy Laws*, https://www.livescience.com/37398-right-to-privacy.html.

59) K. Lash, A Textual-Historical Theory of the Ninth Amendment *Loyola Legal Studies Paper* No. 2007-17, March 2007; Barnett, Kurt Lash's Majoritarian Difficulty, George Town Law, Faculty Working Papers, Jan. 2008; W. Ryan, "The Ninth Amendment as a Rule of Constitution," *Columbia Law Review* Vol. 111 (2011), pp. 498-; Authenticated U.S. Government Information CPO, *Ninth Amendment*, Unenumerated rights; The Contemporary Debate on Constitutional Interpretation: *William Brennan's Living Constitutionalism versus Lino Graglia's Originalism* G. Stolyarov II, http://rationalargumentator.com/issue102/constitutiondebate.html.

해석해야 한다고 하면서 매디슨의 의견과 비준과정에서의 해석론 등을 들어 반박하고 있다. 이에 대하여 윌리엄스 변호사는 이 조항에서 사법부가 열거되지 아니한 권리를 도출할 수 있는가를 검토하고 있다. 그는 더글라스 판사가 Griswold v. Connectcut의 다수 의견에서 프라이버시의 권리를 수정헌법 제9조에서 이끌어 낸 것을 들고 있다.[60] 윌리엄스는 헌법 전체의 구조적 입장에서 대법원의 권한에 헌법에 열거되지 않는 권리를 이끌어 낼 수 있다고 보고 바네트 교수가 말한 것처럼 자연권에 근거하여 수정헌법 제9조에서 열거되지 않는 권리를 이끌어 낼 수 있다고 본다.[61]

그런데 이 조항은 잊혀진 조항으로서 법원에서도 별로 적용되지 않았다.[62] 헌법을 광의로 해석하자는 스티븐슨 판사와 좁게 해석해야 한다는 스칼라 판사가 대립하고 있다. 보크 판사는 수정헌법 제9조에서 권리를 인정하는 것은 법원에 백지위임을 하는 것으로 위험하다고 본다. 이에 대하여 자유주의 판사들은 헌법규정을 광의로 해석하여 수정헌법 제9조에서 많은 기본권을 이끌어 내려고 한다. 화비 교수는 이 양자의 견해에 반대하고 수정헌법 제9조에서 이끌어 낼 수 있는 권리의 종류를 한정하고 있다.

일부에서는 수정헌법 제9조에서 프라이버시의 권리를 이끌어 내어 프라이버시의 권리의 범위를 확정하는 경우도 있다.[63] 프라이버시의 권리는 광범하여 이를 열거하는 것은 생략하기로 한다. 이에 대하여 수정헌법 제9조의 열거되지 아니한 권리는 자연권 자체라고 보는 견해도 있다.[64] 무어 교수나 죠지 교수도 미국헌법의 권리개념은 넓게 해석하여야 하고

---

60) Douglas, *Griswold v. Connectcut*, 381 US 479 484-85(1965).

61) Williams, *op. cit.*, Vol. 111. pp. 569-572.

62) D. Farber, *Retained by the People: The "Silent" Ninth Amendment and the Constitutional Rights Americans Don't Know They Have*, 2007. 그는 권리로 인정할 수 있는 것으로는 ① 합의한 성년자의 성교의 자유, ② 피임약 사용의 자유, ③ 적정한 기초교육의 권리, ④ 여행의 자유, ⑤ 불법적인 의료 행위를 거부할 권리. 인정할 수 없는 것으로는 ① 불치병자에 자살약을 처방하는 것, ② 계약에 관한 법률을 위반하여 계약의 자유를 주장하는 것, ③ 공익에 반하는 개인의 재산권을 사용하는 권리.

63) Gratton/Polonetsky, Privacy above all other Fundamental Rights? Challenges with the Implementation of a Right to be Forgotten in Canada, paper dated April 28, 2016, submitted to the Office of the Privacy Commissioner of Canada; N. Tutrani, "The 'Right to Privacy' and its Constitutional Evolution: The Ninth and Fourteenth Amendments," Regent University, 2010; Paul L. Murphy, *The Right to Privacy and the Ninth Amendment*, New York, 1990.

64) H. Schmitt, Natural Rights and The 9th Amendment, http://americasuncommonsense.com/blog/ 2010/09/30; F. Harper, Natural Law in American Constitutional Theory, Yale Law School Legal Scholarship Repository, 1927; L. Oldaker, "Privacy Rights School Choice, and the United Amendment," *Brigham Young University Education and Law Journal* Vol. 1993, Issue 1; R. Kirk, "Natural Law and the Constitution of the United States," *Notre Dame Law Review* Vol. 69, Issue 5, March 2014; R. Bork, Natural Law and the Constitution, https://www.firstthings.com/article/ 1992/03/natural-law-and-the-constitution; T. Sharp, Right to Privacy: Constitutional Rights &

수정헌법 제9조는 자연권을 지칭한다고 본다. 이와 같이 프라이버시의 권리나 자연권을 그 내용으로 보는 경우 미국의 기본권은 무한대로 늘어날 수 있다. 이 수정헌법 제9조의 규정에 의하여 자연권이 그 내용이라고 보는 사람도 있지만 아이브 교수와 같이 이 이론은 제정 당시의 사람들의 의견이었으나 이제는 보다 좁게 해석하여야 한다는 이론도 있다.

그런데도 이를 자연권으로 이해하여야 한다는 주장은 매디슨의 글에서 그 근거를 찾고자 한다. 버지니아의 대표로서 제정회의에 참석한 메디슨은 헌법상의 권리를 자연권으로 인정하고 헌법에 열거되지 아니한 기본권도 당연히 인정되는 것으로 보았다. 헌법에 열거되지 아니한 권리도 그 이유만으로 권리성을 부정해서는 안 된다고 생각했었다. 이 원의설에 따라 모든 기본권이 자연권에서 나오며 수정헌법 제9조는 자연권을 선언한 것으로 본다.[65]

4. 미국 헌법의 실정권과 비열거적 기본권

미국의 헌법은 여러 실정권을 규정하고 있다.[66]

1) 원헌법상 규정된 권리

원헌법에는 개인적 권리를 규정한 것이 적었다. 그 중에는 (a) 제1조 9항에서 인신보호영장을 규정한 것이 있다. 이것은 보통법상의 권리였는데 이 권리의 침해를 우려하여 특별한 규정을 둔 것이다. 이 권리는 반란이나 외국의 침범이나 공공의 안전이 요구하는 경우에는 이를 정지할 수 있었다. (b) 제1조 9항과 10항은 사후입법의 금지(죄형법정주의상 행위시에 규정되어 있지 않은 행위는 사후에 처벌할 수 없다는 규정)이다. 9항은 연방의회에 대한 금지규정이고 10항은 주에 대한 금지규정이다. (c) 제1조 9항과 10항은 중죄범죄영장의 금지를 규정했는데 이는 개인이나 단체를 반역죄 등으로 영장을 발부하여 권리를 침해하는 것을 막기 위

Privacy Laws. LiveScience, June 12, 2013; Taking the Ninth Amendment Seriously: A Review of Calvin R. Massey's Silent Rights: The Ninth Amendment and the Constitution's Unenumerated Rights,. http://www.stephankinsella.com/2012/01.

65) R. Barnett, The Meaning and Legal Effect of Ninth Amendment. 반대 L. Seidman, The Ninth Amendment: For US The Living.

66) Kruger/Currin, *Interpreting a bill of rights*, Juta, 1994; I. Dimitrakopoulos, *Individual Rights and Liberties under the US Constitution: The Case Law of the U.S. Supreme Court*, Brill/Nijhoff, 2007; The United States Bill of Rights: First 10 Amendments to the Constitution; U.S. Attorneys Office, Know Your Rights: The United States Constitution; Civil Rights and Civil Liberties Protection, 8/11/2008; How the Constitution Protects Our Rights, The Sentinel Watch, http://www.americansentinel.edu/blog/2011/09/07.

한 것이다. 9항은 연방의회의 권한 제한이고 10항은 주 의회의 권한 제한이다.

2) 권리장전(Bill of Rights)[67]

(1) 미국의 권리장전의 의의

미국헌법은 원헌법에서는 기본권을 거의 규정하지 아니하였다. 그 이유는 약간의 주헌법에 기본권에 관한 모범적인 규정이 있었으며 또 헌법제정시 기본권에 관한 논쟁 때문에 시간이 걸릴 것을 우려했기 때문이다. 이러한 태도는 미국헌법의 비준과정에서 주의회에서 반대했기 때문에 새로운 기본권 규정을 추가하기로 하여 권리장전을 추가하게 되었다. 1791년에 헌법개정회의에서는 우선 10개조의 권리규정을 하게 되었다.[68]

이 권리장전이라고 불리는 헌법은 소극적으로 연방에 대하여 권리침해를 하지 못하도록 한 것이 특징이다.

(2) 수정헌법 제1조

종교의 자유와 언론의 자유, 평화적 집회의 자유와 정부에 대한 청원권을 규정하고 있었다. 이 조항에서는 연방의회는 이를 제한하는 법률을 제정할 수 없다고 하여 절대적 자유로 규정한 것이 특색이다.

(3) 수정헌법 제2조

무기를 소유할 권리를 규정했는데 이는 주에게 민병대를 들 수 있는 주의 권리를 규정한 것이라고 한다. 대법원은 개인의 무장권을 부정하였다.

(4) 수정헌법 제3조

병사는 주인의 허락 없이는 평시에는 개인주거에 주둔할 수 없으며 전시에도 법률이 정한 방식으로 주인의 동의 없이는 주거에 주둔할 수 없다.

(5) 수정헌법 제4조

시민의 신체와 소유물과 가택, 서류와 효과물에 대한 불합리한 이유와 주택과 장소의 수색을 금지하고 신체의 압수를 금지했다.

---

67) 미국의 권리장전에 대해서는 본고 제2부 제1장 제1절 미국에서의 성문화 참조.
68) US Bill of Rights (1st 10 Amendments); Interpreting the Bill of Rights, American Government, https://courses.lumenlearning.com/odessa-americanngovernment-2/chapter/interpreting-the-bill-of-rights; Interpreting the Bill of Rights: The Importance of Legislative Rights Review, American Governmen, *British Journal of Political Science* Vol. 35, Issue 2, April 2005, pp. 235-255; Interpreting the Bill of Rights, American Government.

(6) 수정헌법 제5조

사형 등 중죄로 고소된 사람은 대배심원에 의한 재판에 의하지 아니하고는 처벌되지 아니한다. 동일한 범죄에 의하여 이중처벌을 받지 아니한다. 형사사건에서 자기에게 불리한 증언을 강요당하지 아니하며 적법절차에 의하지 아니하고는 생명이나 신체나 재산에 대하여 박탈할 수 없으며 정당한 보상 없이는 사유재산을 수탈하거나 공용으로 사용할 수 없다.

(7) 수정헌법 제6조

모든 형사소송에서 고소당한 피의자는 신속하고 공개재판을 받을 권리를 가진다. 그 사건의 원인에 관한 고지를 받을 권리를 가진다. 피고인은 자기에게 불리한 증인과의 대질을 요구하는 자기의 유리한 증인을 얻기 위하여 강제절차를 취하고 또 자기방어를 위하여 변호인의 도움을 받을 권리를 가진다.

(8) 수정헌법 제7조

보통법상 소송에 있어서 소액이 20달러 이상인 경우에는 배심재판을 받을 권리가 보장된다. 배심에 의하여 인정된 사항에 대하여는 보통법의 원칙에 의해서만 재판받고 어떤 미국의 법원에서도 재심을 받지 아니한다.

(9) 수정헌법 제8조

과도한 보석금을 요구하거나 잔인하고 이상한 형법을 과해서는 안 된다.

(10) 수정헌법 제9조

이 헌법에 일정한 권리를 열거한 것에 의하여 인민이 보유한 다른 여러 권리를 부정하거나 경시하는 것으로 해석하여서는 안 된다.

(11) 수정헌법 제10조

이 헌법에 의하여 미국연방에 위임되지 아니하고 또 주에 대하여 금지되어 있지 않은 권한은 각각의 주 또는 경시한 것으로 해석되어서는 안 된다.

3) 남북전쟁 이후의 권리장전

이것은 주의 권리제한 법률의 제정을 제한한 것이다.

(1) 수정헌법 제13조 노예제도의 폐지(1865년 성립)

노예 또는 자기 의사에 반하는 노역은 범죄에 대한 처벌로서 당사자가 적법한 유죄선고를 받은 경우를 제외하고는 연방 또는 그 관할에 있는 지역 내에서는 존재해서는 안 된다.

(2) 수정헌법 제14조 1항 연방시민권(1868년 성립)

연방에서 출생하거나 또는 귀화하여 그 관할권에 복종하는 모든 사람은 연방과 그가 살고 있는 주의 시민이다. 어떠한 주도 연방시민의 특권 또는 면제를 제한하는 법률을 제정하거나 집행해서는 안 된다.

어떠한 주도 법의 적정한 절차에 의하지 아니하고는 생명, 자유 또는 재산을 박탈해서는 안 된다. 또 그 관할 내에 있는 어떤 사람에 대해서도 법의 평등한 보호를 거부해서는 안 된다.

(3) 수정헌법 제14조 2항 선거권(1868년 성립)

하원의원은 시민에 의하여 선출되며 21세 이상의 시민에 대하여는 반란에의 관여 기타의 범죄 이외의 이류로써 투표권을 부정하거나 제한해서는 안 된다.

(4) 수정헌법 제15조 흑인의 선거권(1870년 성립)

연방시민의 투표권은 인종, 피부색, 또는 종전의 노역상태를 이유로 하여 연방 또는 주에 의해서 거부되거나 제한될 수 없다.

(5) 수정헌법 제19조 부인 참정권(1920년 성립)

연방시민의 투표권은 연방 또는 주에 따라 성별을 이유로 하여 거부되거나 제한될 수 없다.

(6) 수정헌법 제24조 선거권의 납세에 의한 제한금지(1964년 성립)

미국 연방시민의 선거권은 주민세 등 납세를 하지 않았다는 이유로 차별되어서는 안 된다.

(7) 수정헌법 제26조 선거권 연령의 인하(1971년 성립)

연령 18세 또는 그 이상의 연방시민의 투표권은 연방 또는 주에 의하여 연령을 이유로 하여 거부되거나 제한되어서는 안 된다.

4) 판례법에 의해서 확장된 권리=열거되지 않은 권리(Non-Emulated Right)

그동안 대법원 등에 의하여 권리가 추가 또는 확장한 것으로는 다음과 같은 것이 있다.[69)]

① 언론의 자유가 구두에 의한 것이거나 비구두에 의한 것(i)

② 프라이버시권에 근거한 낙태의 권리(ii)

③ 직업을 선택하고 영위할 권리(iii)

④ 형사재판에 참여하고 보고할 권리(iv)

⑤ 주 뿐만 아니라 연방정부에서도 평등한 보호를 받을 권리(v)

⑥ 무죄추정의 권리와 증거요청의 권리(vi)

⑦ 다른 사람과 결합할 권리(vii)

⑧ 사생활의 권리(viii)

⑨ 미국 내의 여행의 권리(ix)

⑩ 결혼하거나 결혼하지 않을 권리(x)

⑪ 아이를 생산할 것인가의 선택권, 강제거세를 당하지 않을 권리(xi)

⑫ 국가에 의해서 최저한의 기초교육을 받을 권리(xii)

⑬ 투표권, 1인 1표, 1표 1가의 원칙(xiii)

⑭ 연방법정이나 연방정부제도를 사용할 권리(xiv)

⑮ 연방시민으로 남을 권리, 형사적 이유로 시민권 박탈금지(xv)

---

69) [i] Tex. v. Johnson, 491 U.S. 397 (U.S. 1989); [ii] Roe v. Wade, 410 U.S. 113 (U.S. 1973); [iii] Gibson v. Berryhill, 411 (U.S. 1973); Meyer v. Nebraska, 262 U.S. 390 (U.S. 1923); Allgeyer v. Louisiana, 165 U.S. 578 (U.S. 1897); [iv] Richmond Newspapers, Inc. v. Virginia, 448 U.S. 555 (1980); [v] Bolling v. Sharpe, 347 U.S. 497 (U.S. 1954); [vi] Sandstrom v. Montana, 422 U.S. 510 (U.S. 1979); Jackson v. Virginia, 443 U.S. 307 (U.S. 1979); Estelle v. Williams, 425 U.S. 501 (U.S. 1976); In re Winshio, 397 U.S. 358 (U.S. 1970); [vii] NAACP v. Alabama, 357 U.S. 449 (1958); De Jonge v. Oregon, 299 U.S. 353 (1937); [viii] Griswold v. Connecticut 381 U.S. 479 (1965); [ix] Shapiro v. Thompson, 394 U.S. 618 (1969); Crandall v. Nevada, 73 U.S. (6 Wall.) 35 (1868); [x] Zablocki v. Redhall, 434 U.S. 374 (1978): Loving v. Virginia, 388 U.S. 1 (1967); [xi] Carey v. Population Serva., 431 U.S. 374 (1977); Roe v. Wade, 410 U.S. 113 (U.S. 1973); Eisenstadt v. Baird, 405 U.S. 438 (1972); Griswold v. Connecticut 381 U.S. 479 (1965); [xii] Pierce v. Society of Sisters, 268 U.S. 510 (1925); [xiii] Reynold v. Sims, 377 U.S. 533 (1964); Baker v. Carr, 369 U.S. 186 (1962); [xiv] NAACP v. Button, 371 U.S. 415 (1963); Slaughter—House Cases, 83 U.S. (16 Wall.) 36 (1873); [xv] Afroyim v. Rusk, 387 U.S. 253 (1967).

5. 미국에 있어서의 기본권의 내용

미국의 법원은 연방헌법뿐만 아니라 주헌법, 조약, 판례법까지 적용하고 있어 이를 개관하기는 어렵다. 미국의 성문헌법의 기본권규정에 대해서는 이미 설명한 바 있기에 여기서는 일반적으로 기본권(Fundamental Rights)에 관해서 간단히 보기로 한다. 상세한 것은 수많은 교과서와 주석서를 보기 바란다.[70]

1) 평등권, 투표권의 평등, 성평등

법 앞의 평등, 투표권의 남녀평등, 양성평등.

2) 통신의 자유 등

정보의 자유, 출판권, 사상의 자유, 상표의 자유, 메신저의 자유, 언론의 가치, 언론의 자유, 직업의 자유의 처벌, 직업적 충고, 사적 및 무명의 자유, 강제 발표, 인터넷의 강제통신.

3) 신체의 자유, 사법상 권리

죄형법정주의, 이중처벌의 금지, 자기의사에 반하는 표현, 자기부책의 금지, 법률고지를 받을 권리, 처벌의 권리, 잔혹하고 과잉한 처벌의 금지, 변호인의 도움을 받을 권리, 차별적 법집행의 금지, 법원의 구제를 받을 권리, 낙태의 자유, 사형제도의 폐지, 강제노역의 금지, 신체안전의 권리

4) 정신적 자유

집회의 자유, 종교의 자유, 양심의 자유, 결사의 자유, 심리적 처우의 자유, 일반적 행동의 자유, 망명의 자유, 강제적 추방의 금지, 사생활의 자유, 민주정치에의 참여권

---

70) D. Forte, The Heritage Guide to the Constitution, 2nd ed. 2014. pp. 393-551; Library of Congress, *Constitution of U. S. A.*, 1st ed. 2nd ed; Fundamental Rights. http://web.mit.edu/dmytro/www/FundamentalRights.htm; Basic Rights 2, Scope of the 9th Amendment, http://9th-Amendment.org; R. Standler, Fundamental Rights under Privacy in the USA, http://www.rbs2.com/priv2.pdf; 문홍주, 『미국헌법과 기본적 인권』, 2002; 阿部竹松, 『アメリカ憲法』, 2011; T. I. エマスン, 『現代アメリカ憲法』, 1978; 桧山武夫, 『アメリカ憲法と基本的 人權』, 1960.

5) 생존권

어린이의 권리, 최저한의 생존 유지권,[71] 어린이의 초등교육을 받을 권리

6) 열거되지 않은 기본권

사생활의 비밀과 자유, 가정생활의 자유, 결혼의 자유, 학교선택권

6. 미국 수정헌법의 기본권 조항의 한역

〈미국헌법의 인권조항〉[72]

아래는 미국헌법의 수정조항이다. 수정조항 제1조에서 제10조까지는 흔히 권리장전이라고
알려져 있다(이 수정조항들은 1789년 9월 25일 발의되어 1971년 12월 15일에 비준됨)

수정헌법 제1조(종교, 언론, 출판, 집회의 자유 및 청원의 권리)

연방의회는 국교를 정하거나 또는 자유로운 신앙행위를 금지하는 법률을 제정할 수 없
다. 또한 언론, 출판의 자유나 국민이 평화로이 집회할 권리 및 고충의 구제를 위하여
정부에게 청원할 수 있는 국민의 권리를 제한하는 법률을 제정할 수 없다.

수정헌법 제2조(무기소지의 권리)

규율이 확립된 민병대는 자유로운 주(州)의 안보에 필수적이므로 무기를 소장하고 휴대
하는 국민의 권리를 침해될 수 없다.

수정헌법 제3조(군인의 주둔)

평시에 군대는 어떠한 주택에도 그 소유자의 승낙을 받지 아니하고는 주둔할 수 없다.
전시에 있어서도 법률이 정하는 방법에 의하지 아니하고는 주둔할 수 없다.

수정헌법 제4조(수색 및 체포영장)

부당한 수색, 체포, 압수로부터 신체, 가택, 문서 및 재산의 안전을 보장받는 국민의 권
리를 침해할 수 없다. 체포, 수색, 압수의 영장은 상당한 이유에 근거하고, 선서 또는 확
약에 의하여 확인되고, 특히 수색 장소, 체포될 사람 또는 압수될 물품을 기재하지 아니

---

71) G. Slaughter, "The Ninth Amendment's Role in the Evolution of Fundamental Rights Jurisprudence,"
   Indiana Law Journal Vol. 64, Issue 1, (Winter 1998); L. Oldaker, "Privacy Rights, School Choice
   and the Ninth Amendment," B*righam Young University Education and Law Journal* Vol. 1993,
   Issue 1; It's On Us And AJR Partner On Charity Single To Change the Conversation Around Sexual
   Assault, https://www.forbes.com/sites/civicnation/2017/03/31.
72) 국회도서관, 『세계의 헌법』, 2013.

하고는 발급할 수 없다.

수정헌법 제5조(형사사건에서의 권리)

누구라도 대배심에 의한 고발 또는 기소가 있지 아니하는 한 사형에 해당하는 죄 또는 파렴치 범죄에 관하여 심리를 받지 아니한다. 다만, 육군이나 해군에서 또는 전시나 공중의 위험시 복무 중에 있는 민병대에서 발생한 사건에 관하여서는 예외로 한다. 누구라도 동일한 범행으로 생명이나 신체에 대한 위협을 재차 받지 아니하며, 어떠한 형사사건에 있어서도 자기에게 불리한 증언을 강요당하지 아니하며, 누구라도 정당한 법의 절차에 의하지 아니하고는 생명·자유 또는 재산을 박탈당하지 아니한다. 또 정당한 보상 없이 사유재산을 공공용(公共用)으로 수용당하지 아니한다.

수정헌법 제6조(공정한 재판을 받을 권리)

모든 형사소추에 있어서, 피고인은 범죄가 행하여진 주(州) 및 법률이 미리 정하는 지역의 공정한 배심에 의한 신속한 공판을 받을 권리, 사건의 성질과 이유에 관하여 통고 받을 권리, 자기에게 불리한 증인과 대질심문 받을 권리, 자기에게 유리한 증인을 얻기 위하여 강제적 절차를 취할 권리, 자신의 변호를 위하여 변호인의 도움을 받을 권리를 가진다.

수정헌법 제7조(민사사건에서의 권리)

보통법상의 소송에 있어서, 소송의 액수가 20달러를 초과하는 경우에는 배심재판을 받을 권리가 있다. 배심에 의하여 심리된 사실은 보통법의 규정에 의하는 것 외에 미국의 어느 법원에서도 재심받지 아니한다.

수정헌법 제8조(보석금, 벌금 및 형벌)

과다한 보석금을 요구하거나, 과다한 벌금을 과하거나, 잔혹하고 비정상적인 형벌을 과하지 못한다.

수정헌법 제9조(국민이 보유하는 권리)

이 헌법에 특정 권리들이 열거되어 있다는 사실이 국민이 보유하는 그 밖의 여러 권리들을 부인하거나 경시하는 것으로 해석되어서는 아니 된다.

수정헌법 제10조(주와 국민이 보유하는 권한)

이 헌법에 의하여 미국 연방에 위임되지 아니하였거나, 각 주(州)에 금지되지 아니한 권한은 각 주(州)나 국민이 보유한다.

수정헌법 제13조(노예제도 폐지)

제1항

노예제도 또는 강제노역제도는 당사자가 정당하게 유죄판결을 받은 범죄에 대한 처벌이 아니면 미국 또는 그 관할에 속하는 어느 장소에서도 존재할 수 없다.

제2항

연방의회는 적절한 입법에 의하여 이 조의 규정을 시행할 권한을 가진다.

(이 수정조항은 1865년 1월 31일 발의, 1865년 12월 6일 비준)

수정헌법 제14조 (공민권)

제1항

미국에서 출생하거나 귀화한 미국의 관할권에 속하는 모든 사람은 미국 및 그 거주하는 주(州)의 시민이다.

어떠한 주(州)도 미국 시민의 특권과 면책권을 박탈하는 법률을 제정하거나 시행할 수 없다. 어떠한 주(州)도 정당한 법의 절차에 의하지 아니하고는 어떠한 사람으로부터도 생명·자유 또는 재산을 박탈할 수 없으며, 그 관할권 내에 있는 어떠한 사람에 대하여도 법률에 의한 평등한 보호를 거부하지 못한다. (생략)

(이 수정조항은 1866년 6월 13일 발의, 1868년 7월 9일 비준)

수정헌법 제15조(투표권의 보장)

제1항

미국 시민의 투표권은 인종, 피부색 또는 과거의 예속 상태로 인해서 미국이나 주(州)에 의하여 거부되거나 제한되지 아니한다.

제2항

연방의회는 적절한 입법에 의하여 이 조의 규정을 시행할 권한을 가진다.

(이 수정조항은 1869년 9월 26일 발의, 1870년 2월 3일 비준)

수정헌법 제16조(소득세)

연방의회는 각 주(州)에 소득세를 할당하거나 어떠한 국세조사나 인구수 산정을 고려하지 않고, 어떠한 소득원이든지 그로부터 얻어지는 소득세를 부과, 징수할 권한을 가진다.

(이 수정조항은 1909년 7월 12일 발의, 1913년 3월 23일 비준)

수정헌법 제19조(여성의 참정권)

미국 시민의 투표권은 성별을 이유로 미국이나 주(州)에 의하여 거부 또는 제한되지 아니한다.

연방의회는 적절한 입법에 의하여 이 조를 시행할 권한을 가진다.

(이 수정조항은 1919년 6월 4일 발의, 1920년 8월 18일 비준)

수정헌법 제24조(인두세)

제1항

대통령 또는 부통령 선거인들 또는 연방의회 상원의원이나 하원의원을 위한 예비선거 또는 그 밖의 선거에서의 미국 시민의 선거권은 인두세나 기타 조세를 납부하지 아니하였다는 이유로 미국 또는 주에 의하여 거부되거나 제한되지 아니한다.

제2항

미국 의회는 적절한 입법에 의하여 이 조를 시행할 권한을 가진다.

(이 수정조항은 1962년 8월 27일 발의, 1964년 1월 23일 비준)

수정헌법 제26조(18세 이상 시민 참정권)

제1항

연령 18세 이상의 미국 시민의 투표권은 연령을 이유로 하여 미국 또는 어떤(州)에 의해서도 거부되거나 제한되지 아니한다.

제2항

미국 의회는 적절한 입법에 의하여 이 조를 시행할 권한을 가진다.

(이 수정조항은 1971년 3월 23일 발의, 1971년 7월 1일 비준)

7. 미국에서의 인권상황

미국은 세계최고의 대국이며 인구도 많고 세계적인 문제를 가지고 있기 때문에 또 언론의 자유가 보장되고 있기 때문에 인권에 관한 실상이 잘 보도되고 있다. 미국은 유엔인권위원회 고등판무관에 보낸 인권보고서에서 미국의 인권문제에 있어서 비교적 솔직하게 보고하고 있다.[73]

미국은 국제인권조약의 선조국이라고 할 수 있다. 거의 모든 국제인권조약에 대하여 서명하고 있으나 몇 개의 인권조약에 대해서는 아직도 비준하지 않고 있다. 그중에서도 유엔의 경제적, 사회적, 문화적 권리에 관한 국제협정, 미주인권협정, 여성의 차별금지조약, 아동의 권리조약, 장애자의 권리에 관한 인권조약에는 비준을 하지 않고 있다. 이것은 미국이 이들 권리를 중요시하고 있기 때문이며 이것을 비준하는 동시에 직접적 효력을 가지는 것으로 국가기관과 법원을 구속하기 때문에 이러한 사회권에는 비준을 주저하고 있는 것이다. 다른 강대국이 비준하고 적용하고 있는 것처럼 위장하고 있는데 반하여 미국은 지극히 성실하다고 하겠다. 그러나 교육문제, 건강문제, 주거문제에 관하여 법률을 만들고 방대한 예산을 투입하여 생활개선에 노력하고 있다.[74]

미국에 있는 인권단체들은 미국의 인권문제가 세계 최고여야 한다는 견지에서 많은 비판을 하고 있다. 그 중에서도 인권워치(Human Rights Watch)는 매년 내는 보고서에서 미국인

---

73) US State Department, Report of the United States of America, *Submitted to the U.N. High Commission for Human Rights*, In Conjunction with the Universal Periodic Review; Wikipedia, Human Rights in the United States.
74) US State Department Report, *op. cit.*, pp. 17-19.

권에 대해서 침해 사례를 보도하고 있다.[75] 이 보고서는 미국이 진동하는 시민사회이며 많은 인권영역의 헌법적 보장은 강력히 잘하고 있다고 지적하면서 국가안보와 이민문제와 교도소문제에서는 아직도 인권침해가 남아 있다고 지적하면서 그것이 형사사법의 개선에 나아가고 있다고 칭찬하고 있다.

미국이 테러행위에 대해서는 까다롭게 하고 범죄혐의자의 사생활을 침해하는 것은 이해할만하다. 미국은 이민이 만든 나라이며 많은 인종이 잡거하고 있어 차별문제나 노동자의 인권문제 등을 가지고 있다. 이러한 문제는 이민자들의 생활향상에 의하여 시정될 것으로 본다.

그러나 세계에서 인권을 보장하지 않는 강대국인 중국이 미국의 인권을 비판하고 있음을 볼 때[76] 어느 나라에도 약간의 치부가 있음을 인정해야 할 것이다. 중국은 미국이 총기난사로 연간 5만건 이상의 사고가 나서 13,000명이 죽었다고 비판하고 있다. 이것은 총기협회의 방해로 총기단속을 잘 하지 못하는 미국의 약점이기도 하다. 그러나 자기 나라의 정치적 표현의 자유와 미국의 표현의 자유를 비교하지 않은 것은 편파적이라고 하겠다.

미국정부는 미국인권상황의 치부를 치유하려고 노력하고 있을 뿐만 아니라 세계각국의 인권보고서를 제출하여 세계의 인권발전에 노력하고 있는 것은 높이 평가해야 할 것이다.[77]

제4절 칠레의 인권법과 적용

1. 칠레 헌법의 역사

1) 성립

칠레는 1818년 4월 5일에 스페인에서 독립한 뒤 거의 무정부상태로 있었다. 1829년에

---

75) Human Rights Watch, *World Report 2015: United States, Events of 2014, 2015*; World Report 2015: United States, Human Rights Watch, https://www.hrw.org/world-report/2015/country-chapters/united-states; Human Rights Watch report finds US violations, signs or reform in criminal justice, https://www.rt.com/usa/330400-human-rights-watch-report-america.

76) China issues report on U. S. human rights, Xinhua, http://news.xinhuanet.com/english/2017-03/09/c_136115462.htm.

77) Reports, HumanRights.gov is the official United States Government Website for, https://www.humanrights.gov/reports.html; Country Reports on Human Rights Practices for 2016, https://www.state.gov/j/drl/rls/hrrpt.

디에고 포탈레스가 나라를 통일하는데 성공하였다. 그때까지 여러 헌법이 제정되었는데 1818년의 헌법(Constitution de 1818) 이후 1822년과 1823년의 헌법이 있었다. 1828년 후에 1833년 헌법이 만들어졌으며 이 헌법은 1891년에 칠레 내전 후에 국민의회에 의하여 재해석되었다. 이로써 의회민주공화국으로 되었다.

1925년에 제1차 세계대전 후의 불안정과 이민들의 불만에 의하여 수출산업이 파탄되고 난 뒤 새로운 이데올로기가 나타나고 노동운동이 심해졌다. 그리하여 의회민주주의는 불신을 받았고 보수주의자들은 부패하고 사회개혁에 반대하여 칠레의 정치문제와 경제문제를 해결할 수 없었다. 1925년에 만들어진 헌법은 전 정권과 같이 보수적 고전적 자유민주주의에 입각하고 있었으며 제도의 정통성이 유지되고 있었다. 그러나 교회와 국가의 분리 노동자의 단결권 인정, 모든 시민의 사회복지에 대한 약속, 공공선을 위한 사적 재산권 제한에 대한 국가의 통제권과 시민에 의하여 직접 선거된 대통령과 양원제 의회의 권한이 강해졌다. 정부는 4권으로 분리되었는데 집행부, 입법부, 사법부와 감사원으로 구성되었다.[78]

2) 군사통치와 1980년 헌법

1959년의 쿠바혁명의 영향으로 정치는 양극화되었다. 좌익과 우익의 대립이 심화되어 중도파가 칠레정치의 원활한 중재기능을 할 수 없게 되었다. 그리하여 아옌데(Allendé)가 대통령이 된 다음에는 좌파연합이 중도우파야당과 대립하게 되었다. 1973년 의회선거에서 어느 파도 집권세력이 될 희망이 없자 대립은 격화되었다. 과격한 시가데모가 행해졌고 민주주의에 위기가 닥쳤다. 1973년 9월 11일 육군과 해군, 공군의 수장과 경찰이 쿠데타를 일으켜 아옌데 정부를 전복하고 헌법침해라고 하면서 군정을 실시하였다.

쿠데타 후에 군의 정통성을 확보하기 위하여 새 헌법을 제정하기 위한 기초위원회를 임명하였다. 이 위원회에서 1980년 헌법안이 만들어졌고 피노체트를 대통령으로 하는 군사정부가 출현하였다.[79] 이 헌법의 제정에는 피노체트 군부의 투표부정이 있었다고 하여 정통성을 부정하는 주장도 있다. 이 헌법은 '이중헌법'(dual constitution)이라고 말하여진다. 일부조항은 임시적으로 적용되고 일부조항은 항구적으로 적용되는 조항이다. 이 임시조항에 의하여 군정은 운영되었다. 영구조항은 "보호된 민주정치"를 지향하고 있다. 첫째로는 군이 항구

---

78) Constitutional history of Chile, ConstitutionNet, http://www.constitutionnet.org/country/constitutional-history-chile. 이 헌법의 한국어 번역문은 국제문제조사연구소 편, 「각국헌법자료집」, 1980. 2, pp. 123-134 참조.

79) Wikipedia, Constitutional of Chile; N. Kim, *From Coup to Constitution: Repression, Legitimacy and Human Rights in Pinochet's Chile(1973–80)*, *Robert D. Clark Honors College*, June 2015.

적인 후견 역할을 하게 하였고 둘째로는 헌법재판소에 의하여 민주주의에 반하는 사람이나 정당이나 운동단체를 배제하였다(제80조). 셋째로는 대의정부제도에 대한 견제를 규정하고 있었다.

3) 1988년 헌법

피노체트 대통령은 1981년 3월 11일에 1980년 헌법이 효력을 발생하자 8년간의 과도기 대통령을 하였다. 1988년에는 새로운 대통령선거를 하는 해였다. 다른 장군들이 입후보하려고 하였으나 피노체트 대통령이 1988년 8월 30일에 대통령 출마를 선언하여 다른 사람은 입후보를 할 수 없었다. 이에 대하여 시민들은 피노체트 1인에 대하여 찬반투표만 하게 되었다. 1988년 10월 8일의 국민투표에서 군대에서 제한한 피노체트에 대한 투표에서 54.5%의 투표자가 반대하여 8년 임기의 대통령으로 재선될 수 없었다. 그래서 그는 1년만 더 할 수 있었다. 1990년 3월 11일 새로이 대통령으로 선출된 기독교민주당의 아일윈이 취임하게 되었다. 헌법의 과도기 규정에 따라 피노체트는 1998년 3월까지 육군의 통치권자(총사령관)로 재임하였다.

이에 따라 헌법의 영구규정이 효력을 발생하였는데 이를 1988년의 실질적 헌법 개정이라고 하겠다.[80] 54개조에 달하는 헌법개정안은 1989년 7월 30일 국민투표에서 85.7%로 승인되었다. 그래서 1989년 헌법이라고 한다. 이 헌법은 1991, 1994, 1997, 1999, 2000, 2001, 2003년에 걸쳐 여러 번 개정되었다.

4) 2005년 헌법개정

2005년 9월 17일에는 라고스(Lagos) 대통령이 헌법개정을 발표하였는데 이는 칠레의 민주주의체제를 개선하는 목적이었다.[81] 새 헌법은 7월에 의회를 통과한 것으로 대통령의 임기를 6년에서 4년으로 단축하고 대통령에 무장군의 통제를 하게 하고 상원의원의 종신직을 없애고 모든 상원의원은 민주적 선거에서 선출하도록 하였다. 대통령과 같은 권한을 가지고 있던 군인의 국가안전보장위원회의 결정권을 박탈하고 대통령의 자문기관으로 만들었다. 라

---

80) E. Snyder, "The Dirty Legal War: Human Rights and the Rule of Law in Chile, 1973-1995," *Tulsa Journal of Comparative and International Law*, 1995; The Chilean Constitution of 1988, https://www.boundless.com/world-history/textbooks/boundless-world-history-textbook; Ackerman/DuVall, *A Force More Powerful*, 2000; Wikpedia, Chilean transition to democracy; Chile The Constitutional Reforms of 1989, http://countrystudies.us/chile/89.htm.

81) Chile enacts new democratic constitution, JURIST, http://www.jurist.org/paperchase/2005/09/chile-enacts-new-democratic.php.

고스 대통령은 서명행사에서 이제 우리는 우리들 전체를 대표하는 헌법을 가지게 되었다고 장담하였다. 이 개정은 100개 조항 이상을 개정했었다.

5) 2018년 헌법? 새 헌법의 제정?

2005년 헌법도 2007년, 2008년, 2009년, 2010년에 일부 개정되었다. 그러나 시민들은 이 민주화된 헌법에 대해서도 그것이 피노체트 독재시대에 만든 것이기 때문에 이를 폐기하고 새로운 민주헌법의 개정을 요구하고 있다. 2015년 10월에는 사회당의 바첼레트(Bachelet) 대통령이 헌법개정 작업을 할 것이라고 발표하였다.[82] 대통령은 칠레는 새롭고 보다 좋은 헌법을 가져야 하고 정당성이 있으며 민주주의 국가에서 존경을 받는 헌법을 제정하겠다고 했는데 헌법의 개정에는 절차가 매우 까다롭고 시간이 많이 걸린다는 것을 강조하고 있다. 그녀는 새 헌법의 초안작성은 이미 시작되었으며 수백만명의 칠레인들이 이에 찬성하고 있다고 한다. 국가의 헌법은 모든 법률의 모체이고 국민의 정치체계의 기본원칙을 형성하는 것이며 국민통치의 가치를 명백히 하는 것이기에 국민이 단결하지 않으면 도저히 작성해 낼 수 없는 난제라는 것을 강조하고 있다.[83] 그래서 그런지 이미 2년이 지난 현재까지 아직도 초안이 발표되지 못하고 있다.

그런데 헌법개정을 위한 민중의 동의는 쉽게 구할 수 있을 것처럼 보인다.[84] 왜냐하면 많은 시민단체들이 헌법개정에 동조하고 있기 때문이다. 정부는 2017년에 의회의 결의안을 내고 의회에서 개정안을 토론하게 할 예정이라고 한다. 그래서 헌법제정회의를 만들어서 여기서 개정을 하려고 하고 있다. 2017년 의회는 국민이 직접 선거하는 것이기 때문에 국민의 기대를 충족할 것으로 보이며 국회의결은 5분의 3 다수에 의하여 되어 있는데 이는 어렵지 않을 것으로 보고 있다. 이의 효력을 2019년의 정기선거에서 결정하는 것이기 때문에 쉽게 통과될 수 있을 것으로 보고 있다.

---

82) Chile to Create New Constitution in 2015, teleSUR http://www.telesurtv.net/english/news/Chile-to-Create-New-Constitution-in-2015-20141202-0030.html; Chile: Bachelet Announces Plans For New Constitution, InSerbia News, https://inserbia.info/today/2015/10/chile-bachelet-announces-plans-for-new-constitution.

83) Chile: Bachelet Announces Plans For New Constitution, InSerbia News, https://inserbia.info/today/2015/10/chile-bachelet-announces-plans-for-new-constitution.

84) Chile's quest to introduce a Constitution elaborated under democratic conditions, http://www.constitutionnet.org/news/chiles-quest-introduce-constitution-elaborated-under-democratic-conditions; What's Behind Bachelet's Push to Reform the Chilean Constitution?, PANAMPOST, https://panampost.com/editor/2016/04/22/chilean-constitution-why-bachelet; Chile new constitution: Bachelet launches process, BBC News, http://www.bbc.com/news/world-latin-america-34527165.

　　민간단체들도 정부의 일정을 참조하여 2018년에는 다 끝내려고 하고 있으며 공감대가 형성되고 있다.[85] 2018년까지 헌법개정을 완성하기 위한 스케줄을 지키기 위하여서는 면밀한 시간표와 절차에 따라야 한다.[86] 시민단체인 마르카 AC(Marca AC)는 헌법이 그동안에 개정되었으나 2005년 헌법도 독재시대에 만들어진 것이고 권력관계에 있어서 별 변화가 없으며 새로운 사회적, 정치적 권리제도가 도입되어야 한다고 주장하고 있다. 그리하여 국민의 74% 이상이 새로운 헌법제정을 원한다고 하고 있다. 이들은 바첼레트 대통령의 재선을 위해 선거운동을 했고 대통령이 당선된 뒤 새 헌법을 제정하기로 공약했었다. 그는 3개년 계획의 제헌과정을 예정하고 2018년에는 헌법제정을 완료하겠다고 하고 있다. 2018년이면 새 의회선거가 있기 때문에 제헌의회의 요구는 더 커질 것으로 보며 선거에 승리하기 위해서도 개헌파가 많이 당선될 것으로 보고 있다. 2017년 1월에도 이들은 2018년의 헌법초안작성의회를 위한 캠페인을 강화하고 있다.

　　대통령이 개헌을 공약하고 시민단체 일부가 지지한다고 해도 새 헌법개정에는 20년이 걸릴 것이라는 비판론도 있다. 그러나 현직 대통령이 원하고 시민단체도 이를 원하고 있기 때문에 2020년까지는 새 헌법이 제정될 것으로 기대하고 있다.

2. 칠레 헌법의 기본권 규정

1) 역사적 의의

　　기본권은 헌법상 보장되고 있었다. 독재시대의 크리스토의 권리로 수정되었다가 현재는 권리에 대한 천부인권성이 강조되고 있다. 헌법 제2조는 인간의 존엄을 규정하면서 「인간은 인간의 존엄과 권리에 있어 자유롭고 평등하게 출생했다」고 규정하고 있다. 또 과정은 사회의 기본적 구성단위라고 하고 국가는 인간에게 서비스하는 것이고 그 목적은 공공선을 하는 것이고 … 이 헌법이 규정하는 권리와 보장을 완전히 존중함으로써 국가공동체를 최대로 정신적이고 물질적인 가능한 최대한의 실현을 하는 것이라고 규정하고 있다. 이것은 악명 높았다는 인권탄압국가에서의 전환을 의미하는 것이다.[87]

---

85) *Will the People of Chile Succeed in Rewriting their Dictatorship Constitution?*, *The Foundation for Law, Justice and Society*. http://www.fljs.org/content/will-people-chile-succeed-rewriting-their-%E2%80%98dictatorship-constitution%E2%80%99.

86) Chileans mobilize to replace a constitution written by a military dictatorship, WagingNonViolence, https://wagingnonviolence.org/feature/chileans-mobilize-to-replace-constitution.

87) M. Requa, "Human Rights Triumph? Dictatorship-era Crimes and Chilean Supreme Court,"

2) 현행 헌법하의 기본적 인권

1980년에 만들어진 피노체트헌법은 골격은 남아 있으나 그 내용은 여러 번의 개정에 의하여 민주화되었고 기본권규정도 많이 보완되었다. 그러나 그 순서는 그대로 남아 있다. 칠레 2015년까지의 헌법개정에 따르면 제3항에 헌법적 권리와 의무에 관해서 규정하고 있으며 제19조부터 제23조까지 많은 항을 두어 상세히 규정하고 있다. 그 내용을 간단히 보면 다음과 같다.[88]

제19조 모든 국민은 헌법에 따라 인신의 보장을 받는다.
1. 생명권, 태아의 생명권, 예외적 사형제도, 부정당한 권력행사의 금지
2. 법 앞의 평등, 특권제도의 금지, 남녀의 평등, 자의적 차별의 금지
3. 법의 평등한 권리행사의 자유
4. 사생활의 보호, 개인과 가정의 명예보호
5. 주택의 불가침, 사적 통신의 보호
6. 양심과 종교의 자유, 교회제도의 보호
7. 인신의 자유와 개인의 보장을 위한 권리
   a, b, c, d, e, f, g, h, i (생략)
8. 쾌적한 환경에서 생활할 권리
9. 건강보호권, 건강보험권
10. 교육을 받을 권리, 부모의 교육권, 유치원교육의 의무화, 초등학교와 중등학교 교육의 의무화 무상교육, 과학교육, 기술교육, 예술창작의 진흥
11. 교육의 자유, 개방적인 교육기관의 존재, 학문적 자유권, 부모의 학교선택권
12. 의사표현의 자유,[89] 검열의 금지, 대중정보법의 인가, 매스 미디어의 국가적 검열의 금지, 신문·잡지 등의 영주에 의한 차별금지의 제한, 신문·잡지사 등의 설립자유, 국가대학이나 단체의 텔레비전 설립, 국립 텔레비전 회사의 독립성, 영화상영의 전시
13. 집회의 자유, 평화적이고 비무장집회, 광장, 도로 공공장소에서의 집회에 대한 경찰

Human Rights Law Review 12/1 (2012) pp. 79-106.

88) Human Rights in Chile, WOW.com, http://content.wow.com/wiki/Human_rights_in_Chile.
89) Chile: Progress Stalled-Freedom of Expression in the Chilean Constitution, https://www.hrw.org/reports/2001/chile/Foe05fin-02.htm.

규제

14. 청원의 권리

15. 사전 허가 없는 결사의 권리

결사의 법률에 적합한 설립, 결사가입의 강제금지, 도덕, 공공질서와 국가안전보장 위반 결사의 금지, 정당의 설립등록, 정당재정공개, 외국에서의 기부금지, 정당내부의 민주주의, 정당에 대한 헌법적 규제, 정당의 헌법질서 합치의무, 정당의 복수성 보장, 불법정당의 헌법재판소에 의한 위헌성 결정, 정당목적의 불법성, 형태의 불법성, 활동의 불법성에 따른 기능상실, 복권기간의 제한

16. 노동의 자유와 그 보호

정당한 임금을 받을 수 있는 노동의 자유 계약권과 선택의 자유권, 기능과 능력 이외의 이유로 인한 이외의 차별금지, 도덕위반, 공공의 안전에 공공건강 또는 국가의 안전을 침해하지 않는 노동유형은 금지할 수 없다.

법률에 의한 어떤 직업의 취업조건규정 가능, 직능단체의 회원에 대한 윤리심사와 항소가능성, 노동자의 단체협약의 권리, 단체협상과 그의 평화적 해결의 법률에 의한 방식제한, 노동관계특별법원 설치, 국가나 지방공무원은 파업할 수 없다. 법률에 위반하는 파업의 금지, 파업금지 직종의 법정

17. 헌법과 법률에 의하지 아니하는 요건 없이 누구나 모든 공직과 공적 업무를 할 수 있는 권리

18. 사회보장의 권리

이 권리행사를 규율하는 법률은 가중된 의결정족수를 정할 수 있다. 국가행위는 모든 주민에게 동일된 기본수익을 확보할 수 있도록 하고 강제적 기여금은 법률로 규정할 수 있다. 국가는 사회보장의 권리의 적정한 행사를 감독해야 한다.

19. 법률에 의하여 노동조합을 결성할 수 있는 경우와 형식을 정할 수 있다. 노동조합의 가입은 자의에 의한 것이어야 한다. 노동조합은 법률이 정한 형식과 조건으로서 그 규약과 부담금액을 등록함으로써 법인의 자격을 가진다. 법률은 노동조합의 자율성을 확보하기 위한 장치를 규정할 수 있다. 노동조합은 정치적 행위에 개입할 수 없다.

20. 법률이 규정하는 바에 따라 수입과 재산에 비례하여 조세를 평등하게 부담해야 한다. 법률은 어떠한 경우에도 명백히 불평등하거나 부정한 조세를 부과할 수 없다. 수집한 조세는 그 성질에 불구하고 국고에 귀속하게 되며 주어진 목적을 지정해서

는 안 된다. 그러나 법률은 특정한 목적을 가진 국방 목적을 위한 특별세를 부과할 수 있다.

21. 법률이 정한 바 도덕이나 공공질서나 국가안전에 반하지 않는 한 어떠한 경제행위도 발전시킬 수 있다. 국가나 그 기관은 법률이 위임한 양의 한도 내에서 특정한 경영행위를 발전시킬 수 있다.

22. 국가나 그 기관은 경제문제에 한해서는 어떠한 자의적인 차별을 할 수 없다. 공기업의 재정은 매년 재정법에 포함되어야 한다.

23. 모든 종류의 재산권의 취득은 자유이다. 다만 법률이 모든 국민에게 속한다고 하여 그 성질상 모든 국민의 소유에 속하거나 법률이 지정한 경우를 제외하고 국가적 이익을 위하여 요구되는 재산은 가중한 요건을 갖춘 법률에 의하여 특정한 재산의 소유한도와 소유요건을 정할 수 있다.

24. 재산권은 모든 종류의 유형재산과 무형재산을 다 포함하는 재권(소유권)이다. 법률에 의해서만 재산취득의 형식과 용도, 제한 등을 규정할 수 있다. 법률이 정한 경우 이외에는 재산권을 박탈당하지 아니한다. 재산권은 법률에 의한 보상을 하는 경우에 공익을 위하여 수용할 수 있다.

국가는 모든 광산, 광물적 모래, 소금광산, 석탄광산 등의 절대적, 독점적, 불가양적 재산권을 가진다. … 개인의 물에 대한 소유권은 법률이 정하는 바에 의하여 그 소유권자에게 이들 권리를 부여한다.

25. 예술창작권과 지적 재산권과 예술적 창작의 권리는 보장된다. 저자의 권리는 법률이 정하는 바에 따라 저작권과 편집권 등 모두를 포함한다.

발명에 관한 특허권, 상표권 등 권리는 법률이 정한 바에 따라 보장한다.

26. 헌법의 위임명령이나 법률로써 보장에 대한 규정을 한 경우 조건을 제시하거나 조세를 정하거나 요소를 정한 것은 권리개념의 보장은 그 본질에 있어서 이들 권리의 자유로운 행사를 방해하는 것은 아니다.

제20조 헌법에 규정된 헌법상의 권리행사가 자의적인 행위나 불법적 행위 등에 의하여 제약되었을 때에는 정당한 구제를 받을 수 있다.

제21조 개인이 헌법에 의한 규정에도 불구하고 헌법이나 법률에 위반되어 체포·구금되거나 교도소에 수감된 경우에는 법원에 대하여 구제조치를 청할 수 있다.

제22조 모든 공화국 주민은 칠레와 그 국가상징을 존경해야 한다. 칠레인은 조국의 명예를 존중하고 주권을 방어하며 국가안전을 보장하는데 기여하며 칠레의 전통적 고유

가치를 보장하는 기본의무를 진다.

법률에 의하여 부과된 군복무와 개인적 기여는 법률의 정한 조건과 형태에 있어 의무적이다.

칠레인은 법적으로 면제되지 않는 한 무기를 사용할 수 있는 사람은 군적에 등록되어야 한다.

제23조 공동체의 중간단체와 그의 지도자들이 헌법이 그들에게 인정한 자율을 남용하고 그들의 특정한 목적에 관계없는 행위에 필요 없이 개입한 경우에는 법률에 따라 처벌된다. 노동조합의 최고위직 지도자들은 정당의 국가적, 지역적 최고위직과는 겸직할 수 없다.

법률의 조합의 간부들이 정당적 정치행위를 하거나 정당의 지도자로서 조합조직의 기능에 개입하거나 법률을 지정하는 다른 중간단체의 기능에 개입하는 경우에는 법률로써 그에 관련된 처벌을 규정해야 한다.

3. 칠레 헌법의 기본권 규정의 한역

<칠레공화국 2005년 헌법>

한국어 번역[90]

제3장: 헌법의 권리와 의무

제19조 헌법은 모든 사람에게 다음을 보장한다.

1항) 개인의 생존권과 육체적, 정신적으로 보전 받을 권리.

법은 태어날 생명을 보호한다.

사형선고는 의결정속수법에서 결정한 범죄행위에 대해서만 가능하다.

모든 불법적인 강요는 금지된다.

2항) 법 앞에 평등. 칠레에는 특혜를 받는 개인도 집단도 없다. 칠레에는 노예가 존재하지 않으며, 칠레의 영토 아래 모든 자는 자유인이다. 남자와 여자는 법 앞에 평등하다.

어떠한 법률이나 기관도 임의적인 차별을 가할 수 없다.

3항) 권리행사에 있어서 동등한 법률적 보호.

모든 사람은 법률이 정한 바에 따라 법률적 보호를 받을 권리를 가지며 어떠한 기관이나

---

90) 이 번역은 한동훈 외 4인, 『세계각국의 헌법체제 및 개별법체계 Ⅰ』, 한국법제연구원, 2009에 발행한 부록 2의 것을 전재한 것이다.

개인도 변호사의 적절한 개입이 필요한 경우 이를 방해하거나 제한하거나 동요시킬 수 없다. 군대와 보안군에 종사하는 자들의 권리에 대해서는 행정적이고 교화적인 차원에서 각 기관의 관련 법규에 따라 적용된다.

법은 본인 스스로 해결할 수 없는 자에게 법률적 자문과 변호를 제공해줄 방법을 제정한다.

어느 누구도 범행 이전에 법률로 정한 재판소를 통하지 않고 다른 별도의 재판위원회에 의해 재판받지 않는다.

재판권을 행사하는 기관의 모든 선고는 합법적으로 처리된 사전 소송에 기초해야만 한다.

입법자는 언제나 합리적이고 정당한 사건처리와 조사를 보장할 수 있도록 해야 한다.

법은 형사상의 책임을 권리로 간주하지 않는다.

어떠한 범죄행위도 이후의 개정된 법률이 피해자에게 유익한 것이 아닌 이상 범행 이전에 선포된 법률이 규정하는 것 외의 다른 형을 선고받지 않는다.

어떠한 법률도 그 안에 제재 받을 행위에 대한 분명한 기술 없이 확정될 수 없다.

4항) 개인과 그의 가족의 사생활과 명예에 대한 존중과 보호.

5항) 가정과 모든 형태의 사적인 대화의 불가침성, 가정이나 또는 사적인 대화나 문서는 법률이 정한 특정한 경우와 방식에 의해서만 간섭되고 공개되고 조사를 받을 수 있다.

6항) 양심의 자유, 모든 신조의 표현의 자유, 도덕과 미풍양속과 공공질서에 어긋나지 않는 모든 신앙의 자유, 종교생활을 위해 법률과 조례에 따른 안전과 위생적인 조건 하에 성전과 부속건물을 세우고 보존할 수 있다.

교회 또는 기타 모든 유형의 예배행위를 하는 종교나 기관은 그들의 자산에 관한 한 현행 법률이 부여하고 인정하는 권리를 가진다. 성전과 부속건물은 오로지 예배 목적으로만 사용되어야 하며 모든 종류의 세금의 면제를 받는다.

7항) 개인의 자유와 안전의 권리.

이에 따라:

가) 모든 개인은 헌법이 정한 법률을 지키며 제3자에게 피해를 끼치지 않는 한 공화국 내 어느 곳에서나 거주하며 살아갈 권리와 한 곳에서 다른 곳으로 이사할 권리와 영토에 들어오고 나갈 권리를 가진다.

나) 어느 누구도 헌법과 법들이 명시한 경우와 형식 외에 개인의 자유가 박탈당하거나 제한받을 수 없다.

다) 어는 누구도 법으로 집행한 공무원 체포영장과 이의 합법적인 통보를 거치지 않고서 체포나 구속될 수 없다. 그러나 현행범으로 붙잡힌 자는 단 24시간 이내에 담당 판사의 처분을 받을 목적으로 구속될 수 있다.

만일 관계당국이 어느 개인을 체포하거나 구속하는 경우에는 피고에 대한 처분을 위해 48

시간 이내에 담당 판사에게 통지해야 한다. 판사는 법적 근거에 따라 이 기간을 5일, 또는 법률이 그의 범법행위를 테러로 간주 조사를 명하는 경우 10일까지 연장할 수 있다.

라) 어느 누구도 그의 집이나 공공장소가 아닌 유치장으로 체포 또는 구속될 수 없다. 유치장 책임자는 합법적 권한을 가진 해당 기관이 발행한 영장이 없이는 체포자, 구속자, 피고인 또는 검거자 자격으로 어느 누구도 유치장에 들여보낼 수 없다.

어떠한 형태의 격리도 유치장의 책임 공무원이 그 안에 있는 체포자, 구속자, 피고인, 검거자를 방문하는 것을 막을 수 없다. 이 공무원은 체포자나 구속자가 원하는 경우 언제든지 그를 방문할 의무를 가진다. 만일 체포 시에 체포영장이 누락되었다면 담당 판사에게 체포영장을 전달해주거나, 그 영장을 그에게 전달해줄 것을 요청하거나, 또는 그가 직접 영장을 전달해 줘야 하는 등 의무를 가진다.

마) 조사를 하기 위해서나 또는 피해자나 사회의 안전을 목적으로 판사가 구속이나 유치가 필요하다고 판단하는 경우가 아니고선 피의자의 석방은 이뤄지지 않는다. 법은 이를 위한 요건과 형식을 설정한다.

제9조에 명시한 범죄행위에 해당하는 피의자의 석방을 선고하는 판결에 대한 불복상소는 전속판사들로 구성된 해당 상급법원에서 맡게 된다. 이를 받아들이고 결정하는 판결은 만장일치로 처리되어야만 한다. 피의자는 석방기간 동안 법률이 정한 바에 따른 경계 속에서 지내게 된다.

사) 형사소송에 있어서 피의자나 피고로 하여금 자신의 범죄사실에 대해 선서하고 자백하도록 강요할 수 없다. 또한 법률이 정한 경우와 상황에 따라 그의 선조나 후손이나 배우자 및 다른 어떤 사람도 그와 같이 진술을 강요받을 수 없다.

아) 법률이 정한 경우의 몰수품 외에 재산몰수형을 부과할 수 없다. 재산몰수형은 불법적인 범죄행위를 범한 경우에 근거한다.

자) 제재 명목으로 예견되는 권리의 박탈을 적용할 수 없다.

차) 일단 소송취하나 사면선고가 되고 난 후, 대법원이 부당하거나 독단적이라고 판결한 결정에 의해 기소나 형의 선고를 받은 경우에는 피고가 당한 재산과 도덕적 피해에 대한 국가의 배상을 청구할 권리가 있다. 배상은 간단한 약식 사법절차를 통해 결정이 된다.

8항) 오염이 되지 않은 환경에서 살 권리. 이 같은 권리에 해가 되지 않도록 국가는 환경을 감시하고 자연을 보존할 의무가 있다.

법은 환경을 지키기 위해 필요한 일정의 권한 또는 특권에 대한 구체적인 제약사항을 설정해야 한다.

9항) 건강보호에 대한 권리

국가는 모든 개인의 건강과 재활의 권장, 보호, 회복 등의 활동에 자유롭고 동등한 권리를 보장해준다.

또한 건강 관련 의료활동에 대한 조정과 통제는 국가가 할 일이다. 법률이 정한 형식과 조건에 따라 공공기관이나 사설기관을 통해 제공되는 의료활동을 보장하는 것은 국가의 의무이며, 의무적인 부담금은 법률로 정할 수 있다. 모든 개인은 국영이든 민영이든 본인이 희망하는 의료제도를 선택할 권리를 가진다.

10항) 교육을 받을 권리

교육은 개인의 인생에 여러 단계에 있어서 자신의 온전한 개발을 그 목표로 한다.

부모는 자녀들을 교육시키는 일에 있어 우선권과 의무를 가진다. 국가는 이 같은 권리를 수행할 수 있도록 특별히 보호할 의무를 가진다.

국가는 유치원 교육을 장려함은 물론 기초교육을 받는데 하등의 다른 요구조건 없이 무료 입학과 재정지원을 보장할 의무를 진다.

초등교육과 중등교육은 의무이며, 국가는 모든 국민이 이 과정에 들어갈 수 있으도록 재정지원을 보장한다. 중등교육의 경우, 이 같은 제도는 법률이 정한 바에 따라 만 21세까지 연장이 가능하다.

또한 국가는 모든 단계별 교육개발을 위해 노력하고, 과학기술연구와 예술창작과 국가문화유산의 보호와 증진을 장려한다.

국민은 교육의 발전과 완성에 기여해야만 한다.

11항) 교육의 자유는 교육기관의 개교, 조직, 운영의 권리를 포함한다.

교육의 자유는 도덕과 미풍양속과 공공질서와 국가안보에 어긋나는 것 외에는 다른 제한을 두지 않는다.

합법적으로 인정된 교육은 어떠한 형태의 정당성향도 띠거나 유포해서는 안 된다.

부모는 그들의 자녀를 위해 교육기관을 선택할 권리를 가진다.

헌법조직법은 초등교육과 중등교육의 각 단계별로 필요한 최소한의 요구조건을 두고, 국가가 감독기능을 수행할 수 있도록 일반적으로 적용 가능한 객관적 규정을 세운다. 마찬가지로, 이 규정은 모든 단계에 따른 교육기관의 공식적인 승인에 필요한 구비요건을 제시한다.

12항) 의사표현의 자유와 언론의 자유, 의결정족수법에 준하여 이같은 자유를 행사하는 데서 발생하는 범죄와 남용에 대해 응하는 것을 제외하고는 어떠한 형태로나 어떠한 수단으로나 사전검열을 받지 않는다.

법은 어떠한 경우에도 사회의 언론매체에 대한 국가적 독점권을 세울 수 없다.

언론매체로 말미암아 부당하게 피해를 입은 모든 자연인 또는 법인은 법률이 정한 바에 따라 그리고 그 정보가 나간 매체를 통해 그들의 선언 또는 정정사항이 무료로 전달될 권리를 가진다.

모든 자연인 또는 법인은 법률이 정한 범위 내에서 일간지, 잡지 및 신문을 창간하고 편집하고 관리할 권리를 가진다.

국가는 물론 법률이 정한 대학과 기타 법인과 단체는 TV 방송국을 설립하고 운영하고 관리할 권리를 가진다.

독립적인 법인으로 국립 TV방속위원회를 두어 이 언론매체가 올바르게 운영되는지에 대한 관리감독을 책임진다. 의결정속수법은 상기 위원회의 조직, 기능 및 권한을 명시한다. 법은 영상물 전시회를 위한 심의규정을 정한다.

13) 사전 허락 없이 그리고 흉기를 소지하지 않은 평화적인 집회를 가질 권리

광장, 거리, 기타 공공목적으로 쓰이는 장소에서의 집회는 경찰총칙에 따른다.

14) 적절한 일일 경우 공적 또는 사적인 문제에 대해 관청에 청원을 제출할 권리

15항) 사전 허락 없이 협회에 가입할 권리

법인을 만들기 위해 법률이 정한 바에 따라 협회를 조직할 수 있다.

어느 누구도 협회에 계속해서 머물러 있을 의무는 지지 않는다.

도덕과 공공질서와 국가의 안전에 배치되는 협회는 금한다.

정당은 본연의 임무와 무관한 다른 활동에 관여할 수 없으며 시민이 참여하는 어떤 특권이나 독점권을 갖지 않는다. 정당 운동원들의 명부는 국가선거관리위원회에 등록하며 이는 각 정당의 운동원이 볼 수 있도록 보관한다. 그들의 회계는 공개되며 자금조달의 근거는 외국으로부터 들어오는 돈, 자산, 기부, 지원금은 불가능하다. 그들의 내규는 국가의 민주질서 위에 기초하는 법규이어야 한다. 헌법조직법은 만일 그들의 법규를 어길 경우에 대한 문제와 제재에 대한 규정을 정하며, 그에 따라 해산을 명할 수도 있다. 법률이 정한 규정에 따르지 않고 정당활동을 위해 설립한 협회, 운동, 기관 또는 집단 등은 불법이며 헌법조직법의 규정에 따라 제재를 받게 된다.

헌법은 복수정당제를 보장한다. 기본적인 민주제도와 헌정질서를 존중하지 않고 전체주의 건설을 꾀하고자 하는 동기와 행동을 가진 정당이나 운동 또는 기타 유형의 조직, 또는 폭력을 행사하거나 정치행동의 방편으로 이를 비호하고 교사하는 조직은 헌법에 위배된다. 헌법재판소는 이와 같은 헌법위반 행위를 규정한다.

상기와 같은 헌법위반 행위를 유발하는 행동에 참가하는 사람은 헌법이나 법들에 의해 재정된 제재 외에 다른 정당이나 운동 또는 다른 형태의 정치조직에 가담할 수 없으며 보통 선거를 통해 선출되는 공직을 맡을 수 없고 법정 선고일로부터 5년 동안 제57조 1항에서 6항에 해당하는 직책을 수행할 수 없다. 상기 사항에 해당하는 사람이 그 날짜로 공직에 있는 상태라면 그날부로 모든 권리를 잃게 된다.

본 법령에 따라 위와 제재를 받은 사람은 위에 명시한 기간 동안 복귀할 수가 없다. 만일 재범의 경우 공직박탈 기간은 두 배로 늘어난다.

16항) 노동의 자유와 보호

모든 사람은 자유로운 계약과 정당한 노동의 대가를 받은 일을 선택할 권리를 가진다.

개인의 능력과 적성에 근거하지 않는 어떠한 차별도 허락되지 않으며 법은 특정의 경우에 칠레 국적과 연령제한을 요구할 수 있다.

도덕과 안전과 공중위생에 배치되는 일 즉 국가의 이익을 위해 법이 그와 같이 요구하는 경우를 제외하고는 모든 종류의 노동에 제한이 없다. 어떤 법률이나 공공기관의 규정도 특정의 노동활동을 수행할 목적으로 어떤 조직이나 기관에의 의무적 가입을 요구하거나 또는 그 일을 지속해 나감에 있어 억지 탈퇴를 요구할 수 없다. 법은 대학 졸업장이나 학위를 요구하는 직종을 분류하고 그 일을 수행해 나갈 수 있도록 조건을 규정한다. 법정 인가 직업학교의 경우 교원의 윤리행동에 관한 준수사항이 부여되며, 이를 어길 시 해당 공소 제2심 법정에 공소될 수 있다. 그렇지 않은 직업학교의 경우 법률이 정한 특별 법정에서 재판을 받는다.

법이 허락하지 않는 경우를 제외하고 직장에서의 집단교섭은 노동자들의 권리이다. 법은 집단교섭을 통해 정당하고 평화적인 해결책을 모색할 수 있도록 적절한 절차를 규정한다. 법은 집단교섭이 의무적으로 중재를 받아야 하는 경우를 규정하며, 이 경우 중재는 전문가로 구성된 특별재판소에서 맡으며 그것의 조직과 권한을 법으로 정한다.

국가나 시의 공무원은 파업을 선언할 수 없다. 또는 건강과 국가경제와 생계와 국가안보에 심각한 피해를 초래하는 공공서비스의 성격과 목적과 기능을 가진 단체나 기업에 종사하는 사람도 파업을 선언할 수 없다. 법은 이 같은 파업행위가 금지된 노동자들이 속한 단체나 기업을 결정하기 위한 절차를 마련한다.

17항) 헌법과 법률이 부여하는 자격요건 외의 다른 요건 없이 모든 공무원직에 취직 가능하다.

18항) 사회보장에 대한 권리

이 권리 행사를 규정하는 법률은 의결정족수법에 속한다.

국가는 모든 국민이 공공기관이든 민영기관을 통하여서든 제공되는 일정한 기초 사회보장금을 누릴 수 있도록 보장한다. 법은 의무 분담금을 정한다.

국가는 사회보장에 대한 적절한 권리 행사를 감독한다.

19항) 법률이 정한 경우와 형식에 따라 노동조합에 가입할 권리, 노동조합의 가입은 언제나 자발적이다.

노동조합은 단지 법률이 정한 형식과 조건에 따라 자체적인 법규와 정관을 등록하는 것으로 법인이 될 수 있다.

법은 이들 조직의 자치권을 보장하는 장치를 둔다. 노동조합은 정당활동에 가담할 수 없다.

20항) 수입에 따라 또는 법률이 정한 형식에 따른 세금과 기타 공과금의 동등한 부과.

어떠한 경우에도 법은 명백히 공평하지 않거나 부당한 세금을 부과할 수 없다.

세수입은 그것의 성격이 어떻든지 간에 국고로 들어가며 어떤 특정의 목적으로 쓰일 수 없다.

그럼에도 불구하고, 법은 일정의 세금이 국가안보의 목적으로 쓰일 수 있도록 허용할 수 있다. 또한 법률이 허용하는 범위 안에서 지방의 특성화 사업목적에 맞는 개발공사 용도의 자금조달을 위해 법은 지방자치단체로 하여금 세금의 사용을 허용할 수 있다.

21항) 법률규정을 준수하면서 도덕과 공공질서와 국가안보에 배치되지 않는 모든 종류의 경제활동을 할 수 있는 권리.

국가와 국가기관은 기업활동을 하거나 의결정족수법이 허용하는 경우에 한하여 그 일에 참여할 수 있다.

그 경우, 의결정족수법에 의해 정당한 이유로 설정하는 예외를 제외하고는 그 같은 기업활동은 특별법에 적용 가능한 일반법을 따르게 된다.

22항) 경제활동에 있어 국가와 국가기관이 하는 협상에 전횡적인 차별은 없다.

단지 그 같은 차별을 두지 않는 법령에 의해서만 어떤 분야, 활동, 지역에 있어서의 직접 또는 간접적인 특정의 혜택을 허용하거나 또는 특별 세금을 부과할 수 있다. 면제 또는 간접적인 혜택의 경우에 있어서는 후자의 평가예산이 예산법에 매년 포함되어 있어야 한다.

23항) 법률로 명시한 바와 같이 모든 사람이 공유하는 재산이나 국가에 귀속되는 재산의 경우를 제외한 모든 종류의 재산을 취득할 수 있는 자유, 전자에 대해서는 본 헌법의 다른 부분에서 규정한 내용에 있어서도 예외가 적용된다.

의결정족수법이 국가의 이익을 위해 그와 같이 요구하게 되면 일부재산의 취득에 제한이나 요건을 설정할 수 있다.

24항) 모든 종류의 유형, 무형재산에 대한 여러 가지 형식의 재산소유권.

재산의 소유권을 취득하고, 이용하고, 향유하고, 처분할 수 있는 형식과 사회적 기능에 대한 제한과 의무에 대한 규정은 오직 법률을 통해서만 설정할 수 있다.

아울러 법은 그 안에 국가의 총체적인 이익과 국가안보, 공공위생, 환경보존에 따른 요건을 포함한다.

어느 누구도 입법자에 의해 정의된 일반법과 특별법에 따라 공익과 국가의 이익으로 말미암아 공유화하는 경우를 제외하고는 어떠한 경우에도 그의 재산과 그것으로부터 얻는 이익과 취득 재산에 대한 권한과 가능을 박탈당하지 않는다. 재산을 박탈당한 자는 일반 법정에서 박탈행위의 적법성에 대해 상소할 수 있으며, 언제든지 상기 법정에서 적절히 못하다고 판단되는 재산권 피해에 대해서 보상받을 권리를 가진다.

합의가 없기 때문에 보상액은 현금으로 지급된다.

보상총액이 지급되기 이전에 박탈당한 재산의 소유가 가능해진다. 보상액은 합의가 없는 관계로 법률이 정한 바에 따라 감정인에 의해 임시적으로 결정된다. 재산박탈의 근거를 요구하는 경우에는 판사는 전력에 의거하여 재산취득 중지를 선언할 수 있다.

국가는 모든 광산에 대해 지표면의 점토를 제외하고 그 안에 구아노 채취광, 철광, 염지, 석탄광, 탄화수소광, 기타 화석물질 등이 존재한다고 판단될 때, 바로 그 위에 자연인과 법인이 땅의 소유권을 갖고 있다 하더라도 이 모든 광물에 대한 절대적이고 배타적이고 양도불가능한 무기한적인 점유권을 갖는다. 지표면의 토지는 법률이 정한 바에 따라 광산의 탐색과 개발과 채광을 위해 법률적 의무와 제한을 받게 된다.

법은 액체 또는 가스 탄화수소를 제외한 앞에 언급한 광물들 중에서 어떤 것들이 탐색과 채굴권의 허가대상인가를 결정한다. 이 같은 허가는 항상 법률의 결정으로 성립되며, 헌법조직법의 규정에 따라 그 기간을 정하고 그에 따른 권리와 의무를 부여한다. 광산채굴 허가는 채굴자로 하여금 채굴권의 허가가 정당성을 갖기 위해 공공의 이익을 충족시키는 것이 되어야 한다. 그것의 보호규정은 상기의 법률로써 정해지며 직·간접적으로 의무이행을 원하는 방향으로 주어지며, 의무 불이행의 경우나 허가권의 단순한 종식으로 말미암아 만기의 사유가 된다. 아무튼 상기의 사유와 그 결과는 허가권을 부여하는 시점에 마련되어야 한다.

그와 같은 허가권의 소멸을 선언하는 것은 일반법정의 고유한 권한에 속한다. 허가권의 취득 만기와 소멸과 관련하여 발생하는 문제는 상기 법정을 통하여 해결된다. 만기의 경우, 당사자는 법정에 권리유지 판결을 요구할 수 있다.

허가권에 대한 소유주의 명의 취득은 본 조항에서 다루는 바 헌법의 보장에 의해 보호를 받는다.

허가가 불가능한 광물을 함유하고 있는 광산의 탐색, 개발, 채굴에 있어서는 국가나 기업이 직접 맡아서 하거나, 또는 대법원령에 의해 칠레 대통령이 정하는 요건과 조건 하에서 행정기관의 허락이나 특별한 채굴계약을 통해 가능하다. 이 같은 규정은 국내의 영해 내 해저에 존재하는 모든 종류의 지역에 위치하는 광물에 대해서도 동일하게 적용된다. 칠레 대통령은 앞서 언급한 것처럼 국가안보에 중요하다고 선언된 지역에 위치하는 광물과 관련하여 언제든지 이유가 필요 없이 그리고 그에 상당하는 배상을 하고서 상기 행정기관의 인가나 특별한 채굴계약을 중단시킬 수 있다.

법률로 인정되고 규정된 해상에서의 생산물의 소유권은 그것을 소유한 소유주에게 권리가 부여된다.

25항) 예술을 창작하고 보급할 자유는 물론 모든 종류의 지적, 예술적 창작물에 대한 저작권은 법률이 정한 기간 동안 유효하며 그 기간은 저자의 생애보다 짧으면 안 된다.

저작권은 법률이 정한 바와 같이 작품의 소유권과 작품의 원작권, 판권, 무결성 등 다른 권리를 포함한다.

또한 법률이 정한 기간 동안 발명특허, 상표, 모델, 기술공정, 기타 유사한 창작물 등에 대한 특허권을 보장한다.

지적, 예술적 창작물의 소유권과 24항의 2, 3, 4, 5번째 항목에 명시된 특허권에도 적용된다.

26항) 헌법이 부여하는 보장사항을 조정 또는 보완하거나 또는 헌법이 허용하는 경우들에 있어서 보장사항을 제한하는 등의 법률규정은 근본적으로 권리에 영향을 미치지 못하며, 자유롭게 권리 행사하는 것을 가로막는 조건이나 의무 또는 요건을 부과할 수 없다.

제20조 독단적인 행동이나 실수로 말미암아 제19조 1항, 2항, 3항의 4번째 항목, 4항, 5항, 6항, 9항의 마지막 항목, 11항, 12항, 13항, 15항, 노동자유권과 자유선택권과 4번째 항목에 명시된 것에 관한 16항, 19항, 21항, 22항, 23항, 24항 및 25항 등에 명시된 권리와 보장을 적법하게 행사함에 있어 부자유와 심리적 동요와 위협을 받는 자는 그 자신 또는 그의 명의로 다른 사람에 의해 해당 상소법정에 호소할 수 있으며, 이 법정은 그로 하여금 권리를 회복하고 합당한 보호를 확실히 하기 위해 즉시로 필요하다 판단되는 조치를 취한다. 그러나 해당 기관이나 법정에서 다른 권리를 사용하는 것은 예외이다.

또한 제19조 8항의 경우에서 오염되지 않은 환경에서 살 권리가 관계당국이나 특정인의 불법적인 행위나 실수로 말미암아 발생하였을 때에는 보호조치 수속을 밟을 수 있다.

제21조 헌법이나 법들을 어김으로써 체포 또는 구속된 모든 개인은 그 자신 또는 그의 명의로 다른 사람이 법률에 정한 바에 따라 사법관에 호소할 수 있으며, 사법관은 피해자의 권리를 회복하고 그의 합당한 보호를 위한 법률적 절차를 따라 즉시로 필요한 조치를 취하도록 명한다.

그 사법관은 법 앞에 나오는 개인이 감옥 또는 구치소의 모든 관리자들에게 분명히 복종할 것을 명할 수 있다. 그의 전과에 대해 파악한 후 즉시로 석방을 선고하거나 법률적 오류를 검토하거나 또는 그 개인을 담당 판사의 관할 하에 맡길 수 있다. 이 모든 것을 간결한 약식을 처리하고 사법관 자체적으로 그러한 오류를 수정하거나 또는 그 일을 맡은 자에게 이를 설명한다.

마찬가지로, 개인의 자유와 안전을 누림에 부당하게 부자유, 심리적 동요, 위협을 받은 모든 개인에게는 동일한 조치가 적용된다. 해당 사법부는 그와 같은 경우에 피해자의 권리회복과 합당한 보호를 위해 앞서 언급한 사항에 해당되는 조치들을 명할 수 있다.

제22조 공화국의 모든 국민은 칠레와 국가의 상징물을 존중해야 한다. 칠레인은 기본적으로 조국을 존중히 여기고, 주권을 수호하고, 국가안보와 칠레 전통의 기본가치를 보존하도록 기여해야 한다.

군대복무와 법이 요구하는 개인의 의무사항은 법률이 정한 기간과 형식에 따라 의무이다. 군대복무를 해야 하는 칠레인은 법률적으로 면제되는 경우를 제외하고는 병적부에 등록되어 있어야 한다.

제23조 헌법이 인정하는 자치권을 본래의 목적 외에 불법적인 다른 활동에 관여함으로써 그것을 남용하는 지역의 참모진과 지도부는 법률이 정한 바에 따라 제재를 받게 된다. 조합의 고위직과 정당 소속의 국가나 지방의 고위직과는 양립되지 않는다.

법은 정당활동에 관여하는 조합의 지도부와 조합의 운영에 관여하는 정당의 지도부와 기타 참모진에 법률이 정한 바에 따라 제재를 가할 수 있다.

4. 칠레의 인권상황과 외국의 개입

1) 독재시대의 칠레의 인권상황

피노체트의 집권초기에서 그의 집권말기까지 칠레는 세계에서 인권이 제일 많이 침해되는 국가로 인정되었다. 그래서 국내에서도 저항이 심했으나 외국과 국제기관에서 간섭도 많았다.[91]

미국도 초기에는 키신저가 공산주의 퇴치를 위한다는 목적으로 피노체트를 도와주었으나[92] 카터가 대통령이 된 뒤부터는 그의 인권정책에 반대하는 입장을 택하였다. 카터는 피노체트를 만난 뒤에 인권상황의 개선을 요구하였다. 그러나 카터는 피노체트가 유엔회원국이므로 국제법을 정면으로 위반하지 않을 것으로 믿었다.[93]

1976년 유엔의 경제사회이사회는 칠레의 인권침해상황에 대하여 깊은 우려를 표시하고 인권개선을 촉구하였다. 유엔총회도 1976년 칠레정부에 대하여 경고하는 결의를 하였다. 유엔총회는 1981년, 1985년 계속 결의를 하였다.[94] 칠레는 이 밖에도 미주인권연합에 가입하고 있어서 미주기구의 견제를 많이 받게 되었다. 코스타리카가 권고적 의견을 요청한 것이 있다. 이에 미주인권재판소는 만장일치 의견으로 권고적 의견을 제출하기를 거부하였다.[95] 칠레가 미주인권법정에 제소된 것도 여러 건 있었다. 그중 하나로는 case no. 12, 108.인 Reyes 외 대(對) 칠레사건[96]이 있다. 여기에는 amicus curiae 의견이 제출되어 있다. 이 사건은 칠레인 3인이 칠레 정부에 대하여 정보제공을 요청한 사건이다. 이 사건의 토지의 이용에

---

91) S. Raessler, "Human Rights in Chile," *Review Digest: Human Rights in Latin America*. 2006.

92) Christopher Hitchens, *The Trial of Henry Kissinger*, 2002.

93) P. Drake, *International Humans and Authoritarian Rule in Chile*. https://muse.jhu.edu/article/265870.

94) United Nations, General Assembly, A/RES/36/157, Dec. 10, 1981; Chile, A human rights review based on the International Convention on Civil and Political Rights *Amnesty International* July, 1999.

95) World Court, Inter-American Courts of Human Rights, OC 1291, World Courts.

96) Marcel Claude Reyes and Others v. Chile, In the Inter-American Court of Human Rights Case No. 12, 108, March 2006.

관한 개발회사의 정부를 요청한 것인데, 정보위원회가 이를 거부한 사건이다. 끝내 멕시코 정부가 정보제공을 거부했기 때문에 원고들은 이에 항의하였다. 인권위원회는 이에 미주인 권재판소에 제소한 것이다. 여기에는 많은 사람들이 amicus curiae(법원의 친구)로서 의견을 제출하고 있다. 이 사건에서 본 것처럼 국내에서 최고법원의 결정을 받고도 인권침해가 구제 되지 않는 경우 미주인권재판소에 제소할 수 있다. 이 근거는 미주인권협정(American Convention of Human Rights)의 체결에 의한 것이다.

2) 시민적·정치적 권리에 관한 국제인권협정에 의한 구제

칠레는 1969년 9월 16일에 국제 시민적·정치적 권리협정에 서명하고 1972년 2월 10일 에 비준하였으며 효력은 1976년 3월 23일에 발생하였다. 그만큼 열성적인 가맹 국가였으나 독재시기에 있어 위의 위반 때문에 지탄을 받기도 하였다. 이에 관해서는 Amnesty International에서 나온 보고서가 있기에 이를 보기로 원한다.[97] 이 인권협정에 대해서는 다음 장에서 다루기로 한다.

5. 칠레의 인권보장의 현황

칠레는 독재정부가 멸망한 뒤 민주정부가 성립한 뒤에는 국제인권조약 단체에서 확실 한 활동을 하고 있어 인권상황이 매우 호전되었다. 칠레는 1990년에 미주인권협정에 비준하 였다. 국제인권협약 중 시민권과 정치권 협약과 경제·사회·문화협약은 1972년에 비준하였 으나 사실상은 1989년에 효력을 발생하였다. 이 두 인권협약의 합의의정서도 대부분 서명하 였다. 그리하여 이의 준수를 위해 노력하고 있다. 1990년 이후에는 안전보장이사회 이사로서 1996-1997, 2003-2004, 2014 세 번이나 참가하였고, 경제사회이사회에서는 1993년에는 의 장직을 맡았고 1998년에는 이사국이 되었다. 유엔인권위원회에는 1998-2000, 2002-2004 년까지 위원으로 있었고 유엔인권이사회에서도 2008년에서 3년간, 2011년에는 3년간 활동 한 바 있다.[98]

독재시대에 있어서는 칠레는 총회나 경제사회이사회, 인권이사회 등에서 많은 경고를

---

97) Amnesty International July 1999, Chile: A human rights review based on the International Covenant on Civil and Political Rights; Chile's Breach of the ICCPR: Failure to Protect the Rights of Sexual Minorities, *Fifth Periodic Report of Chile*, 2007.

98) C. Julio, "The International Human Rights Policies of New Democracies: Brazil and Chile in Comparative Perspective," *University of Denver Graduate Studies*, 2014.

받았다.[99] 그 이유는 경제적·사회적 권리에 관한 인권협정의 이행이 충분하지 않았기 때문이다. 이것은 미주인권협정에서 조차 경제적·사회적 권리에 관한 규정은 점진적인 추진에 관한 것과 가정에 관한 권리, 교육에 관한 권리 밖에 규정되어 있지 않았다. 이러한 나라는 경제발전과 함께 인권보장도 발전할 수 있음을 알 수 있다.[100] 경제사정이 나쁠 때에는 노동의 권리가 잘 보장되지 않았다. 아동노동문제가 심각했으나 정부는 여기에 대해서 상당한 관심을 가지고 대처하고 있다. 최저임금은 2014년 월 235달러이며 경제사정도 좋아지고 있다.[101]

그러나 과거 독재시대에 행해졌던 군인에 의한 범죄행위에 대해서는 아직도 기소가 되고 있으며 군사재판이 행해지고 있어 문제이다.[102] 과거청산이 안 되고 있어 칠레의회는 병사들에 의한 인권침해에 관한 군사법정의 관할권을 없애고 경찰에 공공질서와 범죄예방을 맡기기로 한 법안을 제출했었다. 2015년까지 군사독재시기(1973-1990)에 행해진 인권침해범죄자 1,048건 중 344명이 범죄행위로 유죄판결을 받았다.

칠레도 다른 남아메리카와 마찬가지로 반테러법 제정이 문제되고 있다.[103] 칠레는 과거의 법이 너무 광범하여 이를 개정하기 위한 법안을 제출하고 있었다. 1984년의 반테러법에 대해서는 유엔인권위원회에서 개정을 요구하고 있다.[104] 유엔의 인권위원회 고등판무관실은

---

99) Protection of Human Rights in Chile: report of the Economic and Social Council, http://www.worldcat.org/title.

100) How Chile Successfully Transformed Economy, *The Heritage Foundation*, September 18, 2006, http://www.heritage.org/international-economies/report.

101) Country Reports on Human Rights Practices for 2015, United States of State Department·Bureau of Democracy, Human Rights and Labor; Wikipedia, Human rights in Chile; José Egaña, Influence of Chilean Constitutional Jurisprudence on Society and on Developing Human rights, Dec. 1, 2008; Yuri Contreras-Véjar, Political Transitions and Social Change: Patterns for Transformation in Chilean Society, Stephen Holmes and John Elster *Transitional Justice*, Spring 2002.

102) E. Snyder, "Dirty Legal War: Human Rights and the Rule of Law in Chile 1973-1995," *Tulsa Journal of Comparative and International Law* Vol. 2, Issue 2 (1995); D. Figueroa, "Constitutional Review in Chile Revisited: A Revolution in the Making," *Duquesne Law Review* Vol. 51 (Spring 2013), pp. 387-419.

103) Protection human rights and fundamental freedoms while countering terrorism: http://dag.un.org/handle/11176/168382; World Report 2015: Chile, Human Rights Watch, https://www.hrw.org/world-report/2015/country-chapters/chile; Human rights in Chile, WOW.com, http://www.wow.com/wiki/Human_rights_in_Chile; World Report 2017: Chile, Human Rights Watch, https://www.hrw.org/world-report/2017/country-chapters/chile.

104) United Nations Human Rights, Office of the High Commissioner South American Regional Office; Human Rights Committee considers report of Chile, http://www.ohchr.org/EN/NewsEvents/Pages/DisplayNews.aspx?NewsID=14836&LangID=E; Inter-American Court of Human Rights orders Chile to annul sentences under Anti-Terrorist Law, Intercontinental Cry, August 31, 2014 https://intercontinentalcry.org/inter-american-court-human-rights-orders-chile-annul-sentences-

반테러법의 사용을 금지할 것을 촉구하고 있다. 칠레는 2014년 7월 8일 칠레가 제출한 6차 보고서에 대하여 유엔인권위원회는 이에 대한 회신을 하였다. 칠레는 인권보장을 강화하기 위하여 형법개정을 고려하고 있으나 빨리 진행하지 않아 경고를 받고 있다. 전쟁범죄에 대한 사면을 권고하고 있으나 그것도 실천되지 않고 있다. 칠레정부와의 총괄에서 위원장 로드리는 칠레정부가 그동안 유엔의 지적을 잘 이행하면서 민주화를 달성한 것에 치하를 했으며 독재의 잔재를 일소하기 위한 노력을 가일층 해 줄 것을 기대하고 있다.

그러나 휴먼 라이트 워치의 연례보고서를 보면 2011년 11월에 제출한 반테러법은 2016년 9월 현재 심의중이라고 한다. 현행의 독재시대의 반테러법은 적법절차에 위반되기 때문에 빨리 개정되어야 할 것이다.

군사법정의 관할권을 폐지하기로 한 역속도 지켜지지 않고 있으며 군사법정에서는 변호인의 조력을 받을 권리나 증인에 대한 대질심문의 기회가 적으며 재판을 받을 권리가 제한되어 있기 때문에 군사법정의 민간인에 대한 관할은 폐지되어야 할 것이다. 2016년 11월에는 대통령이 형법의 규정을 완화하여 고문과 잔혹하고 비인간적인 모멸적인 처우를 금지하는 법안을 제출하였다. 칠레는 남미의 여러 나라와 같이 여성에 대한 차별대우나 아동에 대한 착취 등이 행해지고 있으나 경제의 발전에 따라서 인권상황은 좋아지고 있다. 2016년 통계에 의하면 칠레는 남미에서는 가장 안전한 국가로 인정되고 있다.

의식 있는 국민과 기본적 인권에 관심이 있는 국가기관, 공무원들에 의하여 칠레의 인권상황은 좋아지고 있으며 과거청산을 위한 대사면을 하면 사법부도 인권보장을 위한 여러 조치를 할 수 있을 것으로 기대하고 있다.

---

anti-terrorist-law-25431.

제3편

자연권적 헌법규정과
실정권적 헌법규정

제1장

자연권과 실정권의 규범화

제1절 서설

1. 인권규정에 따른 헌법의 구분

위에서 인권에 관한 선현의 사상과 선조들의 기본권의 헌법규범화를 알아보았다. 그러나 여기에서도 세계 통일적인 사상이나 헌법을 찾기는 어려웠다. 그래서 여기에서는 각 헌법의 규정이 자연권을 선언한 것인가, 실정권을 선언한 것인가를 중심으로 분류해서 검토하기로 한다.[1] 조문 몇 개를 중심으로 이를 단정하기 어려우나 전반적인 경향을 보려고 하였다.

2. 자연권과 실정권의 구분

1) 자연권

자연권은 일반적으로 인권이라고 불리고 있으며 그것이 헌법규범에 선존하는 것을 말한다. 자연권은 그 창시자가 누구이건 국가의 인권규범화에 앞서 존재하고 인간에게 존재하는 것이기[2] 때문에 이를 자연권이라고 한다. 이는 일반적으로 인간이면 누구나 가지는 권리

---

1) V. Cathleine, *Recht, Naturrecht und Positives Recht*, 1909; I. Maus, "Naturrecht, Menschenrecht und politische Gerechtigkeit," in Goldschmied/Zechlin (Hrsg.), *Dialektik,* 1941/1, S. 9-18; Wikipedia, Natural and legal rights; J. Isensee, "Positivität und Überpositivität der Grundrechte," *Handbuch* Ⅱ, SS. 41-110, 50-57; Menschenrechte-ein positives oder ein Naturrecht?, http://www.kath.net/news/24153; Naturrecht, https://anthrowiki.at/Naturrecht.

2) Pre-Existing Rights, *The American Conservative*, http://www.theamericanconservative.com/larison/pre-existing-rights; Leo Strauss, Natural *Right and History*, University of Chicago Press, 1953; 21세기 정치학 대사전, 자연권; 칸트대사전, 자연권; 두산백과, 자연권.

로 보아 인권(Human Right, Menschenrecht, Droit de l'homme)이라고 한다. 이는 초국가적인 것이고 국가의 기본법인 헌법은 이를 확인하고 선언하는데 중점을 두고 그 실현은 국가에게 명령하는 것이다. 헌법 용어로는 권리를 「가진다」, 「있다」, 「확인한다」는 용어를 쓴다.

2) 실정권

이 자연권에 대해서는 그 내용이 불확정이기 때문에 이의 실정화가 요구되었다. 실정권은 실정헌법에 규정되어 있는 권리를 말하며 이것은 헌법 이전에 존재하는 것이 아니며 헌법에 의해서 비로소 형성된 것이라고 하겠다.[3] 그래서 헌법제정권자에 따라서 왕이 제정한 것을 흠정헌법이라고 하며, 국민이 제정한 것을 민주헌법이라고 하며, 독재자가 정한 것을 말하여 독재헌법이라고 하겠다.

헌법 용어로는 "권리를 부여한다", "권리를 보장한다"는 것과 같이 국가가 이러한 권리를 부여하는 것을 말한다. 이것은 국가우월적인 지위에서 주권자인 왕이나 집정관이 주권의 복종자인 개인에게 일정한 권리를 부여하는 것이기 때문에 국가가 헌법에 따라서 부여하는 혜택인 것처럼 생각되어 왔다.

제2절 자연권을 선언한 헌법

1. 헌법 예

헌법 이전에 존재하는 자연권을 헌법에서 확인한 헌법으로는 미국헌법을 비롯하여 아일랜드헌법, 인도헌법, 남아공화국헌법 등을 들 수 있다. 제2차 세계대전 후의 헌법은 인권의 세계화 경향에 따라 인권을 자연권으로 확인하는 것이 많다.

2. 미국 헌법

미국헌법의 성문화과정에 대해서는 제2부 제1장 제2절에서 상세히 설명한 바 있는데

---

3) E. Jung, *Positives Recht*, Giessen, 1907; D. Ritchie, *Natural Rights: a criticism of some political and ethical conceptions*, 1903; Positive Rights, the Constitution, and Conservatives and Moderate Libertarians, *The Volokh Conspiracy*, http://volokh.com/2013/05/07/positive−rights−the−constitution−and−conservatives−and−moderate−libertarians.

이를 요약해 보면 다음과 같다.

1) 버지니아 인권선언

1776년 6월 12일에 효력을 발생한 버지니아 인권선언은 메이슨(Mason)이 기초한 것이다. 제1조에서 「모든 사람은 나면서부터 평등하고 자유이며 독립이고 일정한 생래의 권리를 가진다. 만약에 인간이 사회상태에 들어가는 경우에도 그들은 자기가 가지고 있는 이 소유물을 계약에 의해서 포기하거나 이양할 수 없다. 이 권리는 재산을 취득하고 보유하는 수단으로 행복과 안전을 추구하고 얻어 생명과 자유를 향유하는 권리이다」고 하고 있다.[4]

이 인권선언의 메이슨(Mason) 대령의 원초안은 주로 법정에서 논의되는 사법상의 권리 즉, 법정에서의 피고인의 항의권과 법정에서의 증거제출권, 신속한 재판에 관한 권리, 배심원에 의한 재판 등을 규정하고 있었다. 기초위원회에서 약간의 수정이 있었다. 초안이 완성되자 중요한 개정이 논의되었다.

메디슨(Madison)은 원안이 종교적 관용으로 되어 있었던 것을 종교적 자유로 고쳤고, 펜들턴(Pendleton)이 약간의 수정을 하였다. 당시의 미국인들은 「모든 사람은 평등하게 창조되었고 창조주는 인간에게 특정한 불가양의 권리를 주었는데 그 중에서도 생명, 자유와 행복 추구권이 있다」는 것을 규정함으로써 세계적으로 영향을 끼쳤다.

2) 독립선언

독립선언은 1776년 7월 4일에 발표되었다.[5] 이 독립선언은 「다음의 사항은 자명의 진리로 믿는다. 즉, 모든 사람은 평등하게 창조되어 조물주에 의하여 일정한 박탈될 수 없는 권리를 부여되었으며 그 중에는 생명, 자유 및 행복을 추구하는 권리가 포함된다.」

「We hold these truths to be self-evident, that all men are created equal, that they are endowed by their Creator with certain unalienable Rights, that among these are Life,

---

4) B. Schwartz, *The Great Rights of Mankind: A History of American Bill of Rights*, 1977, pp. 67-72; Education from LVA, Virginia Declaration of Rights, http://edu.lva.virginia.gov/online_classroom/shaping_the_constitution/doc/declaration_rights; A. Sturm, The Constitution of Virginia: 1776 and 1976, *The University of Virginia, News Letter*, December 1976, Institute of Government University of Virginia; C. Antieau, "Natural Rights And The Founding Fathers: The Virginians," *Washington and Lee Law* Vol. 17, Issue 1 (1960), pp. 43-79.

5) David Armitage, *The Declaration of Independence: A Global History*, Harvard U. P., 2007; H. House, "Influence of the Natural Law Theology of the Declaration of Independence on the Establishment of Personhood in the United States Constitution," *Liberty University Law Review* Vol 2, Issue 3 (2008), pp. 725-779.

Liberty and the pursuit of Happiness.」

　　이 선언이 자연권을 선언한 것에 대해서는 이의가 없다. 다만 불가양의 권리로 생명, 자유와 행복추구를 규정한 데에서 학설이 대립되고 있다.[6] 이 독립선언을 제퍼슨이 쓴 것은 확실하다. 제퍼슨은 이를 기초할 때 어떤 책이나 팸플릿도 참조하지 않고 혼자 독립하여 썼다고 한다. 그런데 제퍼슨은 그동안 많은 공부를 했었기에 그리스의 자연법론자로부터 영국의 로크, 블랙스톤까지 다 알고 있었다. 그 중에서 자연권 선언이 확실한 이 생명, 자유, 행복추구권 개념은 누구에게서 나온 것인지가 확실하지 않다.

　　일반적으로는 Locke의 저서에서 자연권의 총칭을 Life, Liberty, Property라고 하고 있는데 이 Property는 양도할 수 있는 것이기 때문에 불가양의 행복추구로 바꾼 것이 아닌가 하는 것이 정설이 되고 있다.[7]

　　이 독립선언이 누구에게서 유래했건 간에 미국 독립운동 시기에는 미국과 영국, 프랑스 등에서 수많은 자연법학자들이 논쟁을 벌이고 있을 때라서 미국에서도 자연권론이 절대적으로 우월했던 것이고 그것이 독립선언의 가장 중요한 구절로 등장한 것이다.

　　당시의 미국에서는 제1부에서 본 바와 같이 쟁쟁한 정치가와 학자들이 자연권론을 주장하였고 실정법으로서는 Blackstone의 법서가 읽혔을 뿐이라고 한다.[8]

3) 펜실베이니아 헌법

　　1776년 9월 28일에 Pennsylvania헌법이 제정되었다.[9] 제1조는 「모든 사람은 평등한 자

---

6) C. Manion, "The Founding Fathers and the Natural Law: A Study of the. Source of Our Legal Institutions," 35 *A.B.A.J.* 461, at 463-464 (1949); K. Stern, John Locke and Declaration of Independence, Engaged Scholarship@CSU, 1988; H. House, "Influence of the Natural Law Theology of the Declaration of Independence," op. cit.; M. White, *The Philosophy of the American Revolution*, 1978; A. Keyer, "Natural law and the Declaration of Independence," *Loyal To Liberty*, http://loyaltoliberty.com/natural-law-and-the-declaration-of-independence; 種谷春洋, 『近代自然法學と權利宣言の成立』, 1980; 김철수, 「인간의 존엄과 가지·행복추구권에 관한 연구 (상)」, 『학술원논문집 인문·사회과학편』 제47집 1호, 199-279.

7) K. Stern, "John Locke and Declaration of Independence," *Cleveland State Marshall Law Review* 186 (1966), pp. 186-191.

8) 김철수, 「인권사상의 전개에 관한 고찰」, 『학술원논문집 사회과학편』 제56집 2호(2017), 127-327 참조.

9) Wikipedia, Pennsylvania Constitution of 1776; Bill of Rights: Pennsylvania Constitution of 1776, Declaration of Rights, http://press-pubs.uchicago.edu/founders/documents/bill_of_rightss5.html; Article Ⅰ, Pennsylvania Constitution, Ballotpedia, https://ballotpedia.org/Pennsylvania_Constitution; *Our Documentary Heritage, Pennsylvania Constitution of 1776*; Constitutional Convention of 1776, Duquesne University, http://www.duq.edu/academics/gumberg-library/pa-constitution/historical-research/constitutional-convention-1776; Wikipedia, Talk: Pennsylvania Constitution of 1776.

유인으로 탄생했다. 인간은 특정한 자연적, 불가양적, 불가침의 권리를 가진다. 그 중에는 재산권을 취득하고, 유지하며, 보호함으로, 또 행복과 안전을 추구하고 획득함으로써 그들의 생명과 자유를 향유하고 방어하는 권리가 있다.」(That all men are by nature equally free and independent, and have certain inherent rights, of which, when they enter into a state of society, they cannot, by any compact, deprive or divest their posterity; namely, the enjoyment of life and liberty, with the means of acquiring and possessing property, and pursuing and obtaining happiness and safety.)

이 헌법은 Benjamin Franklin이 주도하여 제정하였다. 주 저자는 George Bryan, James Cannon과 Benjamin Franklin이었다. 이 밖에도 George Clymer, Timothy Matlack와 Thomas Paine의 영향도 컸었다고 한다.[10] 프랭클린은 라이프니츠에 따라 로크를 반대했다. 그리하여 생명, 자유, 재산뿐만 아니라 인간의 행복추구를 주장했다고 본다.

4) 미국 헌법상의 자연권 규정

(1) 미국헌법 제정자의 이념(원의)

미국헌법의 제정에 있어 가장 큰 역할을 한 것은 Virginia의 자연법론자들이라고 하겠다. 이들은 Richard Bland, Patrick Henry, Thomas Jefferson, Richard Henry Lee, James Madison, George Mason, Robert Carter Nicholas, Peyton Randolph, George Washington과 George Wythe 등이다. 이들은 모두가 자연권을 신봉하고 Virginia 헌법 제정과 미국헌법 제정에 중요한 역할을 했다.[11] 이들은 Virginia 헌법을 기초하여 자연권에 근거한 인권장전을 선포하였다.

미국헌법의 제정에서도 중요한 역할을 한 것은 잘 알려진 사실이다.[12] 1787년 9월 17일에 제정된 미국헌법에는 권리장전 규정이 없었다. 제헌회의에 참여한 해밀턴은 인권장전을 헌법에 규정하는 것을 반대하였다. 그러나 메디슨은 처음에는 인권규정을 만드는 것에 반대하였으나 헌법의 비준을[13] 반대하는 사람들을 무마하기 위하여 헌법 비준 후 조속히 인권장전을 둘 것을 찬성하였다.

---

10) 상세한 것은 김철수, 본서 Franklin 편 참조. *Our Documentary Heritage, Pennsylvania Constitution 1775, op. cit.*, p. 1.

11) C. Antieau, "Natural Rights and the Founding Fathers-The Virginia," *Washington and Lee Law Review* Vol. 17, Issue 1 (1960).

12) 본서의 메디슨, 해밀턴 편 참조.

13) TeachingAmericanHistory.org, Ratification of the Constitution, http://teachingamericanhistory.org/ratification.

그래서 미국의 원 헌법에는 기본권장이 없었다. 다만 헌법의 전문과 몇 개 조항에 고래부터 내려온 인신보호규정을 두었다. 헌법전문은 「우리 인민은 … 일반복지를 증진하고 우리들과 우리들의 자손의 자유와 은총을 확보하기 위하여 … 이 헌법을 제정한다」고 하였다. 여기서 독립선언에 규정이 없었던 General Welfare가 중요시되었다. 이것은 독립선언의 pursuit of happiness와 같은 것으로 인정되었다. welfare는 사전적 의미로는 happiness, prosperity, health, good fortune을 말하는 것이기 때문에 행복추구라고 읽을 수도 있었을 것이다.

또 여기에는 독립선언에 관한 것이 없었기 때문에 독립선언에 규정된 생명과 자유, 행복추구권 규정이 헌법전문의 성격을 가진다고 보아 자연권 선언이라고 주장되기도 하였다.[14]

(2) 권리장전과 자연법사상

미국헌법의 인권장전은 일반적으로 수정 10개조를 말한다.[15] Virginia의 George Mason은 헌법 본문의 심의가 끝날 무렵에 권리를 규정하는 것이 필요하다고 주장하였다. 그는 일부 주 헌법이 제정되지 않는 주도 있어 이들 주에서는 연방헌법에 이를 규정하지 않으면 기본권이 침해될 가능성이 있다고 주장하였다. 이들의 주장에도 불구하고 헌법은 버지니아에서도 비준되었다.

그러나 헌법 비준 후 국민들의 정부에 대한 지지는 낮았고 각 주에서 헌법개정의 요청이 있었다. 6월에 제임스 메디슨은 헌법개정안을 제안하였다. 그는 제퍼슨에게 편지하여 인권장전의 헌법에의 추가를 제안하였다. 제퍼슨은 원래는 이에 반대하였으나 정치적으로 유리할 것으로 보고 찬성하였다.

메디슨은 이 인권장전의 기초에서 주동적인 역할을 하였다. 헌법제정에서는 윌슨과 함께 많이 노력하였으나 권리장전의 제정에서는 많은 사람이 무관심하였다. 이 권리장전 안은 하원에서 통과한 다음 상원에서 토론하였는데 하원의 토론 기록은 남아 있으나 상원 것은

---

14) C. Desmond, "Natural Law and American Constitution," *Fordham Law Review* Vol. 22, Issue 3 (1953), pp. 235-245.

15) E. Hickok (ed.), *The Bill of Rights: Original Meaning and Current Understanding*, 1990; J. Wilson, Of the Natural Rights of Individuals, TeachingAmericanHistory.org; R. Barnett, "Intersection of Natural Law and Positive Constitutional Law," *Connecticut Law Review* Vol. 25 (1993), pp. 853-868; N. S. Kinsella, "Taking the Ninth Amendment Seriously: A Review of Calvin R. Massey's Silent Rights: The Ninth Amendment and the Constitution's Unenumerated rights." *Hastings Constitutional Law Quarterly* Vol. 23 (1997), p. 757; R. Williams, "The Ninth Amendment as a rule of Construction," *Columbia Law Review* Vol. 111 (2011), p. 498.

토론 기록이 발견되지 않고 있다. 그만큼 무관심 속에서 통과된 것 같다.

당시의 기초자나 토론자는 인간의 자연권의 존재를 믿고 있었는데 이는 하느님의 창조물이라고 생각하였다.[16] 그 권리의 내용이 생명, 자유와 행복추구권이라고 생각하였다. 그럼에도 불구하고 이것은 독립선언에서 이미 표명한 것이기 때문에 수정헌법의 전문의 역할을 하는 것으로 생각하였다. 그런데 이 권리의 내용을 열거하는 것은 열거되지 않는 권리가 존재하지 않는다고 주장될 가능성이 있다고 하여 반대하였다. 그 타협이 수정헌법 제9조와 제10조라고 생각된다.

제9조는「특정한 권리의 헌법에의 열거는 다른 국민에 유보되어 있는 권리를 부정하거나 또는 경시한 것으로 해석되어서는 안 된다.」(The enumeration in the Constitution, of certain rights, shall not be construed to deny or disparage others retained by the people.)고 규정하고 있다. 이 규정의 해석에는 학설이 대립되고 있으나 제정자들은 이를 자연권의 근거로 인정했다고 하겠다.[17] 이는 기초자인 Madison의 의도이기도 하였다.

수정 제10조는「이 헌법에 의하여 연방에 위임되지 아니하고 또 주에 대하여 금지되지 않은 권한은 각각의 주 또는 인민에 유보된다.」(The powers not delegated to the United States by the Constitution, nor prohibited by it to the states, are reserved to the states respectively, or to the people.) 규정하고 있다. 이것은 James Madison이 말한 것처럼 이 수정조항들이 연방정부의 권한을 확정하거나 보장하기 위한 것이 아니고 시민의 모든 권리와 특권을 보다 명확히 충분히 정의하는 것에 공헌하기 위한 것이라고 하였다. 이는 헌법이 연방정부에 준 것은 단순히 그것뿐이고 권리장전은 연방정부에게 주어진 권력을 초과하지 않도록 특정한 것이며 정부는 인민의 이 권리를 침해할 수 없음을 규정한 것이다.[18]

(3) 인민의 자기결정권과 인민주권, 제한정부론

헌법의 제정자들은 기본권의 하나로 자기통치의 권리(Right of self-government)를 주장하였다. 이것은 Jefferson이나 Mason에 의해서 주장되었고 의회의결 시의 의장은 George

---

16) C. Antieau, "Natural Rights and the Founding Fathers -The Virginia," *op. cit.*, pp. 46ff; R. Barker, "Natural Law and the United States Constitution," *The Review of Metaphysics* 66 (Sept. 2012), pp. 105-130.

17) G. Copper, Limited Government and Individual Liberty: The Ninth Amendment's Forgotten Lessons, in E. Hickok (ed.), *The Bill of Rights*, pp. 419ff; R. Barnett, "Introduction: James Madison's Ninth Amendment," in *Rights Retained by the People*, pp. 1-33;

18) E. Hickok, "The Original Understanding of the Tenth Amendment," in E. Hickok (ed.), *The Bill of Rights*, pp. 455ff; TeaPartyTribune, The Bill of Rights and Constitutional Interpretation, Jan. 25, 2013.

Washington이었다. 그들은 자연권에 따라 제한된 정부(Limited Government)를 주장한 것이다. 미국헌법의 제정자들이 누구에게서 영향을 받은 것인가에 대해서는 학설이 나누어진다.[19] 어떤 사람은 영국의 로크의 영향이라고 하고 어떤 사람은 프랑스의 몽테스키외의 영향이라고 한다. 노틀담 대학의 Zuckert 교수는 몽테스키외의 영향이라고 한다.[20] 몽테스키외는 홉스에는 반대하고 로크에 따라 그의 방법론을 채택하였다. 그는 많은 사람들이 이념에 종속하고 있고 인간은 약하다고 보았으나 사회가 발전하면서 평등 관념이 나타나고 전쟁상태로 된다고 보았다. 그는 「법의 정신」에서 영국의 헌법에 관해서 간략히 설명하고 있는데 영국 헌법은 자유권을 보장하고 있는 유일한 헌법으로 보고 그 이유는 입법·행정·사법의 3권이 분리해 있기 때문이라고 했다.[21] 몽테스키외의 권력분립론은 권력 간의 견제와 균형을 기도한 것이고 제한정부(Limited Government)의 형태이다. 그는 로크와는 달리 사법권의 독립을 주장하였는데 사법권의 입법권에 대한 우월을 인정하지는 않았다.

해밀턴이나 메디슨은 이 몽테스키외의 이론에 따라서 미국헌법을 3권분립형으로 구성하였고 견제와 균형을 규정하였다. 그 이유는 입법부와 행정부가 통합되는 경우 견제수단이 없어 국민의 기본권을 보장할 수 없고 독재로 될 것을 우려했기 때문이다.[22]

Benjamin Franklin은 다음과 같이 말했다. 「나는 자의적 정부와 무제한적인 권력에 대해 죽기 마련인 적이다. 나는 물론 우리나라의 권리와 자유에 대해서 시기심이 든다. 그러나 적어도 이 가치 있는 특권이 침해되는 때에는 피가 끓기 마련이다.」(I am a mortal enemy to arbitrary government and unlimited power. I am naturally very jealous for the rights and liberties of my country, and the least encroachment of those invaluable privileges is apt to make my blood boil.)

5) 미국 헌법상 인권규정의 현대적 해석

(1) 헌법해석의 방법: 자연법론과 법실증주의

이와 같이 헌법의 창조자들은 헌법을 자연권의 보장도구로 생각하였다.[23] 그러나 이 헌

---

19) C. Antieau, "Natural Rights and the Founding Fathers —The Virginia," *op. cit.*, pp. 68ff.

20) M. Zuckert, "Natural Rights and Modern Constitutionalism," *Northwestern Journal of International Human Rights* Vol. 2, Issue 1 (2004).

21) 몽테스키외, 「법의 정신」, 간단한 것으로는 몽테스키외의 법사상, 『학술원논문집 사회과학편』, 2017 참조.

22) 헌법 제정자들의 정부에 대한 견해에 대해서는 Quete, Constitutional Limitations on Government, http://econfaculty.gmu.edu/wew/quotes/govt.html.

23) Müller—Schmid, "Das Naturrecht, Grundlage der Gesellschaftsordnung?," *JCSW* 22 (1981), pp. 35-46; H. Dreier, Naturrecht und Rechtspositivismus: Pauschalurteile, Vorurteile, Fehlurteile, in

법은 226년 전에 제정된 것이며 그동안 사회, 경제, 정치상 많은 변화가 있었다. 이에 18세기 헌법을 21세기 세계에 어떻게 적용해야 할 것인가가 문제되었다.[24]

그동안 인권에 관해서도 original intent와 contemporary jurisprudence를 대조한 책이 나와 원의와 현재의 의의의 차이를 극명하게 나타내주고 있다.[25] 이러한 해석은 원의주의와 동태주의의 해석기법의 차이라고도 하겠다.

인권의 해석에서도 자연법론과 법실증주의가 대립되기도 하였다.[26] 1920년대에는 유럽과 남미 등에서 독재정부가 수립되어 법실증주의가 전성하는 시대에는 미국에서도 해석상 법실증주의가 우월하였다.[27] 이들은 성문헌법의 문언(text)이 중요하다고 독일식인 문언해석의 방법을 도입해야 한다고 하였다. 그리하여 헌법전의 규정이 우선하고 헌법제정자의 것은 부수적이라고 했다. 1940–1950년대에는 제2차 세계대전 속에 자연법이 재생하게 되었다. 이것은 유럽의 영향을 받은 것으로 미국에서도 자연법의 재생 논의가 있었다. 예를 들면 Hart와 Fuller의 논쟁이 그것이다.

헌법재판에 있어서도 자연법의 역할의 중요성을 강조한 것은 Barnett 교수이다.[28] 바네트 교수는 자연권을 헌법재판에서 사용하는 것은 정당성이 있다고 주장하고 있다. 그들은 수정헌법 제9조와 제10조의 규정이 인민에게 유보되어 있는 권리를 정하고 있기 때문에 당시의 제헌자들의 총의에 따라 이를 자연권적으로 해석하고 특히 수정 제9조에서 헌법에 열거되지 않는 자연권을 발견해 내어야 한다고 주장한다.[29]

(2) 헌법해석의 방법: 원초주의와 비원초주의

제정 당시의 인권상황이 226여년의 세월에 따라 현실에 적합하지 않을 때 가능한 것은 헌법해석에 의한 것이다. 미국의 헌법학자와 판사들은 이 헌법의 해석을 위하여 많은 노력을

Vom Rechte, das mit uns geboren ist, Herder, 2007.

24) D. Wood, "Our 18th Century Constitution in the 21st Century World," *New York University Law Review* Vol. 80, No. 4 (2005), pp. 1079–1107.

25) E. Hickok, *The Bill of Rights: Original Meaning and current Understanding*, 1990.

26) R. Barnett, "Intersection of Natural Law and Positive Constitutional Law," *Connecticut Law Review* Vol. 25 (1993), pp. 853–868; R. Kirk, "Natural Law and the Constitution of the United States," *Notre Dame L. Rev.* Vol. 69 (1994), pp. 1035–1048; Hart, *Recht und Moral*, 1971.

27) F. Harper, "Natural Law in American Constitutional Theory," *Michigan Law Review* Vol. 26 (1927), pp. 62–82.

28) R. Barnett, "Getting Normative: The Role of Natural Rights in Constitutional Adjudication," *Constitutional Commentary* Vol. 12 (1995), pp. 93–122; M, Paulsen, "Natural Rights: A Constitutional Doctrine in Indiana," *Indiana Law Journal* Vol. 25, Issue 2 (1950), pp. 123–147.

29) R. Barnett, *Restoring the Lost Constitution: The Presumption of Liberty*, Princeton University Press, 2004.

기울이고 있었다.30)

① 원초주의와 비원초주의적 해석

헌법의 해석에 있어서는 5개의 원리가 있다. 첫째로는 텍스트(문언)와 헌법의 구조가 있고, 둘째로는 기초한 사람과 투표한 사람의 의도와 이 문제규정을 투표했거나 비준한 사람들의 목적이 있고, 셋째로는 선례(판례법)가 있는가 하는 것이고, 넷째로는 대체 해석의 사회적·정치적·경제적 결과이고, 다섯째로는 자연법이다. 이 중에서 자연법적 해석은 헌법제정자의 다수에 의해서 인정되었던 해석방법이다.31) 원의주의 근거(텍스트와 의도)를 중시하는 사람을 원초주의자(originalist)라고 한다. 이에 대하여 선례나 결과나 자연법을 중시하는 사람을 비원초주의자(non-originalist)라고 한다. 실제에 있어서 원초주의자와 비원초주의자의 대립은 명백히 헌법의 문언에 규정되어 있지 않은 특정한 기본권(fundamental right)의 사법적 심사에 관한 것이다. 일반적으로 다음과 같은 주장의 차이를 발견할 수 있다.32)

② 원초주의자의 주장

1. 원초주의자들은 선거에 의하여 위임되지 않는 법관이 선거된 의회의원의 권리영역을 장악하려고 한다고 본다.
2. 원초주의가 먼 장래로 보아서는 법원의 권위를 더 보장해 준다고 본다.
3. 비원초주의자들은 법관에게 그들의 주관적이고 엘리트적인 가치를 부과하는 영역을 너무 많이 인정한다고 한다. 판사는 정당한 결정을 하기 위해서는 중립적이고 객관적인 판단기준이 필요하다. 헌법제정자나 비준자의 헌법조항에 대한 이해가 중립적인 기준을 제공한다고 한다.
4. Lochner v. New York는 비원초주의자의 나쁜 판결로 널리 인식되고 있다.
5. 만약에 인민에게 헌법 개정을 맡긴다면, 정부의 그 권력제한에 관하여 심각한 공격 토론을 행하는 것이 요청될 것이다.
6. 원초주의자들은 헌법의 규정을 구속적인 계약으로 존중하는 것이 좋을 것이다.
7. 만약 헌법 개정이 오늘 통과된다면 법원은 5년 후에나 우리들의 채택 이유를 묻는

---

30) R. George, "Natural Law, the Constitution, and the Theory and Practice of Judicial Review," *Fordham Law Review* Vol. 69 (2001), pp. 2269-2283; Murphy, et al (ed.), *American Constitutional Interpretation*, 4th ed. Foundation Press, 2008.

31) N. Cress, "An Analysis of Current Theories of Constitutional Interpretation," Honors Theses. Paper 320, Southern Illinois University Carbondale; *Theories of Constitutional Interpretation*, http://law2.umkc.edu/faculty/projects/ftrials/conlaw/interp.html. 이하의 설명은 주로 이를 참조하였다.

32) Forte, *The Originalist Perspective*, The Heritage Foundation.

것을 기대할 것이다. (과연 오늘부터 100년 전 또는 200년 전 일도 같이 할 것인가?)

8. 원초주의자들은 법원에게 이 나쁜 법을 맡겨두기 보다는 입법자에게 악법을 폐지하거나 개정하도록 의회의원에게 강요하게 될 것이다.

③ 비원초주의자의 주장

1. 필라델피아 헌법제정회의의 기초자들은 해석을 통제할 특별한 의도를 가지지 않았다.

2. 어떤 성문헌법도 정부가 장래에 인민을 압박하기 위하여 어떤 수단을 사용할 것인가? 전부를 예상할 수 없었다. 그래서 이러한 틈새를 메우기 위하여 판사에게 맡기는 것이 필요하다.

3. 헌법제정자의 의사는 다양하다. 어떤 경우에도 변심할 수도 있고, 많은 경우 그 의사를 결정하는 것이 불가능하다. 텍스트(문언)은 모호하고 법원의 판결은 어느 쪽이든 지지하고 있다. 이런 경우에는 왜 공공의 이익을 증진하기 위하여 최선의 결과를 생산해 내야 하지 않을까?

4. 비원초주의에서는 판사에게 헌법규정의 원래 목적에 합치하지 않는 비탄력성의 해석하는 결과에서 오는 위기를 극복하도록 허용하는 것이다. (헌법개정절차는 너무 곤란하여 인민을 구제하는데 의존할 수 없다.)

5. 비원초주의는 헌법을 흑인, 여성, 기타 소수자의 평등한 취급을 다루는데 있어 진보적 해석을 허용할 수 있을 것이다.

6. Brown v. Board of Education (원초적인 해석으로 잘못 결정한 것이다.)

7. 원초주의자들은 개별 나무에 너무 신경을 써 숲을 보지 못하고 있다. 헌법제정의 보다 큰 목적은 —변천하는 정신은— 자유의 보장에 있었던 것이고 이에 집중해야 한다.

8. 나치 독일에 있어서, 원초주의 독일 판사들은 비인간적인 계획을 예방하거나 지연시킬 권력을 행사하지 못했다.

(3) 헌법해석의 방법: 이념적 해석과 적극적 해석

미국헌법의 해석에는 문리해석에 경우에도 엄격해석과 유연해석(loose interpretation)의 방법이 있다. 이념적 해석방법으로는 종교적 해석방법과 이성적 자연법론적 방법이 있다. 또 역사적 견지에서는 보수적 방법과 진보적 방법이 있다. 실천적 방법으로는 이상적 방법과 실제적 방법이 있다. 사법소극주의와 사법적극주의도 해석방법의 차이에서 나온다.

영어학자인 Whelan 교수는 헌법에 규정된 자연권을 공리주의자들이 말하는 사회의 공
공복지(general welfare)로 보고 개인주의가 아닌 공리주의적 자연법론을 주장하였다.33) 자유
주의자들은34) 개인의 자유, 생명, 행복추구를 중시한 인권규정을 21세기 현실에 맞게 진보
적으로 해석해야 한다고 한다. Bergland 교수는 진보주의자들의 주장인 ① 사회보장 ② 건
강보호 ③ 교육 ④ 외교정책과 국방 ⑤ 권력의 추구 ⑥ 집행 등도 모두 자연권에 포함되는
것으로 보고 헌법의 자연법적 원리에 따라 정부에는 제한적 권력을 주어야 한다고 한다. 이
렇게 되면 자유주의와 진보주의의 차이가 없어지는 것이 아닌가 생각된다. 물론 헌법 제정자
들도 진보주의자였다는 주장도 있다.35) 진보주의자들은 헌법을 살아있는 법(living law)이라
고 보고 Jefferson 시대부터 헌법은 확정된 것이 아니고 당시의 시대에 고정된 것이 아니며
해석의 여지를 두고 있다고 하였다. Jefferson은 법과 제도는 인간의 마음과 함께 진보하여
야 한다고 했다.36)

6) 헌법해석의 주체

(1) 헌법해석의 주체: 사법부

헌법해석의 주체가 누가 되어야 하는가에 대해서도 논쟁이 있었다. Jefferson은 「법관에
게 법률이 합헌인가, 아닌가를 결정하는 권리를 주는 의견은 자기들의 행위의 영역이 입법권
과 집행권에 한정되는 것이 아니고 사법권에도 미치기 때문에 사법부를 독재부로 만든다.」
(The opinion which gives to the judges the right to decide what laws are constitutional and what
not, not only for themselves, in their own sphere of action, but for the Legislature and Executive
also in their spheres, would make the Judiciary a despotic branch.)

물론 Wilson과 같이 대법관 시대에 직접 사법심사를 한 사람이 있기도 하였다.37) 그러

33) T. Whelan, "Pragmatism and National Rights as Secured by the Constitution," *Marquette Law Review* Vol. 12, Issue 2 (1928), pp. 150-161.

34) D. Bergland, "Libertarianism, Natural Rights and the Constitution: A Commentary on Recent Libertarian Literature," *Cleveland State Law Review* Vol. 44 (1996), pp. 499-519; Constitutional Topic: Constitutional Interpretation, The U.S. Constitution Online, https://www.usconstitution.net/consttop_intr.html; Toward a Marxist Interpretation of the U.S. Constitution, Dialectical Marxism, https://www.nyu.edu/projects/ollman/docs/us_constitution.php; C. Beard, *An Economic Interpretation of the Constitution of the United States*, 1913; Murphy, et al (ed.), *American Constitutional Interpretation*, 4th ed. 2008.

35) The Progressivism of America's Founding, Center for American Progress, https://cdn.americanprogress.org/wp-content/uploads/issues/2010/10/pdf/progressive_traditions5.pdf.

36) Thomas Jefferson constitution, Laws, http://constitution.laws.com/thomas-jefferson; Alexander Hamilton and Thomas Jefferson, http://mrkash.com/activities/hamiltonjefferson.html.

나 위헌심사에 있어서는 입법권과 집행권을 제한할 수 있는 것은 중립적 권력인 사법부 밖에 없었기에 사법부에 위헌법률심사권이 인정되었고 인권에 대한 최종적인 해석권을 주게 되었다.[38]

① 사법소극주의

최종적인 입법에 대한 사법심사권은 대법원에 있게 되었다. 대법원이 헌법해석의 주체가 되었는데 대법관의 의견에 따라 사법소극주의자와 사법적극주의자로 나뉘었다.

사법소극주의자는 헌법제정자의 의사를 존중하여 헌법을 소극적으로 해석하여야 한다는 사람으로서 대법관 중에는 Black 대법관, Scalia 대법관, Thomas 대법관, Bork 대법관 등이 있다.

Bork 대법관은 헌법도 법인 이상 다른 모든 법률과 같이 의미가 있을 것이다. 그 의미는 입법자의 의미이며 입법자가 이를 의도한 것으로 이해해야 한다.[39] 만약 헌법이 판사가 입법부나 행정부에 상위하는 것으로 생각하여 입법부나 행정부에 상위할 수는 없다. 물론 판사는 어느 법원에 속하건 간에 새로운 헌법적 권리를 창조하거나 오래된 권리를 파괴할 수 없다. 만약에 그렇게 한다면 그는 자기 권위를 침해할 뿐만 아니라 입법자의 권리와 인민의 권리를 침해한다. 원의의 철학은 이와 같이 정부구조에서의 필요한 추정이며 헌법의 면전에서의 추정이라고 하겠다.

② 사법적극주의

사법적극주의는 살아있는 헌법학자나 사상가들이 주장하는 것으로 헌법은 헌법 제정 당시의 제정자들이 생각하지 못했던 새로운 사회적, 경제적 상황 시 적합하게 해석해야 한다는 이론이다.

사법적극주의자로는 Harry Blackman 대법관, William Douglas 대법관, Richard Posner 대법관, Stephen Breyer 대법관 등을 들 수 있다.

이러한 판결로는 Griswold v. Connecticut 등을 들 수 있다. Richard Posner는 미국헌법은 특수규정과 일반규정의 혼합이다. 특수규정은 시간의 경과에 따라 해석이 변경되고 수

---

37) K. Thomas, *Selected Theories of Constitutional Interpretations*, Congressional Research Service, 2011.

38) 헌법해석에 대해서는 C. Banfield, "The Importance of Interpretation: How the Language of the Constitution Allows for Differing Opinions," *University of Tennessee Honors Thesis Projects*, 2004; K. George, "Natural Law, the Constitution, and the Theory and Practice of Judicial Review," *Fordham L. Rev.* 69, (2001), pp. 2269-2283.

39) R. Bork, *The Tempting of America*, 1990.

정되어 왔다. 그러나 권리를 창설하는 특수적 규정은 거의 시정되지 않았다.

　　Posner는 인권에 관한 규정이 일반적으로 규정한 경우에 적용에 문제가 많다고 본다. 만약에 헌법에서 피임약을 사용하는 것을 금지하고 있는데 허용하고 있는지에 관한 문제에 있어서 아무런 규정이 없기 때문에 법원은 판결을 거부할 것인가가 문제가 된다. 법원은 성문헌법이 규정하지 않은 이러한 공백(gap)을 메꾸어야 하는 정당한 권위를 가지고 있다고 생각한다. 그리하여 법관이 이를 숙고하여 그 공백을 메꾸어 합리적, 실제적으로 해결하는 것이 옳다고 생각한다.[40]

(2) 대법원 판결의 현실
① 법원 판결에 의한 인권확대

　　미국헌법상의 인권은 그동안 많은 발전을 하였다. 미국의 자유의 역사는 법적 절차의 역사라고 말하여지는 바와 같이 절차적인 면에서 기본권보장이 발전해 왔다.[41] 그 중에서도 기본권을 보장하기 위한 법원의 역할이 강조되었는데 법원 판결에 의한 적법절차의 보장이야말로 가장 중요한 기본권보장의 역사였다고 하겠다. 1920년대부터 수정 제14조의 due process조항을 적용하여 표현의 자유, 출판의 자유, 신앙의 자유를 주에서도 연방에서와 같이 보장하도록 강제하고 있다. 또 재산권보장에서 언론·출판의 자유의 보장으로 법원의 태도가 변경되어 수많은 새로운 판결이 나타나고 있다.[42]

　　1965년 Griswold v. Connecticut 사건 이후에 헌법수정 제9조에 대한 관심이 높아졌고 사생활의 자유, 프라이버시가 포괄적 기본권으로 논의되고 있다. 1969년에는 Stanley v. Georgia에서 privacy의 권리를 인정하였다.[43]

　　Schmitt 전 상원의원은 수정헌법 제9조가 자연권을 보호하는 것은 당연한 헌법해석이라고 보고 있다. 그는 「기타 인민에게 유보되어 있는 권리」는 자유인민의 권리 즉 생명, 자유,

---

40) R. Posner, "Originalism and Pragmatism," in *Overcoming Law*, 1995.
41) 미국의 기본권보장의 역사에 관해서는 R. Pound, *Development of Constitutional Guarantees of Liberty*, 1956; P. Kauper, *Civil Liberties and the Constitution*, 1962; P. Kauper, *Frontiers of Constitutional Liberty*, 1956; E. Dumbauld, *The Bill of Rights and What It means today*, 1957; 鈴木圭介, "アメリカ獨立戰爭と人權宣言," 「基本的 人權 3」; 井出嘉憲, "アメリカにおける投票の權利と平等の代表," 「基本的 人權 3」; 양달 루터, "민권과 미국헌법, 그 보장의 테두리와 문제점," 김상현 역, 「논단」 1권 1호 (1965).
42) M. Schoetz, "Natural and Inherent Rights Protected by the Fourteenth and Fifth Amendments of United States Constitution," *Marquette Law Review* Vol. 7, (1923), pp. 154-158.
43) The Right of Privacy: Is it Protected by Constitution?, http://law2.umkc.edu/faculty/projects/ftrials/conlaw/rightofprivacy.html; G. Slaughter, "The Ninth Amendment's Role in the Evolution of Fundamental Rights Jurisprudence," *Indian Law Journal* Vol. 64, Issue 1 (1988).

및 행복추구권」이라고 보고 여기에는 헌법에 열거된 것 이외에도 결사의 자유, 교육, 여행, 노동, 통신, 사상, 사생활, 재산과 자기와 가족의 방어 등 인간에게 탄생 시부터 가지고 있는 권리가 포함된다고 하였다.[44]

학자들은 문리해석과 원의주의에 따라 수정헌법 제9조의 권리는 자연권임을 선언하고 있다.[45] Thomas McAffee도 수정헌법 제9조의 권리는 열거되지 아니한 나머지 권리를 말하는 것이라고 한다.[46] 알라스카 대학의 Oldaker 교수는 교육학자로서 부모의 학교선택권이 수정헌법 제9조의 사생활의 권리에서 나오는 것을 당연하다고 생각하고 수정 제9조의 규정을 자연권으로 인정하고 있다.[47]

② 대법원 판사들의 헌법해석론

㉠ Hughes 대법원장의 견해

그는 미국헌법이 가장 오래된 성문헌법인데 미국의 대법원이 독자적 지위에서 미국의 법의 지배와 입헌정부를 지탱하고 있다고 본다. 그는 대법원의 사법심사제가 법원에게 헌법 분쟁에서 중요한 역할을 하고 있다고 보고, 개인의 권리를 보장할 뿐만 아니라 살아있는 헌법의 유지에 기여하고 있다고 보고 있다.[48]

㉡ Brennan 대법관의 견해

그는 헌법상의 인권을 현대적으로 해석하는 것 같다.[49] 그는 헌법이 사회정의와 우애, 인간의 존엄을 보장하는 욕망으로 국가를 존재하려고 하고 있다고 보고 있다. 이것은 헌법의 문언에는 적합하지 않다. 그는 권리장전과 남북전쟁 이후의 개정도 모든 개인의 인간의 존엄의 우월을 규정한 것이라고 본다. 19세기말까지 자유와 존엄은 재산제도에 의해서 보장되는 것으로 보았는데 이때 변호사와 판사들은 재산관계의 안정이 법의 최고 목적이라고 보았다. 그러나 현대에 와서 사회는 많이 변했다. 그는 그동안 인간의 존엄의 헌법적 이상의 포괄적

---

44) H. Schmitt, Natural Rights and the 9th Amendment, http://americasuncommonsense.com/blog/2010/09/30/natural-rights-and-the-9th-amendment; Wikipedia, Ninth Amendment to the United States Constitution.

45) R. Barnett, "The Ninth Amendment, It Means What it Says," *Texas Law Review* Vol. 85 No. 1 (2006).

46) T. McAffee, "Federalism and Protection of Rights, The Modern Ninth Amendment Spreading Confusion," *Brigham Young University Law Review* (1996), pp. 351-388.

47) L. Oldaker, "Privacy Rights, School Choice and Ninth Amendment," *B.Y.U Educ. & Law. Journal* Vol. 1993 (1993). pp. 58-75.

48) The Court and Constitution, Supreme Court of the United States, https://www.supremecourt.gov/about/constitutional.aspx.

49) Constitutional Interpretation, Teaching American History, http://teachingamericanhistory.org/library/document/constitutional-interpretation.

정의를 하려고 했다고는 할 수 없으나 인간의 존엄의 개념은 끝까지 규명되어야 한다고 했다.

법관의 사법심사에서의 해석은 절대적인 것이 아니고 국민에 의해서 비판되고 국민의 동의에 의한 정당한 판결이 될 때까지 변경될 수 있을 것이다. 예를 들어 사형제도가 인간의 존엄을 침해하고 잔혹하고 비인도적인 것일지라도 국민의 동의가 멀어지지 않는 경우 사형위헌판결은 어려울 것이다. 헌법의 해석에서도 불가결한 것은 사회발전의 계속성 추구이다. 그의 이러한 인간의 존엄사상은 미국독립선언에서 나온 것이 아니고 1948년의 세계인권선언에서 나온 것이 아닌가 추측된다.

③ 대법원 판례의 변경 가능성

대법원의 판례는 당사자를 구속할 뿐만 아니라 정부가 앞으로의 소송의 선례로서 이를 강제한다. 즉「국가의 법」(law of the land)이다. 그럼에도 불구하고 대법원의 판결은 비판되고 그 뒤에 번복될 가능성이 있다. 그 이유는 ① 대법관의 구성이나 법관들의 철학의 변경에 따라 ② 직접적 헌법개정에 따라 개정되는 경우이다.[50]

법관이 변경되는 경우에 대법원의 다수가 변경되는 경우가 있다. 대법원의 결정은 9명의 재판관의 다수에 의하여 결정되므로, 대법원 구성원의 변경은 판례변경의 가능성을 가져온다. 임명권자인 대통령이 바뀔 때 대법관에 공석이 생기는 경우 대통령이 보수파이거나 진보파인 경우 그 경향의 대법관을 임명함으로써 대법원의 다수가 바뀌는 경우 판례도 바뀌는 경우가 있다.

대표적인 것으로는 뉴딜정책에 대한 것이다. 루즈벨트가 당선된 1932년은 대공황의 시대였다. 그는 의회에 강력한 경제정책입법을 요구하였고 이것이 통과되었다. 그러나 대법원은 이들 법률을 위헌 선언하였다. 이때 대법원은 4명의 보수주의자와 3명의 진보주의자, 2명의 교차 투표자로 구성되었다. 이때, 1936년 가을에 최저임금입법이 대법원에 계류되었다. 최저임금법은 과거에 위헌으로 선언되었었다. 1937년에는 대법원이 이 최저임금법은 합헌이라고 판단하였다. 그 이유는 Robert 판사가 전에 위헌이라고 했던 것을 번의하여 이번에는 합헌이라고 하여 대법원의 개편위기를 모면하였다. 그 뒤 보수파인 Devanter 대법관이 사임하고 Black 대법권이 임명됨으로 진보파가 다수가 되었다. 그래서 진보적인 판결이 나왔다.

반대로 보수파가 대법원을 장악하기 위하여 1970년대에 원초주의자들을 많이 양성하여

---

50) The Role of Supreme Court in Interpreting the Constitution. 대법원의 판례에 따라 인권의 확대가 이루어졌다.

대법관으로 다수 임명하여 보수적인 판결을 하게 되었다. 이와 같이 대법관의 변경에 따라 판결이 변경되는데 대하여는 비판이 많다. 2015년에는 4명의 보수주의자와 1명의 전통적 보수주의자와 4명의 진보주의자로 구성되어 있었는데 2017년 Gorsuch 대법관의 임명으로 보수파가 많아졌다.

헌법개정에 의하여 판례를 변경한 것은 많지 않다. 대법원이 Dred Scott v. Sandford에서 노예에 대한 차별을 간접적으로 인정했으나[51] 수정헌법 제14조는 이를 전복한 것이다. 그리하여 미국에서 출생한 흑인에 대하여 동권을 인정하였다. 또 Pollock v. Farmers Loan & Trust Co.의 조세규정을 번복하기 위하여 수정헌법 제16조(1913)를 수정 증보하였고 금주법의 폐지를 규정한 수정 제18조 등을 들 수 있다.

④ 외국법과 국제법의 적용

외국법과 국제법은 국내법에 많은 영향을 주는 것이 외국의 입장이다. 그러나 미국에서는 영국의 보통법 등만 인정할 뿐 외국법과 국제법 적용에 소극적이다.

그러나 근자에 와서는 헌법사건에서 외국의 법이나 국제법 규정이 논의되는 경우가 있다. 진보주의파에서는 판결에서 이유가 나누어진 사건에서 외국의 예나 국제법 규정을 인용하기도 하였다. 예를 들면 사형 폐지, 동성애 금지, 적극적 조치 등의 판결에서 대립이 심하였기에 참고로 외국 예를 인용한 것이 있다.

그러나 보수파에서는 이것이 국민주권의 침해라고 보아 외국법이나 국제법의 인용을 금지하려는 움직임이 있다. 외국법이나 국제법의 인용을 인정하자는 주장은 외국의 정치한 판결이나 국제인권재판소의 판례들을 주의 깊게 연구하고 있다.[52]

미국의 법관들이 외국법과 국제법을 판결의 이유로 인용하는 것은 가능하고 유능한 정보의 프로이기 때문이다. Breyer 대법관은 「만약 내가 다른 나라의 법관으로서 같은 문제를 다루는 경우에는 왜 내가 그의 판결을 읽지 않아야 하는가? 내가 읽음으로서 많은 것을 배울 수도 있을 것이다」고 했다. Kennedy 대법관도 「다른 나라나 다른 사람들도 자유를 어떻게 정의하고 이해하는가를 알게 되면 적어도 상당한 도움이 될 것이다」고 하고 있다. 미국의 대법원은 외국의 사법부가 미국헌법판례를 연구하고 있는데 미국은 왜 이를 외면해야 하는가를 묻고 있다.

외국입법이나 국제법의 사용을 제한하려는 입법기도에 대해서는 부정적이다. 미국의 판

---

51) Dred Scott v. Sandford, Case of Supreme Court.

52) The Use of International and Foreign Law in Interpreting the US Constitution, https://www.acslaw.org.

사들이 외국의 입법을 연구해야 한다는 주장은 학계에서도 나오고 있다.

미국이 제정에 참여한 뒤에는 비준하지 않는 조약이 있고 비준하더라도 많은 유보조항을 가지고 있기 때문에 미국은 국제적으로 많은 비판을 받고 있다. 미국이 보다 개방적으로 국제법과 외국법을 연구하여 판결에 이용하는 경우 인권연구에 있어 국제교류도 될 수 있어 유리하다고 하겠다.[53)]

7) 결론

미국의 인권을 개관해 보았는데 미국에서는 아직도 헌법제정자들의 자연권론이 지배적인 역할을 하고 있고, 독립선언의 life, liberty, pursuit of happiness가 주기본권으로 인정되고 있으며 추가적으로 미국헌법 전문이 규정한 general welfare나 life, liberty, property가 그에 수반함을 알 수 있다.

미국은 제2차 세계대전 이후 국제연합을 창설하고 세계인권선언과 두 개의 국제구약을 제정하여 국제인권헌장을 제정한 나라로서 국제적, 개방적 헌법해석을 하는 것이 바람직하다. 특히 유엔인권선언에 근거하여 인간의 존엄을 주기본권으로 인정해야 하며 일반복지의 향상을 위한 적극적 권리의 판례에 의한 도입이 잘 될 것이 기대된다. 특히 privacy의 권리에 대한 해석은 세계에서 지도적이 될 수도 있다.

미국은 이민들이 만든 나라이므로 세계각국의 인종들이 어울려 살고 있다. 거기에는 종교적인 차이, 피부색에 의한 차이, 세계관에 의한 차이 등이 있음에도 불구하고 통일국가를 형성하고 있음을 볼 때 인권의 세계화를 통한 세계인권보통법 통일법이 형성될 가능성도 있을 것이다.[54)]

3. 기타 자연권을 선언한 헌법 예

1) 미국 헌법을 모방한 헌법

2009년의 볼리비아 헌법은 미국 헌법을 모방하여 제13조에서 불가침·불가분의 기본권을 규정하고 제13조 2항에서 미국의 수정헌법 제9조와 같은 규정을 두고 있다. 이 밖에도 많

---

53) The USA and Human Rights, *Global Issues*, http://www.globalissues.org/article/139/the-usa-and-human-rights.

54) M. Lutz-Bachmann. *Human Rights, Human Dignity, and Cosmopolitan Ideals: Essays on Critical Theory and Human Rights*, Routledge, 2014.

은 헌법이 인간의 존엄을 규정하고 열거되지 아니한 기본권의 보장을 규정하고 있다.

2) 자연권 헌법의 내용

자연권으로 규정한 헌법은 ① 헌법이 자연권, 천부인권이라고 규정한 헌법 ② 기본권은 전국가적임을 선언한 헌법 ③ 인간의 존엄 등 기본권을 절대적 권리로 선언한 헌법 ④ 인권의 헌법규정 외의 기본권을 인정한 헌법 ⑤ 기본권의 본질적 내용 침해를 규정한 헌법 등을 들 수 있다.55)

---

55) 본서 제3편 제4장 참조.

제2장

실정권을 규정한 헌법

제1절 서설

1. 실정권을 규정한 헌법의 역사

원래에는 인권은 자연권이라는 사상이 강하였기에 헌법에서 자연권을 규정한 것이 바람직하였으나 자연권으로 규정한 경우 그 보장의 범위가 문제가 되었으며 이를 명확하게 하기 위하여 실정화하는 것이 요망된다.

헌법의 명문으로 보장하는 경우에는 해석의 범위를 줄일 수 있으며 범위도 명확하기 때문에 기본권보장에 장점이 있다고 하겠다.

실정권은 부여된 권리라고도 말할 수 있다.[1] 누가 부여하는가에 따라 하느님, 군주, 인민, 노동자 등 헌법 등을 나눌 수도 있다. 자연권을 인권이라고 부르는데 실정권은 기본권이라고 불리기도 한다. 실정권은 헌법에서도 규정될 수 있고 법률로도 규정될 수 있다. 기본권이라고 말할 때는 실정헌법상 규정된 권리를 말한다.

2. 실정권을 규정한 헌법의 예

실정권을 규정한 헌법은 누가 실정권을 부여하는가에 따라 ① 흠정헌법 ② 민정헌법

---

1) E. Volokh, Positives Rights, the Constitution and Conservatives and Modern Libertarians, http://volokh.com/2013/05/07/positive-rights-the-constitution-and-conservatives-and-moderate-libertarians; D. Ritchie, *Natural rights: a criticism of some political and ethical conceptions*, 1903; G. Smith, Jeremy Bentham's Attack on Natural Rights, https://www.libertarianism.org/publications/essays/excursions/jeremy-benthams-attack-natural-rights; E. Jung, *Positives Recht*, Giessen, 1907.

③ 국정헌법 등으로 나눌 수 있다. 흠정헌법은 중세 이후 왕이 헌법을 제정함에 있어서 일정한 권리를 국민에게 부여하고 보장하는 형식을 취하였고, 민정헌법은 국민이 헌법을 제정하여 자기들이 가질 권리를 확정하고 실질화하는 것이고, 국정헌법은 국가가 주권자로서 헌법을 제정하면서 구성원인 국민에게 일정한 권리를 부여하고 보장하는 형식을 취하고 있다. 이 권리는 시민에게 부여되어진 것이기에 시민권이라고도 한다.

제2절   영국 헌법의 실정권성

1. 영국의 마그나 카르타(대헌장)(1215)

영국의 마그나 카르타는 자연권을 선언한 것이 아니고 영국의 왕이 영주들의 청구를 받아들여 영주들에게 부여한 권리장전이다. 그래서 이는 흠정헌법의 형식에 속한다. 이에는 미성년자의 상속권, 후견인의 권리의무, 상속인의 혼인, 과부의 권리, 과부의 재혼, 교회의 자유, 신앙의 자유, 배심재판 등의 권리가 규정되어 있다. 가장 유명한 것은 의회에 대표 없이는 과세 없다는 조세법률주의 규정이라고 하겠다.

형사사법에 있어서 동배에 의한 재판, 증인 없는 재판의 금지, 사법의 적정한 집행, 영장의 적정한 발부 등이 규정되어 있다.[2]

2. 권리청원(1628)

이 권리청원은 영국의 왕에게 대헌장 이래의 권리가 잘 지켜지고 있지 않다는 청원에 대하여 왕이 국회에 대하여 응락한 것이다. 여기서는 마그나 카르타와 인신의 자유의 확인, 승낙 없는 과세금지의 확인, 고래의 권리의 부인행위의 금지, 법의 적정한 절차의 확인, 군법에 의한 재판의 금지 등이 규정되어 있다.

3. 인신보호법(1679)

신민의 자유를 보다 잘 보장하고 해외에 있어서 감금을 방지하기 위한 법률로 인신보호

---

2) R. Blackburn, *Towards a Constitutional Bill of Rights for United Kingdom*, 1999.

법이 무시되어 신민이 고통을 받고 있기에 그 구제책으로서 인신보호영장을 발부해 줄 것과 그 심리절차 등에 관하여 규정하고 스코틀랜드 등 해외의 감옥에 송부하는 것을 금지하는 것을 규정하고 있었다.

4. 권리장전(Bill of Rights)(1689)

신민의 권리와 자유를 선언하고 왕위계승을 정하는 국회 제정법이다. 여기에서는 전왕 제임스 2세의 죄악을 국회의원들이 호소하고 재발의 방지를 요구한 것이다. ① 특정한 자에 대하여 법률의 적용을 면제하는 권한의 행사를 삼갈 것 ② 면제권을 허용해 달라는 청원을 했다는 이유로 고위 성직자를 수감하고 처벌하지 않을 것 ③ 국회의 동의 없이 대권을 행사하여 금전을 부과하거나 ④ 상비군을 두는 행위 등의 금지 ⑤ 국회의원의 선거의 자유존중 등을 요구하고 이에 동의한 법률이었다. 그 내용은 많으나 여기서는 생략하기로 한다.

5. 인권법(1998)

이 법률은 유럽연합에서 서명한 인권규약을 영국인에게 직접 시행하기 위한 목적으로 제정된 것이다. 따라서 조약법이 국내법으로 적용되게 된 것이다. 이에 대해서는 유럽인권재판소가 영국의 국내문제에 대하여 재판을 하고, 패소하는 경우까지 있어서 영국의 의회주권을 침해한다는 논란이 있다.

6. 문제점

보통법의 나라에서 점차 법전화가 행해지고 있다. 아직까지 헌법전은 제정되지 않았으나 헌법전의 제정논의도 행해지고 있다.[3] 문제는 인권을 실정권으로 해석하는 경우 법실증주의로 흘러 법문이 절대적이고 이에 대한 사법심사가 행해지지 않는다는 것이다. 그동안 영국은 의회주권주의를 주장하여 법률의 사법심사를 회피해 왔는데 헌법개혁법(Constitutional

---

3) Center for Political & Constitutional Studies, King's College London, *Codifying-or Not Codifying-the United Kingdom Constitution: The Existing Constitution*, Series Paper 2, May 2, 2012, Series Paper 1, A Literature Review, February 2011; Proposals for a Bill of Rights, in Blackburn, *op. cit.*, pp. 531-636; T. Maunz, "Das Ende des subjektiven öffentlichen Rechts," *ZStW* 96 (1936), SS. 71-111.

Reform Act, 2005)에 따라 대법원(Supreme Court)을 제정하기도 하였다. 실정권에 근거한 헌법은 실정권의 절대를 주장하여 헌법의 본문이 없는 경우 인권침해의 법률도 사법심사 없이 유효한 법률로 보는 문제가 있다.

제3절 독재자가 만든 실정권 헌법

1. 실정권조차 부정한 독재 헌법인 나치스법

1) 실정권을 규정한 바이마르 헌법

독일은 1919년 공화국헌법을 제정하여 모범적인 성문헌법을 두었다. 이 헌법은 제1차 세계대전에서 패배한 독일이 「자유와 정의 속에 공화국을 개혁하고 혁신하고자 하며 국내외의 평화를 위하고 사회적 발전을 촉진하기 위하여 이 헌법이 부여되었다」고 전문이 규정하고 있다. 이 헌법은 국민주권주의에 근거한 민정헌법이며 국민이 헌법 제정에서 기본권을 부여하고 있다. 「개인의 권리는 불가침이다. 개인의 자유는 법의 근거 하에서 제한되거나 박탈될 수 있다.」(제114조) 이 법의 근거 하에서 법률로서 기본권을 제한 또는 박탈할 수 있는 규정이 악용되어 나치스의 인권침해를 가능할 수 있게 한 것이다.[4]

2) 나치스의 등장

바이마르헌법은 20세기 초에 있어서 가장 민주적인 헌법으로 칭송되었다. 그러나 바이마르공화국의 경제는 파괴 직전이었다. 전쟁 배상금을 내야 했고 거리에는 실업자가 많았다. 정당은 나치스의 극우당과 공산당의 극좌파가 대립하여 시가전을 벌이는 형극이었다. 1933년 1월 30일에 힌덴부르크 대통령은 히틀러를 국무총리로 임명하고 연립내각을 구성하도록 하였다. 그 뒤 4주 만에 3월 5일 의회를 해산하고 새 선거를 치르기로 하였다. 6일 전인 1933년 2월 27일에 의사당에 방화사건이 일어났다. 이는 누구 짓인지 확실하지 않았으나 히틀러는 이것이 공산당 짓이라고 선전하였으며 공산당 간부들을 체포하고 「국민과 국가를 수호하기 위한 대통령 명령」을 공포하였다. 이 법률명령은 국민의 기본권의 대부분을 유명무실하게 만들었다. 또 대통령의 계엄권을 선포하여 공정한 재판까지 방해하였다. 이 선거에서

---

4) Die Weimarer Verfassung: Republik und Diktatur; Dreier, "Zwischen kriegszeit," Merten/Papier (Hrsg.), *Handbuch der Grundrechte* Bd Ⅰ, S. 153-200 (54-58).

나치스는 44.3%의 의석을 얻었다.

3) 나치스에 의한 헌법파괴 현상

1933년 3월 24일 국민과 국가의 위기를 극복하기 위한 법률(Gesetz zur Behebung der Not von Volk und Reich)(Ermächtigungsgesetz, Enabling Law)[5]을 의회에서 통과시켰으며 이에 따라 헌법개정에 필요한 2/3의 정족수 없이도 헌법까지 개정할 수 있게 하였다. 이 법에 따라 공산당과 사회당을 해산시키고 나치스 정당은 입법권을 전속적으로 행사할 수 있게 되었다. 이 법률은 1937년 4월 1일에 효력을 상실하도록 규정하였으나 1937년 1월 30일 이를 1941년 4월 1일까지 효력을 연장하고, 1939년과 1943년에 계속 그 효력을 연장시켰다.

대통령의 계엄 하의 긴급조치권과 나치스의 안하무인격인 헌법침해에 따라 나치스 치하의 인권상황은 세계적인 지탄을 받게 되었다.

이것은 법실증주의에 따른 법률의 지배사상이 헌법에 규정된 기본권조차 합법률적인 방법으로 형해화 되는 것을 잘 나타낸 것이라 하였다.

히틀러는 이에 만족하지 않고 의회조차 해산하고 「독일공화국의 국가원수에 관한 법률」을 정부에서 통과하여 헌법개정절차조차 무시하였다. 이 법률은 제1조에서 「연방대통령의 직위는 연방수상과 통합한다. 그리하여 이제까지의 연방대통령의 권한은 지도자이며 연방수상인 아돌프 히틀러에게 이전된다. 그는 대리인을 지명할 수 있다.」 이와 같이 헌법의 기본권 조항과 국가원수 조항까지 함부로 개정하여 법실증주의의 약점을 보여 주었다.

2. 실정권 헌법규정을 우회하는 스페인 헌법

1) 스페인 1931年 헌법의 성립

스페인은 1800년대에는 나폴레옹 헌법을 모방한 양원제를 하다가 1812년에 지방분권적, 공화적 헌법을 만들었다. 그 뒤 1814년에 La Pepa 헌법을 왕이 승인했으며 1834년에는 절대군주제를 도입하였다. 1837년에 입헌공화제를 채택하였다. 1873년에는 최초의 민주공화제헌법을 제정하였으나 1876년에는 다시 왕정이 복고되었다. 1931년에는 혁명운동이 일어났고 1931년 4월에서 12월까지 새로운 공화제 헌법을 제정하였다. 스페인에 내전이 일어나서

---

5) 이 법률은 전문과 5조로 되어 있으며 전문에서 사후적으로 헌법 개정에 필요한 요건이 충족되었음을 확인하고 있다,

1939년 4월 1일에 왕이 망명하였고 프랑코가 권력을 장악하여 스페인 내전은 끝났다. 이때 망명한 정부는 멕시코시에 대사관을 두어 1976년까지 존속하였다.

1923년 9월부터 Miguel de Rivera 장군의 군사독재가 행해졌는데 1930년 1월 28일 독재정권이 타도되었다. 상 세바스티앙 조약에 따라 공화정으로 변경하였다. 1931년 4월 12일에 지방선거에서 공화파가 절대다수를 차지하였고 왕이 망명하여 이틀 후에 공화국이 선포되었다. 1931년 6일에는 제헌회의(Constituent Cortes)가 선출되어 새 헌법을 기초하였다. 이 안은 의회를 통과하여 12월 9일에는 효력이 발생되었다.[6]

이 헌법은 국민주권주의를 규정하고 「모든 계급의 노동자의 민주공화국」이라 했다. 양원제도를 채택하였다. 기본권 조항은 실정권으로 규정하여 종교의 자유를 규정하고 여성의 평등, 여성의 선거권, 결혼과 이혼의 자유, 집회·결사와 표현의 자유, 평등의 보장, 적자와 사생아의 평등, 모든 사람에 대한 비종교적 무상교육 등을 규정하여 노동자와 농민들의 지지를 받았다. 그러나 로마가톨릭교회에 대해서는 제26조와 제27조에서 교회 재산권을 침해하고 종교교육을 금지하는 등 정교분리를 기하였다.[7]

2) 스페인 내전의 경과

(1) 제1기 공화사회 2년

제2공화국의 초기 2년은 공화당과 사회당의 연립정권기(1931-1933)였다. 이 시기에 정부는 많은 사회개혁입법을 하였다. 첫째로는 사회법을 만들어 노동자의 노동조건을 좋게 하고 노동조합의 권리를 강화했다. 둘째로는 교육개혁을 통하여 7,000개의 학교를 신설하고 남학생과 여학생의 공학을 허용하고 종교교육을 필수과목에서 자유선택과목으로 하였다. 군사개혁을 하여 군인들의 헌법준수와 정권에의 충성을 보장하기 위하여 노력하였으며 퇴임 후에도 임금을 받게 하였다. 농지개혁을 하였다.[8] 이 개혁에 대하여 보수파는 노하였고 1932

---

6) Wikipedia, List of Constitutions of Spain; Spanish Constitution of 1931, Infogalactic: the Planetary Knowledge core, https://infogalactic.com/info/Spanish_Constitution_of_1931; The Spanish Constitution: History, Development & Key Topics. http://study.com/academy/lesson/the-spanish-constitution-history-development-key-topics.html.

7) M. Hudson, "The Spanish Constitution of 1931," *The American Journal of International Law* Vol. 26, No. 3 (1932), pp. 579-582; Constitution de la République espagnole 1931, http://www.worldcat.org/title.

8) 4° ESO-The 2nd Republic and Civil War(1931-1936); The Spanish Constitution 1931-37, Spanish Revolution, History & Theory, https://www.marxists.org/archive/grant/1973/spain.htm; Wikipedia, Second Spanish Republic. Revolution in 1930s Spain, SocialistWorker.org, https://socialistworker. org/ 2011/07/21/revolution-in-1930s-spain; Julián Casanova, *The Spanish Republic and Civil War*, 2010; *Seed of Disaster, the Spanish Constitution of 1931*, http://devastatingdisasters.com/se

년 군대는 다시 쿠데타를 일으키려 하였으나 실패하였다. 1933년에는 경제공황이 닥쳐왔고 정부는 새 선거를 실시하였는데 재집권에 실패하였다.

(2) 제2기 보수 2년(1933-1936)

이 선거에서 공화급진당이 정권을 장악하였다. 그들은 우파인 스페인독립우파연합(DE)의 지지를 받아 의회에서 안정 세력을 유지할 수 있었다. 이 시기에 보수정권은 ① 농지개혁을 정지하여 농민이 점유한 농지를 다시 지주가 가지도록 했고 ② 군사개혁을 중지하여 공화당 색체의 군인들을 중요한 보직에 앉혔다. 이에는 프랑코, 고데드, 몰라 등이 있다. ③ 가톨릭교회에 대하여 정치적 양보를 하였다. ④ 카탈루냐 독립정부를 인정하지 않았다.

1834년에는 국제적 긴장이 고조되었다. 이때 독일에서는 히틀러가 집권하였고 스페인 우파 청년들도 파쇼적이 되어 갔다. 이때 집권좌파들과 무정부주의자와 공산당이 정부에 대한 총파업을 지시하였다. 이 폭동은 군대에 의하여 곧 진압되었다. 그러나 아스투리아스 지역에서는 총파업이 성공하고 혁명이 성공하는 것 같았다. 이에 프랑코 장군이 지휘하는 군대가 총출동하여 이 폭동을 진압하였다.

이 폭동진압에는 15,000명 내지 20,000명이 사망하고, 배 이상이 부상했으며, 30,000명 이상이 구속되었다. 또 정부 부패가 폭로되어서 1936년 2월 총선거를 하게 되었다.

(3) 제3기 인민전선기(2월-7월 1936)

1936년 2월에는 좌파연합세력인 인민전선이 선거에 승리하였다. 이에 순수좌파만에 의한 내각이 구성되었다. 사회당과 공산당은 정부에서 배제되고 그래도 온건한 측은 인민전선이었다. 그들은 1934년 폭동으로 형을 살고 있던 사람들을 사면하고 공화국 초기의 좌파정책을 계속하였다. 좌파노동자들은 보다 혁명적이 되었고 의회는 군사 쿠데타를 추구하게 되었으며 민주주의를 끝장내려고 하였다. 온건파들과 민주주의파들은 헌법을 유지하고, 민주정부를 유지하려고 하였으나 그들은 전쟁을 회피할 수는 없었다. 4월 이후 과격파들은 거리에 나와서 충돌하였다. 이때 군인들은 공화국에 대한 쿠데타를 준비하고 있었다.

(4) 스페인 내전(1936-1939)

프랑코에 의하여 시도된 1936년 7월 17일-19일의 쿠데타는 나라의 일부를 지배할 수 있을 뿐이었다. 그러나 중심지역인 마드리드나 카탈루냐나 바스크 지방은 공화국 정부가 지배하고 있었다. 상호간 심각한 탄압 속에서 스페인은 정부측과 군부독재측으로 양분되었다.

---

ed-of-the-spanish-constitution-of-1931; Becvos, Der Spanishi, Der Spanische Bürgeruning München 2008.

군부는 모로코에 있는 군대를 철군시켜서 군사력을 강화하였고 정부는 노동자들로 민병대를 구성하여 대결하였으나 1938년 11월의 Ebro 전쟁을 끝으로 정부군이 패하고 군부는 카탈루냐와 마드리드를 수복하여 1939년 4월 1일에 스페인 내전은 끝났다.

3) 프랑코 정권의 헌법무시정책

스페인 전쟁은 말기에는 국제전의 양상을 띠었다. 파쇼정권은 처음부터 프랑코 군을 지원하였다. 무솔리니와 히틀러는 전투의 이익뿐만 아니라 지중해 팽창정책을 추구했었다. 독재자 살라자르도 프랑코를 지원하였다.

이에 대하여 소련은 전쟁 초기부터 정부측을 편들었다. 이는 파쇼정권에 대한 반대이기보다는 공산주의 이데올로기를 선전하기 위한 것이었다. 영국은 중립적이었고 프랑스도 런던을 따랐다. 미국 의회는 중립법을 통과하여 정부군의 지원을 거부하였다. 여기에 프랑스정부는 영국정부와 함께 스페인 분쟁에 불개입원칙을 제시하였다. 그 결과로 프랑코가 스페인 내전에 승리할 수 있었다고 하겠다. 1939년 9월 프랑코는 국가원수가 되었다. 프랑코는 강압적 독재를 단행하였다. 첫 해에 새 정부는 수천명을 총살하였다. 1940년대는 스페인의 경제공황기였다. 공식적으로 스페인은 제2차 세계대전 당시 중립을 표방하였으나 20,000명의 스페인 의용군이 독일과 함께 소련에 항전하였다.

4) 프랑코의 헌법우회적 입법

프랑코 장군은 스페인 내전에서의 승리로 국가원수(Caudillo)가 되었다. 그리고 동시에 군대의 총수인 대원수가 되었다. 프랑크는 1931년 헌법이 사실상 효력을 상실했는데도 이를 폐지하지 않고 새 헌법도 개정하지 않고 마음 내키는 대로 법률을 제정하여 사실상 무헌법국가로 만들었다.[9] 그는 필요한 때마다 법률을 제정하여 헌법절차를 변경하였다. 그는 헌법상 가톨릭교회의 정교분리정책을 폐지하고 가톨릭교회의 국교적 지위를 부활하였다.

다음에는 법률 제정 없이 국민의 권리를 제한하여 법률의 자유를 제한하고 파업을 금지하였으며 파업을 일종의 폭동으로 보았다. 또 복수정당을 금지하고 단일정당체제로 운영하였다. 국가원수와 국무총리의 지위를 통합하여 이에 취임하였다. 사실상 헌법이 없는 상태에서 마음대로 독재할 수 있었다. 사법권의 독립도 보장되지 않았다.

9) Franco Years, Franco's Political System, http://countrystudies.us/spain/22.htm; Wikipedia, Franquismus; Spanien unter Francisco Franco, https://dokumente-online.com/spanien-unter-francisco-franco.html; Spanien unter Franco 1939-1975, http://www.anarchismus.de/aktion/aktion24/spanien2.htm; Wikipedia, Francisco Franco; M. Blinkhorn, *Democracy and Civil War in Spain 1931-1939*, 1988.

프랑코 시대의 최초의 기본법으로는 국민운동원칙법(Ley de Principios del Movimiento Nacional(1937/1958), Gesetz über die Prinzipien des Movimiento Nacional)이 있다. 이 운동의 총수는 프랑코 자신이었다. 1958년 개정법에 의하면 이 법률은 모든 스페인의 공동체로서 신앙과 이상에 있어서 반대파에 대한 십자군 행동의 전제로 보았다. 국민은 장래에 제정될 프랑코 법의 기본법으로 되며 최상위의 법으로 개정할 수 없다고 하였다. 국가의 종교화에 군주적 국가형태를 취하고 계급대표를 규정했다.[10]

둘째는 1938년에 제정된 중앙행정조직법이다. 이 법률에서 국가원수의 결정은 법률의 효력을 가진다. 스페인 국가 자체는 법적 근거가 없고 프랑코 1인에게 모든 법적 근거가 있다. 여기서는 국가기관으로 국가원수, 행정수반, 국군총사령관, 국가정당의 지도총국 등이 규정되어 있었다.

1938년에는 노동기본법(Fuero del Trabajo)이 제정되었다. 이는 1947년 7월 26일 헌법법률로 공포되었다. 이 법률은 자본주의와 공산주의에 반대되는 노동법으로 1940년부터는 신디칼통일법(Ley de Unidad Sindical, Gesetz über die Syndikale Einheit)으로 개칭되었다. 노동자와 경영자가 신디칼 조직이라는 통합조직이라고 하겠다. 이 조직의 장은 장관직이었다. 노동자와 경영자를 강제로 통합하는 조직으로서 국가의 노동자·경영자 통치기관이라고 하겠다.

1942년에는 의회구성법(Ley de la Constitutiva de la Cortes, Gesetz zur Einrichtung der Cortes)이 제정되었다. 이 법은 일반의회를 부활하는 법이다. 이 의회는 법률안의 제청권을 가지고 있고 이 법률을 채택할지 여부는 프랑코 총통이 결정하였다. 이 의회는 2-3회 집회를 하게 되는데 이것도 프랑코 총통의 소집에 의해서만 가능했다. 1967년에는 임명제 의원의 수를 줄였다.

1945년에는 프랑코의 노력의 덕으로 7월 17일에 스페인인 기본법(Fuero de los españoles, Grundgesetz der Spanien)이 제정되었다.[11] 이것은 1931년 헌법을 사실상 폐지한 기본권 조항을 새로이 규정한 것으로 헌법적 의의를 가지는 것이라 하겠다. 이 기본권은 프랑코가 국민에게 부여하는 것으로 실정권이라고 하겠다. 기본권의 행사는 체제에 맞아야 했다. 또 기본

---

10) Gesetz über die Prinzipien des Movimiento Nacional (1937/1958). https://de.wikipedia.org/wiki/Franquismus. 스페인의 국민회의는 국민운동의 공동대표기관으로서 스페인 국민의 총동원체이며 프랑코의 통치를 선전하고 수행하는 국민기관이다. 상세한 것은 김철수, 「헌법과 정치」, 2012, 497-498.

11) 이것은 제2차 세계대전 후 스페인이 독재국가라고 하여 UN 가입이 저지되고 마샬 플랜의 혜택도 받지 못하게 되자 외국의 비난을 완화하기 위하여 기본권조항을 넣으려고 한 것이다. 그 의사는 좋으나 실제는 그러하지 않았다. 독재국가라고 지탄을 받으면서 프랑코 재임 중 유럽공동체와 유엔에 가입할 수 있었다.

권에는 일반조항적인 의무가 많이 규정되어 있었다. 예를 들면 기본권은 「국가원수에의 충성」을 전제로 하고 있었다. 제2차 세계대전 후의 유엔 창립정신 등을 반영하지 못한 점이 있었다. 프랑코는 기본권을 폐지할 수 있는 권한을 가졌으나 이를 사용하지는 않았다. 이 스페인의 기본법은 국민의 정치적 행위를 허용하였으나 그 주체는 가정, 지방지치단체와 신디케이트에 한정되었다.

1945년 10월 22일에는 국민투표법(Ley del Referéndum Nacional)을 제정하였다. 이 국민투표는 프랑코의 결정에 대한 찬성을 민주적인 정당성을 부여하기 위한 것이다. 국민투표는 프랑코만이 요구할 수 있으며 찬성이 확실할 때에 회부하였다. 이러한 국민투표는 1966년의 국가조직법 통과 시에 행해졌던 것으로 협잡이 많았다고 한다.

1947년에는 왕위계승법(Ley de Sucesión en la Jefatura del Estado)을 공포하여 스페인을 가톨릭이며 사회주의국가라고 규정하였다. 그리고 전통적인 군주국가라고 하였다. 이 법률에 따라 군주제가 부활하였다. 이 법에서 프랑코는 자신은 왕이 아니라 섭정이라고 규정하였다.

1966년에는 신문법 개정법률을 제정하였다. 시민전쟁 중의 신문법을 폐지하고 이를 대체하였다. 검열은 약간 완화되었다. 출판의 자유는 한 번도 보장되지 않았으나 실제에 있어서는 신문보도 등을 접할 수 있어서 국민들에게 영향을 주었다.

1967년에 국가조직법(Ley Orgánica del Estado)을 제정하였다. 이 법률은 1967년 1월 11일에 제정되었는데 프랑코 헌법의 종결판이라고 하겠다. 이 조직법은 당시의 권력구조를 개조하려고 한 것이며 국가회의와 왕추밀회의에 관해서 새로 규정하였다. 국가원수와 집행부의 수장은 통합되었다. 국가원수는 프랑코였다. 문제는 누가 프랑코의 후계자가 될 것인가이었는데 2년 후에야 후안 카를로스가 공식으로 프랑코의 후계자가 되었다.

제4절 신이 만든 실정권 헌법

1. 신정국가의 헌법

종교상 신이 지배하는 나라를 신정국가라고 한다. 과거에는 신정일치국가가 많았는데 이때에는 종교가 지배하고 있었다. 신성로마제국은 이름과는 달리 각 국가의 독립성이 강해 이를 단일 신정국가라고는 할 수 없었다. 그런데 현대에 와서는 이슬람 국가들이 신정을 주

508 제3편 자연권적 헌법규정과 실정권적 헌법규정

장하고 있으며 신정헌법이라고 주장한다.

또 유대교에 입각한 신정국가도 생각할 수 있다. 여기서는 대표적인 신정국가를 둘만 들어보기로 한다.

2. 이란국 헌법

1) 이란 군주국 1906년 헌법의 성립

이란은 19세기 후반에서 20세기 초까지는 열강 특히 영국과 러시아의 세력권 내에서 허덕이고 있었다. 러시아는 이란의 많은 영토를 점령했고 러시아와 영국은 서쪽 지역 이란의 경제를 주무르고 있었다. 이때 해외유학을 한 지식인들이 이란 개혁을 주장하기 시작하였다. 1905년부터는 데모가 일어났고 영국 대사관을 점령하는 등 소요가 그치지 않았음으로 무자파르 알딘 샤 왕은 시민들과 타협하여 헌법을 제정하기로 하였다. 1906년 4월 5일에 헌법제정회의를 선거하기로 합의하여 1906년 10월에 헌법제정의회가 성립하였다. 여기서는 많은 안이 나왔으나 왕이 중태이기에 사망 전에 헌법을 공포하였다. 그의 아들인 모하마드 알리가 샤로 된 다음에 이 헌법을 개정하여 시행하게 되었다. 이 헌법이 이란의 1906년 헌법이며 중동에서는 역사상 최초의 헌법이었다.

2) 1906년 군주국 헌법의 내용

이 헌법에서 왕정은 계속되었다. 왕은 장자상속의 원칙에 따라서 세습되며 왕의 취임은 의회에서 선서를 하게 하였다. 그의 권력은 장관의 임명권과 해임권을 가지며 군통수권자로서 선전포고와 강화조약을 체결하며 법률에 서명하는 권한을 가졌다. 헌법은 서방식 권력분립제도를 채택하고 있어서 의원내각제를 채택하고 있었다. 의회는 상·하 양원제였다.

헌법부칙 제1조에서 이란은 이슬람교를 국교로 하기로 하였다. 국민의 권리에 관해서는 제8조에서 제25조까지에 규정하였다. 제8조에서 「페르시아인은 국법에 의해서 모두 평등이다」고 하여 왕족이나 귀족의 특권을 폐지하고 법 앞의 평등을 보장하게 하였다. 1949년에는 의회해산에 대한 조건을 변경하였고, 1957년에는 의회의 임기를 2년에서 4년으로 연장하였다. 1967년에는 팔레비 왕의 아들이 성년 전에 사망하는 경우에도 그의 부인이 섭정을 하도록 하였다. 이 헌법은 형식적으로는 1979년까지 효력을 가졌다. 이슬람 혁명으로 이 헌법은

효력을 상실하였다.[12]

3) 이란 이슬람공화국 1979년 헌법의 성립

1979년 이슬람혁명이 끝나고 1979년 6월말에 이라크 제헌의회 소집이 결정되었다. 이 선거는 418명 후보자 중에서 72명이 선출된 전문가회의로 8월 3일에 선출되었다. 이때 제안된 헌법은 175조로 구성되어 있었는데 1979년 11월 15일에 초안이 공표되었고 1979년 12월 2일에서 3일에 걸친 국민투표에서 98.2%의 다수를 얻어 헌법으로 확정되었다.[13]

이 헌법은 호메이니가 개정하기를 원하여 1989년 7월 26일의 국민투표에서 절대다수로 통과되었다. 이 헌법은 14장 177조로 구성되어 있다. 정신적 근거는 헌법 서문에서 나타나 있는데 코란(마호메트 예언자의 유교)이며 알리 이맘 정부수반의 위임에 따라 만들어진 것이다.

4) 1979년 헌법의 기본권규정

이 헌법은 제3장 인민의 권리로서 제19조에서 제42조까지 기본권이 규정되어 있다.

우선 전문에서 이간이 이슬람을 국교로 하고 있으며 총칙 제2조에서 이슬람공화국의 질서의 기본을 말하고 있다. 6호에 보면 「인간의 명예와 존엄과 신 앞에서의 자유에 결부된 책임」이 신앙의 근거임을 명시하고 있다. 제3조에서는 제2조의 목적을 달성하기 위한 국가의 책무를 규정하고 있다. 헌법 제3장 인민의 권리의 모두에서는 「국민의 모든 구성원은 여성인지 남성인자를 불문하고 다같이 법률의 보호를 받으며 이슬람원칙의 고려 하에서 모든 인간적이고, 정치적이며, 경제적이고, 문화적인 권리를 가진다」(제20조)고 하고 있다. 이는 신의 계시인 이슬람율법에 따라 인간의 권리가 나온다는 것을 말하는 것이다.

제22조에서는 「개인의 존엄, 생명, 재산과 권리, 주거와 직업은 불가침이다. 예외는 법률로 정한다」고 하여 법률 우위적으로 규정하고 있다. 또 제29조에서는 「모든 사람은 보험의 형태로 휴직, 실업, 노령, 노동능력상실, 무주택, 여행위험과 상해에 대한 건강보험과 의술적 사회보장을 받을 권리를 가진다」(제1항)고 하고 있다.

이 밖에도 문화국가에서 인정되는 모든 권리를 규정하고 있으며 많은 생존권을 보장하고 있다. 그러나 이들 권리의 법률에 의한 가능성을 규정하고 있는 점에서 실정권적인 규정

12) Wikiwand, Verfassung des Iran von 1906; Nasrin Amirsedghi, Rechtsstaatlichkeit und Menschenrechte im Gottesstaat Iran, *Standpunkte*, https://eppinger.wordpress.com/2010/01/01.

13) Verfassung der Islamischen Republik Iran, http://www.eslam.de/manuskripte/verfassung_iri/verfassung_iri.htm; Yavuz Özoguz, *Die Verfassung des Islamischen Republik Iran*, 2007.

방법이라고 하겠다.[14] 이것은 인권이 코란에 근거하고 있다고 보기 때문에[15] 율법에 의한 제한이 가능하다고 보는 것이다.

5) 이란 기본권보장의 현실

이란에서는 헌법상 남녀평등이 규정되어 있으나 사실상 이것은 잘 지켜지지 않는다. 그 이유는 헌법 위에 이슬람의 율법이 있기 때문에 기본권의 본질이 보장되지 못하고 있다. 헌법재판소와 같은 위헌심사제도의 도입이 요망된다.

이란의 경우 남녀의 차별이 심한데도 대학생의 60% 이상이 여성이고 이들이 직업의 자유와 평등을 주장할 때 헌법해석이 달라져야 한다는 주장이 많다.[16]

3. 이스라엘 부분헌법(1993)의 기본권

1) 이스라엘의 부분헌법의 성립

이스라엘은 불문헌법국가이다. 형식적 헌법 대신에 1950년 6월 13일의 하라리 결정에 따라 제헌의회가 활동하는 동안 일곱 개의 기본권(Basic Law)을 만들었다. 이스라엘이 독립을 선포한 것은 1948년 5월 14일이다. 그 뒤 헌법제정회의를 만들어 1948년 10월 1일까지 헌법을 제정하기로 하였으나 의견의 일치를 보지 않아 늦어졌다. 그런데 앞서 말한 결정에 따라 장별로 따로 순차적으로 헌법을 개정하도록 하여 이제까지 7개의 기본법을 제정하게 되었다.

1990년대에 와서 인권법을 제정하는데 문제가 생겼다. 처음에는 4개의 기본법을 만들기로 하였다. 첫째는 인간의 존엄과 자유이고, 둘째는 전문직업의 자유, 셋째는 언론의 자유, 넷째는 결사의 자유를 규정하려고 하였다. 그런데 이를 통일하여 단일권리장전을 만들어야 한다는 사람도 있었다. 그런데 크네세트에서는 직업법과 존엄법만이 통과되었다. 그리하여 1992년 3월 13일에 법률이 통과되었다.[17]

---

14) Menschenrechte in einer religiösen Verfassung?, feinschwarz.net.

15) Über der Verfassung steht das Islamische Recht, https://www.welt-sichten.org/artikel/565/ueber-der-verfassung-steht-das-islamische-recht.

16) Parinas Parhisi, *Frauen in der iranischen Verfassungsordnung*, *Verfassung und Recht in Übersee*, Beiheft 24. 2010; Wikipedia, Human rights in the Islamic Republic of Iran; *Country reports on Human Rights Practices for 2015*. United States Department of State. Bureau of Democracy, Human Rights and Labor.

17) A. Rubinstein, *Israel's Partial Constitution: The Basic Law*, April 2009; D. Elazar, *The Constitution*

2) 인간의 존엄과 자유 기본법(1992)의 내용

이 기본법은 인간의 존엄과 자유에 관한 가정 중요한 원칙을 제시한 헌법이다. 11조까지로 되어 있는데 이는 기본적 인권 보장의 대원칙을 규정한 것이므로 중요하다.[18] 제1조는 근본원칙을 규정하고 있다. 「이스라엘의 기본적 인권법은 인간존재의 가치, 인간생명의 존엄성의 가치의 인정에 근거하여 모든 인간은 자유이고 이들 권리는 이스라엘 국가의 창설을 위한 독립선언에서 설립된 정신과 원칙에 따라서 유지되어야 한다.」 제1A조는 목적을 규정하고 있다. 「이 기본법의 목적은 기본법을 제정하여 유대교와 민주주의국가로서의 이스라엘의 가치를 선양하며 인간의 존엄과 자유를 보장하기 위한 것이다.」 여기에서 이스라엘이 유대교에 입각한 국가임을 선언한 것이요 인권이 유대교(이스라엘)에 입각한 국가임을 천명하고 있다.[19] 제2조에서는 인간으로서의 생명, 신체, 존엄의 불가침성을 선언하고 있다. 이것은 미국독립선언의 생명, 자유, 행복추구권과 비슷한 포괄적 보장규정이라고 하겠다. 그 외에는 개별적인 기본권을 규정하고 있으며 이것은 법률에 의해서 제한될 수 있게 한 점에서 (제8조) 실정권을 규정한 것이라고 하겠다.

3) 직업의 자유 기본법(1994)의 내용

이 기본법은 1992년에 인간의 존엄에 관한 기본법과 함께 제정되었으나 2년 후에 개정되었다.[20] 이 법 제1조는 이 법의 목적을 규정하고 있는데 인간의 존엄법 제1조와 같이 하였다. 원래 인간의 존엄법에는 목적규정을 1994년에 추가 수정하여 같은 문장으로 만들었다. 제2조는 목적규정을 두고 있다. 이 목적도 직업의 자유를 보장하기 위한다는 것 밖에는 인간의 존엄규정과 같다. 제3조에서 모든 이스라엘 국민과 거주인은 직업이나 전문직이나 무역 등에 종사할 권리를 가진다고 규정하고 있다. 제4조에서는 법률에 의해서는 직업의 자유를 침해할 수 있게 하고 있다.

모든 정부공무원은 이스라엘 국민이나 거주자의 직업의 자유를 존중할 의무를 진다고 규정하고 있다(제5조). 이 법률은 의회가 다수로 개정하거나 그 침해를 허용하는 경우에는

of the State of Israel 1993, Jerusalem Center for Public Affairs.
18) constituteproject.org, Israel 1958(rev. 2012); Wikipedia, Constitution of Israel.
19) Religion and Human Rights, Jews and Human Rights, http://religionhumanrights.com/Religion/Jewish/jews.fhr.htm.
20) Basic Law: Freedom of Occupation(1994) 제9조. https://www.knesset.gov.il/laws/special/eng/basic4_eng.htm.

제한을 할 수 있게 하여 상대적 권리임을 선언하고 있다(제7조, 제10조).

4) 이스라엘에서의 기본권 상황

이스라엘은 다당제 의회민주주의 국가이다. 비록 성문헌법은 없으나 7개의 기본법으로 법치는 행해지고 있다. 그런데 헌법이 아닌 기본법이나 명령, 규율 등은 「비상상태」의 결과로 보여진다. 2015년 선거는 공정성이 있었으며 네타냐후 수상이 연립정부를 구성하고 있다. 이스라엘 영토 내에서의 인권상황은 나쁘지 않으나 점령지역에서는 전투가 행해지는 것처럼 반대도 심하여 유엔의 시정요구도 받고 있다.[21] 이스라엘이 점령하고 있는 지역에서의 문제는 심각하다. 그러나 이란이나 북한이나 아프리카와 달리 아랍국가에 포위된 이 종교국가 간의 대립이기에 이의 쉬운 해결을 기대하기는 어려울 것으로 보인다. 유엔인권이사회가 북한이나 시리아 등 중국이나 러시아보다도 많은 권고를 하고 있는 것은 유엔인권이사회가 아시아·아랍·아프리카 제국의 대표들이 다수 포진하고 있기 때문이라고 한다.[22]

제5절 공산주의 이데올로기의 발로인 실정권 헌법

1. 러시아 헌법의 인권사상

1) 소련방 스탈린 헌법의 제정

스탈린은 1935년 2월부터 전소련공산당중앙위원회 총회에서 헌법개정문제를 심의하였다. 스탈린은 헌법기초특별위원회 의장으로서 위원회를 주도했고, 1936년 11월 25일 제8회 소비에트 대회를 소집하여 헌법을 채택하였다. 이를 기하여 프라우다(Pravda)는 스탈린을 찬양하며 「신세계의 천재이며 이 세기에서 가장 현명한 사람이며 공산주의의 위대한 지도자」라고 칭송하고 있다.[23]

이 헌법은 프롤레타리아의 독재를 규정했으며 국가는 「노동자와 농민의 사회주의국가」

---

21) *Country Reports on Human Rights Practices for 2016*. United States Department of State. Bureau of Democracy, Human Rights and Labor; Wikipedia, Human Rights in Israel.

22) UN Declares Israel As Having World's Worst Human Rights, Your News Wire.

23) Wikipedia, 1936 Soviet Constitution. *New Constitution of U. S. S. R.* by Peter Petroff 1936, https://www.marxists.org/archive/petroff/1936/soviet-constitution.htm; Stalin Constitution, Seventeen Moments in Soviet History, http://soviethistory.msu.edu/1936-2/ stalin-constitution.

이나 소련의 모든 권력은 근로자 대표회의에서 대표되는 도시와 농촌의 근로자에 속했다 (제3조). 그들에 의하면 혁명 당시의 슬로건에서 스탈린의 새로운 지도력을 반영하려는 것 이었다.

2) 스탈린 헌법의 기본권의 내용과 성격

스탈린은 이 헌법에서 처음으로 국민의 기본적 권리와 의무를 규정하였다. 스탈린은 노동의 권리를 보장하고 휴식의 권리를 보장하며 여자의 동권을 보장하였다. 또 노동자, 농민 이외의 계층에게도 선거권과 피선거권을 보장하였다. 그런데 이러한 권리는 자연권이 아니고 스탈린이 기도한 실정권의 보장이라고 하겠다. 그런데 자유권의 보장도 물질적 수단을 제공하며 이 자유를 행사하기 위하여 이들 권리를 보장하기 위한 물질적 조건의 보장을 규정하고 있었다. 제118조는 모두에서 소연방의 국민에게 근로의 권리를 보장하고 있다. 이 권리는 국민경제의 사회주의적 조직, 소비에트사회의 생산력의 부단한 발전, 경제공황의 가능성의 배제 및 실업의 해소에 의하여 이를 보장하고 있다. 그들은 냉전의 도구로 경제적·사회적 기본권의 보장을 중시했는데 선전용의 사회적·경제적 권리보장을 규정하고 있다. 그러나 이러한 것은 지도자 국가의 은혜로 주장했었다.

특히 자유권에도 의무를 부과하여 노동자의 이익에 적합하고 또 사회주의제도를 견고히 하기 위하여 소련 국민에게 법률에 따라 언론의 자유, 출판의 자유, 집회(대중집회를 포함한다), 출판, 행진 및 시위운동의 자유를 보장한다고 하여 실정권임을 명백히 하고 있다. 또 소연방의 모든 국민은 소비에트사회주의공화국 연방헌법에 따라 법률을 지키고 노동규율을 지키며 공적인 의무에 충실하여 사회주의 사회의 규칙을 존중할 의무를 진다고 포괄적 의무를 규정하고 있다. 스탈린은 이 헌법에 따라 법률이 아닌 명령이라든가 규정으로서 국민의 자유와 권리를 제한하여 독재자의 누명을 썼다.

2. 헝가리 공산헌법의 기본권 변천과 기본권 이념

1) 헝가리 공산주의헌법(1972)의 성립

헝가리는 제1차 세계대전 후 1918년 11월 16일 공화국을 선포하였다. 1920년 트리아농 평화조약에서 70%의 영토를 루마니아, 체코슬로바키아, 유고슬라비아, 오스트리아와 이탈리아에 할양하였다.[24] 1940년에 제2차 세계대전이 일어나자 독일과 동맹하여 러시아와 싸웠다. 1920년에서 1944년까지는 호르티에 의한 독재국가였다(1920-1944). 1944년에는 독일군이 헝가리를 점령하고 헝가리 유태인을 압송하고 수도 부다페스트를 파괴하였다. 1945년 4월 4일에 러시아군이 헝가리를 점령하여 휴전이 성립했으며 새로운 선거를 하고 농지개혁을 하였다. 1946년 2월 1일에는 공화국을 선포하였다. 1947년 파리평화조약이 체결되고 1948년에는 공산주의자들이 정권을 잡았다. 그리하여 소련군의 점령 하에서 헝가리인민공화국헌법을 1949년 8월 20일에 공포하였다.

2) 공산주의 헌법의 기본권의 이념

이 헌법은 소련 공산당의 점령 하에서 공산주의자에 의해서 제정되었기에 소련헌법을 모방한 것이었다.[25] 이 헌법은 전문과 10편 78개조로 된 비교적 간단한 것이었다. 제1조에서는 「헝가리는 인민공화국이다」고 하고, 제2조는 「① 헝가리인민공화국은 사회주의국가이다. ② 헝가리인민공화국의 모든 권력은 근로자 인민에게 속한다. ③ 헝가리인민공화국의 사회의 지도계급은 노동자계급이며 협동조합에 참여한 농민계급과 동맹하고, 지식계급 및 그 밖의 사회의 노동자계급과 함께 권력을 행사한다. ④ 도시 및 지방의 근로자는 인민에 대하여 책임을 지고, 피선출 대표를 통하여 권력을 행사한다. ⑤ 국민은 직장 및 거주 지역에 있어서 직접 공공문제의 처리에 관하여서도 참가한다」고 하여 노동자, 농민이 주권을 가지는 노동계급의 국가임을 강조하고 있다.

3) 1949년 헌법의 기본권 규정의 이념성

헝가리 헌법은 러시아의 1936년 헌법을 모방하여 「개인재산을 인정하고 이를 보호한다(제11조). 국가는 사회적으로 유익한 소규모 생산자의 경제활동을 인정한다. 그러나 사유재산 및 개인적인 발전이 공공의 이익을 해쳐서는 안 된다(제12조)」상속제도의 보장(13조), 노동의 권리보장(제14조), 결혼과 가족제도의 보호(제15조), 청년의 육성과 사회주의적 교육의 보호(제16조), 시민의 생명, 신체의 보전과 건강을 옹호하고, 그 질병, 노동불능, 노령의 경우에는 시민을 지원한다(제17조). 또 사회의 발전촉진, 과학활동의 조직화 지원, 예술의 원조, 시민의 교육과 문화의 향상을 보장한다(제18조)라고 제1편에 규정하여 경제적, 사회적 권리가 공산당 또는 마르크스·레닌주의에 근거하고 있음을 명시하고 있다.[26]

---

24) Ungarische Geschichte, Ungarn, *OPPIS WORLD*, https://www.oppisworld.de/ungarn/ugesch.html.
25) Wikipedia, Ungarische Verfassung (1949).
26) 한국 번역문은 국제문제조사연구소, 「각국헌법자료집」, 1980. 2, 829-839 참조.

1972년 4월 19일에는 헌법을 개정하여 이제까지의 근로자의 권리를 시민의 권리로 바꾸었고 공산주의 국가에서는 드물게 기본권을 잘 보장하게 되었다. 그러나 여기에는 아직도 공산주의적 잔재가 많이 남아 있었다.[27]

제7편에서는 시민의 기본적 권리 및 의무를 규정하고 있는데 제54조부터 기본권에 관하여 규정하고 있다. 제54조에서는 「① 헝가리인민공화국은 인권을 존중한다. 헝가리인민공화국에 있어 시민의 제권리는 사회주의 사회의 이익과 조화시키면서 행사되지 않으면 안된다. 그 권리의 행사는 시민의 의무수행과 불가분의 관계에 있다. ③ 헝가리인민공화국에 있어 시민의 기본권리 및 의무에 관한 규정은 법률로 정한다」고 규정하여 실정권을 보장하는 헌법임을 명확히 하고 있다. 또 헌법에서 규정하지 않고 법률로 권리와 의무를 규정하고 그 내용과 제한에 대한 명확한 규정이 없어서 남용될 가능성이 많다.

제55조에서는 「헝가리인민공화국은 시민에 대해서 노동의 권리 및 노동을 수행한 일의 양과 질에 따라서 임금을 보장한다. ② 이 권리는 인민경제의 생산력의 계획적인 발전 및 인민경제계획에 따른 노동력경제를 통해서 헝가리인민공화국이 실현한다」고 규정하고 있다. 제27조에서는 「헝가리인민공화국에 있어 시민은 생명, 신체의 보전, 건강의 보호를 받을 권리가 있다. ② 이 권리는 노동보호, 보건시설, 의료의 조직화와 함께 인간환경의 보호를 통해서 헝가리인민공화국이 실현한다」고 규정하고 있다.

제63조의 언론의 보장에 있어 「헝가리인민공화국은 사회주의 및 인민의 이익에 따라 언론의 자유, 출판의 자유 및 집회의 자유를 보장한다」고 하여 조건을 부과하고 있다. 자유권 규정도 국가에 의한 보장규정으로 되어 있고 국가에 대한 권리보다는 국가를 위한 의무를 보다 강조한 느낌이 든다.

1956년 10월에는 헝가리에서 독재와 인권침해에 반대하는 대규모의 민중봉기가 일어났다. 그러나 소련군의 진압으로 국민저항운동은 평정되고 너지 임레(Nagy Imre) 총리는 처형되었다. 1957년부터는 단일정당체제로 되어 소련군이 철군할 때까지 공산당이 정권을 유지하였다.

---

27) Z. SZABÓ, Das Ungarische Verfassungssystem, Technische Universität Dresden, 2012.

3. 폴란드 공산헌법의 기본권 변천과 기본권 이념

1) 폴란드 공산주의헌법의 성립

폴란드는 1791년 5월 3일에 왕국헌법을 만들어 유럽에서는 최초의 헌법으로 알려져 있다.[28] 그 뒤 여러 번의 개정과 새 헌법을 거쳐 1947년부터 인민공화국을 선포하여 소련의 영향 하에 들어갔다. 제2차 세계대전 전 소련과 독일은 폴란드 분할에 합의하여 폴란드를 점령했던 것은 유명하며 제2차 세계대전이 끝난 후 독일이 점령했던 영토를 되찾아 독립국이 되었다. 인민공화국 최초의 헌법은 1947년의 소헌법이었다. 그러다가 이 임시헌법을 폐지하고 1952년에 폴란드 인민공화국헌법을 만들어 독재를 하게 되었는데 이는 소련의 흠정헌법이라고 말할 수 있을 만큼 소련헌법의 영향을 받았다. 1952년 헌법은 스탈린헌법에 따른 것으로 일당독재국가를 형성하였다.[29] 폴란드는 코메콘(COMECON)의 창설자로서 동구에서의 지위를 견고히 하고 있었다.

2) 1952年 헌법의 기본권규정

1952년 7월에 새로이 제정된 헌법은 인민공화국을 표방하였다. 1976년 2월 16일에는 국가의회의장에 따라서 헌법제정이 단행되었다. 그동안 1952년 헌법의 인민공화국의 색체를 지우고 1976년 2월 헌법을 개정하여 민주공화국 법치국가로 이전하였다. 원초 1952년 헌법은 인민공화국으로 일당독재, 전체국가의 이념이 강하였다.

제8편은 시민의 기본적 권리와 의무를 규정하고 있다. 제57조「폴란드인민공화국은 근로인민이 획득한 성과를 확고히 하고 증대시키며 시민의 자유를 강화시켜 확대시킨다.」제58조 2항을 보면「노동의 권리는 기본적인 생산수단의 사회적 소유, 착취에서 해방된 사회적 협동조합제도의 농촌에 있어서의 발달, 생산력의 계획적인 증거, 공황원천의 근절 및 실업의 일소에 의하여 보장된다」고 하여 정권의 하사품임을 들어내고 있다.

이 밖에도 많은 경제적, 사회적 권리를 보장하고 있는데 모두가 국가가 광범위하게 보장하고 있다. 제67조를 보면 「결혼과 가족은 폴란드인민공화국의 배려와 보호를 받는다. 국가는 자녀가 많은 가족에 대하여 특별한 배려를 한다」와 같이 국가에 의하여 배려되고 부여

---

28) Wikipedia, Verfassungsgeschichte Polens.
29) Polen 20, Jahrhundert, Demokratiezentrum Wien, http://www.demokratiezentrum.org/wissen/timelines/polen-im-20-jahrhundert.html; #wpx-1952.htm#GESCHICHTE.Weltgeschehen, 1952, http://www.wispor.de/wpx-1952.htm; Wikipedia, Verfassungsgeschichte Polens.

되는 권리임을 인정하고 있다. 제76조는 「폴란드인민공화국의 각 시민은 헌법과 법률의 제
규정 및 사회적인 공동생산의 규칙을 존중하고 국가에 대한 자기의 의무를 성실하게 수행하
여야 한다」고 규정하여 국가가 인민에 상위하는 것을 규정하고 있다.[30]

3) 1976년 이후의 헌법개정

폴란드의 정치·경제 사정이 안정되기 시작하자 공산당 독재정권에 대한 반대가 심해
졌으나 헌법개정을 하게 되었다. 1989년에는 원탁회의가 열려 여기서 헌법개정안이 논의되
었다. 1989년 4월에는 헌법의 기초문제에 대한 개정이 이루어졌다.[31] 그 중요한 내용은 ①
상·하 양원제도를 부활하고 자유선거 실시가 행해졌다. ② 하원 의석은 65:35의 비율로 배
분되고 ③ 대통령의 직위가 도입되었다. 이러한 소개혁으로서는 1989년의 혁명기운을 잠재
울 수 없었으며 1989년 12월에 헌법개정을 하게 되었으며 이로써 제3공화국이 성립하였다.

상세한 것은 김철수, 『독일통일의 정치와 헌법』, 2008, 174면 이하 참조. Muller- Romer,
Die Grundrechte in Mitteldeutschland, 1965; Wittig, Grundrechte und Grundpflichten der
Bürger der DDR, 1956.

4. 동독 공산주의헌법의 기본권 규정

1) 1949년 인민민주주의헌법의 기본권규정

동독은 소련의 점령 하에서 헌법을 제정하였기에 공산주의헌법의 영향을 받을 수밖에
없었다. 그러나 기본적으로는 바이마르헌법의 기본권 조항을 유지하고 있었다.

소련헌법의 영향을 받은 것으로는 생존권 규정과 경제적 권리, 문화적 권리 등에 관한
것이었고 물질적 보장에 관심을 가진 것이었다. 소련헌법에 규정되지 않았던 것으로는 공동
체 형성에의 권리·의무, 국민발안과 국민결정에의 참가권, 저항의 권리와 의무, 헌법충성에
의 의무, 일반적으로 승인된 국제법규의 존중의무, 침략전쟁에의 참가금지 등을 규정하고 있
었다. 인민민주의 단계라서 그런지 스탈린헌법에 이데올로기를 많이 받아들이지는 않았다.

30) 이들 조문은 1952년 성립 당초의 조문이며, 전게, 국회도서관, 「세계의 헌법」(초판), 824-827에 게재
한 것에 따랐다. 이 헌법은 여러 번 개정되었다. 1976년의 헌법개정까지 반영한 헌법전으로 1992년에
서 1996년까지 시행된 헌법 Verfassung der Republik Polen (1952-1976), http://www.verfas
sungen.eu/pl/verf92-1.htm.
31) Verfassungsnovelle vom April 1989.

518 제3편 자연권적 헌법규정과 실정권적 헌법규정

2) 1968년 사회주의헌법의 기본권

1958년 7월 10일 울브리히트는 제5차 독일사회주의통일당대회에서 종래의 기본권을 사회주의적 인격권(sozialistische Persönlichkeitsrechte)으로 변모시켰다. 그러나 이러한 기본권에 대한 변모는 서서히 행해졌다. 1961년 이래 기본권이란 개념 대신에 사회주의적 인격권 개념으로 대체되기에 이르렀다. 기본권이란 개념은 시민적·자본주의적 개념이라 하고 사회주의적 인격권은 이를 사회주의적 기본권이라고 하고 있다. 이에 따라 1968년 헌법은 다음과 같은 기본권 조항이 규정되게 되었다.[32]

① 정치적 권리와 의무

평화와 사회주의적 조국과 그 달성물의 수호권
공동참여권과 형성권
참정권(선거권과 피선거권)
표현의 자유
집회의 자유·결사의 자유
인격의 불가침권
통신의 불가침권과 비밀권
거주이전의 자유, 주거의 불가침

② 사회·경제적 권리와 의무

근로의 권리
노동장소와 그 자유선거에 관한 권리
남녀간·청소년간의 동일노동에 대한 동일임금의 권리
노동의 양과 질에 따른 임금에 관한 권리
경제와 경영에 대한 참여권·공동결정권·휴가와 휴식의 권리
건강과 노동력의 보호에 관한 권리
노령과 상병시에 사회보장을 받을 권리
주거공간에 관한 권리

---

32) 상세한 것은 Staatsrecht der DDR. Lehrbuch, 1978, S. 175ff.; Mampel, *Die sozialistische Verfassung der Deutschen Demokratischen Republik*, 1972.

③ 정신적·문화적 권리와 의무

전면적 과학적으로 기초된 교육을 받을 권리

교육의 기회균등

중등교육의 권리, 직업교육과 계속교육을 받을 권리

능력을 최고도로 발휘할 의무

예술과 문화의 보존에 참여할 권리

학문·기술·문화예술적인, 운동적 자치활동권

혼인과 가정·모성의 존중과 보호와 보장에 관한 권리

양심의 자유, 신앙과 종교행동의 자유

3) 1974년 발달된 사회주의헌법의 기본권

1974년 헌법도 기본권은 그대로 규정하고 있었다. 이 동독헌법의 기본권 규정은 바이마르헌법이나 전통적 기본권 규정과는 다른 형식의 것이 많았다. 이 기본권 규정의 내용을 보면 마르크스와 레닌주의의 국가관에 근거하고 있음을 알 수 있다. 이 의의에 있어서의 기본권 규정은 법규범으로서 적극적으로 사회주의적 인격을 형성하고 개인으로 하여금 새로운 사회질서의 형성에의 공동참여를 가능하게 하는 것으로 이해된다. 이 질서 하에서는 개인과 국가 간에 있어서의 대립관계가 극복된다고 본다. 이리하여 기본권은 대국가적·항의적인 것이 아니고 국가질서의 형성에 참여하는 참여권으로서의 성격을 띠게 된다.[33]

동독은 기본권 보장의 국제조약에도 가입·비준한 바 있다. 동독은 경제적·사회적 및 문화적 권리에 관한 국제협정에 가입하였고, 또 시민적 및 정치적 권리에 관한 국제협정에 가입하여 1976년부터 효력을 발생하였다. 이 점에서 동독은 공산주의국가이기는 하나 기본권보장에 관한 국제조약에 가입한 것이 특징이다.

물론 동독에서는 사회주의통일당(SED)의 일당독재를 했고 울브리히트(Ulbricht, 1893-1973), 호네커(Honecker, 1912-1994) 등 당수들에 의한 독재가 행해졌지만 입헌주의와 법치주의의 전통이 강했기 때문에 스탈린주의에 경사되지 않았던 것 같다.[34] 이 전통이 살아 있었기에 1990년 통일 후에도 적응이 잘 되었던 것 같다.

---

33) Ulbricht, *Über die Dialektik unseres sozialistischen Aufbaus*, 1959; Ulbricht, Die Verfassung des sozialistischen Staates deutscher Nation, Begründung des Verfassungsentwurfes, *Staat und Recht*, 1968, S. 340.

34) Water Ulbricht, German communist leader, Britannica.com; Eric Honecker, Wikipedia.

제3장

실정권과 자연권을 교차적으로 규정한 헌법

제1절 실정권과 자연권을 교차적으로 규정한 헌법 예

　위에서 헌법을 최초에는 자연권의 불명확성 때문에 실정권을 규정하였고 그것이 실정권 규정이 남용되는 우려가 생겨서 이를 자연권으로 규정하거나 새로이 자연권으로 해석하는 경향을 보았다.

　그런데 혁명이 잦은 나라나 군주나 독재자가 자주 바뀌는 경우에는 1세기 내에도 이를 교차로 규정하는 헌법이 생기게 된다. 그중 대표적인 것이 대한민국헌법이다. 이 밖에도 독재주의에서 민주주의국가로 변천한 경우와 과거 공산주의국가에서 민주주의 국가로 전환한 전환국가 등에서 그러한 예를 볼 수 있었다.[1]

제2절 대한민국 헌법의 인권 규정

1. 1948년 헌법의 실정권적 기본권보장

　1948년 헌법은 대한민국 건국 시에 제정된 헌법으로 제헌헌법은 최초로 기본권을 헌법에서 보장한 점에 특색이 있다. 그러나 이 기본권규정은 일본제국헌법과 바이마르헌법의 규정을 본받아 기본권을 천부인권으로 보지 아니하고 실정헌법상의 권리로 보고 있다. 기본권규정을 제일 앞에서 제2장에 규정한 것은 잘 한 것이나 원칙규정을 둔 일본헌법을 모방하지

---

[1] 헌법개정의 역사에 대해서는 김철수, 「헌법개정, 과거와 미래」, 진원사, 2008 참조. H. Jung, History of Korean Constitution, 2011. 4; Constitution of South Korea, Wikisource the free online library.

않고 권리를 보장한다고 규정한 면에서 국가가 국민에게 권리를 보장한 느낌이 있다. 각 기본권에는 법률의 유보조항을 두어 법률에 의하면 기본권을 제약할 수 있는 체제를 갖추고 있었다.[2] 그렇게 된 이유는 헌법기초자들이 대부분 일제 강점기에 공부한 사람들이라 자연권 이론을 잘 몰랐을 가능성이 있다. 또 미국의 점령 하에 있어서 미군이 인권교육을 했으며 미군정 법령으로서 일제하의 인권탄압법을 폐지하고 일본헌법제정에 선도적인 역할을 하였는데도 당시 반일감정이 고조했던 시대라 일본헌법을 무시했기 때문이 아닌가 생각된다.

다만 헌법 본문에서 국가가 인민에게 권리를 부여한다든가 보장한다는 하기 보다는 「권리를 가진다」고 규정하여(예, 헌법 제9조 신체의 자유를 가진다), 천부인권으로 해석할 여지를 주고 있다. 그런데 거의 모든 조항에서 「법률에 의하지 아니하고는 … 자유를 제한받지 아니한다(예, 헌법 제13조), 모든 국민은 법률에 의하지 아니하고는 언론·출판·집회·결사의 자유를 제한받지 아니한다」고 규정하여 기본권보다는 법률의 우의를 규정하여 기본권이 법률 하의 권리임을 나타내었다. 또 기본권을 법률의 정하는 바에 의하여 국가의 보호를 받는다 등의 규정을 두어(예, 재판청구권(제22조), 공무원 선거권, 피선거권 등) 법률의 유보를 규정하고 있다.

여기에서 특수한 것은 헌법 제28조라고 하겠다. 「국민의 모든 자유와 권리는 헌법에 열거되지 아니한 이유로서 경시되지 아니한다」는 규정이다. 이 규정이 유진오 교수에 의하면 헌법에 열거되지 아니한 기본권의 창설규범이며 열거되지 아니한 기본권 제한의 법률유보를 의미한다고 보고 있다. 따라서 유진오 교수의 의견은 실정권설에 근거한 것이며 자유권만이 헌법에 열거되지 아니한 기본권으로 보고 있다. 이 유진오 교수의 이론에 따라 한국학자 중에서는 이 조항이 있기 때문에 이 조항에서 헌법에 열거되지 않는 자유가 보장되는 것이라고 보고 있다. 이 규정은 기본권 제한규정의 제1항에 있어 문제가 된다. 제2항은 국민의 자유와 권리를 제한하는 법률의 제정은 질서유지와 공공복리를 위하여 필요한 경우에 한한다고 있어 법률유보를 규정하고 있으나 본질적 내용의 침해금지 등 제한이 없어 자연권규정이라고 보기는 어렵다.

---

2) 제1공화국헌법의 기본권에 관하여서는 유진오, 「신고헌법해의」; 박일경, 「헌법」; 동, "국민의 권리의 무," 「고시계」 3권 2·3·4호; 한태연, 「헌법학」(1955년판); 동, "기본권서설,"「법조협회잡지」 3. 4/5. 6; 문홍주, 「한국헌법」; 동, "기본적 인권의 보장, 미국헌법과 한국헌법의 비교고찰,"「사상계」 7권 7호('59. 7); 전봉덕, "국가조직에 있어서의 기본적 인권," 「자유세계」 1권 6호('51. 10); 정윤환, "기본권서설, 그 생성과 발전사의 일고찰," 「법정」 4권 7호('49. 1); 김철수, 「헌법개정, 과거와 미래」, 2008.

2. 1960년 헌법의 자연권보장 조항

1948년 헌법을 자연권 규정으로 해석하는 사람은 없었다. 그 이유는 기본권이 법률유보하에 있었기 때문에 법률이면 무엇이든지 할 수 있다고 생각하여 법률에 의한 기본권 침해가 심각하였다. 4 · 19 이후의 제3차 헌법개정으로 법률유보조항을 삭제하였고, 정당의 보호에 관한 규정을 두었으며, 기본권의 본질적 내용훼손을 금지하고 언론 · 출판 · 집회 · 결사에 대한 허가와 검열을 금지하였다. 이것은 서독헌법의 규정을 모방한 것으로 법률유보조항을 없애고 본질적 내용의 훼손을 금지한 것은 획기적인 것이라고 하겠다.

이 헌법개정은 과거의 실정권 규정에서 자연권 규정으로 혁명적인 변화를 한 것이다. 제1공화국에서 학자들이나 실무가들이 서독의 헌법전을 보면서 우리도 자연권적으로 헌법을 규정해야 한다고 생각하였다. 그 결과 법률의 범위 내에서나 법률이 정한 바에 의해서와 같은 실정권적 규정부분을 삭제하여 법률유보 없는 자연권으로 규정하였다(예, 거주이전의 자유(제10조), 통신의 비밀(제11조)).

민주정치의 전제인 언론 · 출판의 자유와 집회 · 결사의 자유는 제한받지 아니한다고 규정하여 절대적 자유권으로 하였고 검열제와 허가제를 폐지하였다. 또 정당조항을 추가하여 「정당은 법률이 정하는 바에 의하여 국가의 보호를 받는다. 단 정당의 목적이나 활동이 헌법의 민주적 기본질서에 위배될 때에는 정부가 대통령의 승인을 얻어 소추하고 헌법재판소의 결정으로써 그 정당의 해산을 명한다」고 하여 서독식인 방어적인 민주주의를 채택하였다. 또 공무원의 정치적 중립성을 보장하도록 하였다.

기본권의 제한규정인 제28조 2항을 개정하여 기본권 제한을 어렵게 하였다.[3] 「국민의 모든 자유와 권리는 질서유지와 공공복리를 위하여 필요한 경우에 한하여 법률로써 제한할 수 있다. 단 그 제한은 자유와 권리의 본질적인 내용을 훼손하여서는 아니되며 언론 · 출판에 대한 허거나 검열과 집회 · 결사에 대한 허가를 규정할 수 없다」고 개정하였다. 이는 기본권의 본질적 내용의 훼손금지이며 그 한 예가 집회 · 결사에 대한 허가제와 언론 · 출판에 대한 검열과 허가제라고 본 것이다.

그리고 헌법의 보장기관으로서 헌법재판소를 두었고, 기본권 제한 법률의 위헌심판을 할 수 있게 하였다. 헌법개정권자의 의사가 자연권 규정으로서 전환이었기에 제28조 1항의 열거되지 아니한 기본권의 규정은 자연권의 포괄적 규정을 인식하였다.

---

3) 김철수, 「헌법개정, 과거와 미래」, 2008, 102.

3. 1961년 쿠데타에 의한 실정권 비상조치법

1961년에는 학생들이 남북통일운동을 전개하였고 북한이 이를 선동하여 국내질서는 불안정하였다. 호시탐탐 쿠데타에 의한 집권을 노린 군부세력에게는 호기라고 생각하여 5월 16일 군사쿠데타를 일으켰다. 다행인지 불행인지 군부 내에서 저항세력이 힘을 못 써 쿠데타는 성공하였다.

1961년 군부 쿠데타 세력은 1960년 헌법의 적용을 배제하고 국가재건비상조치법을 제정하였다. 이 법 제3조는 「헌법에 규정된 국민의 기본적 권리는 혁명과업수행에 저촉되지 아니하는 범위 내에서 보장된다」고 규정하여 헌법상의 기본권은 혁명정부의 뜻대로 할 수 있는 실정권으로 변경하였다.

그리하여 국회가 아닌 최고회의에서 만든 명복상의 법률로써 기본권을 제한하기 시작하였다. 그 중 중요한 것을 보면 무영장 구속을 가능하게 한 인신구속에 관한 특례법, 정당사회단체의 해산령, 사회단체 등록에 관한 법률, 근로자의 단체활동에 관한 임시조치법, 집회에 관한 임시조치법, 인신구속 등에 관한 임시특례법 등이 있다.

당시의 최고회의의 군인들이나 최고회의에 소속했던 공무원, 학자들이 기본권이 국가에 우선하여야 한다는 헌법의 명제를 무시하고 자기들 마음대로 법률을 만들어 기본권을 제한한 것은 인권보장에 대하여 무식했기 때문이라고 하겠다.[4]

4. 1962년 헌법의 자연권 규정

1962년 민정이양을 앞두고 쿠데타 정부는 민간인 학자들에게 새 헌법의 제정을 위촉했다. 당시에는 군인들이 원대 복귀하겠다고 민정복귀를 선언하였기 때문에 세계적 추세에 맞는 헌법을 만들기로 하고 외국의 헌법을 많이 참조한 것으로 보인다. 1962년 헌법은 비록 최고회의에서 의결을 거친 것이기는 하나 국민투표에 의하여 통과된 것이었다. 우여곡절 끝에 새로운 국회가 1962년 12월 17일에 개원하였는데 이날부터 1962년 헌법은 효력을 발생하게 되었다.

제3공화국헌법의 기본권 규정은 1961년 국가재건비상조치법에 반대하는 자연권을 선언한 것이 특색이다. 1960년 헌법에 규정되지 않았던 기본권보장의 원칙규정을 두었고 이에

---

4) 상세한 것은 강병두, 「혁명헌법」, 1962. 부록 7면 이하 참조.

따라 여러 개별적 규정을 두고 있다.5)

제8조는「모든 국민은 인간으로서의 존엄과 가치를 가지며, 이를 위하여 국가는 국민의 기본적 인권을 최대한으로 보장할 의무를 진다」고 규정하고 있다. 이는 우리 헌법에 최초로 규정된 기본권 원칙규정이라고 하겠다. 인간의 존엄 규정은 세계인권선언과 일본헌법 제13조 및 서독기본법 제1조를 모방한 것으로 세계적인 대세에 따른 것이다. 이 규정은 인간의 존엄과 가치를 자연권은 주기본권으로 본 것이 특색이다.6) 제2공화국의 1960년 헌법과 같이 법률유보조항을 없애고「국가는 국민의 기본적 인권을 최대한으로 보장할 의무를 진다」고 한 점에서 이 헌법에 규정한 기본적 인권이 전국가적인 자연권성을 표시한 것이라고 하겠다.

또 제30조에서「① 모든 국민은 인간다운 생활을 할 권리를 가진다」는 규정을 두어 생존권적 기본권보장의 근거를 규정하였는바 이는 자연권으로서의 물질적·경제적 인간존엄을 보장하는 규범이라고 하겠다.

헌법에 열거되지 아니한 기본권 규정은 그대로 두어 자연권의 포괄성을 확인한 것으로 볼 수 있다. 기본권 제한규정은 1960년 헌법과 같이 자유와 권리의 본질적인 내용을 침해할 수 없도록 하여 전국가성, 자연권성을 강조한 것이라 하겠다.

5. 1972년 독재자에 의한 실정권 헌법

4선이 금지되어 영구집권을 할 수 없게 된 박 독재자는 4선을 가능하게 하기 위하여 헌법을 유린하고 새로운 실정권 헌법을 제정하였다. 이것은 독재자에 의한 흠정헌법의 제정이라고 하겠다.

1963년 헌법에서 삭제되었던 기본권의 법률유보조항을 다시 도입하였으며 법률에 의한다면 압수, 수색, 심문, 체포, 구금, 처벌할 수 있게 하였다. 또 법률만 만들면 거주·이전의 자유, 직업선택의 자유, 통신의 비밀 등을 침해할 수 있게 하였다. 생활능력이 없는 국민도 법률이 없으면 국가의 보호도 받을 수 없게 하였다. 국민의 권리의 제한도 법률로 정하면 되게 하였고 기본권의 본질적 한계도 침해할 수 있게 하여 자연권성을 부인하였다. 또 법률의 위헌심사권을 법원에서 박탈하여 유명무실한 휴면기관인 헌법위원회에 넘겨주었다.

---

5) 상세한 것은 김철수,「헌법개정, 과거와 미래」, 2008, 122-128 참조.
6) 김철수, "기본권의 성격, 자연권이냐 실정권이냐,"「법정」통권 74호(74. 4), 12-25; 김철수, "현행헌법상 기본권의 법적성격과 체계,"「헌법논총」제8집 (1997), 5-59.

6. 1980년 자연권을 규정한 위장 헌법

1979년 독재자가 사망하자 그 휘하 군인이 다시 쿠데타를 하여 군사독재정권은 계속되었다. 독재 권력을 장악한 실권자는 국민의 지탄을 받았던 독재헌법을 폐지하고 새로운 헌법을 제정했는데 이것이 민주주의를 가장한 독재헌법이다. 정권을 장악하고 있었던 실권자가 흠정으로 만든 것이 1980년 헌법이라고 하겠다.

헌법의 문언상으로는 자연권을 규정한 것처럼 하였다. 제10조에서 「모든 국민은 인간으로서 존엄과 가치를 가지며, 행복을 추구할 권리를 가진다. 국가는 개인이 가지는 불가침의 기본적 인권을 확인하고 이를 보장할 의무를 진다」고 하여 행복을 추구할 권리를 추가하고, 개인이 가지는 「불가침의」 기본적 인권이라고 하여 전국가적인 자연권을 보장한 것으로 위장하였다.

1972년 헌법의 법률유보조항만 삭제하고 기본권의 일반적 제한규정을 두었다. 특히 1963년 헌법의 본질적 침해금지조항을 부활했다. 또 「국민의 자유와 권리는 헌법에 열거되지 아니한 이유로 경시되지 아니한다」는 규정을 그대로 두었다.

그러나 내정·외교·국방·경제·재정·사법 등 국정전반에 걸쳐 비상조치를 하여 헌법에 규정되어 있는 자유와 권리를 잠정적으로 정지할 수 있게 하였다. 또 비상계엄을 선포하여 법률이 정하는 바에 의하여 영장제도, 언론, 출판, 집회, 결사의 자유에 대하여 특별한 조치를 할 수 있게 하였다.[7]

7. 1987년 헌법의 자연권 규정

1980년 헌법은 대통령 간선제 때문에 국민의 참정권이 제한되었다고 하여 국민의 반항운동이 일어났고 그 결과 직선제로 헌법을 개정하기로 합의하였다. 여야 정당이 국회에서 헌법개정을 심의하여 10월 12일에 국회에서 의결되었다. 10월 27일에는 국민투표로 확정되었고 10월 29일 대통령이 공포하였다. 이 헌법은 1988년 2월 25일부터 효력을 발생하였는데 이날 직선제 대통령의 취임식이 있었다.

이 헌법은 국민의 대표기관인 국회에서 제정된 것이며 국회 재적의원 272명중 찬성 254명 반대 4명으로 통과되었으며 국민투표에서 유권자의 78%가 투표하였고 투표자의 93%

---

7) 김철수, 전게서, 184-186 참조.

가 찬성하여 제정된 것이다. 이것은 군정 후 처음으로 합헌적인 절차를 거쳐 제정된 것으로 그 의의가 크다.

1987년 헌법은 자연권을 보장한 것이 특색이다. 물론 헌법의 조문은 1980년 헌법규정과 별 차이가 없었으나 전문의 규정대로 국민이 「자유와 권리에 따르는 책임과 의무를 완수하게 하여 안으로는 국민생활의 균등한 향상을 기하고 밖으로는 항구적인 세계평화와 인류공영에 이바지함으로써 우리들과 우리들의 자손의 안전과 자유와 행복을 영원히 확보할 것을 다짐하면서 이 헌법을 이제 국회의 의결을 거쳐 국민투표에 의하여 개정한다」고 하여 국민의 인권이 자연권임을 선언한 것이라고 하겠다.

또 제10조에서 「모든 국민은 인간으로서 존엄과 가치를 가지며 행복을 추구할 권리를 가진다. 국가는 개인이 가지는 불가침의 기본적 인권을 확인하고 이를 보장할 의무를 진다」고 하여 자연권으로서의 인권을 선언하였다. 인간의 존엄규정은 세계인권선언에서 유래한 것이며 행복을 추구할 권리는 미국독립선언의 생명, 자유, 행복추구권에서 유래한 것이라 하겠다. 다음에는 국가가 국민에게 기본적 인권을 부여하는 것이 아니고 「개인이 가지는 불가침의 기본적 인권을 확인하고 이를 보장할 의무를 진다」고 하여 국가는 불가침, 불가양의 개인의 자연권을 확인하고 있으며 최대한 보장할 의무를 국가에게 지우고 있는 것이다.

또 제37조 1항은 「국민의 자유와 권리는 헌법에 열거되지 아니한 이유로 경시되지 아니한다」고 하여 헌법상의 자연권은 포괄적이며 헌법에 열거함으로써 개별화, 구체화되는 것이 아니고 그 내용은 선험적으로 포괄적인 것인데 시대와 여건에 따라 헌법의 해석기관 수호자가 이를 판단할 수 있게 한 것이다. 또 「국민의 모든 자유와 권리는 국가안전보장·질서유지 또는 공공복리를 위하여 필요한 경우에 한하여 법률로써 제한할 수 있으며 제한하는 경우에도 기본권의 본질적인 내용을 침해할 수 없다」고 하여 기본권의 본질적 내용이 헌법보다 선존하고 있음을 말하고 있다. 이는 인간의 존엄과 행복추구권의 본질적 내용을 말하며 자연권의 핵심이라고 할 수 있다.[8]

또 헌법재판소제도를 설치하여 위헌법률심사를 담당하게 함으로써 기본권의 본질적 내용을 침해하는 법률 규정은 무효로 할 수 있게 되었다. 헌법재판소의 활성화에 따라 기본권의 자연권성이 확보되었다고 하겠다.

---

8) 김철수, 「학설판례, 헌법학(상)(하)」, 2008, 참조. 김철수, "기본권의 성격, 자연권이냐 실정권이냐" 「법정」 통권 74호(1977. 4).

제4장

신생국 헌법의 자연권으로의 통일화 경향

제1절 제2차 세계대전 후의 신생 헌법

제2차 세계대전이 끝난 후 신생국가나 패전국가에서는 새로운 헌법을 제정하는 나라가 많았다. 이들 중에는 독재국가에서 민주주의국가로 체제를 변경한 나라도 있었고(예, 독일, 이 탈리아, 포르투갈 등) 공산주의국가로 강제 편입된 나라도 있었다(폴란드, 헝가리). 이들 헌법들이 민주화되고 난 뒤 대개가 인간의 존엄을 존중하는 자연권 규정을 두었던 것은 앞에서 본 바와 같다.

새로운 헌법들이 자연권적 인권규정을 둔 것은 1948년의 세계인권선언과 유엔의 인권 규약 등 세계적인 영향을 받았을 뿐만 아니라 유럽연합법의 지배를 받던 유럽연합 가맹국이 나 아프리카연합헌법조약에 가입한 아프리카 각국헌법이 또 미주인권공동체에 가입한 미주 연합과 같이 그 지역연합헌법의 영향을 받았기 때문이라고 하겠다.

제2절 독재 헌법에서 전향과 자연권 헌법

1. 서독기본법(1949)

제2차 대전에서 독일이 패전하자 자연법이 재생되게 되었다. 롱멘 등이 자연법의 재생 을 부르짖었으며 1949년의 헌법제정에서도 다시는 나치스의 전철을 밟지 않게 하기 위하여 자연권에 입각한 헌법을 제정하게 되었다.

기본법 제1조는 세계인권선언에 따라 「인간의 존엄은 불가침이다. 이를 존중하고 보호하는 것은 모든 국가권력의 책무이다.」「그러므로 독일국민은 세계의 모든 인류공동체, 평화 및 정의의 기초로서 불가침이고 양도할 수 없는 인권을 신봉한다」고 하고, 제19조에서는 「이 기본법에 의하여 기본권이 법률에 의하여 또는 법률의 근거에 의하여 제한될 수 있는 한도에 있어서 그 법률은 일반적으로 적용될 수 있는 것이 아니면 안 된다. 나아가 그 법률 은 제한되는 헌법조항을 명시하여 거명하여야 한다」고 하고, 「어떠한 경우에도 기본권은 그 본질적 내용을 침해해서는 안 된다」고 제19조 2항에서 명시하고 있다.

이를 실효적으로 보장하기 위하여 법률에 대한 위헌선언을 할 수 있는 헌법재판소를 두 었고 법률이 기본권의 본질적 내용을 침해하는 경우에는 위헌으로 선언하고 있었다. 또 기본 권 제한도 법률에 의한 경우에는 여러 조건을 붙여 엄격히 제한하고 있었다.[1]

2. 이탈리아공화국 헌법(1948)

이탈리아공화국 헌법은 헌법의 첫머리에 인권에 관한 공통규정을 두고 있다. 「공화국은 개인으로서, 또 그 인격의 발전하는 장으로서의 사회조직에 있어서의 인간의 불가침의 권리 를 승인하고 보장함과 함께 정치적, 경제적 및 사회적 연대의 배신할 수 없는 의무의 수행을 요청한다.」(제2조)고 했고, 제3조에서는 평등을 보장하면서 법 앞에서의 평등을 보장하고 있 다. 그리고는 제2부에서 여러 가지 개별적 기본권을 보호하고 있다.

제3조 1항은 「모든 시민은 평등한 사회적 존엄을 가지며 법률 앞에 평등하다. 성별, 인 종, 언어, 종교, 정치적 의견, 인적 및 사회적 조건에 따라 차별되지 않는다.」이것은 파쇼 정 권의 독재를 경험한 이탈리아인의 자연권 선언이라고 하겠다. 또 「이탈리아는 다른 나라 인 민의 자유를 침해하는 수단 및 국제분쟁을 해결하는 방법으로서의 전쟁을 부인한다. 이탈리 아는 타국과 평등한 조건하에서 각국 간에 평화와 정의를 확보하는 제도에 필요한 주권의 제한에 동의한다. 이탈리아는 기 목적을 지향하는 국제조직을 비준하고 조성한다」(제11조)고 하여 국제평화주의를 지향하고 있다.

3. 그리스 헌법(1975)

그리스 헌법은 제1부 총칙규정의 제1절 정부형태 제2조에서 인간의 존엄에 관해서 규

---

1) 상세한 것은 E. Klein, "Von der Spaltung zur Einigung Europas," Merten/Papier (Hrsg.), *Handbuch der Grundrechte in Deutschland und Europa*, Band Ⅰ, SS. 201-268 참조.

정하고 있다. 제2조는 「(1) 인간의 존엄의 존중과 보호는 국가의 가장 중요한 구성요소이다. (2) 그리스는 일반적으로 승인된 국제법에 따르며 국제평화와 정의를 추구하며 국민 간과 국가 간의 우호관계를 촉진한다」고 하여 인간의 존엄을 가장 중요한 국가의 구성요소로 규정하고 국제인권법 등을 준수할 것을 서약하고 있다.

제2부의 개인과 사회적 권리에서는 많은 기본권을 보장하고 있다. 제5조에서는 특히 자유와 보전(integrity, 완전)을 규정하고 있다. 「(1) 모든 사람은 자기의 인격을 자유롭게 형성할 수 있으며 나라의 사회적, 경제적, 정치적 생활에 참여할 수 있으며 다른 사람의 권리를 침해하지 않는 한에 있어서는 헌법 또는 선량한 도덕에 따라 보장된다. (2) 모든 사람은 그리스 국내에 있어서는 국적이나 인종이나 종족이나 정치적 신념에 상관없이 그의 생명, 명예와 자유의 완전한 보장을 받는다. 이 경우에는 국제법이 정하는 바에 따라 예외가 허용될 수 있다. (3) 인신의 자유는 불가침이다. 누구도 법률이 특별히 시기와 방법을 규정한 외에는 소추되거나 체포되거나 교도소에 수감되지 않는다. (4) 개인의 국내에서의 이동의 자유나 거주이전의 자유를 제한하고 그리스인이 국내를 이탈하고 국내에 입국하는 것을 제한하는 개별적 행정절차는 금지된다. 그러한 조치는 예외적 위기의 경우에나 법률이 규정한 형사법정의 결정에 따른 범죄행위의 예방을 위해서만 가능하다. 특히 위급한 경우에 법원은 행정처분이 행해진 이후에 결정을 할 수 있으나 처분 후 3일 이내에서 할 수 있으며 그 기간이 지나면 그 행정행위는 당연히 해제된다.

4. 포르투갈 헌법(1976)

포르투갈은 그동안의 파쇼 정권의 억압에서 1974년 4월에 해방되어 1976 4월 2일 새 헌법을 제정하였다. 혁명이 기본권을 회복했다고 하면서 총칙에서 국제관계에서의 평화공존을 규정하고 있다(제7조). 또 국제법의 일반원칙은 국내법의 한 내용이라고 하고 있고 유럽연합법의 준수를 강조하고 있다(제8조).

국가의 기본목적의 하나로 기본권과 자유를 보장할 것을 강조하고 있다(제9조). 나아가 인민의 복지와 생활의 질을 향상하여 경제적·사회적·문화적·환경적 권리의 효과적인 보장을 기하고 있다.

제1부에서는 기본권과 의무에 관해서 규정하고 있다. 「이 헌법에 각인된 기본권은 법률과 국제법의 적용될 규율에 따른 다른 권리를 제외한 것으로 인정하면 안 되며 이 헌법규정과 법률에 관한 기본권의 해석은 세계인권선언에 합치되게 해석되어야 하며 추론되어야 한

다(제16조). 또 권리와 자유의 보장에 관한 이 헌법의 규정은 직접 적용되는 것으로 공사의 개인과 단체에 적용된다」(제18조 1항)고 규정하고 있다. 또 저항권을 규정하고(제21조) 옴부즈만도 규정하고 있다(제23조). 그리고는 생명권을 보장하고 사형을 금지하는 등 자연권에 입각하고 있다(제24조). 특히 표현의 자유를 많이 규정하고 있고(제37조-제41조) 문화창조의 자유, 컴퓨터 사용의 자유 등까지 규정하고 있다. 정치권 권리에 관해서도 상세히 규정했다. 또 노동자의 권리 등과 경제적·사회적·문화적 권리를 상세히 규정하고 있다. 또 교육의 권리도 상세하게 규정하고 있다. 이 점에서 이 헌법규정은 자연권 헌법이라고 하겠다.2)

5. 스페인 신 헌법

1975년 오랫동안 스페인을 통치해 오던 프랑크는 질병에 걸렸고 파킨슨병과 투병하게 되었다. 10월 30일에는 혼수상태에 빠졌다. 프랑코 가족도 생명유지 장치의 단절을 승인하여 1975년 11월 20일 82세로 공식적으로 사망하게 되었다. 후계자로는 1975년 말에 후안 카를로스 왕이 취임하여 새로운 스페인을 위한 연설을 하였다. 「그는 모든 스페인인의 왕으로 헌법의 수호자로서 정의의 투사」로서 자기를 소개하였다. 1976년에는 헌법개정으로 정당의 설립이 허용되었다. 왕과 수아레즈 수상이 합작하여 민주화로 체제변경을 하게 되었다. 이들의 지지도는 95%에 달하였다.

1978년 10월 31일에는 새 헌법이 코르테스와 상하 양원을 통과했고 1978년 12월 7일에 국민투표로써 비준되었으며 1978년 12월 27일 왕이 서명 선포하여 새 헌법이 효력을 발생하였다.

신 헌법은 민정헌법이라고 하겠으며 새로운 인권사상에 근거한 헌법이라고 하겠다. 제10조에서는 「① 인간의 존엄 인간의 고유한 불가침의 권리, 인격의 자유로운 함양, 법의 존중 및 타인의 권리존중은 정치질서 및 사회평화의 기본이다. ② 헌법이 인정하는 기본적 권리와 자유에 대한 규범은 세계인권선언 및 스페인이 비준한 인권에 관한 국제조약 및 협정에 적합하도록 해석해야 한다」고 규정하고 있다. 이것은 인권의 자연권 선언이며 인권의 세계화선언이라고 할 수 있다.3) 프랑코 독재국가의 잔재가 이로써 없어지고 자연권이 선언되고 세계인권선언을 기본으로 한 것은 세계화에 이비지하는 것이다.

---

2) Wikipedia, Constitution of Portugal.
3) Constitution sanctioned by His Majesty the King before the Cortes Generales on Dec. 27, 1978.

제3절 공산국가에서 전향한 국가의 자연권 헌법

1. 러시아공화국의 신 헌법(1993)

1) 1993년 헌법의 성립

1993년 소비에트 러시아연방공화국이 해체된 뒤 1993년 11일 1일에 새 헌법이 제정되었다. 이 헌법은 공산주의를 포기하고 민주주의 법의 지배, 기본권 존중주의 등을 규정한 점에서 획기적인 헌법의 변혁이라고 하겠다.

2) 1993년 헌법의 기본권 규정

소비에트러시아연방이 해체되고 난 뒤 러시아에도 민주주의 이념과 인권보장이 주장되어 1933년 헌법에서는 스탈린 헌법과 반대로 인간의 존엄을 존중하고 국제적 인권보장에 따를 것을 선언하고 있다.

러시아연방헌법은 제2조에서 「인간의 권리와 자유는 최고의 가치이다. 인간과 시민의 권리와 자유, 이를 인정하고 존중하고 보장하는 것은 국가의 의무이다」고 하여 헌법이나 국가가 인권을 부여하는 것이 아니고 국가나 헌법에 선존하는 것임을 인정하고 있어 자연권적이라고 하겠다.

제2장의 인간과 시민의 권리와 자유 규정에서도 제13조에서 「① 기본권과 자유는 일반적으로 승인된 국제법의 원칙과 규범에 합치되게 러시아연방과 헌법에서 인정되며 보장된다. ② 이 인간의 기본권과 자유는 불가침이며 누구에게나 출생부터 귀속되는 것이다. ③ 인간과 시민의 이 권리와 자유의 행사는 다른 사람의 권리와 자유를 침해해서는 안 된다」고 규정하고 있다. 여기서는 기본권이 자유권으로 국가에 선존하며 국제적으로 승인된 기본권은 러시아연방에서도 인정됨을 선언하고 있다.

3) 새 헌법 규정의 의의

계급적 인권을 주장하며 평등권을 부정해 왔던 러시아가 그동안의 실정권설을 버리고 기본권의 보편성과 세계성을 인정하고 천부인권성을 인정한 것은 획기적인 것이라고 하겠다. 공산주의 기본권 이론을 주장하고 이를 강력히 전파하였으며 서방세계에 대해서 반대투쟁을 벌였던 러시아가 공산주의 기본권관을 버리고 자유주의적 기본권관을 가지게 된 것은 세계평화를 위해서도 다행이라고 하겠다.

현실적으로는 아직도 인권보장이 잘 보장되지 않아 국제 법정에 제소되는 경향이 있으나 이는 민주주의가 일천하기 때문이라고 하겠다. 러시아 국민의 인권 개념이 날로 발전하고 있어 머지않아 인권침해 행위도 감소되리라고 본다.

이 밖에도 이 기본권에서는 세계각국이 인정하고 있는 자유권과 사법상의 기본권, 사회보장권, 생존권, 정치적 권리들을 잘 보장하고 있다. 상세한 것은 여기서 생략하기로 한다.

2. 헝가리 헌법(2011)

헝가리의 2011년 헌법은 과거와 달리 기본권이 노동자나 지도자의 명령이 아니라 천부인권인 자연권임을 강조하고 있다. 제 I 조는 「인간은 불가침이고 불가양인 기본권을 존중해야 한다. 헝가리는 인간의 개별적이고 집단적인 기본권을 승인한다」고 하고 제 II 조는 「인간의 존엄은 불가침이다. 모든 인간은 생명의 권리와 인간존엄의 권리를 가지며 태아로서 수태될 때부터 보호된다」고 하고 있다.

제 IV 조는 「모든 사람은 자유와 인신의 보전에 관한 권리를 가진다」고 규정하고 많은 권리와 자유에 관해서 규정하고 있는데 이는 천부인권의 확인규정이 많았다. 이 점에서 헝가리 헌법도 자연권 헌법으로 전환했음을 알 수 있다.

3. 폴란드 헌법(1997)

폴란드의 1997년 헌법은 전문에서 인권은 자연권이며 국가에 선존하고 국가가 이를 보장할 의무를 지고 있음을 명시했다. 또 제30조에서 「인간의 생래적이고 불가양적인 존엄은 인간과 시민의 자유와 권리의 원천이다. 인간의 존엄은 불가침이고 인간의 존엄의 존중과 보호는 공권력의 의무이다」고 규정하고 있다.

이 점에서 이 폴란드 헌법도 실정권이 아닌 자연권을 규정한 것이라고 하겠다.

4. 루마니아 헌법(1991, 개정 2003)

루마니아 헌법도 소련의 영향 하에 인민공화국헌법을 가지고 있었으나 소련 위성국에서 탈퇴한 뒤 1991년에 민주공화국헌법을 만들었다. 2003년에는 헌법개정 요구에 따라 헌법이 개정되었으며 2003년 헌법이 제정되었다.

루마니아 헌법은 총칙 제1조 3항에서 「③ 루마니아는 민주적, 사회적 국가이며 법의 지배원칙에 따라 통치된다. 여기서는 인간의 존엄과 시민의 권리와 자유, 인간인격의 자유발전과 정의와 정치적 다양성이 최고의 가치로 인정되며 루마니아 인민의 민주적 전통의 정신과 1989년 민주적 혁명의 이상은 보장되어야 한다」고 하고 있다. 그리고 제10조에서 「루마니아는 모든 국가와 평화적 관계의 육성과 발전을 기하며, 이 원칙 하에서 좋은 선린관계를 국제법의 일반적으로 인정된 규정원칙에 근거하고 있다」고 한다. 또 제11조에서 「① 루마니아 국가는 그가 당사자인 조약에서 나오는 의무를 성실하게 선의로 충족시킬 것을 서약한다. ② 의회에 의하여 비준된 조약은 법에 따라 국내법의 일부를 이룬다」고 하여 유럽공동체나 세계인권규약의 준수를 다짐하고 있다.

제Ⅱ부의 기본권과 자유 및 의무조항의 제1장에서는 기본권 보장의 총칙이 규정되어 있다. 제20조는 인권에 관한 국제조약의 효력에 관해서 규정하고 있다. 「① 시민의 권리와 자유에 관한 헌법적 규정은 세계인권선언과 유엔인권규약과 루마니아가 당사국이 되어 있는 조약에 합치되게 해석되어야 하고 집행되어야 한다」고 규정하고 있다.

제2장의 기본적 권리와 자유의 첫 조문은 제22조이다. 「(1) 인간의 생명권과 인간의 육체적, 정신적 완전성은 보장된다. (2) 누구나 고문을 당하지 아니하며, 어떠한 종류의 비인간적이고 모멸적인 처벌이나 처우는 받지 아니한다. (3) 사형은 폐지된다」고 규정하고 있다.

제23조는 「개인적 자유와 인신의 안전은 불가침이다」고 규정하고 사법적 법정에서의 권리를 규정하고 있다.

5. 슬로바키아 헌법(1992)

슬로바키아 헌법은 체코와 분리된 뒤에 만들어진 것이나 1920년의 체코슬로바키아 헌법의 일부를 계승하고 있다. 소련의 영향에서 탈퇴한 뒤 유럽연합에 가입하고 국제적인 협조를 강조하고 있다. 전문에서는 국민의 자결권이 자연적 권리임을 선언하고 다른 민주국가와의 평화적 공존을 기하고 자유의 생활을 보장하고 있다.

총칙 규정인 제1조 2항에서는 「슬로바키아공화국이 일반적으로 승인된 국제법과 그에 구속되는 국제 조약과 또 다른 국제 의무를 승인하고 고수한다」고 하고 있다. 또 제7조에서는 유럽연합에 가입함으로써 유럽공동체의 법이 슬로바키아 법에 우선함을 선언하고 있다. 제7조 4항에서는 「인권과 기본적 자유, 국제적 정치조약과 일반적 국제조약의 경우 직접적 권리·의무를 발휘하고 있다」고 한다. 제5항에서는 「인권과 기본적 자유에 관한 국제조약은 법에 의한 집행을 요하지 않는다. 또 국제조약이 자연인이나 법인에게 직접 권리를 부여하거나 의무를 부과하도록 법률에 의하여 비준되거나 선포된 경우에는 법률보다는 상위의 선례를 가진다」고 하여 국제인권법의 중시를 규정하고 있다.

제2장의 기본권과 자유의 제1절은 총칙인데 첫 조문인 제12조에서는 「(1) 모든 인간은 그 존엄과 권리에 있어서 자유롭고 평등하다. 이들 권리는 인가되고, 불가양이며, 시효에 의해 소멸되지 않으며, 불가역적이다. (2) 기본권은 슬로바키아공화국에서는 성별, 인종, 유색, 언어, 신앙과 종교, 정치적 경향이나 다른 신념, 국민적 기원이나 사회적 기원, 국적이나 인종적 기원, 재산, 상당한 신분이나 다른 지위에 관계없이 보장되어야 한다」고 규정하고 있다. 「기본권과 자유에 대하여 제한을 과하는 경우에는 그 권리와 자유에 대한 본질과 의미를 고려해야 하며 그러한 제한 특별한 목적을 위하여 필요한 경우에 한하여 사용될 수 있다(제13조 4항). 모든 사람은 생명의 권리를 가진다. 인간의 생명은 출생 전부터 보장될 가치가 있다(제15조 1항). 사형은 금지된다(제15조 3항). 모든 사람의 완전성과 프라이버시의 권리는 보장되어야 한다(제16조 1항). 모든 사람의 개인적 자유는 보장되어야 한다(제17조 1항). 모든 사람은 그의 존엄과 명예, 평판과 좋은 이름을 유지하고 보호받을 권리를 가진다(제19조 1항). 시민은 노령시와 노동능력 상실시 가장의 사망에 대비하여 물질적 안전보장에 관한 권리를 가진다(제39조 1항). 이와 같이 거의 모든 기본권을 선용하고 있다.

제4절 아프리카 각국의 자연권 헌법

1. 남아프리카공화국(1996)

1) 남아공화국 헌법의 기본권 선언

남아공화국 헌법은 1993년에 임시헌법이 만들어졌다. 1994년에 처음 적용될 때는 주로 시민적·정치적 권리에 제한되어 있었으나 1996년에 헌법제정회의에서 제정된 현행 헌법은 시민적·정치적 기본권뿐만 아니라 새로운 경제적·사회적·문화적 권리도 포함하고 있어 미국 등지에서는 모범적인 헌법으로 불리어지고 있다.[4]

---

4) A. Wing, "The South African Constitution as a Role Model for the United States," *Harvard BlackLetter Law Journal* Vol. 24 (2008), pp. 73-80; M. Kende, Why the South African Constitution is BETTER than the United States's, https://academic.udayton.edu/race/06hrights/GeoRegions/Africa/Safrica03.htm.

이 헌법은 총칙의 제1조에서 「남아공화국은 단일이고, 주권적이고 민주적인 국가로 다음의 가치에 근거하고 있다.[5] (a) 인간의 존엄, 평등의 달성과 인권과 자유의 진보, (b) 비종족적이고 비색정적, (c) 헌법의 우월과 법의 지배. (d) 보통 성년선거, 전국적 보통투표용지, 정규직 선거와 민주정부에서의 다당제도, 예측계산 가능성과 회답과 공개원칙에 따를 인선.」
제2장 인권장전의 모두에서 권리에 관해서 규정하고 있다.

제7조에서 (1) 권리장전은 남아프리카에서 민주주의의 초석이다. 이것은 이 나라의 모든 인민의 권리를 각인한 것이며 인간의 존엄, 평등과 자유의 민주적 가치를 확인한 것이다. (2) 국가는 이 권리장전에 규정된 권리를 존중하고 보호하고 증진하며 충족시켜야 한다. (3) 권리장전의 권리는 제36조에 관련되어 모든 권리장전의 다른 곳에서 포괄되고 관련된 제한에 의하여 제약된다.

제8조에서는 권리의 적용에 대하여 규정하고 있다. (1) 권리장전은 모든 법률에 적용되며 입법, 행정, 사법과 국가의 모든 기관을 기속한다. (2) 권리장전의 규정은 그 외연에 따라 권리의 본성과 해당권리에 따르는 모든 의무의 속성을 고려하여 적용이 가능한 경우 적용이 가능한 범위 안에서 자연인 또는 법인을 구속한다.

(3), (4) 생략

2) 인간의 존엄[6]

인간의 존엄에 관해서는 전문과 기본권 총칙에서 말하고 있고, 제10조에서는 조문으로 규정하고 있다. 제10조는 「모든 사람은 생래의 존엄을 가지며 그들이 가지는 인간의 존엄권은 존중되고 보호된다」고 규정하고 있다.

이것은 세계인권선언의 전문 규정을 참조한 것이며 서독기본법의 제1조를 모방한 것으로 보인다.[7] 인간의 존엄의 존중은 세계인권선언의 명령이라고 하겠으며 그 이후의 헌법들은 대부분이 인간의 존엄에 관한 규정을 두고 있다.

5) Wikipedia, Chapter Two the Constitution of South Africa; Bill of Rights(Chapter 2 of the Constitution of Republic of South Africa, https://www.westerncape.gov.za/legislation/bill-rights-chapter-2-constitution-republic-south-africa.
6) African Forum for Catholic Social Teaching, *Constitutional Review and Human Dignity: South African Experience*, 2006; A. Chaskalson, "Human Dignity as a Foundation Value of Our Constitutional Order," *South African Journal of Human Rights* Vol. 16, Issue 2 (2000).
7) J. Sarkin, "The Effect of Constitutional Borrowings on the Drafting of South Africa's Bill of Rights and Interpretation of Human Rights Provisions," *Journal of Constitutional Law* Vol. 1/2 (Fall 1998), pp. 176-204.

3) 국제법의 적용

헌법은 제39조에서 권리장전의 해석에 관해서 규정하고 있다. 제39조 (1) 권리장전을 해석함에 있어서 법원, 심판정 또는 포럼에서는 (a) 인간의 존엄, 평등과 자유에 근거한 개방적이고 민주적인 사회에 기초해 있는 가치를 촉진하고, (b) 국제법을 참조해야 하며, (c) 외국법도 참조할 수 있다.

이와 같이 헌법은 기본권의 세계적 통일성을 믿고 있으며 인권의 자연권성을 신봉하고 있다.8)9)

---

8) M. Oliver, "Interpretation of the Constitutional provisions relating to international law," *Potchefstroom Electronic Law Journal* 2003(6)2; M. Oliver, *International law in south African municipal law: human rights procedure, policing and practice*, Univ, of South Africa, 2002.
9) 아프리카 각국이 인권조약 등에 가입한 것을 보면 다음과 같다.
Major international human rights instruments ratified or acceded to by African countries in the southern African region

Country	CAT* Rat./Ac.*	CEDAW* Rat./Ac.*	CERD* Rat./Ac.*	CRC* Rat./Ac.*	ICCPR* Rat./Ac.*	ICESCR* Rat./Ac.*	OPAC* Rat./Ac.*	OPSC* Rat./Ac.*	RSICC* Rat./Ac.*
Angola	12/09/89	17/10/86	–	04/01/91	10/04/92	10/04/92	–	–	07/10/98
Botswana	08/09/00	19/08/96	20/02/74	13/04/95	08/12/00	–	24/09/03	24/09/03	08/09/00
Dem. Rep. of Congo	18/03/96	16/11 /86	21/04/76	27/10/90	01/07/77	01/02/77	11/11 /01	11/11 /01	11/04/02
Lesotho	–	22/08/95	04/11 /71	09/04/92	09/12/92	09/12/92	24/09/03	21/09/03	06/09/00
Madagascar	–	17/03/89	07/02/69	18/04/91	23/03/76	03/01/76	–	–	18/07/98
Malawi	11/06/96	12/03/87	11/06/96	01/02/91	22/03/94	22/03/94	–	07/09/00	19/09/02
Mauritius	09/12/92	09/07/87	30/05/72	02/09/90	23/03/76	03/01/76	–	11/11 /01	05/03/02
Mozambique	14/09/99	16/04/97	18/04/83	28/05/94	21/10/93	–	06/03/03	06/03/03	28/12/00
Namibia	28/11/94	23/11/92	11/11/82	30/10/90	28/02/95	28/02/95	16/04/02	16/04/02	25/06/02
South Africa	10/12/98	15/12/95	10/12/98	16/07/95	10/03/99	3/10/94	30/06/03	30/06/03	27/11 /00
Swaziland	–	26/03/04	07/04/69	0610/95	26/06/04	26/06/04	–	–	–
Tanzania	–	20/08/85	27/10/72	10/07/91	11/09/76	11/09/76	24/04/03	24/04/03	20/08/02
Zambia	07/10/98	21/06/85	04/02/72	05/01/92	10/07/84	10/07/84	–	–	13/11 /02
Zimbabwe		13/05/91	13/05/91	11/10/90	3/08/911	13/08/91	–	–	17/07/98

* The abbreviations represent the following:
  Ac acceded to
  Rat ratified
  CAT Convention against Torture and other Acts of Cruel, Degrading and Inhumane Treatment or Punishment
  CEDAW Convention for the Elimination of Discrimination against Women.
  CERD Convention for the Elimination of all Forms of Racial Discrimination
  CRC Convention on the Rights of the Child
  ICCPR International Covenant on Civil and Political Rights
  ICESCR International Covenant on Economic, Social and Cultural Rights

4) 기타의 기본권

남아공의 헌법은 미국헌법과 같은 시민적·정치적 권리(소극적)는 전부 보장하고 있으며 나아가 경제적·사회적·문화적 권리(적극적)도 거의 다 보장하고 있어 세계적으로 진보된 것으로 알려지고 있다. 아프리카에 있어서는 아직도 사회적·경제적 권리에 관해서 규정하지 않은 나라도 있다.[10]

또 헌법에 열거되지 아니한 기본권도 기본권장전에 적합하는 범위 내에서는 일반적으로 인정되고 부여된 보통법, 관습법, 또는 입법에 규정한 다른 권리와 자유의 존재를 부정하는 것은 아니다(제39조 3항)고 규정하고 있다. 이것은 기본권의 포괄성을 규정한 것이나 이들 하위법에 대해서는 철저한 사법심사가 행해져야 할 것이다.

5) 결어

결론적으로 볼 때 남아공화국 헌법의 기본권규정은 상세하고 또 모든 규정이 사법집행이 가능하도록 한 점에서 이상적이라고 하겠다. 그러나 아직도 경제적·사회적 기본권이 잘 보장되지 않아 치안사정이 좋지 않는 점이 문제로 되고 있다.

2. 나미비아 헌법(1990)

1) 나미비아 헌법의 성립

나미비아는 남아프리카공화국에서 독립하기 한 달 전에 헌법을 제정하였다. 이 헌법은 선거된 헌법제정회의에서 통과된 것이다. 전조문은 21장에 148조로 구성되어 있다.[11] 이 헌법은 3차에 걸쳐 개정했는데 권력구조에 대한 개정안 이었다. 나미비아의 헌법은 전문에서 기본적 인권의 보장이 필요함을 구가하고 있다.

OPAC Optional Protocol to the Convention on the Rights of the Child: Armed Conflict
OPSC Optional Protocol to the Convention on the Rights of the Child: Sale of Children
RSICC Rome Statute of the International Criminal Court

10) D. Olowu, *Constitutional Interpretations and the notion of Unenumerated Rights: Circumventing the Exclusions of Socio-Economic Rights in Africa Jurisdictions*, Paper ANOL-RADC Annual Conference. 2011.

11) Wikipedia, Constitution of Namibia; The Constitution of the Republic of Namibia.

2) 인권선언

나면서부터 가진 인간의 존엄과 모든 시민의 불가침의 권리는 모든 인간가족성원의 불가분의 자유와 정의와 평화의 요소임을 인정하고 이러한 권리는 개인의 생명의 권리와 자유 및 행복추구권을 포함하고 있는데 이는 인종이라든가 피부색이라든가 인종적 기원이나 성, 종교, 신분이나 사회적·경제적 신분에 관계없이 보장되고 있다」고 하여 기본권의 중요성을 강조하고 있다.

3) 기본권 규정

제3장에서는 기본권을 규정하고 있는데 제6조에서는 생명의 보호를 규정하고 제7조에서는 자유권의 보호를 제8조에서는 인간의 존엄과 존중을 규정하고 있다.

「(1) 인간의 존엄은 불가침이다. (2) (a) 어떤 사법절차에 있어서나 형법집행시에나 인간의 존엄의 존중은 보장되어야 한다. (b) 누구도 고문을 당하지 아니하며 또 잔학하고 비인간적이고 모욕적인 형의 집행은 금지된다」고 하고 있다.

또 노예제도와 강제노역을 금지하고 있다(제9조).

또 모든 사람은 법 앞에 평등을 규정하고 있다(제10조). 이 밖에도 시민의 권리와 정치적 권리, 경제적·사회적·문화적 권리에 관해서 상세히 규정하고 있다. 기본권과 자유는 집행권, 입법권 및 사법권에 의하여 존중되며 보장된다. 또 정부의 어떤 기관이나 어떤 기관에 의해서도 이를 나미비아의 개인이나 법인에게 적용하는 경우나 법원에서 집행하는 경우에는 법률이 정하는 바에 따라 집행되어야 한다고 하여 기본권 규정의 자기집행력을 규정하고 있다(제5조).

또 기본권과 자유의 제한에 있어서도 기본권의 본질적 내용은 이를 제한할 수 없도록 규정하고 있다(제22조). 이들은 서독기본법을 모방한 것으로 기본권의 천부인권성과 포괄성을 인정한 자연권 규정이라고 하겠다.

3. 우간다 1995년 헌법의 자연권 선언

1) 제정

1990년 이후 아프리카에서는 38개국이 새로운 헌법을 제정하였고 8개 국가가 중요한 개정을 했었다. 우간다는 1995년에 헌법을 새로 제정하였다. 여기서는 기본권의 개정이 중요한 내용이었다.[12) 헌법 제정 후 10년 동안에 119개의 개정이 있었고 2005년에 대 개정이 행해졌다. 2005년에 개정된 것은 중요한 것이었는데 대통령의 임기를 단축하려는 주장이 있었고 다당제도 합헌화 되었다. 대통령과 부통령에 대해서는 임기가 일기 또는 다수기를 재임할 수 있도록 하였다.[13) 그래서 대통령이 25년 이상 재임할 수 있었다.

2) 인권의 전국가성 선언

헌법은 제4장에서 인권과 자유에 관해서 규정하고 있다.[14) 제20조는 「(1) 개인의 기본권과 자유는 생래적인 것이며 국가에 의하여 부여된 것이 아니다. (2) 이 장에서 각인된 개인과 단체의 권리와 자유는 모든 정부의 기관과 조직에 의해서 존중되어야 하고 유지되어야 하며 증진되어야 한다. 모든 개인도 같다.」

이 조항이 개인의 기본권과 자유를 국가 이전의 것으로 선언하고 국가기관뿐만 아니라 모든 개인에게 인권존중과 인권준수의 의무를 부과한 것은 자연권을 선언한 것이라고 하겠다.

또 국가는 이러한 인권의 보장을 위한 국가제도의 창설을 통해서 인권과 자유를 보장하며 이러한 국가기관은 독립성이 보장된다고 했다(제Ⅴ조). 또 외교정책에 있어서 국제법과 국제의무를 준수하고 국제분쟁을 평화적 방법으로 해결할 것을 선포하고 있다.

인권에 있어서 평등권과 차별대우를 받지 않을 권리를 규정하고(제21조), 생명의 권리(제22조), 인신의 자유(제23조)를 규정하고 있다. 특별히 인간의 존엄의 존중(제24조)를 규정하고 있다. 이 밖에도 표현의 자유와 많은 자유권을 보장하고 있다.

3) 생존권의 보장과 생존권에 관한 국가목표규정

우간다 헌법은 생존권도 전국가적 권리로 보장하고 있다. 예를 들면 교육을 받을 권리(제30조), 여성의 남녀동권(제33조), 어린이의 권리(제34조), 장애인의 권리(제35조), 환경의 권리(제39조), 경제적 권리(제40조) 등을 보장하고 있다.

생존권의 보장은 국가목적규정으로도 규정되어 있는데 이 국가목적규정은 사법적 직접

---

12) A. Tripp, "The Politics of Constitution Making in Uganda," *Framing the State in Time of Transition*, United States Institute of Peace, 2010; Wikipedia, Constitution of Uganda.
13) The Constitution(Amendment)(No. 2) Act, 2005; Wikisource, Constitution of the Republic of Uganda.
14) Uganda's Constitution: Chapter 4.

적용은 받지 않는 것으로 분리 규정한 것이 아닌가 생각된다. 이에는 ① 성적 평등(제Ⅵ조), 노인보호(제Ⅶ조), 발전의 권리(제Ⅸ조), 자연자원의 보호(제ⅩⅢ조), 사회적, 경제적 목적규정으로는 ① 인간의 최고의 사회복지와 문화적 복지보장(제ⅩⅣ조), ② 여성의 역할증진(제ⅩⅤ조), ③ 장애인의 존엄의 보장(제ⅩⅥ조), ④ 레크리에이션과 스포츠 진흥(제ⅩⅦ조), ⑤ 교육목적(제ⅩⅧ조), 초등의무교육, 최고교육수준에의 도달, 사립교육의 진흥, ⑥ 가정의 보호(제ⅩⅨ조), ⑦ 의료서비스(제ⅩⅩ조), ⑧ 깨끗하고 안전한 물공급, ⑨ 충분한 식량과 영양분 보장(제ⅩⅩⅡ조), ⑩ 자연재해시의 안전보장(제ⅩⅩⅢ조), 또 문화적 목표로는 ⑪ 우간다인의 존엄과 복지의 증진 발전, ⑫ 공공재산과 전통유물의 보존(제ⅩⅩⅤ조), ⑬ 환경보호(제ⅩⅩⅦ조)로 나누어 규정하고 있는 것이 특색이다.

4) 헌법에 열거되지 아니한 기본권

우간다 헌법도 헌법에 열거되지 아니한 기본권과 자유를 권리로 제외한 것이 아니라는 것을 규정하고 있다. 「이 장에 규정되어 특별히 선언되고 있는 기본적인 인권과 기타 권리와 자유의, 권리, 의무, 선언 등의 보장규정에 관련된 규정은 이에 특별히 언급되지 않은 권리를 제외한 것으로 인정해서는 안 된다.」(제45조)

이 규정은 헌법에 열거되어 있는 규정은 망라적인 것이 아니고 예시적인 것임을 선언한 것으로 이 밖의 많은 자연권이 있음을 선포한 것이다. 이것은 미국헌법 수정 제9조를 모방한 것으로 인정되며 이에 대한 사법적 확정이 요구된다고 하겠다.15)

5) 결어

우간다는 이 헌법이 제정되기 전까지는 세계 최하위의 인권국가였는데 그동안의 국가의 노력에 의하여 중위의 인권보장국가로 인정되게 되었다.

4. 짐바브웨 2013년 헌법

1) 짐바브웨 헌법의 성립

짐바브웨는 중앙아프리카 남쪽에 있는 국가로 1979년에 독립하였고 1980년에 헌법을

---

15) D. Olowu, *Constitutional Interpretations and the notion of Unenumerated Rights: Circumventing the Exclusions of Socio-Economic Rights in Africa Jurisdictions*, 2011.

제정하였다. 그 뒤에 새 헌법을 제정하기 위한 국민투표가 2000년에 시행되었으나 실패했다. 이 헌법이 제19차까지 개정된 다음인 2013년에 제20차 개정헌법으로 2013년 3월 16일에 국민투표를 통과하였고 2013년 5월 9일에 의회를 통과하여 효력을 발생하게 되었다. 이 중에는 10년 후에나 시행하게 될 것도 있다.16) 2017년에 이미 헌법개정법(제1호)이 1월 3일 공포되고 즉일로 효력을 발생하게 되었다.17)

2) 2013년 헌법의 기본권 보장 다짐

전문에서 「짐바브웨는 기본적 인권과 자유의 존치와 방어를 인정하고 있는 것을 재확인한다」고 하고 있고, 짐바브웨의 창설목적과 원칙에서는 「인간 존재의 생래적인 존엄과 가치를 승인하고 성적 평등의 가치를 인정하고 국가를 형성했다」고 하고 있다(제3조).

제2장의 국가목적규정에서도 제11조에서 「국가는 헌법 제4장에 각인된 기본권과 자유를 보호하는 모든 실제적 방법을 채택할 것이며 이를 실현하고 충족하는데 권력을 다해야 한다」고 규정하고 있다. 제12조에서는 국제법을 존중하고 국제분쟁은 평화적 방법으로 해결할 것을 다짐하고 있다.

3) 2013년 헌법의 기본권 조항

제4장에서는 권리선언을 규정하고 있다. 제44조는 국가의 기본적 인권과 자유의 존중의무를 규정하고 있다. 「국가와 모든 개인, 법인을 포함하여 정부의 모든 제도와 기구는 어느 계층의 것이든 이 장에 규정된 권리와 자유를 존중하고, 보호하고, 증진하고, 충족할 의무를 진다」고 하고 있다. 제45조에서는 제4장의 적용을 규정하고 있다. 제45조에서 「이 장은 국가와 모든 집행기관, 입법기관과 사법기관 정부의 모든 제도와 기구가 어떤 계층에 있건 간에 이들을 구속한다」고 하고 있다. 여기서 기본권이 자연인이나 법인을 구속한다고 하여 기본권의 제3자적 효력을 규정한 것이 특색이다. 제46조에서는 제4장의 해석을 규정하고 있다. 또 제47조에서는 「이 장은 이 헌법에 합치되는 법률에 의해서 인정되거나 부여된 다른 권리와 자유의 존재를 부정하는 것은 아니다」고 하여 헌법의 제4장의 권리와 자유규정이 망라적인 규정이 아님을 선언하고 있다.

제2부에 있어서는 기본적 인권과 자유를 예시하고 있다. 제48조는 생명의 권리를 규정하고 사형제도는 특별한 경우에 한정하여 인정할 수 있다고 하고 있다. 제49조는 인신의 자

---

16) Wikipedia, Constitution of Zimbabwe.
17) BILL-Constitution of Zimbabwe(No. 1) Act. 2017, http://www.zimlii.org/zw/legislation/act/2017/no-1.

유권을 규정하고 제50조는 체포되거나 구금된 사람의 권리를 규정하고 있다. 제51조에서는 인간의 존엄을 규정하고 제52조에서는 인신과 심리적 안전성을 규정하고 있다.

다음에는 자유권에 관해서 규정하고 있다. 제53조에서는 고문에서의 자유, 잔혹하고 비인도적인 처우와 형벌에서의 자유를 규정하고 제54조에서는 노예제도와 강제노역제도의 자유를 규정하고 제55조에서는 강제노동과 의무적 노동에서의 자유를 규정하였다.

제56조는 평등권과 차별금지를 상세하게 규정하고 있다. 제57조에서는 사생활의 비밀권을 규정하고 있다. 다음에는 집회·결사의 자유(제58조), 시위와 청원의 자유(제59조), 양심의 자유(제60조), 표현의 자유와 미디어의 자유(제61조), 정보에의 접근권(제62조), 언어와 문화의 권리(제63조), 노동의 권리(제65조), 거주이전의 자유(제66조), 정치적 권리(제67조), 사법행정에의 권리(제68조), 공정한 청문에의 권리(제69조), 피고인의 권리(제70조), 재산권(제71조), 농지에의 권리(제72조), 환경권(제73조), 가택에의 권리(제74조), 교육을 받을 권리(제75조), 건강보장의 권리(제76조), 식료품과 식수의 권리(제77조), 혼인의 권리(제78조)를 규정하고 있다.

제3부에서는 특정한 권리를 격상하고 있는데 여성의 권리(제80조), 아동의 권리(제81조), 노인의 권리(제82조), 장애자의 권리(제83조), 해방전선에서의 제대군인의 권리(제84조)를 규정하고 있다.

제4부에서는 기본적 인권과 자유의 집행을 규정하고 있다(제85조).

제5부에서는 권리와 자유의 제한에 관한 규정을 두고 있다(제86조).

이 제4장의 규정은 헌법 중 가장 상세하고 다양하기 때문에 앞으로 기본권규정 제정에 있어 전형이 될 것이라는 평이 있다.[18]

4) 2013년 헌법의 국가목적 조항

이 국가목적규정은 과거 인도헌법의 국가정책의 기본목표처럼 법원에 의해 직접 강제할 수는 없으나 국가나 국가기관들에게 정치적 책임을 지우는 규정이다. 이는 후진국에서 경제·사회적 여건으로 당장 실현할 수 없으나 장래에는 실현하겠다는 의지의 표현이라고 하겠다.[19]

---

18) J. Hatchard, "The Constitution of Zimbabwe: Towards a Model for Africa?," *Journal of African Law* Vol. 35, No. 1/2, Recent Constitutional Developments in Africa (1991), pp. 79-101.

19) Zimbabwe Human Rights, Rule of Law and Democracy 2013 Annual Report, http://www.hrforumzim.org/publications/annual-reports/zimbabwe-human-rights-rule-of-law-and-democracy-2013-annual-report.

짐바브웨의 2013년 헌법은 제2장에서 국가의 목적규정 하에서 많은 목표를 규정하고 있다.

첫째로는 좋은 통치를 들고 있다(제9조). 다음에는 민족통일, 평화와 안정을 들고 있다(제10조). 그리고는 기본적 권리와 자유의 육성을 들고 있다(제11조). 또 외교정책으로써 국제법의 존중과 분쟁의 평화적 해결을 들고 있다(제12조). 국가의 발전(제13조), 국가의 일자리 창출(제14조), 음식의 안전(제15조), 문화증진(제16조), 성평형(제17조), 공정한 지역대표(제18조), 아동보호(제19조), 청년보호(제20조), 노령자보호(제21조), 장애자보호(제22조), 제대군인대우(제23조), 노동과 노사관계(제24조), 가정보호(제25조), 혼인보호(제26조), 교육권(제27조), 가택권(제28조), 건강서비스(제29조), 사회복지(제30조), 법률구조(제31조), 스포츠와 휴양시설(제32조), 전통적 지식의 보전(제33조), 국제기구의 국제화(제34조).

이러한 국가의 사회정책, 경제정책, 문화정책 등은 생존권과 결합된 경우가 있으나 실현가능한 것만을 기본권으로 규정하고 그 이외 것은 국가목표규정으로 성질을 따로 한 것이 특색이다.

5. 이집트 2014년 헌법—아랍국에서의 자연권 규정

1) 이집트 헌법의 역사

이집트는 아랍공화국이라고 불린다. 아프리카 북단에 위치한 이집트는 1,001,450㎢의 토지에 8,520만명이 거주하는 세계 15번째의 주민을 가진 국가이다. 수도인 카이로는 아랍세계에서는 제일 큰 도시로 1,100만명 이상이 거주하고 있다.

이집트의 최초의 헌법은 1919년 독립전쟁 이후에 만들어졌다. 영국 식민지에서 독립하려는 운동이 심했는데 1922년에 영국은 이집트와 공동성명으로 형식적으로는 독립이 허용되었다. 1923년에는 이집트는 헌법이 제정되었다. 이 헌법은 입헌군주제였다. 이 헌법에서는 많은 기본권을 보장하고 있었다. 1930년 헌법은 민주화를 위한 것이었다.

1952년에는 자유장교단이 쿠데타를 일으켜 군주제를 폐지하고 공화제를 채택하였다. 그러나 실제적으로는 군부에 의한 통치가 행해졌다. 1952년 1월 헌법 이후 20년 동안에 두 번의 헌법개정이 있었다.[20]

1971년 헌법은 1980년, 2005년과 2007년에 약간의 개정이 있었으나 2011년의 2월에 해

---

20) Constitutional history of Egypt, ConstitutionNet.

산될 때까지 효력을 가지고 있었다. 1971년 헌법은 아랍헌법임을 강조하여 헌법개정에서 아랍의 Sharia법을 주 입법원으로 하였다. 이 헌법은 다당제를 채택했고 준대통령제를 채택했었다. 그러나 사실에 있어서는 1당체제였다. 2007년 무바라크는 정당제 개정을 위하여 헌법을 개정하였다. 2013년에는 모르시파와 반모르시파 간의 대립이 심해지자 백만여명의 시민이 데모를 하였고 군은 모르시를 해임하고 만수르(Mansur)를 기용하였다.

2) 2014년 헌법의 성립과 내용

2013년 정권을 잡은 5일 후에 만수르 대통령은 7월 8일에 새 헌법 선언을 하여 언론의 자유를 선언하였다. 또 새 헌법을 기초하기로 하여 10명으로 구성된 전문가 기초위원회와 50명으로 구성된 위원회를 구성하였다. 10명 위원회는 2013년 8월에 헌법안을 만들어 50인 위원회에 제출하였고 여기서 최종초안을 만들어 공개토론에 붙였다.

2013년 12월에는 기초안이 50인 위원회를 통과하였고 2014년 1월에 국민투표에 회부되어 98.1%가 투표자가 찬성하였다. 이 헌법에서는 안전보장부문, 군인, 경찰, 사법을 강화하였다.[21)]

이 헌법은 행정권을 대통령이 가지고 있으며 4년의 임기를 가지고 탄핵의 대상이 된다. 그는 국가의 원수이고 행정권의 수반이며 국군의 총사령관이다. 그는 국무총리를 임명하고 국무총리가 내각을 구성한다. 국군통수권의 경우 국방위원회의 동의를 얻어야 전쟁을 선포할 수 있고 군을 해외에 파견할 수 있다.

의회는 단원제이며 의회는 5년의 임기로 직선된 450명 이내의 의원으로 구성된다. 대통령은 5% 이내의 의원을 지명할 수 있다. 의회는 대통령 탄핵안을 가지고 있으며 예산심의권을 가진다.

사법부는 헌법상 독립기관으로 하고 있다. 최고헌법재판소, 행정재판검찰소, 국가인권위원회로 구성된다. 최고헌법재판소는 대통령안이나 법률안을 헌법에 합치되는지 사전 심사할 수 있다.

3) 2014년 헌법의 기본권 조항

2014년 헌법의 전문에서는 혁명의 역사를 나열하면서 현대적 민주정치와 시민정부의 건설을 완성할 것을 다짐하면서 이 헌법을 기초하면서 세계인권선언의 노선을 따를 것을 선

---

21) Comparing Egypt's Constitutions(1971년 헌법과 2014년 헌법 비교); Wikipedia, Constitution of Egypt.

언하고 있다. 제1장의 국가편에서는 제2조에서 이집트의 국교가 이슬람이며 공식언어는 아랍어라고 했다. 그리고 이슬람의 샤리아의 원칙은 이집트 입법의 주요원칙이라고 하고 있다.22)

　　제3장에서는 공권과 자유와 의무에 관해서 규정하고 있다. 제51조에서는 인간의 존엄에 관해서 규정하고 있다. 「존엄은 모든 사람의 권리이며 이는 제한될 수 없다. 국가는 이를 존중하여야 하고 보장하여야 하며 보호하여야 한다」고 했다. 제53조에서는 평등권을 규정하고 있다. 「시민은 법 앞에서 평등이고 평등한 권리와 공적 의무를 지며, 종교나 신앙, 성, 출신, 종족, 피부색, 언어, 장애, 사회계급, 정치적이나 지역적 소속이나 기타 어떤 이유로서도 차별해서는 안 된다. 차별대우와 증오의 선동은 범죄로서 법에 의하여 처벌된다.」 제54조는 인신의 자유에 관해 규정하고 있다. 「인신의 자유는 자연권으로서 자기방어적이며 제한될 수 없다」고 하고 있다. 헌법상 자유를 자연권이라고 명기한 것은 드문 일이다.

　　이 밖에도 시민적·정치적 권리에 관한 것이 대부분 규정되어 있다. 사생활의 불가침(제57조), 안전의 권리(제59조), 인체의 불가침(제60조), 줄기세포나 내장기관의 증여(제61조), 신앙의 자유(제64조), 사상의 자유(제65조), 연구의 자유(제66조), 예술과 문학창작의 자유(제67조), 정보와 공문서 접근의 자유(제68조), 지적재산권보장(제69조), 출판의 자유(제70조) 출판의 자유(제71조), 언론기관의 독립(제72조), 집회시위의 자유(제73조), 정당형성의 권리와 자유(제74조), 결사조직의 권리(제75조), 신디케이트 형성의 권리(제76조), 노동조합의 권리(제77조), 주거의 권리(제78조), 식량의 권리(제79조), 아동의 권리(제80조), 장애자의 권리(제81조), 청년의 권리(제82조), 노인의 권리(제83조), 스포츠(제84조), 공기관에 서신을 보낼 권리(제85조), 국가안전을 보호할 의무(제86조), 공공생활에 참여할 의무(제87조), 해외거주 이집트인의 권리·의무(제88조), 노예제도와 성매매제도의 금지(제89조), 자선기금의 기부(제90조), 망명권(제91조), 권리제한규정(제92조), 국제조약과 협정준수(제93조).

4) 인권 관련 국가 기본목표 규정

　　2014년 헌법에서는 제2장에 사회의 기본구성요소를 규정하고 있다. 제1절은 사회적 구성요소로서 사회연대(제8조), 기회의 평등(제9조), 사회의 기초로서의 가정(제10조), 여성과 모성 아동의 권리(제11조), 노동의 권리, 강제노동의 금지(제12조), 노동자의 권리(제13조), 국가공무원(제14조), 파업의 권리(제15조), 혁명의 희생자와 부상자 보호(제16조), 사회보장서비스

---

22) Wikipedia, Human Right in Egypt.

(제17조), 건강보호(제18조), 교육(제19조), 기술교육과 직업훈련(제20조), 대학교육, 학문의 독립(제21조), 교원(제22조), 과학적 연구(제23조), 아랍어 종교교육과 국사교육(제24조), 문명퇴치(제25조), 시민헌장제도의 폐지(제26조).

제2절은 경제적 구성요소로서 경제제도(제27조), 생산과 서비스에 근거한 경제활동(제28조), 농업(제29조), 어업(제30조), 정보공간의 안전(제31조), 자연자원(제32조), 소유권제도(제33조), 공공재산(제34조), 사적재산(제35조), 사적부문의 사회적 책임성(제36조), 협동조합재산(제37조), 조세제도(제38조), 저축(제39조), 재산의 수용(제40조), 주택문제(제41조), 경영에의 노동자 참가(제42조), 수에즈운하(제43조), 나일강(제44조), 바다, 해변, 호수, 수로, 광천수와 자연자원(제45조), 환경(제46조)를 규정하고 있다.

제3절은 문화적 구성요소로서 문화적 동질성(제47조), 문화에의 권리(제48조), 문화유적(제49조), 물질적, 도덕적 문명과 문화적 유산(제50조).

제4장에서는 법의 지배를 규정하고 있다. 법의 지배(제94조), 처벌(제95조), 적법절차(제96조), 소송의 권리(제98조), 개인적 자유의 침해(제99조), 법원 결정의 집행(제100조)을 규정하고 있다.

5) 결어

아랍국가에서 세계인권선언을 준수하고 국제인권조약을 준수하면서 자연권을 규정한 것은 특이한 것으로 아랍세계에서도 기본인권의 세계화, 통일화가 되고 있는 것으로 보인다. 특히 많은 생존권규정을 국가목표규정에서 뿐만 아니라 인권조항으로 규정하여 사법집행이 가능하도록 한 것은 특기할 만하다.

제5절 미주 헌법의 자연권 헌법

1. 브라질 헌법(1988)

브라질은 1988년 헌법을 제정한 뒤 1993년에 헌법개정을 위한 국민투표를 했으나 부결되었다.[23] 정부는 군주제를 부활하려고 하였으나 국민들은 공화제를 선포하였고 정부는 의

---

23) Wikipedia, Politics of Brazil; Wikipedia, Brazilian Constitutional referendum 1993; L8624, http://www.planalto.gov.br/ccivil_03/leis/l8624.htm.

원내각제를 도입하려고 하였으나 유권자들은 대통령제를 선호하였다.

그런데 헌법의 기본권 조항에 관해서는 개정할 생각도 못하였다. 1988년 헌법의 기본권 조항은 전술한 바와 같이 많은 기본권을 규정하였는데 제5조는 이러한 기본권이 국가에 의해서 부여되는 것이 아니고 원래부터 있는 것이며 국민뿐만 아니라 브라질에 사는 외국인들까지 인정하고 있는 점에서 자연권을 규정한 것이라 하겠다.

제5조는 「모든 사람은 어떠한 차별도 없이 법 앞에 평등하다. 브라질인과 브라질에 살고 있는 외국인은 생명의 권리, 자유의 권리, 평등의 권리, 안전보장의 권리와 재산권의 불가침성이 다음 조건과 같이 확인된다」고 하면서 49개의 권리가 보장되고 있다.

제6조에서는 사회적 기본권을 규정하고 있는데 「교육, 건강, 노동, 주거, 휴식, 안전, 사회보장, 모성과 아동의 보호, 빈곤자의 사회부조는 사회권이며 헌법에 의해서 출범한다」고 하여 다수의 권리가 보장되고 있다.

제7조에서는 「다음 권리는 사회조건을 개선하기 위하여 사회조건이 도시인과 도시노동자의 권리이다」고 하면서 이러한 사회권이 34개나 보장되고 있다.

제8조에서는 「직업조합과 노동조합 등 결사는 다음과 같은 고려 하에 자유롭다」고 하며 8개의 집회 관계 권리를 규정하고 있다.

제9조는 파업권을 보장하고, 제10조는 노동자와 경영자의 경영참여권을 규정하고, 제11조는 200명 이상의 피고용자가 있을 때에는 노동자의 대표자가 전업으로 할 수 있게 하였다.

제5조의 LXVIII, 1항에서는 이 기본권은 사법권에 대한 집행령을 가지고 있다고 했다. 또 제2항은 공무원의 국제조약에서 규정된 권리도 보장하고 있고, 제3항은 국제조약을 집행하기 위해서는 의회가 찬성하면(3분의 2 다수) 헌법개정의 효력을 가지도록 하였다. 제4항에서는 브라질이 국제형사재판소에 가입할 것을 규정하고 있다. 이러한 헌법규정은 민주적인 것이며 자연권 입장에 근거한 것이라고 하겠다. 사회권 중에서도 몇 개는 직접 적용할 수 있게 하였다.

또 제14조에서는 주권은 인민에게 있고 법이 정하는 바에 따라 보통선거의 원칙과 직접투표로 모든 사람이 같은 가치를 가지게 주권을 행사한다고 하여 주권재민의 원칙과 보통·직접·평등·비밀선거를 보장하고 있다. 투표에는 국민투표, 국민결정, 국민발안, 국민제안 등 직접민주적 권리도 보장하고 있다.[24)]

---

24) Brazilian Laws-the Federal Constitution-Individual and collective rights and duties, http://www.v-brazil.com/government/laws/titleII.html.

2. 아르헨티나 헌법

1) 아르헨티나 헌법(1994)의 성립

아르헨티나 헌법은 1853년에 만들어진 것으로 그동안 여러 차례 개정되었다. 현행 헌법은 1994년에 대폭 수정된 헌법이다. 이 헌법은 「연방정부는 로마가톨릭교를 지지한다」고 하고 있어 국교가 로마가톨릭교인 것처럼 보인다(제2조). 헌법 제33조는 「이 헌법이 열거하고 있는 선언과 권리와 보장은 열거되지 않는 다른 권리나 보장을 부인하는 것으로 해석해서는 안 되며 인민주권의 원칙과 공화정 정부에서 더 많이 인정될 수 있다」고 하여 미국헌법 수정 제9조와 같은 포괄성을 규정하고 있다.

또 제2장의 새로운 권리와 보장에서는 이제까지의 전통적, 시민적, 정치적 권리 이외의 많은 권리를 추가하고 있다.[25]

2) 국제인권협정의 헌법적 수용

그러나 인권보장에 있어 가장 중요한 개정은 제75조 인데 여기서는 국제인권법의 10개 선언과 협정이 아르헨티나의 헌법의 위치로 격상되고 있다. 이들은 아르헨티나 헌법에로 수용된 것이다.

1) 인간의 권리와 의무에 관한 미주선언, 2) 세계인권선언, 3) 미주인권협약, 4) 경제적·사회적 및 문화적 권리에 관한 유엔인권협약, 5) 시민적·정치적 권리에 관한 유엔인권협약과 그 선택의정서, 6) 제노사이드(집단살해)의 예방과 처벌에 관한 국제협약, 7) 인종에 대한 모든 종류의 차별예방과 금지에 관한 인권협정, 8) 여성의 차별에 대한 모든 종류의 금지에 관한 협정, 9) 고문과 기타 잔혹하고 비인도적이고 비하적인 형사처벌금지협정, 10) 아동의 권리에 관한 협약.

이 밖에도 1997년 헌법개정에서 강제로 행방불명된 사람에 대한 미주간협정이 추가되었다. 이리하여 아르헨티나헌법의 기본권 규정은 헌법 조문에 의할 것이 아니라 국제인권법에 따르게 되었다. 이것은 국제인권법의 국내 헌법에의 수용을 가져온 것으로 세계적인 자연권을 규정한 헌법이라고 하겠다.[26]

25) Argentina Constitution, ICL Document States No. 1988; Argentine Constitution: First Part, http://www.hrcr.org/docs/Argentine_Const/First_Part.html; Luis A. Romero, *A History of Argentina in the Twentieth Century*, Trans. by James P. Brennan, Pennsylvania State Univ., 2002.

26) More Information on Argentine Constitution of 1994, http://www.hrcr.org/chart/annotations&references/Argentina.html; Wikipedia, Talk:1994 amendment of the Constitution of Argentine.

3. 니카라과의 1987년 헌법

현행 니카라과 헌법은 1987년에 성립한 것이다. 그동안 여러 차례 개정되었으나 그 본질에 있어서 자연권을 선언한 헌법이라고 할 수 있다. 제4조에서는 「국가는 개인과 가족의 공동체의 행위의 시작에서 끝까지 인정하며 공동선언의 추구를 목표를 하며 …민주주의와 일반적인 가치인 동시에 나카라과인의 문화와 정체성에 근거한다」고 하여 개인과 가족의 가치를 강조하고 있다.

또 제5조에서는 「자유, 정의, 인간으로서의 존엄과 존중, 미개발된 원주민과 아프리카 출생인 통일성과 불가분리 국가로 재산의 여러 형태를 인정하고 자유로운 인민의 자결권을 존중한다」고 하고 기독교적 가치와 니카라과의 이상은 민주국가의 완성임을 강조하고 있다.

니카라과인의 권리는 제23조부터 규정하고 있다. 「생명의 권리는 불가침이며 인간존재의 태생의 권리이다」고 하고 사형제도를 폐지하고 있다. 제25조 이하에서는 기본권의 핵심 부분을 나열하고 있다. 특히 세계인권선언과 유엔의 모든 인권협정의 내용을 수용하고 있다. 헌법 제46조는 「국내 영토에 사는 모든 사람은 국가에 의한 생래의 인간의 권리를 보호하고 내재적인 무제한적인 인간의 권리를 존중하고 보장하고 증진할 뿐만 아니라 세계인권선언에 규정된 모든 인권의 내용을 완전히 충족시키며 선언에 규정된 모든 인권의 내용을 완전히 충족시키며 미주의 인간의 권리와 의무에 관한 미주인권선언에 자연권을 완전히 적용하며 유엔의 경제적·사회적·문화적 권리에 관한 인권규약에 있는 기본권을 완전히 적용하며 미주 기구조직의 인간의 권리의 미주협약을 완전하게 적용된다」고 하여 세계보편주의에 입각하고 있다.

이 밖에도 사형폐지, 노예제도폐지, 고문의 금지 등 많은 자연권을 선언했으며 생존권, 노동권, 교육권 등을 새로이 규정하여 세계사회의 모범이 되었다. 비록 경제 여건에 따라 완전한 집행은 어렵다고 하더라도 지향점은 세계적인 자연법의 도입이라고 하겠다.

4. 볼리비아 헌법(2009)

현행 볼리비아 헌법은 2009년 1월 29일에 헌법제정 국민투표에서 통과하였고 2월 7일에 공포하였다. 이 헌법은 권리의 주체를 인간뿐만 아니라 자연을 주체로 하여 지구의 권리를 규정한 최초의 헌법이다. 볼리비아 헌법도 제8조에서 국가의 목적과 원칙을 규정하고 있는데 국가가 평등, 존엄, 자유, 연대, 존경, 조화 등의 가치에 근거하여 기회균등 참여에 있어서 사회적 평등과 성적 평등, 일반복지, 책임, 사회정의 등을 규정하고 있다. 또 제9조에서는 복지와 발전, 안전과 보호, 개인, 민족, 인간과 사회에서의 개인의 존엄성과 문화적·문명적·언어적 다양성을 보장하는 것을 국가의 의무로 규정하고 있다.

나아가 제13조에서는 「이 헌법에서 인정하고 있는 권리는 불가침이고 보편적이며 상호간 연관되어 있어 불가분이고 진보적이다. 국가는 이들을 보호하고 존중할 의무를 지고 있다」고 하고 있다(제1항). 이는 기본권의 전국가성을 규정한 것으로 자연권적 규범이라고 할 수 있다. 제2항은 「이 헌법에서 선언된 권리의 명기는 열거되지 아니한 다른 권리를 부정하는 것으로 이해해서는 안 된다」고 규정하여 미국헌법 수정 제9조를 답습하고 있다. 이것은 기본권의 포괄성을 의미하는 것으로 그 근거에는 자연권이 있음을 명시한 것이다.

볼리비아 헌법은 시민적·정치적 기본권뿐만 아니라 사회적·경제적·문화적 권리까지도 사법으로 보장할 수 있는 기본권임을 선언하고 사회권까지도 자연권으로 포괄하려고 하고 있는 점에서 선진적인 자연권 헌법이라고 하겠다.

제6절 아시아 지역의 자연권 헌법

1. 일본국 1946년 헌법의 인권

1) 일본 헌법의 자연권 경향은 미군정의 지시

일본의 명치 헌법은 일본천황의 흠정헌법으로서 실정권을 규정한 것이 특색이었다. 이 헌법 하에서 일본은 시민의 기본권을 침해하여 인권을 전쟁의 도구로 사용하였고 인간을 인체실험의 대상(마르타)으로 사용하는 등 비인간적, 반인권적 병영국가였다.

이에 제2차 세계대전의 전승국인 미국은 일본을 인권국가로 하기 위하여 군정에서 많은 인간개조를 하였고 독재국가의 근원이었던 전범을 처벌하여 인권침해자는 처벌될 수 있음을 알려주었다.

미군정은 일본이 인권국가가 되고 민주주의 국가가 되기 위하여는 헌법을 개정하여야 한다고 생각하여 일본에 헌법개정을 지시하였다. 일본의 구세대들은 인권존중이나 민주주의를 옳게 인식하지 못하고 일본천황제를 유지하는 안을 제시하였으나 미군정은 이를 거부하고 새로운 안을 수교하였다. 이 안에 따라 일본정부가 만들어 새로 시행한 것이 1946년 11월 3일에 공포된 일본국 헌법이었다.

2) 일본 헌법의 자연권 선언 규정

일본헌법의 전문은 4개의 자유 공포에서의 자유를 얻기 위하여 「우리들의 안전과 생존을 유지하려고 결의하였다. … 우리들은 전 세계의 국민이 평등하게 공포와 결핍에서 면하여 평화의 가운데서 생존할 권리를 확인한다」고 하고, 「일본국민은 국가의 명예를 걸고 전력을 다하여 이 숭고한 이상과 목적을 달성할 것을 서약한다」고 맹서하고 있다.

일본헌법은 제9조에서 전쟁의 방기(放棄)를 규정하고 있다. 「일본국민은 정의와 질서를 기초로 하는 국제평화를 성실히 희구하고 국권의 활동인 전쟁과 무력에 의한 위하 또는 무력의 행사는 국제분쟁을 해결하는 수단으로서는 영구히 이를 방기한다. 전 항의 목적을 달성하기 위하여 육해공군 기타의 전력은 이를 보지하지 않는다. 국가의 교전권은 이를 인정하지 않는다」고 규정하였다.

나아가 제10장의 최고법규에서는 제97조에서 「이 헌법이 일본국민에게 보장하는 기본적 인권은 인류의 다년에 걸친 자유획득의 노력의 성과이며, 이들의 권리는 과거 수많은 사련에 견디고 현재 및 장래의 국민에 대하여 침해할 수 없는 영구의 권리로서 신탁된 것이다」고 하고 있다. 또 제98조 1항에서는 이 헌법은 국가의 최고의 법규로서 이 조규에 반하는 법률, 명령, 조칙과 국무에 관한 기타의 행위의 전부 또는 일부는 그 효력을 가지지 아니한다」고 하고, 2항은 「일본국이 체결한 조약 및 확립된 국제법규는 이를 성실히 준수한 것을 필요로 한다」고 하고 있다.

그 뒤 일본은 유엔에 가입하고 세계인권선언과 유엔의 여러 인권조약에 가입하여 이를 성실히 준수할 것을 다짐하고 있다. 일본헌법의 내용은 1948년 12월의 세계인권선언을 거의 수용하고 있음을 알 수 있다.

일본 헌법	세계인권선언
제10조 국민의 요건	제15조 국적을 가질 권리
제11조 기본권의 불가침성	제28조 인권보장이 되는 사회질서향유권 제30조 기본권 남용금지
제12조 자유와 권리보호, 남용금지, 공공복리를 위한 이용책임	제1조 존엄과 권리의 평등 제29조 인격의 자유 및 발전의 의무, 제한의 제한, 국제연합의 목적 및 원칙에 합치하는 행사의무
제13조 개인의 존중, 생명·자유 및 행복추구권	제1조 생래의 자유권 제3조 생명, 자유, 신체의 안전권

	제6조 법 아래서 인간으로 인정될 권리 제12조 가족가정 사사·통신의 자유와 비밀
제14조 평등, 차별금지, 귀족제도의 폐지, 특권금지, 명예훈장의 일대 한정	제1조 존엄과 권리에서의 평등 제2조 차별금지, 국내법과 국제법상의 평등보장 제7조 법 아래의 평등, 차별금지, 선거권의 평등
제15조 공무원 선거, 파면권, 보통·비밀선거	제21조 참정권, 공무취임권, 평등·비밀·보통선거
제16조 청원권	
제17조 공무원의 불법행위에 의한 손해배상청구권	
제18조 노예적 구속금지, 고역금지, 형벌시만 허용	제4조 노예나 강제고역금지, 노예제도와 노예매매금지
제19조 사상 및 양심의 자유 불가침	제18조 사상·양심·종교의 자유권, 종교의식·행사 포교 등의 표명의 자유
제20조 신교의 자유, 종교와 국가의 분리, 국가의 종교행위금지	제18조 종교 또는 신념을 변경할 자유 및 종교행위의 자유
제21조 집회·결사·언론·출판의 자유, 검열금지, 통신비밀의 불가침	제19조 의견 및 표현의 자유 제20조 평화적 집회 및 결사의 자유
제22조 거주이전의 자유, 직업선택의 자유, 외국이주와 국적이탈의 자유	제13조 국내거주이전의 자유, 출국과 귀국의 자유 제14조 외국에 피난권, 비정치적 범죄나 유엔목적 위반범죄의 경우 제외 제15조 국적을 가질 권리, 국적박탈금지, 국적변경자유
제23조 학문의 자유보장	제27조 문화생활에 참가할 자유, 예술감상 과학의 진보와 그 은혜에 참여할 권리, 과학적 문화적 또는 미술작품에서 생하는 정신적 물질적 이익을 보호받을 권리
제24조 혼인의 자유, 부부의 동권, 배우자 선택, 재산권, 상속권, 주거 및 가족에 관한 사항에 관한 법률은 개인의 존엄과 양심의 본질적 평등에 입각 규정	제16조 성인남녀의 혼인의 자유, 혼인중 해소중에 있어 혼인에 관한 평등권 보장, 혼인은 양 당사자의 자유 및 완전한 합의에 근거, 가정의 사회 및 국가의 보호를 받을 권리
제25조 건강하고 문화적인 최저한도의 생활유지권, 국가의 사회복지·사회보장 및 공중의생의 향상 및 증진에 관한 의무	제22조 사회보장을 받을 권리, 국가적 노력 및 국제적 협력에 의한 인격의 자유발현권과 경제적 사회적 문화적 권리의 향유 제25조 자기 및 가족의 건강 및 복지에 충분한 생활수준을 유지할 권리, 실업·질병 등 생활무능력의 경우 사회보장을 받을 권리, 모자의 보호, 비적출자의 사회적 보호 제27조 사회의 문화생활에 참가할 자유, 예수감상 과학의 진보와 그 은혜를 향유할 권리, 창작권 보호
제26조 능력에 따른 교육을 받을 권리, 보통교육을 받게 할 의무, 의무교육의 무상	제26조 교육을 받을 권리, 초등교육과 기초교육의 무상, 초등교육의 무상, 기술교육과 직업교육은 일반에

	게 이용되어야 하며 고등교육은 능력에 따라 모두에게 개방되어야 한다. 교육의 목적 노동교육을 시킬 의무 근로조건확보
제27조 국민의 근로의 권리·의무 임금 취업시간 휴식 등 근로조건의 법정	제23조 동일노동에 대한 동일보수원칙, 인간다운 생활수준에 맞는 보수와 필요한 경우 사회보장수단에 의한 보충을 받을 권리
제28조 근로자의 단결권 단체교섭 단체행동권보장	제23조 자기의 보호를 위한 노동조합조직권, 제24조 휴식 노동시간 여가의 보장
제29조 재산권보장, 재산권 내용의 법정 사유재산의 보상하의 공용사용	제17조 단독 또는 집단으로 재산소유권의 보장, 재산권의 박탈금지
제30조 납세의 의무	
제31조 법정절차에 의하지 아니한 생명 자유의 박탈금지 법률에 의하지 아니한 처벌금지	제9조 헌법 또는 법률에 의해 보호된 기본적 권리침해는 법원에서 효과적 구제를 받을 권리를 가진다.
제32조 재판소에서 재판을 받을 권리의 박탈금지	
제33조 현행범으로 체포되는 경우 이외에는 법관이 발부한 영장에 의하지 않으며 체포되지 아니한다.	제8조 헌법 또는 법률에 의해 보호된 기본적 권리침해는 법원에서 효과적 구제를 받을 권리를 가진다. 아무나 마음대로 체포·구금 또는 추방되지 않는다.
제34조 이유를 고지받고 즉시 변호인에 의뢰할 권리를 주어지지 않으면 구류 또는 구금되지 아니한다. 정당한 이유가 없으면 구금되지 않으며, 이유가 있으면, 그 이유를 즉시 본인 또는 그 변호인이 출석하는 공개의 법정에서 제시하지 않으면 안 된다.	
제35조 주거·서류 및 소지품에 관한 침입, 수색 및 압수를 받지 않을 권리는 정당한 이유에 따라 발부되고 수색 압수될 장소를 명시한 영장이 없으면 침해할 수 없다.	제12조 자기의 사사, 가족, 가정 또는 통신은 불가침이며 명예 또는 신용에 대한 공격을 받지 아니한다. 이러한 간섭 또는 공격에 대해서는 법률의 보호를 받을 권리를 가진다.
제36조 공무원에 의한 고문 및 잔학한 형벌은 절대로 이를 금한다.	제5조 누구나 고문 또는 잔학한 비인도적 또는 굴욕적인 취급 형벌을 받지 아니 한다.
제37조 모든 형사사건에서 피고인은 공평한 재판소의 신속한 공개재판을 받을 권리를 가진다. 형사피고인은 모든 증인에 대하여 심문할 기회가 주어진다. 형사피고인은 어떤 경우에도 자격을 가진 변호인을 의뢰할 수 있다. 피고인이 스스로 이를 의뢰할 수 없을 때에는 국가가 이를 붙인다.	제10조 모든 사람은 형사책임이 결정됨에 있어서는 독립한 공평한 재판소에 의한 공정한 심리를 받을 완전히 평등한 권리를 가진다. 제11조 범죄의 소속을 받은 자는 공개재판에서 법률에 따른 유죄가 입증될 때까지는 무죄로 추정되는 권리를 가진다. 누구나 실행시에 국내법 또는 국제법에 의하여 범죄를 구성하지 않은 작위 또는 부작위로 인하여 유죄로 선고될 수 없다. 또 범죄가 행해진 때에 적용되는 형벌보다 무거운 형벌은 과해지지 않는다.
제38조 불이익한 공술의 강요금지, 강제·고문 협박에 의한 자백 또는 부당한 장기억류 또는 구금된 뒤	

의 자백은 이를 증거로 할 수 없다. 자백이 자기에게 불리한 유일한 증거인 경우에는 유죄로 하거나 또는 형벌에 처해지지 않는다.	
제39조 실행시에 적법이었던 행위 또는 이미 무죄로 된 행위에 대해서는 형사상의 책임을 묻지 않는다. 동일한 범죄에 대해서는 이중으로 형사상의 책임을 묻지 않는다.	제11조 범죄의 소추를 받은 자는 모두 자기변호에 필요한 모든 보장이 주어진 공개의 재판에 있어서 법률에 따른 유죄의 입증이 있을 때까지는 무죄로 추정되는 권리를 가진다. 실행시에 범죄를 구성하지 않은 작위 또는 부작위 때문에 유죄로 될 수 없다. 범죄가 행해진 때에 적용되는 형벌보다 무거운 형벌은 과해지지 않는다.
제40조 누구나 구류 또는 구금된 뒤 무죄의 재판을 받은 때에는 법률이 정한 바에 따라 국가에 그 보상을 청구할 수 있다.	

3) 세계인권규약의 적용문제

일본은 국제인권규약인 사회권 규약과 자유권 규약에 서명한 뒤에 비준하여 이를 준수하고 있다. 국제인권규약은 세계인권선언에 규정된 것을 다 규정하고 있고 위에서 본 비교표와 같이 일본헌법이 세계인권선언규정을 거의 다 망라하고 있기 때문에 큰 인권문제는 없었으나 아베 정권 성립 이후에 기본권이 제한될 것이 아닌가 하는 우려가 나오고 있다.27) 일본에서 많은 문제가 되었던 것은 소수자의 권리와 외국인의 권리가 침해되어 차별대우가 심하다는 것이었다. 또 여성들의 취업이 늘어나 직장에서의 남녀동권문제가 심하다. 「남녀의 고용에 있어서의 평등기회법」이 제정되어 많이 좋아졌다고 하나 차별대우의 금지는 권고사항이고 법적 처벌에는 이르지 못하고 있다. 전시에 동원되었던 위안부 문제도 법원에서 구제되지 못하고 있다. 외국 여성들의 성매매 목적으로의 수입도 많은 문제가 되고 있다. 일본의 공무원들 중에는 노동조합에 가입할 수 없는 사람도 있어 논란이 되었다.

일본은 사형폐지나 불구자의 인권 등 선택의정서에 가입하지 않고 있어 이의 조속한 가입이 요청되고 있다.

---

27) Wikipedia, Human Rights in Japan; L. Sieg, Proposed anti-conspiracy Law stirs civil rights concerns in Japan, *Japan Today*, Sept. 11. 2016; Japan PM's Stealth Constitution plan raises civil rights fears, Reuters, May 1, 2013; D. J. Moon, *Human Rights in Japan*, (http://www.globalministries.org/news/eap); Global Issue: Japan/Human Rights, Wikibooks open books for an open World.

4) 일본 헌법의 인권선언

또 제2장 국민의 권리와 의무에서 기본권 선언을 하고 있다(제11조-제13조). 제11조는 「국민은 모든 기본적 인권의 향유를 방해받지 아니한다. 이 헌법이 국민에게 보장하는 기본적 인권은 침해할 수 없는 영구의 권리로서 현재 및 장래의 국민에게 부여된다.」제12조는 「이 헌법이 국민에게 보장하는 자유 및 권리는 국민의 부단한 노력에 의하여 이를 보지하지 않으면 안 되는 것이다. 또 국민은 이를 남용해서는 안 되는 것이며 항상 공공의 복지를 위하여 이를 이용할 책임을 진다」고 했다. 제13조는 「모든 국민은 개인으로서 존중된다. 생명, 자유 및 행복추구에 대한 국민의 권리에 대해서는 공공의 복지에 반하지 않는 한 입법 기타의 국정상에서 최대의 존중을 필요로 한다」고 규정하고 있다. 이들 조항은 미국의 독립선언이나 미국의 주 헌법의 인권선언을 모방한 것이라고 하겠다. 특히 생명, 자유, 행복추구의 권리는 미국독립선언의 규정을 그대로 규정한 것이다.

5) 결언

동북아시아에서는 일본헌법에 준거하여 자연권 헌법이 제정되었어야 했는데 한국은 남북 분단으로 중국은 국공전쟁으로 실정권적인 헌법이 제정되었던 것은 역사의 경험을 거슬린 것이라고 하겠다.

2. 인도 1949년 헌법의 인권선언

1) 인도 1949년 헌법과 인권선언

인도헌법은 그동안 영국 식민지 하에서의 인권탄압에 대한 반대로 인도의회에서도 여러 번 논의된 것이었다. 1947년 8월 15일에 인도가 독립한 뒤에 헌법제정에 기본권 규정을 둘 것을 논의하였다. 네루 등은 헌법제정회의 각 위원장 등으로 활동하였다. 인도헌법은 제1초안(1948. 2)부터 제2초안에서(1948. 10. 17), 제3초안(1949. 11. 26)에서도 기본권보장에 관하여 큰 관심을 보였고 제3초안이 의회를 통과하여 현행 헌법이 되었다.

제헌의회에서 통과한 인도헌법에는 전문에서 인권보장을 선언하고 있다. 인도인민은 모든 시민에게 정의, 사회적, 경제적 및 정치적 자유, 사상의 자유, 표현, 신앙, 신념과 예배의 자유, 평등, 모든 신분의 평등과 기회의 평등 및 모든 사람간의 개인과 국민의 권리를 확인하기 위하여 우애, 인간의 존엄 존중, 박애에 따라 국가와 국민이 다 행해질 수 있도록 이 헌법을 제정했다고 말하고 있다. 이 전문의 선언은 네루가 기초한 것이라고 말하여 진다. 이 선언은 1948년 12월 8일에 공포된 세계인권선언과 같이 기본권의 자연권성을 선언하기 위한 것이었다.[28)]

2) 기본적 인권과 국가의 기본정책 규정

인도학자들은 기본권과 기본정책을 나눈 것은 인도헌법의 기본권조항이 같은 시기에 발표되었던 1948년 12. 10의 세계인권선언의 영향을 받은 것이었다. 세계인권선언은 「모든 인간은 평등하고 불가침의 권리와 기본적 자유 하에서 출생하였다」「국제연합은 모든 개인의 인권의 준수와 증진과 보장을 지향하고 있다. 이 인권의 확약은 유엔헌장에도 나오고 있으며 헌장은 인간의 신념 속에서 기본적 인권과 인간의 존엄과 가치에 대한 신념을 재확인하고 있다」고 규정하고 있다.

이러한 자연권은 모든 국가권력을 구속하는 것으로 인정되었다. 그런데 당시의 인도에서는 경제사정이 좋지 않아서 많은 생존권적 기본권을 헌법에서 직접 사법부에서 강제하는 것은 불가능하였다. 그리하여 자연권으로는 기본적 인권만을 규정하고 나머지는 국가정책의 기본적 원칙이다고 하여 생존권은 직접 적용할 수 없는 것은 인정하였다.

인도의 자연권으로는 6개의 권리를 들고 있다.[29)] (1) 평등권, 법률 앞의 평등권 (2) 자유권, 언론·출판의 자유, 집회·결사의 자유 등 (3) 착취에서의 자유, 강제노동의 금지 등 (4) 종교의 자유, 종교신앙의 자유 (5) 문화적·교육적 자유, 문화, 문화유산의 권리, 교육의 자유 (5) 헌법적 구제의 권리, 기본적 권리의 침해에 대한 구제

그러나 이러한 분류는 학문적 분류로서는 적합하지 않다고 하겠다. 일본 헌법에서 논의된 개인의 존중, 세계인권선언에서 논의된 인간의 존엄 등 개념이 빠졌으며 자연권의 핵심인 인간의 생면, 자유, 행복추구권에 관한 규정 등이 상세히 규정되지 않고 자유권의 침해와 그 보장에 관해서 지나치게 상세한 규정을 둔 것은 영국헌법의 영향을 벗어나지 못한 것이 아닌가 생각된다.[30)]

---

28) Tarun Jain, *Influence of Universal Declaration on the Judicial Interpretation of Fundamental Rights and Directive Principles in the Constitution of India*, 2004.
29) Wikipedia, Fundamental rights in India; *SM1 Human Rights: Lesson 4 Human Rights and The Indian Constitution*, https://sol.du.ac.in/mod/book/view.php?id=1473&chapterid=1377.
30) D. D. Basu, Human Rights in Constitutional Law, Princeton Hall, 1994; U. Baxi, The Right to be Human, India International Centre, 1987; SM1 Human Rights: Lesson 4 Human Rights and The Indian Constitution, https://sol.du.ac.in/mod/book/view.php?id=1473&chapterid=1377.

3) 국제인권 규정과의 관계

세계인권선언은 인도에서도 구속력이 있다.[31] 인도의 대법원은 헌법사건에서 세계인권선언에 대한 판결을 많이 해서 국내헌법해석에서도 많은 시사점을 주고 있다고 한다.[32]

인도 헌법과 유엔인권선언 등과의 공존을 하고 있는데 그 근거는 인권선언의 기본권이 세계적 통일성을 갖고 있다고 보는 것이다. 이하에서는 인도인권선언의 규정과 세계인권선언의 규정을 비교해 보기로 한다.

인도 헌법	세계인권선언
제14조 법 앞의 평등	제7조 법 아래의 평등
제15조 종교, 인종, 신분, 성별, 출생 등에 따른 차별금지	제2조 인종, 피부, 성별, 언어, 정치적 신념, 국적, 종교, 신분 등으로 인한 차별금지
제16조 1항 공적 고용에서의 기회평등	제21조 2항 국내의 동등한 공무담임권
제19조 1항 a 표현의 권리	제19조 의견 및 표현의 자유
제19조 1항 b 평화적이고 무기 없는 집회의 권리	제20조 1항 평화적 집회·결사의 자유
제19조 1항 c 결사, 노동조합, 사회협동조합 결성의 권리	제23조 4항 노동조합의 조직 및 참여의 권리
제19조 1항 d 국내 이동의 권리	제13조 1항 국내이동·거주의 자유
제19조 1항 e 국내 거주의 권리	제13조 국내거주이전의 자유, 출국과 귀국의 자유
제19조 1항 g 직업수행, 직업·무역·사업의 행위의 권리	제23조 1항 노동, 직업선택의 자유, 노동조건, 실업보호의 권리
제20조 1항 법률이 유효한 범죄를 행한 경우가 아닌 한 유죄로 인정되지 아니한다.	제11조 2항 범죄의 소속을 받은 자는 공개재판에서 법률에 따른 유죄가 입증될 때까지는 무죄로 추정되는 권리를 가진다. 누구나 실행시에 국내법 또는 국제법에 의하여 범죄를 구성하지 않은 작위 또는 부작위로 인하여 유죄로 선고될 수 없다. 또 범죄가 행해진 때에 적용되는 형벌보다 무거운 형벌은 과해지지 않는다.
제20조 2항 동일한 범죄행위로 이중 기소·처벌 금지	

---

31) Universal Declaration Nature and Influence on Human Rights *Influence on Universal Declaration on the Judicial Interpretation of Fundamental Rights and Directive Principles in the Constitution of India.*

32) *op. cit.*

제20조 3항 범죄행위로 고발된 경우 본인의 의사에 반하는 진술강요 금지	
제21조 생명과 개인 자유의 보호	제3조 생명, 자유, 신체의 안전권
제22조 특정한 이유에 의한 체포와 구금에서의 보호	제9조 체포, 구금, 추방의 보호
제23조 인신매매와 강제노역의 금지 제24조 공장 등에서 아동의 고용 금지	제4조 노예나 강제고역금지, 노예제도와 노예매매 금지
제25조-제28조 종교의 자유, 행사의식의 자유, 종교의 선교의 자유, 종교적 행위의 자유, 홍보를 위한 조세납부에서의 자유, 종교행위행사의 참석 자유	제18조 종교 또는 신념을 변경할 자유 및 종교행위의 자유
제29조 1항 특별한 언어, 문자, 문화 보전의 권리	제27조 1항, 2항 문화생활에 참가할 자유, 예술감상 과학의 진보와 그 은혜에 참여할 권리, 과학적 문화적 또는 미술작품에서 생하는 정신적 물질적 이익을 보호받을 권리
제32조 이 Ⅲ부에 의해 부여된 권리집행을 위한 구제수단	제10조 모든 사람은 형사책임이 결정됨에 있어서는 독립한 공평한 재판소에 의한 공정한 심리를 받을 완전히 평등한 권리를 가진다.
제39조 d 남녀의 동일노동 동일임금	제23조 2항 3항 동일노동의 동일임금의 권리, 적절한 보수의 권리
제39조 f 아동의 발전의 기회 시설 제공, 건강한 태도와 자유와 존엄의 조건 어린이와 청소년들은 착취와 물질과 도덕의 포기에 대한 보호	제25조 2항 노령, 불가항력 사정으로 생계곤란을 당한 경우 사회보장을 받을 권리
제41조 노동, 교육 및 사회 보장에 대한 권리	제23조 1항 노동, 직업선택의 자유, 노동조건, 실업보호의 권리
제41조 노동, 교육 및 사회 보장에 대한 권리 제47조 국가는 국민의 영양 수준과 생활수준, 그리고 주요 의무 중 공중 보건의 개선, 국가는 중독성 음료 및 마약에 해로운 의약 소비의 금지 노력	제25조 1항 의식주, 의료 등 적합한 생활수준의 권리, 실업, 질병, 노령 등 생계곤란을 당한 경우 사회보장을 받을 권리
제41조 노동, 교육 및 사회 보장에 대한 권리	제25조 1항 의식주, 의료 등 적합한 생활수준의 권리, 실업, 질병, 노령 등 생계곤란을 당한 경우 사회보장을 받을 권리
제42조 국가는 공정하고 인도적인 보장을 위한 근로조건 및 모성보호 규정을 제정	제23조 1항 노동, 직업선택의 자유, 노동조건, 실업보호의 권리
제42조 국가는 공정하고 인도적인 보장을 위한 근로조건 및 모성보호 규정을 제정	
제43조 국가는 적절한 입법이나 경제 조직 또는 기타 다른 방법으로 모든 노동자, 농업, 산업 또는 기타, 일, 생활임금, 품위 있는 생활수준과 완전한 즐거움	제25조 1항 의식주, 의료 등 적합한 생활수준의 권리, 실업, 질병, 노령 등 생계곤란을 당한 경우 사회보장을 받을 권리

을 보장하는 업무 조건, 레저 및 사회 문화적 기회를 제공하며, 특히 국가는 개인 또는 협력적 기반으로 농촌지역의 별장 산업을 장려	
제43조 국가는 적절한 입법이나 경제 조직 또는 기타 다른 방법으로 모든 노동자, 농업, 산업 또는 기타, 일, 생활임금, 품위 있는 생활수준과 완전한 즐거움을 보장하는 업무 조건, 레저 및 사회 문화적 기회를 제공하며, 특히 국가는 개인 또는 협력적 기반으로 농촌지역의 별장 산업을 장려	제24조 노동시간, 정기적 유급휴가, 휴식, 여가의 권리
제45조 국가는 조기에 6세가 될 때까지 모든 어린이를 위한 보육 및 교육을 제공하도록 노력	제26조 1항 교육의 권리, 기초교육의 무상교육, 초등교육의 의무교육, 기술교육, 능력에 따른 고등교육의 권리
제47조 국가는 국민의 영양 수준과 생활수준, 그리고 주요 의무 중 공중 보건의 개선, 국가는 중독성 음료 및 마약에 해로운 의약 소비의 금지 노력	제25조 1항 의식주, 의료 등 적합한 생활수준의 권리, 실업, 질병, 노령 등 생계곤란을 당한 경우 사회보장을 받을 권리
제300A조 법의 관청에 의하여 저축된 재산의 박탈 금지	제17조 1항 2항 사적 재산소유권, 공동재산소유권, 재산박탈금지

3. 태국 2016년 헌법의 기본권

1) 태국 헌법의 역사

태국은 왕국으로서 샴(Siam)이라고 불리었다. 1932년까지는 불문헌법으로 통치하였다. 절대왕국에서 입헌주의 민주국가가 된 것은 1932년의 무혈혁명의 덕이었다. 그 뒤 거의 매 4년마다 헌법이 바뀌어서 이제까지 약 20개의 헌법이 탄생하였다. 그러나 그 내용에 있어서는 입헌군주제 국가이었기에 큰 변화가 없었다.[33] 헌법은 군부 쿠데타에 의하여 변경되었는데 1932년의 헌법이 그래도 오래 되었고 제2차 세계대전 후 1946년 후에 헌법이 생겼고 1947년에 헌법이 제정되었다. 그 뒤 1949년 헌법, 1952년 헌법, 1959년 헌장, 1968년 헌법, 1972년 임시헌장, 1974년 헌법, 1976년 헌법, 1977년 헌장, 1978년 헌법, 1991년 헌법이 뒤를 이었다.

비교적 오랫동안 효력을 가진 것은 1997년 헌법이었다. 이 때 선거제도 개혁도 행하여졌고 견제·균형의 권력분립제도가 채택되었다. 그것이 2006년에 타이 군이 쿠데타를 일으켜 정권이 교체되었다. 2007년 헌법은 2014년에 정지되고, 2014년에 임시헌법이 폐기되고,

---

33) Wikipedia, Constitution of Thailand.

2016년에 국민투표로 새 헌법을 채택하여 2016년에 효력을 가지게 되었다.

이 2016년 헌법은 입헌군주국가로 규정하였는데 왕이 사망하여 새 선거가 늦어지게 되었다.

2) 2016년 헌법의 기본권보장 선언

2014년에 쿠데타로 군정을 시행하던 군은 새 헌법안을 만들어 이를 국민들에게 공개하였다. 국민들은 100면에 달하는 헌법안에 대하여 토론 없이 찬반만 묻는 국민투표에서 가결되었다.

2014년 헌법에서는 제4조에서 태국은 헌법의 규정에 따라서 모든 인간의 존엄과 권리, 자유와 평등을 보장하기로 하며 태국이 국제의무로서도 의무를 지고 있는 인권은 이 헌법에서도 보장한다」고 하여 인권의 세계성과 인권보장의 세계적 의무를 선언하고 있었다.

2016년 헌법에서는 2007년 헌법과 비슷하게 기본권에 관해서 많은 조문을 두어 기본권을 구체적으로 규정하고 있다. 또 전문에서부터 타이인들의 기본적 자유와 권리를 보장하기 위하여 보다 명시적으로 포괄적으로 규정했음을 강조하고 있다.

제1장 총칙의 제4조에서도 「모든 인간의 존엄, 권리, 자유와 평등은 보장되어야 한다. 타이인들은 헌법 하에서 평등한 보호를 향유한다」고 하고 있다. 제3장에서는 타이 인민의 권리와 자유에 관해서 규정하고 있다. 제25조는 「헌법의 규정에 의하여 특별히 법정된 타이인의 권리와 자유는 헌법과 다른 법률에 의해서 금지되거나 제한되지 않는 한 그러한 권리와 자유를 자유롭게 행사할 수 있다. 또 그러한 권리와 자유의 행사가 국가의 안전보장이나 공공질서나 인간의 선량한 도덕을 해치지 않는 한, 또 다른 사람의 권리와 자유를 침해하지 않는 한 자유이다. 헌법이 어떤 권리나 자유의 행사에 대하여 특별한 규정이 있는 경우에는 법이 규정한 규율과 절차에 따라, 또 법의 덕에 따라 행사되어야 하며, 만약에 그러한 법이 제정되어 있는 않는 경우에도 인간이나 공동체는 헌법의 의도에 적합하게 권리와 자유를 행사해야 한다. 어떤 사람이 자기의 권리나 자유의 침해나 형사범죄에 의하여 다른 사람의 권리를 침해한 경우에는 법이 정하는 바에 따라 국가의 구제와 보조를 받을 수 있다」고 규정하고 있다.

3) 실정권의 규정

(1) 평등권

제27조에는 평등권에 관해서 규정하고 있다. 그리고 남녀는 평등한 권리를 가진다. 여

러 가지 원인에 따른 차별 대우는 금지된다.

(2) 생명과 신체에 관한 권리

모든 사람은 생명과 신체에 대한 권리와 자유를 가진다. 인신의 체포 구금은 법원의 영
장이나 법률의 특별한 근거를 규정한 이외에는 권리를 제한할 수 없다. 고문과 잔인한 행위
나 잔혹하고 비인간적인 처벌은 금지된다. 이하의 조문에서는 체포, 구금 시에의 사법적 절
차에 관한 규정이 많다(제28조, 제29조). 강제노역의 금지(제30조), 종교의 자유(제31조), 사생
활의 자유, 존엄권, 평판권과 가정비밀 불가침(제32조), 거주의 자유, 주거의 불가침(제33조),
재산권과 상속권의 보장(제37조), 거주이전의 자유(제38조), 직업선택의 자유(제40조), 집회·
결사의 자유(제44조).

(3) 생존권

사회복지에의 권리(제43조), 소비자의 권리(제46조), 건강보험에의 권리(제47조), 모성의
권리(제48조), 사회보호의 권리(제48조).

(4) 국민의 의무

국민의 의무는 제4장 제50조에서 모두 규정하고 있다.

(5) 국가의 의무에 따른 국민의 권리

국가의 의무에 따른 국민의 권리, 이익(제51조), 의무교육을 실시할 의무, 유치원에서 시
작하여 12년간의 무상교육(제54조), 교육의 기회균등, 교육의 질의 향상(제54조), 건강보존제
도, 건강보험제도(제55조), 생활여건 개선, 교통통신기관의 정비(제56조), 지방문화의 보호(제
57조), 환경보호, 경관보호(제58조), 정부소유의 공적정보제공 액세스에의 권리(제59조), 정부
소유의 전파에 대한 접근권(제60조), 소비자의 보호를 위한 여러 가지 정보접근권(제61조), 조
세정책의 수립과 재정정책에 대한 보장(제62조) 부패 등에 의한 정부기능의 저하방지(제63조)

4) 국가 정책규정(제6장 국가의 정책)

이 장의 규정은 입법의 방침규정이며 국가행정정책의 정책결정을 위한 방향설정의 역
할을 한다(제64조). 국가는 좋은 행정의 원칙에 따라 나라의 발전을 위한 통합적 정책을 수행
한다(제65조). 국가는 외국과 국내문제에 대한 불개입과 평등의 원칙에 따른 선린관계를 유
지한다(제66조). 국가는 불교와 다른 종교를 보호 후원한다(제67조). 국가는 사법행정을 효율
적이고 공평하게 차별 없이 집행해야 하고 사법절차를 편리하고 신속하고 저렴한 가격으로

운영해야 한다(제68조).

국가는 과학, 기술과 예술 등의 발전을 위한 연구를 증진하기 위하여 노력하여야 한다 (제69조). 국가는 여러 종족의 대국민의 문화, 관습과 생활전통을 존중하여 의욕적으로 평화적으로 공존하도록 한다(제70조).

국가는 사회의 본질적 기본요소인 가정제도의 강화를 위하여 공중의 건강발전과 공민의 생활의 질의 향상을 위하여 노력하여야 한다(제71조).

국가는 보다 좋은 질의 인간, 고도의 능력을 가진 인간자원의 발전을 위하여 노력하여야 한다. 아동, 청년, 여성, 노인과 장애인 등을 보호하여야 한다(제71조 3항).

국가는 수자원과 에너지를 보존하고 토지 등을 계속적으로 발전시키기 위한 발전노력을 기울여야 한다(제72조 1항). 도시계획, 토지분배, 수자원보호로 농업, 산업 등 발전에 이바지하여야 한다(제72조 1항 1, 3호). (2, 4, 5호 생략).

국가는 농민들의 보호를 위하여 농지개혁 등을 하여 농민들을 보호해야 한다(제73조).

국가는 경제제도를 조직하여 불공정한 경제독점 등을 개혁하여 경제경쟁으로 이행해야 한다(제75조 1항).

국가는 중앙, 지방, 시읍면 단계에서의 국가의 행정체계를 발전시켜 국가기관이 상호협력하고 상호 원조하여 국가행정의 효율성을 제고해야 한다(제76조).

국가는 법률을 단순히 필요성과 개선하기 위해서가 아니라 그것이 현재의 내용에 있어 불필요하거나 불합리한 경우에 폐지하여 시민의 부담을 경감시켜야 한다(제77조).

국가는 법률제정에 앞서 관계자들과 상의하여 그 결과를 입법의 단계마다 반영하여야 한다(제77조 2항).

국가는 정확한 지식을 증진하여야 하고 공동체의 구성원과의 관계에 있어서 국가원수로서의 왕과 국가발전을 위한 관점에서 국가권력을 초과해서 이용하는 것이 아닌가 등을 고려해서 정치적 결정을 하여야 할 것이다(제78조).

저자약력

김철수(金哲洙)

서울대학교에서 41년간 헌법학을 강의하였다. 서울대학교 법과대학을 졸업한 후 독일과 미국, 일본 등지에서 공부하여 헌법학에 새로운 지평을 열었다. 한국 헌법학에서 헌법해석뿐만 아니라 헌법철학, 헌법정책학 등 문호를 넓혔으며, 입헌주의와 법치주의의 신장에 크게 기여하였다. 그 공로로 국민훈장 모란장을 받았다. 오랫동안 헌법재판소 자문위원을 지냈으며, 현재는 서울대학교 명예교수이자 대한민국학술원 회원이다. 그동안 한국공법학회 회장, 한국법학교수회 회장, 국제헌법학회 한국학회 회장, 국제헌법학회 세계학회(IACL) 부회장 등을 역임하여 공법학 발전에 기여했다.

저서로는 1963년 『헌법질서론』을 시작으로 1971년 『헌법학(상·하)』, 1973년 이후 『헌법학개론』, 『헌법학신론』 등의 교과서를 출판하였고, 『학설·판례 헌법학(상·하)』, 『현대헌법론』, 『위헌법률심사제도론』, 『법과 정치』, 『한국통일의 정치와 헌법』, 『기본적 인권의 본질과 체계』 등 수많은 저술을 하였으며 450편이 넘는 논문과 시론을 발표하였다.

기본권의 발전사

초판발행	2022년 1월 5일
중판발행	2022년 10월 20일
지은이	김철수
펴낸이	안종만 · 안상준
편 집	김선민
기획/마케팅	조성호
표지디자인	벤스토리
제 작	우인도 · 고철민 · 조영환
펴낸곳	(주) **박영사**
	서울특별시 금천구 가산디지털2로 53, 210호(가산동, 한라시그마밸리)
	등록 1959. 3. 11. 제300-1959-1호(倫)
전 화	02)733-6771
f a x	02)736-4818
e-mail	pys@pybook.co.kr
homepage	www.pybook.co.kr
ISBN	979-11-303-3951-1 93360

copyright©김철수, 2022, Printed in Korea

정 가   68,000원